동아시아사 연구와
근대중심주의 비판

동아시아
문명총서

20

동아시아사 연구와
근대중심주의 비판

배항섭 지음

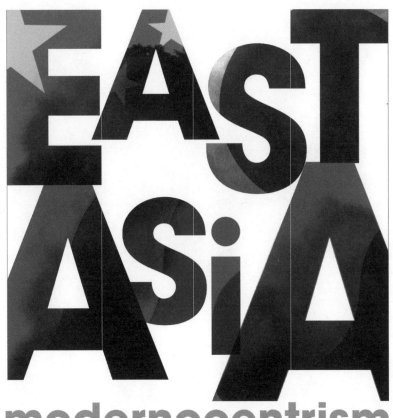

EAST
ASiA

modernocentrism

성균관대학교
출 판 부

제1부 근대중심주의 비판과 동아시아사 연구

제2부 한국사 연구의 현재와 서구중심주의·근대중심주의 비판

조선후기사 연구의 '내재적 발전론'과 근대중심주의 비판

19세기를 바라보는 시각

서구중심주의와 근대중심주의, 역사인식의 天網인가

■ 머리글

새로운 과제, 새로운 역사 인식

20세기의 역사학을 지배해온 핵심적 역사인식은 서구중심주의 (eurocentrism)와 근대중심주의(modernocentrism), 그와 깊은 관련이 있는 발전론과 내셔널리즘(nationalism), 나아가 이 모든 역사인식이 발 딛고 있는 인간중심주의(anthropocentrism 혹은 homocentrism)였다. 그러나 21세기에 들어선지 4반세기 정도 지난 현재, 이러한 역사인식은 심각하게 도전을 받고 있다.[1] 한국에서도 서구에서도 모두 그러하다.

역사 연구는 '현재'로부터 자유로울 수 없고, 역사 인식은 '현재'를 구성하는 사회적 · 역사적 환경 변화에 따라 끊임없이 수정되어 갈 수밖에 없다. 역사 연구란 현재를 살아가는 우리가 현실 인식이라는 창을 통해 과거를 이해하고 재구성하는 행위에 다름 아니기 때문이다. 현실을 구성하는 요소, 사회의 구성원들이 현실에서 인지하거나 감각하는 현실은 서구중심주의와 근대중심주의, 발전론과 내셔널리즘, 인간중심주의 등이 전제해왔던 것과 매우 달라졌으며, 그보다 훨씬 다양하고 복

---

1)　이 중 '근대중심주의'에 대해서는 이 책에 실린 「동아시아사 연구의 시각 ─ 서구 · 근대 중심주의 비판과 극복」, 「'탈근대론'과 근대중심주의」, 「방법으로서의 '동아시아' 연 구와 새로운 역사상의 모색 ─ 근대중심주의(modernocentrism) 비판과 트랜스히스토리 칼(transhistorical)한 접근」 등 참조.

합적이다. 개인과 가족 차원에서 당면하고 있는 다양한 문제부터 사회와 국가가 안고 있는 수많은 도전들, 이를 둘러싸고 있는 자본주의 세계체제와 내셔널리즘이 지배하는 국가 간 체제, 그 체제 속을 살아가는 개인들의 충족될 수 없는 욕망, 그것을 채우려는 대량생산과 소비, 그리고 젠더 문제나 이주민(이주노동자, 다문화 가정) 문제를 비롯한 다양한 소수자 문제, 세대나 집단, 계층 문제 등 이전부터 존재했거나 인지되어오던 것들 가운데 심화하거나 증폭된 것들과 새롭게 대두된 것 등 매우 다양하다. 또 그런 것들이 서로 충돌하거나, 서로 얽혀가며 새로운 문제들을 만들어가기도 한다. 따라서 이 모든 문제들을 한꺼번에 수용하고 조정하는 방식으로 현실을 인식하는 것은 사실상 불가능하다.

여기에 더해 21세기에 들어 '최초', '최고', '최대'라는 수식어가 붙는 다양한 극한기후 현상들이 세계 곳곳에서 빈발하고 있다. 이에 따라 '인류세(anthropocene)' 혹은 '자본세(capitalocene)' 등의 새로운 지질학적 시대 규정이 제기되고 확산되면서 이전에는 고려하지 않았거나 타자화하였던 생태환경문제까지 빼놓을 수 없는 중요한 '현재'가 되어 우리 앞에 얼굴을 들이밀고 있다. 산업혁명 이래 '발전'과 '성장'을 위해 배출한 CO_2 등 다양한 유해물질에 의한 오염이 기후위기의 핵심 원인이라는 것은 이제 더 이상 부인하기 어렵게 되었다. 또 지구촌 곳곳에서 인간들의 욕망을 위해 자행되는 생태환경의 파괴는 열대우림을 비롯하여 다양한 생물들이 살아가던 각지의 서식지들을 빠르게 소멸시키고 있다. 이야말로 욕망의 충족을 위해 '발전'과 '성장'의 고삐를 쉼 없이 당겨온 인류가 마주하고 있는 '근대'의 초상이다.[2] 우리는 이러한 '근대'의

---

2) 최근 기후위기와 생태환경파괴보다 과학 기술의 '발전' 그 자체가 인류를 먼저 멸망시킬 것이라는 진단도 제기되었다. 인공지능(AI)의 '대부'로 불리는 노벨물리학상 수상자 제프리 힌턴(Geoffrey Everest Hinton)은 AI 기술 변화의 속도가 예상보다 "훨씬 빠르며", AI로 인해 향후 30년 이내에 인류가 멸종할 가능성이 10~20%에 이른다고

현실로부터 자유로울 수 없고, 그래서도 안 된다. 한나 아렌트(Hannah Arendt)의 말을 빌리자면 현실에 대한 외면이나 사유를 방기하는 것은 악일 수 있기 때문이다.

2019년 말부터 약 4년여에 걸쳐 지속된 Covid-19 바이러스의 팬데믹(pandemic) 현상 역시 생태파괴나 기후위기와 매우 밀접한 관련이 있다고 알려져 있다. Covid-19는 생태파괴와 기후위기 문제가 무엇보다 시급히 대응해야 할 절실한 '현실'임을 매우 구체적인 형태로 우리에게 보여주었다. 역사 연구 역시 이러한 현실을 외면할 수 없을 것이다. Covid-19 바이러스의 팬데믹이라는 재난이 전지구를 덮쳤을 때 처음에는 낙관적 전망도 일부 있었지만, 대체로 어두운 전망이 많았다. 한국에서 팬데믹이 끝나고 '엔데믹'(endemic)이 선언된(2023년 5월) 지 채 2년이 되지 않았지만, 벌써 팬데믹에 대한 우리의 기억은 빠르게 사라져가고 있다. 그러나 팬데믹이 우리에게 던진 질문들은 매우 심중하다. 가장 중요한 것은 앞서 언급했듯이 팬데믹이 기후위기와 생태환경문제를 매우 절박하고 당면한 '현재'의 과제로 실감나게 했고, 근대 이후 인류가 살아온 삶의 방식과 근대 문명을 근본적으로 성찰하지 않을 수 없게 만들었기 때문이다.[3]

아담 투즈(Adam J. Tooze, 컬럼비아 대학 유럽 연구소 소장)는 2020년 4월 중순 미국에서 급격히 확산하는 Covid-19의 확산 상황을 목격하고 "태양 아래 새로운 것이 있다. 그리고 그것은 끔찍하다."는 말로 그 충격의 강도를 표현함과 동시에 과거의 정치·경제적 각본은 더 이상 적용

진단했다("'AI 대부' 노벨상 수상자 "30년 안에 인류 멸종 가능성" 경고", 「경향신문」, 2024년 12월 28일). AI 등 기술 '발전'이 가지는 문제 역시 매우 중요하지만, 현재의 필자로서는 감당할 수 없기 때문에 이 책에서는 다루지 못하였다.

3) 슬라보예 지젝(Slavoj Žižek)의 말처럼 "지구의 생명체를 무자비하게 착취하고 파괴하는 '화성 침략인'은 바로 우리 자신, 즉 인류"라는 점에 대해 깊이 성찰해보아야 한다. 슬라보예 지젝 지음, 강우성 옮김, 「팬데믹 패닉」, 북하우스, 2020, 30~31쪽.

될 수 없음을 지적했다.[4] 팬데믹의 충격이 그 동안 인류문명을 이끌어온 근대적 학문과 지식의 패러다임이 끝났음을 선언하도록 한 것이다. 물론 특정한 지식인의 이러한 선언만으로 근대지식이 종말을 고하리라고 상상하기는 어렵지만, 근대 지식과 학문에 대한 근원적 성찰이 불가피함을 시사하는 것이다.

이처럼 현재 우리는 근대가 이미 안고 있던 문제들에 더하여 이전과는 성격을 달리하는 많은 문제들을 마주하고 있다. 미처 예기치 못했던, 혹은 분명히 예상되지만 "근대적" 삶의 방식이나 사유로는 감당하기 어려운 과제들이 다발적으로 제기되고 있다. 역사 연구가 앞서 언급한 과제들에 대응하기 위해서는 무엇보다 연구 시각이나 방법, 인식론적 기반에 대한 근원적 성찰과 전환이 선결 조건이라고 할 수 있다. 이를 위해 가장 중요한 점은 20세기의 역사학을 지배해온 역사 인식, 곧 서구중심주의와 근대중심주의, 발전론과 내셔널리즘, 나아가 인간중심주의에 대한 근원적 성찰과 대안 모색일 것이다.

이 가운데 이 책에서 중점적으로 다루려는 문제는 서구중심주의, 그리고 근대를 특권화하고 전근대를 식민화하는 역사인식인 근대중심주의이다. 새로운 과제에 대응하기 위해서는 서구가 걸었던 '근대이행' 과정을 기준으로 상정하고 그에 합치하거나 그와 근사한 '근대적' 혹은 '근대지향적'인 요소들을 부조적으로 강조해온 서구중심적·근대중심적 인식이나 접근이 반성되어야 한다. 오히려 그 과정에서 비근대적, 반근대적이라고 판단되어 배제되거나 왜곡되어 온 것들을 다시 들여다보고 그것이 내포하고 있는 다른 가능성, 근대를 넘어설 수 있는 가능성의 단서들을 재발견해내어야 할 것이다.

---

4) Adam J. Tooze, "The Normal Economy Is Never Coming Back", Foreignpolicy, April 9, 2020.

근대중심주의의 효과는 단지 근대를 과거나 전근대와 단절적으로 결별시키거나 전근대에 대한 근대의 특권화, 혹은 과거가 현재에 영향을 미친다는 점을 은폐하는 정도에 그치는 것이 아니다. 문제는 전근대 사람들이 저마다 주어진 환경에 대응하며 살아온 과정에서 키워나갔던 '혜안'이나 그들 나름으로 세상과 사물을 바라보던 지혜 같은 것, 혹은 그 속에 깃들어 있던 새로운 질서의 단초들을 압살, 횡령하고, 나아가 그 사실조차 은폐한다는 데 있다. 이는 곧 그 속에 내포되어 있던 다양한 가능성들로부터 근대를 새롭게 할 수 있는 기회조차 봉쇄하는 것이다. 또 근대중심주의는 이상과 같은 시간관이라는 면에서 뿐만 아니라, 국가 간 체제를 구성하고 지탱해온 이념인 내셔널리즘과 결합하여 역사 연구와 이해의 시야를 국민국가 내부로 닫아버림으로써 글로벌한 차원의 연대와 협력을 필수적으로 요구하는 기후위기와 생태환경문제, 불평등, 부패문제에 대한 대응을 어렵거나 불가능하게 만든다.[5]

우리의 눈앞에서 일어나고 있고, 날로 엄중해지고 있는 과제와 도전들은 근대역사학이 발 딛고 있던 인식론이나 시간관과 공간관으로는 극복이 불가능하다. 근대중심주의를 극복하고 근대-전통의 이분법적 이해를 넘어서서 전근대로부터 근대를 다시 바라보고 상대화할 수 있어야 하며, 이를 위해서는 특권화된 '근대', 근대중심적·서구중심적 역사인식, 목적론적·발전론적 역사서술에 의해 배제되거나 억압·왜곡되었던 전근대나 비서구의 역사적 경험들을 재조명하고 거기에 숨겨져

---

5) 서구중심적·근대중심적 역사 인식은 발전론을 내포하고 있으며, 특히 서구중심적 인식의 이면에는 국가 중심의 역사가 자리 잡고 있었다. Drayton, Richard. "European social history: A latecomer to the global turn?." *Annales. Histoire, Sciences Sociales-English Edition*, 2021, p.9 doi:10.1017/ahsse.2022.8. 내셔널리즘을 전제로 한 역사인식의 공간관이 글로벌한 차원의 연대와 협력이 요구되는 과제들에 대한 대응을 어렵게 한다는 점에 대해서는 이 책에 실린 「한국 근대사 이해의 글로벌한 전환과 식민주의 비판」참조.

있는 다양한 가능성들을 새롭게 발견해 나가야 한다.

여기에 더하여 근대역사학의 또 다른 인식론적 기저인 인간중심주의 (anthropocentrism 혹은 homocentrism)에 대한 근원적 성찰 역시 절실히 요청된다. 무엇보다 근대역사학은 기본적으로 인간을 "연구 대상"으로 삼아왔지만, '현재'는 자연환경까지 포괄하는 새로운 역사학의 구축을 요청하고 있기 때문이다. 근대가 지향해온 가치, 곧 자유와 평등, 정의, '민주주의'같이 단지 인간사회의 질서에 국한된 문제의식이 아니라,[6] 자연생태, 환경문제를 포괄하는 새로운 질서에 대한 고민이 요청된다. 물론 이는 비단 역사학만의 문제일 수는 없다. 데이비드 보이드(David R. Boyd)의 지적처럼 "자연의 착취를 멈추고 자연의 존중으로 이행하려면, 우리의 법,

---

6) 한국뿐만 아니라 전 세계에 걸쳐 자유와 평등 같은 가치가 폄훼되고 시대착오적인 것으로만 여겨졌던 극우 전체주의가 확산되고 조직화하며, 파시즘적 정치문화가 대중화하고 있는 '현실'을 고려할 때 민주주의는 여전히 지키고 발전시켜나가야 할 소중한 근대의 '성취'임을 부정할 수 없을 것이다. 그러나 근대가 이루어낸 대표적 성취 가운데 하나인 민주주의조차 회의의 대상이 되고 있는 것도 사실이다. 예컨대 홉스봄(Eric Hobsbawm)은 이미 21세기 벽두에 민주주의에 대한 회의를 다음과 같이 지적하였다. 국민국가의 영토 안에서만 작동할 수 있는 민주주의 시스템이 세계화와 초국적 기업에 의해 야기되는 지구적 환경문제 등 새로운 도전들을 해결하는 데 희망적이지 않다는 진단을 내리고 있다. 또한 그는 시장으로의 참여가 정치로의 참여를 대체하였고, 소비자가 시민의 자리를 대신하였다는 점을 지적하면서, 대의민주주의와 '대중의 뜻(people's will)'이 21세기의 문제들을 해결할 수 있을까 하며 민주주의와 대중에 대한 회의를 드러내기도 하였다. 또한 네그리와 하트는 'Occupy Wall Street' 운동을 목도한 후 "민주주의가 경제 위기의 타격으로 비틀거리고 있으며, 다중(multitude)의 의지와 이익을 대변하는 데 무기력하다면, 이제는 그러한 형태의 민주주의를 쓸모없는 것으로 간주해야 하지 않을까?"라고 하여 현재의 민주주의에 대해 근원적 의문을 던지면서, 새로운 민주적 헌법 제정의 필요성을 제기했다(Hardt, Michael, and Antonio Negri, "The fight for 'real democracy' at the heart of Occupy Wall Street", *Foreign affairs* 11, October 2011). 민주주의 역시 새롭게 되어야 하는 것만은 분명하다. 근대를 먼저 성취했던 나라들이 새로운 민주주의의 전범 같은 것을 우리에게 가르쳐줄 것 같지 않다. 그런 점에서도 서구중심주의와 근대중심주의를 넘어서는 상상력이 필요한 시점이라 생각한다.

교육, 경제, 철학, 종교, 문화에 걸쳐 엄청난 변화가 필요하다."[7]

서구중심주의나 근대중심주의에 대한 적절한 그리고 내실 있는 비판조차 제대로 수행되었다고 보기 어려운 현실이지만, 팬데믹이라는 대재난은 기후위기와 생태환경문제를 새롭고 화급한 현재의 문제로 우리의 눈앞에 들이밀고 있다. 이는 서구중심주의나 근대중심주의에 대한 극복보다 훨씬 엄중하고 근본적인 도전이고 과제이다. 새로운 역사인식이 더욱 절실하게 요청되는 이유이다.

근대중심주의 비판과 새로운 가능성 모색

여기서는 그동안 근대중심적 역사인식에 대한 필자의 비판의식이 형성되고 변화해 간 과정을 간단히 언급해 두고자 한다. 이 책에 실린 글들을 이해하는 데도 도움을 줄 것이라 생각한다.

근대중심적 역사인식과 관련한 고민의 단초는 1994년 동학농민전쟁 100주년을 맞아 『사총』 43호 특집호에 실은 「1894년 동학농민전쟁에 나타난 토지개혁 구상 – 평균분작 문제를 중심으로–」에서 시작되었다고 할 수 있다.[8] 1990년 전후하여 일어난 현실 사회주의의 붕괴가 역사학뿐만 아니라, 인문학이나 사회과학 전체에 걸쳐 커다란 충격을 주고 있을 때였다. 이에 따라 마르크스주의를 비롯하여 당시 역사 연구의 발판이 되었던 역사인식을 둘러싸고 다양한 논의들이 일어났다. 그 가운데 하나가 마르크스주의든 근대화론이든 서구의 역사적 경험을 토대로 한 이론들에 대한 비판이었다. 특히 역사 전개를 사회주의라는 최종 목

---

7) 데이비드 보이드 지음, 이지원 옮김, 『자연의 권리: 세계의 운명이 걸린 법률 혁명』, 교유서가, 2020, 280쪽.

8) 이 글은 일부 수정되어 裵亢燮, 「1894年 東學農民戰爭の 社會・土地改革論」, 新井勝紘 編, 『民衆運動史: 近世から近代へ 5: 世界史なかの民衆運動』, 東京: 靑木書店, 2000에도 수록되었다.

적지를 향해 발전해 나가는 과정으로 이해하는 발전단계론에 대한 회의가 강하게 대두되었다.

당시 필자는 동학농민전쟁을 주제로 한 박사학위 논문을 준비 중이었다. 이 무렵 일부 연구자들이 당시까지 주조를 이루던 동학농민전쟁의 근대지향성을 비판하고 오히려 동학농민군이 '반근대' 혹은 '반자본주의'를 포함하는 근대화를 지향하였다는 논의들을 제시하고 있었다. 물론 아직은 동학농민군의 생각과 행동에 대한 내적 분석을 기반으로 한 논의들은 아니었다. 서구나 일본의 민중운동 연구 성과를 끌어들이거나 동학농민군이 자본주의 국가인 일본의 침략에 반대하였다는 점을 지적하는 우회적 방법을 통해 동학농민군의 지향이 반자본주의적이었음을 주장하였다.[9]

이상과 같은 시대적 분위기 속에서 필자는 동학100주년을 맞이한 1994년 봄 역사문제연구소에서 동학농민군의 평균분작안에 대해 발표할 기회를 가지게 되었다. 평균분작안을 다시 들여다보려는 생각의 단초는 무엇보다 당시 한국사학계에서 널리 받아들여지던 농업에서 '근대화 과정의 두 가지 길' 이론에 대한 회의에서 시작되었다. 서구의 경험에 기초한 '농업 근대화의 두 가지 길'의 전제가 되는 것은 상급소유권과 하급소유권(경작권)으로 나누어져 있던 토지소유규조의 중층성(重層性)이었다. 경작권(하급소유권)이야말로 영주의 상급소유권을 배제하고 농노들이 배타적 소유권을 요구하고 확보할 수 있는 핵심적 근거였다. 그러나 조선후기 일반 민전의 토지소유권은 서구와 달리 일물일권적이고 배타적인 성격이 강한 소유구조를 가지고 있었다. 따라서 서구와

---

9) 이에 대해서는 배항섭, 「근대이행기'의 민중의식: '근대'와 '반근대'의 너머」, 『역사문제연구』 23, 2010; BAE, Hang Seob, "The Donghak Peasant War: From a History of the Minjung Movement to a History of the Minjung and What Follows", *Korea Journal*, vol. 64, no. 4 (Winter 2024)등 참조.

같은 '두 가지길' 이론을 적용하여 이해하는 것은 곤란하다고 판단하였다. 지주 혹은 토지소유주의 토지를 빌려서 경작하던 농민들은 그 토지에 대해 서구 농노들이 가진 경작권 같은 물권적 성격의 권리를 가지지 못하였다. 이런 현실 속에서 토지가 전혀 없거나 지주의 토지를 빌려서 소작하던 농민들이 지주제 철폐를 주장하고 정당화할 수 있는 유력한 사상적 근거는 왕토사상이었다. 또 왕토사상에 입각한 평균분작론, 곧 균전적 토지개혁론은 조선시대 전 기간에 걸쳐 많은 지식인들이 주장해오던 방안이기도 했다. 그러나 왕토사상에 의한 토기개혁론은 토지의 자유로운 매매나 처분을 금지하는 것이었다. 때문에 농민군의 토지개혁 구상인 평균분작론은 '농민적 토지소유'의 실현과 부농으로의 성장을 지향하는 서구의 아래로부터의 농업근대화 방안과는 거리가 멀다는 점을 지적하였다.

물론 이 글은 아직 서구중심적, 근대중심적 역사인식에 대한 본격적인 비판의식을 전제로 한 것은 아니었다. 그러나 19세기 말 민중운동의 지향이 근대와 거리가 멀었다는 이해는 이후 근대중심적 역사인식 전반을 성찰해나가는 데 중요한 계기가 되었다.

이러한 문제의식은 2003년에 발표한 「현행 고등학교 근현대사 교과서 서술에서 보이는 민중상」(『한국사연구』 122)에서 조금 더 진전되었다.[10] 이 글에서는 기왕의 연구들이 '근대전환기'의 역사과정을 '근대화'와 '민족주의'에 치우쳐서 이해하여 왔고, 민중의 삶과 생각이나 민중운동 역시 '근대화'와 '민족주의'를 지향한 것으로 파악해온 점을 비판한 것이다. 당시 한국에 소개된 서발턴(subaltern) 연구의 시각을 수용한 글이었으며, '근대화'와 '민족주의'에 코드를 맞춘 이해로는 민중이 고유한 생

---

10) 이 글은 배항섭, 『19세기 민중사연구의 시각과 방법』, 성균관대학교출판부, 2015에도 수록되었다.

각을 가진 행위주체(agenct)인 것으로 인식될 여지가 없으며, 근대를 지향해 나아가는 민족의 대서사가 제시하는 역사적 전망에 의해 통제되고 전유되는 존재들로 재현될 뿐임을 강조하였다. 또한 민족주의나 근대지향과 결을 달리하였던 민중의 생각과 행동을 억압하고 배제하거나 왜곡하기 때문에 그 시대의 역사상을 풍부하게 하거나, 근대를 비판적으로 성찰할 수 있는 계기를 부정하는 것임을 지적하였다. 앞의 글에 비해 근대에 대한 비판과 성찰이라는 시각이 형성되고는 있었다. 그러나 역시 서구중심적 근대중심적 역사인식에 대한 본격적 비판으로까지 진전시키지는 못하였고, 대안에 대한 생각도 아직 준비되어 있지 않았다.

근대중심적 역사인식에 대한 비판은 「근대를 상대화하는 방법: 민중사에서 바라보는 근대」(『역사비평』 88, 2009)에서는 한 걸음 더 진전되었다. 이 글은 그 무렵 번역된 재일 한국역사학자 조경달의 책 두 권(『이단의 민중반란』, 역사비평사, 2008; 『민중과 유토피아』, 역사비평, 2009)에 대한 서평이었으며, 아직 '근대중심주의(modernocentrism)'라는 개념을 사용하지는 않았지만, 근대중심적 역사인식에 대한 비판을 본격적으로 제기한 첫 번째 글이었다.[11]

이 글에서는 무엇보다 서구에서 근대가 형성되는 과정이 서구와 근대를 특권화함으로써 각기 비서구와 전근대라는 두 가지의 타자를 만들어가는 과정이기도 했음을 지적하였다. 또 양자는 서로 유기적으로 연결되어 있지만, 전자는 서구에 특권적 지위를 부여하여 비서구를 타자화하고, 후자는 근대를 특권화하여 전근대를 타자화함으로써 각기 서구−비서구, 근대−전근대의 비대칭적 관계를 만들어내었음을 강조하였다. 이 가운데 서구−비서구의 비대칭성과 달리 근대−전근대의 비대

---

11) 이 글 역시 배항섭, 앞의 책, 2015에 수록되었다.

칭성에 대해서는 여전히 거의 자각되지 않고 있음도 확인해두었다.

이어 오만한 시선으로 전근대를 내려다보는 모습으로 이미지화할 수 있는 '근대주의' 역사인식을 사이드(Edward W. Said)의 오리엔탈리즘을 차용하여 "전근대를 지배하고 재구성하며 억압하기 위한 근대의 방식"이며, "전근대에 관한 지식체계로서 근대인의 의식 속에 전근대를 여과하여 주입하기 위한 필터로 만들어"진 것으로 규정하였다. 이 글을 통해 근대중심적 역사인식이 가진 핵심 문제에 어느 정도 다가설 수 있었다. 나아가 이 글에서는 무엇보다 '근대'와 '근대주의'를 상대화하고 그것을 넘어서는 새로운 역사인식을 추구하고자 하였다. 이를 위해 강조한 것이 단선적 발전론에 의거한 근대와 전근대의 이항대립적 인식 극복과 근대에 의해 억압·배제되었던 '가능성'들에 대한 재발견, 그리고 서로 다른 '시간들'의 겹침과 가역성을 열어두어야 한다는 점이었다.

'근대중심주의'라는 개념을 처음으로 사용한 것은 2012년 1월 성균관대 동아시아학술원 HK사업의 하나로 〈19세기의 동아시아〉연구모임을 시작하면서 개최한 워크숍(동아시아에서 전근대/근대의 이분법 너머를 생각한다)에서 발표한 "전근대/근대의 이분법적 이해를 넘어서기 위하여"라는 발표문, 그리고 같은 해 2012년 8월 성균관대학교 동아시아학술원 HK사업단에서 한국과 일본 연구자들을 초청하여 개최한 기획학술회의 〈19세기~20세기 초 한국과 일본의 사회와 문화〉에서 발표한 "전근대−근대의 관계에 대한 새로운 모색"이라는 글이었다. 이때 인용한 것이 글로벌 히스토리 연구를 이끌어가던 제리 벤틀리(Jerry H. Bentley)의 '근대중심주의(modernocentrism)'에 대한 규정이었다. '근대중심주의'라는 개념을 가장 먼저 사용한 것으로 보이는 벤틀리는 '근대중심주의'의 요체를 "전근대와 근대 사이의 연속성에 대해 깨닫지 못하도록 근대 세계에 매혹당하는 것"에서 찾았다. 또 근대중심주의는 근대가 이전 시대와 비교할 수 없을 정도로 근본적으로 다르다고 믿게 만듦으로써 전근대와 근대의 역사적 경험에 대한 이해를 왜곡시킨다는 점을 지적하였다.[12] 역사적 시간 속에서 '근대'를 특권화하고, 전근대를 억압, 배제하는 역사인식을 기존의 개념인 '근대주의'로 규정하는 것을 마뜩치 않게 여기고 있던 나에게 벤틀리가 사용한 'modernocentrism'이라는 개념은 반갑기 그지없는 발견이었다. '근대주의'의 영어 표현인 'modernism'으로는 '근대'를 특권화하고, 전근대를 억압, 배제하는 역사인식이 가진 정치적, 이념적 의미를 드러내기 곤란하였기 때문이다.

또 2012년 1월의 발표문에서는 근대 비판과 극복을 위해 전근대로부터 근대를 다시 심문할 필요가 있고, 단순히 전근대가 근대 이후에도 지속적으로 영향을 미치고 있음을 지적하는 데서 나아가 전근대와 근대 사이의 사회 시스템이나 작동원리의 비교 등을 통해 근대의 특권성을 해체하자고 주장하였다. 그리고 "생태적 순환사회를 만들어가려면 대량살육에 기반한 문명을 전환시켜야 하고, 그러려면 비근대적인 생활양식에 주목해야 한다."는 김종철의 글을 인용하여 '비근대적 생활양식'의 가능성을 열어두고자 하였다. 단초적이긴 하지만, 근대중심주의 비판이나, 근대를 넘어서는 대안적 사회질서의 가능성 등을 모색하고자 하였다.

이 책에 실린 글들은 근대중심주의와 서구중심주의과 관련하여 이상과 같은 과정을 거친 이후 작성된 것들이다. 대부분 근대중심주의와 서구중심주의 비판과 관련된 것이지만, 몇 편의 글에서는 단편적이기는 하지만, 인간중심적 역사인식에 대한 성찰의 필요성을 제기하기도 했다.

---

12) Jerry H. Bentley, "Beyond Modernocentrism: Toward Fresh Visions of the Global Past", in Victor H. Mair, ed., *Contact and Exchange in the Ancient World*(Honolulu, 2006).

동아시아사 연구: 근대중심주의 비판의 방법

다음으로 동아시아사에 대한 관심이 시작되고 변화해나가면서 그것이 근대중심적 역사인식에 대한 비판과 연결되는 과정에 대해 소개해 두고자 한다. 역시 이 책을 이해하는 데 도움이 되리라 생각한다.

동아시아사에 대한 관심은 비교사적 접근으로 시작되었으며, 처음에 쓴 글은 동학농민전쟁을 비롯한 '근대이행기' 동아시아 민중운동의 토지개혁구상을 비교하는 발표문이었다. 2008년 11월 21일 동학농민혁명기념재단(민간재단, 이사장 이이화)이 개최한 동학농민혁명 제114주년기념 국제학술회의 〈동아시아 민족운동사 연구의 동향과 과제〉에서 "근대이행기 아시아 민중운동의 토지개혁구상"을 발표하였다. 내용은 한국의 동학농민전쟁과 중국의 태평천국, 일본과 필리핀의 19세기 민중운동에서 제시되었거나 구상된 토지개혁론을 비교한 것이었다. '근대이행기' 동아시아 민중운동의 토지개혁구상은 근대지향과는 거리가 멀다는 취지의 발표문이었다.

이어 2009년 11월 23일 베트남 호치민 대학에서 한국 역사학회와 베트남 역사학회가 공동으로 개최한 〈베트남−한국 관계〉 학술회의 〈조선후기와 베트남 응우옌 왕조−도전·전변·지역관계〉에서 발표했던 "19세기 후반 조선의 사회경제개혁론: '근대'와 '비근대'의 갈등− 개화파와 농민층의 토지개혁구상을 중심으로−"를 토대로 '근대전환기' 조선과 베트남의 토지개혁론을 비교사적으로 살펴보았다. 이 책 제3부에 실린 「19세기 조선과 베트남의 토지개혁론에 대한 비교사적 검토−토지소유를 둘러싼 제도와 관습의 차이를 중심으로−」(『역사학보』 206, 2010)가 그것이다. 19세기 조선과 베트남의 민중운동에서 제시 혹은 구상되었던 토지개혁론은 근대를 지향하는 문명개화론자나 정부의 개혁론과 달리 비근대 내지 반근대적이었음을 확인한 글이다.

이상과 같이 그 동안 내가 관심을 가져온 동아시아사 연구는 민중운동을 중심으로 한 비교사 연구였지만, 그 바탕에는 근대중심주의와 서구중심주의에 대한 비판의식이 자리 잡고 있었다. 이러한 문제의식과 연구들을 좀 더 밀고 나가서 토지소유구조와 매매관습이라는 면에서 한국과 동아시아가 가진 특성을 서구, 그리고 한국과 중국 · 일본 간의 비교를 통해 접근해본 글이 「조선후기 토지소유구조 및 매매관습에 대한 비교사적 검토」(『한국사연구』 149, 2010)이다(이 책 제3부에 실린 「'근세' 동아시아와 조선의 토지소유구조와 매매관습」).

이후 2011년에 성균관대 동아시아학술원의 HK사업단에 합류하면서 동아시아사 연구에 좀 더 많은 관심을 가지게 되었다. 그러나 연구 성과는 미흡하였고, 그마저도 이전과 마찬가지로 성글기 짝이 없는 비교사적 연구들이었다. 2011년 11월 26~29일 중국 태평천국사연구회가 광저우에서 주최한 〈紀念太平天國起義160周年學術硏討會〉에서 「上帝的儿子与国王的赤子 −洪秀全与全琫準的思想的基盤比較−」를 발표하였다. 태평천국과 동학농민전쟁의 최고지도자였던 홍수전과 전봉준의 사상적 기반을 '신(上帝)의 아들'과 '국왕의 신민'으로 규정하여 비교한 글이었다.

2012년에는 고등학교 교과서에 실린 동학농민전쟁 서술 내용을 분석한 「동학농민전쟁에 대한 역사교과서 서술내용의 새로운 모색−동아시아적 시각과 '나눔과 배려'의 정신을 중심으로」(『역사와 담론』 62, 2012)를 발표하였다. 이어 2013년 2월 역사문제연구소 민중사반과 일본 아시아민중사연구회가 울산대학에서 공동으로 개최한 워크숍〈新しい民衆史硏究の方向を摸索するために〉에서 발표했던 글을 수정하여 「임술민란의 민중상에 대한 재검토−근대지향성에 대한 비판과 동아시아적 시각의 모색−」(『역사와담론』 66, 2013)을 제출하였다. 두 개의 글은 19세기 후반 조선의 민중운동을 다룬 것이지만, 민중운동 연구에 동아시아적 시각을 수용할 필요가 있다는 점에 대해서도 지적하였다.

또 2015년 AAS(Chicago, 28 March)에서 발표했던 "The Petition System and Confucian Political Culture in Late Chosŏn Korea: Stopping-the-Royal-Cart Appeals"을 보완, 첨삭하여 「'근세' 동아시아의 直訴와 정치문화」라는 제목으로 『역사비평』 117호(2016)에 게재하였다. '근세' 한중일 삼국에서 백성들이 자신들의 억울함을 황제나 국왕, 쇼군이나 다이묘 같은 최고 군주들에 호소하는 직소제도를 정치문화라는 맥락에서 비교한 글이다. 중국이나 일본에 비해 조선에서 최고 권력자와 백성 간의 관계가 훨씬 친밀하였음을 확인할 수 있었다. 같은 해 AKSE(Bochum, 12 July)에서 발표한 "Popular religions and movements and the social status of women in Korea of the 19th century: compared with Japan and China"를 수정하여 「19세기 동아시아 민중운동과 여성의 참여」를 『역사교육』 152호(2019)에 실었다. 19세기 조선의 민중운동에서는 중국이나 일본과 대조적으로 여성들의 활동이 거의 보이지 않는다. 이 글에서는 이러한 차이를 지배이념인 주자학, 그리고 상업이나 도시의 발달 등과 관련하여 살펴보았다.

2016년 1월 역사문제연구소 민중사반과 일본 아시아민중사연구회가 이바라키(茨城) 대학에서 공동으로 개최한 워크숍〈近代移行期における東アジアの民衆のあり方を比較し、連関を考えるための国際的ネットワーク構築のためのワークショップ〉에서 발표했던 「19世紀東アジアの民衆運動からみえる暴力の強度についての比較史的研究」를 수정하여 "Popular Movements and Violence in East Asia in the Nineteenth Century: Comparing the Ideological Foundations of Their legitimations"(Sungkyun Journal of East Asian Studies, 17:2, 2017)를 저널에 실었다. 19세기 민중운동에서 보이는 폭력의 강도는 중국이 압도적으로 강한 반면, 한국과 일본은 약하였다. 이 글에서는 이러한 차이를 민중운동이나 폭력을 정당화하는 사상적 기반과 연결하여 비교사적으로

접근해보았다. 이글은 일부 수정, 보완되어 「19세기 동아시아 민중운동의 사상적 기반과 폭력에 대한 비교사」라는 제목으로 배항섭, 이경구 엮음, 『비교와 연동으로 본 19세기의 동아시아』, 너머북스, 2020에도 수록되었다.

이 책에는 동아시아사를 다룬 이상의 글 가운데 토지개혁론을 비교한 글 2편과, 토지소유구조를 비교한 글 등 근대중심주의나 서구중심주의에 대한 비판의식을 담고 있는 글들을 선별하여 실었다.

이 책에 실린 글의 주요 내용

이 책은 3개의 부, 13편의 글로 구성되어 있다. 13편의 글은 처음부터 단행본을 염두에 두고 쓴 것들이 아니다. 약 15년 전부터 각기 다른 취지를 가지고 개최된 학술회의 등에서 발표하였던 글을 수정하여 학술지에 실었던 것들이 대부분이다. 여기서 처음으로 소개하는 2편의 글도 이 책을 위해 준비한 것은 아니다. 따라서 13편의 글 가운데는 서로 중복되는 내용도 적지 않고, 각 부와 각 장의 글들이 매끄럽게 연결되지 않는 부분도 있다. 그러나 근대중심주의와 서구중심주의에 대한 비판이라는 문제의식 면에서는 나름대로의 일관성이 있다고 생각한다. 향후 유사한 문제의식을 더욱 진전시켜 나가는 데 작은 도움이라도 되길 기대하면서 한 권의 책으로 엮어 발간하게 되었다.

여기에 실린 글 가운데 가장 오래된 글은 이미 15년 정도 지났기 때문에 지금 와서 보기에 많이 부족하거나 면구스러운 내용도 적지 않고, 앞서 언급했듯이 중복된 부분도 있지만, 각각의 글이 가진 논지를 분명히 드러내기 위해 몇 군데 오탈자 정도만 수정하고 그대로 싣기로 했다. 미리 양해를 구해두고자 한다.

여기서는 먼저 이 책에 실린 글들의 내용을 소개해두고자 한다. 각 글이 가진 문제의식을 중심으로 요약한 것이지만, 이 요약만으로도 이 책에 담긴 대강의 내용을 이해할 수 있도록 정리하다보니 좀 길어졌다.

제1부 〈근대중심주의 비판 방법으로서의 동아시아사 연구〉에는 동아시아사 연구의 새로운 방향을 근대중심주의 비판과 연결시켜 모색해본 글 4편을 실었다.

1. 「**동아시아사 연구의 시각**」은 앞서 언급했던 과정을 통해 조금씩 진전시켜 나간 근대중심주의 비판 의식을 '동아시아사 연구'의 방향 모색이라는 문제의식과 연결시키고자 시도한 첫 번째 글이다. 이글은 원래 2014년 8월 21일(목)~8월 22일, 동아시아학술원에서 개최한 국제학술대회 〈동아시아에서 21세기 패러다임을 모색한다〉에서 "한국에서 동아시아사 연구 방향: 서구·근대·중국 중심적 역사인식을 넘어"라는 제목으로 발표했던 논문을 일부 수정, 보완하여 「동아시아사 연구의 시각: 서구·근대중심주의 비판과 극복」이라는 제목으로 『역사비평』 109(2014)에 게재하였던 것이다. 이 글에서는 20세기 말부터 서구중심적 세계 경제사를 비판하고 —중국이 중심 대상이기는 하지만— 동아시아사를 새롭게 이해하고자 하는 국내외 학계의 주요 연구 성과들을 리뷰한 글이다. 특히 거기에 내포되어 있는 근대중심적 역사인식을 비판적으로 살펴봄으로써 동아시아사 연구가 지향해야 할 방향을 다시 생각해보고자 한 것이다.

이 글 역시 「근대를 상대화하는 방법」 이래의 근대중심주의에 대한 개념을 전제로 하였지만, 특히 서구중심주의와 근대중심주의가 각기 서구에 의한 비서구의 식민화, 근대에 의한 전근대의 식민화를 초래하였음을 강조하였다.[13] 서구가 구성해놓은 역사상과 역사인식에 얽매인

---

13) 이 글에서는 '근대중심주의라'는 개념과 그것을 사용하는 이유를 처음으로 적시하였다. 앞선 제출한 다른 글에서 필자는 전근대로부터 혹은 전근대에 의해 근대가 어떻게 새로워질 수 있는지를 탐구하기 위해 "특권화된 근대를 '특수'한 지위로 전복하여 사고"하고, 곧 "전근대를 '특수한 근대'의 역사에 의해 점유된 시공간으로부터 해

다는 것이 역사인식 면에서 비서구의 자율성 상실을 의미하는 것과 마찬가지로, 근대중심주의에 의한 시간관 역시 전근대를 근대에 종속시킴으로써 전근대로부터 근대의 너머를 볼 수 있는 가능성을 봉쇄한다는 것이다. 그러나 최근 이른바 캘리포니아 학파를 중심으로 서구중심적 세계(경제)사에 대한 비판이 제기되었고 커다란 성과를 낳았지만, 이들의 연구 역시 근대중심주의에 대한 비판에는 관심이 없었다. 이들에게 근대 그 자체를 상대화하거나 근대가 낳은 발전론적 역사인식을 비판하는 것은 논의 밖에 있었기 때문이다. 따라서 자본주의 세계체제에 대한 비판보다는 그에 대한 기여도나 주도권을 둘러싸고 서구와 경쟁하는 아시아와 중국의 모습을 부각시키는 이들의 방법은 여전히 근대중심적 · 발전론적 역사인식을 유지하거나 목적론적 방향으로 흐를 가능성을 배제하기 어려움을 지적하였다.

또한 전근대로부터 근대를 심문할 수 있는 계기를 열어가고, 근대를 새롭게 이해하기 위해서도 근대중심주의와 그것이 구성한 일직선적인 시간관념에 대한 근원적 비판이 요청되며, 이와 관련하여 동아시아사는 특히 큰 의미를 가진다는 점을 강조하였다. 서구에서는 근대 이후에

방시"킬 필요가 있으며, 그를 위해서는 서로 다른 '시간들'의 겹침과 가역성을 열어두어야 한다는 점을 지적하면서 근대를 특권화한 역사인식을 '근대주의'라는 범박한 개념으로 표현한 바 있다(배항섭, 「근대를 상대화하는 방법—민중사에서 바라보는 근대」, 『역사비평』 88, 2009, 372쪽). 그러나 이 글에서는 '근대'와 '근대'가 구성한 역사적 시간관에는 근대에 의한 전근대의 억압과 식민화를 골자로 하는 '시간의 정치학'을 포함한 매우 정치적 · 이데올로기적 성격이 깊이 개입되어 있다는 점을 분명히 드러내기 위해 '근대주의'가 아니라 '근대중심주의(modernocentrism)'라는 개념을 사용한다는 점을 밝혔다. 또 앞서 언급한 벤틀리의 근대중심주의 개념이 가진 문제점을 지적하였다. 벤틀리는 근대중심주의의 극복을 위해 이미 고대부터 서로 다른 문화 간의 상호작용과 개인적 · 집단적 교류가 있었다는 사실을 강조하였다. 그러면서 그는 고대에는 그것이 "근대처럼 항상 강렬하고 체계적"이지는 않았다고 하여 자칫 세계사의 전개 과정이 지역 간, 사회 간, 개인 및 집단 간의 상호작용이 확대되어 가는 과정인 것으로, 따라서 현재의 자본주의 세계체제를 정당화하는 시각이라는 오해를 살 만한 여지를 남겨두고 있었기 때문이다.

나타나는 중요한 질서 내지 체제, 제도나 관습 가운데 이미 오래 전부터, 혹은 '서구의 충격'이나 '서구적 근대'를 수용하기 이전부터 서구의 근대와 매우 흡사하게 성립해 있었던 것들이 적지 않기 때문이다.

2. 「"동아시아는 몇 시인가?"라는 질문」은 2012년부터 성균관대 동아시아학술원 HK사업단(사업 아젠다: 소통과 확산: 동아시아 연구를 통한 한국인문학의 창신)이 역사학과, 문학, 인류학 등 다양한 분야의 연구자들과 함께 시작한 〈19세기의 동아시아〉 연구 모임에서 처음으로 간행한 단행본(『동아시아는 몇시인가?: 동아시아사의 새로운 이해를 찾아서』(미야지마 히로시 · 배항섭 편, 너머북스, 2015)의 머리글이다.[14] 이 글에는 〈19세기의 동아시아〉를 시작하면서 가진 문제의식이나 향후 연구 방향에 대한 나름의 고민이 담겨 있다. 물론 이러한 문제의식이나 연구방향이 모든 구성원들에게 공유되었거나, 5권의 단행본에 온전히 반영된 것은 아니다. 그러나 이 글은 이후 근대중심주의와 동아시아사 연구의 방법 내지 방향과 관련하여 바탕이 되는 문제의식을 담고 있는 만큼 여기서는 좀 길더라도 중점적인 내용을 정리해두고자 한다.

먼저 동아시아의 '근대'가 19세기에 형성되기 시작하였다는 인식의 바탕에 서구중심주의, 곧 서구에 의한 비서구의 식민화뿐만 아니라, 근대에 의한 전근대의 식민화, 곧 근대중심주의(modernocentrism)라는 이중적 식민화가 자리 잡고 있음을 강조하였다. 또 서구중심주의와 근대중심주의는 발전론 · 목적론적 역사인식에 발 딛고 있기 때문에 그것이

---

14) 〈19세기의 동아시아〉 연구모임은 이후 4권의 단행본을 더 간행하여 모두 5권의 단행본을 발간하였다. 2~5권의 제목은 다음과 같다. 『동아시아에서 세계를 보면?: 역사의 길목에 선 동아시아 지식인들』(미야지마 히로시 · 배항섭 편, 너머북스, 2017), 『19세기 동아시아를 읽는 눈: 지속과 변화, 관계와 비교』(미야지마 히로시 · 배항섭 · 이경구 편, 너머북스, 2017), 『비교와 연동으로 본 19세기의 동아시아』(배항섭 · 이경구 엮음, 너머북스, 2020), 『동아시아의 근대 장기지속으로 읽는다』(배항섭 엮음, 너머북스, 2021).

전제하는 역사적 시간관은 서구와 같은 역사 과정을 거쳐 '근대'라는 궁극적 목적지를 향해 달려가는 '발전과정'으로서의 시간관이다. '발전'의 도달점인 '근대'는 서구가 경험한 바에 근거한 '근대성'들로 구성되며, 발전과정의 궁극적 목적지에 거처를 정한 '근대성'들은 역사적 시간의 전개 과정에서 특권적 지위를 부여받게 된다.

이러한 역사인식에 따르면 '근대'와 '서구'에 의해 이중적으로 식민화한 전근대 비서구의 역사 과정은 서구가 미리 경험한 경로를 따라, 또 근대를 향해 돌진해나가야 할 숙명을 지니는 시공간으로 규정된다. 이 때문에 비서구의 역사적 경험이나 근대 이전의 시간은 독자적으로 아무런 의미를 가지지 못한다. 전근대사회의 질서나 구성·운영원리, 사람들이 살아가는 방식과 생각 등은 단지 서구의 역사적 경험과 얼마나 유사한지, 서구가 먼저 달성한 근대성들에 얼마나 근접해 있는지에 따라 '역사적' 의미가 부여될 뿐이다. 그렇지 못한 것들은 배제되거나 은폐된다. 더욱 중요한 점은 그에 따라 비서구와 전근대의 역사에 대한 이해가 매우 제약되고 왜곡된다는 사실이다. 곧, 비서구나 전근대의 특정한 시공간에 존재하던 제도나 문화, 사상, 질서 등 다양한 요소가 어떠한 운영원리에 따라, 어떤 유기적 관계를 맺으면서 역사적 시간을 구성해나갔는지 등에 대한 질문이나 내재적 분석은 후순위로 밀려나거나, 거의 봉쇄되고 만다.

서구중심주의·근대중심주의와 그를 바탕으로 한 발전론·목적론이 역사인식의 기본 뼈대가 된 이후 '서구'와 '근대'는 우리가 발전하기 위해 추구해야 할 목적이 되었다. 동아시아를 비롯한 '비서구'와 '전근대'의 시간과 경험들은 미개와 미몽으로 낙인찍힌 채 단지 '서구'와 '근대'의 진보성을 가능하게 만드는 타자 혹은 수사(修辭)로서의 역할만 주어졌다. 동아시아를 비롯한 '비서구'나 '전근대'는 근대 이후의 역사 전개에 대한 이해, 그리고 근대 이후 인류가 당면하게 된 다양한 문제의 해명과 관련하여 발언할 여지가 거의 없었다. 사실은 동아시아나 비서구가 서구중심주의와 근대중심주의를 수용한 그 순간, 동아시아 및 비서구, 그리고 전근대의 개성적 경험이 지닌 풍부한 가치나 가능성을 우리 스스로 봉인해버린 것이다.

또 서구와 비서구, 근대와 전근대의 관계에 대한 계서적이고 단절적인 이해는 서구와 비서구, 근대와 전근대를 서로 엄격히 구별되는, 하나의 통일되고 균질적인 요소들로 구성되는 시공간으로 인식하거나 그러한 효과를 발생시킨다. 그러나 최근 '중세 속의 근대성', '근대 속의 중세성'에 대한 논의에서도 보이듯이 '중세'나 '근대'라는 역사적 시간의 실상은 다양한 '중세적인 것' 혹은 그렇지 않은 것, '근대적인 것' 혹은 그렇지 않은 것이 병존, 공존하고 상호작용을 하며 구성될 수 있다. 그러한 다양한 요소들이 서로 다른 개개인의 삶에 각각 다른 속도와 무게로 영향을 미치는 속에서 인간의 삶, 인간 간의 관계, 인간과 사회, 사회와 사회 간의 관계가 형성되고 변화해나가는 것이다.

또한 이 글에서는 "환경이나 생태학에서 제기되어온 어두운 예측이 하나하나 맞아 떨어져 가는 현실"을 전제로 근대의 우월성과 특권적 지위에 의문을 제기하고 근대를 상대화하기 위한 방법으로 2009년의 글(「근대를 상대화하는 방법」)에서 언급했던 "다른 '시간들'의 겹침과 가역성을 열어두어야 한다."는 발상을 한 걸음 더 진전시켜 보았다. 공간적 인식이라는 면에서 서구중심적 · 단선적 발전론과 결합된 자국중심적 · 일국사적 시각을 교정하기 위해 '국경을 넘나드는'(transnational) 방법, 비서구로부터 서구를 바라보는 역전된 시각이 제시되어 왔듯이, 시간적인 면에서도 근대중심적 인식을 넘어서기 위한 방법으로 전근대로부터 근대를 바라보는 시각, '전근대'의 관점으로부터 '근대'에 관한 질문들을 도출해내는 시각을 확보하기 위해 '역사적 시간을 넘나드는(transhistorical)' 접근 방법을 제안한 것이다.

「방법으로서의 '동아시아사' 연구」에서 자세히 밝힌 바 있지만, 'transhistorical'이라는 개념은 역사학이 아니라, 건축학과 도시학을 연구하는 네자르 알사야드(Nezar AlSayyad)와 아난야 로이(Ananya Roy)에게서 차용한 것이다. 이들은 '역사적 시간을 넘나드는(transhistorical)' 접근 방법을 '그때(과거)'의 관점으로부터 '지금'에 관한 질문들을 도출해낸다는 맥락에서 이해하였다. 매우 중요한 관점임에는 분명하지만, 여기에는 앞서 언급한 필자의 생각, 곧 "'다른 '시간들'의 겹침과 가역성"을 열어둔다는 발상은 보이지 않는다. '트랜스히스토리칼(transhistorical)'이나 '트랜스템포럴(transtemporal)'이라는[15] 개념을 통해 근대중심주의를 넘어서는 새로운 상상력을 열어나가는 데는 "'다른 '시간들'의 겹침과 가역성"을 열어둔다는 발상이 특히 중요한 의미를 가진다. 시간을 넘나드는 시각의 확보는 '중세' 혹은 '근대'가 하나의 통일되고 동질적인 시간이 아니었음을 드러내거나, '근대'의 시선으로 볼 때는 매우 다양하고 어긋나는 시간들이 병존, 공존할 수 있음을 발상하는, 곧 근대중심적 시간관을 해체하고 새로운 시간관과 새로운 질서, 새로운 이념을 구상하는 단초가 될 수 있기 때문이다.

3. 「방법으로서의 '동아시아사' 연구: 근대중심주의(modernocentrism) 비판과 트랜스히스토리칼(transhistorical)한 접근」(『대동문화연구』 112, 2020)은 2020년 3월 성균관대 동아시아학술원 창립 20주년을 맞아 창립 이후 역사학 분야의 연구 활동이나 연구 성과 가운데 동아시아사 혹은 동아시아라는 맥락 속의 한국사 연구, 그 가운데서도 '근대전환기'에 관한 연구를 중심으로 살펴본 것이다.

특히 이 글에서는 그 동안의 연구 성과에 대해 '동아시아사'를 둘러싼

---

15) 조 굴디 등은 이와 유사한 맥락에서 트랜스템포럴(transtemporal)이라는 개념을 사용하고 있다(조 굴디·데이비드 아미티지 지음, 안두환 옮김, 『역사학 선언』, 한울, 2018, 41쪽, 76쪽).

개념이나 접근방식, 그리고 그것이 변화해나가는 과정에 주목하여 살펴보았다. 그 결과 '동아시아사'가 처음에는 일종의 '지역사'라는 의미에서 접근되었지만, 점차 하나의 방법적 개념으로 변화해나갔고, 2007년 HK사업이 시작될 무렵에는 서양중심적 역사에 대한 비판적 인식에 근거하여 새로운 역사상을 구축하려는 노력이 가시적으로 나타났음을 확인하였다. 이어 필자가 동아시아학술원에 재직하게 된 이후 동아시아사 연구를 서구중심주의와 근대중심주의(modernocentrism)에 대한 극복과 연결시켜 이해하려한 과정, 그리고 이를 위한 방법의 하나로 트랜스히스토리칼(transhistorical)이라는 개념을 구상하고 발견해나가는 과정에 대해서 살펴보았다. 나아가 기후·환경 위기를 초래한 근대중심주의의 또 다른 얼굴인 인간중심주의에 대한 성찰까지 포괄하는 역사연구, 인문학의 필요성이 더욱 절실해지고 있음을 지적하기도 했다.

4. 「**동아시아사 연구의 방향과 가능성**」은 이 책에 처음 싣는 글이다. 2024년 9월 27일, 학술원이 17년간 진행해온 HK사업을 총결하는 학술회의 〈열린 동아시아, 미래가치를 말하다: 융복합 인문학과 초국가 연대의 비전〉에서 발표했던 글을 수정한 것이다. 이 글은 이른바 캘리포니아 학파에 의한 동아시아, 특히 중국 경제사 연구의 내용과 문제점을 살펴본 글로 〈제1장, 동아시아사 연구의 시각〉과 연결된다. 여기서는 〈제1장, 동아시아사 연구의 시각〉에서 제대로 다루지 않았던 내용, 특히 그 이후 최근까지 전개된 논쟁들이 가진 의미와 문제점을 근대중심주의(modernocentrism) 및 인간중심주의(anthropocentrism)와 관련하여 비판적으로 검토하고 새로운 연구 방향과 가능성을 모색해보고자 하였다.

캘리포니아 학파의 중국사 이해에 가장 비판적인 입장을 취하는 필립 황(Philip C. Huang, 黃宗智)의 시각에 대해서도 살펴보았다. 그는 특히 케네스 포메란츠(Kenneth Pomeranz)의 연구(케네스 포메란츠 지음; 김규태, 이남희, 심은경 옮김, 『대분기: 중국과 유럽, 그리고 근대 세계 경제의 형성』, 에코리브르, 2016)에 대해 그것이 영미중심적이라고 신랄하게 비판해왔다. 그러면서 그는 영국과 미국 모델에 대한 모방이 아니라, 중국의 역사적 경험이나 현실에 적합한 새로운 "발전 모델"의 개발을 강조하였다. 그러나 중국의 역사적 경험에 적합한 새로운 '발전 모델'을 추구하고 있다는 점에서 그 역시 프랑크(Andre Gunder Frank)나 포메란츠 등과 유사하게 여전히 발전론적 사고에 근거해 있으며, 근대중심주의에 대한 비판이라는 감각이 결여되어 있다는 점을 지적하였다.

이점에서 조반니 아리기(Giovanni Arrighi)의 연구는 문제의식을 조금 달리 한다. 중국의 경제 정책이 "자국중심적(self-centered) 시장기반 발전, 강탈 없는 축적, 비인적 자원보다 인적 지원의 동원, 유럽의 자본집약적이고 에너지 소모적인 생산에 대비되는 노동집약적 기술 등에 기초해 있다는 점에 주목하면서 중국이 문화적 차이를 진정으로 존중하는 새로운 문명연방을 출현시키는 데 결정적으로 기여할 수 있을 것으로 예상하였다. 에너지 소모적 생산에 대한 비판에서 언뜻 기후, 환경 문제까지 염두에 둔 듯한 문제의식이 엿보이기도 한다. 그러나 그의 입론은 매우 문제적이다. 그가 중국의 노동집약적 생산의 사례로 들고 있는 것은 대학을 졸업한 고급 인력을 대거 고용하여 생산라인을 가동하고 있던 상하이 근교의 원펑(元丰) 자동차 공장이었다. 하지만 그것은 이미 20년 정도 이전의 사례였고, 그의 판단도 당시 중국의 생산력 수준과 그에 연동되는 값싼 노동력의 존재라는 가장 기초적인 문제를 외면한 것이었다. 2020년대의 중국은 그의 기대와 사뭇 다르다. 중국의 자동차 제조 공정은 이미 로봇 이용을 포함한 자동화 시스템이라는 면에서 세계를 선도하고 있으며, 일부 작업에서는 무인 생산까지 이루어지고 있기 때문이다. 이는 동아시아나 중국의 역사적 경험으로부터 근대중심적 역사인식과 발전론적 사회이론, 나아가 인간중심적 인식을 극복할 수 있는 방안의 모색이 아직 오리무중임을 보여주는 것이다.

제2부 〈한국사 연구의 현재와 서구중심주의·근대중심주의 비판〉
은 기왕의 조선후기사와 근대사 연구가 발 딛고 있던 근대중심적, 서구
중심적 역사인식을 비판적으로 살피면서 새로운 연구 방향을 생각해본
글 5편을 모았다.

1. 「조선후기사 연구의 '내재적 발전론'과 근대중심주의 비판」은 2022
년 11월 조선시대사학회가 고려대학교 민족문화연구원과 공동으로 주
최한 학술대회 〈21세기의 눈으로 본 조선시대〉에서 발표했던 「최근 조
선시대사 연구의 역사인식과 새로운 방향 모색」을 수정하여 같은 제목
으로『조선시대사학보』105(2023)에 게재하였던 글이다. 이 글에서는 먼
저 지난 세기 조선후기사 연구를 이끌어갔던 연구 방법인 '내재적 발전
론'과 그에 대한 최근의 비판들에는 '내발론'이 전제하고 있는 서구중심
주의와 근대중심주의에 대한 비판의식이 미흡하거나 없다는 점을 지적
하였다. 이어 내재적 발전론에 비판적인 시각을 담고 있는 최근의 경
험적 연구 성과들을 일별하면서 이러한 연구들을 조선시대의 전체적인
역사 과정과 구조 속에서 어떻게 위치 지을 것인지, 또 정치, 경제, 사
회 각 부문의 연구 성과들을 어떻게 서로 관련지어 이해하고 그를 기반
으로 새로운 조선시대 역사상을 어떻게 구성할 것인지 등과 관련하여
좀 더 고민해야 할 점들을 제시해보았다. 또 이를 위해서는 무엇보다
내재적 발전론이 기초해 있던 서구중심적, 근대중심적 역사인식에 대
한 비판이 필요하다 점을 지적하였다. 서구가 규정해 놓은 근대성 여부
에 초점을 맞출 경우 조선사회의 구성원리나 운영원리, 조선사회에 대
한 전체적 이해는 처음부터 차단되어버리기 때문이다.

2. 「19세기를 바라보는 시각」은『역사비평』101호(2012)의 〈기획특
집: 19세기 위기론과 조선사회〉에 실었던 글이다. 이 글은 당시 경제
사학계에서 제기하고 있던 '19세기 위기론'을 비판적으로 검토한 글이
다. '19세기 위기론'은 위기의 본질을 토지생산성 저하에 따른 생활수준

의 하락 및 생존 위기, 그에 따른 인구 감소에서 찾았다. 위기는 19세기 조선사회가 외세의 침략이 없더라도 자멸할 정도로 심각한 것이었다고 한다. 이러한 인식은 조선후기 사회에서 근대를 지향하는 요소들이 성장하고 있었다는 자본주의 맹아론에 대한 전면적 비판이다. 또한 일본에 의한 정치적·경제적 관리와 자본주의 근대의 이식에 의해 '19세기의 위기'가 극복되고 본격적인 근대적 시장경제가 시작되었다고 이해하는 식민지 근대화론과 직결되어 있다. 이 글에서는 무엇보다 '19세기 위기론'이 서구중심적·근대중심주의적 인식 위에 서 있다는 점, 또 '19세기 위기론'과 결을 달리하는 연구 성과들을 적극 활용함으로써 '19세기 위기론'이 실체가 없거나 과장된 것임을 밝히고자 했다.

3.「서구중심주의와 근대중심주의, 역사인식의 天網인가-송호근, 『시민의 탄생』(민음사, 2013)에 부쳐-」(『개념과 소통』 14, 2014)는 『개념과 소통』(한림대학교 한림과학원) 편집위원회로부터 청탁을 받아 쓴 송호근의 저서 『시민의 탄생』에 대한 서평이다. 저자 송호근은 이 책의 목적이 현재 한국사회의 기원을 밝힘과 동시에 한국사회가 나아가야 할 길을 모색한다는 데 있다고 하였다. 또 저자의 문제의식은 무엇보다 먼저 서양산 이론에 입각한 사회과학이 한국사회의 다양한 현상들을 설명하는 데 실패했다는 데서 출발하고 있다. 그러나 저자는 이 책에서 자신이 가진 문제의식을 충분히 드러내는 데 실패하고 있다. 그것은 무엇보다 저자 역시 한국에서 시민이 탄생하는 위르겐 하버마스(Jürgen Habermas)의 '공론장' 개념을 비롯하여 막스 베버(Max Weber)의 성속의 전환 등 서구적 경험에 입각한 개념이나 분석틀을 이용하여 접근하고 있기 때문이다.

이 가운데 '성속의 전환'과 관련하여 저자는 유교를 서구의 기독교와 사실상 동일시하는 오류를 범하고 있다. 그러나 신이라는 초월적 존재에 포박된 기독교적 인간은 초월적 존재로부터 벗어나 자신의 이성으로 세계를 인식하고, 그렇기에 개별적 인간의 수양을 강조했던 유교적 인간과 근본적으로 달랐다. 그럼에도 불구하고 서구의 기독교를 준거로 한 개인의 탄생이나 세속화라는 설명틀을 유교와 동학에 적용하여 이해하는 것은 서구중심적 인식에 다름 아니다. 또한 서구적 근대를 전제로 하고 한국 역시 그와 같은 근대를 향해 '발전'해나가고 있었음을 확인하려 했다는 점에서 근대중심적 역사인식을 잘 보여주고 있다. 그러나 이러한 방식으로는 한국사와 한국사회의 독자성이나 개성을 드러내기 어렵다. '자본주의 맹아론'이 그러하듯, 서구에 비한 결핍과 한계가 두드러질 뿐이다. 서구가 구성해놓은 역사인식이나 역사상을 더 단단하게 하는 데 도움을 줄지언정, 그것을 벗어나 새로운 역사상을 구축하는 데 전혀 도움이 되지 않는다.

4. 「'탈근대론'과 근대중심주의」는 앞서 언급한 2012년 8월 학술대회에서 발표했던 〈전근대—근대의 관계에 대한 새로운 모색〉을 토대로 한 글이다. 이 글의 문제의식을 발전시켜 2016년 8월 성균관대학교 동아시아학술원에서 개최한 학술회의 〈탈근대론 이후 1: 식민성과 중첩된 시간들〉에서 「'탈근대론'과 근대중심주의」를 발표했고, 그 내용 가운데 일부를 수정, 보완하여 같은 제목으로 『민족문학사연구』 62(2016)에 게재하였던 것이다. 이 글의 취지는 1990년대 후반부터 한국 학계에 활발하게 논의되기 시작한 '탈근대론(postmodernism) 혹은 식민지근대론도 그들이 비판했던 민족주의적 역사인식이나 근대화론과 마찬가지로 근대중심적 역사인식으로부터 벗어나지 못하고 있음을 지적하는 데 있었다. 학계에 적지 않은 영향을 미친 『근대를 다시 읽는다(1, 2)』(윤해동 외 편, 역사비평사, 2006, 『한국의 식민지 근대성』(신기욱, 마이클 로빈슨 지음, 도면회 옮김, 삼인, 2006) 등을 주요 분석 대상으로 삼았으며, 핵심적 문제의식은 제1부 제2장 「"동아시아는 몇 시인가?"라는 질문」과 동일하다.

5. 「한국 근대사 이해의 글로벌한 전환과 식민주의 비판: 기후변동과 역사 연구의 새로운 방향 모색」(『역사비평』 145, 2023)은 기후위기의 시대

내지 '인류세'로 상징 되는 새로운 도전을 맞아 역사연구도 새로운 연구 방향과 방법을 찾아나가야 한다는 문제의식에서 작성된 것이다. 특히 그 동안 한국근대사 연구가 의거해온 기저적 인식이라 할 수 있는 반일 내셔널리즘을 글로벌한 시야의 반식민주의로 확장할 것을 촉구한 글이다. 최근 들어 심각하게 대두되고 있는 기후변동과 환경파괴 문제는 불평등이나 차별, 부패 등과 깊이 연결되어 있으며, 이러한 문제들에 대응하기 위해서는 글로벌한 차원의 연대와 협력이 요청된다. 이는 한국근대사에 대한 기왕의 이해에 근본적 전환을 요구하는 것이기도 하다. 이를 위해서는 무엇보다 연구 시각이나 방법, 인식론적 기반에 대한 성찰이 요청된다. 이 글에서는 이러한 과제에 대응하기 위해 서구중심주의나 근대중심주의에 대한 비판의식 뿐만 아니라, 한국근대사 연구의 글로벌한 전환, 곧 '반일 내셔널리즘'을 기저로 한 인식을 세계사 차원의 식민주의에 대한 비판으로 전환함으로써 글로벌한 연대와 협력의 가능성을 모색할 필요가 있음을 강조하였다.

제3부 〈서구·근대중심주의 비판과 동아시아사의 새로운 이해〉는 경험적 연구를 통해 서구중심주의와 근대중심주의를 넘어서는 한국사와 동아시아사 연구의 방향을 타진해본 4편의 글로 구성하였다.

1. 「동도서기론의 형성과 소멸: 서구중심주의·근대중심주의의 형성」은 『사림』 42호(2012)에 실었던 「동도서기론의 구조와 전개양상」의 제목을 수정한 글이다. 이글은 「독립신문」, 「황성신문」, 「대한매일신보」, 『서북학회월보』, 『대한자강회월보』, 『태극학보』 등 신문과 잡지를 통해 19세기 말에서 20세기 초에 걸쳐 동도서기적 사유들이 점차 문명개화론적인 사유에 의해 대체되는 과정, 특히 신학-구학 논쟁을 중요한 계기로 "신학=서양문명=진보", "구학=동도=미개"라는 또 다른 이분법으로 귀결되는 과정을 추적하였다. 이는 곧 "한국에서 서구중심주의와 근대중심주의가 형성되는 과정이기도 했다. 동도서기론은 서양문명이 동

양문명을 압도해오는 전대미문의 위기 상황에서 나타난 사유였지만, 그 위기는 전혀 다른 두 개 문명 간의 전면적 만남이었다는 점에서 역시 전대미문의 새로운 가능성을 내포한 것이기도 했다. 그러나 동도서기론에 주어졌던 가능성은 불발로 끝나고 말았다. 그 결과 지난 1세기는 동도서기론의 역전된 이분법이라 할 수 있는 서구중심주의와 근대중심주의를 내면화하고 그것에 압도된 시간이었다. 역전의 핵심적 계기를 이루는 것은 진화론 내지 발전론적 시간관, 곧 근대중심적 역사인식이 자리 잡고 있었다.

서구중심주의에 대한 비판과 근대에 대한 상대화가 모색되는 현재 동도=유교중심의 이분법으로부터 서양중심의 이분법으로 급격한 전환 과정에서 대두되었던 동도서기론의 구조와 논리, 그 변화과정은 우리에게 시사하는 바가 크다. 동도서기론을 비롯한 19세기 후반에서 20세기 초반에 걸친 사유나 행동들에 대한 연구가 더 이상 얼마나 더 빨리, 더 온전하게, 더욱 전면적으로 서구 문명을 받아들이고 더욱 충실히 근대화를 추구하였느냐를 따지는 방식으로 접근되어서는 안 될 것이다. 그것은 여전히 이분법적 논리에 갇혀 있다는 점에서 기본적으로 신학·구학 논쟁을 벌일 때 신학론자들의 서구중심주의·근대중심주의적 인식구조와 동일하다고 볼 수 있기 때문이다.

2. 「'근세' 동아시아와 조선의 토지소유구조 및 매매관습: 서구중심주의와 근대중심주의의 너머를 상상한다」는 「조선후기 토지소유구조 및 매매관습에 대한 비교사적 검토」(『한국사연구』, 2010)의 제목과 일부 내용을 수정한 글이다. 이 글은 미야지마 히로시(Miyajima, Hiroshi)와 보데윈 왈라번(Boudewijn, Walraven)이 편집한 How Shall We Study East Asia(Edison, NJ: Jimoondang International, 2017)에 "A Comparative History of Property Ownership and Property Transactions in the Late Chosŏn Period: Towards a Reconsideration of the Eurocentric Perspective"라

는 제목으로 수록되기도 했다. 조선의 토지소유구조와 매매관습은 서구나 일본은 물론이고 중국과도 매우 달랐다. 토지의 사적 소유와 매매라는 점에서 중국은 조선보다 빨랐지만, '근대' 직전 시기인 청대를 기준으로 볼 때 특히 강남 델타지역을 비롯하여 조선과 달리 소유구조가 중층적이고, 매매관습 역시 대단히 비시장적이고 비자본주의적인 토지가 많았다. 이 점에서 최근의 "동아시아사회론"은 삼국 간에 보이는 이러한 중요한 차이를 지나치게 단순화하거나 외면하였다는 혐의가 있다. 이러한 차이는 특히 '근대이행'의 경로나 전략 등과 밀접한 관련이 있다는 점에서 새로운 접근이 요청된다.

조선후기의 토지소유에는 서구나 일본에서 근대적 개혁이 일어난 이후에 형성된 것과 매우 유사할 정도의 배타적 소유권이 형성되어 있었고, 매매관습도 매우 시장친화적이었다. 서구나 일본의 경우 토지소유의 배타성과 시장친화적 매매관습이 형성되는 것은 "근대"나 자본주의 시장경제의 발전과 병행하여 이루어진 현상이었지만, 조선에서는 그와 무관하게 나타난 것이다. 조선후기는 같은 시기 중국이나 일본과 비교할 때 상업의 발전 정도가 더뎠고 상업정책도 가장 억압적이었다. 그러나 "시장친화적"이고 "근대적"인 토지의 매매관습이나 소유구조가 '비근대' 혹은 '반근대적'이라고도 할 만한 상업정책이나 시장경제와 오래 동안 공존하고 있었다. 이러한 사실들은 서구중심적, 근대중심주적 시간관이나 그에 의한 시대구분, 그리고 역사적 시간의 변화 과정에 대한 이해, 곧 한 사회의 모든 부문이 균질하게 변화나간다거나, 나아가 경제적 면에서의 근대와 정치적 면에서의 근대가 반드시 동시에, 혹은 밀접한 관련 속에서만 진행되는 것은 아님을 시사한다.

조선후기의 토지소유구조나 매매관습에서 확인할 수 있는 중요한 사실은 '전근대' 혹은 '비근대'와 '근대'의 공존, 그러한 공존이 일시적인 것이 아니라 길게는 수백 년 동안 장기간 지속되었다는 사실이다. 이는 근대중심적 역사인식이 구성해 놓은 시간관에 대한 균열을 시사할 뿐만 아니라, 당시 이 글에서 언급하지는 않았지만, 대안적 시간관에 대한 구상과 관련하여서도 중요한 의미를 내포하고 있다. 근대중심주의가 구축해놓은 시대구분에 따르면 각기 고대, 중세 근대로 구분된 시간들은 정치, 경제, 사회, 사상과 문화 등의 면에서 각 시대에 고유한 요소들이 서로 불가분의 관계를 맺으면서 균질적으로 구성된다고 이해한다. 그러나 중국이나 일본과 달리 '사회친화적', '근대적'이었던 토지소유구조나 매매관습이 중국이나 일본에 비해 상대적으로 '지체'되었던 시장경제의 발전 정도나 상업정책 등과 병존하였던 조선후기사회의 성격이나 특성은 근대중심주의가 규정한 시간관으로는 설명할 수 없다. 더욱 중요한 점은 조선후기에 보이는 '전근대' 혹은 '비근대'와 '근대'의 장기적 공존이 근대중심주의를 넘어서는 새로운 시간관, 곧 '근대'와 '전근대' 혹은 '비근대'가 서로 얽혀 하나의 독자적 체제와 시대를 구성할 수 있다는 상상력을 열어준다는 것이다.

예컨대 사유제에 의해 토지소유의 불평등이 심화되었던 조선후기와 달리, '반시장적' 공유제 같은 토지소유 시스템이 시장경제와 병존하는 질서를 상상하는 것도 얼마든지 가능할 수 있다. 이러한 상상은 불평등이 더 많은 이산화탄소 배출을 초래하고, 산림과 환경에 대한 오염과 파괴를 조장한다는 다양한 보고서들이 쏟아지는 현실을 생각할 때 매우 의미 있는 현재성을 가진다고 생각한다.

3. 「동아시아 민중운동의 토지개혁 구상과 왕토사상: 근대중심적 이해 비판」은 애초에 2008년 11월 동학농민혁명기념재단(민간)이 주최한 동학농민혁명 제114주년기념 국제학술회의 〈동아시아 민족운동사 연구의 동향과 과제〉에서 발표했던 "근대이행기 아시아 민중운동의 토지개혁구상"을 토대로 한 것이다. 이후 수정을 거듭하며 2023년 10월 중국사회과학원 역사연구소와 동아시아학술원이 공동으로 주최

한 학술회의 〈历史记录与东亚社会的新认识〉에서 "19世纪东亚民众运动中的土地改革构思和王土思想", 2023년 11월 중국 中山大學 歷史學系가 주최한 학술회의 〈16~20世纪东亚地区的知识还流与秩序变动〉에서 "'近代转换期'东亚民众运动所见的王土思想: 近代中心的(modernocentric)历史认识的批判" 등으로 발표되었던 글을 종합하고 수정 보완한 것이다.

19세기 동양 삼국의 민중운동에서 제시된 토지문제와 관련한 요구는 내용이나 강도 면에서 적지 않은 차이를 보이지만, 토지 평분(平分)이라는 평균주의적 원망을 드러내고 있다는 점에서 공통적이었다. 또 토지 평분을 추구하는 토지개혁 구상의 바탕에는 유교적 이상사회와 연결된 최고 수준의 이념이라 할 수 있는 "왕토사상"이 자리 잡고 있었고, 민중은 '왕토사상'에 근거하여 자신들의 '토지 평분' 요구를 정당화하였던 것이다. 이러한 사실은 우선 민중이 '근대 전환기' 혹은 '근대'라는 미지의 시대를 마주했을 때, 그에 대응하는 방법이나 생각이 전통이나 관습으로부터 자유롭지 않다는 것을 보여준다. 또 '근대전환기' 민중운동에 대한 이해가 더 이상 발전단계론 같은 서구발 이론을 교과서적으로, 시대착오적으로, 선험적으로 전제하는 방식으로 접근해서는 설득력 있는 현재성을 가지기 어려움을 시사한다.

또 중요한 것은 그러한 구상이나 요구들이 서구적 근대와 거리가 멀었거나 오히려 서구적 근대에 반대하였다는 사실이다. 지금까지 근대를 지향하지 않았던 경험이나 사유들은 역사 '발전'이라는 면에서 부정적인 것으로 판단되어 왔지만, 이는 근대중심적 역사 인식의 표출이다. 그러나 우리는 현재 불평등이 사회 만병의 근원이라는 지적에 더해 기후위기의 핵심 원인 가운데 하나로 지적되고 있는 시대를 살고 있다. 이러한 현실을 받아들인다면 중요한 것은 더 이상 '근대화' 혹은 '근대성' 여부의 확인이 아닐 것이다. 당면한 새로운 과제인 기후위기나 불평등, 혹은 양자의 관계를 포괄하는 새로운 현실을 자각한 속에서 과거의 경험을 새롭게 이해할 필요가 있을 것이다. 이 점에서 19세기 민중운동에서 제기된 '토지 평분' 요구가 가지는 현재성은 근대중심적 역사인식에 의거하여 이해하던 것과는 매우 다를 수밖에 없을 것이다.

4. 「19세기 조선과 베트남의 토지개혁론에 대한 비교사적 검토」는 앞서 언급했듯이 2009년 한국 역사학회와 베트남 역사학회가 공동으로 개최한 학술회의에서 발표했던 글을 발전시켜 학술지(『역사학보』 206, 2010)에 게재했던 것이다. 이 글에서는 19세기 조선과 베트남의 민중운동에서 제시되거나 구상된 토지개혁론이 근대를 지향하는 문명개화론자나 정부의 개혁론과 달리 비근대 내지 반근대적이었음을 확인하였다. 양국 간에는 비슷한 점도 있었지만, 차이도 적지 않았다. 차이는 무엇보다 양국의 토지제도나 그를 둘러싼 제도나 관습이 달랐다는 사실과 밀접한 관련이 있었다.

조선에서는 이미 근대적 토지소유와 유사할 정도로 배타적인 토지소유가 확립되어 있었고, 매매 역시 자유로웠다. 따라서 토지개혁 요구를 정당화할 수 있는 관습이나 제도를 가지지 못하였다. 이에 비해 베트남의 토지제도에는 공전제가 강하게 자리 잡고 있었다. 공전은 가족 성원에 비례하여 정기적으로 재분배 되었으며, 매매도 금지되어 있었다. 공유지 중 일부는 가난한 마을 주민들의 필요에 따라 할당되었고, 공유지의 지대는 부분적으로 가난한 사람들이 세금을 내는 데 도움을 주거나 토지를 경작하지 못하는 과부와 고아들을 부양하는 데 활용되었다. 또한 축제나 제사 같은 공동 행사의 경비를 위해 할애되는 공전도 있었다.

이러한 제도와 관습은 베트남의 농민들에게 조선의 농민들과는 다른 문화와 가치규범을 형성해 갔을 것으로 생각된다. 특히 지역에 따라 3년 내지 6년 등을 주기로 정기적인 토지 재분배가 이루어졌고, 그것은 빈농들의 생계유지에 커다란 도움을 주었다. 이러한 공전제가 실시되었던 역사적 경험은 '근대'를 마주한 베트남 농민들의 생각과 행동에도 큰 영향을 미쳤다. 공전제의 경험과 기억은 "근대법" 도입 이후 토지를 박탈당한 가난한 농민들에게 평등주의적 원망을 불러일으켰으며, 나아가 그것을 급진적으로 재해석함으로써 현실에 맞서 토지개혁 요구를 전면에 제기하고, 자신들의 요구를 정당화할 수 있는 중요한 근거가 되었다고 생각한다.

근대중심주의의 너머를 향하여

현재의 질서를 넘어서서 어떤 새로운 질서를 만들 것인가는 현실 사회의 구성원들이 현재를 어떻게 이해하고 있으며, 미래에 대해 어떤 '가능성/불가능성'을 전망하고 있는지에 달려 있다. 현실과 미래에 대한 전망, 정치적·이념적 지형이나 비전은 많은 부분이 서로 교직·작용·연쇄하는 역사적 경험들에 대한 인식 방법이나 방향과 깊은 관련이 있다. 따라서 역사적 경험을 어떻게 이해하고 기억하는가의 문제, 곧 역사인식은 현재는 물론 미래의 질서와 이념 등을 규정하는 중요한 요소일 수밖에 없는 것이다.

법칙이든 이념이든 영원한 진리 같은 것은 없다. 역사인식도 마찬가지이다. 고대에도 중세에도 그러했다. 각 시대마다 엘리트들을 비롯한 대다수의 구성원들이 받아들이던 '진리'나 '법칙' 같은 것이 있었다. 끊임없는 도전을 받으면서도 그것을 고집하기도 했고, 때로는 변화를 도모하기도 했지만, 시대가 변하면서 하릴없이 사라져갔다. 서구중심주의나 근대중심주의 역시 마찬가지의 운명일 수밖에 없을 것이고, 우리는 이미 그러한 조짐 이상의 현실을 마주하고 있다. 그렇다면 우리에게 필요한 것은 무엇보다 새로운 과제, 새로운 환경에 걸맞은 새로운 역사인식이나 '법칙' 같은 것을 새롭게 상상해 나가는 일일 것이다. 서구중심주의나 근대중심주의를 비판하는 가장 중요한 이유이다. 근대중심주의에 의해 억압, 외면된 것들 가운데는 근대 너머를 상상하거나, 근대적이지 않은 방식으로 근대를 새롭게 할 수 있는 가능성들이 내포되어 있을 수도 있기 때문이다.

또 '근대적 가치'와 관련된 문제들도 '근대중심적' 이해와는 다른 맥락에서 접근되어야 한다. 경제적 불평등(다양한 차별과 혐오 등도 마찬가지일 것이다)을 예로 들 수 있다. 지금까지 제기되어 온 불평등 문제는 어디까지나 계층, 계급 간의 갈등 같이 인간이 만든 사회질서에 국한되어서 인식되어 왔다. 물론 경제적 불평등은 그 자체만으로도 우리가 해결해야 할 가장 시급한 문제 가운데 하나임이 분명하다. 대니 돌링(Danny Dorling)의 지적처럼 경제적 평등의 증진은 '평등 효과', 곧 우리 모두가 덜 어리석게 되고 덜 두려워하며 삶에 대한 만족도도 높아지는 효과를 가져오기 때문이다.[16] 그러나 이제 불평등은 단순히 인간 사회질서 내부의 문제로 그치는 것이 아니다. 불평등은 기후위기나 생태환경문제와도 밀접한 관련을 가진다는 사실이 속속 밝혀지고 있기 때문이다.

최근 들어서는 소득과 부의 불평등 외에도, 성별, 연령, 인종, 민족, 공공자원에 대한 접근성 등과 관련한 불평등도 환경의 질에 나쁜 영향을 미친다는 점이 강조되고 있다.[17] 나아가 경제적 불평등은 더 많은 온실가스 배출과 관련이 있기 때문에 불평등을 해결하는 것은 기후 변화와 싸우는 데 필수적이라는 점이 지적되고 있다. 뿐만 아니라, 불평등이 사람들을 분열시키고 정부를 부패에 취약하게 만들기 때문에 잘 작

---

16) Dorling, Danny, "The Equality Effect". New Internationalist 504, 19 July. 2017

17) Islam, S. Nazrul, "Inequality and Environmental Sustainability", *UN Department of Economic and Social Affairs(DESA) Working Papers*, No. 145, August 2015; Islam, S. Nazrul and Winkel, John, Islam, N. and J. Winkel, "Climate Change and Social Inequality", *UN Department of Economic and Social Affairs (DESA) Working Papers*, No. 152, UN, New York, October 2017

동하는 민주 정부에 필요한 사회적, 정치적 신뢰를 약화시켜 사회적 분열을 더욱 두드러지게 하고, 집단 간 협력에 필요한 연대를 약화시킨다고 하였다. 따라서 불평등을 해결하기 위한 다양한 개혁이나 정책들, 이를테면 억만장자에 대한 부유세, 팬데믹에 따라 취한 폭리에 대한 세금, 친노조적인 개혁 등은 더 이상 '좌파'의 희망 목록이 아니라 기후 정책의 핵심 요소로 봐야 한다는 주장이 제기되고 있다.[18] 모두 불평등 문제가 더 이상 인간 사회질서 내부에 국한된 것이 아니라 생태환경, 기후문제와 밀접한 관련이 있음을 보여준다. 인간중심적인 20세기 역사학의 인식론을 넘어서야 할 이유이기도 하다.

이러한 점에 비추어 보더라도 근대가 회의되고 '인류세'라는 새로운 지질학적 시기가 제출된 현재, 근대중심적 · 인간중심적 역사인식에 대한 근원적 성찰과 일대 전환이 요청된다. 근대중심주의가 구성해 놓은 근대와 중세 등 각 시대는 근대의 시선으로 규정해 놓은 바의 '균질적'인 요소들로만 구성되어 있지 않았고, 역사적 시간이 발전단계론적인 과정을 거쳐 예정조화적으로 '발전'해 나가는 것도 아니다. 다양한 시간들의 겹침과 공존의 가능성을 열어두어야 한다. 새로운 질서에 대한 상상의 출발은 거기서 시작될 것이다. 나아가 자연까지 포괄하는 새로운 질서에 대한 상상력, '근대'를 뛰어넘는 자유로운 상상력을 얻기 위해서는 근대중심주의가 규정해놓은 시간관이나 그에 의해 구성해 놓은 시대구분의 논리는 물론 인간중심주의가 전제한 인간-자연의 이분법을 뛰어넘어야 한다. 동아시아사의 연구 방향도 마찬가지이다.

근대중심주의와 인간중심주의를 넘어서는 방법과 관련하여 다음에 소개할 조선시대 지식인의 비판적 사유는 오늘날 우리에게도 큰 울림

---

18) Green, Fergus and Noel Healy, "How inequality fuels climate change: The climate case for a Green New Deal", *One Earth* 5:6, 2022, pp. 635~649; "How inequality is fuelling climate change", *UCL News*, 25 May, 2022

을 준다. 먼저 조선중기의 학자 장유(張維)는 〈우리나라의 경직된 학풍 [我國學風硬直]〉(『谿谷漫筆』 제1권)이라는 글에서 당시 조선 학자들의 경직되고 편벽된 학풍에 대해 신랄하게 비판하였다.

중국의 학술은 다양하다. 정학(正學, 儒家의 학문)이 있는가 하면 선학 (禪學, 佛家의 학문)과 단학(丹學, 道家의 학문)이 있고, 程朱를 배우는가 하면 陸氏(陸九淵)를 배우기도 하는 등 학문의 길이 한 가지만 있는 것이 아니다. 그런데 우리나라의 경우는 유식 무식을 막론하고 책을 끼고 다니며 글을 읽는 자들을 보면 모두가 정주만을 칭송할 뿐 다른 학문에 종사하는 자가 있다는 말을 들어 보지 못하였다. 어쩌면 우리나라의 土習이 중국보다 실제로 훌륭한 점이 있어서 그런 것인가? 아니다. 그래서 그런 것이 아니고, 중국에는 학자가 있는 반면에 우리나라에는 학자가 없기 때문에 그러한 것이다.

대체로 중국의 인재들은 …… 이따금씩 큰 뜻을 품은 인사가 나오면 성실한 마음가짐으로 학문의 길에 매진하기 때문에, 그의 취향에 따라 학문의 성격은 서로 같지 않을지라도 각자 실제로 터득하는 바가 왕왕 있게 되는 것이다. 그런데 우리나라는 그렇지를 못해서 器局이 워낙 좁아 구속을 받은 나머지 도대체 志氣라는 것을 찾아볼 수가 없기 때문에, 그저 程朱의 학문이 세상에서 귀중하게 여겨진다는 말을 얻어 듣고는 입으로 뇌까리고 겉모양으로만 높이는 척하고 있을 따름이다. 그런 까닭에 소위 雜學이라는 것조차 나올 여지가 없으니, 또한 어떻게 정학 방면에 소득이 있기를 기대할 수가 있겠는가?(한국고전번역원, 이상현 역, 1997).

위의 인용문은 '정학'을 통해 새로운 깨달음을 얻기 위해서는 '정학'에만 얽매이는 경직되고 편벽된 사유로부터 벗어나야 함을 강조한 것이다. 20세기 한국의 역사학이 서구중심주의와 근대중심주의에 지나치게 얽매여 있었기 때문에 역사를 새롭게 이해하려는 고민이나 연구 성과를 낳지 못하였던 점과 상통한다고 생각한다. 더구나 우리는 서구중심주의에 대한 비판과 관련한 의미 있는 연구 성과도 거의 없는 현실 속에서 근대중심주의와 인간중심주의까지 동시에 벗어나야 한다는 더 어려운 과제까지 마주하고 있다. 이는 이미 지배이념으로 자리 잡고 있던 '정학'으로부터 새로운 깨달음을 추구한 장유와 달리 '지배이념' 그 자체로부터 벗어나야 한다는 점에서 '정학'을 새롭게 하는 일보다 훨씬 더 어려운 과제가 아닐 수 없다.

이러한 어려운 과제에 접근하는 방법과 관련하여 '학문하는 자세' 혹은 '깨달음을 위한 접근방법'에 대한 연암 박지원의 생각을 소개해 둔다. 『연암집』 제1권의 「會友錄序」에서 조선 지식인들의 편협성과 배타성을 비판한 바 있는 박지원은 『연암집』 제3권에 실린 「素玩亭記」에서 진리를 깨닫는 출발을 '물속에 있는 물고기는 물을 볼 수 없다'는 논의에서 시작한다. 물속 물고기의 눈에 보이는 것은 모두 물이어서 물이 없는 것과 마찬가지이기 때문에 그러하다는 것이었다. 연암은 진리를 찾기 위해 글을 읽는 지식인도 이 물고기의 신세와 다를 바 없다고 하면서, 깨달음으로 가는 출발점으로 벗어남(脫), 곧 자신이 가지고 있는 기존의 지식체계에서 한 걸음 비켜서는 것을 강조하였다.[19] 근대중심주의는 물론 인간중심주의를 벗어나는 방법의 출발점도 이와 크게 다르지 않을 것이다.

이 책을 발간하기까지 많은 분들의 도움을 받았다. 우선 성균관대 동아시아학술원과 HK사업단은 좋은 연구 환경을 제공해주었다. 특히

---

19) 이에 대해서는 이영호, 「조선의 禁書論爭과 燕巖 朴趾源의 法古創新」(미간 원고) 참조.

2012년부터 10년 가까이 함께 해온 〈19세기의 동아시아〉 연구 모임에서 매달 진행한 세미나는 문제의식을 벼려나가는 데 많은 도움을 주었다. 역사문제연구소 민중사반, 그리고 민중사반과 일본 아시아민중사 연구회와의 교류는 민중사뿐만 아니라 근대중심적 역사인식과 관련하여 새로운 고민들을 진전시켜나가는 데 중요한 자양분이 되었다. 동학 농민혁명기념재단, 조선시대사학회, 중국 중산대학교 역사학계(歷史學界)는 이 글에 실린 글들을 발표하고 수정해나가는 데 소중한 기회를 제공해주었다. 그 과정에서 필자에게 발표할 기회를 주고 많은 도움말을 준 선후배 동학들께도 감사드린다. 또 바쁜 중에도 난삽한 글을 꼼꼼히 읽고 교정해준 김이경 박사와 미국 시라큐스(Syracuse) 대학 박사 과정생 채수은, 원고 작성 과정에서 자료 정리를 비롯한 귀찮은 일들을 마다 않고 도와준 성균관대 박사 과정생 김연에게 고마운 마음을 전한다. 끝으로 천연되기만 한 원고를 기다려주고 좋은 책으로 만들어 준 성균관대학교 출판부와 관계자 여러분들께 감사드린다.

2025년 1월 연구실에서
배항섭

| 이 책에 실린 글이 처음 발표된 곳 |

제1부 근대중심주의 비판 방법으로서의 동아시아사 연구

1. 동아시아사 연구의 시각: 서구 · 근대중심주의 비판과 극복: 『역사비평』 109, 2014.

2. "동아시아는 몇 시인가?"라는 질문: 「머리글: 동아시아는 몇 시인가?라는 질문」, 미야지마 히로시 · 배항섭 편, 『동아시아는 몇 시인가?: 동아시아사의 새로운 이해를 찾아서』, 너머북스, 2015.

3. 방법으로서의 '동아시아사' 연구: 근대중심주의(modernocentrism) 비판과 트랜스히스토리칼(transhistorical)한 접근: 『대동문화연구』 112, 2020.

4. 동아시아사 연구의 방향과 가능성: 이 책에 처음 게재.

제2부 한국사 연구의 현재와 서구중심주의 · 근대중심주의 비판

1. 조선후기사 연구의 '내재적 발전론'과 근대중심주의 비판: 원제, 「최근 조선시대사 연구의 역사 인식과 새로운 방향 모색」, 『조선시대사학보』 105, 2023.

2. 19세기를 바라보는 시각: 『역사비평』 101, 2012.

3. 서구중심주의와 근대중심주의, 역사인식의 天網인가: 『개념과 소통』 14, 2014.

4. '탈근대론'과 근대중심주의: 『민족문학사연구』 62, 2016.

5. 한국 근대사 이해의 글로벌한 전환과 식민주의 비판: 기후변동과 역사 연구의 새로운 방향 모색: 『역사비평』 145, 2023.

제3부 서구 · 근대중심주의 비판과 동아시아사의 새로운 이해

1. 동도서기론의 형성과 소멸: 서구중심주의 · 근대중심주의의 형성: 원제, 「동도서기론의 구조와 전개양상」, 『사림』 42, 2012.

2. '근세' 동아시아와 조선의 토지소유구조 및 매매관습: 원제, 「조선후기 토지소유구조 및 매매관습에 대한 비교사적 검토」, 『한국사연구』 149, 2010.

3. 동아시아 민중운동의 토지개혁 구상과 왕토사상 : 근대중심적 이해 비판: 이 책에 처음 게재.

4. 19세기 조선과 베트남의 토지개혁론에 대한 비교사적 검토: 『역사학보』 206, 2010.

제1부

근대중심주의 비판과
동아시아사 연구

동아시아사 연구의 시각:
서구중심주의와 근대중심주의 비판과 극복

1. 머리말

21세기에 들어와 한국에는 '동아시아'라는 말이 붙은 대학 부설 연구 기관이 많아졌고, '동아시아'를 키워드로 한 저서나 논문도 많이 제출 되었다. 또 고등학교 과정에서 '동아시아사'라는 교과목이 신설된 데서 도 알 수 있듯이 '동아시아'는 역사학 분야에서 매우 큰 관심을 받는 화 두가 되고 있다. 그러나 동아시아의 역사적 경험을 왜? 어떻게? 새로이 이해할 것인지에 대한 고민은 여전히 부족하다고 생각된다. 동아시아 사에 대한 연구가 미흡한 것도 이와 무관치 않을 것이다.

이러한 연구 상황은 최근 이른바 캘리포니아 학파를 중심으로 – 비 록 중국과 경제사가 압도적으로 중요한 관심 대상이지만– 아시아의 역 사적 경험이 '새로운 세계사' 구성과 관련하여 중요한 이슈가 되고 있다 는 점과 대조적이다. 이 연구들은 주로 근세 혹은 초기 근대(early mod-ern)에 집중되고 있으며, 핵심적 목표는 서구중심주의(Eurocentrism)에 의 해 구축된 사회이론을 비판하고 세계사를 새롭게 구성하고, 나아가 세 계체제의 미래를 새롭게 구사하는 데 있다. 이 같이 서구중심적 세계경 제사 인식에 대한 비판을 핵심 목적으로 이루어진 일군의 연구들은 (동)

아시아를 비롯한 비서구의 역사와 세계사를 지금까지와 매우 다르게 이해한다는 점에서 중요한 의미를 가지지만, 몇 가지 면에서 간과하기 어려운 문제점을 노정하고 있다.

우선 서구중심적 인식을 여전히 드러내고 있기도 하며, 무엇보다 서구중심주의와 비슷한 시기에 유사한 패턴의 정치적 의미를 가지고 형성된 근대중심주의(Modernocentrism)에 대해서는 근본적인 비판의식이 없거나 선명하지 않기 때문이다. 이 글에서는 동아시아사에 관한 최근의 연구들이 여전히 전제하고 있는 근대중심적 역사인식에 대해 비판적으로 검토함으로써 향후 동아시아사 연구의 방향을 모색하는 단서로 삼고자 한다.

한국 학계에도 서구중심주의를 비판한 서구 학자들의 책이 번역되고, 그것을 소개하는 논저가 제출되기 시작한 지 이미 오래되었다. 그러나 경험적 역사 연구에는 여전히 서구중심적 역사인식이 지배적이며, 서구중심주의를 비판하고 새로운 역사인식을 모색하려는 노력은 거의 이루어지지 않고 있다. 이는 아직 서구중심주의가 가진 문제에 대한 자각이 미흡하고, 또 무엇보다 서구중심주의의 극복이 매우 어려운 과제이기 때문이지만, 다른 한편 서구중심주의의 쌍생아이면서도[1] 비서구에 대해서만이 아니라 서구의 역사인식에도 서구중심주의보다 더 직접적이고 심대한 영향을 미치고 있는 근대중심주의에 대한 비판의식이 없다는 점과 밀접한 관련이 있다고 생각한다.

이 글에서는 먼저 '근대중심주의'의 형성 과정과 그것이 역사인식이

---

1) 데이비스 캐쓸린은 중세/근대라는 시기구분과 현재에도 지속되고 있는 식민주의 간의 연관성에 주목하여, 양자는 계보적으로 밀접하게 엮여 있고 함께 출현했으며 동시적으로 서로를 가능케 하고 입증했다는 점을 지적하고 있다. Davis, Kathleen, *Periodization and Sovereignty: How Ideas of Feudalism and Secularization Govern the Politics of Time*, Philadelphia, University of Pennsylvania Press, 2008, p. 20.

라는 면에서 어떤 문제들을 초래하는지에 대해 살펴보기로 한다. 이어서 중국을 중심으로 한 연구들이 대부분이기는 하지만, 동아시아사를 새롭게 이해하고자 하는 국내외 학계의 최근 연구들에 내포되어 있는 서구중심적·근대중심적 역사인식을 비판적으로 살펴보고, 그를 통해 한국사와 동아시아사 연구가 지향해야 할 방향을 생각해보고자 한다.[2]

2. 근대중심주의와 서구중심주의

'서구'와 '근대'가 구성되는 과정은 인식론적으로 '비서구'와 '전근대'라는 두 가지 타자를 만들어가는 과정이었다. 양자는 서로 유기적으로 연결되어 있으며, 전자는 비서구를 타자화하여 서구와 비서구의 비대칭적 관계 혹은 서구에 의한 비서구의 식민화를, 후자는 전근대를 타자화하여 근대와 전근대의 비대칭적 관계 혹은 근대에 의한 전근대의 식민화를 초래하였다. 전자는 서구중심주의, 후자는 근대중심주의이다.

서구중심주의에 대해서는 이미 많은 논의가 있으므로 여기서는 근대중심주의를 중심으로 살펴보고자 한다. 근대중심주의 역시 서구중심주의와 마찬가지로 17, 8세기에 형성되었다. 'modern'이라는 형용사는 'just now'를 의미하는 라틴어 부사에 어원을 두고 있으며, 영어에서는 빨라도 16세기 후반에 들어서야 '고대'와 대비되는 '현재'라는 의미로 사

---

2) 다만 여기서 다루고자 하는 동아시아사는 동아시아를 하나의 역사적 공간으로 묶어서 사고하는 방식이 아니라, 서구·근대중심적 인식을 벗어나 한국사와 동아시아사, 나아가 세계사를 재구성하는 하나의 방법이자 시각으로서의 동아시아사임을 미리 밝혀 둔다. 역사인식과 연구의 대상으로서의 동아시아는 그 경계가 모호하고 가변적일 뿐만 아니라, 동아시아의 범위를 어디까지로 하느냐에 따라 그 바깥에 있는 지역 국가의 역사적 경험을 배제하게 되는 문제가 있다는 점 등이 이미 지적되고 있다. 安本美緒, 「東アジア史のパラダイム轉換」, 『韓國倂合'100年を問う』, 岩波書店, 2011.

용되기 시작하였다.[3] 17세기 이후, 특히 18세기에 들어 '근대'라는 말은 '더 낫다'는 의미를 갖게 되었다. 역사가들은 자기들의 시대를 그 이전 시대와 구별하기 위해 근대라고 부르기 시작했다. 17세기 말경 처음 사용되기 시작한 '중세'라는 말은 근대보다 덜 발전한 시대였고, "모든 국가와 모든 직업에 퍼져 있던 지독한 무지의 시대"였다. 이후 진보의 이상이 확산되면서 근대는 과거를 심판하는 기준이 되었다.[4] 근대라는 시간 개념이 중세를 '무지의 시대'로 타자화하거나, 그를 자신의 대립물로 설정하는 과정에서 형성되어갔음을 보여준다. 물론 자신들이 만들어가는 근대라는 시대가 이전 시기에 비해 훌륭함을 부각시키고, 그들이 이룬 성취를 강조하려는 의도였다.

근대-전근대를 이항대립적으로 편성함으로써 '지난 시대', 곧 전근대는 오늘날과는 완전히 다른 것으로 창조되었다. 그에 따라 근대는 새로운 체제·가속·파열·혁명을, '과거'는 그와 반대로 낡아빠지고 정적인 것을 지칭하게 되었으며, 비가역적으로 지나가버리는 과거 전체를 처음부터 무화시키는 시간관이 성립된 것이다.[5] 전근대-근대의 시기구분이 처음부터 정치적이고 이데올로기적인 의도를 강하게 가지고 있었음을 보여준다.

이후 19세기와 20세기 초 계몽주의적 교의를 따르는 다수의 서구 지식인들에게 근대성은 제도의 지배, 즉 비이성적이며 비합리적인 모든 속박으로부터 우리를 벗어나게 해주는 제도의 지배를 의미하는 것으로, 그 경계를 벗어난 것들은 전근대적인(premodern) 것으로 묘사되었

---

3) Lauzon, Matthew J., "modernity" in *The Oxford Handbook of World History*, New York, Oxford University Press, 2011, p. 72.

4) 린 헌트 외 지음, 김병화 옮김, 『역사가 사라져갈 때』, 산책자, 2013, 80~86쪽.

5) 브뤼노 라투르 지음, 홍철기 옮김, 『우리는 결코 근대인이었던 적이 없다』, 갈무리, 2009, 40쪽, 100쪽, 130쪽.

다. 서구 열강들은 그들이 구축한 제국주의적 체제 내에서 근대성을 당대의 진보의 이념으로 간주하였다. 반면 민족주의자들은 그 안에서 발전의 약속을 보았다.[6]

더 중요한 것은 이 과정에서 '근대 · 근대성'을 지향하는 학자들은 근대 이후 성취한 지적 · 문화적 · 기술적 혁신이 인류의 역사가 무한한 진보와 완성을 향한 서사가 될 수 있음을 증명한 것이라고 주장하였다는 점이다.[7] 근대 이전 시기에 대한 '근대'의 승리를 의미하는 중세-근대의 시기구분이 진보와 완성을 향해 달려가는 목적론적 역사인식과 겹쳐서 이루어지고 있었음을 보여준다. 그에 따라 근대는 그 이전과 '완전히 다른 것', '과거보다 뛰어난 것'을 의미했고, 식민지 침략이 구축한 지정학적 차이를 시간화함으로써 근대와 전근대의 차이가 단선적 발전론적 시간도식 내부의 차이로 규정되었다.[8] 곧 전근대는 진보 · 발전된 근대를 향해 달려가야 할 숙명을 지닌 뒤쳐진 시간대로 타자화됨으로써 목적론적인 역사인식이 더욱 선명하게 자리 잡게 되었음을 보여준다.

나아가 이상과 같은 중세-근대의 시기구분에 의해 형성되고 확산되어간 시간관, 곧 종교적-중세적-봉건적인 것, 그리고 세속적-근대적-자본주의적(혹은 민주주의적)인 것과 같은 개념의 계열들은 점차 배타적인 강제력을 행사해 나갔다. 예컨대 글로벌한 차원에서 원칙적인 정치의 근대화에 도달하기 위해서는 역사적으로 특정한 문화, 경제, 그리고 제도적인 형태가 동시에 요구되었다. 나아가 '중세'는 파키스탄에 대

---

6) Chakrabarty, Dipesh, *Habitations of Modernity*, Univ. of Chicago Press, 2002, p. x.

7) Lauzon, Matthew J., *op. cit*, p. 73.

8) Peter Osborne, 「別の時間」, 『近代世界の形成: 19世紀世界 1』, 岩波書店, 2002, 118쪽, 122쪽, 132쪽; 차크라바르티, 「인도 역사의 한 문제로서 유럽」, 『흔적』1, 2001, 85쪽.

해 '봉건제'라는 딱지를 붙이듯이, '아직' 근대화를 달성하지 못한 혹은
더 '나쁘게 역행한다'는 의미를 가지고 어느 시대, 어느 사회에나 적용
될 수 있는 유동적 범주가 되었다.[9] 유럽의 근대가 종교적·봉건적인
것 등 특정한 요소들을 근거로 근대 이전 시대를 억압하기 위해 만들었
던 '중세'라는 개념이 전 세계 역사에 균질적으로 적용되면서, 근대/중
세를 준별하는 요소에 문화·경제·제도적 차원까지 덧붙여졌고, 마침
내 앞서 언급한 식민지에 대해서만이 아니라 서구 근대와 이질적인 어
떤 시대나 사회(비서구)에도 적용되는 논리로 확대되어갔음을 보여준다.

이런 과정을 거쳐 근대는 인류 역사의 전개 과정에서 이전 시기와 구
별되는 특권적 시기의 지위를 부여받게 되었다. '전통'을 변화에 대한
장애물로 인식해버리게 된 것도 이러한 시간관의 결과임은 물론이다.
이와 같은 과정을 거치며 근대는 근대 이전의 역사를 횡령하고, 과거를
심판하는 기준이 될 수 있었다. 다름 아닌 '근대중심주의'이다.[10]

대표적인 글로벌 히스토리(global history) 연구자 가운데 하나인 제리

---

9) Davis, Kathleen, *op. cit*, pp. 132~133, pp. 3~5.

10) 전통적인 가치관이나 관습 등을 부정하거나 그에 대립하여 서구발 '근대성'을 지향
    하는 사상 경향에 대해 지금까지는 주로 '근대주의'라는 용어를 사용해왔다. 그러나
    '근대주의'는 무엇보다 '근대'가 그 이전의 시간에 대한 심판자로서의 특권적 지위를
    차지하고, 근대 이전의 시간을 지배한다는 점, '근대'와 '근대'가 구성한 역사적 시간
    관에는 근대에 의한 전근대의 억압과 식민화를 골자로 하는 '시간의 정치학'을 포함
    한 매우 정치적·이데올로기적 성격이 깊이 개입되어 있다는 점을 간과하거나 제대
    로 드러내기에는 미흡한 개념이다. 필자 역시 다른 글에서 전근대/근대에 대한 이러
    한 이분법적 이해가 가진 문제점을 지적하는 한편, 전근대로부터 혹은 전근대에 의
    해 근대가 어떻게 새로워질 수 있는지를 탐구하기 위해 "특권화된 근대를 '특수'한
    지위로 전복하여 사고"하고, 곧 "전근대를 '특수한 근대'의 역사에 의해 점유된 시공
    간으로부터 해방시"킬 필요가 있음을 지적하면서도 '근대주의'라고 표현한 바 있으
    나(배항섭, 「근대를 상대화하는 방법—민중사에서 바라보는 근대」, 『역사비평』 88,
    2009, 372쪽), 전근대/근대의 시기구분과 그 과정에서 만들어진 '근대'라는 시기가
    가진 이데올로기적·정치적 의미를 분명히 하기 위해 이 글에서는 '근대중심주의
    (Modernocentrism)'로 표현하기로 한다.

벤틀리(Jerry H. Bentley)는 '근대중심주의(Modernocentrism)'의 요체를 "전근대와 근대 사이의 연속성에 대해 깨닫지 못하도록 근대 세계에 매혹당하는 것"에서 찾았다. 근대중심주의는 근대가 이전 시대와 비교할 수 없을 만큼 근본적으로 다르다고 믿게 만듦으로써 전근대와 근대의 연속성과 역사적 경험을 왜곡시킨다는 점을 지적하면서, 근대중심주의의 극복을 위해 세계의 역사를 더 넓은 범위와 긴 시간 속에서 이해해야 한다는 점을 강조하였다.[11] 근대중심주의에 대한 이러한 이해와 비판은 타당한 것이지만, 근대중심주의가 가진 정치적 · 이데올로기적 함의를 분명히 드러내고 비판하는 데는 부족하다.

그 점에서 오만한 심판자의 시선으로 전근대를 지배하는 근대중심주의는 에드워드 사이드(Edward W. Said)가 오리엔탈리즘에 대해 내린 정의를 빌려보면 보다 선명하게 이해할 수 있다.[12] 이를테면 근대중심주의는 "전근대를 지배하고 재구성하며 억압하기 위한 근대의 방식"이며, "전근대에 관한 지식체계로서의 근대중심주의는 근대인의 의식 속에 전근대를 여과하여 주입하기 위한 필터로 만들어"진 것이다. 근대중심주의는 '서구적 근대'를 특권화한다는 점에서 서구중심주의와 겹치는 부분이 있지만, 특권화의 대상이 장소가 아니라 시간이라는 점에서 차이가 난다. 서구중심주의가 비서구를 서구에 종속시키는 개념이라면, 근대중심주의는 서구와 비서구 어디에서든 전근대를 지배하기 위한 정치적 · 이데올로기적 의미를 가진다는 점에서 그것이 가지는 영향력은

---

11) Bentley, Jerry H., "Beyond Modernocentrism: Toward Fresh Visions of the Global Past", Mair, Victor H., ed., *Contact and Exchange in the Ancient World*, Honolulu, 2006.

12) 사이드는 오리엔탈리즘에 대해 "동양을 지배하고 재구성하며 억압하기 위한 서양의 방식"이며(에드워드 사이드 지음, 박홍규 옮김, 『오리엔탈리즘』, 교보문고, 2007, 18쪽), "동양에 관한 지식체계"로서 "서양인의 의식 속에 동양을 여과하여 주입하기 위한 필터" 역할을 하기 위해 만들어진 것이라고 하였다(같은 책, 25~35쪽).

서구중심주의에 비해 훨씬 크다고 생각한다.

중세사 연구자들에 의하면 중세/근대 또는 중세시대/르네상스시대와 같은 구분은 각 시기에 균질성을 부과함으로써 중세에서 보이는 '근대적' 특성들과 근대에서 보이는 '중세적' 특징들을 감출 뿐 아니라, 의학, 철학과 같은 분야의 역사를 왜곡하고 여성과 인종적으로 혹은 종교적으로 억압받는 소수집단의 역사를 방해하였다.[13] 근대중심주의가 날조된 '중세상'과 '근대상'을 주조함으로써 전근대는 물론 근대에 대해서도 왜곡된 이해를 초래했다는 것이다. 근대중심주의에 대해 이렇게 규정할 수 있다면, 그에 대한 상대화 전략은 근대와 전근대의 이항대립적 인식에 대한 문제제기와 그에 대한 비판에서 출발해야 한다고 생각한다. 그리하여 근대가 가진 특권적 지위를 상대화함으로써 전근대를 근대의 억압으로부터 해방시키고, 나아가 전근대로부터 근대를 심문하는 방식으로 근대를 새롭게 이해할 수 있는 가능성을 열어 나가야 한다.[14]

---

13) Davis, Kathleen, op. cit, p. 4.

14) 이러한 문제의식과 관련하여 '근대성' 개념의 실패와 사실상의 폐기를 요구하는 매우 '과격한' 주장들이 일찍부터 제기되어왔다. 예컨대 캐설린 데이비스(Kathleen Davis)에 따르면 Karl Lowith와 Donald R. Kelly 등은 각기 1949년 혹은 1970년에 이미 '근대성' 혹은 '근대(Neuzeit)'가 완전히 독립적이거나 자기 구성적 '시기'가 아니라고 주장하였으며(Davis, Kathleen, Ibid. p.6, p.15), George Benko 역시 이미 1997년에 "근대라는 관념은 그 스스로 공허한 개념임을 입증하는 실패한 개념이자, 결코 자율적인 인식론적 대상이 되었던 적이 없는 용어"라고 규정한 바 있다(Benko, George and Ulf Strohmayer, eds., *Space and Social Theory: Interpreting Modernity and Postmodernity*, Oxford, Blackwell, 1997, p. 2). 최근 잭 구디도 장기간에 걸친 유럽의 우월성이라는 암시를 내포한 '자본주의'라는 용어를 버린다면 세계사는 더욱 명확하게 이해될 것이라고 주장하였다(Goody, Jack, *The Theft of History*, Cambridge, 2006, p. 305). Bruno Latour 역시—유럽을 향해 발언하는 것이지만—유럽인들이 소중하게 여겨온 (근대적) 가치들이 사실은 그들이 외부 세계(비서구)에 알려온 것보다 훨씬 복잡한 구성주의적 작업에 의존한 것이었음을 지적하면서 제2의 근대화 국면을 열어가기 위해 '근대' 개념을 리콜(recall)할 것을 주장하였다(Bruno Latour, "the recall modernity", Cultural Studies Review 20: 1, 2014, p. 29). '근대(성)' 개념의 폐기 여부를 판단하는 것은 간단치 않다. 특히 '근대' 개념 자체가 발생사적으로 내포

서구중심주의에 대해서는 이미 많은 비판이 제시되었지만, 근대중심주의 혹은 근대중심주의에 의한 시대구분이 가지는 정치적 효과에 대해서는 자각적 비판이 충분히 이루어지지 못하고 있는 것으로 보인다.[15] 물론 이미 복수의 근대성(Multiple Modernities), 혹은 다양한 근대성(Varieties of Modernity), 대안적 근대성(Alternative Modernity) 등이 제기되어 왔다.[16] 이러한 개념은 비판적인 사유에서 나온 것들이며, 이러한 개념들이 등장함에 따라 근대성의 서구적 형태만이 "보편성을 가진 진정한 근대성"이라는 주장은 사실상 기각되다시피 하였다. 이 점에서 '복수의 근대성' 자체가 사실은 '근대성' 개념이 내파되어 가고 있음을 보여주

하고 있는 이전 시대에 대한 지배와 억압의 '정치학', 곧 전근대에 대한 '근대'의 특권적 지위를 제거하거나 '근대'가 구성한 것과는 다른 시간관을 확보할 수 있다면 지금까지와는 다른 방식으로 역사를 분석하는 도구로 활용할 수 있을 것인가 하는 문제와 관련하여 더 깊은 고민이 요청된다.

15) 물론 근대중심적 역사인식에 대한 비판이 없는 것은 아니고, 이미 다양한 방식으로 시도되고 있는 것으로 보인다. 예컨대 Kathleen Davis는 '중세'에 대한 역사서술 전략은 반드시 현대의 신식민주의적 자본주의의 압력 아래서, 대안들을 창조할 수 있는 가능성을 근본적으로 줄여 나가는 글로벌 컬처의 균질화 경향이라는 맥락에서 고려되어야 한다는 점을 지적하면서, 시대구분의 정치적 효과를 약화시키기 위해 '중세'를 복수화하자고 주장하였다(Davis, Kathleen, op. cit, p. 5, p. 16). 근대중심주의에 의한 시대구분과 역사인식이 가진 정치적 이데올로기적 효과를 현재의 자본주의 세계체제에 대한 비판과 연결하여 근본적으로 성찰하게 한다는 점에서 매우 중요한 지적이라 생각한다. 다만 근대중심주의 극복을 위한 핵심적 과제는 그러한 중세와 근대의 이미지를 재구성하는 데 있으며, 그것은 무엇보다 '중세'의 복수화가 아니라 근대와 중세의 관계를 목적론적·발전론적 인식에 입각하여 억압/피억압의 관계로 보는 것이 아니라, 대칭적 관계로 바라보는 시각을 확보하는 데 있다고 생각한다. 나아가 근대와 전근대를 단절하여 이분법적으로 대립시키는 인식에서 벗어나 서로 다른 "시간들"의 겹침과 가역성을 열어두는 것, 그리고 '근대주의'의 너머에 있는 삶의 자취와 저항의 역사를 되살려내는 방법 등을 통해 전근대로부터 혹은 전근대에 의해 근대가 어떻게 새로워질 수 있는지를 새롭게 들여다 볼 수 있는 시각을 확보하는 데 있다고 생각한다. 배항섭, 앞의 글, 2009, 374~375쪽 참조.

16) 대표적인 연구로는 쉬무엘 N. 아이젠스타트, 『다중적 근대성의 탐구』, 나남, 2009 참조.

는 단서라고 생각되지만, 그들의 논리는 무엇보다 먼저 근대성이란 무엇인지 규명해야 한다는 문제를 낳는다. 그러나 복수의 근대성론자들은 근대성에 대한 대안적 정의를 제시하지 않고 있다.[17]

더구나 매튜 로존(Matthew J. Lauzon)은 '복수의 근대성' 등은 '보편적 근대'에 대한 재귀적인 원리들, 혹은 비판적 이성, 인간의 자율성, 전통이라는 질곡으로부터의 해방 등의 개념을 여전히 유지하고 있기 때문에, 각기 다른 사회가 나름대로의 근대성을 형성하였다는 다양한 재귀적 연구로 이어질 가능성을 열어두고 있다고 그 한계를 지적하였다.[18] 또한 'ㅇㅇ적 근대'라는 표현은 형식논리상 이미 '원래의 근대'가 별도로 존재함을 전제로 한다.[19] 이 점에서 'ㅇㅇ적 근대'라는 논리는 서구 근대를 그 핵심적 요소로 하는 근대중심주의 비판에서 '보편성'을 가지기 어렵다. 복수의 근대성론이 근대중심주의나 전근대/근대, 혹은 근대/중세라는 이분법적 시대구분이 가진 정치적·이데올로기적 의미에 대한 근본적인 비판이 되기 어려운 것도 이 때문이다.

---

17) H. Schmidt, Volker, "Multiple Modernities or Varieties of Modernity?", Current Sociology 54, 2006, Sage, p. 78. 이와 관련하여 차크라바르티는 복수의 근대성에 대해 이 세상에 존재하는 모든 것이 '근대'로 정의된다면, 근대성이라는 개념은 개념으로서 의미를 잃게 되는 문제를 낳는다고 지적한 바 있다(Chakrabarty, Dipesh, op. cit, p. xx).

18) Lauzon, Matthew J., op. cit, pp. 82~83.

19) 이와는 좀 다르지만, 잭 구디는 비서구에서도 과학과 자본주의가 발달하고 있었음을 인정하는 서구 지식인들—예컨대 브로델이나 니담—도 여전히 근대 서구의 독자성 내지 우월성을 고집하기 위해 "진정한 자본주의", "근대적 과학"이라는 개념을 준비해두고 있음을 지적하고 있다. Goody, Jack, The Theft of History, Cambridge, 2006, p. 305.

3. 동아시아사에 대한 새로운 이해와 서구 · 근대중심주의

수십 년 전부터 서구의 독창성과 탁월함을 자명한 전제로 삼던 서구 중심적 세계사 인식과 사회이론을 비판하고 '새로운 세계사'를 구축하려는 노력이 본격적으로 제기되기 시작했다. 그들은 유럽이 산업화를 이끈 독특하고 고유한 능력을 지녔고, 그것이 경제발전을 위한 보편적 모델을 만들었다는 종래의 주장을 반박하고 있다. 1800년 전후까지는 아시아나 중국이 세계경제에서 더 중요한 역할을 하였고, 근대 이후 일어난 '서구의 대두'도 문화나 가치 등에서 서구가 비서구에 비해 독창적이거나 탁월함을 가지고 있었기 때문이 아니라 외부적이거나 '우연적인' 요인들을 배경으로 한 것이라는 주장이다.[20]

우선 『리오리엔트』를 쓴[21] 안드레 군더 프랑크(Andre Gunder Frank)는 이 책의 목적이 "기존의 거의 모든 사회이론이 서구 중심적 편견과 오만에 물들어 있다는 사실을 논리적으로 규명하고 증거를 제시하는 것"이라고 밝혔다.[22] 그는 "1800년 이전에 세계경제에서 우세한 지위를 점한 지역이 있었다면 그것은 아시아였다. 당시 세계경제에서 '중심적' 지

---

20) 이에 대한 소개로는 강진아, 「16~19세기 중국 경제와 세계체제—'19세기 분기론'과 '중국 중심론'」, 『이화사학연구』 31, 2004; 강성호, 「'전지구적' 세계체제로 본 세계사와 동아시아—안드레 군더 프랑크」, 『역사비평』 82, 2008; 강성호, 「유럽 중심주의와 포스트모더니즘을 넘어」, 『역사비평』 84, 2008; 강진아, 「동아시아로 다시 쓴 세계사—포머란츠와 캘리포니아 학파」, 『역사비평』 82, 2008; 유재건, 「유럽 중심주의와 자본주의」, 한국서양사학회 엮음, 『유럽 중심주의 세계사를 넘어 세계사들로』, 푸른역사, 2009; 강성호, 「유럽 중심주의 세계사에 대한 비판과 반비판을 넘어」, 호남사학회, 『역사학연구』 39, 2010; 강진아, 「중국의 부상과 세계사의 재조명」, 『역사와 경계』 80, 2011; 배영수, 「'서양의 대두'와 인간의 본성」, 『역사학보』 216, 2012; 김경필, 「침묵 속의 대결—'서양의 대두'에 관한 세 해석」, 『서양사연구』 48, 2013, 135~156쪽 참조.
21) 안드레 군더 프랑크 지음, 이희재 옮김, 『리오리엔트』, 이산, 2003.
22) 『리오리엔트』, 80쪽.

위와 역할이 있었고, '여러 중심' 중에도 만약 서열이 있었다면, 그 정점에는 중국이 있었다고 보아야 한다."고 주장하였다.[23] 이를 실증하기 위해 인구·생산성·소득·무역액 등 다양한 수량적 비교를 시도한 그는 유럽인이 인종, 민족, 제도, 자본주의 정신 등에서 아시아 지역보다 우월했기 때문에 근대화에 성공했다고 보지 않는다. 오히려 그는 유럽이 이 시기에 세계경제의 (半)주변부에 머물러 있었기 때문에 '후발성'의 비교우위를 가질 수 있었다는 점을 지적하였다. 따라서 그는 근대 이후 유럽이 주도한 세계경제에 대해 유럽은 "이미 존재했던 세계경제질서에 뒤늦게 편승했거나, 기존의 느슨한 연결고리를 강화한 것에 불과하다"고 판단하였다.[24]

이른바 캘리포니아 학파의 주요 연구자들인 케네스 포메란츠(Kenneth Pomeranz)와 로이 빈 웡(Roy Bin Wong) 역시 19세기에 들어 서구와 중국 간에 대역전이 일어났다는 점을 강조한다. 19세기 이전에는 유라시아에 걸쳐 중심부가 여러 개 존재했고, 이곳들은 모두 시장경제의 활력에 힘입어 경제성장이 두드러진 지역이었다고 하였다. 이들은 유럽의 산업혁명은 유럽에만 있던 독특한 특징, 문화나 가치 때문에 필연적으로 일어난 것이 아니라 우연적, 외부적 요인에 의한 것이었음을 지적하였다.[25]

그러나 이러한 새로운 세계사 이해는 분명히 서구중심적 역사인식을 비판하는 데는 유용하지만, 그 주요 관심이 1800년 이전 시기의 경제적 발전 정도, 그리고 1800년 이후 대분기의 원인, 혹은 산업혁명이 유럽,

---

23) 『리오리엔트』, 60쪽.

24) 강성호, 「'전지구적' 세계체제로 본 세계사와 동아시아—안드레 군더 프랑크」, 『역사비평』82, 2008, 226쪽.

25) 웡과 포머런츠의 연구에 대해서는 강진아, 앞의 글, 2004/2008/2011; 유재건, 앞의 글; 배영수, 앞의 글 참조.

그중에서도 영국에서만 가능했던 원인을 찾는 데 있다. 근대 그 자체를 상대화하는 것은 아니다. 근대가 낳은 발전론적 역사인식에 대한 비판은 논의 밖에 있다.[26] 자본주의 세계체제에 대한 비판보다는 그에 대한 기여도나 주도권을 둘러싸고 서구와 경쟁하는 아시아와 중국의 모습을 부각시키거나, 자본주의 세계체제를 낳은 산업혁명이라는 특정한 '현상'에 구속된 시각은 여전히 근대중심적·발전론적 역사인식을 유지하거나 목적론적 방향으로 흐를 가능성을 배제하기 어렵다.[27]

앞서 언급한 벤틀리는 근대중심주의의 극복을 위해 이미 고대부터 서로 다른 문화 간의 상호작용과 개인적·집단적 교류가 있었다는 사실을 강조하였다. 그러면서 그는 자신의 이러한 주장이 "현재의 세계

---

26) 케네스 포메란츠의 핵심 논지 역시 초기 근대 시기 중국의 경제적 발전 수준이 유럽, 특히 영국과 대등하였음을 밝히는 데 있다. 그의 논의가 경제 문제에 집중되어 있다는 점은 산업자본주로 이끈 시장의 발달 정도, 칼로리 섭취나 소비의 질과 내용 등의 면에서 영국과 중국의 차이점을 강조하는 필립 황과의 논쟁에서도 잘 보인다. 이에 대해서는 Huang, Philip C. C., "Further Thoughts on Eighteenth-Century Britain and China: Rejoinder to Pomeranz's Response to My Critique", *The Journal of Asian Studies* 62: 1, 2003; Pomeranz, Kenneth, "Facts are Stubborn Things: A Response to Philip Huang", The Journal of Asian Studies 62: 1, 2003 참조. 로이 로이 빈 웡은 다른 캘리포니아 학파의 다른 연구자들과 달리 경제적 측면 뿐만 아니라 근대국가의 형성과정에 대해서도 '근대전환기' 민중반란과 함께 유럽-중국을 비교사적으로 접근하고 있다(Wong, R. Bin, *China Transformed: Historical Change and the Limits of European Experience*, Cornell University Press, 1997).

27) 물론 이 가운데 아리기는 중국의 부상에 대해 중국이 서구의 기계화한 대량생산과는 다른 노동집약적 생산방식의 전통을 갖고 있다는 점에 주목하여 자본주의와는 다른 대안적 생산방식, 곧 자본주의 초극의 가능성이 있음을 부정하지 않고 있다. 그러나 핵심 논지는 중국이 세계체제의 형성 과정에서 유럽 못지않은, 혹은 유럽을 능가하는 역할을 했고, 앞으로는 중국이 다시 세계체제의 중심이 될 것이라는 점을 전망하는 데 있다. 이에 대해서는 강진아, 「중국의 부상과 세계사의 재조명」, 『역사와 경계』 80, 2011, 179쪽 참조. 아리기(Giovanni Arrighi)의 책(Adam Smith in Beijing: Lineages of the Twenty-First Century, London/New York: Verso, 2008)은 강진아에 의해 번역되었으며(조반니 아리기 지음, 강진아 옮김, 『베이징의 애덤 스미스—21세기의 계보』, 길, 2009), 책 말미에 수록된 강진아의 상세한 해제는 아리기와 이 저작이 가지는 연구사적 의의를 이해하는 데 큰 도움을 준다.

적 자본을 위한 계보학을 정당화하는 역사적 설명을 생산하지 않는다"
라는 변명을 굳이 부기하고 있다.[28] 이 역시 글로벌 히스토리에 대한 그
의 인식이 근대중심적, 발전론적 인식과 부합할 위험이 있음을 의식했
기 때문이라 생각된다. 근대중심주의에 대한 비판을 위해 벤틀리는 '지
리상의 발견' 이후만이 아니라 이미 고대부터 국가 간, 지역 간에 개별
적·집단적으로 서로 다른 문화 간의 상호작용이 이루어지고 있었음을
강조하였다. 그러나 고대에는 그것이 "근대처럼 항상 강렬하고 체계적"
이지는 않았다고 하여[29] 자칫 세계사의 전개 과정이 상호작용의 확대
과정인 것으로, 따라서 현재의 자본주의 세계체제를 정당화하는 시각
이라는 오해를 살 만한 여지를 남겨두고 있다.

특히 프랑크의 글은 이런 점에서 문제적이다. 그의 글에는 세계 자본
주의체제가 추구해온 성장 지상주의에 근거한 중국중심주의가 내포되
어 있을 뿐만 아니라, 그의 역사적 전망은 동아시아, 특히 중국의 재부
상이라는 좁은 근대(중심)주의의 틀에 갇혀 있다. 때문에 "프랑크에게서
신자유주의 이데올로그의 목소리를 듣는다"는 아리기의 비판을 경청할
필요가 있다.[30]

한편, 동아시아의 관료제와 사회복지 문제를 다룬 알렉산더 우드사
이드(Alexander Woodside)의 저서는[31] '새로운 세계사'와 다른 접근방법을

28) Bentley, Jerry H., op. cit. p. 27.

29) Bentley, Jerry H., ibid. p. 21.

30) 유재건, 「유럽 중심주의와 자본주의」, 한국서양사학회 엮음, 『유럽 중심주의 세계사
   를 넘어 세계사들로』, 푸른역사, 2009. 243쪽. 최근 동아시아사와 관련해서도 트랜
   스내셔널한 관계, 지역 간 상호연관성을 강조하는 연구들이 이루어지고 있다. 일국
   사를 넘어서기 위해서도, 각국의 역사를 풍부하게 이해하기 위해서도 이러한 연구가
   필요하다는 것은 말할 필요가 없다. 그러나 문제의식이 거기에 그칠 경우 세계화를
   뒷받침해주는 논리가 될 수도 있다는 점을 지적해둔다.

31) 알렉산더 우드사이드 지음, 민병희 옮김, 『잃어버린 근대성들』, 너머북스, 2012.

보여준다. 우선 그는 단수형의 '근대성(modernity)'에 대해 비판적인 입장을 취한다. 단수형의 근대성은 역사적 시간을 지나치게 단순화할 뿐만 아니라, "역사의 '패배자'들과, 다양한 형태의 권력에 대한 합법적 또는 비합법적 저항을 무시할 수 있으며, 심지어 전지구적 자본주의와 공모하고 있다는 지표로 읽힐 수 있기" 때문이라고 하였다. 반면 "복수형의 '근대성들(modernities)'은 단수형 개념의 '근대성'이 사장시켜버린 광범위한 합리성의 전통을 들추어낸다"고 하였다.[32] 그는 "근대라고 생각하는 합리화 과정은 우리가 종종 가정하는 것보다 훨씬 다양한 과정"이며, 이러한 "합리화 과정이란 서로 다른 사회적 권역에서 각기 독립적이면서도 자생적으로 발생할 수 있다"는 문제의식을 가지고 논의를 시작하였다.[33]

또 그는 윌리엄 맥닐(William McNeill)을 인용하여 근대성이 "힘을 의미할 뿐만 아니라 취약성과 줄어들지 않는 '재난의 지속'도 의미한다"는 점을 지적한다.[34] 따라서 그는 관료제의 긍정적인 면과 부정적인 모습을 동시에 포착하여, 동아시아에서는 오래 전부터 관료제의 부정적 측면도 논의되어왔으며, 그러한 경험이 오늘날 관료제 문제의 해결점을 시사해줄 수 있다고 지적하고 있다.

중국식 관료제의 성취를 경시하려는 태도는 그것에 대한 무의식적인 두려움과 정비례하는 것일 수도 있다. 만약 중국식 관료제의 역사를 진지하게 받아들이고 이를 오늘날의 관련 문제에 적용하려 한다면, 순수한 이성에 기초한 관료제라는 것은 애초에 존재하지 않는다는 사실을 확실히

---

32) 위의 책, 39~40쪽.

33) 위의 책, 23쪽, 56~57쪽.

34) 위의 책, 232~233쪽.

인정하게 될 것이다.[35]

　위의 인용문은 서구중심주의에 억압된 동양의 과거를 정당하게 복원할 필요가 있다는 점을 강조한 것이다. 또한 역사적 시간을 서구가 구성한 전근대−근대로의 단선적 발전 과정으로 파악하는 인식틀에 대한 근본적 문제제기라는 점에서 매우 중요한 의미를 가진다. 관료제를 중심으로 한 것이기는 하지만, 동아시아의 역사적 경험이나 역사적 시간이 서구·근대중심주의에 의해서는 파악될 수 없음을 강조한 것이다.

　그러나 알렉산더 우드사이드는 복수의 근대성을 주장하면서도 근대(성)을 합리성과 등치시키고 있다. 역사적 시간을 합리성의 확대 과정으로 바라보는 인식이 전제되어 있다. 이 점에서 앞서 언급한 매튜 로존의 지적, 곧 '복수의 근대성' 개념이 다양한 재귀적 연구로 연결될 가능성이 있다는 지적을 떠올리게 된다. 또한 그는 논의의 중점을 관료제 자체의 형성 시점과 관료제가 초래한 문제점들에 대한 축적된 고민들에 두고 있다. 따라서 관료제와 집권적 정치체제의 조기 성숙을 사회, 경제, 문화, 사상 등의 면과 유기적으로 연관하여 파악하지는 않는다. 마찬가지로 관료제와 관련된 동아시아의 경험이 서구의 충격 이후 폐기되었다는 점을 강조하기 때문에, 이후의 새로운 사회·정치질서와 어떤 식으로 연결되는지 등에 대해서는 논의하지 않았다.

　근대중심주의 비판을 위해서는 전근대 혹은 서구의 충격 이전 시기에 서구의 근대에서 보이는 중요한 요소들이 보인다는 점을 강조하거나, 나아가 그 요소만 분리하여 서구 근대의 그것과 직접 대비하는 방식으로는 부족하다고 생각한다. 그보다는 서구적 관점으로 보았을 때 정치·경제·사회·문화적인 면에서 보이는 전근대적인 것, 근대적인

---

35)　위의 책, 49쪽.

것, 혹은 전근대적이나 근대적인 것으로 설명하기 어려운 것들이 어떤 원리에 의해 상호관련을 맺으며 '조화롭게' 체제를 지탱해 나갔고, 길게는 1천 년 이상 유지될 수 있었는지를 설명해내는 데 있다고 생각한다. 그 결과 얻게 되는 전체상을 서구 근대, 혹은 서구의 충격 이후 비서구의 역사상과 대칭적으로 대비하는 방식이 요청된다. 이 점은 근대중심주의를 비판하는 하나의 방법으로서 동아시아사 연구와 관련하여 매우 중요한 점이라 생각되며, 다음 장에서 좀 더 자세히 다루기로 한다.

미야지마 히로시(宮嶋博史)와 홍호펑(Hung, Ho-fung)은 '전근대' 동아시아 혹은 중국의 역사상을 알렉산더 우드사이드와 달리 정치 · 경제 · 사회 등 각 분야 간의 유기적 관련성 속에서 이해하고자 하였다. 일찍이 중국과 동아시아의 '근세'를 '소농사회론'으로 파악한 바 있는 미야지마의 문제의식은[36] 동아시아 전통사회의 특질을 유럽적 기준이 아니라 동아시아의 공통성에 기반하여 이해함으로써 유럽과는 다른 동아시아사의 독자적 모델을 유형화하려는 데 있었다. 그의 동아시아사 이해에서 주목되는 것은 무엇보다 서구와 달랐던 동아시아의 개성적이고 독특한 정치(과거제도와 집권적 국가), 사상(주자학), 경제(집약적 벼농사), 사회(종법제도)적 역사 경험들을 상호 유기적으로 관련지어 이해한 점이다.

이러한 그의 문제의식은 최근에는 중국의 명대 이후를 '근대'로 이해하는 '유교적 근대'로 이어졌다.[37] '동아시아 근세론'이 가진 한계, 곧 근

---

36) 宮嶋博史,「東アジア小農社會の形成」,『長期社會變動—アジアから考える (6)』, 東京大學出版會, 1994(미야지마 히로시, 『나의 한국사 공부』, 너머북스, 2013에 번역 수록됨); 미야지마 히로시, 「평화의 시각에서 다시 보는 일본 '근세화'—탈아적 역사 이해 비판」, 『창작과비평』 2007년 여름호(미야지마 히로시, 『일본의 역사관을 비판한다』, 창비, 2013에 수록됨).

37) 宮嶋博史,「儒教的近代としての東アジア'近世'」,『東アジア近現代通史 1. 東アジア世界の近代』, 岩波書店, 2010. 이 글은 미야지마 히로시, 『나의 한국사 공부』, 너머북스, 2013에 번역 수록됨.

세는 결국 근대 그 자체가 아니며, 근대는 서구의 충격에 의해 시작된다는 종래의 서구중심적 인식틀을 그대로 내포하고 있다는 점을 극복하려는 생각에서 발상된 것이다. 또한 언뜻 보기에 상충되는 듯한 '유교적 근대'라는 개념상의 딜레마를 '근대'에 대한 독자적인 시대구분을 통해 벗어나고자 하였다. 근대를 합리성, 시장, 국민국가 등 중세와는 구별되는 사회적 삶의 독특한 형태로서가 아니라, 현재와 직결되는 시대라는 의미로 규정한 것이다. 그런 점에서 동아시아의 근대는 19세기가 아니라 가족이나 촌락 등 사회의 가장 기초적인 단위를 구성하는 조직이 현재와 같은 형태로 형성되기 시작한 16세기 이후로 보아야 한다고 했다.[38] 또한 그는 소농사회론에서와 마찬가지로 서구 사회와 대비되는 중국 사회의 다양한 특징을 주자학을 중심에 두고 법과 토지소유, 국가권력과 사회단체의 관계 등을 상호 관련지어 이해하면서, 여러 가지 면에서 서구적인 관점으로는 전근대 혹은 근대적인 것으로 규정하기 불가능한 점이 많다고 주장하였다.

다만 그는 '이슬람적 근대'라는 개념도 성립이 가능하다고 하였으며, '인도적 근대'라는 개념의 가능성도 열어두고 있다.[39] 이 점에서 앞서 언급한 복수의 근대성이 가진 문제점을 공유한다고 생각된다. 이것은 그가 유교적 근대론에서 핵심으로 삼고 있는 주자학의 근대성을 "채권적인 감각을 기초로 민간에 '공공적 공간'을 만들어내고자 한 것"에서 찾는 점에서도 미루어 짐작할 수 있다.[40] '공공적 공간'이 근현대 중국사와 중국의 현실을 이해하는 데 어떤 관건적 의미를 가지는지에 대한 수긍할 만한 설명 없이 주자학의 근대성을 '공공적 공간'이라는 서구 근대의

---

38) 미야지마 히로시, 『나의 한국사 공부』, 324~326쪽.

39) 위의 책, 348쪽.

40) 위의 책, 334~335쪽.

요소와 연결하여 파악한 것이다. 이는 서구중심적 근대성을 재귀적으로 드러내고 있다는 비판으로부터 자유로울 수 없다.

중국의 초기 근대를 근현대와 연결하여 파악해야 한다는 논의는 최근 홍호펑에 의해서도 제시되었다. 홍은 1740년부터 1839년에 이르는 '초기 근대(early modern)' 중국 저항운동의 형태나 내용이 찰스 틸리(Charles Tilly)를 비롯한 서구 사회과학자들이 말하는 것처럼 서구가 경험한 단선적 발전 과정을 추종하는 것이 아니었음을 주장하고 있다. 틸리에 따르면 동서를 막론하고 전근대시대의 저항과 반란은 대부분 반동적이고 퇴행적이며 국지적이었다. 변화에 저항하여 전통적 권리를 지키고자 하였으며, 초기의 중앙집권국가와 같은 외부 세력으로부터 살아남기 위한 것이었다. 그러나 근대 초기(17~19세기)부터 중앙집권국가와 시장과 자본이 부상하면서 국지적이고 반동적이던 저항도 사전 계획적(proactive)이고 광역적인 것으로 변화하였다. 변화된 저항운동은 일반적으로 국가권력에 대한 단순한 거부가 아니라, 국가와의 협상을 통해 새롭고 보편적인 권리를 주장하는 미래지향적 성격을 가진다고 하였다. 틸리는 이러한 변화가 근대 사회운동과 19세기 유럽 민주정치의 성장을 가져왔다고 하였으며, 중국을 비롯한 비서구 후발국들에서 일어난 저항운동의 역사적 발전도 유럽의 경험을 반복한 것에 지나지 않는다고 보았다.[41]

그러나 홍호펑에 따르면 비슷한 시기 중국의 경우 저항운동 참가자들이 첫 번째 물결(18세기 중반)에서는 가부장적인 지방과 중앙권력 모두에게 충성심 있고 복종하는 백성으로 행동하였고, 두 번째 물결(18세기 후반)에서는 반대로 지방과 중앙권력 모두에게 거부감을 느끼고 반항적

---

[41] Hung, Ho-fung, *Protest with Chinese characteristics: Demonstrations, Riots, and Petitions in the Mid-Qing Dynasty*, Columbia University Press, 2011, p. 3, p. 16.

인 경향을 보였으며, 세 번째 물결(19세기 전반)에서는 지방정부에 적대적이었지만 중앙정부와 소통할 때는 대체적으로 충직한 백성으로서 행동하였다고 한다. 이러한 순환적 변화는 서구의 경로를 단순히 따르는 것이 아니라 초기 근대 중국 국가의 도덕적 정당성과 정치경제의 순환적 변화와 궤적을 같이하는 것이라고 보았다.[42]

또한 홍호펑은 이러한 저항운동의 전통을 현대 중국과 연결하여 매우 흥미로운 결론을 내린다. 1989년 천안문 사태 때 학생 대표 3명이 인민대회당 앞에 무릎을 꿇고 읽은 권력에 청원하는 편지에는 주권재민의 자유주의적인 이데올로기보다는 사대부들이 황제의 행동을 제한하기 위해 사용한 도덕주의의 향수가 남아 있다는 것이다. 유교 이념과 권력에 대한 가족적 충성의 실천이 후손들에게서 지속되는 것은 1911년 이래 한 세기 동안의 혁명에도 불구하고 가부장적이고 권위적인 중국 정치가 이어지고 있음을 보여준다고 했다.[43] 따라서 "17세기로 거슬러 올라가야만 중국의 현안 문제가 어떻게 생겨났고 어떤 지적·경제적·감정적 자원을 중국인이 활용해서 문제를 해결할 수 있을지 비로소 알 수 있으며", "중국 저항운동의 발전은 현재가 과거를 지속적으로 앞서는 단선적 경로를 따르지 않으며, 오히려 과거는 현재를 구성하는 요소이고, 이는 또한 미래의 요소가 될 것이다"라고 주장했다.[44]

그런데 홍호펑은 지금까지의 사회과학자들이 주장한 전근대와 근대 저항운동 패턴의 변화, 특히 반동적·퇴영적이던 것에서 사전 계획적(proactive)이고 새로운 권리를 요구하는 미래지향적인 것으로의 변화가 중국에는 맞지 않는다고 하였지만, 그것이 단지 중국에만 해당되는 것

---

42) Ibid, pp. 169~173.

43) Ibid, pp. 194~201.

44) Ibid, pp. 2~3, pp. 200~201.

인지, 아니면 서구 민중운동의 경험에도 해당하는지에 대한 질문이 필요하다. 서구의 민중운동 역시 근대중심적 시각에 의해 왜곡되었을 가능성은 없는가? 홍호평은 전통적 항의와 이데올로기 형태의 지속성은 중국만의 현상이 아니며, 남미에서는 1990년대 구조조정 개혁 시기에 산업혁명 이후 사라진 것으로 간주되었던 식량 폭동이 만연했다고 했다. 또 그는 "혁명에 대한 기존 연구들은 대규모 반란이 지역적 항의와 근본적으로 다르다고 가정했으나, 나는 이 연구에서 어떻게 청대 중기의 항의들이 그 시대의 많은 반란들과 19~20세기의 혁명적 운동으로 이어지는지 보여줄 것이다"라고 하였다. 그것은 비정상적 상황에 발발하는 반란과 혁명은 정상적 시기에 일어난 대중의 항의가 발전하고 최고조에 달한 결과라고 판단하기 때문이다.[45] 이러한 홍호평의 판단은 매우 흥미롭지만, 그것이 반드시 비서구에만 국한되는 것으로 생각하긴 어렵다.

마르크스나 베버 등의 고전적 관점은 전근대와 근대 저항운동을 준별하였을 뿐만 아니라, 근대적 저항과 사회운동에 대해서도 근대가 시작된 후인 18~19세기 유럽에서 기원하여 19~20세기에 걸쳐 전 세계로 퍼져 나갔다는 식으로 단선적인 진보의 맥락에서 이해하였다. 근대중심주의에 대한 근원적 비판은 바로 그와 같이 특권적 근대가 왜곡한 전근대와 근대의 역사상을 바로잡는 데서 시작되어야 한다.

4. 한국사와 동아시아사 연구의 방향

앞서 살펴본 바, 최근 국내외에서 제시된 동아시아사와 세계사에 대한 새로운 이해와 접근방식은 한국사와 동아시아사 연구의 방향과 관

---

45) Ibid, pp. 2~3, p. 16.

련하여 많은 시사점을 주고 있다. 여기서는 목적론적 설명이나 결과를 전제로 한 접근이 아니라, 무엇보다 '서구의 충격' 이전 시기 동아시아 각국의 정치·경제·사회·문화적 여러 현상들을 상호연관성 속에서 이해하고, 그를 토대로 국가나 사회가 구성·작동하는 개성적 원리를 해명하는 것, 그리고 그것이 '서구의 충격' 이후의 역사 전개 과정에 어떤 영향을 미치는지를 내재적으로 분석하는 것이 관건이라는 점을 강조하고자 한다.

이와 관련하여 아시아에 비해 유럽이 우월하다는 전통적인 주장들을 꾸준히 반박해온 잭 구디(Jack Goody)의 최근 연구가 주목된다.[46] 그는 서구에 근원을 둔 민주주의, 자유, 휴머니즘, 개인주의, 낭만적 사랑 등의 키워드에 근거하여 근대 세계에 대한 서구의 독자적인 권위를 주장하는 서구 학자들을 반박하고 있다. 특히 그는 유럽 역사가들의 시기 구분, 곧 역사적 시간을 고대, 봉건제, 자본주의가 뒤따르는 르네상스로 구분하는 방식을 문제 삼았다. "고대는 반드시 봉건제에 선행하고, 봉건제는 유럽의 자본주의에 불가결하였"으며 이러한 유럽의 역사발전 경로는 독자적인 것이라고 주장하였지만, 이는 "시간(주로 기독교의)과 공간에 대한 유럽의 버전"임을 강조하였다. 그럼에도 불구하고 그동안 서구의 역사학자들은 역사적 시간에 대한 자신들의 카테고리와 순서들을 바람직하고 '진보적'인 것으로서 비서구에 강요함으로써 비서구의 역사를 도둑질했다는 것이다. 따라서 그는 정당한 비교를 위해 고대, 봉건제, 자본주의 등 미리 결정된 카테고리를 사용하지 말아야 할 뿐만 아니라, 비교의 다양한 가능성들을 보여주는 사회학적 기준들을 구성

---

46) 잭 구디의 연구업적에 대한 종합적 조망은 Hart, Keith, "Jack Goody: The Anthropology of Unequal Society", *Reviews in Anthropology* 43, Routledge London, 2014, pp. 199~220 참조.

하기 위해서는 그러한 개념들을 버려야 할 것이라고 주장하였다.[47]

잭 구디의 주장을 수용할 경우 산업혁명이나 근대국가의 형성과 자본주의 발전이라는 면에 초점을 맞춘 캘리포니아 학파의 접근방식은 문제적이다. 그들이 분석도구로 삼는 키워드에는 잭 구디가 지적한 바, 장기간에 걸친 '유럽의 우월성'이라는 의미가 내포되어 있기 때문이다. 특히 프랑크의 시각은 문제적이다. 그는 국가의 활동이나 제도, 문화가 세계경제의 흐름에 미치는 영향을 과소평가하거나 아예 부정한 반면, 경제적 과정을 다른 모든 것의 우위에 두는 경제주의적 편견을 보이고 있다는 비판을 받는다.[48] 그는 월러스틴이 근대 자본주의 세계체제로 규정했던 특징들을 적어도 5천 년 이전의 세계체제에서도 발견할 수 있다고 하였다.[49] 이러한 경제주의적, 정태적 시각은 세계사 인식을 위해서는 차이보다 유사성이 중요하다는 주장으로 이어진다.

프랑크는 "사회이론가들도 그렇지만 특히 역사가는 모든 '문명', '문화', '사회'의 특이하고 남다른 특성들, 그리고 각각의 역사적 과정과 사건을 판별하고 강조하는 경향을 보인다"라고 비판하였다. 또 "사회적 · 경제적 지원이 따르고 '국가'의 이데올로기적 · 정치적 이유에서 '국민'의 역사나 지방의 역사를 연구하도록 자극받는 경우에는 그런 경향이 더욱 두드러진다"고 하였다.[50] 연구자의 '도덕성'과도 관련되는 중요한 지적이라 생각한다. 그러나 이어지는 다음과 같은 주장은 그의 인식이 여전히 서구 · 근대중심적 인식이거나, 신자유주의와 연결될 가능성이 있음을 보여준다.

---

47) Goody, Jack, Ibid. p. 286, p. 293, p. 304.

48) 김경필, 앞의 글, 146쪽.

49) 이희재, 「옮긴이의 말」, 『리오리엔트』, 388쪽; 강성호, 앞의 글, 224쪽.

50) 『리오리엔트』, 523~524쪽.

그러나 세계사는 이와는 정반대의 양상을 보인다. 차이를 강조하는 주장은 숱하게 많지만 그 대부분은 허구적인 차이이며, 설령 실재하는 차이라 하더라도 그보다는 공통성이 더 많고 또 중요하다. 동양은 동양이고 서양은 서양이며 이 둘은 영원히 만나지 않을 것이라는 키플링의 관점은 본질적으로 동일한 기능적 구조와 과정이 전혀 달라 보이는 제도나 '문화'로 표출되었을 뿐이라는 점을 간과한다. 최악의 경우 그것은 저열한 정치경제적 식민자의 이해관계를 가려주는 순전히 이데올로기적인 무화과 잎사귀에 불과하다. 근대 세계경제사를 논하면서 우리가 간과해서는 안 되는 것은 수많은 특수한 '차이'들이 실은 공통의 세계경제/세계체제 안에서 펼쳐지는 구조화된 상호작용의 산물이라는 사실이다.[51]

우선 위의 인용문은 비서구와 식민지에 대한 서구의 차별을 우려하는 주장인 것으로 보이지만, 제도나 문화를 경시하는 경제주의적 시각을 드러내고 있다. 또한 그의 말대로 서구나 서구의 발전은 오직 세계적 상호관계의 맥락 안에서만 현실적인 설명이 가능하다. 그러나 그의 시각에는, 비서구는 물론 서구의 역사 역시 서구중심주의에 의해 왜곡되어 있다는 점에 대한 긴장감이 없다. 서구·근대중심적 인식이 불식되지 못하고 있는 것이다. 뿐만 아니라, 차이를 경시하는 태도에서는 글로벌 스탠더드를 추구하는 신자유주의적 이데올로기와 공명할 수도 있는 발상이 읽힌다.

오히려 지금 필요한 것은 프랑크의 주장과는 반대로 "서구와 얼마나 유사했나"라는 질문대신 "얼마나 달랐나"라는 질문이라고 생각한다. '자본주의 맹아론'에서 보이듯이 분절화된 요소들 간의 유사성을 비대칭적으로 비교하는 방식, 그를 통해 서구와 동아시아의 비대칭적 차

___
51) 위와 같음.

별성을 확인함과 동시에 서구중심성을 강화하는 방식이 아니라, 차이의 발견이 되어야 한다. 나아가 왜 그러한 차이가 발생했는가를 이념, 체제, 지리, 지정학적·경제적 환경 등을 유기적으로 연결하여 해명함으로써 비서구 각 사회의 구성과 운영원리를 구성해내야 한다. 또 그에 입각하여 '근대이행'을 포함한 역사 전개 과정, 오늘의 모습과 미래에 대한 전망 등이 설득력 있게 제시되어야 할 것이다. 그를 전제로, 사회를 구성하고 운영하는 각 요소들 간의 유기적 관련성과 정합적 이해, 그리고 그를 통한 역사 전개 과정의 유형적 파악과 대칭적 비교가 필요하다고 생각한다.[52]

이 점에서 동아시아는 특히 중요한 의미를 가진다. 중국의 부상을 비롯하여 세계적으로 가장 역동적인 지역으로 대두하고 있기 때문만이 아니다. 근대중심주의에 대한 비판이라는 점에서 볼 때, 무엇보다 서구와는 매우 대조될 뿐만 아니라 중요한 체제나 제도 면에서 서구에서는 근대 이후에 나타나는 많은 것들이 이미 오래 전부터, 혹은 '서구의 충격'이나 '서구적 근대'를 수용하기 이전부터 서구 근대와 매우 흡사하게 성립해 있었기 때문이다. 알렉산더 우드사이드나 미야지마 히로시가 지적한 관료제나 과거제, 중앙집권적 정치체제만이 아니라 토지소유구

---

52) 중국과 유럽이 조세 부과의 평등성에 대해 매우 다르게 인식하고 있었음을 지적하거나(Wong, R. Bin, op. cit., p. 236), 중앙집권적 정치시스템이라는 면에서의 차이를 18~19세기 유럽과 중국의 조세저항운동이 근대국가의 형성에 미친 영향이라는 면에서의 차이와 연결하여 파악한 로이 빈 웡(Wong, R. Bin, op. cit., chaper 10, 특히 p. 251 참조), 그리고 초기 근대 중국의 저항운동에 보이는 전략과 저항주체들의 정체성을 유교 정치사상이 상정하는 권력과 백성 사이의 관계, 곧 가부장적 부−자 관계와 연결하여 파악하면서 그것이 중국의 저항운동이 유럽과 달리 주권재민의 이념을 형성하지 못한 핵심 요인이며, 그러한 특징은 현재까지도 이어지고 있다는 점을 지적한 홍호펑의 논의는(Hung, Ho−fung, op. cit, pp. 14~18, pp. 174~178) 서구의 경험과 중국의 경험을 대칭적으로 비교하려는 시도에서 나온 것이지만, 서구가 경험한 근대국가나 주권재민사상을 기준으로 삼고 있기 때문에 중국적 경험이 가진 또 다른 가능성에 대해서는 논의를 진행시키지 못하고 있다.

조 등에서도 그러하다. 모두 서구가 구성해놓은 역사인식이나 설명틀로는 접근하기 어려운 문제들이다. 이런 요소들이 '전근대적'인 것들과 공존한 사정을 다른 역사적 조건들과 유기적으로 연결하여 설득력 있게 설명해야 한다. 그를 통해 서구의 경험이나 서구가 구성해놓은 목적론적 · 발전론적 인식으로는 설명하기 어려운 현상들을 확인함과 동시에, 새로운 가능성, 새로운 상상력을 만들어낼 수 있을 것이다.

알렉산더 우드사이드가 인용한 바, 찰스 테일러가 "유럽의 최근 역사는 오히려 더욱 동아시아적으로 되어가고 있다. 사회와 정부가 아주 '얽혀 있어서' 그 구별의 중요성을 약화시키고 있기 때문에, 많은 국가의 노동조합과 고용자집단이 국가의 기획 속에 통합되어왔던 것이다"라고 한 것도[53] 사실은 근대중심주의가 구성해놓은 전근대-근대라는 단선적 시간이 허구적이라는 점을 잘 보여준다. 동시에 근대중심주의에서는 발견할 수 없었던 '전근대적인 것'과 '근대적인 것'의 조합도 얼마든지 가능하다는 점을 보여준다. 근대중심주의의 극복, 그를 통해 전근대-근대라는 단선적 시간 관념을 재구성하는 것이 현재라는 의미에서의 '근대'와 미래를 새롭게 상상할 수 있는 가능성을 열어 나갈 수 있음을 보여준다.

그러나 서구 · 근대중심주의는 특히 비서구의 역사 이해에서 전근대와 근대를 단절적으로만 이해하도록 함으로써, '전근대의 경험'들을 근대 이후 역사 전개 과정과 적극적으로 연결하여 파악하는 시각을 봉쇄한다.[54] 근대 서구의 이론을 적극 수용하면서 그보다 심원한 역사적 경험을 가진 동아시아 관료제를 백안시한 동아시아 근대 엘리트들의 태

---

53) 알렉산더 우드사이드, 앞의 책, 159쪽.

54) 한국이 일본의 식민지가 되기 전후에 보이는 사회 · 문화적 현상을 'ㅇㅇ의 탄생' 등으로 표현하는 최근의 연구나 시각들도 이러한 맥락 속에서 이해될 수 있을 것이다.

도에 대한 알렉산더 우드사이드의 지적은 그러한 사정을 잘 보여준 다.[55] 그동안 한국사학계에도 조선시대에서 서구의 근대에서나 발견되 는 현상들이 보일 경우 단지 그것이 '서구의 충격'과 서구의 수용 이전 의 현상이라는 이유만으로 '전근대적인 것'으로 규정해버리고 마는 태 도가 적지 않았다. 서구중심주의와 근대중심주의가 결합된 결과였다.

예컨대 조선 후기의 토지소유권은 서구의 중세와 달리 '근대적' 내지 '일물일권적 배타적' 성격을 가지고 있었다. 서구나 일본의 경우 지주제 역시 배타적 소유권이 확립된 '근대' 이후에 본격적으로 전개되었다. 이 와 달리 조선에서는 이러한 현상이 자본주의적 질서와는 무관한 '전근 대'에 발생하였다. 그러면서도 배타적 소유권이나 자유로운 매매가 자 본주의적 질서를 창출해 나가지도 않았고, 영국과 같이 농민층이 대토 지소유자와 영세농, 무토민으로 양극분해되거나 이른바 '자본가적 차지 농'을 형성해 나가지도 않았다. 이와 같은 현상이 인류사의 경험 속에서 어떤 의미를 가지는지 이해하기 위해서는 서구중심적 · 근대중심적 역 사인식을 넘어서는 새로운 인식틀이 요청된다.

그러나 지금까지 연구들은 "조선 사회가 비근대사회였기 때문에 그 에 대응하여 소유권도 비근대성을 띠고 있었다"거나, 대한제국기를 포 함하여 조선왕조는 어디까지나 전근대국가였으며, 때문에 조선시대의 사적 토지소유도 어디까지나 전근대적 범주에 속하였다고 단정함으로 써 기껏 발견한 조선 사회의 주요한 특성을 서구중심주의의 인식틀 속 에 가두어버리고 말았다.[56] 서구 · 근대중심적 역사인식으로 인해 토지 소유권에서 보이는 특징이 다른 분야와 어떤 내적 연관을 가지는지에

---

55) 알렉산더 우드사이드, 앞의 책, 63쪽.

56) 배항섭, 「조선 후기 토지소유 및 매매관습에 대한 비교사적 검토」, 『한국사연구』 149, 2010 참조.

대한 이해를 처음부터 차단해버리고 있음을 전형적으로 보여준다.

동아시아 역사의 경험은 서양과의 거리나 차이에 의해 결정되어서는 안 된다. 인간이 사회를 구성하고 사람과 사람의 관계를 맺는 방식, 세계와 우주, 인간사회와 인간의 삶을 사유하는 방식은 다양하다. 지금까지의 방식을 넘어서기 위해서는 먼저 서양의 경험과 대비하여 그 거리나 차이에 기대 비서구의 역사 과정을 이해해온 방식을 벗어나야 한다. 중요한 것은 사회를 구성하고 사유하는 방식과 원리를 내재적으로 분석하는 것이다.

이 점에서 일찍이 폴 코헨이 제기한 중국사의 내재적 접근방법은 여전히 중요한 의미를 가진다. 코헨은 내재적 접근법의 특징으로 "비서구 사회의 역사를 서양 역사의 파생물로 보거나 서양사의 개념을 사용하여 분석하는 것이 아니라 어디까지나 그 사회 자체의 언어와 사물을 보는 시각에 입각하여 파악하려는 진지한 노력인 것", "대상에 입각한 (other-centered) 역사 연구", "서양이 아니라 어디까지나 중국 자신의 역사적 체험에 기초를 두는 연구" 등으로 규정하였다.[57] 물론 코헨이 "내재적 접근법이 중국 바깥에서 가해진 요인을 무시하고 중국을 중국 외의 세계로부터 단절시켜 다루는 접근방법은 아니다"라고 지적한 것처럼[58] 각국, 각 지역 간에 교유와 교역이 있었음을 부정하는 것은 아니고, 그러한 교류와 교역이 미친 영향을 배제하자는 것도 아니다.

최근 '서구의 충격'을 일방적으로 강조해온 메이지 유신 연구와는 반대로, 도쿠가와 일본의 막번체제가 '서구의 충격' 이전에 이미 '유교적 영향'으로 동요·변질되고 있었다는 점을 강조하면서, '사대부적 정치문화'의 출현이라는 관점에서 메이지 유신을 바라본 박훈의 연구도 주

---

57) 폴 A. 코헨 지음, 이남희 옮김, 『학문의 제국주의』, 산해, 2003, 63~64쪽.
58) 위의 책, 355쪽.

목된다. 그 역시 유럽의 근대화 과정에 기반을 둔 설명틀이 아니라, '근세' 동아시아 정치 과정에 대한 면밀한 검토 위에서 만들어진 설명틀을 강조하고 있다.[59] 코헨의 주장과 결을 같이하는 것이다. 특히 그동안 메이지 유신이나 일본 근대화 과정을 '전통'과의 단절이라는 맥락에서 이해해온 것과 달리 연결하여 접근하고 있는 점이 매우 흥미롭다. 종래의 주류적 견해에 따르면 일본이 중국이나 한국과 달리 근대화에 성공할 수 있었던 요인으로 일본은 유학의 영향력이 약했고, 그래서 유학을 쉽게 버릴 수 있었다는 점, 곧 전통과의 단절이 용이하였음이 강조되어왔다. 그러나 박훈의 경우는 오히려 유교라는 전통적 요소가 메이지 유신의 성공에 중요한 요인이었음을 강조한 것이다. 전통과 근대를 단절이 아닌 연속이라는 맥락에서 접근하는 방식이 역사상을 새롭게 구성하는 데 얼마나 중요한지 보여주는 매우 주목되는 연구라고 생각된다.

마지막으로 중국 중심주의에 대해서 간단히 언급하고자 한다. 최근 미국에서 활동하는 한국사학자 존 던컨은 "현재 더 많은 사람들이 한국의 중요성을 인식하고 있지만, 우리는 여전히 중국에 대한 연구가 한국에 대해 알아야 할 모든 것을 제공할 것이라는 견해, 특히 중국 연구자들의 이러한 견해를 때때로 접하게 된다"고 하였다.[60] 중국 중심적 인식을 잘 보여준다. 실제로 동아시아와 관련한 최근의 연구는 대부분이 중국 중심이다. 중국의 경제/정치적 부상이라는 현실을 반영한 것이지만, 그러면서 중국과 가장 밀접한 관계에 있었던 한국의 역사적 경험이 독자적인 의미를 상실할 수 있다. 그러나 서구에서 형성된 근대성이라 하

---

59) 박훈, 「명치유신과 '사대부적 정치문화'의 도전—'근세' 동아시아 정치사의 모색」, 『역사학보』 218, 2013. 박훈, 『메이지 유신은 어떻게 가능했는가』, 민음사, 2014는 이러한 문제의식을 확장한 저작이다.

60) J. B. Duncan, 「한국사 연구자의 딜레마」, 〈2014년 성균관대학교 동아시아학술원 국제학술회의: 동아시아에서 21세기 패러다임을 모색한다〉(2014년 8월 21~22일 개최).

더라도 그것이 전파/수용되는 과정에서 많은 선택과 재해석, 재규정을 수반하였으며, 근대사의 전개 과정 역시 다양하게 전개되었음은 물론이다.[61] 전근대는 더욱 그러하였다. 도이힐러의 선구적 연구에서 지적했듯이 조선이 중국과 마찬가지로 주자학을 지배이념으로 받아들였다 하더라도 거기에는 전통과 결부된 강한 귀족주의적 요소가 내포되어 있었다.[62]

이러한 차이는 많은 분야에서 보이지만, 예컨대 매매관습이라는 면에도 중요한 차이가 있다.[63] 토지는 가장 중요한 삶의 근거였을 뿐만 아니라, 대부분의 사람들이 토지와 관련을 맺으며 살아갔던 전근대사회에서 토지소유구조나 매매관습에서 보이는 특징은 사회적 관습이나 문화 형성에 커다란 영향을 미쳤고, 서구와의 접촉 이후 형성된 한국 '근대'의 형성 과정이나 성격에도 중요한 의미를 지닐 수밖에 없다. 유교를 지배이념으로 받아들이고 관료제에 입각한 중앙집권적 정치체제를 갖추고 있었다는 점 등등 중국의 명청시대와 조선시대는 매우 중요한 공통점을 가지지만, 서로 다른 점도 많았다. 이런 점을 고려할 때 오랫동안 상호교류하며 유사한 문화를 이루고 있던 동아시아 각국 간의 비교사와 그를 통한 각국, 각 사회의 기본적인 작동원리 비교를 통해 공통점과 차이점을 분명히 하는 것은 동아시아사를 유형적으로 파악하기 위한 전제가 되는 작업이라 생각한다.[64]

---

61) 쉬무엘 아이젠스타트, 『다중적 근대성의 탐구』, 37~38쪽, 48쪽.

62) 마르티나 도이힐러 지음, 이훈상 옮김, 『한국 사회의 유교적 변환』, 아카넷, 2003.

63) 배항섭, 앞의 글 참조.

64) 또한 각국의 역사적 경험은 고유한 맥락 속에서 이루어진 것이지만, 그러한 고유성을 발견하기 위해서도 비교사적 방법이 요청된다. 三浦徹, 「原理的比較の試み」, 三浦徹 · 岸本美緒 · 関本照夫 編, 『比較史のアジア: 所有 · 契約 · 市場 · 公正』, 東京大学出版会, 2004. 그 점에서 동아시아 각국 간, 나아가 서구와의 비교사적 접근이 반드시 필요하다. 물론 지금까지도 한국사 연구는 끊임없이 '비교'에 유념하면서

5. 맺음말

역사상을 재구성하기 위해서는 무엇보다 새로운 질문을 던져야 한다. 특히 시간과 공간이 어떻게 인식되고 형성되어왔는가에 대한 질문은 매우 중요하다. '근대'가 가져온 변화의 폭이나 깊이, 그것이 현재의 삶에 미친 영향은 그것이 긍정적이든 부정적이든 결코 부정할 수도 없고, 부정되지도 않을 것이다. 그러나 그것과 승리자로서의 '근대'가 그 이전 시기에 대한 심판자의 위치에 서서 지나간 시대를 지배하는 역사인식을 용인하는 것은 전혀 다른 문제이다. '근대'에 특권성과 근대 이전의 역사적 시간에 대한 심판자의 위치를 부여하는 순간, 우리는 스스로 국민국가 같은 '근대' 권력의 수동적 대리인이 되어버릴 뿐만 아니라, 전근대의 모든 시간을 횡령하여 무화시키고, 전근대의 경험으로부터 '근대'를 새롭게 바라볼 수 있는 가능성마저 폐쇄시키게 된다.[65]

2011년 1월 17일자 『Financial Times』에는 『역사의 종언』으로 유명한 프란시스 후쿠야마(Francis Fukuyama)가 흥미로운 칼럼을 기고했다. 후쿠야마는 "미국 민주주의는 중국을 가르칠 만한 수준이 못 된다(Democracy in America has less than ever to teach China)"라는 제목의 칼럼에서 중국의 민주주의 부재와 이라크전쟁 등 미국의 군사적 침략을 동시에 비판하면서 다음과 같이 "민주적이고 시장 중심적인" 미국 모델의 현실에 대

이루어졌다. 다만 그 비교가 기본적으로 서구중심주의에 의해 그려진, 그것도 매우 추상화된 서구의 경험을 준거로 한 비교였다는 점에 근본적인 문제가 있었다.

65) 차르테지는 근대 시민사회 바깥 영역에 있는 나머지 사회를 현(근)대/전통의 이분법을 사용하여 개념화하는 것은 '전통'을 탈역사화하고 본질화하는 함정을 회피하기 어려우며, 전통 쪽으로 내몰리는 영역이 근대적 시민사회의 원칙들에 부합하지 않는 방식으로 근대와 맞설 수 있는 가능성을 부정하는 것이라고 하였다. 파르타 차르테지, 「탈식민지 민주국가들에서의 시민사회와 정치사회」, 『문화과학』 25, 2001, 143쪽.

해 비관적 전망을 하고 있다.

미국식 모델에는 더 심각한 문제가 있으며 이는 풀릴 기미가 없다. 중국은 현안을 효율적으로 다뤘고 어려운 결정을 내리면서 변화에 빠르게 적응했다. 미국은 중앙집권화된 정부를 불신하는 정치문화에 기반을 둔 헌법적 견제와 균형의 원리에 따라 정부를 운영하고 있다. 이 시스템은 개인의 자유와 사적 활동의 영역을 보장하지만, 현재는 극단주의화되었으며(polarised) 이데올로기적으로 굳어져 있다. 미국식 모델은 현재 이 나라가 직면한 장기간의 재정 문제를 다루는 데 별 소용이 없다. 미국 정치 시스템에는 중국이 갖지 못한 민주적 정통성은 있지만 지금 분열되어 있고 통치할 능력이 없다. 1989년 중국의 천안문 사태에서 시위대는 자신들의 주장을 상징적으로 드러내기 위해 미국 뉴욕에 있는 '자유의 여신상'을 모방해 만들어 세웠다. 미래에도 이같이 미국이 중국 민주화의 모델이 될지는 미국이 지금 당면한 문제를 어떻게 처리할 것인가에 달려 있다.[66]

서구·근대중심주의에 의하면 개인주의는 서구·근대가 비서구·전근대에 비해 뛰어나고 발전된 것임을 보여주는 대표적 증좌였다. 그러던 개인주의가 이제는 "민주적이고 시장 중심적인" 미국식 "발전" 모델에 심각한 걸림돌이 되고 있음을 지적한 것이다. 변화된 '근대'가 새로운 질문을 요구하고 있음을 보여준다. 이러한 평가는 단편적인 현상에 근거한 후쿠야마 개인의 견해이지만, 그가 미국의 시장경제, 민주정치 제도, 개인주의 등을 지구공동체를 위한 보편적 프로그램으로 여기며 서구와 비서구라는 이분법적 이해를 보이던 연구자였다는 점에 비추어

---

66) 『프레시안』2011. 1. 18 지면에 전문이 번역되어 있다.

볼 때[67] 매우 흥미로운 '전향'이라 생각된다. 서구·근대중심주의가 내파되어가는 한 단면를 보여주는 것으로 받아들일 수는 없을까? 어쨌든 근대중심주의가 규정했던 어제의 '효자'가 오늘에는 '불효자'가 되어버리는 이러한 현실 속에서도 역사적 시간은 그의 갈 길을 가고 있다. 다만 근대중심주의만이 그 스스로가 만들어낸 역사적 시간 관념을 박제화시킨 채 고집하고 있을 뿐이다. 근대중심주의가 비판되어야 할 이유를 여기서도 볼 수 있다.

이 글이 시사하는 바는, 서구가 구성해놓은 역사상과 역사인식에 주박된다는 것이 역사인식 면에서 비서구의 자율성 상실을 의미하는 것과 마찬가지로, 근대중심주의에 의한 시간관 역시 전근대를 근대에 종속시킴으로써 전근대로부터 근대의 너머를 볼 수 있는 가능성을 봉쇄한다는 것이다. 서구가 구성해놓은 특정한 '근대성'-예컨대 산업혁명이나 자본주의, 잭 구디가 지적한 민주주의, 자유, 휴머니즘, 개인주의, 낭만적 사랑 등-을 기준으로 그것이 서구에서는 왜 가능했고, 비서구에서는 불가능했느냐는 등의 질문은 이 점에서 근본적인 한계가 있다고 생각한다. 그것은 여전히 서구적 근대가 구성해놓은 발전론적 인식을 전제로 현재까지의 역사 과정을 역추적하는 방식이기 때문에 그와 무관한 경험들은 배제될 수밖에 없다. "미발의 계기"나 "다른 가능성", 서구 근대에 의해 압살되었지만 근대 극복이라는 점에서 소중한 의미를 가질 수 있는 경험들 역시 묻힐 수밖에 없을 것이기 때문이다.

반대로 동아시아나 비서구에 서구의 근대와 같은 것이 일찍 나타났다거나 서구의 영향과는 무관하게 자생적으로 나타났다는 시각, 몇 가지 서구 근대의 요소나 서구에서 발견되는 요소들을 동아시아에서 발

---

67) 두웨이밍, 「지역적 지식의 중요성」, 마인섭·김시업 편, 『동아시아학의 모색과 지향』, 성균관대출판부, 2005, 45쪽.

견하고 그것을 '보편적' 역사 전개 과정으로 이해하는 방식 역시 여전히 근대중심적이고 목적론적이다. 서구중심주의를 극복하는 데는 유용한 고민이지만, 근대중심주의라는 면에서는 근본적 비판이 되지 못한다. 동아시아의 경험에 비추어 볼 때 이미 오래 전부터 서구에서는 '근대'에 나 발견되는 요소들이 나타났지만, 당시의 다른 분야에서는 서구의 근대와 다른 요소들도 적지 않았다. 따라서 동아시아와 비서구 각국의 역사 전개 과정, 곧 서구의 시각으로 보았을 때 근대적인 것과 전근대적인 것들이 뒤엉켜 있는 역사적 경험을 유기적·내재적으로—물론 각국, 각 지역 간에 교역과 문화교류가 있었음을 부정하는 것은 아니고, 그러한 교류와 교역이 미친 영향도 포함하여—이해하는 것이 필요하다고 생각한다.

서구중심주의가 비서구는 물론 서구에 대해서도 왜곡된 이해를 초래하듯이, 근대중심주의는 전근대는 물론 근대에 대해서도 왜곡된 이해를 초래한다. 또한 그것은 식민주의와도 밀접한 관련 속에서 만들어진 것이다. 항상 심판자로서의 특권만 누리는 근대는 그 속에서 살아가는 사람들로 하여금 근대를 제대로 이해하지 못하게 한다. 전근대에 의한 근대의 심문은 그런 점에서 근대를 새롭게 이해하는 방법이 될 수도 있다. 서구중심주의에 대한 비판이 비서구의 시선으로 서구를 새롭게 보기 위해서도 필요하듯이, 전근대로부터 근대를 심문할 수 있는 계기를 열어가고 근대를 새롭게 이해하기 위해서도 근대중심주의와 그것이 구성한 일직선적인 시간 관념에 대한 근원적 비판이 요청된다.

"동아시아는 몇 시인가?"라는 질문

1. 동아시아사 인식의 현재

"동아시아는 몇 시인가?" 이 말은 알렉산더 우드사이드가 '중국, 베트남, 한국 그리고 세계사의 위험성'이라는 부제가 붙은 『잃어버린 근대성들』에서 제기한 핵심적 질문이기도 하다. 서구중심주의(Eurocentrism)에 입각한 역사인식이나 시간관으로는 동아시아의 역사적 경험이나 시간을 제대로 파악할 수 없음을 강조한 표현이다.

동아시아의 19세기는 '근대'를 선취한 서구로부터의 충격(western impact)에 따라 세계자본주의 체제에 편입되고, '근대'가 형성되기 시작한 시기로 이해되어왔다. 이러한 이해의 바탕에는 앞서 언급한 서구중심주의, 곧 서구에 의한 비서구의 식민화뿐만 아니라, 근대에 의한 전근대의 식민화, 곧 근대중심주의(Modernocentrism)라는 이중적 식민화가 자리 잡고 있다. 근대중심주의는 근대인의 의식 속에 전근대를 여과하여 주입하기 위한 하나의 지식체계이자, 전근대를 지배하고 재구성하며 억압하는 동시에 근대에 대한 환상을 심어주는 이데올로기이기도 하다.

'서구'와 '근대'가 구성되는 과정은 비서구와 전근대라는 두 가지 타자를 만들어가는 과정으로, 전자는 비서구를 타자화하여 서구와 비서구의 비대칭적 관계를, 후자는 전근대를 타자화하여 근대와 전근대의 비대칭적 관계를 만들어냈다. 전자는 서구중심주의, 후자는 근대중심주의이다. 중요한 점은 서구=근대, 비서구=전근대라는 도식으로 연결되는 데서도 알 수 있듯이 양자는 서로 유기적으로 연결되어 있으며, 현재까지도 우리의 역사인식을 크게 지배하고 있다는 사실이다. 이는 비서구와 전근대가 여전히 서구와 근대에 종속된 상태를 벗어나지 못하고 있음을 의미한다.

서구중심주의와 근대중심주의는 발전론·목적론적 역사인식에 근거하고 있다. 따라서 서구·근대중심주의에서 전제하는 역사적 시간관은 서구가 경험한 과정을 거쳐 '근대'라는 궁극적 목적지를 향해 달려가는 '발전과정'으로서의 시간관이다. 발전과정을 거쳐 최후에 도달하게 되는 '근대'는 서구가 경험한 바에 근거한 '근대성'들로 구성되며, 발전과정의 궁극적 목적지에 거처를 정한 '근대성'들은 역사적 시간의 전개 과정에서 특권적 지위를 부여받게 된다. 이러한 역사인식에 따르면 이중적으로 식민화한 전근대 비서구의 역사 과정은 서구가 미리 경험한 경로를 따라, 또 근대를 향해 돌진해나가야 할 숙명을 지니는 시공간일 뿐이다. 반면 서구와 근대는 '발전'의 종착지에서 군림하며 오만한 시선으로 '비서구'와 '전근대'를 내려다보고 심판하는 존재이다.

이 때문에 비서구의 역사적 경험이나 근대 이전의 시간은 독자적으로 아무런 의미를 가지지 못한다. 전근대의 제도나 사람들이 살아가는 방식과 생각 등은 단지 근대 혹은 서구와 어떤 관계를 가지느냐, 곧 서구의 역사적 경험과 얼마나 유사한지, 서구가 먼저 달성한 근대성들에 얼마나 근접해 있는지에 따라 '역사적' 의미가 부여될 뿐이다. 또한 서구와의 유사성이나 근대와의 근접성과 무관하거나 거리가 먼 현상은 역사상을 구성하는 과정에서 배제되거나 은폐된다. 더욱 중요한 점은 그에 따라 비서구와 전근대의 역사에 대한 이해가 매우 제약되고 왜곡된다는 사실이다. 곧, 비서구나 전근대의 특정한 시공간에 존재하던 제도나 문화, 사상, 질서 등 다양한 요소가 어떠한 운영원리에 따라, 어떤 유기적 관계를 맺으면서 역사적 시간을 구성해나갔는지 등에 대한 질문이나 내재적 분석은 후순위로 밀려나거나, 거의 봉쇄되고 만다.

서구와 비서구, 근대와 전근대의 관계에 대한 계서적이고 단절적인 이해는 서구와 비서구, 근대와 전근대를 서로 엄격히 구별되는, 하나의 통일되고 균질적인 시공간으로 전제하거나 그러한 효과를 발생시킨다. 예를 들면, '근대' 또는 '중세'로 구획된 각 시기는 단일하고 동질적이라는 것, 그리고 각 시기를 구성하는 영역이나 요소들은 서로 불가분의 관계를 맺으면서 균질적으로 형성된다는 방식의 이해이다. 그러나 '중세'나 '근대'에서 나타나는 '중세적'·'근대적' 현상은 정치, 경제, 사회, 문화의 모든 영역 혹은 그보다 세분된 하위 영역에서 반드시 균질적으로 발생하는 것은 아니다. 오히려 '중세성'이든 '근대성'이든 영역에 따라 비균질적으로 형성, 발전되는 것이 일반적일 수 있다. 최근 '중세 속의 근대성', '근대 속의 중세성'에 대한 논의에서도 보이듯이 '중세'에도 '근대성'이, '근대'에도 '중세성'이 얼마든지 병존할 수 있는 것이다.

'중세'나 '근대'라는 역사적 시간은 서로 다른 영역에서 다양한 '중세적인 것' 혹은 그렇지 않은 것, '근대적인 것' 혹은 그렇지 않은 것이 공존하고 상호작용을 하며 구성된다. 그러한 것들이 서로 다른 개개인의 삶에 각각 다른 속도와 무게로 영향을 미치는 속에서 인간의 삶, 인간 간의 관계, 인간과 사회, 사회와 사회 간의 관계가 형성되고 변화해나가는 것이다. 또한 각 영역의 관계도 기본적으로는 상호 연결되어 있지만, 그 정도는 영역에 따라 매우 느슨할 수 있으며, 각 영역이 그 시기를 살아가는 개인들에게 미치는 영향력 역시 매우 다르다. 특정 개인의 경우에도 정치적 태도는 '전통적'인 반면, 사회·경제적 태도는 매우 '근대적'인 모습을 보이는 등 혼재적·혼종적일 수 있으며, 그런 것이 오히려 일반적일 수 있다.

더구나 서구가 아닌 비서구의 '중세'나 '근대'는 더욱 그러할 수 있지만, 서구중심적·근대중심적 역사인식에 입각한 시기구분에서는, 각 시기에 대해 선험적으로 전제한 특성 이외의 다양한 현상들이 중첩되어 나타날 수 있다는 점을 받아들이지 않는다. 이뿐만 아니라 특히 비서구의 '전근대'에서 보이는 '근대성'은 철저하게 외면받거나 억압되고 만다. 설사 '비서구'의 '전근대'에 특정 영역에서 서구의 '근대'에서나 발견되는 현상이 보이더라도, 서구와 근대에 의해 이중으로 식민화한 우리의 인식이 그것을 외면하거나 예외적인 것으로 치부하기 십상이다. 나아가 앞서 언급했듯이 '근대'의 시선으로 구획된 시기구분에서는, '전근대'라 할지라도 거기에는 선험적으로 전제된 '전근대적' 현상 이외의 다양한 현상들이 중첩되어 나타날 수 있다는 발상이 근원적으로 거세되어 있기 때문에 전근대에서 보이는 '근대적'인 현상도 '전근대적'인 것으로 왜곡되거나, 예외적인 것으로 처리되고 만다.

서구중심주의·근대중심주의와 그를 바탕으로 한 발전론·목적론이 역사인식의 기본 뼈대가 된 이후 '서구'와 '근대'는 우리가 발전하기 위해 추구해야 할 목적이 되었다. '비서구'와 '전근대'의 시간과 경험은 어둠과 미몽의 그것으로 낙인찍힌 채 단지 '서구'와 '근대'의 진보성을 가능하게 만드는 수사(修辭)로서의 역할만 주어졌다. 동아시아를 비롯한 '비서구'나 '전근대'는 근대 이후의 역사 전개에 대한 이해, 그리고 근대 이후 인류가 당면하게 된 다양한 문제의 해명과 관련하여 발언할 여지가 거의 없었다. 사실은 동아시아나 비서구가 서구중심주의와 근대중심주의를 수용한 그 순간, 동아시아 전근대의 개성적 경험이 지닌 풍부한 가치나 가능성을 우리 스스로 봉인해버린 것이다.

2. 새로운 '세계사' 및 '식민지 근대성론'의 성과와 한계

1) 새로운 '세계사(World History)'

지난 세기 말부터 동아시아의 세계사적 위상을 재조정하거나, 역사적 경험을 서구중심주의와는 다른 맥락에서 이해하는 등의 방식으로 서구중심주의를 비판하는 연구 경향이 대두되어왔다. 대표적인 예가 캘리포니아 학파가 추구한 '새로운 세계사' 연구일 것이다. 이들은 1800년 전후까지는 아시아나 중국이 세계경제에서 서구보다 더 중요한 역할을 하였고, 근대 이후 산업혁명 등을 통해 서구가 앞서나가게 된 것도 문화나 가치 등에서 서구가 비서구에 비해 독창적이거나 유전적으로 우월하기 때문이 아님을 강조하였다. 그 대신 '근대' 이후 서구가 대두된 것은 외부적이거나 '우연적인' 요인에 의한 것이라고 주장하였다. 서구중심주의의 오만과 편견을 비판한 것이다. 한국에서도 서구중심주의를 비판하고 새로운 동아시아 역사상을 구성하려는 연구가 제출되었다. 한국과 중국, 일본을 아우르는 접근에 근거하여 '동아시아 소농사회론'이나 '유교적 근대론'을 제시하면서 서구중심적 역사인식과는 결을 달리하는 역사상을 구축하고자 한 미야지마 히로시의 연구가 그 대표적 사례이다.

물론 이러한 논의의 문제점을 지적하는 목소리도 적지 않지만, 서구중심적 역사인식에 대해서 많은 비판이 제기되어 온 것은 분명하다. 이에 따라 한국학계에도 서구중심주의에 대한 비판적 인식과 성찰이 확산되어 갔다. 그런데도 역사학이나 여타의 인문학과 사회과학 분야에서 제출되는 대부분의 연구는 여전히 서구중심적 인식에 지배되고 있다. 이는 한편으로는 서구중심주의에 대한 자각적 비판의식이 아직 미흡하고, 또 서구중심주의를 극복하는 것이 매우 어려운 과제이기 때문일 것이다. 그러나 다른 한편으로는 서구중심주의와 공모적 관계 속에서 비서구와 전근대를 억압하고 식민화하고 있는 근대중심주의에 대한 비판의식이 없거나 취약하다는 점 역시 이와 밀접히 관련되어 있다고 생각한다.

예컨대 앞서 언급한 '새로운 세계사'는 분명히 서구중심적 역사인식 비판이라는 면에서 획기적인 역할을 수행하였지만, 근대중심주의에 대해서는 비판의식이 결여되어 있거나 미흡하다. 이들에게는 근대중심주의나 근대가 낳은 발전론적 역사인식에 대한 비판은 논의 밖에 있다. 오히려 안드레 군더 프랑크의 『리오리엔트』 등에서 잘 드러나듯이 '자본주의 세계체제'를 비판하기보다는 세계체제에 대한 기여도나 주도권을 둘러싸고 서구와 경쟁하는 아시아와 중국의 모습을 부각하고 있다. 이들의 접근 방식이 자칫 신자유주의적 질서를 옹호하는 논리로 흐를 위험이 있다는 지적이 제기되는 것도 그 때문이다. 또한 이들의 세계사 이해는 매우 경제중심적이며, 역사적 전망도 세계자본주의가 추구하는 성장지상주의를 전제로 하여 중국의 재부상을 예측하는 정도에 그치고 있다는 점에서 근대중심적이다. '새로운 세계사'의 역사인식은 기본적으로 근대중심적·발전론적 틀 속에 갇혀 있으며, 목적론적 방향으로 흐를 개연성을 배제하기 어렵다.

동아시아에서 동아시아의 역사적 경험에 근거하여 서구중심주의를 비판한다는 것은 '서구의 충격' 이후 형성된 동아시아 역사상에 대한 총체적 비판이라는 의미를 가진다. 그뿐만 아니라 그것은 서구적 근대만을 향해 달려 나가는 근대 이후 동아시아의 학문과 지식체계에 대한 비판이며, 동아시아의 현실에 대한 새로운 인식을 추구하는 것이기도 하다. 이러한 새로운 인식은 서구중심주의만이 아니라, 그와 불가분의 관계에 있는 근대중심주의도 동시에 극복할 때 열어나갈 수 있는 인식 지평이라 생각한다. 그러나 근대-전근대의 비대칭성에 대한 비판적 문제의식은 아직 본격적으로 제기되지 않고 있다. 앞서 언급했듯이 서구중심주의에 대한 비판론들도 서구-비서구의 비대칭적 관계를 교정하려는 문제의식은 충분히 가지고 있었지만, 전근대-근대 간의 비대칭적 관계에 대해서는 전혀 자각하지 못하거나 충분히 인식하지 못하고 있다.

2) 식민지 근대성론

현실사회주의가 붕괴된 이후인 1990년대 들어 해방 이후 진행되어온 한국사 연구의 주류적 역사인식에 대한 문제점이 지적되고 비판이 제기되어왔다. 내재적 발전론이나 그 연장선상에 있는 식민지 시기의 수탈-저항론에 대한 경제사 연구자들의 식민지 근대화론이 대표적인 사례라고 할 수 있다. 양자는 식민지 지배와 식민지 시기의 경험에 대한 인식, 조선후기 역사적 경험의 의미에 대한 이해 등에서 커다란 차이를 보인다. 그러나 양자 모두 한국사의 전개 과정을 서구의 역사적 경험에 준거하여 이해한다는 점, 발전론적 인식에 입각하여 근대를 반드시 성취해야 할 시대 혹은 추구해야 할 '보편적' 가치로 전제한다는 점에서 기본적으로는 서구중심적·근대중심적이다.

이러한 내재적 발전론이나 식민지 근대화론의 근대중심주의를 비판하고 나선 것이 식민지 근대성론(이하 근대성론)이다. 근대성론 내부에도 다양한 갈래가 있지만, 내재적 발전론이나 식민지 근대화론과 달리 근대에 대해 비판적 입장에 선 논의라는 점에서 공통적이다. 근대성론이 관심을 보인 핵심 연구 분야가 이른바 '문화연구'이다. 그러나 문화연구의 대상들은 주로 도시, 청년, 지식인들이었고, 거기서 보이는 근대성의 발현 양상에 초점을 맞추고 있다. 이 때문에 근대에 대한 비판이 분명하지 않고 근대화론과 변별되는 지점이 불분명하다는 지적을 받아왔다.

또한 이들은 근대성의 내용으로 서구 근대의 그것을 그대로 수용한다는 점에서 여전히 서구중심주의의 자장 안에 머물러 있다. 무엇보다 전근대와 근대를 연속이 아니라 단절적·대립적인 것으로 바라보기 때문에 '근대'를 '서구의 충격' 이후 형성된 것으로 인식한다. 이들이 '서구의 충격'='근대' 형성 이후의 현상만 분석 대상으로 삼는 것도 그 때문이다. 이에 따라 전근대와 근대는 단절적으로 이해되면서, '전근대의 경험'을 근대 이후 역사의 전개 과정과 적극적으로 연결하여 파악하는 시각도 차단된다는 점에서 여전히 근대중심적이다.

또 하나, 근대성론은 그들의 문제의식과는 달리 대체로 일국사적 접근을 보인다는 점에서도 문제적이다. '글로벌화(globalization)'는 경제적 역동성과 불평등을 동시에 증가시키면서 지구촌 각 지역에서 살아가는 인간들의 사회적 삶을 더욱 깊고 넓게 밀착시키고 있다. 최근 들어 근대중심적 역사인식이 그려놓은 것과 달리 이미 고대부터 서로 다른 문화 간의 상호작용과 교류가 있었다는 사실이 강조되기도 한다. 하지만 적어도 사회주의가 붕괴된 이후 20세기 말부터 세계를 하나의 단일체계로 인식하게 될 정도로 그러한 교류가 더욱 확대된 것은 분명하다. 이에 따라 역사학자들에게도 '네트워크', '물결', '이동', '유동성', '이주(diaspora)', '잡종성', '초국가적(transnational)' 등의 새로운 언어가 익숙함을 넘어 가장 유행하는 용어가 되었다. 이러한 현실에 따라 역사 과정에 대한 일국사적 파악의 문제점 역시 더욱 선명해지고 있다. 근대성론은 식민지 시기의 트랜스내셔널한 국면에 대한 접근, 식민지 간의 비교연구 등의 필요성을 지적하지만, 구체적 연구에서는 그러하지 못하였다.

그것은 근대성론의 핵심적 관심이 '국민국가'에 대한 비판에 있다는 연구 경향과도 적지 않은 관련이 있는 것으로 보인다. 근대성론은 근대의 폭력성·억압성을 드러내고 비판하려는 의도를 분명히 가지고 있다. 그러나 국민국가 비판론에서 잘 보이듯이 대체로 모든 전근대적인 것을 간단히 자신의 자장 속으로 포섭 · 회수해버리는 강력한 포식자로서의 국민국가 혹은 근대라는 이미지를 강조하는 방법을 취하고 있다. 그에 따라 근대 극복의 가능성을 스스로 축소하거나 폐색해버리고 있다는 비판을 받고 있다. 이러한 근대 비판은 전근대에 대한 근대의 힘을 특권화하는 방식을 취한다는 점에서 또 다른 의미의 근대중심주의이다. 또 근대성론이 국민국가 자체에 대한 비판에 경도되어 있다는 사실은, 근대성론이 트랜스내셔널한 이해라는 중요한 문제의식을 제기했음에도 불구하고 구체적인 연구에서는 그러한 접근이 미흡하게 된 점과도 무관하지 않을 것으로 생각된다.

3. '19세기의 동아시아' 연구의 의미

'19세기의 동아시아' 연구기획은 서구중심주의와 근대중심주의를 동시에 겨냥하고 있다. 우리가 '동아시아사'를 말할 때 그것은 동아시아를 하나의 동질성 내지 공통성을 지닌 역사적 공간으로 묶어서 사고하자는 것이 아니다. 여기서 말하는 '동아시아'란 서구중심적 · 근대중심적 인식에서 벗어나 한국사와 동아시아사, 나아가 세계사를 재구성하는 하나의 방법이자 시각으로서의 '동아시아'임을 미리 밝혀둔다. 서구에 의해 구성된 동아시아상이 아니라, 동아시아로부터 동아시아상을 재구축한다는 것이고, 나아가 그러한 과정을 통해 서구중심주의와 근대중심주의에 의해 구성된 세계사상의 재구축을 추구한다는 것이다.

서구중심주의는 서구의 사고방식에 지배되고, 서구에 대한 모방과 무비판적 방식에 길들여졌음을 말한다. 또한 창의적 사고, 독창적인 문제제기나 분석방법의 제시가 어렵게 되고, 그에 따라 결과적으로 자신들의 역사적 경험과 그를 바탕으로 형성된 삶이나 문화, 현재 자신들이 살고 있는 사회에서 발생하는 여러 문제들에 대해서조차 자신들의 언어로 말하는 것이 어렵게 되었음을 의미한다. 이러한 문제들에 대해서는 비서구가 서구에서 생산된 이론을 소비만 하는 것이 아니라, 이론을 생산하는 기지가 되어야 한다는, 이른바 이론의 현지화, 사회과학의 현지화가 주장되어왔다. 이것은 서양적 개념이나 이론을 수정하고 변경하는 수준이 아니라, 문화와 역사에서 보이는 구체적 경험을 내재적으로 분석해 개념, 이론, 방법론 등을 포함하여 새로운 사회과학적 지식을 만들어내는 것이다. 물론 서양 사회과학을 전면적으로 거부하거나 비서구나 동아시아의 경험을 '또 다른 보편'으로 특권화하려는 것은 아니다. 그러나 '이론의 현지화'는 '보편'으로서의 특권적 지위를 가진 서구의 경험과 그에 기반을 둔 이론을 상대화하기 위해서도 반드시 요청되는 작업이다. 앞서 언급했듯이, 이를 위해서는 서구중심주의만이 아니라 근대중심주의도 동시에 극복해야 한다.

서구가 구성해놓은 역사상과 역사인식에 속박된다는 것이 역사인식 면에서 비서구의 자율성 상실을 의미하는 것과 마찬가지로, 근대중심주의에 따른 시간관 역시 전근대를 근대에 종속시킴으로써 전근대로부터 근대에 대해 질문하고, 나아가 근대의 너머를 사고할 수 있는 가능성을 닫아버린다. '전근대'는 서구 계몽주의자들에 의해 그 이전의 '야만적' 시간과 준별되는, 인류 사회의 '진보'를 성취한 매우 특별한 시간으로 규정된 '근대'를 향해 달려 나가야 하는 숙명을 안은 시간으로, 또 '근대성'과의 거리에 의해서만 가치를 부여받는 시간으로 식민화해 있기 때문이다. 근대중심주의를 극복하기 위해서는 '전근대'를 직선적 발전론적 시간의 도식 속에서 해방시켜야 한다. 그를 통해 발전론·목적론적인 역사인식을 벗어던지고, '근대'에 부여된 특권적 지위를 상대화하거나 전복해야 한다. 그래야만 '전근대'도 나름대로의 원리에 따라 사회가 구성되고 운영되는, 말하자면 사람들이 나름대로의 원리에 따라 살아가고 생각하며, 다양한 제도가 상호 유기적인 관련 속에서 어우러져 있는 하나의 자율적 시간으로 재인식될 수 있고, 근대를 향해 발언할 수 있는 주체성을 획득하게 된다.

서구중심주의를 비판하는 대표적 방법 가운데 하나가 '복수의' 혹은 '대안적' 근대성이다. 그러나 이러한 개념은 '근대성'이 단순히 장소에 따라 다른 형태를 띤다는 지정학적 다양성을 강조하는 경향이 강하다. 그 점에서 근대 자체에 대한 전면적 비판이 아니라, 근대중심주의를 재귀적(reflexive)으로 드러내고 있다. 조르주 벵코(George Benko) 같은 연구자는 '근대'라는 것이 인식론적인 면에서 결코 자율적 개념이 아님을 지적하며 '근대' 개념 자체를 거부하기도 한다. 그러나 '근대' 개념 자체를 거부하기보다는 구체적 역사 과정과 경험을 통해 '근대'의 내재적 모순을 드러내고, '근대성' 개념이 지닌 분열적이고 자기 모순적인 측면을 보여주는 것, 그리하여 근대의 우월성과 전근대에 대한 특권적 지위에 의문을 제기함으로써 근대를 상대화하고 새로운 역사상을 구축하는 것이 긴요하다고 생각한다.

이를 위해 여기서는 '역사적 시간을 넘나드는(트랜스히스토리칼, transhistorical)' 방법을 강조해두고자 한다. 최근 공간적 인식이라는 면에서 서구중심적·단선적 발전론과 결합된 자국중심적·일국사적 시각을 교정하기 위해 '국경을 넘나드는(트랜스내셔널, transnational) 접근이나, 비교사적 접근의 필요성이 제기되어 왔다. 마찬가지로 시간적인 면에서도 근대중심적 인식을 넘어서는 데는 '시간을 넘나드는' 접근, 그리고 전근대와 근대를 비교하거나 서로 연결하여 이해하는 접근이 유효하다고 생각한다. 이를 통해 '중세' 혹은 '근대'가 하나의 통일되고 동질적인 시간이 아니었음을 드러내는 것이 중요하다는 것이다. 또한 서구중심주의를 극복하기 위해 비서구로부터 서구를 바라보는 역전된 시각이 요청되듯이 전근대로부터 근대를 바라보는 것, '전근대'의 관점으로부터 '근대'에 관한 질문들을 도출해내는 것이 요청된다.

동아시아는 서구중심주의와 근대중심주의의 극복이라는 점에서 매우 중요한 의미를 지닌다. 무엇보다 역사적 경험이 서구와는 크게 대조적이다. 관료제를 비롯하여 서구에서는 근대 이후에 나타나는 많은 것들이 이미 오래전부터 혹은 '서구의 충격'이나 '서구적 근대'를 수용하기 이전부터 서구 근대와 흡사하게 성립해 있었기 때문이다. '근대'적인 요소들과 '전근대적'인 것들이 공존하는 이런 현상들은 서구가 구성해놓은 역사인식이나 설명틀로는 이해하기 어렵다. 이는 또한 동아시아의 역사적 경험이, '시간을 넘나드는' 접근, 또는 전근대와 근대를 비교하거나 서로 연결하는 접근을 통해 근대중심주의를 넘어서는 단서를 열어가는 데도 매우 적절하다는 점을 보여주는 것이기도 하다.

특히 동아시아의 19세기는 마땅히 주목되어야 하는 시기이다. 19세기는 서구에서 형성되어간 서구중심주의와 근대중심주의가 동아시아 지식인들에게 수용되는 시기이자, 서구와 동아시아가 본격적으로 만나고, 전근대와 근대의 결절점을 이루는 시기이기 때문이다. 따라서 서구의 역사적 경험에서 만들어진 개념이나 이론적 도구를 구사하여 한국이나 동아시아, 기타 비서구 지역의 역사를 비대칭적으로 분석할 것이 아니라, 각 지역의 역사가 지닌 고유한 측면을 그 내부에서부터 분석해나갈 필요가 있다. 중요한 것은 전근대, 특히 비서구 전근대사회의 특정한 제도나 시스템, 삶이나 사유방식 등이 서로 어떤 유기적 관련을 맺으면서 작동되고 있었는지를 전체사의 맥락 속에서 밝혀내는 일이라고 생각한다. 그래야만 서구의 경험이나 서구가 구성해놓은 목적론적·발전론적 인식으로는 설명하기 어려운 현상들까지 충분히 고려하는 새로운 역사상을 구축하고, 나아가 그로부터 새로운 가능성, 새로운 상상력을 만들어낼 수 있을 것이다.

4. 『동아시아는 몇 시인가?』의 구성과 내용

'(장기) 19세기의 동아시아' 세미나 모임이 구성된 핵심적 계기도 바로 위에서 말한 문제의식에 대한 공감 때문이다. 성균관대학교 동아시아학술원에서는 인문한국사업의 일환으로 '(장기) 19세기의 동아시아'라는 세미나를 개최해왔다. 이 모임은 2012년 1월에 시작되었으며, 그동안 40회 정도의 월례세미나와 세 차례 씩의 워크숍과 학술대회를 개최하였다. 대체로 "서구 · 근대중심주의의 극복과 서구 · 근대의 상대화를 통한 동아시아사의 재인식"이라는 취지를 가지고 '전근대'와 '근대'가 교차했던 장기 19세기의 동아시아사를 함께 공부해보자는 의도에서 시작되었다. '장기 19세기'라는 표현에는 19세기를 1801년부터 1900년까지로 국한된, 닫힌 시기로 바라보는 것이 아니라, 서구와 동아시아가 본격적으로 만나고, 전근대와 근대의 결절점을 이루는 19세기 전후의 시기를 열어두고 긴 호흡에서 바라보려는 의도가 들어가 있다. 그래서 실제로 세미나 모임에서 다룬 시기도 17세기부터 20세기 중반까지를 포괄하고 있다.

이 모임에는 현재 한국사, 중국사, 일본사, 대만사, 베트남사 등 역사학뿐만 아니라, 인류학, 철학, 민속학 등을 전공한 연구자 30여 명이 참가하고 있다. 이러한 다양한 분야의 연구자들이 4년 가까이 꾸준히 연구모임을 지속할 수 있었던 것은 무엇보다 구성원들 모두가 다음과 같은 두 가지 핵심 문제의식에 공명했기 때문이라고 생각한다. 우선 학문분야를 막론하고 한국이나 중국, 일본 혹은 베트남이나 대만의 역사 · 문화와 현실, 나아가 동아시아의 역사 · 문화와 현실을 깊이, 또 좀 더 넓은 시야에서 바라보기 위해서는 일국사적 시각이나 단일 분과학문의 방법을 넘어설 필요가 있다는 점이다. 둘째, 전근대와 근대를 '단절'보다는 '연속'에 유념하는 장기적 관점에서 바라보고, 또 시간과 공간 양면에서 비교사적이고 트랜스내셔널한 접근을 통해 동아시아의 과거와 현재를 새롭게 이해해야 한다는 점이다.

『동아시아는 몇 시인가?』는 '19세기의 동아시아' 세미나 모임의 첫 번째 결실이다. 이 책은 크게 4부로 구성되어 있으며, 모두 14편의 글이 실려 있다. 여기에 실린 글들은 기본적으로 성균관대학교 동아시아학술원의 '(장기) 19세기의 동아시아' 세미나에서 발표된 것이거나, 동아시아학술원의 학술회의에서 발표된 것들이다. 책의 목차와 내용은 다음과 같다.

<책의 목차>

제1부 − 동아시아 역사를 어떻게 볼 것인가?

1. 미야지마 히로시: '유교적 근대론'과 한국과 일본의 역사적 위치

2. 배항섭: 동아시아사 연구의 시각: 서구 · 근대중심주의 비판과 극복

3. 황쥔지에(黃俊傑): 동아시아의 '관점'에서 생각하기

4. 존 던컨: 한국사 연구자의 딜레마

제2부 − 연동하는 동아시아

1. 권내현: 동아시아 은교역과 조선

2. 김선민: 일국사를 너머 변경사로: 여진−만주족과 조선의 관계

3. 조성산: 19세기 조선의 동문의식과 한문 근대

4. 윤대영: 인도차이나의 열린 바다: 근대 하이퐁의 풍경과 애환

3부 − 유교와 동아시아

1. 박 훈: 사무라이의 '사화士化': 메이지 유신과 사대부적 정치문화

2. 박소현: 법문학적 관점에서 본 유교적 사법전통

3. 김건태: "광작을 자제하라": 19세기 어느 성리학자의 가작家作과 그

지향

　4. 송양섭: 『목민심서』에 나타난 다산 정약용의 "因時順俗"적 지방재정
운영론

제4부 – 비교사로 본 동아시아

　1. 손병규: 조선의 『부역실총』과 명·청의 『부역전서』

　2. 문명기: 1920년대 한국과 대만의 자치운동

　1부 '동아시아 역사를 어떻게 볼 것인가?'에 실린 4편의 글에서는 동
아시아사 연구가 왜 필요하고, 그것을 통해 무엇을 할 것이며, 어떤 시
각 내지 방법을 가지고 접근할 것인가라는 근본적 질문에 대답하고자
하였다.

　미야지마 히로시의 「'유교적 근대론'과 한국과 일본의 역사적 위치」는
일찍이 그가 제시한 유교적 근대론의 연장선에 있는 글이다. 그는 '유교
적 근대론'의 요체를 중국과 한국·일본이 오늘날까지도 유교적 근대의
규정성을 지속적으로 받고 있음을 이해하는 데 두고 있다. 그래서 그는
중국 명·청기를 유교적 근대로, 20세기 이후를 유교적 근대와 서구적
근대가 병존(갈등, 대립, 수용 등)하는 시기로 파악하는 한편, 일본과 한국
은 유교적 근대의 주변적 위치에서 서구적 근대의 주변적 위치로 이행
하는 것으로 파악한다. 이 글에서는 주변적 존재였던 일본과 한국이 보
이는 주변적 자각과 아이덴티티 확립 면에서의 대조적 성격을 주자학
이 수용되는 과정, 주자학에 대한 양국 지식인들의 태도 등과 연결하여
접근하고 있다.

　배항섭의 「동아시아사 연구의 시각: 근대중심주의 비판과 극복」은 동
아시아의 역사적 경험을 어떻게 이해하고, 그것을 통해 무엇을 해야 하
며 혹은 할 수 있는지에 대한 고민을 담고 있는 시론적 글이다. 특히 동

아시아 연구가 서구중심주의는 물론, 그 쌍생아적 인식이라고 할 수 있는 근대중심주의를 비판하고 전근대와 근대, 양자의 관계를 새롭게 이해할 수 있는 하나의 방법이 되어야 한다는 점을 강조하고 있다.

황쥔지에의 「동아시아의 '관점'에서 생각하기」는 서구중심적 패러다임을 넘어서기 위한 동아시아적 관점의 중요성과 방법에 대해 정리한 글이다. 서구중심적 패러다임은 서양의 경험과 유사하거나 비교할 수 있는 동아시아의 경험만을 유의한 데이터로 간주하고 그에 적절하지 않은 데이터는 제외하는 경우가 많았음을 비판하고 있다. 동시에 문화적 민족중심주의와 정치적 유아론에 빠지지 않으려면 동아시아 국가들 간의 문화와 지적 전통의 유사점들과 차이점들을 충분히 이해하여야 함을 강조하고 있다.

존 던컨(John B. Duncan)의 「한국사 연구자의 딜레마」에서는 최근 세계사(world history)에서 중요하게 다루는 '근세(early modern)' 개념이 조선시대에 적용되기에는 부적절하다고 판단한다. 그 대신 잭 골드스톤(Jack Goldstone)의 '선진화한 유기적 사회(advanced organic society)' 개념을 적용할 것을 제안한다. 나아가 아시아 사회들이 왜 19세기 말 서구제국주의에 성공적으로 대처하는 데 실패했는지가 아니라, 동아시아의 '선진화한 유기적 사회'의 어떠한 측면이 동아시아가 20세기 후반 이후 서구를 따라잡거나 심지어 능가하게 했는지를 묻는 것으로 학문적 초점을 변화시킬 것을 제안하고 있다.

2부 '연동하는 동아시아'에는 4편의 글이 실려 있다. 모두 일국사적 시각을 넘어 변경사적 시각, 동아시아 혹은 그 범위를 벗어나는 맥락에서 이루어진 상호교류와 트랜스내셔널한 시점의 접근을 추구한 글들이다. 이러한 접근은 동일한 사건이나 현상에 대해서 일국사나 전통적인 국가중심적 인식틀에서는 보이지 않았던 것을 발견하게 할 뿐만 아니라, 그것이 기왕의 역사상과는 얼마나 다른 역사상을 구축해나갈 수 있는지를 잘 보여줄 것이다.

권내현의 「동아시아 은 교역과 조선」은 17세기 후반 이후 조선을 매개로 성립된 동아시아, 한-중-일 간 은 교역 체제가 조선 내부는 물론 동아시아 각 지역과 각국 간의 관계에 미친 영향을 트랜스내셔널한 맥락에서 다루고 있다. 17세기 후반부터 18세기 전반에 걸쳐 유지된 동아시아의 은 유통은 우선 쓰시마의 경제 부흥에 기여하였고, 은의 이동로에 위치한 조선의 도시들에도 경제적 혜택을 가져왔을 뿐만 아니라, 조선과 가까운 중국 변방 지역의 경제와 상인들의 성장에도 긍정적인 영향을 주었음을 보여주고 있다.

김선민의 「일국사를 너머 변경사로: 여진-만주족과 조선의 관계」는 여진/만주와 조선의 관계에 대한 일국사적 접근을 비판하면서 '변경사'라는 새로운 관점을 제시한 글이다. 먼저 여진-만주와 조선 관계에 대한 일부 연구들이 '관계사'를 표방하면서도 실질적으로는 일국사적 관점에서 벗어나지 않았음을 지적하고 있다. 또 여진을 유동적이고 가변적인 존재가 아니라 하나의 통일적·고정적 집단으로 바라보는 국가중심적·본질주의적 인식틀을 대신하여 변경사적 관점으로 여진-만주족과 조선의 관계를 이해할 것을 제안한다.

조성산의 「19세기 조선의 동문의식과 한문근대」는 '서구의 충격' 이후 동아시아 유교 지식인의 사유변화를 한문을 매개로 한 동문(同文)의식과 연결하여 파악한 글이다. 그에 따르면 18세기 후반 이후 동아시아 지식인들의 활발한 상호교류는 동문의식을 강화했다. '서구의 충격'에 대응하는 과정에서 한일 유교지식인들은 한문을 중국의 문자가 아니라 아시아의 문자라고까지 인식하게 되었는데, 이는 일본을 중심으로 전개된 '아시아 연대론'에도 일정하게 영향을 미쳤다는 것이다. 18세기 이래 전례 없이 강화된 동문의식이라는 전근대 동아시아의 보편주의가 근대 형성과정에서 어떻게 전환·변용되었는지 보여주는 것이라고 하였다.

윤대영의 「인도차이나의 '열린' 바다: '근대' 하이퐁의 풍경과 애환」에서는 외세의 침략에 대한 북베트남의 저항, 식민지 항구의 발전 상황뿐만 아니라 전통적 항구였던 하이퐁이 '근대적인' 항구로 이행하는 과정에서 출현한 다양한 사회경제적 현상과 삶의 모습을 통시적으로 다루고 있다. 하이퐁이 이미 전통시대부터 중국, 동남아, 서구와 맺고 있던 대외관계와 1870년대부터 프랑스에 의해 구축된 항만 인프라 등에 주목하여 하이퐁이 '근대' 항구로 등장해나가는 과정을 검토하고 있다. 역시 전통과 근대를 연결하는 접근을 보여준다.

3부 '유교와 동아시아'에도 4편의 글이 실려 있다. 19세기 동아시아사를 이해할 때 빼놓을 수 없는 요소가 유교이다. 유교는 동아시아 각국의 전통사회에 커다란 영향을 미쳤을 뿐만 아니라, 전통사회와 상호교섭하고 갈등, 대립, 경쟁하면서 형성되어간 근대를 이해하는 데도 중요한 의미를 가지기 때문이다. 여기에 실린 글들이 19세기를 바라보는 시각은, '근대'를 지향하는 다양한 현상을 적극 포착하는 동시에 그러한 현상과 유교의 거리를 강조하는 방향에서 진행되어온 종래의 연구들과 매우 다르고, 나아가 기왕의 연구시각에 대한 전복적 접근을 보여주고 있다. 여기서 그려지는 19세기는 다만 서구적 '근대'를 향해 달려 나가는 시대가 아닐 뿐만 아니라, 19세기 동아시아의 문화와 사유, 삶의 방식을 유교와 적극적으로 연결하여 이해함으로써 이전과는 다른 새로운 동아시아 역사상을 드러내 보이고 있기 때문이다.

박훈의 「사무라이의 '사화(士化)': 메이지 유신과 '사대부적 정치문화'」는 메이지 유신과 유교의 관련성을 주제로 하여 서구중심주의와 근대(중심)주의에 입각하여 서술되어온 기왕의 연구시각을 비판한 글이다. 그는 메이지 유신의 정치적 배경으로 18세기 후반부터 유교가 확산되고 그에 따라 사대부적 정치문화가 형성되면서 무사의 '사화'가 이루어졌다는 점에 주목하고 있다. 이는 동아시아에서 일본이 상대적으로 빨리 근대화에 성공한 요인을 중국·조선에 비해 유교의 영향력이 약했기 때문이라고 지적해온 기왕의 통설적 이해와는 전혀 다른 것이다.

박소현의 「법문학적 관점에서 본 유교적 사법전통」은 법문학적 관점에서 유교적 사법전통이 보여주는 정(情)·리(理)·법의 복합적 상호작용과 의미를 새롭게 이해함으로써 이분법적으로 단절하여 이해해온 전통법과 근대법 간의 괴리를 넘어설 수 있는 가능성을 찾아본 글이다. 그에 따르면 유교적 사법전통에서 보이는 정리(情理)와 법의 관계는 재판관의 자의적 변덕이나 법에 대한 무지를 은폐하는 변명이 아니라, 일종의 내면화된 실천원리로 작동한 것이었으며, 이는 현재의 법문학 운동가들에게도 어떤 시사점을 주는 것임을 지적하였다.

김건태의 「"광작을 자제하라": 19세기 어느 성리학자의 가작(家作)과 그 지향」은 영남 유림의 종장이던 김흥락의 사례를 통해 19세기 후반 유교 지식인들이 가작에서 보이는 지향을 유교 이념과 연결하여 이해하고자 한 글이다. 그는 김흥락의 가작 경영에서 보이는 핵심적 특징으로 집약화와 다각화를 통한 자급, 그리고 안민(安民) 추구를 지적하고 있다. 이는 노동생산성의 상승을 겨냥하여 소품종 대량생산을 추구한 자본주의적 농업과는 성격을 상당히 달리하는 것으로 그 바탕에는 맹자 이래 추구되어온 유교의 가르침이 자리 잡고 있다고 이해하였다.

송양섭의 「『목민심서』에 나타난 다산 정약용의 '인시순속(因時順俗)'적 지방재정운영론」은 정약용의 지방재정 개혁 방안을 중국 고대의 유교적 제도문물의 이상과 관련지어 분석한 글이다. 그는 정약용이 취한 '인시순속(당대의 시의에 맞추어 향촌사회에 오랜 기간에 걸쳐 정착된 관행을 최대한 존중하는 것)' 원칙은 지역사회의 동요 없이 지방재정을 원활히 운영하기 위한 것이었는데, 이는 다산이 중국 고대에서 이념적 정당성을 차용하면서도 국초 이래 18세기 성립된 법전체계=`국제(國制)'를 제도운영의 중요한 원칙이자 이념형으로 삼고 있었음을 보여주는 것이라고 하였다.

4부 '비교사로 본 동아시아'에는 2편의 글이 실려 있다. 각기 조선과 명·청의 재정운영, 식민지 시기 조선과 대만의 자치운동을 비교사적으로 접근하고 있다. 동아시아, 특히 중국과 조선, 조선과 대만을 비교 대상으로 삼아 각국의 제도가 보이는 공통점과 차이를 명·청과 조선시대의 제도나 현상들을 상호 유기적으로 관련지어 이해하고 있다. 나아가 근대 이후의 사회현상 내지 사상적 지형의 차이를 전근대사회의 경험과 연결하여 해명함으로써 매우 흥미롭고 새로운 결론에 도달하고 있다.

손병규의 「조선의 『부역실총』과 명·청의 『부역전서』」는 조선후기와 명·청시대 재정운용의 원리와 방식을 비교한 글이다. 조선의 재정은 명·청대의 재정에 비해 중앙집권화 정도 면에서 낮은 단계에 머물러 있었는데, 이는 무엇보다 조세의 금납화 수준이나 시장의 발달 정도와 밀접한 관련이 있다고 하였다. 중국에서는 상업의 발달에 따라 조세를 은으로 납부하고 수송비용은 시장에 맡길 수 있었지만, 조선의 경우 후기에도 현물경제에 기초하고 있었기 때문에 화폐로 통일되지 못한 여러 형태의 세물이 중앙재무기관을 경과하지 않는 분배방식을 유지하고 있었다는 것이다.

문명기의 「1920년대 한국과 대만의 자치운동」은 1920년대 대만의 자치운동이 한국의 자치운동과 달리 '독립'을 궁극적 목표로 제시하지 않았다는 점에 주목하고, 이러한 차이를 식민지화 이전 두 지역 지배층의 존재양태와 관련하여 이해하고자 하였다. 조선 지배층은 국가가 제공하는 각종 정치사회적 이익과 밀접하게 연결되어 있었기 때문에 '국가의 소멸'에 적극 저항한 반면, 대만의 지배층은 국가와의 교섭과 정치경제적 이익의 교환이 상대적으로 결여되어 있었기 때문에 국가권력의 교체라는 사태에 대하여 저항보다는 적응을 선택했다는 것이다.

5. '19세기의 동아시아' 연구모임의 이후 계획

'(장기) 19세기의 동아시아'에 대한 연구는 역사인식과 현실인식 양면 모두와 관련하여 중요한 의미를 가진다. 역사인식 면에서 '19세기의 동아시아'는 공간과 시간을 넘나드는 방식, 서로 비교하거나 연결하여 이해하는 방식으로 서구중심주의와 근대중심주의에 균열을 내고, 그것을 전복·해체하거나 상대화함으로써 새로운 역사상을 구축해나가는데 매우 긴요한 의미를 가진다. 또한 복잡하게 얽힌 한국 '내부'의 다양한 문제군은 물론, 동아시아 '역내' 복수의 나라들이 얽혀 있는 분쟁이나 갈등 역시 한국, 중국, 일본, 베트남, 대만 각자의 일국사적 시각이나, 역사적 맥락을 결락한 현재적 상황에 대한 이해만으로는 해결은커녕 문제의 이해조차 불가능하다. 동아시아 각국을 가로지르는 시각, 전근대와 근대를 넘나드는 시각, 현재를 '전근대'와 연결하여 이해하려는 시각, '전근대'로부터 현재에 대해 질문하는 시각 등 다양한 접근이 요청된다.

서구중심주의·근대중심주의라는 헤게모니적 인식론과 그에 의거한 역사상에서 완전히 벗어나는 것은 거의 불가능에 가까운 일일지도 모른다. 서구중심적·근대중심적 시각은 요지부동이라고 해도 지나친 말이 아니기 때문이다. 그러나 다른 한편 서구 근대가 만들어낸 현대사회가 극심한 위기를 겪고 있다는 사실 역시 명약관화하다. 불행하게도 우리는 오래전부터 환경이나 생태학에서 제기되어온 어두운 예측이 하나하나 맞아 떨어져가는 현실 속에서 살아가고 있다. 이 점에서 서구중심주의·근대중심주의가 가진 특권적 지위를 여전히 수용하거나 용인하는 것은 지적인 나태 이상의 엄중한 의미를 가진다. 서구중심주의자를 비판하는 사람들은 비서구의 시선으로 서구를 새롭게 보기 위해 서구중심주의를 비판한다고 하였다. 근대를 새롭게 이해하기 위해서, 또 전근대로부터 근대를 심문할 수 있는 계기를 열어가기 위해서도 근대중심주의와 그것이 구성한 발전론적·목적론적 시간관에 대한 근원적 비판이 요청된다.

방법으로서의 '동아시아사' 연구와
새로운 역사상의 모색

1. 머리말

성균관대학교 동아시아학술원(이하 "학술원")은 한국을 중심으로 한 동아시아 전체를 대상으로 삼아 그 역사와 문화, 사회를 연구하는 기관으로 20년 전인 2000년도에 개원하였다. '인문학의 위기'라는 말이 인문학자들에 의해 발신되기 시작하던 때였다. 개원 목적은 일국적 테두리를 벗어나 동아시아 차원의 역사와 문화를 전체적으로 파악하고, 인문·사회과학을 포괄하는 연구를 통해 세계화에 대응하는 새로운 이론과 사상적 기반을 마련하는 데 있었다. 이후 학술원은 동아시아 연구의 심화와 새로운 시각 및 방법의 모색을 위해 국내 학계와는 물론, 미국과 유럽, 중국과 일본 등 세계 유수의 연구기관들 및 연구자들과 네트워크를 마련하고 활발하게 교류하며 연구 활동을 진행해 왔다.

2000년 개원 기념으로 '동아시아학의 모색과 지향'을 주제로 한 국제학술대회를 개최한 이래 많은 학술대회와 세미나 등을 개최하였고, 연구 활동의 성과들을 단행본으로 출간하여 동아시아를 둘러싼 국내학계의 연구를 선도해왔다. 2007년에는 '동아시아학을 통한 한국인문학의 창신'이라는 어젠다(agenda)를 내걸고 한국연구재단의 인문한국(HK) 연구기관으로 선정됨으로써 이후 10년간 보다 안정적이고 체계적인 연구를 진행해 나갈 수 있었다. 2018년에는 인문한국플러스(HK+, 제2유형) 연구기관으로 재차 선정되었다. HK+ 사업의 취지대로라면 인문한국 사업 기간 10년 동안 축적해온 연구 성과의 폭과 깊이를 더해나가야 하고, 또 그러한 계획을 가지고 연구를 수행해나가고 있지만, 상황이 녹록하지 않다.

학내외적 환경이나 조건이 어렵다는 점도 있지만, 무엇보다 최근 들어 인간의 삶과 인문학 연구의 기초라고 할 수 있는 다양하고 심각한 문제들이 매우 현실적인 것으로 구체화되고 있기 때문이다. 예를 들면 신자유주의의 만연과 AI(Artificial Intelligence)와 생명공학(biotechnology)은 인간 삶 자체에 대한 근본적인 변화를 초래할 것으로 예상되며, 그에 대한 대응을 위해서는 이전의 인문학적 사유에 대한 근원적 재인식이 요청되고 있다. 서구중심주의(Eurocentrism)만이 아니라 그와 밀접한 연관을 가진 근대중심주의(Modernocentrism)를[1] 동시에 넘어서야 한다는 지적은 더욱 절실해지고 있으며, 심지어 생물권, 사물의 의회, 그리고 인간–자연의 관계도 수직적 인간중심주의에서 수평적 관계로 변해야 한다거나, 인간–사물이 결합된 덩어리가 민주주의의 기본단위여야 한다는 급진적 주장도 나오고 있다. 이러한 시기에 학술원 20년의 발자취를 돌아보는 것은 '동아시아 연구'를 통해 새로운 인문학을 추구하며 한국인문학 연구에 유의미한 족적을 남긴 학술원의 연구 방향만이 아니

---

1) 근대중심주의는 에드워드 사이드가 오리엔탈리즘에 대해 내란 규정을 차용한다면, "전근대를 지배하고 재구성하며 억압하기 위한 근대의 방식"이며, "전근대에 관한 지식체계로서의 근대중심주의는 근대인의 의식 속에 전근대를 여과하여 주입하기 위한 필터로 만들어"진 것으로 규정할 수 있다. 근대중심주의가 내포하고 있는 정치적 이데올로기적 함의를 좀 더 적극적으로 표현한다면 "근대에 의한 전근대의 식민화", "전근대(의 시간)에 대한 근대(라는 시간)의 특권화"라고 할 수 있다. 이에 대해서는 뒤에서 좀더 자세히 설명하고자 한다.

라, 한국 인문학, 나아가 동아시아와 세계 인문학의 미래를 다시금 고민하는 계기가 될 것으로 기대해 본다.

이 글에서는 2000년 3월 창립 이후 동아시아학술원이 수행해온 연구 활동이나 연구 성과 가운데 주로 '근대전환기'를 중심으로, 또 동아시아사 연구 혹은 동아시아라는 맥락 속의 한국사연구라고 할 만한 분야를 중심으로 살펴보고자 한다.[2] 먼저 학술원 20년을 크게 두 시기, 곧 창립과 기반 확충기(2000~2007)와 HK사업 시기(2007.11~현재)로 나누고 각 시기의 연구 활동과 성과를 학술회의와 단행본을 통해 검토해볼 것이다. HK사업은 2017년 8월에 종결되었고, 2018년 3월부터는 HK+(HK플러스)사업을 진행하고 있지만, 사실상 HK사업의 연장이기 때문에 하나로 묶어서 살펴봐도 무방할 것이다. 맺음말에서는 본문의 내용을 요약하기보다는 이후 학술원의 연구 방향이나 전망에 대해 간단히 정리해보고자 한다.

2. 동아시아학술원의 개원과 동아시아사 연구의 방향 모색기 (2000~2007)

1) 연구활동

학술원의 학문적 지향은 개원기념 국제학술회의에서[3] 보고된 김시

---

2) 이와 시기나 분야를 달리하는 학술원의 연구 활동과 성과에 대해서는 각기 김경호(간독 자료를 비롯한 동아시아 자료학과 호적을 중심으로 한 역사인구학), 이혜령(현대문학), 이영호(유학사상)의 글에서 다루고 있다. 그러나 이러한 분야들에서도 근대전환기의 동아시아사 내지 동아시아 속의 한국사라는 범주에 포함될 수 있는 연구 성과나 활동들이 적지 않기 때문에 어느 정도 중복되는 점이 있을 수밖에 없다는 점에 대해 미리 양해를 구해둔다.

3) 이 학술회의에서는 21편의 글이 발표되었고 그 가운데 16편의 글이 5년 뒤 단행본으로 출판되었다. 김시업·마인섭 편, 『동아시아학의 모색과 지향』, 성균관대학교출판부, 2005.

업(당시 대동문화연구원장)의 〈개원보고〉에 잘 정리되어 있다.[4] 그에 따르면 학술원은 성균관대학의 건학이념이기도 한 유학사상과 동양학에 중점을 두고 한국과 동양의 문화를 연구해온 대동문화연구원(1957년 창립)을 모태로 설립되었다. 또한 학술원의 목표와 방향을 제시하면서 연구의 측면에서는 한국학·동아시아학 분야의 집중 연구 및 이론의 개발을 첫 머리에 꼽았다. 이를 위해 일국적 테두리를 벗어나 동아시아 역사 문화를 전체적으로 파악하는 한편, 근대 학문의 분류체계를 지양하여 인문·사회과학을 포괄하는 종합적 학문을 수립하고, 이를 바탕으로 연구 성과의 현실 적용 문제도 적극적으로 추구하고자 하였다. 이외에도 세계화 시대에 대응하여 특색을 갖춘 동양문화의 재건, 새로운 문명적 전환에 대비하는 사상적 기초의 창출, 이러한 연구 성과를 확산할 수 있는 국제적 교류의 활성화가 강조되었다. 개원기념 학술회의의 취지도 "한국의 동아시아학"의 정체성 모색을 위해 세계 각국의 동아시아 연구 현황을 검토하고 문제점과 전망을 조명함으로써 동시아시아 연구의 새로운 시각과 방법을 모색하는 데 있다고 밝혔다.[5]

학술원이 '동아시아'라는 명칭을 붙인 것이나 동아시아 연구를 중심적 테마로 잡은 데는 당시 한국 학계에 적지 않은 반향을 일으키고 있던 '동아시아 담론'의 영향이 있었다. 한국에서 '동아시아'가 학문적 논의의 대상으로 주목받기 시작한 것은 1990년대 말부터였다. 동아시아 국가들 간의 소통과 연대, 평화체제의 구축, 한반도 평화문제 등과 관련된 논의들이 이루어졌고, 그를 위한 학술단체 간의 교류, 시민운동

---

4) 개원 과정과 그 전말에 대해서는 오시택, 「새로운 학술시스템을 지향하는 동아시아학 술원 20년」, 『성균관대학교 동아시아학술원 20년사』, 2021 참조.

5) 김시업, "동아시아학술원의 개원과 그 지향", 「성균관대학교 동아시아학술원 개원 기념 동아시아학 국제학술회의: 동아시아학의 모색과 지향─그 사상적 기저(학술회의 발표문)」, 2000년 11월 23~24일, xv~xvi쪽.

차원의 연대도 시도되어 왔다.[6] 성균관대학교 내부적으로 볼 때도 동아시아 연구가 갑자기 시작된 것은 결코 아니었다. 그에 관한 모색은 이미 20여 년 이전부터 시작되고 있었다. '동양학 국제학술회의'가 1975년부터 5년에 1회씩 개최되어 왔고, 그 과정에서 '동아시아'라는 말이 '유교문화권'이나 '동아' 등의 용어와 혼용되어 왔다. 예컨대 '동아시아 3국 고전문학의 특징과 교류'(1985), '동아시아 3국에서의 실학사상의 전개'(1990), '한중일 3국의 경학 발전의 의미와 성격'(1996) 등 국제학술회의 주제에서도 그러한 모습을 볼 수 있다.[7] 또 그것은 1999년 11월 한국연구재단(한국학술진흥재단)에 신청한 BK21 사업단의 명칭이 〈동아시아 유교문화권 교육·연구단〉이라는 데서도 보인다.[8] '동아시아'에 대한 관심은 이같이 오랫동안 축적되어 왔으며, 동아시아학술원이라는 명칭은 그 흐름을 이은 것이라고 할 수 있다.

그러나 학술원 개원 전후 한국학계에 커다란 반향을 일으킨 동아시아론에 대해서는 비판적 논의들도 적지 않았다. 예컨대 동아시아론은 다양한 갈래가 있지만, 그것이 지적실험 내지 새로운 상상으로서 가지는 긍정적 의미에도 불구하고 국민국가가 상존하는 현실에 대한 긴장감이 취약하다는 점이 지적된 바 있다.[9] 또 '동아시아론'이 한국·한반도의 중심성을 은연중에 전제하고 있다는 점을 비판하면서, 동아시아

---

6) 동아시아담론의 형성과 쇠퇴 과정, 그것이 가지는 학술사적 의미 등에 대해서는 윤여일, 『동아시아 담론: 1990~2000년대 한국사상계의 한 단면』, 돌베개, 2016 참조.

7) 임경석, 「대동문화연구원의 학술사적 위치」, 『대동문화연구』 60, 성균관대학교 대동문화연구원, 2007, 22쪽.

8) 이때 제출된 BK21 지원신청서와 교육·연구 프로그램에 대한 보다 구체적인 내용은 진재교, 「동아시아학술원의 연구·교육의 통합 모델과 그 성과」, 『대동문화연구』 112, 2020 참조.

9) 장인성, 「한국의 동아시아론과 동아시아 정체성: "동아시아의 새로운 상상"과 "국제사회로서의 동아시아"」, 『세계정치』 4, 서울대학교 국제문제연구소, 2005.

권역 내의 다른 국가들에도 수용되기 위해서는 동아시아 국가 간의 비대칭적 역학관계 등의 '현실'을 충실히 고려해야 한다는 점이 지적되기도 했다.[10)]

'동아시아사'라는 관점에서 볼 때도 '동아시아론'은 간과할 수 없는 문제를 내포하고 있다. 동아시아 담론의 유행과 함께 명칭에 '동아시아'가 들어가는 연구기관들도 많아졌고, '동아시아'를 주제나 키워드로 논저들도 많이 제출되었다. '동아시아'는 역사학 분야에서도 매우 큰 관심을 받는 화두가 되었다. 그것은 준비가 덜 되었기 때문에 시기상조라는 비판을 받으면서도, 고등학교 교과 과정에 '동아시아사'가 독립된 교과목으로 신설된 데서도 알 수 있다. 그러나 한국의 동아시아 논의는 역사적 경험을 통해 동아시아에 접근하고 동아시아사를 구성하려는 노력 면에서는 매우 미흡하였다. 이는 무엇보다 동아시아 역사에 대한 학문적 축적이 불충분하다는 점과 관련이 있을 것이지만, 동아시아의 역사를 어떻게 접근하고, 그를 통해 무엇을 할 것인가에 대한 고민이 아직 정리되지 않았다는 점과 무관하지 않다고 생각된다.

이러한 문제점은 개원 당시와 초기의 학술원에서도 보이는 현상이다. 학술원은 '동아시아' 내지 '동아시아학'이라는 용어를 전면에 내세우면서도 '동아시아학'의 내용에 대해서는 분명히 규정하지 않고 있었다. 개원기념 국제학술회의 취지에서도 '세계 각 지역의 동아시아 연구'가 언급되고 있으며, 한중일 3국을 유교와 한자를 키워드로 한 유교문화권이라는 맥락에서 동아시아학이 설정되고 있다. 이는 다른 지역문화권, 특히 서구문화권과 대비하는 속에서 언급되고 있다는 점에서[11)] 지역

---

10) 류준필, 「분단체제론과 동아시아아론」, 『아세아연구』 52:4, 고려대학교 아세아문제연구소, 2009.

11) 이우성, "동아시아와 한국", 앞의 2000 학술회의 발표문, 1~4쪽.

학 개념을 강하게 내포한 것으로 보인다. 때문에 같은 학술회의에서 일본인 중국연구자인 미조구찌 유조[溝口雄三]가 논급한 視座의 문제, 곧 "유럽을 기준으로 하는 역사관에서 탈피하여 각각의 역사 문맥에 따라 역사를 재구성"한다는[12] 것과 같은 문제의식이 분명히 제시되지는 않았던 것이다.

물론 개원 이후 동아시아를 키워드로 한, 혹은 동아시아를 주제로 한 연구 프로젝트들이 활발하게 추진되는 과정에서 동아시아 연구와 관련한 문제의식도 한층 심화되어 갔다. 예컨대 2000년 여름에는 한국학술진흥재단의 중점연구소 자원과제에 선정되어 6년간 진행한 〈한국사회의 변동과 동아시아적 시각의 모색〉이라는 연구 프로젝트의 취지는 동아시아적 시각에서 한국사의 특수성과 일반성을 탐구하다는 데 있었다. 6년간 크게 3개의 주제를 각기 2년씩 연구하였다. 3개의 주제에 대한 학술대회도 매년 개최되었다. 2001년 6월과 2002년 5월에는 〈傳統社會의 運營原理와 變動에 대한 對應樣式〉, 2003년 4월과 2004년 6월에는 〈국제질서의 재편과 근대로의 이행〉, 2005년 6월과 2006년 7월에는 〈일본제국주의의 평창과 동아시아〉라는 주제였다. 이 6년간의 연구는 이후의 연구방향과 관련하여, 무엇보다 새로운 동아시아적 패러다임의 모색은 서구 근대학문이 만들어 놓은 학문간의 배타성을 넘어 학제간 상호침투가 기초가 될 때 가능하다는 사실을 일깨워 주었다는 평가가 있다.[13] 또 '근대전환기' 한국과 동아시아 문학 연구에서 볼 수 있듯이 전근대 내지 전통과 근대의 이분법적 이해를 넘어 전근대-근대가 내면적으로 연결되어 있다는 점에 주목하는 연구들이 이루어져

---

12) 溝口雄三, "동아시아 연구의 시좌에 관한 모색: 중국연구를 중심으로", 앞의 2000 학술회의 발표문, 23~25쪽.

13) 김건태, 「대동문화연구원의 사학사적 위치」, 『대동문화연구』 60, 성균관대학교 대동문화연구원, 2007, 43~44쪽.

왔다.[14]

이외에도 학술원 설립 이후 2007년까지 수행한 다양한 연구들이 기본적으로는 모두 동아시아라는 키워드를 둘러싼 연구 시각이나 방법과 무관한 것일 수 없었음은 물론이다. 이 시기 학술원이 수행한 연구들 가운데 동아시아사와 관련된 대표적인 공동연구의 과제들은 다음과 같다.

〈표 1〉 2000~2007년간 동아시아사 관련 주요 공동연구

번호	연구기간	연구 과제
1	2000.09.01 ~ 2006.08.31	세계체제 형성기 한국 전통 사회의 변동에 대한 동아시아적 시각의 모색
2	2002.08.01 ~ 2005.07.31	근대 전환기 동아시아 3국(중국,일본,러시아)의 한국 인식
3	2004.11.01 ~ 2005.06.30	발해의 영역 확장과 말갈 지배 관련 디지털콘텐츠 개발
4	2005.09.01 ~ 2008.08.31	근대 한러관계 연구
5	2005.12.16 ~ 2006.06.30	기초학문자료센터 설립을 위한 시범적 데이터베이스 구축 및 통합

이러한 연구들은 모두 '동아시아'를 키워드로 혹은 동아시아라는 공간을 대상으로 삼음으로써 일국사적 연구의 시야를 넘어서는 새로운 시각이나 방법을 모색하는 과정이었고, 저마다 의미 있는 성과를 내었다고 생각한다. 그러나 아직 더 깊이 고민되어야 할 과제가 해소된 것은 아니었다. 앞서 언급했듯이 학술원 개원의 목표와 방향 등에서는 "동아시아 역사 문화에 대한 전체적 파악", "인문 · 사회과학을 포괄하는 종합적 학문의 수립", "동시아시아 연구의 새로운 시각과 방법을 모색"한다는 점들이 강조되고 있었지만, 구체적인 내용이 드러나 있지는

---

14) 진재교, 「한국문학 연구와 '대동문화연구원'—동아시아학으로의 연구지평 확대와 연구방법론의 창신」, 『대동문화연구』 60, 성균관대학교 대동문화연구원, 2007.

않았다. 여전히 만족할 만한 논의들이 이루어진 것은 아니었고, 그 내용을 어떻게 채울 것인가는 개원 이후 지속적으로 고민해나가야 할 문제였음을 시사하는 것이다. 이러한 고민들은 이후에도 지속되었고 동아시아와 관련된 연구 성과들이 축적되는 가운데 새로운 시각과 방법도 한층 구체화되어 갔다.

2) 연구 성과

2000~2007년 동안 이루어진 공동연구의 성과들 중에는 단행본으로 출간된 것도 적지 않았다. 그 가운데 동아시아사와 관련한 주요 단행본을 살펴보면 다음과 같다. 우선 1999년 한국연구재단의 지원을 받아 진행된 1단계 BK21 사업(동아시아 유교문화권 교육·연구단)의 성과들이다. BK21 사업은 교육 분야에 중점을 둔 것이지만, 참여 연구진의 연구 능력 함양을 위한 프로그램도 동시에 진행되었으며, 그 과정에서 나온 성과를 묶어 연구총서(전 4권)를 출간한 것이다. 총서의 제목은 "동아시아 정체성을 묻는 오늘의 시각"이다. 역사·정치·사상 그리고 여성이라는 주제로 나누어 동아시아 정체성을 지역성과 역사성에서 찾으려는 기획이며, 2004년 〈청어람미디어〉에서 출판되었다.[15] 총서의 기획 취지에 대해서는 앞서도 언급했듯이 각 권의 책머리에 실린 임형택의 「"동아시아 정체성을 묻는 오늘의 시각" 총서를 기획하며」에 제시되어 있다. 그는 학술원이 주목하는 '동아시아'라는 공간에 대해 "현재에서 미래를 전망하자면 '전략'이요, 현재에서 과거

---

15) 이때 함께 출간된 총서 4권의 제목은 다음과 같다. Ⅰ.『(사상)동아시아 유교문화의 새로운 지향』(책임편집: 최영진, 지준호), Ⅱ.『(여성)동아시아의 근대, 여성의 발견』(책임편집: 진재교, 박의경), Ⅲ.『(역사)새로운 질서를 향한 제국 질서의 해체』(책임편집: 서중석, 김경호), Ⅳ.『(정치)동아시아의 근대와 정치경제』(책임편집: 김성주, 차문석).

로, 과거에서 현재로 縱觀하자면 '방법론'인 셈"이라 하였다. 또 이 총서의 기획은 "동아시아의 현재, 그리고 미래의 정체성에 대해 궁구하고자 하는 우리의 노력을 '오늘의 시각'을 통해 바라보고자 하는 것"으로 '방법론적 동아시아'의 시론이자 시발이라고 규정하였다.[16] 새로운 시각과 방법 모색이 꾸준히 이어지고 있음을 확인할 수 있다. 또 이 시기에 이루어진 공동연구 가운데 하나 더 지적해둘 것은 〈한말·일제하 나주 지역 연구〉이다. 3개년(2002~2005)에 걸쳐 진행된 이 연구는 동아시아사를 직접 대상으로 한 것은 아니었지만, 전통과 근대의 이분법적 이해를 넘어서려는 문제의식에 입각하여 한말~일제하에 걸친 나주지역 사회변동을 접근한 학술원의 공동연구였다는 점에서 이후 '근대전환기' 동아시아 연구의 문제의식과 닿아있었다.[17]

그러나 아직 이러한 모색이 구체적인 연구에 충실히 반영되어 드러나는 것은 아니었다. 그것은 총서 4권 가운데 역사 분야의 단행본(『새로운 질서를 향한 제국 질서의 해체』)의 내용을 일별할 때도 엿볼 수 있다. 이 책은 〈제1부: 동아시아 사회의 전통적 질서 성립〉, 〈제2부: 제국 질서의 해체와 근대 국가로의 이행〉, 〈제3부: 전환기 근대 동아시아 사회 질서와 구조〉로 나누어 모두 11편의 글을 싣고 있다. 제1부에서는 동아시아 질서가 유교문화를 바탕으로 하면서도 서로 다른 특성을 가지고 있음을 드러내고자 하였다. 제2부에서는 동아시아의 전통적 질서가 해체되고 근대 국가로 이행되는 과정을 한국을 중심으로 살펴보고 있다. 제3부에서는 명·청 시기의 국가권력과 종족의 위상, 의화단 운

---

16) 임형택, 「"동아시아 정체성을 묻는 오늘의 시각" 총서를 기획하며」, 성균관대학교 동아시아 유교문화 교육·연구단 편(서중석·김경호 책임편집), 『[역사]새로운 질서를 향한 제국 질서의 해체』, 청어람미디어, 2004, 5~7쪽.

17) 하원호, 손병규, 송양섭, 정승진, 박진철, 배항섭, 한영규, 『한말 일제하 나주지역의 사회변동연구』, 성균관대학교 대동문화연구원, 2008.

동에 대한 러시아의 참가와 만주 점령, 20세기 초 중국의 제당업과 동아시아 시장, 1930년대 일본의 전향정책 등을 검토하고 있다. 개별 연구들은 모두 흥미로운 주제를 다루고 있지만, 책의 구성이나 편성이 밀도 있는 일관성을 가지고 있다고 보기는 어려울 듯하다. 그것은 편자가 이 책에 대해 "21세기에 접어든 시점에서 동아시아 사회를 어떻게 인식하고 있는가에 대한 반성과 자기비판이며, 향후 연구의 출발로 삼고자 하는 것"이라고 밝힌 데서도 알 수 있다. 또 이 책의 의도가 "'진정한' 동아시아의 사회상"에 대한 물음, "동아시아상의 실체" 제시에 있다고 한 점도 여전히 앞서 제시한 "방법으로서의 동아시아"와는 거리가 있었음을 보여준다.[18]

한편 한국연구재단의 지원을 받아 2002년 8월부터 〈근대전환기 동아시아 3국(중 · 일 · 러)의 한국인식〉이라는 주제 아래 공동연구를 수행한 결과도 3권의 단행본으로 발간되었다.[19] 이 공동연구는 구한말부터 1920~30년대에 걸친 시기에 중국, 일본, 러시아가 한국을 어떤 시선으로 바라보았는지, 또한 이 시기 한국은 동아시아와 서구 세력을 어떻게 인식하고 대응했는지를 동시에 살피고자 하였다. 역시 동아시아의 역사과정을 개별국가의 차원이 아니라, 상호 교류와 인식을 통해 접근함으로써 일국사적 접근과는 다른 새로운 시각과 방법을 찾고자 하였음을 알 수 있다. 그러나 책머리에서 러시아를 '동아시아'라는 범주에 넣는 이유에 대해 "이 시기 러시아는 동아시아 지역 내에서 새 영토를 영

---

18) 책임 편집자, 「동아시아 사회 질서의 전통과 근대적 의미」, 성균관대학교 동아시아 유교문화 교육 · 연구단 편, 앞의 책, 16쪽, 28쪽.

19) 각 권의 제목은 다음과 같다. 진재교, 임경석, 이규수 외, 『근대전환기 동아시아 속의 한국(동아시아학술원총서 3)』, 성균관대학교출판부, 2004; 임경석, 진재교 외, 『근대전환기 동아시아 삼국과 한국: 근대인식과 정책(동아시아학술원총서 4)』, 성균관대학교출판부 2006; 진재교 외, 『충돌과 착종의 동아시아를 넘어서: 근대전환기 동아시아의 자기인식과 대외인식(동아시아학술원총서 5)』, 성균관대학교출판부, 2007.

유함으로써, (중략) 동아시아 영역국가의 하나가 되었다"라고 하였다.[20] 역시 '동아시아'를 특정 지역 내지 공간이라는 개념으로 받아들이고 있었음을 알 수 있다.

'동아시아'의 범위에는 연구자에 따라, 또 연구 대상에 따라 한중일 삼국으로 국한하거나, 거기에 베트남이나 몽골 등을 일부 포함하기도 하는 등 차이가 있다. '동아시아'를 하나의 통일된 지역으로 묶어서 사고하는 '동아시아 세계론'을 체계적으로 제시한 대표적인 학자는 니시지마 사다오(西嶋定生)이다. 그는 '동아시아 세계'의 공통적 요소로 한자, 유교, 율령, 불교라는 문화적 측면과 동아시아의 정치질서를 구축하는 '冊封體制'를 제시하였다. 니시지마의 '동아시아 세계론'은 이후의 '동아시아론', '동아시아사'를 구상하는 데 많은 영향을 미쳐왔다.[21] 범위 면에서 차이가 있지만, '동아시아 세계론'은 각국의 역사과정을 일국 단위의 고립된 것으로 바라보는 것이 아니라, 상호 교류와 연동이라는 넓은 시야에서 바라본다는 점에서 적지 않은 의미가 있음은 물론이다. 그러나 여기에는 동아시아를 하나의 통일된 지역으로, 동아시아의 역사를 상호연관과 공통성이라는 맥락에서 바라보는 시각이 전제되어 있었고, 동아시아학술원의 초기 논의도 이러한 방향에서 이루어진 경향이 컸다고 생각한다.

하지만 '동아시아'를 하나의 통일된 공간으로 파악하는 것은 간단한 일이 아니며, 그렇게 함으로서 얻을 수 있는 효과가 무엇인지에 대해서도 좀 더 깊은 고민이 필요하다. 이른바 '근세' 시기, 곧 한국의 조선시

---

20) 진재교, 임경석, 이규수 외, 앞의 책, 5쪽.

21) 이러한 논리를 집대성한 것이 西嶋定生, 『古代東アジア世界と日本』, 東京大學出版會, 1983 이다. 이에 대해서는 김선규, 「미국 및 일본에서 '傳統中國의 世界秩序'에 관한 연구사와 그 특징 비교」, 『역사문화연구』 32, 한국외국어대학교 역사문화연구소, 2009, 151~53쪽 참조.

대와 중국의 명청, 일본의 에도시대를 비교해보더라도, 다 같이 소농사회가 형성되고 발전해간 시대라는 점, 서구 중세에 비해 중앙집권적 정치체제를 가지고 있었다는 점, 주자학을 받아들였다는 점 등에서 공통점이 있다.[22] 그러나 사회의 구성이나 운영원리, 그 속에서 살아간 사람들의 삶의 방식은 나라마다 시대마다 매우 다양했다. 어떤 부분은 한국과 중국이 유사하고 일본은 상대적으로 더 이질적인 반면 또 다른 부분에서는 한국과 일본이 유사하고 중국이 이질적인 경우도 있다.

   '동아시아 세계론'에서 동아시아 문화의 핵심적 공통 요소의 하나로 지적한 '유교'에 국한해보더라도 마찬가지이다. 중국과 조선에서는 주자성리학이 지배이념으로 수용되어 체제를 구성하고 운영하는 핵심적 기제로 작동했지만, 같은 지배이념에 규정되면서 형성되어 간 법과 제도, 관습 등에는 간과하기 어려운 차이도 있었다. 더구나 일본에서는 18세기 후반 '주자학'이 확산되었고, 藩 차원에서는 통치이념이라 할 정도의 위상을 가지는 곳이 적지 않았지만, 막부 차원에서 지배이념으로 받아들여진 적이 없었다. 또 중국의 경우 양명학이 유교지식인들 사이에 널리 수용된 데 반해 조선에서는 이단적인 것으로 배척되었고, 일본의 유학자들이 받아들인 주자학은 중국이나 조선의 그것과 매우 이질적인 점이 많았음은 잘 알려져 있다.[23] 동아시아 각국 간에 간과하기 어려운 차이를 보이는 것은 유교만이 아니었다.[24] 동아시아 각국의 역사

22) 宮嶋博史,「東アジア小農社會の形成」,『長期社會變動—アジアから考える(6)』, 東京大學出版會, 1994; 미야지마 히로시,「1부 동아시아사의 서유럽모델론 비판, '소농사회론'」,『나의 한국사 공부: 한국사의 새로운 이해를 찾아서』, 너머북스, 2013 참조.

23) 일본이 수용한 주자학, 그리고 엘리트층과 주자학의 관계, 사회질서 내지 제도와 禮制의 관계 등에서 보이는 특징을 중국과의 비교를 통해 살핀 연구로는 와타나베 히로시, 박홍규 옮김,『주자학과 근세일본사회』, 예문원, 2007 참조.

24) 이는 학술원 설립 이전이나 설립 초기에 빈번히 제시되고 있던 '유교문화권' 등 유교

과정이나 현상, 법과 제도 등에는 간단히 넘어갈 수 없는 차이들이 적지 않았다. 예를 들면 '근세' 시기 토지 파악 방식이나 토지의 소유·매매를 둘러싼 법과 관습, '家' 개념과 신분질서, 상속제도, 향촌질서, 그리고 민중운동이나 민과 국가의 관계 등의 면에서도 서로 간에는 적지 않은 차이가 있었다.[25] 또한 '동아시아 세계' 혹은 중국 중심의 '책봉체제' 안에서 차지하는 위치, 동아시아 각국 간의 관계 면에서도 편차가 컸고, 동아시아 각국과 동아시아 외부 세계와의 관계 면에서 각국의 경험은 오히려 매우 이질적이라고 할 만한 부분도 적지 않았다. 이 같이 공통점을 무색케 할 만큼 많은 다양한 차이점들은 동아시아의 범위를 한중일에서 베트남이나 몽골, 혹은 중국 북방과 서방의 유목 세력까지 넓히면 그 차이가 더욱 확대된다.[26]

이같이 '동아시아'를 하나의 완결된 세계로 바라보기에는 '동아시아' 내부적으로나 외부와의 관계 면에서도 이질성이나 편차가 적지 않았다. 따라서 하나의 통일된 '지역사'라는 맥락에서 동아시아를 바라보는 것은 현재로서는 매우 곤란하다고 생각한다. 더구나 최근 들어 동아시아보다

를 중심에 둔 '동아시아' 구상을 비롯하여 '주자성리학'을 중심에 둔 '동아시아사' 구상이 매우 위험하고 편향적일 수 있음을 시사한다.

25) 동아시아 각국 역사에서 보이는 공통점과 차이점에 대해서는 한국고문서학회, 『동아시아 근세사회의 비교: 신분·촌락·토지소유관계』, 혜안, 2006; 배항섭, 「조선후기 토지소유 및 매매관습에 대한 비교사적 검토」, 『한국사연구』 149, 2010; 미야지마 히로시, 앞의 2013 책; 기시모토 미오(岸本美緒), 洪成和 번역, 「동아시아·동남아시아 전통사회의 형성」, 『역사와 세계』 45, 효원사학회, 2014, 그리고 〈19세기의 동아시아〉 시리즈 제1권~5권에 실린 비교사 관련 연구들 참조.

26) 이 점은 '동아시아사'에 대해 한중일 간에 간과하기 어려운 '감각'의 차이를 보이는 가장 큰 이유이기도 하다. 또 기시모토 미오는 '동아시아'를 역사인식이나 역사연구의 대상으로 삼기에는 그 경계가 모호하고 가변적이라는 점, 나아가 동아시아의 범위를 어떻게 획정하느냐에 따라 그 외부로 제외된 지역이나 국가의 역사적 경험이 배제되는 문제가 있음을 지적한 바 있다(安本美緒, 「東アジア史のパラダイム轉換」, 『韓國併合'100年を問う』, 岩波書店, 2011).

훨씬 더 넓은 범위에서 일어난 상호 교섭과 상호 작용을 다루는 글로벌 히스토리 혹은 유라시아사가[27] 활발하게 연구되고 있음을 고려할 때 '지역사'로서의 동아시아사가 가지는 의미는 더욱 제한적일 수 있다고 생각한다. 지역학으로서의 '동아시아학' 역시 마찬가지이다. '동아시아학'을 진전시켜나가는 데 가장 큰 장애가 된 것도 '동아시아'가 가진 이 같은 복잡성 내지 다양성 때문이라고 보아도 크게 틀리지 않을 것이다.

'동아시아사'가 가진 이상과 같은 문제들을 전제로 한다면, 니시지마처럼 '동아시아 세계'을 상정하지는 않는다하여도, 섣불리 공통성을 찾아내기보다는 차이까지 온전히 드러내고 그러한 공통점과 차이점이 나타나는 배경 내지 맥락을 다른 구성 원리들과 연결하여 이해해나가는 것이 선행되어야 한다. 따라서 현재로서는 '동아시아학'이라는 개념보다는 '동아시아 연구', 공간적으로 통일된, 하나의 체계를 가진 '동아시아사'보다는 하나의 '방법으로서의 동아시아사'가 더 적절한 방향이라고 생각한다. 곧 서구와 달랐던, 혹은 서구의 경험으로 설명하기 어려운 점들이 많은 동아시아 각국의 역사를 공통적인 것만이 아니라, 차이점까지 함께 끌어안는 속에서 드러내고, 그것을 서구에 대한 한계나 부족이라는 차원이 아니라 고유한 구성 원리나 운영 원리, 혹은 삶의 방식이나 리듬이라는 맥락에서 설득력 있게 해명해내는 것이 먼저라고 생각한다.

물론 서로 다른 점에 비해 같은 점이 적다하더라도 전체적으로 보았

---

27) 글로벌 히스토리에 대한 개략적 내용과 연구 동향에 대해서는 Barry K. Gills and Wiliam R. Thompson, "Globalizations, global histories and historical globalities", Barry K. Gills and Wiliam R. Thompson, ed.,*Globalization and Global History*, New York, 2006; Jürgen Osterhammel, "Globalization", Jerry H. Bentley ed., *The Oxford Handbook of World History*, Oxford; New York: Oxford University Press, 2011 참조. 글로벌 히스토리와 유라시아사를 둘러싼 최근의 연구동향을 일본 학계의 논의들을 중심으로 살핀 글로는 고은미, 「글로벌 히스토리와 동아시아론: 일본의 성과를 중심으로」, 배항섭 · 박소현 · 박이진 편, 『동아시아연구 어떻게 할 것인가: 동아시아교양총서 1』, 성균관대학교 출판부, 2016 참조.

을 때 서구 역사와의 거리에 비하면 가까웠다고 볼 수 있다. 이런 점에 비추어 볼 때 동아시아 각국의 역사에서 보이는 공통점을 강조함으로써 서구와는 달랐던 동아시아사의 전개과정을 분명히 드러내고, 역사 전개과정에 대한 서구중심적 이해를 비판하는 '전략'도 의미가 적지 않을 수 있다. 그러나 이러한 '전략'은 다음과 같은 문제를 안고 있다. 먼저, 동아시아를 통일된 지역이라는 개념으로, 혹은 서구와 달랐던 역사 과정이 전개되었음을 강조하는 방식으로 서구중심주의를 극복하려는 시도는 필연적으로 동아시아 각국 간의 차이보다는 공통성을 찾거나 드러내는 방향으로 흐를 위험이 크다. 이 역시 서구중심주의 비판이라는 면에서는 효과적일 수 있겠지만, 동아시아사에 대한 올바른 이해 방법은 아닐 것이다.[28] 왜냐하면 이러한 방법으로는 서구중심주의와 비슷한 시기에 형성되었고, 유사한 정치적 이데올로기적 함의를 가지고 있는 근대중심주의에 대한 비판의식을 확보하기 어렵기 때문이다. 서구중심주의를 벗어나서 동아시아의 근대가 서구의 영향과 무관하게 형성되었음을 드러내고 강조한다고 하여 서구중심주의가 내포하고 있는 또 다른 인식론적 프레임인 근대중심주의의 틀을 온전히 벗어나기는 어렵다.[29] '근대'를 비판적으로 성찰할 수 있는 인식론적 근거와 그에 의거한 역사인식이 전제되지 않는다면 서구중심주의조차 제대로 넘어설 수 없다고 생각한다. '동아시아사'를 통해 무엇을 할 것인가?, '동아시아사' 연구가 어떤 의미를 가질 수 있는지? 등의 질문에 대한 심화된 고민이 요청되는 이유이다.

---

28) 더구나 동아시아 역사 속의 공통성을 찾음으로써 동아시아 국가 간의 연대나 협력의 가능성을 찾으려는 것은 오히려 현실―식민지배를 둘러싼 갈등과 지금도 지속되고 있는 '적자생존적' 국민국가 간 체제―을 우회하려는 나이브(naive)한 발상이라고도 볼 수 있다.

29) 배항섭, 「동아시아사 연구의 시각―서구·근대중심주의 비판과 극복」, 『역사비평』 109, 역사비평사, 2014, 153~161쪽 참조.

3. HK사업과 연구 성과의 양적 팽창기(2007~2020)

1) 연구활동

학술원의 연구 활동은 2007년 11월 HK(인문한국)사업단에 선정되면서 전환의 계기를 맞게 되었다. 사업단의 어젠다는 〈소통과 확산: 동아시아 연구를 통한 한국인문학의 창신〉이었다.[30] 사업단의 목표는 동아시아의 다원성과 보편성을 통일적으로 파악하는 새로운 모델의 개척·소통·확산을 통하여 한국인문학의 創新에 기여하는 데 있었다. 연구의 방향은 기존 분과학문의 성과를 바탕으로 하되 그것을 넘어서는 새로운 복합인문학을 제시함으로써 한국인문학의 새로운 패러다임을 구축하고, 세계적 수준의 동아시아 연구와 인문학 담론을 생산하는 연구기관으로 발전한다는 데 초점을 맞추었다. 물론 이러한 어젠다는 그 이전부터 온축되어 온 학술원 구성원들의 고민과 연구의 결과이기도 했다. HK사업단은 연구 영역을 크게 〈생활〉, 〈지식〉, 〈질서〉 3개 분야로 나누어 수행하며, 상위 개념으로 〈소통〉 영역을 설정하여 3개 연구 영역을 아우르는 학제 간 연구를 도모하였다.

'동아시아 연구'를 내세운 것은 당시 인문학계 전반에 걸쳐 큰 반향을 일으키고 있던 '동아시아론'의 자극을 받은 것이지만, 동시에 기존의 동아시아론에 대한 비판의식을 깔고 있는 어젠다였다. "본 사업단은 기존의 연구 성과와 동아시아 관련 담론의 반성적 성찰을 통해 새로운 학제 간 연구단위 중심의 동아시아 연구를 개발하고자 함"이라는 표현은 그러한 연구 배경을 잘 보여준다. 여기서 말하는 동아시아 연구는 타국에 대한 이해 증진과 참조 사례를 추구하는 기왕의 지역학이 아니라 인문

---

30) 이하 인문한국 사업의 연구 계획과 관련한 내용은 성균관대학교 동아시아학술원, 「2007년도 인문한국지원사업 인문분야 신청서 (Ⅰ)」, 2007, 1~18쪽 참조.

학 기반의 동아시아 연구이며, 이를 통해 특정 지역 연구가 아니라 새로운 인문학적 패러다임의 창출을 도모한다고 하여 변별성을 드러내고자 하였다. 공간적 대상으로서의 동아시아라기보다는 일종의 방법적 개념으로서의 동아시아라는 측면이 강하게 투영되어 있었다. 〈동아시아 연구의 현황과 과제〉에서는 기왕의 연구가 보이고 있는 바, 동아시아 공통의 전통이나 문명적 정체성을 탐구하거나, 근대 국민국가의 틀을 과거로 역투사하는 방식이 아니라 동아시아 역사상에 대한 심도 있는 연구와 동아시아의 역사성을 관통하는 거시적 시각이 필요함을 강조하고 있는 점도 이와 상통하는 문제의식이다. 그러나 기존의 동아시아 담론이 사회적 요구와 실체로서의 동아시아 개념을 혼동하고 있음을 지적하면서 "실체로서의 동아시아"에 근거한 미래의 동아시아상 구상이 필요하다는 점을 과제로 제시하고 있다.[31] 이는 논리적으로는 앞서 언급한 방법으로서의 동아시아라는 이해와는 결을 달리하는 과제설정이지만, 기왕의 동아시아담론이 동아시아 역내 국가들 간의 비대칭적 역학관계 등 현실에 대한 고려가 미흡하다는 데 대한 비판에서 나온 것으로 보인다. 그러나 '동아시아'가 여전히 특정한 공간이나 지역을 지시하는 개념으로 사용되고 있는 모습은 다른 데서도 보인다.

우선 '동아시아'라는 공간에 대해 "시간의 추이와 현재적 상황에 따라 경계와 의미가 유동하며 변용하는 공간", 혹은 "한자 · 유교등 공통의 문화적 유산과 경제적 · 정치적 공통 이해관계에 따라 그 외연과 내포를 달리하는 유동하는 장소" 등으로 파악하려 하였다. 또한 "동아시아인의 시각으로 동아시아를 재발견할 필요성"을 제기하고 있는 점에서 서구중심적 동아시아 이해에 대한 비판적 입장을 취하고 있었지만, "동

---

31) 성균관대학교 동아시아학술원, 「2007년도 인문한국지원사업 인문분야 신청서 (Ⅰ)」, 2007, 11쪽.

아시아를 '과거'의 경험적 공간이며, '미래'의 구성적 공간으로 이해"한 데서 여전히 동아시아를 하나의 (유동적) 지역 내지 공간으로 상정하고 있음을 알 수 있다.[32] '동아시아'를 구성하는 공간 · 장소의 경계가 '유동적'이라는 인식에 입각하여 기왕의 지역학에서 말하는 '동아시아'를 넘어서려는 의도, 그리고 동아시아인에 의한 동아시아 '재발견'에 의해 서구중심주의를 극복하자는 의도에 대해서는 충분히 납득할 수 있다. 그러나 그를 위한 접근, 곧 '재발견'의 방법이 분명하지 않고, 여전히 동아시아라는 '공간'을 내세우는 방식으로 추구되고 있으며, 특히 '동아시아사'에 대해서는 '과거'의 '경험적 공간'으로 인식하고 있었다. '지역학' 내지 '지역사'의 자장을 완전히 벗어나지 못했음을 시사한다.

또 하나, HK사업 신청서에 적시된 연구영역별 과제 및 접근 방법과 관련하여 눈에 띄는 점 가운데 하나는 역사적 접근이 상대적으로 취약하다는 사실이다. 물론 '동아시아 역사상에 대한 심도 있는 연구', '전통과 근대의 단절을 넘어선 새로운 방법론적 실험', '동아시아를 거시적인 역사전망 속에서 조망'한다는 점 등이 강조되고 있다. 그러나 '동아시아사' 내지 '동아시아 속의 한국사'를 다루는 이 글의 입장에서 볼 때 '새로운 인문학적 패러다임'을 창출하려는 노력 속에는 동아시아를 역사적 맥락 속에서 바라보는 시각이 부족하다는 점이 눈에 띄지 않을 수 없다. 〈동아시아 연구의 의의와 과제 도출〉에서는 "세계질서의 재편과 동아시아의 부각에 대한 학문적 대응", "한국의 국제적 위상에 부응하는 학문적 위상 제고", "동아시아 내부의 시각에서 동아시아의 문제와 가치 연구" 등을 강조하고 있다. 대범하게 보면 이 역시 역사적 접근과 전혀 무관하다고는 할 수 없겠지만, 역사적 접근보다는 '현실'이 강조되고 있다는 인상을 지우기 어렵다. 이는 역사적 접근이나 역사적 시각보다

---

32) 성균관대학교 동아시아학술원, 위의 신청서, 9쪽, 15쪽.

는 동아시아 국가 간의 연대나 "동아시아 공동체" 구상과 같은 동아시아의 현실과 관련한 과제들이 더 중요하게 인식되고 있기 때문이었다고 생각된다. 역사적 접근이 취약하다는 점은 기존의 동아시아담론에서도 보이는 특징이었다.

어쨌든 인문한국(HK) 사업단에 선정된 것은 학술원의 동아시아사 연구에도 큰 전환점이 되었다. 그 배후에는 동아시아사에 대한 다음과 같은 판단이 자리 잡고 있었다. 우선 동아시아는 한국인의 장기적인 삶과 그들이 만들어간 질서체계를 이해하는 데에 필요불가결한 역사적인 공간이라는 점이다. 다음으로 동아시아는 일국적 시각이나 서구중심적 사유로부터 벗어나 한국사회를 형성해온 궤적을 재구성하고, 장기적인 시간주기 속에서 현재의 변화를 탐색함으로써 새로운 가치와 질서를 모색할 수 있는 시공간적 질서라는 점이었다. 마지막으로 기존의 동아시아학이 서구중심적 지식체계를 바탕으로 변화무쌍한 동아시아의 현상적 변화를 추적하는 데 급급한 측면이 없지 않았다는 점에 대한 성찰의 결과이기도 하다. 이에 따라 '과거와 미래', '주체와 타자'가 상호 소통하는 새로운 모델을 개발함으로써, 전통과 근대의 단절을 넘어선 새로운 방법론적 실험을 시도하고, 동아시아 내부 각 지역의 전통과 문화를 상호 비교함으로써 각 지역의 고유성은 물론, 동아시아에 공존하는 -서구학문에 상대화된- 고유성을 발견하려는 노력이 시작되었다.

인문한국 사업 시작과 함께 20여 명의 HK교수와 연구원을 중심으로 어젠다 수행을 위해 연구 활동을 활발하게 추진하였다. 매월 2회의 〈동아시아포럼〉이 개최되어 내부 구성원들 간의 문제의식이 소통되고 공유되었으며, 그런 과정에서 이루어진 개인 및 공동 연구의 성과들은 매년 수차례의 국내외 학술대회를 통해 학계에 보고되었다. HK사업 기간(2007~2017) 중 개최된 동아시아사 관련 주요 학술회의는 〈표 2〉와 같다.

〈표 2〉 HK 사업 기간(2007~2017) 중 동아시아사 관련 주요 학술회의

연번	개최일시	학술회의명	개최장소
1	2008.08.22~23	국가체제와 동아시아질서	성균관대
2	2009.01.21	2009년 동아시아 지역질서와 내셔널리즘	성균관대
3	2009.02.13~14	1919년 동아시아 근대의 새로운 전개	성균관대
4	2009.05.22~23	5.4운동 90주년 기념 국제학술회의: 오사, 기억과 해석, 동아시아	성균관대
5	2012.02.10~12	아시아 각국과 한국의 문명교류사	성균관대
6	2012.06.28	20세기 초 한국과 대만의 인구와 토지에 관한 자료와 연구	성균관대
7	2014.08.21~22	동아시아에서 21세기 패러다임을 모색한다	성균관대
8	2015.08.21	동아시아 연구: 동향과 전망	성균관대
9	2016.04.22~23	성균관대-중국사회과학원 학술회의: 동아시아 역사상의 문화교류와 상호인식	성균관대
10	2016.09.27	법학과 인문학의 탈경계: 동아시아의 법률과 문화	성균관대

　이외에도 학술원 구성원들이 독자적인 패널을 구성하여 매년 수차
례의 국제학술회의에 참여하여 세계 학계와의 소통과 교류도 활발하게
추진하였다. 또한 학술원은 학문적 교류와 성과의 세계화를 위해 설립
초기부터 해외의 다양한 유관 연구기관과 교류를 해왔다. 특히 동아시
아 역사 분야에서는 일본의 도쿄대, 교토대와의 교류, 그리고 중국 사
회과학원 역사연구소와의 교류가 대표적이었다.[33] 이 가운데 일본 도쿄
대 동양문화연구소와는 2003년부터 매년 또는 격년 주기로 학술토론회
를 셔틀 방식으로 상호 교차 개최해왔으며, 2011년부터는 교토대 인문

---

33) 중국 사회과학원 역사연구소와의 교류에 대해서는 김경호, 「'자료' 연구로 본 동아시
　　아학술원 20년」,『대동문화연구』112, 2020 참조.

과학연구소가 결합하면서 3개 학교가 매년 윤번으로 정기적 학술회의를 개최해왔다. 이 3개 대학의 정례 학술회의가 개최될 수 있었던 데는 도쿄대 동양문화연구소에 재직하다가 동아시아학술원으로 전임해온 미야지마 히로시 교수(宮嶋博史),[34] 그리고 교토대 인문학연구소장을 역임한 김문경 교수의 역할이 컸다.

〈표 3〉 성균관대 도쿄대 교토대 3개대학 학술회의 개최실적

연번	개최일시	학술회의명	개최장소
1	2011.01.28	동아시아에 있어서의 '지'의 유통	京都大學
2	2012.01.24	동아시아의 근대	성균관대
3	2013.01.25	동아시아의 '기억'	東京大學
4	2014.01.24	동아시아로부터 세계사를 본다/생각한다	京都大學
5	2015.01.23	동아시아를 사유한다 -共通 · 差異, 関係-	성균관대
6	2016.01.22	아시아의 전쟁(Asian Wars)	東京大學
7	2017.01.20	동방문화연구의 기억과 유산	京都大學

한편, 앞서 언급했듯이 인문한국 사업 시작 후 HK연구교수와 연구원을 중심으로 활발한 연구를 추진하였으나, 얼마 지나지 않아 위기가 찾아 왔다. 연구재단 측의 방침 변경과 학내 사정, 연구 인력의 타대학 전

---

34) 미야지마 히로시 교수는 도쿄대학교에 재직하다가 2002년 5월 학술원 교수로 부임하였다. 전공분야는 한국사이지만, 일찍부터 서구중심적 역사연구에 대한 비판 의식에 근거하여 동아시아 소농사회론을 비롯, 동아시아를 비교사적으로 이해하는 데 관심을 가져왔다. 그러한 성과들 가운데 중요한 내용들은 2013년에 발간된 『나의 한국사 공부』(너머북스), 『일본의 역사관을 비판한다』(창비) 등 두 권의 책으로 정리되었다. 이 역시 학술원의 동아시아 연구에 큰 자극제가 되었음은 물론이다. 이 책들의 내용과 의의 등에 관해서는 다음의 서평 참조, 왕현종, 「동아시아 비교사의 방법과 의미」, 『역사비평』 105, 역사비평사, 2013; 조석곤, 『미야지마 히로시, 나의 한국사 공부; 한국사의 새로운 이해를 찾아서」, 『경제사학』 55, 한국경제사학회, 2013. 최근에는 그간 진전된 연구들을 집약한 저작, 『한중일 비교 통사』, 너머북스, 2020이 출간되었다.

임(轉任) 등의 사정이 겹치면서 사업 초기 연구계획을 수립하였던 연구 인력을 비롯하여 많은 구성원들이 일거에 그만두었기 때문이다. 그에 따라 인문한국 전임 인력들이 2010년부터 2011년에 걸쳐 대폭 교체되었고, 그 여파로 동아시아 역사 분야의 연구계획이나 내용도 일부 수정되지 않을 수 없었다. 이후 역사 분야의 연구는 그 이전부터 진행해오던 동아시아 자료학, 호적을 중심으로 한 역사인구학, 그리고 19세기(내지 근대전환기)의 동아시아 연구 등 크게 3분야로 나누어 진행되었다. 물론 HK사업 기간 중 동아시아사와 관련된 연구 성과는 이외에도 다양한 시대와 주제에 걸쳐 이루어졌지만, 중심이 된 것은 앞의 세 가지 3분야였다. 여기서는 특히 〈19세기의 동아시아〉라는 연구 영역, 그 가운데서도 동아시아사 연구의 시각과 방법과 관련된 연구 활동과 성과를 중심으로 살펴보고자 한다.[35] 먼저 〈19세기의 동아시아〉 관련 학술회의 개최 실적은 아래 〈표 4〉와 같다.

〈표 4〉 HK 사업 기간(2007~2017) 중 "19세기의 동아시아" 관련 학술회의

연번	개최일시	학술회의명	개최장소
1	2012.01.11	동아시아에서 전근대/근대의 이분법 너머를 생각한다(워크숍)	성균관대
2	2012.07.20	임술민란 150주년기념 학술대회: 19세기 동아시아의 민중운동과 조선사회	성균관대
3	2012.08.24	19세기 말-20세기 초 한국과 일본의 사회와 문화	성균관대
4	2013.08.16	19세기 말~20세기 초 동아시아 전통지식인의 삶과 사상	성균관대
5	2013.12.17	19세기 한국사회와 근대 (워크숍) 한림대 한림과학원 HK연구소와 공동개최	한림대
6	2014.08.29~30	동학농민운동120주년 국제학술대회: 근대 전환기 세계의 농민운동과 반침략운동	성균관대

---

35) 동아시아 역사 분야 가운데 간독과 호적을 중심으로 한 동아시아 자료학 및 역사인구학 분야의 연구에 대해서는 김경호, 앞의 글 참조.

연번	개최일시	학술회의명	개최장소
7	2015.02.13.~14	성균관대-한림대 공동학술회의: 장기 19세기의 동아시아-변화와 지속, 관계와 비교(1)	성균관대
8	2016.02.18~19	성균관대-한림대 공동학술회의: 19세기의 동아시아-변화와 지속, 관계와 비교(2)	성균관대
9	2017.02.16~17	성균관대-한림대 공동학술회의: 19세기 동아시아의 국가와 사회	성균관대
10	2018.02.23	19세기 동아시아 연구와 새로운 역사상 모색	성균관대
11	2019.07.19	학술대토론회: 한국 전근대의 양전과 부세제도	성균관대
12	2020.08.25	근대전환기 국가 권력과 사회 질서	ZOOM 화상회의

동아시아 연구 방법이나 시각에 대한 워크숍이 1회(1), 19세기~20세기 동아시아 사회질서에 대한 주제가 5회(3, 5, 9, 10, 12), 근대전환기 동아시아 지식인들의 사유체제에 대한 학술회의가 1회(4), 사회경제사 및 사상과 문화에서 보이는 19세기 동아시아의 지속과 변화에 대한 학술회의가 2회(7, 8) 민중운동을 통한 동아시아사에 대한 비교사적 접근이 2회(2, 6). 기타 학술회의가 1회(11) 개최되었다.

이 가운데 연구방법 및 시각을 다룬 것은 2012년 1월에 개최된 워크숍이다. 이 워크숍은 학교 내외의, 다양한 학문분과의 연구자들이 결합하여 구성된 〈19세기의 동아시아〉 연구 모임의 출발에 즈음하여 개최된 것이다. 서로의 문제의식을 가다듬고 향후의 연구 방향을 논의 하는 자리였다. 〈전근대-근대의 연속적 파악〉이라는 주제를 선정하게 된 것은 무엇보다 그 동안의 연구들에서 보이는 가장 큰 문제점 가운데 하나가 전근대와 근대를 이분법적으로 구분하여 이해되어 온 데 있다는 판단에서 나온 것이다. 전근대-근대 관계에 대한 기존 연구들의 이해 방식에 대한 검토, 전근대-근대의 연속적 파악이 필요한 이유, 그를 통한 기대효과 등이 토론되었다.[36] 전근대 내지 전통과 근대의 이분법적 이해를 극복해야 한다는 문제의식은 앞서 언급했듯이 이미 이전부터 학술원에서 추구해온 연구시각이었다.

〈19세기의 동아시아〉 연구 모임의 취지는 2012년에 제출된 "동아시아학술원 인문한국연구소 중점과제 연구계획서"에 잘 나타나 있다. 이에 따르면 연구주제는 "'근대이행기'의 동아시아"였다. 서구중심주의와 근대중심주의를 극복함으로써 서구와 근대를 상대화하고 동아시아사의 재인식한다는 취지였다. 그를 위해 18세기~20세기 중반에 걸친 "근대이행기" 내지 "장기 19세기"의 동아시아를 연구대상으로 삼는다고 하였다. 〈19세기의 동아시아〉 연구 모임은 2012년부터 매월 1회(2020년에는 "ZOOM 화상회의"로 매월 2~3회 진행)의 정례 세미나를 진행하였고(현재까지 105회 진행), 매년 1회 이상의 국내외 학술회의를 진행해 왔다. 세미나 모임이나 학술회의에서 발표된 글 가운데 일부를 선정하여 단행본으로 출간하였다. 단행본에 대해서는 후술하기로 한다.

〈표 4〉에 제시된 학술회의에 대해 간단히 살펴보면 다음과 같다. "19세기 동아시아의 민중운동과 조선사회"(2012년 7월)는 임술민란 150주년을 기념하여 한국뿐만 아니라 중국과 일본에서도 빈발했던 19세기의 민중운동을 비교함으로써 임술민란을 비롯한 민중운동에 대한 새로운 접근 방법을 모색하고, 19세기 조선사회뿐만 아니라 동아시아 사회를 재조명할 수 있는 단서를 마련하자는 취지였다. 이 학술대회의 결과는 『임술민란과 19세기 동아시아 민중운동』(2013)으로 출간되었다. "근대 전

---

36) 이 자리에서는 "전근대/근대의 이분법적 이해를 넘어서기 위하여"(배항섭), "19세기 농업경영과 그 지향─안정과 자급"(김건태), "동아시아 근대의 장기연속적 파악을 위한 농업·농민 문제 再考"(안승택)의 발표와 이에 대한 6명의 토론이 진행되었다. 성균관대학교 동아시아학술원 HK사업단, 「성균관대학교 HK사업단 기획연구 워크숍: 동아시아에서 전근대/근대의 이분법 너머를 생각한다」, 2012. 1. 11 참조.

환기 세계의 농민운동과 반침략운동"(2014년 8월)은 "동학농민운동" 120
주년을 기념한 국제학술대회로 이틀에 걸쳐 진행되었다. 국내외 연구
자 10명이 중국 태평천국운동과 의화단운동, 메이지 시기 일본의 민중
운동, 스페인의 침략과 코스타리카 농민의 저항, 영국 침략에 대한 인
도의 세포이 반란, 프랑스의 침략과 베트남 농민의 저항, 미국의 침략
과 필리핀 농민의 저항, 독일농민전쟁과 동학농민전쟁의 비교사적 연
구 등에 대해 발표하였다. 동학농민전쟁과 동아시아 민중운동은 물론
근대전환기 세계 각국의 민중운동을 비교함으로써 동학농민전쟁을 지
금까지와는 다른 맥락에서 새롭고 풍부하게 이해할 수 있는 계기로 삼
고자 하였다.

　"19세기 말~20세기 초 한국과 일본의 사회와 문화"(2012년 8월)와
"19세기 말~20세기 초 동아시아 전통지식인의 삶과 사상"(2013년 8월)
은 일본 연구자들을 초청하여 진행한 것이다. 애초에는 에도 후기 및
메이지 시기를 전공한 일본 연구자들과 공동으로 연구와 학술회의
를 추진할 계획이었으나, 여의치 않아 2회에 그치고 말았다. 이 가운
데 2013년의 학술회의 결과는『동아시아에서 세계를 보면?』(19세기의 동
아시아 2, 2017)에 실렸다. 2015~2017에 걸쳐 한림대와 공동으로 개최
한 학술회의의 결과는『19세기 동아시아를 읽는 눈』(19세기의 동아시아 3,
2017),『비교와 연동으로 보는 19세기의 동아시아』(19세기의 동아시아 4,
2020)로 묶여 출간되었다. 〈19세기 동아시아 연구와 새로운 역사상 모
색〉(2018년 2월)은 그 동안 진행한 연구 성과를 바탕으로 새로운 역사상
을 구축할 수 있는 가능성을 타진한 시론적 논고들을 발표한 자리였
다.『근대전환기 국가 권력과 사회 질서』(2020년 8월)는 HK플러스 사업
의 주제인 '난(亂)과 민주주의'라는 연구 테마와 관련하여 향후 연구 방
향을 가늠해본 학술회의였다. 향후 이러한 문제의식들을 더욱 진전시
켜 나갈 계획이지만, Covid-19의 팬데믹이라는 초유의 재앙적 사태는

'모든 것'을 다시금 생각하게 만들고 있다. 특히 Covid-19를 계기로 전면에 대두된 기후변동과 환경문제는 기왕의 연구 방향이나 내용, 패러다임 자체에 대한 근원적 성찰을 요구하고 있다. 때문에 많은 고민을 통해 연구 방향은 물론 새로운 패러다임에 대한 모색이 적극 이루어져야 할 것으로 보인다.

한편 2014년 8월 "동아시아에서 21세기 패러다임을 모색한다"라는 타이틀을 내걸고 개최된 학술회의는 HK연구소와 BK21+동아시아학 융합사업단이 공동으로 주최하였으며, 이틀에 걸쳐 5개국 12명이 주제발표를 하였다.[37] 이 회의는 동아시아학술원이 지난 십여 년간 쌓아 온 연구 활동과 학문적 성과를 성찰하는 한편, 동아시아연구를 한 단계 진전시키기 위한 새로운 접근 방법과 방향에 대한 논의를 모아보려는 의도에서 기획되었다. 지금까지의 동아시아론이 현실과 미래문제를 둘러싼 담론을 중심으로 논의되어 온 반면, 역사적 경험을 통해 접근하려는 노력은 상대적으로 부족했다는 점을 고려하여 동아시아를 역사적 맥락에서 생각해 보고자 하였다. 학술회의의 취지는 동아시아를 하나의 연구 대상으로만 바라보는 지역 연구의 방법을 극복하기 위해, 지금까지의 연구방법 자체를 검토하고 그 한계를 넘어서 21세기의 세계를 전망할 수 있는 새로운 패러다임을 모색하는 데 있었다. 바꿔 말한다면 연구대상으로서의 동아시아가 아니라 방법으로서의 동아시아를 연구하는

---

37) 제1부 '동아시아사의 성찰과 방법'에 6개의 주제가 발표되었으며, 제2부 '동아시아, 역사인식의 새로운 구상' 역시 6개 발표로 구성되었다. 미야지마 히로시(성균관대), 존 던컨(John Duncan, UCLA), 야마무로 신이치(교토대), 한기형(성균관대), 안데쉬 칼손(Anders Karlsson, SOAS), 오영균((Arizona State Univ.), 邱源媛(중국사회과학원), 배항섭(성균관대), 손병규(성균관대), 박소현(성균관대) 등이 발표하였다. 학술대회의 취지 및 주요 내용에 대한 좀 더 자세한 내용은 배항섭, 「동아시아에서 21세기 패러다임을 모색하다: 성균관대 동아시아학술원 HK연구소 국제학술대회 리뷰」, 『성균차이나브리프』 2:4, 성균관대학교 중국연구소, 2014, 149~154쪽 참조.

데 있다는 점이 강조되었다.

미야지마 히로시는 〈방법으로서의 동아시아: 동아시아 연구의 의미와 전망〉라는 발표를 통해 동아시아 연구가 보편적인 의미를 가지기 위해서는 지금까지의 학문체계에 대한 비판적인 검토를 포함해야 한다는 점을 강조하였다. 이를 위해 특히 전근대와 근대라는 시대구분에 대해 근본적으로 재검토할 것이 강조되었다. 동아시아 지역의 역사적 경험 가운데는 서구적 경험에 입각한 전근대-근대의 이분법으로서는 제대로 이해할 수 없는 문제가 너무나 많기 때문이다.[38] 배항섭은 〈동아시아사 연구의 시각—서구·근대중심주의 비판과 극복〉에서 동아시아 연구가 서구중심만이 아니라 근대중심적 역사인식을 동시에 겨냥하여야 한다고 주장하였다. 서구중심주의에 대한 비판이 비서구의 시선으로 서구를 새롭게 보기 위해서도 필요하듯이, 전근대로부터 근대를 심문할 수 있는 계기를 열어가고 근대를 새롭게 이해하기 위해서도 근대중심주의와 그것이 구성한 일직선적인 시간관념에 대한 비판이 요청된다는 것이었다. 동아시아사 연구의 시각 내지 방법으로 전근대-근대에 대한 이분법적 이해를 근본적으로 비판하기 위해 근대중심주의(modernocentrism)라는 개념을 도입하였고, 그 극복을 위한 핵심적 과제는 근대와 중세의 관계를 억압-피억압의 관계가 아니라 대칭적 관계로 바라보는 시각을 확보하는 데 있음을 지적하였다. 이에 대해서는 뒤에서 좀 더 자세히 언급하기로 한다.[39]

여기서 발표된 글 가운데 배항섭의 「동아시아사 연구의 시각—서구·근대중심주의 비판과 극복」과 황쥔지에[黃俊傑]의 「동아시아적 관

---

38) 미야지마 히로시, "방법으로서의 동아시아: 동아시아 연구의 의미와 전망", 「2014년 동아시아학술원 국제학술회의: 동아시아에서 21세기 패러다임을 모색한다」, 성균관대학교 동아시아학술원, 2014.8.21~22일 참조.

39) 배항섭, 앞의 글, 2014 참조.

점에서 생각하기」는 〈역사비평〉에 기획특집 〈동아시아 연구의 관점〉에 게재되어 학술원이 진행하는 동아시아 연구의 시각과 방법을 학계에 좀 더 널리 알리는 계기가 되었다.[40] 또 이 두 편의 글과 존 던컨(John Duncan)이 발표한 "한국사 연구자의 딜레마"는 2015년 〈19세기의 동아시아〉 시리즈 제1권, 『동아시아는 몇 시인가?—동아시아사의 새로운 이해를 찾아서』에 수록되었다.[41] 앞서 언급했듯이 이 책의 내용과 의미에 대해서는 후술하기로 한다.

2) 연구성과

HK사업을 추진하던 시기에는 연구 성과를 모으거나 번역 혹은 자료를 정리한 많은 단행본들이 출간되었지만, 먼저 살펴볼 것은 2단계 BK21 사업의 결과로 출간된 단행본들이다. 2006~2013년도에는 동아시아학과가 앞서 언급한 1단계에 이어 2단계 BK21 사업에("동아시아학 핵심인재 육성을 위한 융합사업단") 선정됨으로써 더욱 안정적으로 교육과 연구의 융합프로그램을 추진할 수 있게 되었다. 2단계 BK21 사업의 연구주제는 "동아시아 사회의 전통과 현대"였다. "서구를 중심으로 형성된 동아시아학의 편제와 연구 시각을 극복하고, 한국 및 동아시아의 내재적 논리에 근거한 대안적인 학문 체제를 마련한다."는 목표 속에 인문학과 사회과학 간의 학제적 융합, 동아시아적 시각, 전통·근대·현대를 아우르는 통합적 연구 등을 기본 방법으로 연구를 진행하였다.[42] 그 결과 『근대 동아시아 지식인의 삶과 학문(동아시아학술원총서 8)』(성균관

---

40) 『역사비평』 109, 역사비평사 2014 참조.

41) 미야지마 히로시, 배항섭 편, 『동아시아는 몇 시인가?—동아시아사의 새로운 이해를 찾아서』, 너머북스, 2015.

42) 성균관대학교 동아시아학술원, 『제2단계 두뇌한국 21 사업』인문사회 분야 사업 신청서」, 2006, 205쪽.

대학교출판부, 2009), 『사상과 문화로 읽는 동아시아(동아시아학술원총서 9)』(성균관대학교출판부, 2009), 『학문장과 동아시아(동아시아학술원총서 11)』(성균관대학교출판부, 2013) 등 3권의 단행본이 출간되었다. 동아시아사를 중점적으로 다룬 것은 아니지만, 모두 동아시아학은 동아시아를 새롭게 인식하고 연구방법을 마련하는 초석이라는 점에 공명하는 가운데 동아시아를 어떻게 인식하고 무엇을 연구대상으로 삼아 연구할 것인가라는 문제의식을 담고 있었다.

다음으로 HK사업에서도 연구성과들을 모은 많은 단행본이 출간되었다. 그 중 동아시아사와 관련된 단행본은 〈표 5〉와 같다.

〈표 5〉 HK 사업 기간(2007~2017) 중 발간된 동아시아사 관련 단행본

연번	서명	발간년월일	비고
1	임술민란과 19세기 동아시아 민중운동	2013.04.30	
2	19세기 민중사 연구의 시각과 방법	2015.08.31	단독저서
3	동아시아는 몇 시인가?: 동아시아사의 새로운 이해를 찾아서	2015.11.30	19세기의 동아시아 1
4	근대전환기 동아시아 전통지식인의 대응과 새로운 사상의 형성	2016.08.31	
5	동아시아 연구, 어떻게 할 것인가	2016.08.31.	동아시아 교양총서 1
6	동아시아로부터 생각한다	2017.04.30.	동아시아 교양총서 2
7	동아시아에서 세계를 보면?	2017.06.15	19세기의 동아시아 2
8	19세기 동아시아를 읽는 눈	2017.06.15	19세기의 동아시아 3
9	How Shall We Study East Asia?	2017.08.31.	
10	비교와 연동으로 보는 19세기의 동아시아	2020.02.21	19세기의 동아시아 4
11	동아시아의 근대 장기지속으로 읽는다	2021.02.28	19세기의 동아시아 5

먼저 『How Shall We Study East Asia?』는 그 동안 학술원이 추진해 온 한국 인문학의 세계화를 지향하여 발간된 영문 단행본이다. 여기에는 학술원 구성원의 글이나 학술원이 주최한 학술회의에서 발표되었던 글, 또는 학술원이 발행하는 영문저널인 SJEAS(Sungkyun Journal of East Asian Studies)에 실렸던 글 가운데서 선정한 16편이 실렸다.[43] 이 책은 동아시아학술원의 학문적 지향과 성과를 해외 학계에 알리는 데 일조하리라 생각한다.

다음으로 『동아시아 연구, 어떻게 할 것인가』(2016)와 『동아시아로부터 생각한다』(2017)는 '동아시아학 입문서'로 기획된 단행본이다. 여기에는 역사만이 아니라, 문학, 역사, 철학, 사회과학 분야의 글들이 함께 실려 있다. 이 두 권의 책에 실린 글들이 충분한 일관성을 가진 것은 아니지만, "통합적이고 보편적인 학문적 패러다임 창출"이라는 학술원의 지향을 함께 추구해온 학술원 구성원들이 그 동안 고민해온 연구 성과를 담은 것이다. 〈동아시아 교양총서〉라는 시리즈 명이 붙은 데서도 알 수 있듯이 가급적이면 쉬운 글로 고쳐 쓰려고 노력했지만, 편차가 적지 않다는 한계가 있다.

다음으로 〈19세기의 동아시아〉 모임의 연구 활동 결과를 묶어 출간한 단행본들이다. 가장 대표적인 것이 지금까지 모두 다섯 권 발간된 〈19세기의 동아시아〉 시리즈이다. 먼저 지적해둘 점은 이 시리즈에서 말하는 '동아시아사'는 '지역사' 개념이 아니라는 것이다. 또 서구중심적 역사인식의 극복만이 아니라, 근대중심적 인식도 동시에 넘어서려는 의도를 가진 방법적 개념이었다. 제1권의 제목인 "동아시아는 몇 시

---

43) Hiroshi, Miyajima & Walraven, Boudewijn, *How Shall We Study East Asia?*, Paju: Jimoondang, 2017. 편집은 동아시아학술원 초빙교수이던 Walraven Boudewijn(전 Leiden大)과 동아시아학술원 명예교수였던 宮嶋博史(성균관대) 두 분이 담당하였으며, 왈라번 교수는 모든 글의 영문 번역을 꼼꼼히 검토하는 수고를 해주었다.

인가?"라는 말은 알렉산더 우드사이드가 '중국, 베트남, 한국 그리고 세계사의 위험성'이라는 부제가 붙은 『잃어버린 근대성들』에서 제기한 핵심적 질문이기도 하다. 서구중심주의(Eurocentrism)에 입각한 역사인식이나 시간관으로는 동아시아의 역사적 경험이나 시간을 제대로 파악할 수 없음을 강조한 표현이다. 서구중심주의를 비판하는 대표적 논의인 이른바 캘리포니아 학파의 세계경제사 구상이나, 서구중심주의를 상대화하는 전략으로 제기된 '복수의' 혹은 '대안적' '근대성' 등은 근대 자체에 대한 비판의식은 거의 보이지 않는다. 따라서 오히려 근대중심주의를 재귀적(reflexive)으로 드러낸다는 점에 대해서는 이미 지적한 바 있다.[44] 서구가 구성하고 이끌어온 '근대'에 대한 대안적 가능성에 대한 질문이 부재한 것도 이 때문이라고 생각한다.

⟨19세기의 동아시아⟩에서는 서구중심주의 비판론이 가진 이러한 문제들을 넘어서기 위해 서구중심주의와 동전의 양면을 이루고 있는 근대중심주의를 동시에 비판하는 방식을 제안하였다. 여기에는 서구에 의한 동아시아사 서술만이 아니라, 서구에 의한 서구사도 포함한 세계사 전체 서술에서 보이는 인식론적 기반 자체를 문제 삼아야 한다는 생각이 깔려 있었다. 이 시리즈의 취지는 제1권인 『동아시아는 몇 시인가?』의 「머리말:"동아시아는 몇 시인가?"라는 질문」에 소개되어 있다. 조금 길더라도 인용해 본다.

동아시아의 19세기는 '근대'를 선취한 서구로부터의 충격(western impact)에 따라 세계자본주의 체제에 편입되고, '근대'가 형성되기 시작한 시기로 이해되어 왔다. 이러한 이해의 바탕에는 앞서 언급한 서구중심주

---

44) 이에 대해서는 배항섭, 앞의 2014 논문; 「'탈근대론'과 근대중심주의」, 『민족문학사연구』 62, 민족문학사학회, 2016 참조.

의(Eurocentrism), 곧 서구에 의한 비서구의 식민화뿐만 아니라, 근대에 의한 전근대의 식민화, 곧 근대중심주의(Modernocentrism)라는 이중적 식민화가 자리 잡고 있다. 근대중심주의는 근대인의 의식 속에 전근대를 여과하여 주입하기 위한 하나의 지식체계이자, 전근대를 지배하고 재구성하며 억압하는 동시에 근대에 대한 환상을 심어주는 이데올로기이기도 하다. ……

여기서 말하는 '동아시아'란 서구중심적·근대중심적 인식에서 벗어나 한국사와 동아시아사, 나아가 세계사를 재구성하는 하나의 방법이자 시각으로서의 '동아시아'임을 미리 밝혀둔다. 서구에 의해 구성된 동아시아상이 아니라, 동아시아로부터 동아시아상을 재구축한다는 것이고, 그러한 과정을 통해 서구중심주의와 근대중심주의에 의해 구성된 세계사상의 재구축을 추구한다는 것이다. ……

이를 위해 여기서는 '역사적 시간을 넘나드는(transhistorical)' 방법을 강조해두고자 한다. 최근 공간적 인식이라는 면에서 서구중심적·단선적 발전론과 결합된 자국중심적·일국사적 시각을 교정하기 위해 '국경을 넘나드는'(transnational) 접근이나, 비교사적 접근의 필요성이 제기되어 왔다. 마찬가지로 시간적인 면에서도 근대중심적 인식을 넘어서는 데는 '시간을 넘나드는' 접근, 그리고 전근대와 근대를 비교하거나 서로 연결하여 이해하는 접근이 유효하다고 생각한다.[45]

각권의 주제에 따라 조금씩 변주가 있고, 또 이러한 취지가 시리즈 전체는 물론 각각의 단행본에 제대로 반영되었다고 보기는 어렵지만, 기본적인 취지는 위에 인용된 것과 동일하다. 이러한 문제의식을 담은

---

45) 배항섭, 「머리말: "동아시아는 몇 시인가?"라는 질문」, 미야지마 히로시, 배항섭 편, 앞의 책, 2015, 10~33쪽 참조.

이 책에 대해서는 몇 편의 서평이 제출되기도 하는 등 학계로부터 관심을 받기도 했다.[46] 〈19세기의 동아시아〉 시리즈와 관련하여 여기서 지적해두고 싶은 점은 동아시아사 연구의 시각과 방법에 관해 새로운 개념들이 활용되고 있다는 점이다. '근대중심주의(Modernocentrism)'와 트랜스히스토리칼(transhistorical)이라는 두 개의 개념이 그것이다. 이 두 개의 개념 모두 이전까지 한국 학계에서는 사용된 적이 없고, 세계적으로도 매우 드물게 사용된 새로운 개념이라고 할 수 있다.

'근대중심주의'를 학술적 용어로 처음 사용한 사람은 글로벌 히스토리를 주도해온 제리 벤틀리(Jerry H. Bentley)이다. 그는 '근대중심주의(modernocentrism)'의 요체를 "전근대와 근대 사이의 연속성에 대해 깨닫지 못하도록 근대 세계에 매혹당하는 것"에서 찾았다. 근대중심주의는 근대가 이전 시대와 비교할 수 없을 만큼 근본적으로 다르다고 믿게 만듦으로써 전근대와 근대의 역사적 경험을 왜곡시킨다는 점을 지적한 것이다. 근대중심주의의 극복을 위해 세계의 역사를 더 넓은 범위와 긴 시간 속에서 이해해야 한다는 점을 강조하였다. 근대중심주의에 대한 이러한 이해와 비판은 타당한 것이지만, 근대중심주의가 가진 정치적·이데올로기적 함의를 분명히 드러내고 비판하는 데는 부족하다. 뿐만 아니라 벤틀리가 근대중심주의를 비판하기 위해 취하는 방법은 현재의 자본주의 세계체제, 내지 신자유주위 질서를 정당화할 위험이 있다. 근대중심주의의 극복을 위한 그의 방법은 이미 고대부터 서로

---

46) 류준필, 「서구중심주의와 근대중심주의를 넘어서?!: 〈동아시아는 몇 시인가: 동아시아사의 새로운 이해를 찾아서〉」, 『역사비평』 114, 역사비평사, 2016; 김시덕, 「19세기라는 화두: 「19세기의 동아시아 1 – 동아시아는 몇 시인가?」」, 『황해문화』 9, 새얼문화재단, 2016; Cho, Young-hun, The History of East Asia as Newly Recognized from the Perspective of Korean Historians, Cross-Currents: East Asian History and Culture Review E-Journal No. 22, March 2017(http://cross-currents.berkeley.edu/e-journal/issue-22)

다른 문화 간의 상호작용과 개인적·집단적 교류가 있었다는 사실을 강조하는 것이었다. 그러나 벤틀리는 고대에는 그것이 "근대처럼 항상 강렬하고 체계적"이지는 않았다고 하였다. 이러한 이해는 자칫 그가 세계사의 전개 과정을 서로 다른 사회나 지역 간에 개인이나 집단 사이의 교류와 상호작용이 확대해나가는 과정으로 인식하고 있다는 인상을 주기 쉬우며, 따라서 현재의 자본주의 세계체제를 정당화하는 시각이라는 오해를 살 만한 여지를 남겨두고 있다. 이는 벤틀리 스스로 자신의 이러한 주장에 대해 "현재의 세계적 자본을 위한 계보학을 정당화하는 역사적 설명을 생산하지 않는다."라는 변명을 굳이 부기하고 있다는 데서도 확인된다.[47]

〈19세기의 동아시아〉에서는 제리 벤틀리의 '근대중심주의'가 가지는 이러한 문제점을 넘어서기 위해 에드워드 사이드(Edward W. Said)가 오리엔탈리즘에 대해 내린 정의를 차용하는 한편,[48] 그것을 좀 더 분명히 규정함으로써 '근대중심주의'라는 개념이 함축하고 있는 정치적, 이데올로기적 성격을 보다 선명하게 드러내고자 하였다. 그래서 '근대중심주의'에 대해 "전근대를 지배하고 재구성하며 억압하기 위한 근대의 방식"이며, "전근대에 관한 지식체계로서의 근대중심주의는 근대인의 의식 속에 전근대를 여과하여 주입하기 위한 필터로 만들어"진 것으로 새롭게 규정하였다.[49] 나아가 『동아시아는 몇 시인가?』

47) Bentley, Jerry H., "Beyond Modernocentrism: Toward Fresh Visions of the Global Past", in Victor H. Mair, ed., *Contact and Exchange in the Ancient World*, Honolulu, 2006.

48) 사이드는 오리엔탈리즘에 대해 "동양을 지배하고 재구성하며 억압하기 위한 서양의 방식"이며(에드워드 사이드, 박홍규 옮김, 『오리엔탈리즘』, 교보문고, 2007, 18쪽), "동양에 관한 지식체계"로서 "서양인의 의식 속에 동양을 여과하여 주입하기 위한 필터" 역할을 하기 위해 만들어진 것이라고 하였다(같은 책, 25~35쪽).

49) 배항섭, 「동아시아사 연구의 시각─서구·근대중심주의 비판과 극복」, 『역사비평』

에서는 위의 인용문에서 언급한 바와 같이 거기에는 "근대에 의한 전근대의 식민화" 내지 "전근대에 대한 근대의 특권화"라는 의미가 내포되어 있음을 지적하였다.

이에 따라 〈19세기의 동아시아〉 연구에서는 근대의 우월성과 전근대에 대한 특권적 지위에 의문을 제기함으로써 근대를 상대화하고 새로운 역사상을 구축하기 위한 방법으로 '역사적 시간을 넘나드는(transhistorical)'이라는 개념을 활용하였다. '공간적' 접근인 '트랜스내셔널'(transnational)과 대비되는 시간적인 면에서의 접근 방법이라고 할 수 있다. 전근대를 미화하자는 것이 아님은 물론이다. 다음과 같이 근대중심적 인식을 넘어서는 데는 '시간을 넘나드는' 접근 내지 '역사적 시간들을 가로지르는' 접근이 유효하다고 생각했기 때문이다.

이를 통해 '중세' 혹은 '근대'가 하나의 통일되고 동질적인 시간이 아니었음을 드러내는 것이 중요하다는 것이다. 또한 서구중심주의를 극복하기 위해 비서구로부터 서구를 바라보는 역전된 시각이 요청되듯이 전근대로부터 근대를 바라보는 것, '전근대'의 관점으로부터 '근대'에 관한 질문들을 도출해내는 것이 요청된다. 특히 동아시아는 서구중심주의와 근대중심주의의 극복이라는 점에서 매우 중요한 의미를 지닌다. 무엇보다 역사적 경험이 서구와는 크게 대조적이어서 관료제를 비롯하여 서구에서는 근대 이후에 나타나는 많은 것들이 이미 오래전부터 혹은 '서구의 충격'이나 '서구적 근대'를 수용하기 이전부터 서구 근대와 흡사하게 성립해 있었기 때문이다. 이런 현상들은 서구가 구성해 놓은 역사인식이나 설명틀로는 이해하기 어렵다. 이는 동아시아의 역사적 경험이, '시간을 넘나드는' 접근, 또는 전근대와 근대를 비교하거나 서로 연결하는 접근을 통해 근대

109, 역사비평사, 2014. 150~151쪽.

중심주의를 넘어서는 단서를 열어가는 데도 매우 적절하다는 점을 보여주는 것이기도 하다.[50]

메리암 웹스터(Merriam-Webster)에 따르면 '트랜스히스토리칼(transhistorical)'이라는 용어는 1909년에 처음 사용되었으며, 그것은 역사적 시간의 경계를 초월한다는 의미였다.[51] 이후 영원한(eternal),[52] '인류 역사의 전시기에 걸쳐 있는'이라는 의미로 사용되어왔지만, 사용 빈도는 매우 낮은 편이다.[53] 그러나 "trans"라는 접두어는 across, through, over, beyond 등의 의미 자질을 포함하고 있기 때문에 그런 뜻으로 전용될 가능성이 잠재되어 있었다. 그런 의미로의 전용은 네자르 알사야드(Nezar AlSayyad)와 아난야 로이(Ananya Roy)에게서 처음 보인다.

우리의 예전 연구 중 일부가 그 범위에 있어 '국경을 넘나드는'('transnational') 것—'이곳'에 관한 중요한 질문들을 던지기 위해 '저곳'을 활용했던—이었다고 한다면, 이번 논의는 '역사를 넘나드는(transhistorical)' 것—'그때'의 관점으로부터 '지금'에 관한 질문들을 도출해 내는—이다.[54]

---

50) 이상의 내용은 배항섭, 「머리말:"동아시아는 몇 시인가?"라는 질문」, 앞의 2014책에서 가져온 것이다.

51) "Transhistorical definition is - transcending historical bounds. First Known Use of transhistorical. 1909, in the meaning defined above"("Transhistorical," Merriam-Webster.com Dictionary, Merriam-Webster, https://www.merriam-webster.com/dictionary/transhistorical. Accessed 21 Oct. 2020)

52) https://www.lexico.com/definition/transhistorical

53) occurring throughout all human history(https://www.collinsdictionary.com/dictionary/english/transhistorical)

54) "If some of our previous work has been 'transnational' in scope, using 'there' to pose critical questions about 'here', then this argument is 'transhistorical', generating

위의 인용문을 볼 때 이들은 'transhistorical'이라는 용어를 '국경을 넘나드는'이라는, 곧 공간적 경계를 가로지른다는 의미를 가진 '트랜스내셔널(transnational)'이라는 개념과 대비되는 의미, 곧 '역사적 시간을 넘나드는'이라는 의미로 전용하여 사용하고 있음을 알 수 있다. 〈19세기의 동아시아〉 시리즈에서 사용하는 '트랜스히스토리칼(transhistorical)'의 의미도 바로 이러한 맥락에서 도입한 것이다. 이러한 전용된 의미를 활용하여 역사를 새롭게 이해하기 위한 단서로 삼고자 한 것이다. '트랜스히스토리칼'이라는 개념이 가지는 의미에 대해 네자르 알사야드(Nezar AlSayyad)는 "'그때'의 관점으로부터 '지금'에 관한 질문들을 도출해내는" 점을 중시하였다.

이는 〈동아시아는 몇 시인가?〉의 문제의식과 상통하는 것임은 물론이지만, 〈동아시아는 몇 시인가?〉에서는 이 개념을 좀 더 확장하여 서로 다른 역사적 시기를 상호 교차하면서 비교하고, 나아가 서로 삼투하고 뒤섞일 수 있다는 데 중요한 의미를 두고자 하였다. 예컨대 근대의 특정한 법이나 제도, 역사 현상을 중세 혹은 고대의 그것과 비교함으로써 근대를 상대화하고, 나아가 근대 혹은 중세, 고대 등으로 근대인들이 구분해놓은 역사의 각 시기들이 통일되고 완결된 시간이라는 근대중심적 시간관에 대해 질문을 하자는 것이다. '근대' 또는 '중세'로 구획된 각 시기는 단일하고 동질적이라는 것, 그리고 각 시기를 구성하는 영역이나 요소들은 서로 불가분의 관계를 맺으면서 균질적으로 형성된다는 인식은 근대가 구성해 놓은 것이다. 그러나 '오만한 심판자'인 근대의 주장과는 달리 근대-전근대 사이의 벽은 빈틈없는 촘촘하고 매끄러운 것이 아니라 구멍투성이이다. '중세'나 '근대'는 '중세적'·'근대적'

---

questions about 'now' from the perspective of 'then'"(AlSayyad, Nezar and Ananya Roy, "Medieval Modernity: On Citizenship and Urbanism in a Global Era", *Space and Polity* 10:1, 1~20, April 2006, p.5).

현상만으로 균질하게 구성되는 것이 절대 아니다. '중세'에도 '근대성'이, '근대'에도 '중세성'이 얼마든지 병존할 수 있는 것이다. '중세'나 '근대'라는 역사적 시간은 근대중심주의가 규정해 놓은 다양한 '중세적인 것' 혹은 그렇지 않은 것, '근대적인 것' 혹은 그렇지 않은 것들이 병존하며, 심지어 오랜 기간 동안 상호작용하며 조화롭게 공존하는 방식으로 구성된다.[55]

이 같은 트랜스히스토리칼(transhistorical)한 접근은 '역사적 시간을 넘나드는' 접근 내지 '역사적 시간들을 가로지르는' 접근, 그리고 그를 통해 전근대와 근대를 비교하거나 서로 연결하여 이해하고, 나아가 근대중심주의가 규정하고 있는 전근대적인 것과 근대적인 것이 병존, 공존할 수 있다는 점을 강조한다는 점에서 다음과 같은 중요한 의미를 가진다. 우선 트랜스히스토리칼한 접근에 의한 새로운 시간관은 근대가 차지하고 있는 특권적 지위를 무너뜨린다. 이것은 근대에 의해 억압 · 배제되었던 다양한 요소와 움직임들 속에 내포되어 있거나 잠재되어 있던 가능성들을 다시 돌아보게 한다. 또 근대가 구성한 것과는 달리 전근대이든 근대이든, 전근대적 요소와 근대적 요소들이 얼마든지 조화롭게 병존 · 공존하는 것이 가능하다는 것을 보여주며, 그러한 병존 · 공존의 가능성은 '근대 이후'의 새로운 체제에 대한 매우 복합적이고 다양한 상상력을 열어준다.

근대중심주의의 기저에는 전근대에 대한 근대의 특권화, 전근대는 근대를 향해 발전해 나가야 할 숙명을 안은 시간이라는 시간관을 가진 단선적 발전론 내지 목적론이 자리 잡고 있다. 앞서 언급했듯이 바로 근대에 의한 전근대의 식민화이다. 예컨대 "근대중심주의"라는 개념을 사용하지는 않았지만, 톰슨이 지적했던 바, 산업혁명 이전의 사회가 본

---

55) 이상 시기구분과 관련된 내용은 배항섭, 앞의 글, 2016 참조.

원적으로 산업혁명을 도모하고 있었다는 인식이야말로[56] 근대중심주의의 역사인식과 시간관을 잘 보여준다. 그러나 근대나 전근대 할 것 없이 어느 시대, 어느 사회에나 매우 다양한 지향성 내지 방향성을 가진 요소나 움직임들이 있으며, 역사의 전개과정은 무수하게 많은 그러한 요소와 움직임들이 서로 중층적, 복합적으로 얽혀 만들어 가는 것이다. 근대 역시 그러한 다양한 움직임들의 복합적 작용과 우연도 결부된 연쇄에 의해 이전과는 다른 새로운 시스템을 구축한 것일 따름이다. 문제는 그 과정에서 근대와는 어울리지 않는 무수한 요소나 움직임들이 근대에 의해 억압되고 배제되었다는 것이다. 또 지금은 근대가 명백한 한계를 드러내고 불안정해지면서 전근대에 대해서도 더 이상 과거와 같은 위용을 보이지 못하고 있을 뿐만 아니라, 어떤 식으로든 변하지 않으면 전지구적 '멸망'을 초래할 수도 있다는 우려 역시 점점 심해지고 더욱 가시화하고 있다. 이같이 '특권적' 지위에 군림하던 근대는 몰락해간 지 오래 되었지만, 그 너머에 대한 상상력은 여전히 제한되어 있다.

이 점에서 동아시아 역사에 대한 트랜스히스토리칼한 접근은 중요한 의미를 가진다. 앞의 인용문에서도 언급되어 있듯이 한국을 비롯한 동아시아나 비서구의 경험은 서구의 경험과 다른 점이 많았다. 특히 서구에서는 근대에 들어서나 제도화하는 것들이 이미 전근대부터 다양한 전근대적 요소들과 특별한 마찰 없이, 또는 오래 동안 서로 조화롭게

---

56) 톰슨은 18세기와 19세기를 단절적으로 보는 영국 '민중사' 연구의 시각을 교정하기 위해 "18세기 사회는 오랫동안 계속해서 산업혁명을 꾀하고 있었다는 관념을 배제"할 것을 요청하였다. 그래야만 18세기 사회를 하나의 사회 자체로서(as a society sui generis) 볼 수 있고, 민중들의 소요 속에서 19세기와 연결되는 패턴을 인지하는 것이 가능할 것이라는 판단 때문이었다(Thompson, Edward Palmer, 近藤 和彦 [訳解説],「一七九〇年以前のイギリスにおける社会運動」(社会史〈特集〉),『思想』663, 1979, 90~105쪽 참조).

공존해 왔기 때문이다. 이와 같이 동아시아 역사에 대한 이해에서 새로운 개념이 사용되었다는 것만으로 연구 시각과 방법 면에서 진전이 있었다고는 단언하기는 어렵다. 다만 향후 근대중심주의나 트랜스히스토리칼이라는 개념을 활용한 연구들이 축적된다면, 나름대로 의미 있는 새로운 개념 혹은 담론으로서의 시민권을 가지게 될 수도 있으리라 기대해 본다. 향후 이러한 새로운 개념의 적절한 활용과 그에 입각하여 역사상을 재구축하려는 노력 역시 동아시아 역사 분야의 연구에서 한 자락을 담당하여야 할 것이라 생각해본다.

4. 맺음말: HK+사업과 그 이후—새로운 도전들

학술원은 2018년 3월부터 HK플러스 사업에 선정되어 그 이전 10년 동안 쌓아온 HK사업의 성과를 심화시키는 연구를 진행 중이다. HK플러스 사업의 어젠다는 〈열린 동아시아, 인문한국의 비전〉이다. '열린 동아시아'라는 개념은 시공간과 분과 학문의 경계와 벽을 허무는 연구 방법과 시각을 의미한다. 인간의 역사와 경험의 해석에 있어 가치론적으로 특권화된 중심과 시간성, 공간성, 가치의 설정이 위계화하고 경직된 질서를 낳아 극단적 갈등과 폭력으로 점철되고 있는 현실에 대한 성찰을 지향한 어젠다이다. 이것을 동아시아 역사 연구 속으로 좀 더 깊이 끌고 들어가 보면, 앞서 언급한 서구중심주의는 물론 근대중심주의에 대한 비판의식과 밀접하게 연결되어 있으며, '트랜스히스토리칼'이라는 연구 방법과도 닿아 있다. 향후 이러한 문제의식을 동아시아는 물론 세계사까지 포괄하는 역사전개 과정이나 역사적 경험에 대한 이해와 연결하여 어떻게 풀어나갈 것인지? 또 그를 통해 어떠한 새로운 역사상을 구축할 것인지가 핵심적 과제일 것이다.

HK플러스 사업에는 근대에 대한 근본적 성찰과 역사적 경험에 대한 새로운 이해, 그에 기초하여 인류 미래에 새로운 지식을 제공하고, 인문적 가치의 사회화를 추구한다는 점이 중요한 목표로 설정되어 있다.

근대 이후의 세계 상태를 근본적으로 재성찰할 때가 왔다. 이는 그 어느 곳과, 그 어느 시간을 살았던 사람들의 역사와 삶도 세계와 인류를 바라보는 인문학적 통찰을 줄 수 있다는 중심과 패권 없는 보편주의를 통해서 가능하다. 방법·시각·비전으로서의 열린 동아시아는 고대에서 전근대, 근대 이후에 걸친 동아시아의 역사 경험과 삶에 대한 해석과 이론적 가공을 통해 인류 미래에 있어 새로운 지식·표상의 창출, 나아가 인문적 가치의 사회화라는 아젠다 연구목표의 요약적 표현이라고 할 수 있다.[57]

이러한 어젠다와 연구 목표는 동아시아학술원 개원 이후 20여 년간의 변화, 나아가 최근 대두되는 새로운 도전들과 과제들을 생각할 때 매우 적실한 것이라고 생각한다. 개원 이후 지금까지의 20년은 국내만이 아니라 세계적 차원에서 크고 작은 격동과 변화가 있었다. 예를 들면 우선 글로벌화의 급격한 진행과 신자유주의 이념의 만연을 들 수 있다. 그에 따라 세계는 두 차례의 금융위기를 겪었고, 국가 간이나 국내 계층 간 불평등은 더욱 심화하였다. 또 알파고(AlphaGo)와 '황우석의 줄기세포 사건'을 통해 AI(Artificial Intelligence)와 생명공학(biotechnology) 문제가 구체적인 현실로 대두된 것도 모두 학술원 개원 이후의 일이다. 이러한 문제들은 인류 전체의 삶에 커다란 영향을 미치는 것들이며, 인문학 연구 역시 새로운 과제와 도전들과 마주하게 되었다.[58]

---

57) 성균관대학교 동아시아학술원, 「2018년 HK⁺사업 인문기초학문 연구계획서(유형2)」, 2018.2.5., 7쪽.

58) 김환석 외 21인, 이감문해력연구소 (기획) 지음, 『21세기 사상의 최전선: 전 지구적 공존을 위한 사유의 대전환』, 이성과감성, 2020.

거기에 더해 2019년 말에 시작된 Covid-19 바이러스의 팬데믹(pandemic)은 기후변동과 환경 위기를 매우 구체적이고 절실한 문제로 부각시키고 있다. 두 차례의 금융위기나 불평등 심화가 기본적으로 인간 사회 내부의 문제라면, AI와 생명공학, Covid-19 바이러스의 팬데믹 문제는 인류의 문명사적 존립과 관련된 중대한 문제이며, 인류의 삶의 방식, 인간과 자연의 관계에 대한 근본적 성찰을 요구하는 매우 구체적이고 무겁고 급박한 도전들이다. 과학기술, 인공지능과 인간의 관계, 자연과 인간의 관계에 대한 새로운 이해는 지금까지와는 전혀 다른 문법이 요구되고 있다. 이는 곧 인간의 삶을 둘러싼 근원적 질문들을 본연의 과제로 삼는 인문학에 대한 발본적 성찰을 요구하는 것이기도 하다.[59]

또 그것은 그 동안 역사학뿐만 아니라 인문학/사회과학이 근거해왔던 지반이 붕괴되고 있음을 의미한다. 역사학의 입장에서 보면 역사인식의 관건이 되는 현실과 인식론 모두에서 커다란 변화가 일어났다. 예컨대 포스트 담론들과 결부되어 들어온 '언어적 전환(linguistic turn)' 등이 수용되면서 인식론적 측면에서 큰 변화가 일어난 데 이어 이제는 역사인식의 출발점이자 연구자가 딛고 서 있는 현실 역시 전대미문의 심각한 변화에 직면하게 된 것이다. 역사에 대한 인식론과 연구자가 자각하는 현실은 상호규정적인 것이지만, 그 동안 역사인식을 지배해 왔던 '발전'의 도달점으로서의 '근대'라는 인식은 더 이상 설 땅이 없어졌고, 기

---

[59] 글로벌화한 불평등과 빈곤, 부패 등을 해결하기 위해서는 글로벌 거버넌스와 같은 글로벌한 차원의 기구와 대응이 구상되고 있다. 낸시 프레이저, 김원식 옮김, 『지구화 시대의 정의』, 그린비, 2010; 지그문트 바우만 지음, 정일준 옮김, 『부수적 피해: 지구화 시대의 사회 불평등』, 민음사, 2013. 이외에 브랑코 밀라노비치 역시 글로벌화한 불평등을 이해하기 위해서는 그 동안 국민국가를 자연스러운 분석단위로 삼아온 방법론적 국가주의(methodological nationalism)를 넘어서야 한다고 주장하였다. 브랑코 밀라노비치 지음, 서정아 옮김, 『왜 우리는 불평등해졌는가?: 30년 세계화가 남긴 빛과 그림자』, 21세기북스, 2017.

후·환경문제나 불평등(세습자본주의) 등이 더욱 '발전'해나가는 현실은 그것이 결국 하나의 환상에 불과했음을 증언하고 있다.

이같이 역사 인식 면에서 만이 아니라, 현실에서도 새롭고 심각한 도전들이 제기되어 왔지만, 인문학은 그에 대한 적절한 대응을 하지 못하고 있으며, 인문학의 사회적 위상은 더욱 추락하기만 하고 있다. 이는 과학 기술과 물질적 효율성에 대한 '신앙', 무한 경쟁에 따른 자기 책임의 내면화를 심화해나간 신자유주의적 이념의 글로벌화와 같은 학문 외적인 환경의 변화 탓이 크다. 그러나 동시에 인문학 내부에서 이러한 위기를 정면으로 끌어안고 고민·성찰하지 못하였다는 점을 시인하지 않을 수 없다.[60] 새로운 도전에 직면한 지금, 앞서 언급한 근대중심주의에 대한 문제의식을 심화시키는 한편, 기후·환경 위기를 초래한 근대중심주의의 또 다른 얼굴인 인간중심주의에 대한 성찰까지 포괄하는 역사연구, 인문학의 필요성은 더욱 절실해지고 있다.

학술원은 20년 동안 적지 않은 성과와 진전을 이루어냈지만, 여전히 처음 제시한 문제의식을 충분히 심화시키고 체계화하였다고 보기는 어렵다. 이런 상황 속에서 그 동안 연구 환경에는 매우 중요하고 근본적인 변화들이 급격히 일어나서 확산되고 있다. 지난 20년도 간단치 않았지만, 앞으로 학술원을 기다리는 것은 이전보다 훨씬 더 엄중하고 어려움 도전들일 것이라 생각된다. 그에 대한 대응을 논의해야 할 시점이 이미 늦었다고 생각되지만, 이제라도 중지를 모으고 논의를 시작해야 한다.

---

60) 예컨대 한국은 두 번이나 글로벌 금융위기를 호되게 겪었지만, 역사학 분야에서 신자유주의를 학문적 의제로 삼은 적이 없다.

동아시아사 연구의 방향과 가능성

1. 머리말

한국에서 동아시아 담론은 1990년대에 들어 출현하고 확산되어 갔다. 여기에는 베를린 장벽과 현실 사회주의 붕괴, 냉전 질서의 급격한 쇠퇴, 동아시아의 NIES에 이은 중국의 '崛起' 등 국제 정치질서의 변화, 그리고 마르크스주의의 퇴조와 포스트모더니즘 등 새로운 사조의 유입이라는 20세기 말~21세기 초반에 걸친 국내외적 환경 변화가 그 배경을 이룬다. 이러한 변화 속에서 한국의 이른바 '비판적' 지식인들의 서구 근대 이해 방식은 심각한 충격에 직면했으며, 동아시아 담론은 이러한 위기에 대응하고 한국과 동아시아의 새로운 미래를 모색하려는 의도에서 나온 것이다.[1]

동아시아 담론은 특히 냉전 해체와 서구중심주의에 대한 비판, 국민국가에 대한 비판 등의 문제의식이 결합되어 있었다. 동아시아 담론을 본격적으로 발화한 최원식은 "탈냉전시대"와 급변하는 아시아의 정세

---

[1] 윤여일, 『동아시아 담론: 1990~2000년대 한국사상계의 한 단면』, 돌베개, 2016, pp.8~9; 이우창, 「'서구 근대'의 위기와 한국 동아시아 담론의 기이한 여정」, 『코기토』 83, 2017; 백영서, 『동아시아담론의 계보와 미래: 대안체제의 길』, 나남, 2022.

속에서 서구 근대의 극복, 혹은 "국가와 민족의 경계를 넘어 세계적 차원의 민중 세상"을 만들어 나가기 위해 "동아시아적 시각"과 분단모순의 해소가 필요함을 강조하였다.[2] 동아시아 담론의 유행과 함께 성균관대학교 동아시아학술원을 비롯하여 '동아시아' 연구를 표방하는 연구기관들도 많아졌고, '동아시아'를 다루는 논저들도 많이 생산되었다. 역사학 분야에서도 마찬가지였다.

이후 동아시아 담론은 서구중심주의 비판, 자본주의 세계체제에 대한 비판, 그와 관련하여 국민국가 내지 내셔널리즘의 극복과 대안 구상, 그를 위한 동아시아 국가 간 소통·연대와 평화체제 구축('동아시아 공동체론'), 한반도 평화문제 등과 연결되며 논의가 확산되었다.[3] 또 직간접적으로 그와 관련한 동아시아 각국의 학술단체 간 교류, 시민운동 차원의 연대도 시도되어 왔다. 그러나 점차 동아시아 담론의 문제의식은 무뎌져갔고, 학술적·현실적 입지도 좁아지고 있음을 부인하기 어렵다. 이에 대해 1990~2000년대의 동아시아 담론을 분석한 윤여일은 2000년대에 들어 동아시아 담론이 "왜 동아시아여야 하는가?라는 본질적 물음을 누락한 채… 담론의 물질성이 휘발되어 추상성, 관념성을 노출하곤 했다."고 비판하면서 "동아시아 담론의 학술적 정착과 현실성을 제고하기 위해서는 동아시아 담론 자체의 인식론적 토대를 되묻는 작

---

2) 최원식, 「탈냉전시대와 동아시아적 시각의 모색」, 『창작과비평』 79, 1993. 특히 냉전의 해소는 중국의 동아시아 담론과도 밀접한 관련이 있었던 것으로 보인다. 예컨대 쑨거(孫歌)는 이에 대해 다음과 같이 지적하였다. "중국은 '아시아'나 '동아시아'라는 어휘를 오랫동안 줄곧 사용하지 않았으며, 특히 그것을 사상생산의 키워드로는 거의 염두에 두지 않았다. 여기에는 중요한 원인이 있는 데, 나는 이를 냉전이라고 생각한다. 동아시아는 확실히 하나의 총체이지만, 이 총체는 연합의 방식이 아닌 대항의 방식으로 구축된 것이다. 한반도의 분단 체제는 동아시아의 통합방식을 상징한다"(쑨거 지음, 김민정 옮김, 『왜 동아시아인가?』, 글항아리, 2018, 14쪽).

3) 윤여일은 동아시아 담론을 크게 동아시아 문화정체성론, 동아시아 대안체제론, 동아시아 발전모델론, 동아시아 지역주의론 등으로 구분하였다.

업이 필요"하다는 점을 강조하였다.[4] 매우 타당한 지적이다.

이후 동아시아 담론은 또 다른 현실과 마주하게 되었다. 우선 중국의 위상과 미중관계의 변화, 동아시아를 구성하는 핵심인 한-중-일 간의 관계 등 국제정치 면에서 일어난 변화를 빼놓을 수 없을 것이다. 나아가 Covid-19 바이러스의 팬데믹(pandemic)에 따라 한층 급박하게 대두된 기후위기와 생태위기야 말로 한국과 동아시아만이 아니라 인류 전체가 당면한 가장 중요하고 근본적인 도전일 것이다. 따라서 동아시아 담론의 인식론적 토대를 되묻는 작업은 더욱 절실하다고 생각한다. 더구나 단지 서구와 달랐던 동아시아사에 대한 유형적 접근이나, 동아시아 고유의 발전모델이나 문화적 정체성을 추구하는 연구가 아니라 동아시아 연구를 통해 '대안체제' 혹은 새로운 인식론의 가능성을 타진하고자 한다면 무엇보다 지금까지 역사학 등의 학문을 수행해온 인식론적 기반에 대한 발본적 성찰이 요청된다.

특히 한국의 '동아시아사' 연구는 그런 면에서 갈 길이 멀다. 지난 20여 년 동안에도 한국의 동아시아 담론에서는 역사적 경험을 통해 동아시아에 접근하고 동아시아사를 새롭게 이해하고 구성하려는 노력이 매우 미흡하다. 현재에도 크게 나아졌다고 보기 어렵다.[5] 이는 무엇보다 '동아시아사'를 구성하는 데 전제가 되는 연구 자체가 아직 많이 부족하다는 점과 관련이 있을 것이지만, 역시 동아시아의 역사를 어떻게 접근하고, 그를 통해 무엇을 할 것인가에 대한 고민이 아직 정리되지 않았다는 점과 무관하지 않다고 생각된다.[6]

---

4) 윤여일, 앞의 책, 8~9쪽.

5) 최근 백영서는 이와 관련하여 동아시아 담론과 동아시아사의 해후라는 관점을 제시한 바 있다. 백영서, 「아시아담론과 동아시아사의 해후-비판적 지구지역사의 길-」, 『동양사학연구』 164, 2023 참조.

6) 이에 대해서는 배항섭, 「동아시아사 연구의 시각-서구·근대중심주의 비판과 극복」,

이 글에서는 동아시아사 연구의 방향과 관련하여 20세기의 역사학 연구를 지배해온 인식론인 근대중심주의 비판을 위한 하나의 방법이라는 측면에 주목하여 그 가능성을 모색해보고자 한다. 근대가 추구하던 자유와 평등, 민주주의 같은 '가치'들은 이미 출발부터 문제를 안고 있었지만, 21세기에 들어 그것이 가진 파괴적·약탈적 성격이 더욱 두드러지고 있다. 근대인들의 욕망과 '발전'이 초래한 기후위기와 생태위기, 그리고 여전히 이어지는 전쟁은 그것을 대변한다. 형해화한 근대적 '가치'들은 이른바 '신냉전' 시대를 상징하는 '가치동맹'과 같이 사실상 근대가 추구해온 가치를 배반하고 오히려 공격하는, 힘에 의한 '야만'의 질서를 구축하는 데 이용되는 정도로 타락하고 몰락하였다.

이를 위해 여기서는 먼저 20세기를 이끌어온 서구중심·근대중심의 역사인식, 그리고 거기에 내포된 인간중심의 역사인식을 비판적으로 검토해보고자 한다. 다음으로 이어 이른바 캘리포니아 학파의 동아시아, 특히 중국 경제사 연구의 내용과 문제점을 근대중심주의와 인간중심주의와 관련하여 비판적으로 검토하고 새로운 연구의 가능성을 모색해보고자 한다.

2. 근대 역사 인식 = 서구·근대중심주의 및 인간중심주의 비판

1) 서구중심주의 및 근대중심주의 비판

연구자의 입장에 따라 다를 수 있지만, 20세기를 대표하는 역사학 연구의 중요한 특징으로는 서구중심적·근대중심적(발전론적) 인식을 전제하고 있다는 점일 것이다. 예컨대 조이스 애플비(Joyce Appleby) 등이 편

『역사비평』 109, 2014; 「방법으로서의 '동아시아사' 연구와 새로운 역사상의 모색—근대중심주의(modernocentrism) 비판과 트랜스히스토리칼(transhistorical)한 접근—」, 『대동문화연구』 112, 2020에서도 지적한 바 있다.

집한 한 책에서는 20세기를 지배한 역사학을 크게 세 가지 조류로 구분하고 그 특징들에 대해 다음과 같이 규정하였다.

20세기 초반에 활동했던 대표적 사회 이론가로 손꼽히는 두 사람은 Max Weber와 Emile Durkheim이 될 것이다. 이들도 Marx와 마찬가지로 근대화라는 관점을 등장시켰고, 이 안에서 역사는 근대적 세상을 근대적으로 만드는 힘의 기원을 설명해내고자 했다. **Marx, Durkheim, 그리고 Weber는 20세기 서양의 역사 해석학에서 주축이 되는 세 가지 주된 학파에 크나큰 영감을 주었다. Marx주의, 프랑스의 Annales 학파, 그리고 미국의 근대화이론이** 바로 그것이다. 서로 많이 다른 것처럼 보이기도 하지만, 이 **세 이론들이 갖는 공통점**은, 첫째, 셋 모두 일반적으로 적용 가능한 과학적 수단들로서 지지를 받았고, 그래서 이 셋 모두는 모든 시간과 장소에서 동일하게 통용될 수 있는 역사발전이라는 **서양식 모델**을 추구하였다. 역사학자들이 계급갈등(Marx주의), 광범위한 인구 통계학 상의 변화(Annales학파), 또는 투자와 소통이라는 새로운 네트워크의 발전(근대화이론) 중 그 무엇을 강조하든, 이들은 그들의 설명이 전 세계를 아우르기를 기대했고, 그들이 제시한 모델들이 어느 곳에서도 작용될 수 있다고 믿었다. **근대화 과정에서 벗어난 사람은 아무도 없는 것**이다.[7]

20세기 초반을 대표하는 3가지의 역사 이론이 가진 공통점으로 발전론적 인식에 입각한 서구중심주의, 그리고 역사 과정은 근대화를 향해 나아가는 과정이었다는, 곧 근대중심주의를 지적하고 있다. 이런 역사

---

7) Appleby, Joyce, Hunt, Lynn, and Jacob, Margaret, *Telling the Truth about History*(1st. pbk), New York: Norton, 1994.

인식은 20세기 후반 포스트모더니즘(postmodernism) 및 포스트콜로니얼 리즘(post-colonialism) 같은 새로운 역사인식이나 방법론이 제기되기 이전에는 물론 그 이후 사실상 현재까지도 지배적인 위치를 점하고 있다고 생각된다. 물론 언어론적 전환(linguistic turn)이 제기된 이후 실증주의에 대한 근본적인 회의가 일어났고, 객관적인 역사 기술의 불가능성이 주장되면서 역사학의 기반 자체가 크게 흔들리기도 했다. 또한 국민국가론이나 포스트구조주의의 영향을 받은 젠더론, 페미니즘 연구, 그리고 다양한 마이너리티에 대한 관심도 본격적으로 일어났다. 연구 대상 면에서도 근대 역사학이 자명한 전제로 삼았던 국민국가라는 범위에 수렴되지 않는 다양한 지역과 공간이 대상으로 제시되어 왔다. 트랜스내셔널 히스토리(transnational history), 지역사, 글로벌 히스토리(global history) 등이 그것이다.

모두 유사한 특징을 가지지만, 이 가운데 특히 글로벌 히스토리의 특징은 국가나 지역을 횡단하는 시야 속에서 국가나 지역간 상호 작용이나 연관성을 긴 역사적 시간 속에서 이해하는 데 있다. 또한 글로벌한 시야에서 관계되는 지역들 간의 비교와 연계를 중시하기도 한다. 글로벌 히스토리가 등장하고 확산되는 데에는 내셔널 히스토리에 대한 비판의식과 사회주의 붕괴 이후 더욱 확산되어 간 신자유주의와 세계화라는 흐름이 자리 잡고 있다.

세계화의 진전에 따라 국민국가 단위로 역사상을 구성하던 것과는 다른 개념이나 접근들이 요청되고 있지만, 국가 간 체제는 여전히 이어지고 있다. 따라서 국민국가 단위에서 존재하던 중요한 문제나 양상들, 예컨대 불평등과 차별, 억압과 배제 등이 사라지기는커녕 세계화가 진전되는 속에서 오히려 예전보다 심각해지고 있다는 진단들이 많다. 아시아 교역권 같은 지역사나 그보다 더 넓은 범위를 대상으로 하는 유라시아사 혹은 글로벌 히스토리는 국민국가 중심의 역사서술이 가지고 있는 문제점(이념, 가치, 지향)을 넘어서는 데는 유용한 방법일 수 있다. 그러나 여전히 자본주의 세계체제와 국가 간 체제가 가지고 있는 문제점(불평등과 차별, 특히 여전한 인간중심성)들에 대한 비판적 거리두기가 필요하다.

이 점에서 트랜스내셔널 히스토리뿐만 아니라, 포스트모더니즘이나 포스트콜로니얼리즘 등에 대해 진작부터 제기되어 온 다양한 비판들에 귀를 기울여야 한다. 예컨대 얀 네더빈 피터스(Jan P. Nederveen Pieterse)는 근대뿐만 아니라, 포스트모더니즘 논의에서도 제3세계적인 문제들이 완전히 배제되어 있다고 주장하였다. 그에 따르면 포스트모더니즘은 "전적으로 서구적인(all-Western) 논쟁이고, 서양의 질문에 서양적으로 대답하는 서양의 퀴즈(Occidental quiz)라는 것이다.[8] 아리프 딜릭(Arif Dirlik)은 또한 서구중심주의를 탈각하려면 반드시 자본주의를 비판해야 한다고 보고 있다. 그렇지 않으면 서구중심주의에서 완전히 벗어날 수 없을 것이기 때문이다. 따라서 포스트모더니즘과 포스트콜로니얼리즘에서 자본주의를 포함한 여러 메타내러티브(metanarrative)를 부정하는 것은 서구중심주의를 다시 부활할 뿐만 아니라 자본주의를 통해서 작동하는 서구중심주의적 근대의 지속적인 헤게모니를 감추는 역할을 수행하고 있다는 것이다. 이런 점에서 포스트모더니스트와 포스트콜로니얼리스트 문화주의는 메타내러티브를 부정하고 권력의 체계적인 성격을 은폐함으로써 권력에 대한 체계적인 저항을 불가능케 하고, 권력이 작동할 수 있도록 알리바이를 제공해준다고 비판하였다.[9] 트랜스내셔

---

8) Nederveen Pieterse, Jan, Pluto, *Empire & Emancipation: Power and Liberation on a World Scale*, London: Pluto, 1989, p. 51.

9) Dirlik, Arif, Bahl, Vinay, "Introduction", edited by Dirlik, Arif, Bahl, Vinay and Peter, Gran, *History After The Three Worlds: Post-Eurocentric Historiographies*, Lanham, Md.: Rowman & Littlefield, 2000.

널 히스토리 역시 계급분석에 거부감을 표현하면서 개인화, 다양화, 생활스타일, 생활주변 등을 새로운 패러다임으로 제시하고 있지만, 지구화 이후 더욱 심각해지는 사회적 불평등에 대해서는 상대적으로 무관심하다는 비판을 받고 있다.[10] 더구나 글로벌 히스토리는 "타자를 우리(영어권)의 개념과 언어로 국제적 내러티브에 통합하기 위한 또 다른 영어권의 발명품이라고 단정하지 않기 어려우며", 오히려 서구중심주의를 확대할 수 있다는 비판까지 받고 있다.[11]

물론 포스트모더니즘이나 글로벌 히스토리와 같은 새로운 연구들은 20세기 역사학이 가지고 있던 인식론적 기반, 곧 서구중심적 인식에 대해 대립적 스탠스를 취하고 있다는 점에서 현대 역사학 연구에 미친 영향은 적지 않았다. 또한 글로벌 히스토리는 이 글에서 강조하고 있는 기후나 환경문제, 그리고 불평등과 차별 및 갈등을 극복하고 글로벌한 차원의 연대와 협력의 모색 등과 매우 친화적 성격을 가진다. 제리 벤틀리(Jerry Bentley)의 지적처럼 글로벌 히스토리는 사람들로 하여금 자신의 주변 세계를 '큰 문맥이나 체계' 안에서 이해할 수 있게 할 뿐만 아니라, 인류가 오랫동안 서로 간의 '차이'를 성공적으로 다루어왔고, 서로의 차이에 대해 익숙해지게 함으로써 차이로 인한 부질없는 갈등과 대립을 피할 수 있게 했음을 보여주기 때문이다.[12]

그러나 역시 앞서 언급한 비판들로부터 자유롭지 못하다. 그것은 무엇보다 서구중심주의와 비슷한 시기에 형성되었고, 유사한 정치적 이데올로기적 함의를 가지고 있는 근대중심주의에 대한 비판의식을 확보

---

10) 정현백, 「트랜스내셔널 히스토리의 가능성과 한계」, 『역사교육』 108, 2008.

11) Drayton, Richard, & David Motadel, "Discussion: the futures of global history", *Journal of Global History* 13:1, March 2018, pp. 13~14.

12) Bentley, Jerry, "Why Study World History?", *World History Connected* 5:1, October 2007.

하지 못하였기 때문이라 생각한다. 서구 역사와의 다름, 혹은 서구 역사학자들의 동아시아 혹은 비서구 인식과의 다름을 강조한다고 하여 서구중심주의가 내포하고 있는 또 다른 인식론적 프레임인 근대중심주의의 틀을 온전히 벗어나는 것은 불가능하다. '복수의 근대성', '다양한 근대' 등에 대한 비판에서도 알 수 있듯이 '근대'를 비판적으로 성찰할 수 있는 인식론적 근거와 그에 의거한 역사인식이 전제되지 않는다면 '서구'와 '근대'를 동시에 넘어설 수 없다고 생각한다.[13] 팬데믹과 그에서 촉발된 기후변동과 환경문제 등을 통해 구체화하고 있는 인류문명의 위기는 근대중심주의에 대한 비판적 인식을 더욱 절실하게 요청하고 있다.

'근대중심주의'를 학술적 용어로 처음 사용한 사람은 글로벌 히스토리를 주도해온 제리 벤틀리이다. 그는 '근대중심주의(Modernocentrism)'의 요체를 "전근대와 근대 사이의 연속성에 대해 깨닫지 못하도록 근대 세계에 매혹당하는 것"에서 찾았다. 벤틀리는 이미 고대부터 서로 다른 문화 간의 상호작용과 개인적 · 집단적 교류가 있었다는 사실을 강조하는 방식으로 근대중심주의를 비판하고자 하였지만, 이러한 방법은 현재의 자본주의 세계체제, 내지 신자유주의 질서를 정당화하는 시각이라는 오해를 살 만한 여지를 남겨두고 있다. 이러한 오해를 불식시키기 위해 필자는 에드워드 사이드(Edward W. Said)의 "오리엔탈리즘(Orientalism)"에 대한 규정을 차용하여 "전근대를 지배하고 재구성하며 억압하기 위한 근대의 방식"이며, "전근대에 관한 지식체계로서의 근대중심주의는 근대인의 의식 속에 전근대를 여과하여 주입하기 위한 필터로 만들어"진 것이라고 규정한 바 있다. 또 '근대중심주의'라는 개념

---

13) 이에 대해서는 배항섭, 「동아시아사 연구의 시각: 서구 · 근대중심주의 비판과 극복」, 『역사비평』109, 역사비평사, 2014 겨울호 참조.

이 함축하고 있는 정치적, 이데올로기적 성격을 보다 선명하게 드러내기 위해 "근대에 의한 전근대의 식민화" 내지 "근대에 대한 특권화"라는 측면을 강조하기도 했다.[14]

이를테면 우리에게 익숙한 발전단계론이나 삼시대 구분법도 모두 근대중심적 발전사관에 근거한 것이다. 그것은 근대의 시선, 곧 단선적 발전론 내지 목적론적 역사인식에 근거하여 전근대를 재단하는 역사인식이다. 그 바탕에는 근대의 위상을 특권화하려는 전략이 깔려 있으며, 전근대는 근대를 향해 발전해 나가야 할 숙명을 안은 시간이라는 시간관이 자리 잡고 있다. 근대에 의한 전근대의 식민화에 다름 아니다. 하지만 근대나 전근대 할 것 없이 어느 시대, 어느 사회를 막론하고 거기에는 매우 다층적 시간들(전근대, 비근대, 근대, 탈근대, 어느 쪽으로도 규정하기 어려운 것 등), 혹은 다양하고 복합적인 지향성 내지 방향성을 가진 요소나 움직임들이 뒤섞여 있다. '역사'는 그러한 무수하게 많은 다양한 요소와 움직임들이 서로 중층적, 복합적으로 얽혀 만들어 가는 것이다. 그러나 서구중심·근대중심적 역사 인식에서는 비서구나 전근대의 법과 질서, 제도, 사람들이 생각하고 살아가는 방식 등에 대해 단지 근대 혹은 서구의 역사적 경험과 얼마나 유사한지, 혹은 거기에 얼마나 근접한 것인지에 따라 '역사적' 의미를 부여한다. 그렇지 않다고 판단되는 것들은 역사상을 구성하는 과정에서 배제·은폐되거나 근대적인 것, 서구의 경험과 유사한 것으로 왜곡되기도 한다.

---

14) 이상 근대중심주의(그리고 그를 넘어서기 위한 transhistorical한 접근)에 대해서는 배항섭, 앞의 글, 2014 겨울호; 「머리말:"동아시아는 몇 시인가?"라는 질문」, 미야지마 히로시, 배항섭 편, 『동아시아는 몇 시인가?-동아시아사의 새로운 이해를 찾아서』, 너머북스, 2015; 「'탈근대론'과 근대중심주의」, 『민족문학사연구』 62, 2016; 「방법으로서의 '동아시아사' 연구와 새로운 역사상의 모색-근대중심주의(modernocentrism) 비판과 트랜스히스토리칼(transhistorical)한 접근-」, 『대동문화연구』 112, 2020 참조.

이러한 인식에서는 비서구와 전근대의 역사에 대한 이해가 제약되고 뒤틀릴 수밖에 없음을 물론이다. 더 중요한 것은 전근대나 비서구라는 특정한 시공간에 존재하던 제도나 문화, 사상, 질서 등 다양한 요소가 어떠한 운영원리에 따라, 어떤 유기적 관계를 맺으면서 역사적 시간을 구성해나갔는지 등에 대한 질문이나 내재적 분석은 후순위로 밀려나거나, 거의 봉쇄되고 만다.

앞서 언급했듯이 어떤 시대, 어떤 사회이든 거기에는 전근대, 비근대, 근대, 탈근대 혹은 이도 저도 아닌 것들이 어떤 방식으로 얽히고 상호 연관되면서 하나의 체제나 시대를 구성하고 운영해나갔다. 거기에는 '위기에 처한' 근대를 새롭게 하거나, 근대중심적 시각으로는 상상할 수 없는 다층적 시간, 다양한 시대의 요소들이 이전에 상상할 수 없었던 독창적 방식으로 새로운 체제나 질서를 만들어 나갈 수 있는 가능성들이 내포되어 있을 수 있다. 그러나 근대지향적인 요소나 그렇게 판단되는 측면들만 강조하고 부각하는 근대중심적 접근이나 시각에서는 이러한 가능성들이 모두 배제되거나 억압되고 만다. 근대중심주의의 맥락에서 '한계'로 지적할 수 있는 것들도 근대 너머를 보고자 할 때는 한계가 아니라 새로운 가능성, 새로운 전환의 단서가 될 수 있다는 점을 지적해 둔다.[15]

2) 인간중심주의 비판

근대역사학이 발 딛고 있던 또 하나의 인식론적 기초인 인간중심주의에 대한 성찰이 요청된다. 계몽주의 이래 자연과 인간을 분리하여 자연을 타자화하는 인간중심주의는 자연을 지배와 통제, 약탈의 대상으

---

15)　배항섭, 「최근 조선시대사 연구의 역사 인식과 새로운 방향 모색」, 『조선시대사학보』 105, 2023 참조.

로 인식해왔다.[16] 이후, 역사학의 연구 대상은 기본적으로 인간과 인간들이 만든 질서, 생각들이었다. 물론 토지와 인간의 관계처럼 '자연' 내지 물(物)과 인간의 관계가 중요하지 않은 것은 아니었지만, 특히 근대 이후에는 물에 대한 인간의 작용, 물을 둘러싼 인간과 인간의 관계가 그 본질이었다. 그러나 기후변화로 인한 복잡한 사회적, 환경적, 기술적 문제들은 인간중심주의에 기초한 세계관, 가정, 접근 방식으로는 해결할 수 없고, 지속 가능한 세상을 위해 필요한 새로운 구조, 프로세스 및 생활 방식을 상상하기도 어렵다.[17]

최근 들어 지구촌 곳곳에서 최초 최대 최고라는 수식어와 함께 빈번하게 일어나는 극한기후 현상은 인류에게 기후위기에 대응할 수 있는 시간이 정말 얼마 남지 않았다는 경종을 거듭 울리고 있다. '인류세(Anthropocene)' 혹은 '자본세(Capitalocene)'나 '기술세(Technocene)' 등의 새로운 지질학적 시기 규정이 제기되고 있는 데서도 알 수 있듯이, 역사 연구 역시 인류의 존속 가능성을 위협하고 있는 기후 · 환경문제를 배제하고는 성립할 수 없게 되었다. 기후 · 환경문제와 '인류세' 등의 새로운 개념들은 인간과 자연을 분리하였던 근대역사학의 인식론적 근거, 곧 인간중심주의에 대한 뿌리부터의 성찰을 요구하고 있다. 인간과 자연의 관계를 포함하는 인류의 삶의 방식에 대한 근본적 성찰, 그 동안 역사연구의 대상이었던 인간사회 내부만이 아니라 그 '외부'로 치부되어온 자연환경까지 포괄하는 새로운 역사 인식을 촉구하는 것이기도 하다.[18]

---

16) Sundberg, J., "Decolonizing posthumanist geographies", *Cultural Geographies*, 21:1, 2014, pp. 34~36.

17) Fazey, Ioan, et al., "Transformation in a changing climate: a research agenda", *Climate and Development*, 10:3, 2018, p. 210.

18) 기후위기와 역사 연구의 새로운 방향에 대해서는 배항섭, 「한국 근대사 이해의 글로

Covid-19의 팬데믹에 따라 글로벌화와 기후변동, 불평등과 차별 문제뿐만 아니라, 식민주의까지도 이러한 문제들과 밀접하게 얽혀 있다는 점이 새삼 확인되고 있다. 또 그에 대한 대응을 위해서는 무엇보다 글로벌한 차원에서 국가 간 연대와 협력이 절실하다. 역사학 내지 관련 학문에서는 그 동안 인식론적 기반이 되었던 서구중심주의나 근대중심주의는 물론 계몽주의 이래 자연과 인간을 분리한 후 자연을 타자화하고 지배와 통제, 약탈의 대상으로 인식해온 인간중심주의에 대한 근본적 전환을 요구하는 것이다. 동아시아사 연구도 이러한 요구에 대응하여 새로운 방향을 모색해야할 것이다.

3. 캘리포니아 학파(California School)의 (동)아시아사 · 중국사 연구

한국에서 동아시아 담론이 확산되어 가던 무렵 미국에서는 서구의 독창성과 탁월함을 자명한 전제로 삼던 서구중심적 세계사 인식과 사회이론을 비판하고 '새로운 세계사'를 구축하려는 노력이 본격적으로 제기되기 시작했다. 그들은 유럽이 산업화를 이끈 독창적이고 고유한 능력을 지녔으며, 그것이 경제발전을 위한 보편적 모델을 만들었다는 종래의 주장을 반박하였다. 나아가 1800년 전후까지는 아시아나 중국이 세계경제에서 더 중요한 역할을 하였고, 근대 이후 일어난 '서구의 대두'도 문화나 가치 등에서 서구가 비서구에 비해 독창적이거나 탁월함을 가지고 있었기 때문이 아니라 외부적이거나 '우연적인' 요인들을 배경으로 한 것이라는 주장이다.[19] 서구중심주의에 의해 이해되고 서술

벌한 전환과 식민주의 비판 −기후변동과 역사 연구의 새로운 방향 모색−」, 『역사비평』 145, 2023 참조.

19) 이에 대한 소개로는 제1부 〈동아시아사연구의 시각〉의 각주 20) 참조.

된 지금까지의 세계사를 새롭게 구성할 수 있는 하나의 '방법으로서의 동아시아사' 연구가 나아갈 수 있는 가능성의 일단을 보여주는 문제의식이라 생각한다.

우선 『리오리엔트』를 쓴[20] 안드레 군더 프랑크(Andre Gunder Frank)는 이 책의 목적이 "기존의 거의 모든 사회이론이 유럽 중심적 편견과 오만에 물들어 있다는 사실을 논리적으로 규명하고 증거를 제시하는 것"이라고 밝혔다. 그는 "1800년 이전에 세계경제에서 우세한 지위를 점한 지역이 있었다면 그것은 아시아였다. 당시 세계경제에서 '중심적' 지위와 역할이 있었고, '여러 중심' 중에도 만약 서열이 있었다면, 그 정점에는 중국이 있었다고 보아야 한다."고 주장하였다. 프랑크는 자신의 입론을 실증하기 위해 인구·생산성·소득·무역액 등 다양한 수량적 비교를 시도하였다. 또한 그는 유럽인이 인종, 민족, 제도, 자본주의 정신 등에서 아시아 지역보다 우월했기 때문에 근대화에 성공했다고 보지 않는다. 오히려 그는 유럽이 이 시기에 세계경제의 (반)주변부에 머물러 있었기 때문에 '후발성'의 비교우위를 가질 수 있었다는 점을 지적하였다. 따라서 그는 근대 이후 유럽이 주도한 세계경제에 대해 유럽은 "이미 존재했던 세계경제질서에 뒤늦게 편승했거나, 기존의 느슨한 연결고리를 강화한 것에 불과하다"고 판단하였다.[21]

로이 로이 빈 웡(Roy Bin Wong, 王国斌)은 1997년 〈China Transformed〉라는 저서에서[22] 유라시아 대륙의 양쪽 끝(유럽과 중국)에서 보이는

---

20) 안드레 군더 프랑크 지음, 이희재 옮김, 『리오리엔트』, 이산, 2003. 원제는 Frank, Andre Gunder, *ReOrient: Global Economy in the Asian Age*, Berkeley: University of California Press, 1998.

21) 『리오리엔트』에 대한 소개는 배항섭, 「동아시아사 연구의 시각: 서구·근대중심주의 비판과 극복」, 『역사비평』 109, 2014에서 밝힌 바 있다.

22) Wong, Roy Bin, *China Transformed: Historical Change and the Limits of European Experience*, Cornell University Press, 1997(王国斌 著; 李伯重, 连玲玲 [共]译, 『转

16~18세기 농촌 산업이 서로 유사한 경제적 발전 과정 내지 수준을 보여준다고 주장했다. 중국 농민들과 유럽 농민들의 경제적 행위는 노동의 지역별 전문화, 농촌과 도시 지역의 상품 교류, 수급 여건의 변화에 따른 가격 변동 등의 주요한 측면에서 유사했다는 것이다. 나아가 그는 18세기의 유럽과 19~20세기의 유럽이 가진 공통점보다 18세기의 유럽과 같은 시기 중국이 가진 공통점이 더 많았다고 주장하였다. 그는 역사는 '경로 의존적'인 궤적을 따르며, 특정 시점에서는 항상 다양한 가능성이 존재하고 단일한 불가피한 변화는 일어나지 않는다는 전제 하에 아시아와 유럽의 분기를 설명했다. 곧, 산업화 이전에는 유럽과 아시아의 경제가 모두 스미스적 성장(분업과 전문화에 따른 생산성 향상) 단계에 있었지만, 산업 혁명 이후 유럽이 스미스적 성장의 한계를 돌파(또는 성장의 한계 도래를 연기)한 반면 중국은 그러지 못한 다음에 분기가 발생하였다는 것이다. 王国斌은 화석 에너지와 신대륙의 발견이 없었다면 산업화는 상상할 수 없었을 현대 유럽사의 발전, 특히 중요한 역사 발전에는 우발성이 특별한 역할을 수행했다는 점을 강조하였다.[23] 王国斌의 책은 다른 캘리포니아 학파 연구자들과 달리 경제사만 다루는 것이 아니라,[24] 1부 '경제 변화', 2부 '국민 국가 형성', 3부 '집합 행동'을

变的中国: 历史变迁与欧洲的局限』, 凤凰文库, 2008).

23) 이상 王国斌의 책에 대한 소개는 仲伟民, 「学术界对前近代中国研究的分歧: 以彭慕兰、黄宗智的观点为中心」, 『河北学刊』 2, 2004 참조.

24) 예컨대 대표적 학자인 케네스 포메란츠의 핵심 논지는 초기 근대 시기 중국의 경제적 발전 수준이 유럽, 특히 영국과 대등하였음을 밝히는 데 있다. 그의 논의가 경제 문제에 집중되어 있다는 점은 산업자본주로 이끈 시장의 발달 정도, 칼로리 섭취나 소비의 질과 내용 등의 면에서 영국과 중국의 차이점을 강조하는 필립 황과의 논쟁에서도 잘 보인다. 이에 대해서는 Huang, Philip C. C., "Further Thoughts on Eighteenth-Century Britain and China: Rejoinder to Pomeranz's Response to My Critiqu", *The Journal of Asian Studies* 62: 1, 2003; Pomeranz, Kenneth, "Facts are Stubborn Things: A Response to Philip Huang", *The Journal of Asian Studies* 62: 1, 2003; 黄宗智, 「发展还是内卷?十八世纪英国与中国——评彭慕兰《大分岔:欧洲,中

다루고 있다. 경제와 정치, 사회사를 종합적으로 다루고 있기 때문에 동서양의 사회, 경제, 정치 역사 변화 과정에 가진 복합적인 측면들을 한층 충실하게 보여주고자 하였다.

王国斌의 접근 방법은 독특하다. 그는 다른 많은 동료들과 마찬가지로 서구중심주의에 반대하며 중국 역사의 진정한 특징을 발견하고자 하면서도 동양과 서양의 역사적 발전이 실제로 개별주의적인 동시에 많은 공통점이 있다는 것을 인정한다. 이에 따라 그는 유럽의 경험을 바탕으로 한 법칙과 규범을 전면적으로 거부하지는 않는다. 말하자면 유럽의 경험을 거부하지 않고 서구중심주의에 반대하는 것이 이 책의 주요한 '참신성' 중 하나다. 이러한 발상을 토대로 저자는 한편으로는 유럽 경험의 관점에서 중국에서 일어난 일을 평가하고 다른 한편으로는 중국 경험의 관점에서 유럽을 평가하는 독특한 비교사적 접근 방식을 활용하고 있다. 상호 주관성을 통해 새로운 행동 패턴과 가치관을 도출하는 것이다. 그러나 그는 '서구의 도전에 대한 각 지역의 대응'을 비서구 각 지역 근대사의 주요 축으로 간주하는 일반적 이해와 달리 모든 비서구 사회의 문화와 역사는 유럽의 영향과 무관한 고유성을 가지고 있음을 전제로 한다. 이에 따라 그는 '서양—각 지역' 양자 간의 '충격과 대응'을 주축으로 하는 일원론적 세계사 이해를 넘어 아시아, 아프리카, 라틴 아메리카 사회가 모두 다양한 특성을 가지고 있다고 주장하여 '차이'의 다양한 의미(보통 문화)를 창출하고자 하였다.[25]

케네스 포메란츠(Kenneth Pomeranz)는 2000년에 쓴 〈The Great Divergence(大分岐)〉에서 18세기 이전에는 동양과 서양이 동일한 발전

국及现代世界经济的发展》, 『历史研究』 4, 2002; 黄宗智, 「再论18世纪的英国与中国——答彭慕兰之反驳」, 『中国经济史研究』 2, 2004 참조.

25) 李伯重, 「"相看两不厌": 王国斌《转变的中国 : 历史变迁及欧洲经验的局限》评介」, 『史学理论研究』 2, 2000, pp.148~153.

수준에 있었고 서양에는 서양 특유의 내생적(内生的) 이점이 뚜렷하지 않았음을 강조하였다.[26] 그는 동양과 서양 간에 분기(分岐)가 시작된 것은 18세기 말과 19세기 초에 이른 후부터였고, 이후 양자 간에 점차 차이가 벌어지기 시작하였다고 하였다. 이러한 분기가 일어난 핵심 주요 원인은 아메리카 신대륙 개발로 인한 토지 제약이 해소되었고, 영국은 중국과 달리 증기기관의 동력원인 탄광이 유리한 지리적 위치에 존재했기 때문이라는 것이다. 이에 반해 중국은 신대륙 발견과 같은 '횡재'가 없었을 뿐만 아니라, 중국의 탄광은 경제의 핵심 지역인 강남으로부터 너무 멀리 떨어져 있어서 운송비가 많이 드는 등 매우 불리한 위치에 있었다.

이른바 캘리포니아 학파의 주요 연구자들은 모두 19세기에 들어 서구와 중국 간에 대역전이 일어났다는 점을 강조한다. 19세기 이전에는 유라시아에 걸쳐 중심부가 여러 개 존재했고, 이곳들은 모두 시장경제의 활력에 힘입어 경제성장이 두드러진 지역이었다고 하였다. 이들은 유럽의 산업혁명은 유럽에만 있던 독특한 특징, 문화나 가치 때문에 필연적으로 일어난 것이 아니라 우연적, 외부적 요인에 의한 것이었음을 지적하였다.

한편 캘리포니아 학파의 연구 성과에 대해서는 관심 만큼이나 많은 비판들이 제기되었다. 우선 프랑크의 책에 대해서는 비록 저자가 애써 '동방중심론'이나 '중국중심론'을 만들어 낼 생각은 전혀 없었으나, 그의 결론이 지나치게 중국을 추켜세운다는 중국 학계로부터의 비판이 있

---

26) 케네스 포메란츠 지음; 김규태, 이남희, 심은경 옮김, 『대분기: 중국과 유럽, 그리고 근대 세계 경제의 형성』, 서울: 에코리브르, 2016; Pomeranz, Kenneth, *The Great Divergence: China, Europe, and the Making of the Modern World Economy*, Princeton University Press, 2000;彭慕兰 著, 史建云 译, 『大分流』, 南京: 江苏人民出版社, 2014.

다.[27] 또 프랑크의 오랜 친구이던 조반니 아리기(Giovanni Arrighi)는 캘리포니아 학파에 대해 아직 비판적 입장에 있을 때인 1999년 프랑크의 책에 대해 1400~1800년에 전 세계 모든 사람을 상호 경쟁으로 몰아넣은 글로벌 시장이 존재했다는 그의 '증명'은 사실과 논리보다는 믿음에 훨씬 더 많이 의존하고 있다고 비판하였다. 나아가 그는 프랑크가 "재치 있게 또는 무의식적으로 신자유주의 이데올로그들의 합창에 합류하여 자기 조절 시장에 대한 믿음을 되살린다."라고 하여 프랑크의 논의가 신자유주의와 연결될 수 있음을 지적한 바 있다.[28]

아리프 딜릭(Arif Dirlik)은 자본주의 발전에서 중국이 기여한 점을 강조하는 일련의 연구들에 대해 서구중심주의의 가정과 서구의 발전에서 비롯된 범주들을 암묵적으로 지속하고 있으며, 서구의 근대성에서 유래된 기준에 따라 중국의 변화를 측정한다는 점에서 근본적인 한계를 가진다고 비판한다. 예컨대 그는 안드레 군더 프랑크(Andre Gunder Frank)의 서구중심주의 비판에 대해 서구중심주의를 지운다는 명목 하에 자본주의적 발전을 특정한 역사의 종합적 국면에서 나온 산물이 아닌 인류의 운명으로 만듦으로써 그것을 보편화하면서 자연스러운 것으로 만들었다고 지적하였다. 자본주의를 역사적으로 자연스러운 것으로 만들게 되면 가능한 대안이란 오직 대안적 자본주의들 밖에 없게 되기 때문에 역사에서 다른 대안들을 인식할 수 있는 가능성을 훼손한다는 것이다.[29] 또한 그는 서구중심주의에 대한 문화적 접근을 비판하면

---

27) "어떤 학자들은 조지프 니덤(Joseph Needham)의 중국 과학사 연구에 대해 중국 문화를 추켜세운 혐의가 있다고 여기지만, 프랑크의 관점은 오히려 훨씬 지나치다."(仲偉民,「学术界对前近代中国研究的分歧——以彭慕兰、黄宗智的观点为中心」,『河北学刊』2, 2004, p.147)."

28) Arrighi, Giovanni, "The World According to Andre Gunder Frank", *Review*, 22:3, Fernand Braudel Center, 1999, pp. 343~346.

29) 이에 대해 딜릭은 다음과 같이 부연하여 설명하고 있다. "이 과정에서 잃어버리는 것은

서 서구중심주의가 궁극적으로 자본에 의해 형성된 일상생활의 구조들에 자리 잡고 있다면, 서구중심주의에 도전하기 위해서 변화시켜야 하는 것은 바로 그 구조들이라는 점을 강조하고 있다.[30]

한편 케네스 포메란츠에 대해 張家炎은 그가 李伯重의 연구에 크게 의존하고 있지만, 随意的으로 인용한다고 비판하였다. 예컨대 일반적으로 어느 연구자의 연구이든 오류 내지 이견이 있을 수 있는 것이지만, 포메란츠는 李伯重의 연구에 대해서만은 거의 완벽한 것으로 받아들이고 있다는 점을 지적하였다. 또 李伯重은 중국이 서유럽과 얼마나 다른지 증명하려고 노력했고, 그가 표현하고자 하는 개념은 중국의 경제 발전을 서구의 방법으로 설명할 수 없다는 것이었지만, 포메란츠는 李伯重의 연구를 바탕으로 중국이 1800년 이전에 서유럽과 다르지 않다는 것을 필사적으로 증명하려고 노력했다는 것이다.[31]

캘리포니아 학파의 연구, 특히 포메란츠의 『대분기』에 대해 가장 辛辣하게 비판한 연구자는 캘리포니아 학파보다 일찍 중국 강남 지역 농업사의 장기적 변화과정에 대한 연구서를 출간한 바 있는 필립 황(Philip

---

경제는 물론 정치, 사회, 문화의 조직과 실천에서 주목해야 할 대안들이다. 이런 대안적 가능성에 대한 고려는 최근 연구에서 경제주의 속으로 사라지고 있으며, 이는 자본주의와 자본주의 근대성의 형성과정에서 일정한 역할을 맡았던 사회적 정치적 조직을 망각해버리는 전철을 밟고 있다. 서구중심주의를 우회적으로 받아들이는 이런 문제는 대안적 근대성이 직면한 문제다. 대안적 근대성에 대한 주장은 그들이 참고한 유럽/미주의 근대성을 채택한 것이며, 근대라는 용어의 사용으로 인해 비평가들에 의해 유럽 및 북미와 동일시되면서 그들이 부정한 바로 그 서구중심주의를 지속하는 것이 된다. 일반적으로 근대성에 대한 재개념화를 하지 않고 대안적 그리고 복수의 근대성을 주장하는 것은 차이를 강조하는 "유일한" 근대성이라는 주장을 보편화하는 것이 된다(Arif Dirlik, Contemporary Perspectives on Modernity: A Critical Discussion, *Sungkyun Journal of East Asian Studies*, 8:1, 2008).

30) 아리프 딜릭 지음, 황동연 옮김, 『포스트모더니티의 역사들』, 창비, 2005, 128, 132쪽, 146, 148쪽.

31) 張家炎, 「如何理解18世纪江南农村:理论与实践——黄宗智内卷论与彭慕兰分岔论之争述评」, 『中国经济史研究』 2, 2003, 111쪽.

C. Huang, 黃宗智)였다.[32] 그는 『대분기』가 구체적인 생활 및 생산 조건을 경시하고 이론과 書面상의 수치를 선호하여 논증 과정에서 많은 경험적 오류를 낳았다고 주장했다. 黃宗智는 영국과 중국 강남 지역의 농업 경제는 농장 규모의 큰 차이(강남 농장은 영국의 1%[33]), 농업 혁명의 여부(영국은 18세기에 농업 생산성이 2배 증가, 강남은 감소)와 도시화(영국은 중소 도시 수 증가, 중국은 아님), 원시 산업혁명(영국은 농공분리, 중국 강남은 미분리, 이에 따라 인구압 및 값싼 노동력 발생), 농축 결합 여부(영국은 결합, 중국은 미결합), 소비혁명(영국 농촌의 생산력 증가, 중국은 그렇지 못함), 도시제품에 대한 수요 확대, 식량, 의류소비 등에서 차이가 적지 않았다는 사실을 구체적인 자료와 수치를 통해 주장하며 캘리포니아 학파의 주장을 비판하였다.[34]

또 黃宗智는 최근 자신의 학문적 歷程을 돌아보는 글에서 캘리포니아 학파의 연구에 대한 비판과 관련한 그의 역사의식, 문제의식을 설명한 바 있다. 우선 그는 중국의 경험적 현실이 서구 이론과 관련하여 대부분 "역설적(paradoxical)"이라는 비판적 이해에 도달했으며, 중국 현실에 더 부합하는 새로운 개념을 탐색하여 중국 농업 및 농촌 역사 연구에서 "발전 없는 성장(没有发展的增长, growth without development)", "내권화(involution)", "内卷型商品化(involutionary commercialization)"라는 새로운 키워드를 발굴하였다.[35]

---

32) 대표적인 연구로는 Philip C. Huang, *The Peasant Family and Rural Development in the Yangzi Delta*, 1350~1988, Stanford University Press, 1990.

33) 장강 이남의 농장은 영국 농장의 1퍼센트에 불과하고 1인당 경작지 면적은 그 1/45에 불과하다고 하였다.

34) 黃宗智, 「发展还是内卷?十八世纪英国与中国——评彭慕兰《大分岔:欧洲,中国及现代世界经济的发展》」, 『历史研究』 4, 2002; 黃宗智, 「再论18世纪的英国与中国——答彭慕兰之反驳」, 『中国经济史研究』 2, 2004.

35) 黃宗智의 involution('内卷化' 혹은 '過密化')과 '内卷化 성장'(또는 '过密型增长')의

黃宗智는 위의 키워드들이 서로 밀접한 관련이 있다고 하였으며, 그가 중국과 영국 혹은 미국의 농업을 비교할 때 가장 중요하게 생각하는 것은 토지와 인구의 비율이었다. 중국은 인구가 많고 토지가 적은 기본 조건으로 인해 토지는 상대적으로 부족하고 비싼 반면, 인력은 상대적으로 많고 저렴하기 때문에 중국 농업은 1에이커당 매우 많은 노동력을 투입하고 매우 적은 토지를 사용하였다. 반대로 미국은 "인구 밀도가 낮다"는 기본적인 조건으로 인해 1에이커의 토지당 최소한의 노동력, 풍부한 토지 및 기계를 투입할 수 있었다는 것이다. 따라서 미국 농업은 '내권화'가 드물고 더 많은 기계를 사용하여 노동력을 줄이고 노동 생산성을 향상시킬 수 있었다. 이것이 중국과 미국의 기본적인 차이점이라고 하였다. 현대에 들어서도 미국은 농업의 기계화에 점점 더 많은 투자를 하고 '규모의 경제' 이론을 통해 노동 생산성 향상이라는 측면에서 농업 발전의 경험을 쌓은 반면, 중국은 주로 노동 집약적 농업에 계속 의존해야 했다고 하였다.[36]

근대 이전 중국 농업의 상업화는 비교적 평등했던 서구의 도시-농촌 간 교역과 달리 대부분 '내권적 상업화', 생존 중심의 상업화, 도시와 농촌 간의 불평등한 상업화, '기형적 시장'에 의한 상업화였다고 하였다. 또한 중국의 '소농 경제'가 조만간 사라질 가능성도 높지 않다고 전망하

요체는 '노동생산성 저하 속 경제성장'을 의미하며, 이는 명청 중국 경제 발전의 특징이 양적 증가, 질적 정체라고 제시한 마크 엘빈(Mark Elvin)의 관점에 共鳴한 것이기도 하다. 또한 '內卷化' 이론도 황종지가 처음 창안한 것이 아니다. 그것은 인류학자 클리포드 기어츠(Clifford Geertz)가 1960년대에 인도네시아의 벼농사에 대한 심층 연구를 통해 처음 제안한 것이며, 학자들의 광범위한 관심을 끌었다. 그러나 이 이론을 중국 경제사 연구에 최초로 도입하여 큰 영향을 끼친 인물은 황종지가 확실하다(정철웅, 「중국 근대 경제 발전에 대한 접근 방법」, 『역사학보』 151, 1996, 355~357쪽; 仲伟民, 「学术界对前近代中国研究的分歧—以彭慕兰、黄宗智的观点为中心」, 『河北学刊』 2, 2004, 144쪽).

36) 黃宗智, 「消解中国经验与西方理论的悖反: 黄宗智学术自述」, 『文史哲』 2, 2023.

였다. 이 때문에 중국 농업이 나아갈 길은 미국식의 '규모의 경제'에 초점을 맞출 것이 아니라 '소농 경제'의 중요성을 인식하여야 한다고 하였다.[37)]

黃宗智가 캘리포니아 학파와 달리 영국(미국)과 중국 농업의 생산성 차이를 강조하는 이유는 영국이나 미국의 선진성과 중국의 후진성을 확인하려는 것은 아니다. 그가 추구하는 것은 무엇보다 영국 미국 모델 맹목적 모방이 아닌, 중국의 역사적 경험이나 현실에 적합한 새로운 "발전 모델"을 개발하여야 한다는 데 있다. 그러나 그의 입론 역시 프랑크나 포메란츠 등과 유사하게 여전한 발전론적 사고에 근거해 있으며, 근대중심주의에 대한 비판이라는 감각이 없다. 그가 영국이나 미국을 중국과 비교할 때도 가장 중요한 관심은 생산력 내지 노동 생산성에 있었다. 이는 그 역시 근대중심적, 발전주의적 역사인식에 근거해 있음을 의미한다. 그가 미국이나 영국 모델을 벗어나 새로운 '중국식 모델'을 찾는 것도 서구와는 다른 방식의 '발전 경로'를 모색하기 위해서였다.

4. 동아시아사 연구의 새로운 방향: 근대중심주의 비판의 모색

캘리포니아 학파에 의한 새로운 세계사 이해는 분명히 서구중심적 역사인식을 비판하는 데는 유용하다. 그러나 그들은 발전론적 역사인식에 입각하여 '산업혁명'이라는 인류사 발전의 핵심 '사건'을 둘러싼 내재적, 자생적 도달 여부를 문제의식의 중심에 두고 있다. 근대 그 자체를 상대화하는 것은 아니다. 근대가 낳은 발전론적 역사인식에 대한 비판은 논의 밖에 있다. 자본주의 세계체제에 대한 비판보다는 그에 대한

---

37) 黃宗智, 위와 같음

기여도나 주도권을 둘러싸고 서구와 경쟁하는 아시아와 중국의 모습을 부각시키거나, 자본주의 세계체제를 낳은 산업혁명이라는 특정한 '현상'에 구속된 시각은 여전히 근대중심적·발전론적 역사인식을 유지하거나 목적론적 방향으로 흐를 가능성을 배제하기 어렵다.

이들의 논의에는 이러한 인식이 가지는 현재성이 무엇인지에 대해 분명히 밝히지 않고 있다. 그러나 이러한 논의들은 결국 자본주의의 발전과 발전의 끝에 있는 자본주의 세계체제를 구축하는 데 기여한 정도, 혹은 현 체제 속의 위치, 나아가 앞으로의 위치를 둘러싼 경쟁이라는 '낡은' 문제의식과 가치관에 근거해 있다.

이 점에서 최근 조반니 아리기(Giovanni Arrighi)의 연구는 문제의식을 좀 달리한다.[38] 그는 만약 중국이 "자국중심적(self-centered) 시장기반 발전, 강탈 없는 축적, 비인적 자원보다 인적 지원을 동원하고, 대중의 참여를 통해 정책을 만들어 가는 정부 등과 같은 중국의 전통을 부활시키고 공고히 하는 데 성공한다면, 중국은 문화적 차이를 진정으로 존중하는 문명연방을 출현시키는 데 결정적으로 기여하는 지위에 오를 수 있을 것이다."고 예상하였다.[39]

또 아리기는 19세기 이전 중국의 발전 경로에 대해 다음과 같이 이해하고 있다.[40] 첫째, 브레너(Robert Brenner)는 자본주의적 발전 요건 가운데 하나로 '직접생산자의 생산수단에 대한 통제력 상실'을 들고 있다. 그러나 중국은 여전히 토지평등 원칙이 실천적으로 견지되고 있

38) 조반니 아리기 지음, 강진아 옮김, 『베이징의 애덤 스미스: 21세기의 계보』, 길, 2009; Arrighi, Giovanni, *Adam Smith in Beijing: Lineages of the Twenty-First Century*, London/New York: Verso, 2008.

39) 아리기, 535쪽.

40) 아래의 세 가지 요약에 대해서는 윤상우, 「베이징 컨센서스 비판: 라모와 아리기의 논의를 중심으로」, 『유라시아연구』 제11권 제4호(통권 제35호), 2014 참조.

었기 때문에 대분기 이전까지는 설사 시장교환이 확대되었다 하더라도 중국에서 발전의 성격은 반드시 자본주의적이지는 않았다는 것이다. 둘째, 중국이 스기하라 가오루(杉原薰)가 말하는 '근면혁명(industrious revolution)'에 입각한 발전경로를 걸어온 것으로 이해하였다. 중국뿐만 아니라 16-18세기 동아시아 국가들은 토지부족에 대응하여 노동집약적 기술을 발전시켜 인구증가에도 불구하고 생활수준을 개선하는 근면혁명의 경로를 추구해왔으며, 이것은 20세기 이후에도 동아시아 발전경로의 특징으로 남아 있다고 하였다. 이에 반해 유럽은 자본집약적이고 에너지 소모적인 '산업혁명'의 경로로 나아간 것으로 파악된다. 셋째, 중국의 비자본주의적 시장경제, 근면혁명에 입각한 발전경로는 내재적으로 사회의 틀을 그대로 유지하는 스미스적인 성장에 부합되며, 또한 '자연적인' 발전경로(농업-제조업-해외무역의 순차적 발전)로 평가할 수 있다. 반면, 유럽은 자본주의적 시장경제, 산업혁명의 발전경로를 밟아왔는데 이는 기존 사회의 틀을 파괴하고 새로운 것으로 대체하는 슘페터와 맑스의 발전상에 부합되며, 스미스적 관점에서는 '비자연적이고 퇴행적인' 발전경로로 인식된다.

주목되는 것은 유럽의 자본집약적이고 에너지 소모적인 생산에 대비되는 중국의 노동집약적 기술이다. 아리기는 중국뿐만 아니라 동아시아가 시장 경제 전통의 계승자이며, 다른 어느 지역보다도 비인적 자원보다는 인적자원을 동원하고 경제적 독립과 농업경영자의 복지를 파괴하기보다는 보호했다고 주장하였다.

그는 중국의 노동집약적 생산의 사례로 상하이 근교의 원펑 자동차 공장의 생산을 들고 있다. 그는 그 공장에서는 "한대의 로봇도 눈에 띄지 않"고, 많은 중국의 다른 공장처럼, 조립 라인은 다수의 젊은이들로 채워지는데, 이들은 중국에서 늘어나고 있는 기술학교에서 새로 도착하여 기껏해야 큰 전기 드릴, 렌치와 고무망치를 가지고 일하고 있다는 점을 강조하였다.[41] 그러나 아리기의 이러한 판단은 어디까지나 당시 중국의 생산력 수준과 그에 연동되는 값싼 노동력의 존재라는 가장 기초적인 문제를 외면한 것이다.

현실은 아리기의 기대와 매우 다르다. 중국은 이미 자동차 제조 작업에서 로봇 이용을 포함하는 자동화 시스템이라는 면에서 세계를 선도하고 있으며, 일부 작업에서는 무인 생산까지 이루어지고 있다.[42] 또 샤오미(Xiaomi) 공장의 몸체 작업장(Body Workshop)에서는 주요 생산 공정의 100%가 완전 자동화되어 있으며 전체 자동화율은 91%에 달한다. 조립 라인은 또한 39대의 로봇 덕분에 고도로 자동화되어 있다.[43] 업계 연구에 따르면 중국 제조업의 약 70%가 이미 기계와 자동화에 의해 이루어지고 있다.[44] 아리기의 기대는 난망하게 되었음을 보여준다.

동아시아나 중국의 역사적 경험으로부터 근대중심적 역사인식과 발전론적 사회이론을 극복할 수 있는 방안의 모색은 아직 오리무중이다. 그러나 바이러스의 팬데믹 그 자체에 대한 관심이나 역사적 경험에만 관심을 기울이기에는 팬데믹이 우리에게 던지는 질문은 엄중하다. 자

---

41) 아리기, 502~503쪽. 또한 아리기는 Ted C. Fishman을 인용, "중국 비즈니스는 비싼 기계 뿐 아니라 비싼 관리자 역시도 교육받은 저렴한 노동이 대체한다. 스스미가 기업의 관료 경영에 대해 낮게 평가한 것을 입증하듯이 자율적인 노동력은 '관리 비용 역시 낮춘다'. "믿을 수 없으리 만큼 자율적인 중국 노동자들의 자율성"을 강조한다는 점을 지적하고 있다, 아리기, 504쪽.

42) "Dongfeng Motor to deploy humanoid robots for auto manufacturing」, 「carnewschina」, June 3, 2024(https://carnewschina.com/2024/06/03/dongfeng-motor-to-deploy-humanoid-robots-for-auto-manufacturing/)

43) "Inside Xiaomi's EV Factory, Where the Company Produces an Electric Car Every 76 Seconds", 「DirectIndustry e-Magazine」, July 29, 2024(https://emag.directindustry.com/2024/07/29/inside-xiaomis-ev-factory-where-the-company-produces-an-electric-car-every-76-seconds/)

44) Factory automation looking more like us, China Daily, 2024-05-29(https://www.chinadaily.com.cn/a/202405/29/WS665684e7a31082fc043c9b8a.htm)

연에 대한 정복자, 지배자라는 착각에서 비롯된 근대문명에 대한 근본적 성찰을 요구받고 있다.[45] 다른 시대, 다른 환경을 마주한 만큼 다른 '발전'의 원리가 추구되어야 한다. 예컨대 기술의 '발전'도 단지 경제의 외형적 성장이나 욕망 충족의 편리성이라는 면이 아니라 생태환경의 파괴와 기후위기의 억제라는 면이 더 중시되어야 한다. 역사학도 이에 대응하는 새로운 과제를 끌어안아야 할 것이다. 불평등과 차별, 기후 · 환경문제가 발전론적 역사인식, 서구중심적 · 근대중심적 역사인식에 경종을 울린 지 오래되었지만, 우리는 그 동안 그 경고를 무시하고 외면해 왔거나 적어도 우리의 문제로 수용하는 자세를 취하지 못하였다. 포스트담론이나 그 영향 하에 만들어진 국민국가론, 그리고 소수자에 대한 논의들 모두 발전론적인, 서구중심적 이해에 대한 일정한 비판의식과 연결되어 있었지만, 근대중심적 인식은 느슨하거나 없었다. 무엇보다 인간사회의 질서나 그것을 구성하는 사유방식에 대한 비판과 성찰을 담고 있을 뿐이고, 자연환경 문제까지 끌어안는 방식의 고민은 사실상 없었다. 앞서 언급했듯이 가장 중요한 과제로 대두되고 있는 글로벌화나 불평등과 차별문제만 하더라도 환경문제와 밀접한 관련을 가진다.

인간의 삶과 그것 둘러싼 인간사회의 질서와 사유를 총체적으로 조망하는 전체사(total history)의 필요성이 이미 오래전에 제시된 바 있지

---

45) 이 새로운 기술들은 자본 집약적일 뿐만 아니라 에너지 집약적이기도 한다. 20세기에 들어서면서 인류는 점점 더 많은 생태환경과 자연자원에 관심을 갖기 시작했다. 오늘날 우리가 이상적으로 생각하는 '기술혁신'은 단순히 경제를 성장시키는 것에 그치는 것이 아니라 환경 황폐화와 생태적 재앙을 억제하는 것을 목표로 해야 한다. 그러나 실제로 사람들은 여전히 300년 전 유럽의 발전 모델에서 완전히 벗어나지 못하고 있으며, 산업혁명 시대에서 유래한 기술로 인류가 당면한 문제를 해결하기를 고대하고 있다. Rosenthal, Jean-Laurent.; Wong, Roy Bin, *Before and beyond divergence: the politics of economic change in China and Europe*, Cambridge, Mass.: Harvard University Press, 2011.

만, 이제는 환경문제까지 포괄하는 더 넓은 의미의 전체사가 요청된다. 환경사만 하더라도 인간의 행위가 자연 환경에 미치는 영향을 중심으로 한 접근이 아니라, 양자 간의 상호 관계성을 포함하는 보다 복합적이고 융합적인 접근이 필요하며, 불평등과 환경문제를 초래한 서구/근대에 대한 깊은 성찰을 통해 그 너머를 구상하지 않을 수 없다. 그러한 구상 내지 상상을 가능케 하는 인식론적 기반을 동아시아사의 경험으로부터 찾을 수 있을까? 그를 위해 어떤 방식으로 동아시아사를 접근할 것인가? 여전히 남겨진 커다란 숙제이다. 새로운 시대가 요구하는 새로운 역사상을 만들어 가기 위해서도 새로운 인식론에 대한 고민이 절실하다.

제2부

한국사 연구의 현재와
서구중심주의·근대중심주의 비판

조선후기사 연구의 '내재적 발전론'과
근대중심주의 비판

1. 머리말: 역사인식의 현재성과 조선시대사 연구

1990년을 전후한 시기 이래 조선시대사 연구에서 보이는 가장 큰 특징은 해방 이후 조선시대사 이해나 역사상을 지탱하는 핵심적 인식틀이었던 이른바 내재적 발전론(이하 내발론)에 대한 비판이라고 할 수 있을 것이다.[1] 이후 다양한 분야에서 내발론적 인식과는 결을 달리하거나, 내발론이 구축해 놓은 조선시대 역사상과는 다른 연구들이 축적되

1) 金仁杰, 「1960, 70년대 '內在的 發展論'과 韓國史學」, 김용섭교수정년기념한국사학논총간행위원회 편, 『한국사 인식과 역사이론』, 지식산업사, 1997; 이정철, 「문제는 자본주의다－내재적 발전론 비판의 역사 인식」, 『내일을 여는 역사』 22, 서해문집, 2005; 최윤오, 「조선 후기 사회변동과 근대로의 이행 내재적 발전론의 역사인식」, 『내일을 여는 역사』 22, 서해문집, 2005; 박찬승, 「한국학 연구 패러다임을 둘러싼 논의 내재적 발전론을 중심으로」, 『한국학논집』 35, 계명대 한국학연구원, 2007; 이헌창, 「한국사 파악에서 내재적 발전론의 문제점」, 『한국사 시민강좌』 40, 일조각, 2007; 김정인, 「내재적 발전론과 민족주의」, 『역사와 현실』 77, 한국역사연구회, 2010; 이헌창, 「조선시대를 바라보는 제3의 시각」, 『한국사연구』 148, 한국사연구회 2010; 이영호, 「'내재적 발전론' 역사인식의 궤적과 전망」, 『한국사연구』 152, 한국사연구회, 2011; 권내현, 「내재적 발전론과 조선 후기사 인식」, 『역사비평』 111, 역사비평사, 2015; 최종석, 「내재적 발전론 '이후'에 대한 몇 가지 고민」, 『역사와 현실』 100, 2016; 염정섭, 「1960~70년대 조선시대 농업사 연구와 내재적 발전론, 근세사회론」, 『한국사연구』, 184, 2019.

어 왔다.

그러나 많은 연구자들이 지적하듯이 조선시대를 새롭게 이해하거나, 새로운 조선시대 역사상을 구축해나갈 수 있는 대안적 인식틀은 제시되지 않고 있다. 물론 대안이 당장 마련되기 어려울 것이고, 더구나 내발론처럼 한 시대를 관통하며 지배적 영향력을 행사하는 대안이 마련되어야 하는 것은 아니고 그럴 수도 없을 것이다. 그러나 역사학이 가지는 의미나 필요성을 생각할 때 내발론이 틀렸음을 확인하는 개별 구체적 사실들을 밝혀내는 것만으로 시종할 수는 없을 것이다. 그것만으로는 역사학의 존재 이유를 제대로 드러내지 못할 것이기 때문이다.[2] 역사 연구는 결국 현재를 살면서 과거를 바라보는 것이며, 현재와 그 속에서 살아가는 나와 나의 시대를 이해하기 위한 통로 같은 것이라 생각하기 때문이다.[3]

말하자면 역사 연구란 어디까지나 자신이 살아가는 현재라는 시대 상황 속에서 과거의 경험적 사실들을 정리·분석하여 그 시대상을 만들어 가는 행위이고, 그 주체는 역사가 자신이다. 따라서 역사적 사실에 대한 '실증' 행위는 결코 가치중립적이거나 투명하지 않으며, 그 과정은 연구자의 가치관이나 세계관에 기초한 역사인식의 영향을 받을

---

2) 역사학을 어떻게 이해하느냐에 따라 반드시 대안이 마련되어야 하는가에 대해 회의적일 수도 있을 것이다. 또 수 없이 쏟아지는 역사 지식의 홍수 속에서 전문 분야 이외의 연구 성과까지 포괄하여 그것을 종합적으로 이해하는 것 자체가 불가능해보이기도 하다. 그러나 종합적 인식을 포기할 경우 카(E. H. Carr)가 이미 60여 년 전에 말했듯이 "무미건조한 사실의 역사, 그리고 사실의 바다 속에 자취도 없이 가라앉은 하찮은 것들에 관해서 더욱 많이 알고 있는 자칭 역사가들의 세세하게 전문화된 논문들의 엄청난 양산"에 그치고 말 수도 있을 것이다(리처드 에번스 지음, 이영석 옮김, 『역사학을 위한 변론』, 소나무, 1999, 227~230쪽).

3) 내재적 발전론, 특히 자본주의 맹아론이 한국 역사학계에서 주류의 위치를 오랫동안 차지한 것은 역사 연구에 과학적 방법론을 적용한 점과 시대적 과제 또는 당대 역사학의 과제를 연구에 실천적으로 접목시키려는 노력을 보였기 때문이다(권내현, 앞의 글, 2015, 419쪽).

수밖에 없다. 자료의 바다에서 새로운 자료의 발굴을 위해 노력하거나 특정한 자료들을 자신의 연구 대상으로 선정하는 행위 역시 연구자 각자의 가치관이나 역사인식과 무관할 수 없다. 연구자만이 아니라 자료 역시 특정한 가치나 이데올로기로부터 자유로울 수 없다. 아무리 튼튼한 신빙성을 가진 원자료(raw data)라 하더라도 거기에는 그 자료를 남긴 시대와 당사자의 가치관이나 세계관이 개입되어 있을 것이기 때문이다. 이런 점을 전제로 할 때 역사연구에서 무엇보다 '현실'과 '현실'에 대한 연구자 개인의 입장이 중요할 수밖에 없다.[4)]

따라서 무엇보다 현실에 대한 성찰이나 그에 근거한 미래에 대한 전망 여하에 따라 역사인식 역시 달라질 수밖에 없다. '현재'가 당면한 과제 가운데 무엇을 가장 중요하게 생각하는가도 연구자마다 다양할 수 있다. 또 그에 따라 조선시대이든 어느 시대이든 역사를 바라보는 시선도 다양할 수 있음은 물론이지만, 현실에 대한 입장을 분명히 가지고, 거기서 제기되는 과제와 도전들을 정면으로 받아들일 때 그에 대응하는 새로운 문제의식이나 역사구성 방법에 대한 고민이 시작되는 것이다. 때문에 현재의 과제와 현재를 살아가는 역사 연구자의 고민, 그리고 과거의 자료 간에는 긴장된 관계가 형성되는 것이다. 그 긴장

---

4) 이 점에서, 최근 포스트모더니즘에서 주장하듯이 역사연구에서 '객관성' 내지 '과학성' 등으로 표현되는 연구자의 투명성은 물론, 연구 대상인 사료의 투명성 역시 더 이상 신뢰할 수 없다는 점은 분명하다. 그렇다 하여 역사연구가 허구적이라거나 자의적으로 써도 그만이라는 것은 아니다. 어디까지나 사료를 근거로, 사료를 통해 과거를 재구성해내어야 하기 때문이다(사료구속성). 일본의 민중사상사 연구자인 安丸良夫는 역사가의 역사 인식은 ① 사료와 거기에서 도출되는 '사실', ② 우리가 살고 있는 현실 세계의 전체성, ③ ①과 ②를 대면하고 있는 연구자의 내면성이라는 세 개의 차원을 갖는다고 하였으며, 역사가는 세 개의 차원에 구속되고 있음을 자각하는 한, 사료 독해나 역사 인식에 있어 단순한 자의성을 피할 수 있는 길이 개척되어 있다고 지적했다(야스마루 요시오 저, 남춘모 역, 『방법으로서의 사상사』, 대왕사, 2010 참조). 제시된 3가지 층위야말로 역사인식의 자의성 여부를 진단하는 문제 이전에 역사 인식을 규정하고 구성하는 핵심적 요소라고 생각된다.

속에서 이루어지는 과거와 현재 간의 '대화'들을 통해 역사는 언제든지 새롭게 이해되고 구성될 수 있는 것이며, 또 그 과정에서 다시 자료에 대한 역사가의 인식이나 감수성도 조정되어가는 것이다.

문제는 지금 우리가 살아가는 '현재'가 나날이 가속도가 붙으며 감당하기 어려울 만큼 빠르게 변하고 있다는 점이다. 내발론이 발 딛고 있던 '현재성' 혹은 이념형이라 할 수 있는 서구적 근대를 구성하는 것들, 예컨대 자본주의 시장경제뿐만 아니라 국민국가도 더 이상 추구하고 도달해야 할 목표라기보다 오히려 심각한 폭력성·억압성을 내포한 것으로 받아들여지고 있다. 특히 최근에는 근대가 발전과 해방이 아니라 생태환경파괴와 기후위기를 초래하여 인류를 돌이킬 수 없는 파탄으로 몰아가는 주범으로 인식되기도 한다. 현실에서 '근대' 자체가 회의의 대상이 되고 있는 것과 짝하여 역사인식 면에서도 근대역사학을 지탱해왔던 서구중심주의(eurocentrism)와 '근대중심주의(modernocentrism)'가 비판되고 있다.[5] 기왕의 역사 연구를 지탱해온 인식론적 기반이 붕괴되고 있는 것이다.[6] 서구중심주의와 근대중심주의에 의거하여 어떤

---

5) '근대중심주의'에 대해서는 Bentley, Jerry H., "Beyond Modernocentrism: Toward Fresh Visions of the Global Past", in Victor H. Mair, ed., *Contact and Exchange in the Ancient World*, Honolulu, 2006; 배항섭, 「근대를 상대화하는 방법: 민중사에서 바라보는 근대」, 『역사비평』 88, 2009; 「동아시아사 연구의 시각－서구·근대중심주의 비판과 극복」, 『역사비평』 109, 역사비평사, 2014; 「'탈근대론'과 근대중심주의」, 『민족문학사연구』 62, 2016; 「방법으로서의 '동아시아사' 연구와 새로운 역사상의 모색－근대중심주의(modernocentrism) 비판과 트랜스히스토리칼(transhistorical)한 접근」, 『대동문화연구』, 2020 참조.

6) 전통적 역사 인식론의 동요와 관련하여 피터 버크는 "무엇이 좋은 역사적 설명을 구성하는지에 대한 전통적인 합의는 깨어졌다"고 하면서, 그러나 이것이 새로운 합의로 대체될 일시적인 국면인지, 아니면 미래에도 지속될 것인지는 불분명하다고 하였다(Burke, Peter, "Overture: the New History, its Past and its Future", Burke, Peter ed., *New Perspectives on Historical Writing*, University Park, PA: The Pennsylvania State University Press, 1992, p.16).

역사적 경험이나 현상, 그것이 가진 의미 등을 이해하고 설명하는 기반이 되던 역사인식의 '자명한' 기준들은 사라졌다.[7] '자명했던 것들'은 회의의 대상이 되었으며, 양면적 내지 다면적, 복합적, 혼성적인 것들로 새롭게 이해되기 시작하였다. 이제 역사적 시간에서나 현재에서도 '자명한' 것이 있다면, 그것은 다만 "때로는 서로 충돌하기까지 하는 다양하고 혼성적인 것들로 구성되어 있다"는 명제뿐이라고 해도 과언이 아닐 것이다. 이러한 명제를 받아들인다 하여도 현실에 대한 성찰과 이해, 그에 근거한 연구자의 입장이 없다면 역사연구의 새로운 방향 설정이나 새로운 역사상 구축은 불가능할 것이다.

지금까지 한국을 포함한 비서구 지식인들은 서구 지식인들이 그들 나름의 현실과 역사적 경험에 기초하여 만들어간 문제의식, 그리고 그 결과인 '서구'의 인식론과 방법론을 수용하여 자국의 사회와 역사에 적용하는 소비자였다. 물론 서구 지식의 수용 자체가 문제라는 것은 아니다. 지식이든 이론이든 자기가 살고 있는 사회와 역사를 이해하는 데 도움을 준다면 얼마든지 수용할 수 있을 것이기 때문이다. 문제는 이론을 적용하고 소비하는 데서 그칠 뿐, 거기에 이론적 개입을 한다거나 아니면 각주라도 하나 더 추가하는 접근과는 거리가 멀었다는 데 있다. 그 과정에서 창의적 사고나 독창적인 문제제기와 분석 방법의 제시가 어렵게 되고, 결과적으로 자기 사회의 문제들에 대해서 자신들의 언어로 말하는 것이 어렵게 되었기 때문이다.[8] 지식과 학문이 식민지화되었음을 의미한다. 이에 대해 라카 숌(Raka Shome)은 유럽의 식민주의 역사로 인해 아시아는 종종 서양의 지배적인 구조, 욕망 그리고

---

7) 鹿野政直, 「化生する歷史學」, 『鹿野政直思想史論集』第7卷, 東京: 岩波書店, 2008 참조.

8) Alatas, Syed Farid, "On Indigenization of Academic Discourse", *Alternatives: Global, Local, Political* Vol. 18, Issue 3, 1993, p.308.

교육적인 텍스트를 통해서만 서로와 자신의 역사에 대해 알게 되기 때문임을 지적하였다. 또 때로 우리는 서로의 역사를 말하고 서로를 관계 짓는 데도 많은 어려움을 느끼는데, 이는 세계무대에서 비서구의 역사들이 그들 스스로에 의해 서술되도록 허락된 적이 없기 때문이라고 하였다.[9] 이러한 학문의 '식민지' 상태를 벗어나기 위해서는 비서구가 서구에서 생산된 이론을 소비만 하는 것이 아니라, 이론을 생산하는 기지가 되어 이론을 '현지화'하는 것이 필요하다는 주장은 설득력이 있다.[10]

'이론의 현지화'가 서양에서 만들어진 모든 이론들을 전면 거부하거나 비서구의 경험을 '보편화'하자는 것은 아니지만, '보편'으로서의 특권적 지위를 가진 서구의 경험과 그에 기초한 이론을 상대화하기 위해서는 반드시 요청된다.[11] 더구나 포스트 담론의 등장 이후 내발론 같은 거대 담론은 물론, 20세기까지 역사학을 지배했던 인식론이 심각하게 도전받고 흔들리는 시대를 맞이하고 있다. 뿐만 아니라, 우리는 이제 수용할 만한, 따라서 우리의 현실을 설명할 만한 이론을 외부에서 공급받기가 점차 어려워지고 있다. "서구 국가들도 엄청난 성차별, 인종차별, 사회적 차별과 불평등을 겪고 있으며, 비서구에게 해결 방법을 가르칠 처지가 아니다. 반대로 인도나 세계 다른 지역들의 경험을

---

9) Shome, Raka, "Asian modernities: Culture, politics and media", *Global Media and Communication* 8(3), 2012, p.205.

10) Peet, Richard, "Social Theory, Postmodernism, and the Critique of Development", Benko, Georges, Strohmayer, Ulf eds., *Space and Social Theory: Interpreting Modernity and Postmodernity*, Oxford: Blackwell, 1997, p.84.

11) 차크라바르티는 유럽을 지방화하는 것, 곧 비서구를 '특수한 서구'의 역사에 의해 점유된 공간으로부터 해방시켜나가는 것은 이제 모든 사람의 유산이며, 우리 모두에게 영향을 주는 이 사상(유럽의 근대성)이 주변으로부터, 그리고 주변을 위해 어떻게 새로워질 수 있는지를 탐구하는 작업이 될 것이라고 했다(차크라바르티, 「인도 역사의 한 문제로서 유럽」, 『흔적』 1, 문화과학사, 2001, 86쪽).

살펴보고 배워야 할 형편이다."라고 한 토마 피케티(Thomas Piketty)의 주장도 같은 맥락에서 이해할 수 있을 것이다.[12] "전지구적 '보편' 가치가 있다면" 그것은 "누군가에 의해 주어지는 것이 아니라, 우리가 창조하는 것이다. 그러한 가치를 창출하려는 인간의 기획은 인류의 위대한 윤리적 기획이다"는 월러스틴(Immanuel Wallerstein)의 주장이[13] 더욱 실감나는 시대를 맞고 있다. 새로운 시대가 요구하는 새로운 역사상을 만들어 가기 위해서도 새로운 인식론에 대한 고민이 절실하다.

이 글에서는 내발론과 최근 제시된 내발론 비판을 그것이 가진 역사인식이라는 면에서 살펴보고자 한다. 이는 무엇보다 다양한 분야에서 축적되어온 연구들이 가지는 의미를 연구사적 맥락에서 이해하기에는 필자의 역량이 턱없이 부족하기 때문이지만, 다른 한편 역사인식에 대한 검토는 대안적 역사인식을 좀 적극적으로 모색하기 위한 전제라고 생각하기 때문이다. 이어서 내발론에 거리를 두거나 비판적인 시각을 담고 있는 조선시대사 연구 성과들의 핵심 논지나 문제의식을 간단히 살핀 후 그러한 연구들이 조선시대사의 전체상을 구성하기 위해 좀더 고민해야 할 점들을 제시해보고자 한다. 마지막으로 새로운 조선시대상 구축을 위한 역사인식이나 연구 방향 모색을 위해 고려해야 할 점들을 근대중심주의 비판이라는 맥락에서 살펴보고자 한다. 필자가 그동안 공부해온 시대는 '개화기'이다. 조선시대에 관한 연구도 없는 것은 아니지만, 기껏해야 19세기, 그것도 주로 후반기이다. 그래서 최근 조선시대 연구의 동향을 검토하고 그 의미들을 살피기에는 적절치 않다. 그럼에도 〈조선시대사학회〉 측의 청탁을 받아들인 것은 무엇보다 이런

---

12) 토마 피케티 외 25인 지음, 유엔제이 옮김, 『에프터 피케티: ≪21세기 자본≫ 이후 3년』, 율리시즈, 2017, 658~659쪽.

13) 이매뉴얼 월러스틴, 김재오 옮김, 『유럽적 보편주의: 권력의 레토릭』, 창비, 2008, 56쪽.

발표를 통해 최근 조선시대 연구에 대해 배우고자 하는 욕심이 앞섰기 때문이다. 또 조선시대 가장 말기를 잠깐씩 기웃거려본 외부인의 '무지한 용기'가 혹 '내부자'들이 놓치고 있거나 차마 말하지 못하는 문제들을 운 좋게 '발견'하거나 드러낼 수도 있다는,[14] 그리하여 연구에 조금이라도 도움을 줄 수 있을지도 모른다는 막연한 기대 때문이었다. 그러나 이 글에서는 특히 최근 쏟아져 나온 조선시대 연구들을 제대로 살펴보지 못했다. 개인적으로 관심이 있는 분야에 한해 일별하는 정도에 그치고 말았다. 부문별 연구 동향에 대해서는 『조선시대사학보』 105호(2023)에 게재된 이근호, 권내현, 허태구, 정해은 등의 글과 103호에 실린 허태용의 글을 참조하기 바란다.

2. 내재적 발전론의 역사인식: 서구중심주의와 근대중심주의

해방 이후 식민사학을 극복하고 새로운 한국사상을 구축하기 위한 노력의 방향은 1967년 12월에 창립된 한국사연구회의 「발기취지문」과 『한국사연구』 창간사에도 잘 드러나 있다. 취지문에서 밝힌 연구의 지향은 "한국사를 과학적으로 연구하고 이를 더욱 발전시킴으로써 한국사의 올바른 체계를 세우고, 아울러 한국사로 하여금 세계사의 일환으로서 그 정당한 위치를 차지하게끔 한다."는 것이었다. 창간사에서는 '국사'의 가장 중요한 목적을 "애국심과 민족정신의 앙양"에 두고 있었

---

14) 이매뉴얼 월러스틴은 역사적 사회체제의 관행과 정당화(그것을 행위의 규범이라 믿고, 그에 따른 실천과 믿음을 자명한 것으로 여기는)는 통상적으로 성찰이나 의심의 주제가 되지 않기 때문에 거기에 의문을 제기하는 것은 용감을 너머 무모하다는 현실을 전제로, 보편주의를 주장하는 것만큼 자민족중심적이고 특수주의적인 것은 없다고 하였다(이매뉴얼 월러스틴, 앞의 책, 74~75쪽). 이 글을 쓰는 필자의 '무지'와 '무모'가 이런 의미와 닿아 있기를 기대해본다.

다.[15] 강한 내셔널리즘과 '과학적', '세계사의 일환' 등의 표현에서 내발론의 역사 인식과 겹침을 알 수 있다. 한국사의 전개가 세계사의 "온전한" 전개과정에 미달한 것으로 규정해온 식민사학을 불식하고, 세계사와 동일한 궤적을 "정당하게" 거쳐 왔음을 밝히겠다는 의지를 드러낸 것이다. 여기서 말하는 세계사가 유럽사임은 이미 잘 알려져 있다.

내재적 발전론은 "식민사학자들의 타율성론·정체성론을 비판하고 세계사적 발전 과정이라는 보편성을 전제하면서 한국사의 특수성을 밝혀 민족사를 발전적으로 체계화하고자 하는 이론"(김인걸), "식민사학에 대한 비판으로 타율이 아닌 내적 능력, 정체가 아닌 발전을 내용으로 한국사를 재구성하려 한 1960~70년대의 연구 경향을 총칭하는 용어"(이영호), 한국사가 "타율에 의해 움직여온 역사가 아니라 자율적으로, 내재적으로 움직여온 역사라는 것, 그리고 정체된 역사가 아니라 꾸준히 발전해온 역사"였음을 입증하고자 한 것(박찬승) 등으로 규정되고 있다. 조선 후기사로 한정할 경우 붕당정치론, 자본주의 맹아론, 신분제 해체론, 실학 연구 등이 내재적 발전론의 영향 아래 도출된 논리나 연구 경향으로 요약될 수 있다(권내현). 조선 후기에 들어 내부적 동력에 의해 자주적으로 근대사회를 열어갈 수 있는 에너지가 형성되고 있었다는 내발론은 일본 제국주의의 침략으로 그 길이 좌절되었다는 근대사 인식과 연결되는 것이다.

---

15) 한국사연구회 창립 발기 위원회, 「발기취지문」, 『한국사연구』 79, 1992, 148~150쪽. 근대 역사학과 내셔널리즘이 불가분의 관계에 있다는 것은 이론의 여지가 없을 정도로 분명한 것으로 받아들여지고 있다. 이에 비추어 볼 때 '국민국가'와 조선의 '중앙집권적 왕조국가'의 관계를 어떻게 볼 것인가 하는 문제에 대해 아직 논의조차 제대로 이루어지고 있지 않다는 점은 기이하기조차 한 일이지만, 한국사에서도 다른 나라들과 마찬가지로 '국민국가'가 지향되고 형성되어 가는 과정에서 근대역사학이 제도적으로 성립해 갔다. 이는 위에서 언급한 「취지문」에서도 잘 보이고 있다. 이는 근대역사학이 떠안아야 하는 운명 같은 것이라 생각한다.

물론 내발론은 식민사학을 극복하려는 노력에서 나온 것이고, 또 식민사학의 정체성론·타율성론을 타파하는 데 결정적인 역할을 했다는 점, 그를 위한 연구가 축적되는 과정에서 조선 시대의 역사상이 한층 풍부해졌다는 점 등에 대해서는 충분히 평가하여야 한다. 그러나 여기에는 서구가 경험한 역사 전개 과정을 '보편' 혹은 당위로서 선험적으로 전제하고 있다는 점, 조선 후기를 서구가 선취한 근대를 향해 달려가는 과정으로 이해한다는 점에서 서구중심적·근대중심적 역사인식, 그 속에 내포된 발전론적 역사인식이 자리 잡고 있음은 주지하는 대로이다.

사실 식민사학과 내발론은 서구중심적·근대중심적 발전론이라는 점에서 동일한 역사인식에 발 딛고 있는 것이다. 식민사학에 따르면 조선의 역사는 서구와 같은 정상적인 '발전' 과정을 거치지 못하였기 때문에 정체·낙후된 역사였고, 스스로의 힘으로는 역사 '발전'의 끝에 자리한 '근대'에 도달할 능력이 없었다는 논리이다. 반면 내발론이나 자맹론은 조선이 스스로의 힘으로 발전해나가고 있었고, 제국주의 침략만 없었다면 스스로 '근대'에 도달할 수 있을 만큼 근대적 요소들이 각 분야에서 족출하고 있었다는 '이론'이다. 양자 모두 서구중심적, 근대중심적인 동시에 발전론적 역사인식의 전형이다.[16]

서구중심적 역사인식에 입각한 자맹론이 구성한 조선후기의 역사상은 서구에서 산업혁명이 일어날 때 조선에서는 겨우 자본주의의 맹아들이 나타나기 시작했음을 '실증적'으로 드러내는 것이기도 하였다. 조선후기사의 내재적 발전을 밝히려 한 자맹론은 결과적으로 같은 시기의 서구에 비해 사실상 많게는 수백 년이나 뒤진 조선후기상을 그려내고 말았다.[17] 이런 역사인식과 그에 근거한 역사상은 한국이라는 일국을 넘어

---

16) 배항섭, 「19세기를 바라보는 시각」, 『역사비평』 101, 2012 참조.
17) 예컨대 영국의 경우 매뉴팩처 시대가 본격적으로 열리는 시대는 16세기 중반이고 18

서 '세계사' 속에 한국사를 위치시킬 때 독자적인 의미를 가지기 어렵다. 이미 서구가 몇 백년 앞서 걸어간 길을 뒤따라 간 것에 불과하기 때문이다. 따라서 자맹론에 입각한 한국의 역사상, 특히 무수한 사람들의 삶이 얽히고설키며 만들어간 역사과정, 그리고 그 속에서 이루어진 수많은 경험과 사유들은 세계적 차원에서 당면한 현재의 과제들을 이해·대응하고 미래를 통찰하는 데 별 도움을 주지 못한다. 오히려 서구중심주의와 발전론은 서구와 다른 비서구의 '차이' 내지 '독자성'이나 개성을 부정적인 것, 한계, 심지어 미개의 증표로 이해하기 때문에 역사 전개 과정을 매우 단조롭게 바라보도록 한다. 뿐만 아니라, 그러한 '차이'나 개성들이 가진 가능성이나 의미에 대한 이해를 근원적으로 차단한다.

이 같이 '정체'를 '발전'으로, '타율성'을 '자율성=내재성'으로 바꾸어 놓은 내발론은[18] 식민사학과 동일한 서구중심적, 근대중심적, 일국사적, 발전론적 역사인식에 근거하고 있지만, 그러한 역사인식은 이미 오래전부터 심각한 도전을 받고 있다. 주지하다시피 서구중심적 역사인식은 에드워드 사이드의 『오리엔탈리즘』을 비롯하여 이미 오래전부터 그 문제점이 지적되어 왔다. 또 방대한 데이터에 대한 분석을 토대로 서구중심적 세계사 구성을 비판한 대표적인 연구로는 이른바 캘리포니아 학파의 연구 성과들을 들 수 있을 것이다.[19] 내발론이 기초하고 있는

세기 후반 증기기관의 도입과 산업혁명이 시작되기까지 약 200여 년 지속된 것으로 이해되고 있다. 매뉴팩처 시대를 기준으로 할 때 19세기 후반까지도 매뉴팩쳐 시대가 본격적으로 시작되지 않았던 조선은 영국에 비해 300년 이상 뒤처져 있었다.

18) 윤해동, 『근대 역사학의 황혼』, 책과함께, 2010, 58쪽.

19) 이에 대해서는 강진아, 「동아시아로 다시 쓴 세계사-포머란츠와 캘리포니아 학파」, 『역사비평』 82, 2008; 유재건, 「유럽 중심주의와 자본주의」, 한국서양사학회 엮음, 『유럽 중심주의 세계사를 넘어 세계사들로』, 푸른역사, 2009; 강성호, 「유럽 중심주의 세계사에 대한 비판과 반비판을 넘어」, 호남사학회, 『역사학연구』 39, 2010; 강진아, 「중국의 부상과 세계사의 재조명」, 『역사와 경계』 80, 2011; 배영수, 「서양의 대두'와 인간의 본성」, 『역사학보』 216, 2012 등 참조.

일국사적 시각 역시 설 땅을 잃어가고 있다. 특히 외부적 요인 없이 내부적 동력과 요인만으로 '발전'한다는 발상은 이미 현재성을 잃었을 뿐만 아니라 황당하기 짝이 없는 것일 수 있다.[20] 나아가 최근에 영국을 근대화의 전형적인 모델로 인식하는 견해가 영국사 연구 자체에서 부정되고 있다.[21] 내부적 요인이나 힘만으로 '근대화'를 이룬 나라는 사실상 없었음을 의미한다. 또 20세기를 마무리하던 시기부터 일국사적 이해를 극복하기 위한 방법의 하나로 트랜스내셔널(transnational)한 역사가 주목받기 시작하였다.[22]

이 같이 서구중심주의나 일국사적 접근, 내재적 접근에 대한 비판들이 이어지고 있지만, 최근의 '내재적/발전론'에 대한 비판은 '발전론' 쪽보다는 대체로 내재성, 곧 일국사적 시야에 갇혀 있었음을 지적하는 논

---

20) 물론 외부와의 교류가 미친 영향의 정도나 내용, 의미를 충분히 확인하기 위해서는 비교사적 접근이 반드시 필요하다고 생각한다. 예컨대 제리 벤틀리는 로마제국, 당나라, 오스만 제국 등은 모두 다문화 사회로서, 그 속에서 사람들은 다양한 인종, 문화, 종교, 언어 사회를 구성하여 주기적으로 다른 사람들과 관계를 맺었고, 지중해와 인도양 유역은 엄청난 소통, 통신의 교환장으로서 다양한 사람들을 체계적인 상호작용 속으로 인도했다고 하였다. 그러면서 이미 중세부터 존재했던 글로벌한 교류와 무역의 사례로서 포르투갈 상인 Tomé pires(1465?~1524 or 1540)의 이야기를 들고 있다. 그의 여행기에는 16세기 초기 무역 도시인 말라카(Melaka = Malacca)의 거리에서 84개의 언어를 들을 수 있었다고 기록되어 있다는 것이다[Bentley, Jerry H., "Why Study World History?", *World History Connected*, October 2007(https://worldhistoryconnected.press.uillinois.edu/5.1/bentley.html) 참조]. 조선의 경우 말라카 같은 곳과는 당연히 비교하기 어려울 정도로 차이가 있었을 뿐만 아니라, 중국이나 일본, 동남아시아 국가들에 비해서도 대외적, 국제적 무역이나 인적 교류가 매우 적었다고 생각한다. 상대적으로 적었던 교류와 무역이 조선 사회의 어떤 점들과 상호 연결되었는지를(원인과 결과의 상호 작용) 역시 전체사의 맥락에서 파악하기 위해서도 비교사적 이해가 필요하다.

21) 이영석, 「근대의 신화」, 『사회사의 유혹』 II: 다시, 역사학의 길을 찾다, 푸른역사, 2006.

22) 조선시대사와 관련한 트랜스내셔널한 연구들에 대한 검토로는 정다함, 「1945년 이후의 조선시대사 연구와 유교근대론/동아시아론에 대한 post-colonial/trans-national한 관점에서의 비판적 분석과 제언」, 『코기토』 83, 2017 참조.

의가 주조를 이루고 있다. 반면 현재 당면한 역사인식의 재구축이라는 면에서 더욱 중요하다고 생각되는 발전론에 대해서는 제대로 된 비판이 이루어지지 않고 있다. 이는 무엇보다 근대중심적 역사인식에 대한 자각이 미흡하기 때문이라고 생각한다.

예컨대 내발론에서는 민중운동이나 민중사상을 파악할 때도 그것이 얼마나 근대적이었나 하는 점에 주목하거나 아니면 그 반대로 얼마나 근대적이 못하였는가를 주목하여 왔다.[23] 이러한 접근으로는 사회적, 역사적 존재로서의 민중이 살아간 삶의 모습, 지배체제나 이념에 규정되면서도 일상생활의 경험 속에서 형성해온 욕망이나 소망에 의거한 세계관, 가치관, 그리고 사회 속의 위치와 다른 계층 사람들과의 관계(다양함과 변화무쌍함 혹은 변하지 않는 관계의 강고함) 등을 이해할 수 없게 된다. 특히 문제가 되는 것은 근대적이지 않은 사고와 삶의 방식으로 고군분투해온 그들의 삶을 리얼하게 이해할 수 있는 가능성이 희박해진다는 것이고 근대적이지 않거나 거리가 멀다고 판단되는 점들은 외면되거나 왜곡되어 근대적인 것으로 전유되고 말았다는 점이다.[24] 근대적이지 않은 것들이 가진 가치와 그 가능성은 묻혀버리고 잊혀버리게 된 것이다.

조선의 역사는 체제나 이념, 지정학적 위치 등 많은 면에서 서구와 매우 다른 역사적 조건과 환경 속에서 전개되었다. 따라서 조선시대사

---

23) 배항섭, 「임술민란의 민중상에 대한 재검토―근대지향성에 대한 비판과 동아시아적 시각의 모색―」, 『역사와담론』 66, 2013; 「'새로운 민중사' 이후 민중사 연구의 진전을 위하여」, 『역사문제연구』 48, 2022.

24) 차르테지는 근대 시민사회 바깥 영역에 있는 나머지 사회를 현(근)대/전통의 이분법을 사용하여 개념화하는 것은 '전통'을 탈역사화하고 본질화하는 함정을 회피하기 어려우며, 전통 쪽으로 내몰리는 영역이 근대적 시민사회의 원칙들에 부합하지 않는 방식으로 근대와 맞설 수 있는 가능성을 부정하는 것이라고 하였다. 파르타 차르테지, 「탈식민지 민주국가들에서의 시민사회와 정치사회」, 『문화과학』 25, 2001, 143쪽.

에서 서구와 같은 역사 '발전'의 도정을 찾으려는 것은 연목구어일 수도 있다. 그럼에도 불구하고 그 동안 선험적으로 전제한 서구 역사의 경험에 우리 역사를 짜 맞추는 방식으로 이해하다보니 한국의 특정 시대가 어떤 원리에 의해 구성되고 운영되었는지에 대해서는 깊이 탐구하지 못하였다. 더욱 중요한 것은 서구와 결을 달리하는 경험과 체제, 이념이 서구적 근대와는 다른 방식으로 근대를 새롭게 하거나 근대의 문제들을 완화 내지 해결할 수 있는 가능성에 대해서는 확인해볼 생각조차 하지 못했던 것은 아닐까?

이와 관련하여 서구가 구성해놓은 근대와 그 근대의 시선으로 획정해 놓은 시대구분에 대한 비판적 인식이 필요하다는 점을 지적해 둔다. 현재 우리에게 익숙한 발전단계론이나 삼시대 구분법은 모두 근대중심적 발전사관에 근거한 것이다. 그것은 근대의 시선으로 전근대를 재단하는 역사인식에 근거한 것으로 기저에는 근대의 위상을 특권화하려는 전략이 깔려 있다. 또 그것은 단선적 발전론 내지 목적론적 역사인식에 기초해 있으며 거기에는 전근대에 대해 근대를 향해 발전해 나가야 할 숙명을 안은 시간으로 바라보는 시간관이 자리 잡고 있다. 바로 근대에 의한 전근대의 식민화이다. 하지만 근대나 전근대 할 것 없이 언제나 어느 시대 어느 사회에나 매우 다양한 시간들, 지향성 내지 방향성을 가진 요소나 움직임들이 있다. 역사의 전개과정은 그러한 무수하게 많은 요소와 움직임들이 서로 중층적, 복합적으로 얽혀 만들어 가는 것이다.[25] 그러나 서구·근대중심주의에서는 비서구 혹은 전근대의 제도

---

25) 근대 역시 그러한 다양한 움직임들의 복합적 작용과 우연도 결부된 연쇄에 의해 이전과는 다른 새로운 시스템을 구축한 것일 따름이다. 문제는 그 과정에서 근대와는 어울리지 않는 무수한 요소나 움직임들이 근대에 의해 억압되고 배제되었다는 것이다. '근대중심주의'라는 개념을 사용하지는 않았지만, 톰슨이 지적했듯이 "산업혁명 이전의 사회가 본원적으로 산업혁명을 도모하고 있었다는 인식"이야말로 근대중심주의의 역사인식과 시간관을 잘 보여준다(Thompson, Edward Palmer[著], 近藤 和

나 사람들이 살아가는 방식과 생각 등에 대해 단지 근대나 서구의 역사적 경험과 얼마나 유사한지 혹은 근접한 것인지에 따라 '역사적' 의미를 부여할 뿐이다. 또한 서구나 근대와 무관하거나 거리가 먼 현상은 역사상을 구성하는 과정에서 배제되거나 은폐된다. 더욱 중요한 점은 그에 따라 비서구와 전근대의 역사에 대한 이해가 매우 제약되고 왜곡된다는 사실이다. 곧, 비서구나 전근대의 특정한 시공간에 존재하던 제도나 문화, 사상, 질서 등 다양한 요소가 어떠한 운영원리에 따라, 어떤 유기적 관계를 맺으면서 역사적 시간을 구성해나갔는지 등에 대한 질문이나 내재적 분석은 후순위로 밀려나거나, 거의 봉쇄되고 만다.

조선시대를 예로 들면, 법과 제도, 사상 면에서 서구가 구성해놓은 '근대성'을 얼마나 명확히 드러내었느냐는 점에만 주목하는 접근 방법으로는 조선시대의 '전체사'—사실상 불가능한 것이기는 하지만—에 대한 이해가 불가능하다. 다양한 정치, 경제, 사회적 요소 등이 서로 어떤 방식으로 연결되어 있었는지, 근대적이지 않거나 반근대적인 요소들 경우에 따라서는 탈근대적인 것들이 어떤 방식으로 얽히고 상호 연관되면서 체제를 구성하고 운영되었는지에 대한 이해는 관심 저편으로 사라지고 만다. 근대중심주의에 의거하여 근대지향적인 요소나 측면들만 강조하고 부각하는 접근이나 시각에서는 도저히 들여다 볼 수 없는 또 다른 가능성들은 모두 배제되거나 억압되고 만다. 근대중심주의의 맥락에서 '한계'로 지적할 수 있는 것들도 근대 너머를 보고자 할 때는 한계가 아니라 새로운 가능성, 새로운 전환의 단서가 될 수 있다. 물론 그러한 것들을 긍정적인 측면에 국한해서가 아니라 부정적인 측면도 동시에 포착하기 위해 다양한 시각에서 접근해보는 수고가 필요할

彦[訳解説], 「一七九〇年以前のイギリスにおける社会運動」(社会史〈特集〉), 『思想』 663, 1979, 90~105쪽 참조).

것이다.

3. 내재적 발전론 이후의 연구와 '전체성'

앞서 언급했듯이 내발론에 대한 회의가 심화·확산되면서 매우 다양한 분야에서 내발론적 인식을 벗어나거나 비판하는 구체적인 연구 성과들이 축적되고 있다. 문제의식이나 접근 방법 등의 면에서 다양한 편차를 보이지만, 대체적으로 사료에 입각하여 개별 연구 대상들을 '실증적'으로 분석해나가는 연구들이 대종을 이루고 있는 것으로 보인다. 이러한 연구들은 대체로 자맹론이나 내발론의 인식틀을 거부하고, 새로운 자료의 발굴 혹은 기왕의 자료에 대해 새롭게 읽기 혹은 '두텁게' 읽기를 통해 조선시대 역사상을 새롭게 이해해나가고자 하는 것이다.[26] 이것은 한편으로는 내발론이 발전단계론 같은 서구중심적 법칙이나 공식을 미리 전제하고 그것을 조선시대의 경험적 자료들에 덮어씌우는 방식으로 접근해 왔다는 데 대한 반성의 결과라고 생각된다.

사례 연구들과 같이 특정한 대상에 대한 깊고 밀도 있는 연구들은 내발론적 시각에서는 놓치거나 외면하였던 사실들을 포함하여 좀 더 리얼리티가 풍부한 새로운 역사상을 구축하거나, 더 설득력 있고 새로운 '전체사'를 구성하는 바탕이 될 것이다. 물론 새로운 역사상, 설득력 있는 '전체사'를 구성하기 위해서는 개별 연구들을 좀 더 넓고 긴 시공간 속에서 맥락화하고 종합적으로 바라보는 노력이 요청된다. 이것은 어떤 면에서는 사료의 너머 혹은 사료의 이면에 숨겨져 있는 다양한 삶과 생각의 영역들을 포괄하는 작업일 수 있으며, 사료들의 연쇄나 개별적

---

26) 이와 관련한 경제사 분야의 연구 동향에 대해서는 김미성, 「조선시대 경제사 연구의 현황과 전망: 근대화 담론에서 벗어나기 및 실증의 누적」, 『경제사학』 46~1(통권 제78호), 2022 참조.

실증 연구들의 단순한 누적만으로는 도달하기 어려운 만큼, 실증과는 다른 차원의 수고로움을 요구하는 것이기도 하다.

사료에 입각하여 개별 연구 대상들을 '두텁게' 내지 '실증적'으로 접근한 연구들 가운데는 '실증' 자체에 머무는 연구도 없지 않지만, 내발론 같은 선험적 인식틀을 거부하고 조선사회의 구성 원리나 사회 편성원리, 운영원리를 새로운 시각에서 해명하려는 연구 역시 적지 않다고 생각한다. 여기서는 그러한 연구 가운데 특히 서구중심적인 역사상과 다른 조선시대사 구축과 관련하여 중요한 문제를 다루고 있다고 판단되는 몇 개의 사례를 간단히 살펴보기로 한다.

2000년대 들어 가장 눈에 띄는 연구성과는 단성호적에 대한 공동연구와[27] 거기에 참여했던 연구자들을 중심으로 진행한 일련의 후속 연구들이다. 이들은 신분변동이나 신분해체 같은 내발론, 자맹론의 인식틀에 거리를 두고 호적대장을 통해 조선 왕조 국가의 인민에 대한 파악방식이나 사회 편성원리를 확인하고자 하였다. 또 호적대장의 자료적 성격을 다양한 각도로 규명함으로써 호적이라는 자료 자체의 성격(국가 규정성)에 대한 새로운 이해, 거기에 담긴 다양한 정보들을 당시의 사회상, 국가의 인민 파악 방식과 부세운영 원리, 나아가 여성사나 미시사 등과 관련하여 새롭게 접근함으로써 기왕의 내발론적 인식과는 다른 조선시대상을 모색하였다.[28]

토지를 둘러싼 생산관계, 경영형태 등에 대해서도 기왕의 자맹론적

---

27) 호적대장 연구팀, 『단성 호적대장 연구』, 성균관대 대동문화연구원, 2003.

28) 호적 연구는 가장 활발하게 이루어진 분야였던 만큼 연구의 성과와 과제들을 정리한 글들도 많이 제출되었다. 노영구, 「조선후기 호적대장 연구현황과 전산화의 일례」, 『대동문화연구』 39, 성균관대 대동문화연구원, 2001; 심재우, 「조선후기 사회변동과 호적대장 연구의 과제」, 『역사와 현실』 62, 2006; 권내현, 「조선 후기 호적, 호구의 성격과 새로운 쟁점」, 『한국사연구』 135, 2006; 권기중, 「조선후기 호적 연구의 현재와 향후 과제」, 『대동문화연구』 100, 2017 등 참조.

시각과는 다른 접근이 이루어졌다. 실증과 이론 양면에서 영국의 경험을 준거로 한 경영형 부농을 검출하여 '근대적' 농민층 분해론을 추구한 기존 연구와 달리 소농사회론,[29] 다품종 소량생산[30] 같은 새로운 개념들을 활용한 비판적 성과들이 제출되었다. 특히 재정사 분야는 2000년대에 들어 매우 활발하게 연구가 이루어지고 있다.[31] 예컨대 손병규는 조선왕조 재정시스템은 정규의 중앙집권적 재정 부문과 비정규의 지방자치적 재정 부문이 공존했던 사실을 새롭게 조망하면서, 중앙집권적이냐 지방분권적이냐 하는 대립적 관점에서 벗어나 근대국가와 비슷하면서도 다른 나름의 합리적인 운영원리가 장기간 존속해왔음을 지적하였다.[32] 또 손병규 · 송양섭 등의 공동연구에서도 조선왕조 재정시스템을 중앙집권성과 운영방법으로서의 분권적 자율성이라는 '이중구조'로서 파악함으로써 국가와 사회, 중앙과 지방, 국가재정 – 지방부세 – 민(란)이라는 삼각관계 속에서 접근하고자 하였다. 이러한 연구들에는 서구와 달리 중앙집권적 체제를 가지고 있던 조선시대를 이해하는 관건

---

29) 미야지마 히로시(宮嶋博史), 「東アジア小農社會の形成」, 『長期社會變動－アジアから考える』(6), 東京大學出版會, 1994; 미야지마 히로시, 『나의 한국사 공부』, 너머북스, 2013; 이영훈, 「조선 후기 이래 소농사회의 전개와 의의」, 『역사와 현실』 45, 2002. 두 사람 모두 소농사회론을 주장하지만 역사인식 면에서는 매우 큰 차이를 보인다. 예컨대 이영훈의 경우 토지소유분화, 농업생산성 등에 대한 분석을 통해 내발론의 연구 성과를 부정하고 자본주의 근대는 식민지 시기 총독부에 의해 이식되었음을 강조하고 있어서 발전론적 시각에서 전혀 벗어나지 않고 있다. 반면 미야지마의 경우 농업만이 아니라 지배이념이나 정치체제, 생산력적 기반 등을 아우르는 전체성이라는 맥락 속에서 조선사회의 역사상을 재구성하려는 입장이다. 또한 내발의 가능성을 부정하지 않지만, 근대를 긍정하는 시각은 아니다.

30) 김건태, 「19세기 집약적 농법의 확산과 작물의 다각화: 경상도 예천 맛질 박씨가 가작 사례」, 『역사비평』, 2012 등.

31) 2000년대 이후 재정사 연구의 흐름과 의미, 과제 등에 대한 자세한 내용은 최주희, 「2000년대 이후 조선후기 제정사 연구의 흐름과 과제」, 『한국사연구』 200, 2023 참조.

32) 손병규, 『조선왕조 재정시스템의 재발견』, 역사비평사, 2008.

이 되는 것이 국가이고, 국가-지방-민으로 이어지는 조선왕조의 정치 사회체제의 구성원리와 운영원리를 가장 잘 보여줄 수 있는 것이 재정이라는 발상이 자리 잡고 있다.[33]

한편 내발론과 매우 밀접한 주제가 될 수 있었음에도 연구가 미흡하였던 공개념이나 공공성에 대한 연구들도 이어졌다.[34] 송양섭은 현재 한국의 공공성 위기라는 문제의식에서 출발하여 조선시대로부터 이어져온 공공성을 역사적 과정 속에서 파악하려고 시도하였다. 이는 민에 대한 파악과 지배 방식을 살펴봄으로써 국가체제의 공적인 운영원리를 이해하려는 의도이며, 나아가 그것을 통해 왕조국가의 사회적 통합력이나 새로운 질서로의 전망을 가늠해보고자 한 것이다.[35] 권내현은 조선후기에 체제의 원리를 받아들이는 속에서 작은 빈틈이라도 헤집고 200년에 걸쳐 노비에서 양반으로까지 상승해나간 어느 노비 집안의 가족사를 에고 다큐적인 방법으로 추적한 책, 그리고 실제 있었던 상속 관련 재판을 단서로 16세기의 일상과 욕망, 관행과 제도 등을 '두텁게' 묘사한 저작을 발간하였다. 양자 모두 조선시대만이 아니라 20세기 초반에 이르기까지 신분제와 상속제도의 변화 과정을 폭넓게 다루고 있으며, 지금까지의 연구들과 달리 미시사, 일상사적인 접근을 취함으로써 내발론과는 결이 다른 방법을 적극 활용하였다.[36] 이 밖에도 내발론의 실학 이해에 비판적으로 접근한 연구,[37] 역시 내발론에 의거하여 '반

---

33) 손병규 · 송양섭 편, 『통계로 보는 조선후기 국가경제』, 성균관대학교 출판부, 2013.

34) 이에 대한 연구사적 검토로는 이근호, 「조선후기 '공'담론 연구의 현황과 전망」, 『역사와 현실』 93, 2014 참조.

35) 송양섭, 『18세기 조선의 공공성과 민본이념』, 태학사, 2015.

36) 권내현, 『노비에서 양반으로, 그 머나먼 여정: 어느 노비 가계 2백 년의 기록』, 역사비평사, 2013; 『유유의 귀향 조선의 상속』, 너머북스, 2021.

37) 이경구, 「개념사와 내재적 발전: '실학' 개념을 중심으로」, 『역사학보』 213, 2012; 허태용, 「성리학 대 실학'이라는 사상사 구도의 기원과 전개」, 『한국사상사학』 67, 2021

봉건' 내지 '근대지향'의 이미지로 구축된 19세기 민중상에 대해 비판적으로 접근하거나 '정치문화'라는 개념을 통해 민중의식을 지배이념과 연관지어 이해함으로써 민중의식의 '비근대성'과 그것이 가진 가능성을 추구한 연구도 있다.[38]

이상과 같이 최근 연구들 가운데는 내발론과 다른 시각에서 조선시대를 이해하고 새로운 조선시대상을 구축하려는 의도가 깔려 있는 연구들이 적지 않다. 그러나 각자의 연구들을 조선시대의 전체적인 역사과정과 구조 속에서 어떻게 위치 지울지, 다른 부문들과의 상호관계는 어떻게 이해할 것인지 등에 대해서는 좀 더 폭넓은 고민이 필요한 것으로 보인다. 이와 관련하여 권기중은 최근 호적대장을 이용한 연구가 국내외의 학계로부터 유의미하다는 것을 증명하기 위해서는 단지 호적대장에 대한 연구가 아니라 조선후기 사회를 재구성하는 데 견인차가 될 수 있음을 증명해내야 한다고 하였다.[39] 허태구는 조선후기 사회경제사 연구 경향에 대해 "내발론이라는 거대 담론의 퇴조는 목적론적 역사 해석에서 탈출하는 계기가 되었지만, 동시에 시대사·분야사·지역사 연구의 단절과 소통 부재를 초래했다."고 지적하면서 특히 사회경제사와 타 분야사 간을 연결하여 이해할 필요가 있다고 하였다.[40]

개별적, 구체적 사실에 대해서는 무엇보다 주어진 사료를 바탕으로,

참조.

38) 배항섭, 「19세기 지배질서의 변화와 정치문화의 변용-仁政 願望의 향방을 중심으로-」, 『한국사학보』 39, 2010; 「19세기 향촌사회질서의 변화와 새로운 공론의 대두-아래로부터 형성되는 새로운 정치질서-」, 『조선시대사학보』 71, 2014.

39) 권기중, 앞의 글, 2017, 194쪽.

40) 허태구, 「2019~2020년 조선후기사 연구의 현황과 과제: 사료와 실증의 더미에서 탈출하기」, 『역사학보』 251, 2021. 서구에서도 이와 유사한 문제가 나타나고 있다. 예컨대 피터 버크는 역사 연구의 대상 영역이 확장되면서 다른 학문들과의 대화는 증가하고 있지만, 오히려 역사학자 간에 서로 대화하는 것은 점점 더 어려워지고 있음을 지적하였다(Burke, Peter, op.cit,p.17).

당대의 맥락 속에서 이해하려는 엄밀하고 절제된 분석과 접근이 이루어져야 할 것이지만 거기에 그쳐서는 안 될 것이다. 개별적이고 구체적인 분석의 결과들을 다른 개별 구체적인 것들과 연결하고 맥락화하는 속에서 당대의 전체적 역사상이 구성되는 것이기 때문이다.[41] 개별 연구 대상들이 당대 역사상의 전체성 속에서 어떤 위치를 가지는지, 또 당대의 역사상이 전체적인 역사 과정이나 구조 속에서 어떤 의미를 가지는지를 확인하기 위해서는 서로의 영역 간의 긴장관계를 의식하면서 상호 교차하는 방식으로 거듭 고민하는 수밖에 없다.

내발론이나 자맹론에 대한 비판도 마찬가지이다. 비판을 통해 기왕의 이해와 역사상에 균열을 내는 작업은 새로운 이해와 새로운 역사상 구축을 위한 출발이라는 점에서 거치지 않을 수 없는 필수적인 과정이고 의미도 크다. 그러나 거기에서 그쳐서는 곤란하다. 내발론에서 밝혀 놓은 다양한 '맹아'나 '발전상'들이 없었다거나, 근대성을 향해 나아간 것이 아니라 '봉건적' 혹은 전근대적, 아니면 '주자학'의 우주에 갇혀 있었음을 확인함으로써 내발론을 반박하는 것만으로는 새로운 역사상을 만들어 갈 수 없을 것이기 때문이다. 결국 설득력 있는 연구, 좋은 연구의 조건 가운데 하나는 개별 연구 대상에 대한 깊은 이해와 더불어 그것을 그 시기 역사상의 전체상 속에 위치지우고 개별 연구들을 다른 부문들과의 상호 관계 속에서 파악해나가는 구상력에 달려 있을 것이다. 이를 위해서는 새로운 고민이 요청된다. 조선시대사 연구에서도 이와 관련한 다양한 고민과 시도들이 이어지고 있지만, 아직 이에 대한 충분한 답변이 준비되었다고 볼 수는 없을 것이다.

이같이 '전체사'의 구성을 지향하기 위해서는 그 보다 더 복잡한 시

---

41) "마치 모든 것이 어떤 더 큰 체계 전체의 일부가 아닌 것인 양 하는 방식으로 진공 속에서 역사화하는 것은 불가능하다. 모든 체계는 역사적이고 모든 역사는 체계적이다"(이매뉴얼 월러스틴, 『유럽적 보편주의』, 창비, 2008, 141~143쪽).

공간상의 관계과 그것들 간의 연쇄를 어떤 식으로든 구상해나가지 않을 수 없다. 그러나 그러한 관계들을 명확하게 보여주는 단서들은 실증적 연구나 개별 사례 연구에서 잘 드러나지 않는다. 따라서 상상력 내지 구상력이 요청된다. 그것은 각 부분 연구들에 대한 이해가 전제되어야 하는 것이고, 따라서 관련 부분의 연구성과들의 교차 분석과 해석이 필요함은 물론이다. 또 무엇보다 연구자가 발 딛고 있는 현재, 그리고 역사적 경험에 대한 연구 성과를 함께 들여다보며 새로운 역사상을 구상해나가야 할 것이다.

'전체사' 구성과 관련하여 앞서 언급한 재정사나 공공성 논의에서도 언급되었듯이 중앙집권적 국가체제가 중요하다는 점을 지적하고 싶다. 중앙집권적 국가와 그것을 운영하기 위한 관료제, 관료 선발제도 등은 서구에서는 근대로 이행하는 시기에 비로소 형성되는 시스템이고 제도들이다. 따라서 내발론이 기대고 있던 서구중심주의나 서구 역사의 경험으로는 이에 대해 설명하기가 어렵다.[42] 조선시대의 중앙집권적 정치체제와 그 속에서 만들어진 제도나 사회질서 등은 서구와 매우 두드러진 차이를 보이기 때문이다.

이러한 차이점들이 가진 중요성은 서로 다른 법과 제도, 질서가 그 이후 역사전개 과정에 커다란 영향을 미친다는 데서도 찾을 수 있다.

---

42) 송양섭, 앞의 책, 2015, 7쪽. 이와 관련하여 주목되는 저작이 『잃어버린 근대성들』이다(알렉산더 우드사이드 지음, 민병희 옮김, 『잃어버린 근대성들』, 너머북스, 2012). 이 책 역시 서구중심적 근대성에 대한 비판의식에서 출발한 논의를 담고 있다. 관료제와 그것이 가진 문제점 등이 잃어버린 '근대성'이라는 차원에서 다뤄지고 있다. 다만 '근대성'을 '합리성'의 발전이라는 맥락에서 이해하고 있고, 조선왕조의 체제나 사회구성과 운영원리에 대한 전체사적 이해에는 소극적이지만, 서구중심적 역사 인식이 가진 문제점을 '현재성'이라는 맥락 속으로 끌고 들어와 논의하고 있다. 이론으로서의 '서양', 서구중심적 인식을 수용하더라도 자신들의 경험에 근거하여 '이론'에 문제를 제기하거나 한 줄의 주석이라도 덧붙이려는 자세가 사실상 부재한 한국사 연구에 비추어 볼 때 매우 인상적이다.

예컨대 '중세 말기' 중국과 유럽의 조세저항을 비교한 로이 빈 웡(R. Bin Wong)은 중앙집권체제의 여부에 따라 민중운동과 체제변화의 상관관계에 간과할 수 없는 차이가 난다는 점을 지적하였다. 그에 따르면 중앙집권화 과정에 있던 유럽에서는 조세저항이 국가 건설 과정, 관료기능의 성장, 그리고 정치적 정당성을 지닌 기관(의회)과 이데올로기의 발전으로 연결되었지만, 이미 중앙집권화 되어 있던 중국 정부는 조세저항운동이 새로운 정치체제나 기구로 연결되지 못하였음을 지적하고 있다.[43] 이 같이 조세문제를 둘러싼 저항이나 향촌레벨의 분쟁, '공론'의 작동 방식과 그것이 미치는 영향 등이 중앙집권체제의 여부에 따라 매우 다를 수 있음은 다른 연구에서도 확인된다. 최근 근대국가 수립과 대규모 민중 반란 간의 관계에 대해 접근한 한 연구에 따르면 프랑스뿐만 아니라 영국이나 스페인에서도 근대국가 수립과 중앙집권적 행정 시스템의 강화, 그에 따른 세금 부담의 증가가 대규모 민중 반란에 부딪혔지만, 근대국가의 수립이 민중의 방해를 받지 않았다는 결론을 내리고 있다.[44] 두 개의 연구는 범주 면에서 차이가 나지만, 중앙집권적 정치체제의 존재 여부가 '근대이행기'의 정치과정, 근대국가의 성립 과정에서 저항의 강도나 근대국가의 특성 등의 면에서 적지 않은 차이를 가져올 수 있음을 시사한다는 점에서는 동일하다.[45]

---

43) Wong, R. Bin, *China Transformed: Historical Change and the Limits of European Experience*, Cornell University Press, 1997, chaper 9~10 참조.

44) Kiser, Edgar and Linton, April, "The hinges of history: state-making and revolt in early modern France", *American Sociological Review* 67:6, 2002.

45) 이와 좀 다른 문제이기는 하지만, 예를 들면 중앙집권적 체제를 구축하고 있던 조선 사회는 동리 → 면 → 군현 → 중앙으로 이어지는 동심원적 구조의 정치과정을 준비해두고 있었고, 이것은 특정 향촌사회의 작은 문제도 곧장 중앙권력까지 분쟁과 갈등의 장으로 이끌어 들일 수 있다는 점에서 문제가 해결되지 않을 경우 그를 위한 노력은 중앙권력 차원까지 포함하는 새로운 정치질서(의식)로 비화할 수 있을 것으로 보인다. 이에 대해서는 「19세기 후반 민중운동과 공론」, 『한국사연구』 161, 한국사연

한편 근대사 연구에서 포스트 담론과 함께 수용된 중요한 '이론' 가운데 하나가 국민국가론이다. 국민국가와 내셔널리즘, 또 그에 입각하여 서술된 역사상이 가지는 억압과 폭력성에 대해서는 충분히 지적되어 왔고, 앞으로도 끊임없이 경계해야 할 문제임에는 틀림없다. 그러나 그렇다하여 국민국가를 비판의 대상으로만 간주한다든가, 혹은 '국민국가'와 같은 또 다른 억압과 배제의 시스템이 되고야 말 것이라는 점을 꺼려하여 국민국가 너머의 질서 내지 체제에 대한 구상 자체를 거부해서는 곤란하다고 생각한다. 국민국가가 비판받는 동안에도 자본의 힘은 끊임없이 팽창하여 갔고, '국민'들 간의 불평등은 더욱 심해졌으며, 환경은 더욱 심하게 파괴되어갔고, 기후변동에 따른 위기 상황은 턱밑까지 이르렀기 때문이다. 국민국가를 '악의 화신'쯤으로 치부하여 '근대'가 드러내는 모든 부정적 면들의 원흉으로만 이해하거나, 국민국가의 너머에 대한 상상 자체를 봉쇄하고, '국민'으로 회수되지 않겠다는 '국민' 개개인의 결심에만 기대는 것은 문제이다. 국가가 덜 나빠지도록, 또 국가가 글로벌한 도전과 과제에 대응하는 순기능을 수행할 수 있도록 만들어 나가는 쪽으로 고민이 시작되어야 한다.[46] 이를 위해서는 '국민국가'의 (형성과) 변화를 조선시대부터 연결하여 접근함으로써 역사 과정 속에서 그려내고 근대국가가 가지는 역사적 위상과

구회, 2013; 앞의 글, 2014 참조.

46) 최근 한국 근현대사 분야의 연구에서 확인되는 키워드 가운데 하나는 다양성과 복합성이다. 이는 연구 분야를 다양화하였고 역사적 경험, 현상, 의미들을 매우 다양한 측면에서 풍부하게 해석할 수 있는 가능성을 열어주었다. 그러나 유독 국가에 대해서는 단지 억압과 배제의 주체로서의 측면이 일방적으로 강조되고 있다. 물론 국민국가의 폭력성에 대한 비판을 예각화하기 위한 전략에서 나온 것이겠지만, 최근 제기되고 있는 기후 환경문제, 불평등과 차별, 부패문제의 글로벌하고 절실한 성격과 그에 대한 가장 강력한 현실적 대응 단위가 국민국가라는 점을 고려할 때 국민국가의 폭력성과 억압성의 비판과 고발에만 머무르는 것은 명백한 한계가 있다. 국민국가에 대한 새로운 이해가 필요하다고 생각한다.

의미를 새롭게 파악할 필요가 있다. 그를 통해 국가를 어떻게 새롭게 할 수 있는가에 대해 고민을 시작해야 한다.[47]

4. 새로운 연구 방향과 근대중심주의 극복

Covid-19 바이러스의 팬데믹(pandemic) 이후 역사연구의 방향에는 큰 변화가 예상된다. 이미 21세기에 들어 인류세(Anthropocene), 자본세 (Capitalocene)같이 새로운 지질학적 시기 규정이 대두될 정도로 근대 문명과 인간중심적 삶과 사고방식이 초래한 기후위기, 환경파괴에 대한 경종이 다급하게 울리고 있다. 그런 속에서 2019년 말부터 전 세계를 휩쓴 Covid-19 바이러스의 팬데믹이라는 재난은 역사학을 비롯한 인문학이나 사회과학 등 학문뿐만 아니라, 특히 근대 이후 인류가 살아온 방식, 나아가 근대문명 그 자체에 매우 근본적인 질문을 던지고 있다. 앞서 언급한 국민국가나 자본주의 시장경제뿐만 아니라 자유, 평등 같은 근대적 가치, 혹은 근대가 이룬 최대의 성취로 이해되고 있던 민주주의에 대해서도 근본적인 질문을 하지 않을 수 없게 되었다. 예컨대 근대적 가치나 법과 제도가 상대적으로 성숙된 대표적 '선진국'인 미국의 21세기는 인종차별, 그리고 현대사회의 가장 심각한 기저질환이라는 평가를 받고 있는 불평등 같은 온갖 병통들을 여지없이 드러

---

47) 오늘날 국가 없는 존재, 불법 이민자, 외국인 노동자, 그리고 망명 신청자들이라는 상태를 만든 것은 단순히 국민국가 때문만은 아니다. 이것은 자본의 '세계화'와 포스트-식민주의 발전의 불공평이 초래한 가난한 국가들의 인구 압박으로 인해 만들어진 더 깊은 곤경이라고 한 차크라바르티의 주장 역시 당면한 문제들을 지나치게 국민국가 탓으로 돌리는 이해는 문제의 본질을 왜곡시킬 수 있음을 시사한다 (Chakrabarty, Dipesh, "Postcolonial Studies and the Challenge of Climate Change", *New Literary History* 43:1, 2012, p.7).

내고 있다.[48] 최근의 연구에서는 기후변화가 사회적 불평등을 악화시킨다는 점을 확인해주고 있다. 대다수의 여성, 아동, 노인, 병자, 장애인 등이 재난에 가장 취약한 집단이라는 것이다.[49] 나아가 우리는 전지구적 차원에서 팬데믹이라는 전대미문의 대위기가 국가 간, 국내 계층간 불평등과 차별을 더욱 심화해나가고 있음을 목도하고 있다. '근대'에 대해 다시 질문해야 하고, 근대의 너머를 상상하지 않을 수 없는 이유이다. 근대중심적 역사인식에 대한 근본적 성찰과 새로운 이해를 더이상 외면할 수 없을 뿐만 아니라, 나아가 근대중심주의와 그에 내포된 인간중심주의에 대한 깊은 성찰이 요청된다.

역사에 대한 새로운 이해와 새로운 역사상 구축을 위해서도 서구중심주의, 그리고 그와 동전의 양면과 같은 관계에 있는 근대중심주의와 발전론은 극복되어야 한다.[50] 서구중심, 근대중심 이론의 선험적 적용을 배제할 때만, 조선시대가 가진 개성적 구성원리와 운영원리를 확인할 수 있다고 생각하기 때문이다. 그러나 앞서 언급했듯이 내발론에 대한 비판은 대체로 내재성, 곧 일국사적 시각에 중점을 두고 있는 반면, 발전론에 대해서는 제대로 된 비판이 이루어지지 않고 있다. 근대중심주의나 목적론적 발전론은 현재 한국이나 인류가 당면한 도전과 과제들을 이해하고 대응하는 데 별 도움을 주지 못한다. 그러기에는

48) 제러미 러프킨 외 인터뷰, 안희경 지음, 『오늘부터의 세계』, 메디치, 2020, 183~185, 159~160쪽. 미국은 다른 부유한 국가들과 비교할 때 소득격차가 가장 크고, 살인율과 정신질환자 비율, 십대 출산율이 가장 높은 반면, 기대수명, 아동의 행복 수준과 수학 성취도, 문해력은 가장 낮다.

49) Burnell, Peter, "Democracy, democratization and climate change: complex relationships", *Democratization* 19: 5, 2012, pp.813~842.

50) 서구중심주의가 비서구를 서구에 종속시키는 개념이라면, 근대중심주의는 서구와 비서구 어디에서든 전근대를 지배하기 위한 정치적·이데올로기적 의미를 가진다는 점에서 그것이 가지는 영향력은 서구중심주의에 비해 훨씬 크다(배항섭, 앞의 글, 2014, 2016 참조).

낡은 인식일 뿐만 아니라 이미 넘칠 정도로 비판받고 있기 때문이다.

근대 세계는 '근대' 서구에 의한 전근대와 비서구의 정복을 통해 형성되었다. '보편적 이성'이라는 이름으로 수행된 그 과정에서 공간과 시간에 대한 정복이 동시에 진행되었다. 그 결과 '근대적' 진화론적 역사관과 그에 입각한 '보편적 역사'는 비서구인들의 인식까지 지배해버렸다. 이에 따라 근대성은 윤리적이자 역사적 필연성이 되었고, 전근대와 비서구의 역사적 경험은 죽임을 당하였다.[51] 또 거기에 내포되어 있을 수도 있는 다양한 가능성, 특히 근대 너머를 상상할 수 있는 가능성들도 압살되고 말았다.

따라서 근대중심적 역사인식은 서구중심주의와 뗄 수 없는 관계를 가지고 있다. 아리프 딜릭(Arif Dirlik)에 따르면 서구인들은 세계를 정복해나가면서 정복한 지역들을 재명명하였고, 경제·사회·정치를 재편성했다. 서구는 이성과 과학으로 무장하고 보편적 이성이라는 이름으로 비서구의 시간과 공간을 정복하고, 사회를 합리성의 영역 안으로 포함시키고자 재편성했다. 나아가 이 과정에서 장소와 시간, 그 외의 다른 많은 것들을 인지하는 전근대적·비서구적 방식들을 없애거나 혹은 주변부로 밀어냈다. 그것은 인류의 역사가 '진보'를 향한 인간의 요구를 충족시키는 방향으로 '발전'한다고 하는 '보편적 역사'를 만들어 내는 데 방해가 되는 대안적 역사의 궤적들을 통제하기 위해서였다. 그 결과 서구의 역사적 경험을 인류의 숙명으로 만들었고, 그에 따라 근대성이 서구중심주의에 대한 참조 없이 이해 불가능한 것처럼, 서구중심주의 역시 근대성의 맥락 안에서만 분명하게 드러내 보일 수 있게 되었다고 하였다.[52]

---

51) 이에 대해서는 이매뉴얼 월러스틴, 앞의 책 참조.

52) 이에 대해서는 Dirlik, Arif, "Is There History after Eurocentrism? Globalism,

근대를 상대화하여 새롭게 만들거나 넘어서는 방법에 대해서는 앞으로 우리 스스로 시행착오를 거듭하는 속에서 찾아나가야 할 것이다. 그러나 역사학에서 할 수 있는 출발은 서구/근대에 억압되었던 경험 가치들에 대한 재검토이고 이를 위해서는 무엇보다 근대와 전근대의 이항대립적 인식에 대한 문제제기, 곧 근대중심주의에 대한 비판에서 출발하지 않을 수 없다고 생각한다.[53] 예컨대 근대 혹은 중세, 고대 등으로 근대인들이 구분해놓은 역사의 각 시기들이 통일되고 완결된 시간이라는 근대중심적 시간관에 대해 질문을 하자는 것이다.[54] '근대'

Postcolonialism, and the Disavowal of History", edited by Dirlik, Arif, Bahl, Vinay, Gran, Peter, *History After The Three Worlds: Post-Eurocentric Historiographies*, Lanham, Md.: Rowman & Littlefield, 2000, pp.25~28 참조.

53) 서구중심주의에 대한 회의와 근대/진보=유럽이라는 도식을 넘어서기 위해 다양한 지역, 국가에서 내재적으로 형성되어 온 자기 나름의 근대성들을 확인하려는 연구들이 이루어졌고, 그에 따라 다양한 근대성, 복수의 근대성 등이 제시되었다. 그러나 이러한 연구들은 대체로 근대에 대한 서구중심적 도식에 대한 반대에 그칠 뿐, 근대 그 자체에 대한 비판의식은 거의 없는 것으로 이해된다. 비서구 지역에서 잊혀졌거나 알려지지 않은 근대성들을 재발견함으로써, 비서구의 역사 경험을 더욱 풍부하게 이해하고, 그것이 세계사(의 근대)에 기여했음을 제기한다는 점에서 서구중심주의 비판에는 효과적일 수 있다. 그러나 그러한 논의는 '근대'를 자명한 전제로 한 위에 근대에 대한 서구와 비서구 간의 기여도 경쟁으로 흐를 위험이 있다. 이는 월러스틴의 지적처럼 "인식론적 문제들을 전적으로 다시 제기하는 대신 유럽인들이 근대세계에 부과하는 지식의 틀과 규정을 전적으로 받아들이고 있다"는 점에서 '반유럽중심적 서구중심주의', 곧 재귀적 서구중심주의에 빠지고 만다(월러스틴, 앞의 책, 86~88쪽). 나아가 '근대'가 회의되고 극복의 대상이 되고 있는 시대에 어떤 '현재성'을 가질지 의문이다.

54) 대부분의 현대인은 "지금 있는 것들이 과거에는 있지 않았으며, 모든 것이 (근대로의) 전환의 과정 속에서 생겨났다고 믿는다", 말하자면 "우리는 지나간 시대들이 언제나 새로운 발전을 통해 추월되기 마련이기 때문에, 과거를 파고드는 것은 더 이상 가치 있는 일이 아니라고 생각할 뿐만 아니라, 현재의 관점에서 과거에 대한 우월의식도 가지고 있다는 것이다", 또 "고대는 사실상 근대에 의존하고, 근대를 통해 그리고 근대의 관점으로부터 비로소 하나의 통일적인 시대가 된다"고 한 슈미트의 진술 역시 시대구분의 근대중심성을 잘 보여준다(아르보가스트 슈미트 지음, 이상인 편역, 『고대와 근대의 논쟁들』, 도서출판 길, 2017, 19쪽, 36쪽).

또는 '중세'로 구획된 각 시기는 단일하고 동질적이라는 것, 그리고 각 시기를 구성하는 영역이나 요소들은 서로 불가분의 관계를 맺으면서 균질적으로 형성된다는 인식은 근대가 구성해 놓은 것이다. 중세사 연구자들에 의하면 중세/근대 또는 중세시대/르네상스시대와 같은 구분은 각 시기에 균질성을 부과함으로써 중세에서 보이는 '근대적' 특성들과 근대에서 보이는 '중세적' 특징들을 은폐시킨다고 하였다.[55] 근대중심주의에 의해 '중세상'과 '근대상'이 날조됨으로써 전근대는 물론 근대에 대해서도 왜곡된 이해를 초래했다는 것이다.

그러나 '오만한 심판자'인 근대의 주장과는 달리 근대-전근대 사이의 벽은 빈틈없는 촘촘하고 매끄러운 것이 아니라 구멍투성이이다. '중세'나 '근대'는 '중세적'·'근대적' 현상만으로 균질하게 구성되는 것이 절대 아니다. '중세'에도 '근대성'이, '근대'에도 '중세성'이 얼마든지 병존할 수 있는 것이다. '중세'나 '근대'라는 역사적 시간은 근대중심주의가 규정해 놓은 다양한 '중세적인 것' 혹은 그렇지 않은 것, '근대적인 것' 혹은 그렇지 않은 것들이 병존하며, 심지어 오랜 기간 동안 상호작용하며 조화롭게 공존하는 방식으로 구성될 수 있다.[56]

예컨대 서구중심주의와 근대중심주의를 수용함으로써 스스로의 역사상을 타자화·식민화한 조선시대라는 시공간도 마찬가지였다. 거기에서 살아가던 사람들의 삶과 생각, 그들이 만들어간 제도나 문화, 사상 등에는 '근대'가 규정한 바에 따르면 다양한 시간들에 속하는 법과 제도, 질서, 관습이나 사상 등이 단지 일시적이거나 어느 구석진 곳의 한 자락 정도로서가 아니라 '구조적'으로 병존하고 있었다. 이에 대

---

55) Davis, Kathleen, *Periodization and Sovereignty: How Ideas of Feudalism and Secularization Govern the Politics of Time*, Philadelphia: University of Pennsylvania Press, 2008, p.4.

56) 이상 시기구분과 관련된 내용에 대해서는 배항섭, 앞의 글, 2016 참조.

한 몇 가지 사례에 대해서는 후술하겠지만, 서구적 관점으로 보았을 때 전근대적인 것, 근대적인 것, 혹은 전근대적이나 근대적인 것으로 설명하기 어려운 다양한 시간들의 '구조적' 병존을 받아들일 때 비로소 그것들이 어떠한 운영원리에 따라, 어떤 상호 관련 속에서 '역사적 시간'을—그것도 길게는 500여 년 동안이나—만들어나갔는지에 대한 질문이 시작될 수 있다.

이와 관련하여 필자는 '역사적 시간을 넘나드는(transhistorical)' 방법을 통해 근대의 우월성과 전근대에 대한 특권적 지위에 의문을 제기하자고 제안한 바 있다.[57] '공간적' 접근인 '트랜스내셔널(transnational)'과 대비되는 시간적인 면에서의 접근 방법이라고 할 수 있다. 근대중심적 인식을 넘어서는 데는 '시간을 넘나드는' 접근 내지 '역사적 시간들을 가로지르는' 접근이 유효하다고 생각했기 때문이다.[58] 이 같은 트랜스히스토리칼한 접근은 전근대와 근대를 비교하거나 서로 연결하여 이

---

57) 조 굴디 등은 이와 유사한 맥락에서 트랜스템포럴(transtemporal)이라는 개념을 사용하면서 이것이 (영토적 경계를 의문시하는 것보다) 잠재적으로 더 전복적인 시도라고 하였다. 그러나 초국가적(transnational) 역사는 크게 유행하고 있는 반면 초시간적(transtemporal) 역사는 아직 유행을 하고 있지 않다고 하였다. 또 그는 장기 지속 연구에 힘입어 "더 다양해지고 있는 과거와 대안적인 사회의 모습은 우리가 대안의 지평과 미래의 가능성을 확장할 수 있도록 돕는다. … 다양한 과거의 대응과 미래의 가능성을 일깨워준다. 미래에 대한 대화가 깊은 과거의 맥락 속에서 다시금 가능해질 수 있는 것이다"(조 굴디·데이비드 아미티지 지음, 안두환 옮김, 『역사학 선언』, 한울, 2018, 41쪽, 76쪽)라고 하였다. 파멜라 콕스 역시 우리는 필요할 때 특정한 "시대(period)적 제한"을 넘어서야 하고, 우리의 정교한 붓을 좀 더 넓은 것으로 바꿔서 사회변화에 관한 새로운 "대서사"(결정론적이지 않으며 비평적이고, 구조적이고, 회의적인)를 작성해야 한다고 말한바 있다(Cox, Pamela, "The Future Uses of History", *History Workshop Journal* 75:1, 2013, pp.141~42, https://doi.org/10.1093/hwj/dbs007). 이외에도 장기적 시각의 중요성에 대해서는 임현진·장진호, 「21세기 문명위기와 세계체제론: 이매뉴얼 월러스틴의 비교역사적 전망」, 『아시아리뷰』 10권 2호(통권 20호), 2020 참조.

58) 이에 대해서는 배항섭, 「"동아시아는 몇시인가?"라는 질문」, 미야지마 히로시, 배항섭 엮음, 『동아시아는 몇시인가』, 너머북스, 2015; 앞의 글, 2016 참조.

해할 뿐만 아니라 근대중심주의가 규정하고 있는 전근대적인 것과 근대적인 것이 병존, 공존할 수 있다는 점, 나아가 '전근대'와 '근대'의 가역성까지 열어둠으로써 다음과 같은 새로운 인식을 가능케 한다. 우선 트랜스히스토리칼한 접근에 의한 새로운 시간관은 근대가 차지하고 있는 특권적 지위를 무너뜨린다. 또 이것은 근대에 의해 억압·배제되었던 다양한 요소와 움직임들 속에 내포되어 있거나 잠재되어 있던 가능성들을 다시 돌아보게 한다.[59] 나아가 어떤 면에는 전근대가 근대보다 '선진적'이었음을 드러냄으로써 전근대의 선진성으로부터 근대를 심문하고 근대를 새롭게 이해할 수 있는 여지를 넓혀준다.[60] 또 근대가 구성한 것과는 달리 전근대이든 근대이든, 전근대적 요소와 근대적 요소들이 얼마든지 조화롭게 공존하는 것이 가능하다는 것을 보여줌으로써 '근대 이후'의 새로운 체제에 대한 매우 복합적이고 다양한 상상력을 열어준다.[61]

트랜스히스토리칼한 접근의 필요성은 공동체-개인 혹은 사회의 관계에 대한 지금까지의 이분법적 이해 역시 전면적 재고가 요청되고 있

---

59) 사실 전근대-근대를 연결하는 이해의 중요성은 근대의 형성 과정이 전근대가 가지고 있던, 적어도 많은 비엘리트들에게는 긍정적이었던 측면 내지 가능성(현실태 혹은 잠재적)이 억압되는 과정이었음을 드러내는 데 있다. 예컨대 프랑스 근대는 생존, 자유, 소유라는 가치를 둘러싸고 자유와 소유를 강조하는 부르주아들에 의해 생존 우선을 강조하는 민중의 가치가 억압되어 가는 과정이었다(박윤덕, 「민중의 "도덕경제"와 식량폭동-18세기 말 프랑스의 경우-」, 『역사학연구』 38, 호남사학회, 2010). 물론 근대인들이 익히 알고 있듯이 그 반대의 점, 곧 전근대로부터 근대라는 시간의 변화에 따라 '발전'해 나간 것들 역시 무수히 많다는 점을 부인하는 것은 아니다.

60) 시론적이지만, 지금까지의 이해와 달리 갑오개혁 시기 개화파의 향회론이나 독립협회의 의회개설론 등은 오히려 조선후기 이래 향촌 레벨에서 향촌주민들에 의해 아래로부터 형성되어 가던 새로운 질서를 향한 가능성을 억압하는 성격이 컸다. 이에 대해서는 배항섭, 「19세기 향촌사회질서의 변화와 새로운 공론의 대두」, 배항섭 엮음, 미야지마 히로시 외 지음, 『동아시아의 근대 장기지속으로 읽는다』, 너머북스, 2021 참조.

61) 배항섭, 앞의 글, 2016; 앞의 글 2020 참조.

는 데서도 확실할 수 있다. 예를 들면 르네상스와 종교 개혁이 중세 세계의 공동적 삶을 쓸모없게 만들고 근대의 개인주의로 안내했다는 인식이 서구학계를 지배해 왔지만, 찰스 파커(Charles H. Parker)는 사실 근대 초기 개인의 정체성은 공동체적 연대라는 전통적 형태로부터 생겨났기 때문에 근대 개인주의 대 중세 공동체주의라는 개념의 대조는 지나친 이분법이라고 주장한다. 말하자면 개인주의가 공동체적 삶과 무관하게 단선적으로 발전해나갔다고 가정하는 근대 역사 이론은 더 이상 지탱할 수 없다는 점을 설파한 것이다.[62] 물론 공동체에도 부정적 억압적 측면이 존재하였음은 잘 알고 있다. 공동체 내부 구성원 간에도, 공동체 외부와의 관계에서도 그러하다.[63]

그러나 그렇다하여 공동체에 내포되어 있던 공동성까지 폐기 처분해서는 안 될 것이다. 앞서 언급했듯이 기후위기나 팬데믹의 경험은 국가 내부이든 글로벌한 차원에서든 공동성에 입각한 연대와 협력을 더욱 절실히 요청하고 있다. 또 타인 및 사회와의 관계를 개인의 정체성에 구성적인 것으로 파악함으로써, 개인적 자율성의 조건으로서 고립과 분리를 강제 받아온 근대적 개인 개념의 맹점을 극복할 수 있는 가능성이 모색되기도 한다.[64] 해방된 개인은 자율적 주체라기보다 근대이념, 국민국가에 종속된 주체이며, 동원 조작의 대상이기도 하다. 반면 찰스 틸리(Charles Tilly)의 표현처럼 공동체의 해체는 국민국가 형

---

62) Parker, Charles H., "Introduction; Individual and Community in the Early Modern World", Charles H. Parker, eds. *Between the Middle Ages and Modernity: Individual and Community in the Early Modern World*, UNIVERSITY OF HAWAII PRESS, 2006, pp.1~9.

63) 예컨대 폴라니는 공동체적 연대가 외부에 대해 적대적이었다는 점을 지적하고 있지만(칼 폴라니 지음, 이병천·나익주 옮김, 『인간의 살림살이』, 2017, 180쪽), 내부 구성원에 대한 공동체의 억압성에 대해서는 동서양을 막론하고 익히 알려져 있다.

64) 진태원, 「코기토, 소유적 개인주의, 예속적 주체화」, 『민족문화연구』 89, 2020.

성 과정을 방해하는 마지막 저항 기지의 해체를 의미하는 것이기도 하다.[65] 일본 민중사상사 연구자인 야스마루 요시오(安丸良夫)가 바라보는 촌락 공동체는 통속도덕으로 "자기형성", "자기단련"해 나간 민중이 근대화에 대응하여 인간적 에너지를 충실하게 함으로써 자기 해방의 의식을 낳은 동적(動的)인 장소였다. 이는 마루야마 마사오이(丸山眞男)촌락 공동체를 개인의 이탈을 허용하지 않고 "전근대성"의 지속을 가능하게 하는 근거지로 이해한 점과 대조적이다.[66]

역사적 경험을 근대중심적 인식, 혹은 단절론적 발전사관에 근거한 공동체 대(vs.) 개인, 내지 공동체 대 사회라는 이분법을 넘어서서 이해할 것이 요청됨을 시사한다. 물론 공동체 혹은 공동성을 어떻게 규정할 것인가의 문제가 남아 있지만, 근대중심주의에 의해 억압된 가능성을 발견하기 위해서는 앞서 언급했듯이 공동체(=전근대)로부터 자유로운 개인(=근대)에 의해 구성되는 근대 (시민)사회라는 논리를 넘어서야 할 것이다. 트랜스히스토리칼, 혹은 트랜스템포럴한 시각 내지 다양한 시간들 간의 병존을 열어두는 시각이 필요하다.

예를 들면, 자유주의는 한편으로는 전통적인 유대관계로부터 인간을 해방시키고 자유로운 개인들이 '공공영역' 혹은 '공론장'에서 형성된 합의에 의해 사회를 운영해 나간다고 하는 새로운 질서를 의도하고 있다. 이 점에서 확실히 '해방'의 이데올로기이며, 근대사회의 기초를 이

---

65) 찰스 틸리에 따르면 프랑스 혁명 이후, 19세기 중반까지도 "지역 공동체 사회는 지역연대의 주요한 장이며 농촌주민들이 많은 투자를 해온 권리의 주요한 보고였"고, "(중앙)권력과 지주 등에 대한 공동체적인 경쟁자"였다. 또 '전통적' 공동체가 근대권력에 저항하는 중요한 기제가 되었음을 지적하고 있다(찰스 틸리 저, 양길현 외 역, 『동원에서 혁명으로』, 서울 프레스, 1995, 313쪽, 299~326쪽). 다른 한편으로 이는 촌락공동체의 규율이 민란 같은 집합행동을 독려하고 강제하는 규율로서의 성격을 동시에 가지고 있었음을 의미하는 것으로 보인다.

66) 喜安朗, 「安丸民衆史の感性と全体性」, 安丸良夫・磯前順一 編集, 『安丸思想史への対論: 文明化・民衆・両義性』, ぺりかん社, 2010.

루는 주요한 규범의 하나다. 그러나 다른 면에서 자유주의는 자본의 자유, 계약의 자유, 노동의 자유 등의 이름으로 자본의 무제한적인 축적을 긍정하고 민중에 대한 억압과 착취를 정당화하는 것이기도 했다. 이러한 양면성은 신자유주의 이전에 이미 고전적 자유주의에 내포되어 있었다. 신자유주의와 자본의 글로벌화 이후 이에 대한 비판 역시 더 절실해지고 있다. 예를 들어, 오자와(小沢弘明)는 "시민사회론을 배경으로 근대인으로서 자립한 개인이라고 하는 관점에서 개성과 개별을 중시한다면, 현재에는 보편주의를 부정하는 낭만주의적 언설에 접근하거나, 사회나 공동성을 말소한 국가와 개인의 이원론에 봉착하게 된다. 시민사회론의 언어는 이미 신자유주의에게 횡령당하고 있는 것이다."라는 말로 공동체-개인의 이분법적 이해의 문제점을 지적하고 있다.[67]

'전근대'의 공동체적 전통이나 국가-민의 관계 등을 미화하자는 것이 아니라, "특권화된 근대"라는 인식에 기초한 근대중심주의를 넘어서야 전근대의 경험들이 가진 의미가 새롭게 발견될 수 있다는 점을 다시 한번 강조하자는 것이다. 근대중심주의가 가진 또 다른 문제점은 근대를 과거의 역사와 구별하고 특권화하기 위해 전근대를 열등한 요소들의 유기적 연결에 의해 구성된 시기로 만든다는 점이다. 그것은 근대가 규정해놓은 시대구분을 넘어서 '전근대적' 혹은 '근대적'의 요소들이 얼마든지 조화롭게 병존하며 하나의 의미 있는 질서를 만들어 낼 수 있다는 상상력을 억압한다.[68]

---

67) 小沢弘明, 「新自由主義の時代と歴史学の課題 Ⅰ」, 歴史学研究会 編, 『第4次現代歴史学の成果と課題』1-新自由主義時代の歴史学, 續文堂出版, 東京, 2017.

68) 예를 들면 '오염에 대한 규제'가 성장에 어떠한 심각한 충격도 가하지 않았다는 경제사 연구는 '경제성장'이 환경보호와 배치되지 않음을 경험적 연구를 통해 드러내고 있다는 점에서 적지 않은 의미를 가진다. 또 환경문제나 부패와 관련한 글로벌한 거버넌스 강조되고 있는 현재, 19세기에 생태붕괴의 위기와 무정부 상태라는 시련이

한편 내발론이나 자맹론과 결을 달리하는 연구성과들 가운데도 발전론적인 인식보다는 조선사회의 구성원리나 운영원리를 종합적으로 바라보려는 연구들도 적지 않다. 앞서 언급했듯이 재정사 분야에서는 근대성 여부나 '발전'보다는 18세기 이후 중앙재정의 집권성과 지방재정의 자율성, 분권성이 동시에 나타나는 모습을 그려내고 있다.[69] 손병규는 조선시대 재정사를 갑오개혁과 광무연간의 재정개혁을 연결하여 이해하면서, 재정개혁의 이념이 조선왕조 전 시기를 통해서 진행되어 온 재정의 중앙집권화를 실현하고자 하는 것이라고 하였다.[70] 환과고독(鰥寡孤獨) 같은 사회적 약자들의 호가 일정한 비율로 호적대장에 기재된 점을 성리학적 민본이념의 실현이라는 면과 연결하여 이해한 연구, 그리고 19세기 호적대장 유학호에 1명의 노비가 거의 일률적으로 포함되어 있는 현상을 노명출포(奴名出布)나 호명(戶名)과 연관시켜 이해한 연구들은 국가의 호구파악 방식을 지배이데올로기와 관련한 당시 사회의 관념이나 관습을 연계함으로써 조선사회를 좀 더 총체적으로 이해하려는 의도에서 나온 것이다.[71] 모두 근대성 여부보다는 조선사회 내부의 구성원리나 운영원리를 추구한 것이지만, 여전히 조선사회의 전체적 이해를 위해서는 좀 더 종합적이고 정합적 이해와 이를 겨냥한 과감한 시론적 입론도 요청된다.

새로운 거버넌스의 구상으로 연결된 적이 있다는 경험도 새로운 상상력과 관련하여 중요한 시사점을 제공한다(조 굴디 외, 앞의 책, 129~132쪽).

69) 최주희, 앞의 글, 132~135쪽.

70) 권기중, 「서평, 손병규 著, 『조선왕조 재정시스템의 재발견-17~19세기 지방재정사 연구』(역사비평사, 2008)」, 『역사교육』 108, 2008 참조.

71) 김경란, 「『丹城戶籍大帳』의 女戶 편제방식과 의미」, 『한국사연구』 126, 2004; 송양섭, 「19세기 유학호의 구조와 성격-『단성호적대장』을 중심으로」, 『대동문화연구』 47, 2004; 김건태, 「호명을 통해 본 19세기 직역과 솔하노비」, 『한국사연구』 144, 2009.

이와 관련하여 주목되는 견해가 미야지마 히로시의 유교적 근대론이다. 미야지마는 1994년에 '동아시아 소농사회론'을 제시하면서 서구와 달랐던 동아시아의 개성적이고 독특한 정치(과거제도와 집권적 국가), 사상(주자학), 경제(집약적 벼농사), 사회(종법제도)적 역사 경험들을 상호 유기적으로 관련지어 이해한 바 있다. 서구와 달랐던 동아시아 사회의 독자적 구성원리와 그에 입각한 조선시대의 총체상을 구상하려 했다는 점에서 의미가 적지 않다. 미야지마는 이후 중국의 명대 이후를 '근대'로 이해하는 '유교적 근대론'을 내놓았다.[72] 그 스스로도 밝히고 있듯이 소농사회론이나 유교적 근대론에는 서구중심주의에 대한 비판과 극복이라는 문제의식이 자리 잡고 있었다. 그러다보니 그 역시 근대를 긍정적인 것으로 보는 것은 아니었지만, 주자학의 근대성을 '공공적 공간'이라는 서구 근대의 요소와 연결하여 파악한 데서 드러나듯이 서구 중심적 근대성을 반영적/재귀적으로 드러내고 있다는 비판으로부터 자유로울 수 없다.

근대성 여부를 확인하기보다는 그 자체의 구성 및 운영원리에 대한 이해가 전제되어야 할 것이다. 근대성 여부나 또 다른 성격 규정은 그 다음 문제라고 생각한다. 사실 조선 사회에는 앞서 언급했던 중앙집권적 국가체제 이외에도 서구적 근대 개념으로는 설명할 수 없는 면들이 적지 않다. 예를 들면 조선 후기의 토지소유권은 서구의 중세와 달리 '근대적' 내지 '일물일권적 배타적' 성격을 가지고 있었다. 서구나 일본의 경우 지주제가 배타적 소유권의 확립과 시장경제의 발달이 함께 진행된 '근대' 이후에 본격적으로 전개되었다. 이와 달리 조선에서는 늦어도 조선 후기에 배타적 소유권과 활발한 토지 매매가 일어났고

---

72) 宮嶋博史, 「儒教的近代としての東アジア'近世'」, 『東アジア近現代通史』 1. 東アジア世界の近代, 岩波書店, 2010. 이 글은 미야지마 히로시, 『나의 한국사 공부』, 너머북스, 2013에 번역 수록됨.

"지주제" 역시 발달했다. 당시 조선사회는 자본주의적 질서와 무관했을 뿐만 아니라, 동아시아 3국 가운데서도 시장경제가 가장 덜 발달되어 있었다. 또 배타적 소유권이나 자유로운 매매가 서구처럼 자본주의적 질서와 연결되어 있거나 시장경제를 창출해 나가지도 않았고, 영국과 같이 농민층이 대토지소유자와 영세농·무토민으로 양극분해되거나 이른바 '자본가적 차지농'을 형성해 나가지도 않았다. 이런 현상은 서구의 경험으로는 설명이 불가능하다. 서구·근대중심적 역사인식에 입각하여 서구가 규정해 놓은 근대성 여부에 초점을 맞출 경우 조선의 토지소유권과 관련한 특징이 정치나 사회질서 같은 다른 분야와 어떤 내적 연관을 가지는지에 대한 이해, 곧 조선사회에 대한 전체적 이해는 처음부터 차단되어버린다. 조선사회의 성격은 물론 그것이 인류사의 경험 속에서 어떤 의미를 가지는지 이해하기 위해서는 서구중심적·근대중심적 역사인식을 넘어서는 새로운 인식론이 요청된다.[73]

　이상의 연구들은 대체로 아직까지 근대중심주의 비판이라는 면에서는 선명하지 못하고, 저마다의 과제를 남기고 있다. 그러나 근대가 가진 특권적 지위를 상대화함으로써 전근대를 근대의 억압으로부터 해방시키고, 나아가 전근대로부터 근대를 심문하는 방식으로 근대를 새롭게 이해할 수 있는 가능성을 열어 나가는 데 도움을 줄 것이다. 또한 그러한 과정 속에서 전근대의 경험, 혹은 비근대적 경험은 다만 억압되고 청산되어야 할 구닥다리 고물이 아니라, '근대 이후' 혹은 '근대 너머'에 대한 새로운 상상력과 가능성을 만들어 나가는 자원으로 재발견 될 수 있을 것이다.

---

73) 배항섭, 「조선 후기 토지소유 구조 및 매매관습에 대한 비교사적 검토」, 『한국사연구』 149, 2010 참조.

5. 맺음말

20세기를 대표하는 역사학 연구의 세 가지 조류, 곧 마르크스주의, 프랑스의 아날(Annales) 학파, 그리고 미국의 근대화 이론은 모두 서구 중심적·발전론적 인식을 전제하고 있었다.[74] 20세기 후반이 되면 역사학에도 포스트모더니즘이나 언어론적 전환(linguistic turn) 같은 새로운 역사인식이나 방법론이 제기되면서 큰 변화가 있었다. 실증주의에 대한 근본적인 회의가 일어났고, 객관적인 역사 기술의 불가능성이 주장되면서 역사학의 기반 자체가 크게 흔들리기도 했다. 이러한 변화들은 대체로 인식론적 측면에 대한 문제제기였다. 또한 국민국가론이나 포스트구조주의의 영향을 받은 젠더론, 페미니즘 연구, 그리고 다양한 마이너리티에 대한 관심도 본격적으로 일어났다. 이에 따라 역사학에도 큰 전환이 일어난 것이 사실이다. 연구 대상 면에서도 근대 역사학이 자명한 전제로 삼았던 국민국가라는 단위에 수렴되지 않는 다양한 차원의 지역에 대한 연구가 대안으로 주장되었다. 글로벌 히스토리, 로컬히스토리, 트랜스내셔널 히스토리, 글로컬히스토리 등이 그것이다.

포스트담론과 그에 의거한 역사연구는 '근대'에 대한 비판적 인식을 전제로 하고 있다는 점에서 이전의 역사 인식론과는 차이가 있지만, 여전히 근대중심적인 인식을 벗어나지 못하고 있다. 특히 한국에서는 근대 비판의 핵심이 '근대성' 그 자체에 대한 비판이 아니라 국민국가 비판, 내셔널리즘 비판에 치우쳐 있기 때문이다.[75] 물론 이것이 국민국

---

74) Appleby, Joyce, Hunt, Lynn, Jacob, Margaret, *Telling the Truth about History*(1st. pbk), New York: Norton, 1994, p.78.

75) 배항섭, 앞의 글, 2016 참조.

가와 민족주의가 가진 함정이나 억압의 측면을 드러내었다는 점에서 중요하다. 또 자본주의적인 생산양식이 글로벌한 차원으로 확산해나 가는 과정에서 그에 대응한 '현실적' 정치체제가 국민국가라는 단위였 음을 생각할 때 국민국가에 대한 비판은 근대를 상대화할 수 있는 단 서가 될 수 있다. 그 결과 정치적, 사회적 질서, 개인과 국가권력/내셔 널리즘의 관계가 새롭게 이해되었지만, 현재 인류의 삶에 더욱 큰 영 향을 미치고 있는 자본의 폭력적 행태와 지배력에 대한 비판적 접근은 취약하였다. 또한 근대 역사학의 단선적 발전론이 근거한 시간관과 그 위에 구축된 역사인식에 대한 성찰과 비판도 충분히 이루어지지 않았 다고 생각한다.

이에 더하여 최근 글로벌화와 기후위기는 근대 이후 인류가 살아온 삶의 방식에 대한 더 근원적인 전환을 압박하고 있다. 그러나 이러한 글로벌한 문제들을 해결할 수 있는 뾰족한 방법이 있는 것은 아니다. 기후변동이나 글로벌한 불평등 문제에 대해 선진국들이 가장 큰 책임 이 있다는 점은 말할 것도 없지만, 이러한 문제를 해결하는 데 더 이 상 서구 선진국들에게 기대할 만한 것이 없다. 사실 선진국 시민들의 안일과 욕망은 국가간 불평등과 환경파괴를 대가로 한 것이었다.[76] 불

---

76) 불평등과 차별/빈곤, 그리고 그와 연결된 부패문제를 해결하기 위해서도 글로벌한 접근이 요청되고 있다. 예컨대 개발도상국의 여성들은 어류 공급망에서 노동 집약적 이고, 가장 급여가 낮고, 가장 인정받지 못하는 일자리에 있는 반면, 선진국의 더 나 은 사람들은 그들의 생산으로부터 이익을 얻는다(Choo PS, Nowak BS, Kusakabe K, Williams MJ, Guest editorial: gender and fisheries, *Development* 51:2, 2008, p.176. 나아가 토마스 포기(Thomas Pogge) 등은 지속적 빈곤의 결정적 원인인 부 패는 글로벌한 네트워크 속에서 이루어지는 것임을 강조하였다. G7 같은 부유한 국가들의 시민들은 그들의 정부가 만들어낸 글로벌 질서와 그 질서가 사람들의 삶 에 미치는 영향에 대해 책임을 공유하지 않을 수 없다고 하면서 빈곤과 부정의에 대 응하는 공평한 교환과 분배 정의 등을 실현하기 위한 글로벌한 비국가적 기구의 필 요성을 제시하고 있다. 물론 이러한 문제들의 근저에 글로벌한 자본이 자리 잡고 있음은 물론일 것이다. Forst, Rainer. "Justice, morality and power in the global

평등과 환경문제가 밀접한 관련이 있음을 고려할 때 인간 사회 내부의 질서나 체제의 '민주적', '평등지향적' 변화가 가지는 의미는 적지 않다. 그러나 그러한 '민주'와 '평등'이 국민국가 내부에만 닫혀버릴 때 그것이 제국주의적, 식민주의적 파괴와 약탈로 비화하는 파국적 전개 과정은 근대 이후 인류의 역사가 증언하고 있다. 또한 '민주'와 '평등'이 매우 진전된다 하더라도 지금과 같은 문명, 삶의 방식이라면 그것이 인간들의 욕망을 충족시키기에는 족할지 몰라도,[77] 자연 환경에는 재앙으로 귀결될 것이고, 그 재앙은 다시 인간을 역습할 것이며 그 끝은 인류의 파멸일 수 있기 때문이다.

사실 근대 인류의 역사를 살펴볼 때 선진국의 민주주의는 식민주의와 침략에 의한 억압과 파괴를 예비한 것이라는 혐의를 부정하기 어렵다. 누구보다 먼저 민주주의를 실시한 국가들은 대체로 제국주의로 나아갔으며, "민주 시민"들의 협조 속에 제국주의적 침략과 폭력, 그에 수반된 노예무역과 인종차별 등 다른 나라에 대해서는 국내의 "민주주의"와 반대되는 야만적 행위를 무수하게 자행했다. 그러나 아직까지 그에 대한 반성과 화해는 일부 국가들에서 이제 막 시작되었을 뿐이다. 많은 제국주의 침략 국가들은 여전히 외면하고 있다.

이 점에서 근대가 만들어낸 가장 훌륭한 시스템이자, 근대인들에 의해 "압도적 믿음" 가운데 하나라는 위상을 가지고 있던 민주주의조차

---

context." In Follesdal, Andreas , Pogge Thomas (eds), *Real world justice: Grounds, principles, human rights, and social institutions*, Springer: Dordrecht, 2005, p.28: Follesdal, Andreas and Thomas Pogge, "Introduction", Ibid, p.8.

77) 명말의 유학자 왕부지도 天의 理는 民 만이 아니라 物에도 관련이 되지만, 백성은 物과의 접하는 방법에 節度가 없기 때문에 物의 측에서 교란적 영향을 입으며, 民意는 자칫하면 사려 깊지 않고 무정견한 것으로 되기 쉬우며 질서 파괴적 성격조차 띄게 되는 원인이라고 하여 민과 물의 관계에 대해 일종의 생태론적 인식을 보여주고 있다(林 文孝, 「中國における公正－生存と政治」, 三浦徹・岸本美緒・関本照夫 編, 『比較史のアジア: 所有・契約・市場・公正』, 東京大学出版会, 2004, 239쪽).

도 이제는 새롭게 질문해야 할 과제가 되었다. 여전히 국민국가 내부에서만, '국민'들의 욕망에 복무하는 모습을 드러내고 있는 이러한 민주주의를 우리는 어떻게 이해하여야 할 것인가? 민주주의에 대해 지적한 것은 다름이 아니라 서구·근대중심적, 발전론적 역사인식을 근원적으로 성찰, 재인식해야 함을 강조하고 싶어서이다. '근대'가 성취한 대표적 성과로 받아들여지는 '민주주의'만 하더라도 보는 시각과 범위 등에 따라 양면적(해방·자유와 억압·노예화) 성격을 가진다는 점을 확인해두고자 한 것이다. '근대'가 성취하였거나 그렇다고 인식되는 많은 가치나 법과 제도, 질서 사상 등도 모두 마찬가지라고 생각한다. 따라서 역사 인식도 '발전'이 아니라, 체제, 사상, 질서의 구성과 운영원리에 대한 이해, 그것이 변화, 전개되어 가는 모습과 배경, 그것이 가지는 현재적 의미에 대한 이해라는 입장에서 접근할 필요가 있다고 생각한다. 그래야 근대중심주의가 기초한 '발전'의 논리에 의해 억압된 가능성들도 새롭게 이해될 수 있을 것이고, 전근대의 지나간 경험들은 끊임없이 재해석되어 '근대' 너머의 미래에 대한 가변적이고 열려 있는 상상력으로 연결될 것이다.[78] 조선시대 연구, 무엇을 어떻게 연구해 나

---

78) 마크 피셔(M. Fisher)는 미래를 고갈시키면 과거도 남아 있지 않게 된다고 하였다. 전통이 더 이상 논쟁되거나 변경되지 않을 때 그 전통은 아무 쓸모도 없어지기 때문이다. 이는 인류가 처한 현실을 "자본주의 리얼리즘", 곧 자본주의가 최선의 대안은 아니지만 현실적으로 가능한 유일한 대안임을 받아들이게 된 준-종말론적 상황, 내지 "자본주의가 유일하게 존립 가능한 정치·경제 체계일 뿐 아니라 이제는 그에 대한 일관된 대안을 상상하는 것조차 불가능하다는 널리 퍼져 있는 감각"이 지배하고 있다는 판단에서 나온 것이다. 자본주의는 스스로를 자연화함으로써 자신이 역사적으로 유한한 체계임을 은폐하는데, 이는 '시간성의 붕괴', 시간에 초점을 맞추고 시간을 실천의 공간으로 만들었던 모든 활동과 지향성에서 현재의 시간을 갑작스레 해방시켰음을 의미한다고 하였다(마크 피셔 지음, 박진철 옮김, 『자본주의 리얼리즘: 대안은 없는가』, 리시올, 2018, 11~12, 14, 56쪽). 근대 이후 인간 삶을 '발전'으로만 이해하고, 자본주의를 자연적인 것으로 받아들여서, 그 너머를 상상할 수 없게 된다면 역사 연구 역시 존립 근거를 상실할 것이다.

갈 것인가? 많은 고민이 필요한 시점이다.

　얼마나 근대적이었는가? 혹은 서구가 구성해 놓은 근대성과 얼마나 유사하였는지, 거리가 멀었는지는 더 이상 역사인식의 준거가 될 수 없다. 근대와 무관하거나 비근대, 반근대적이었다 하더라도 그것이 기후위기를 비롯하여 현재가 당면한 과제들에 대응하는 데 잠재적이라 하더라도 가능성이 있다면 새로운 역사 이해와 구성을 위해 적극적으로 끌어안아야 할 것이다.

19세기를 바라보는 시각

1. 머리말

19세기는 '근대이행기'의 역사 과정과 그 과정에서 형성된 한국 근대의 특징 등을 파악하는 데 관건적 의미를 가진다. 하지만 이런 중요성에 비해 그동안 19세기에 대한 관심은 그리 높은 편이 아니었다. 물론 기왕에도 식민사학자들은 19세기의 정치적 부패나 민란 등 조선사회의 혼란을 강조하여 조선이 식민지로 전락하게 된 내적 필연성을 찾고자 했다. 또 '자본주의 맹아론'(이하 '자맹론')의 입장에서도 조선 후기 이래 성장해온 자본주의 맹아적 요소들의 도달 수준을 확인하기 위해 19세기를 주목했고, 19세기에 고양된 민중운동을 통해 조선 내부로부터 발생한 근대 지향의 에너지와 열망을 확인하고자 했다.[1] 그러나 사회경제적 측면에서 19세기의 변화상을 구체적으로 규명한 연구는 거의 없었

---

1) 1972년 성균관대 대동문화연구소에서 『대동문화연구』(제9집)를 '19세기의 한국사회'라는 주제의 특집호로 발간하여 그때까지 연구된 농업, 수공업, 상업·시장, 신분제 등에 걸친 '자본주의 맹아'를 정리했다. 1982년에는 고려대 민족문화연구소에서 『19세기 한국 전통사회의 변모와 민중의식』을 발간했고, 1996년에는 역사문제연구소에서 '19세기, 근대로의 이행인가 반동인가—세도정권·대원군 집권기에 대한 역사적 평가'라는 주제로 학술대회를 열고 『역사비평』 37호에 발표문과 토론 내용을 실었다.

다. '자맹론'이 근거한 역사상은 대체로 17~18세기에 대한 연구를 토대로 한 것이었다.[2] 이런 점에서 조선 후기와 개항 이후의 역사상은 단절적이었다. 따라서 조선 후기의 자본주의 맹아들과 개항 이후의 역사 과정을 유기적으로 연결하여 이해하는 데 한계가 있을 수밖에 없었다.

이는 경제사학계에서 제기되었던 '19세기 위기론'을 주목하게 되는 이유이기도 하다. 우선 '19세기 위기론'은 19세기의 역사상과 역사적 위치를 17·18세기로부터 20세기에 이르는 한국사의 거시적 흐름 속에서 파악하고자 했다. 그들 스스로 평가하였듯이 이전과 달리 물가·임금·이자율·생산성 등 주요 경제지표의 장기 시계열을 구하고 그것을 수량적으로 분석함으로써, 막연한 추측으로 대신해왔던 경제의 장기 변동에 관한 새로운 사실을 적지 않게 밝히는 성과를 거두었다.[3] 또한 '위기론자'들은 구체적 수치를 바탕으로 한 이러한 성과를 통해 '자맹론'에 입각한 기왕의 19세기상과 전혀 다른 독자적인 역사상을 제시했다.

'19세기 위기론'은 21세기에 들어 오면서부터 본격적으로 제기되기 시작하였다. 주장하는 연구자마다 차이가 있고, '19세기 위기론'을 대표하는 연구자인 이영훈의 경우 크고 작은 수정을 거치며 논지를 전개하였지만, 그것이 과장되었거나 근거가 약하다는 점에서 적지 않은 비판을 받아 왔다.[4] 그에 따라 일부 내용 면에서 후퇴하는 모습도 보이는 등

---

2) "19세기 전반을 '근대를 준비하고 있던 시기였다'고 주장할 때 근대란 주로 '민족적' 과제인 '반봉건 반침략'을 수행할 민중이 성장하고 있었다는 의미에서의 근대였지 물질문명을 일으킬 토대가 성장하고 있었다는 의미에서의 근대는 아니었다. 물질적 성장을 말하는 경우에도 그런 성장은 18세기의 몫이었지 19세기의 몫은 아니었다." 고석규, 「19세기 초·중반의 사회경제적 성격」, 『역사비평』 37, 1996.

3) 이영훈 편, 『수량경제사로 다시 본 조선 후기』, 서울대출판부, 2004, 387쪽.

4) 정연태, 「식민지 근대화론의 새로운 성과에 대한 비판적 검토」, 『역사비평』 58, 2002; 우대형, 「조선 전통사회의 경제적 유산」, 『역사와 현실』 68, 2008; 허수열, 『일제 초기 조선의 농업』, 한길사, 2011. 이 가운데 허수열은 '19세기 위기론'과 식민지 근대화론으로 이어지는 이들의 거시적 역사상의 성격을 한마디로 표현해서 '과장된 위기 그리

가설적 수준에서 벗어나지 못하고 있는 것도 사실이다. 그러나 '19세기 위기론'은 19세기만이 아니라 조선 후기부터 식민지 시기를 거쳐 현대사에 이르는 한국사의 거시적 흐름을 이해하는 데 중요한 의미를 가지는 논의라는 점에서, 본격적인 검토가 필요하다고 생각한다.

'19세기 위기론'은 19세기 조선사회에는 내부적 동력에 의한 '근대이행'의 가능성이 전혀 없었을 뿐만 아니라, 나아가 외세의 작용이 없었더라도 이미 조선왕조가 자멸해 나가는 위기 상황에 처해 있었다는 점이 강조되었다. 이와 같은 '위기의 19세기'라는 인식은 식민지 시기에 대한 인식과 밀접하게 맞물려 있다. 무엇보다 위기론자들은 식민지 시기를 일본에 의한 정치적·경제적 관리와 자본주의 근대의 이식에 의해 '19세기의 위기'가 극복되고 본격적인 근대 경제가 시작된 시기로 이해하고 있기 때문이다. 위기론자들이 묘사하는 조선 후기 이후 식민지 시기까지의 역사 전개 과정은 "17세기 후반과 18세기 전반의 발전, 18세기 후반과 19세기 전반의 안정, 19세기 후반의 위기",[5] 그리고 그 뒤에 위기를 극복하고 근대적 경제 성장을 시작한 식민지 시기가 이어진다는 것이다.

19세기를 체제의 '위기' 내지 '해체', '붕괴'의 시대로 이해한 것은 식민사학이나 자맹론을 막론하고 대부분의 연구가 마찬가지였다. 그러나 '자맹론'에서는 그것을 어디까지나 '봉건적' 내지 '전근대적' 체제가 새로운 근대적 체제로 이행하는 진통이라는 맥락에서 이해해왔다. 식민사학의 정체성론도 식민지 지배를 정당화하기 위해 조선의 역사적 발전이 정체되어 있었다는 점, 스스로의 힘으로는 발전할 능력이 없었다는 점, 19세기 들어 혼란이 극에 달했다는 점을 강조했을 뿐, "스스로 해

고 과장된 개발'이라고 규정했다.

5) 이영훈 편, 앞의 책, 2004.

체"될 정도의 '문명사적 위기'에 처했다고 지적한 것은 아니었다.

이 글에서는 먼저 '19세기 위기론'의 내용을 간단히 정리하고, 이어 사실 관계 및 자료 해석과 관련하여 제기될 수 있는 문제점들을 확인해 볼 것이다. 필자는 경제사, 더구나 통계적 접근에 대해서는 문외한이다. 그러나 '19세기 위기론'은 경제사나 통계학적 접근 방법이라는 면에 국한되는 문제가 아니라 특히 '근대이행기' 한국사의 전개 과정을 거시적으로 조망하는 데서 중요한 의미를 가지는 시각인 만큼, 최근의 연구 성과들을 적극 활용함으로써 '19세기 위기론'이 실체가 없거나 과장된 것임을 밝히고자 한다. 마지막으로 '19세기 위기론'이 드러내는 역사인식을 검토하여 그것이 강력한 서구중심주의 · 근대중심주의적 인식 위에 서 있음을 지적하고자 한다.

2. '19세기 위기론'의 내용

'19세기 위기론'을 처음으로 제기한 것은 이영훈이었다. 그는 2000년에 쓴 『한국 시장경제와 민주주의의 역사적 특질』이라는 책에서 제2장 '소농사회(17~19세기)' 중 네 번째 절의 제목을 '19세기의 위기'로 붙였다.[6] 이 절에서 그는 조선에서는 17세기 이후 소농사회가 성립하였으며, 거기에는 근대를 예비하는 관료제, 토지 사유, 시장경제 등의 요소가 상당한 정도로 농축되어 있었음을 지적했다.[7] 소농사회는 18세기

---

6) 이영훈, 『한국 시장경제와 민주주의의 역사적 특질』, 한국개발연구원, 2000, 20~46쪽. 이 책에서 처음 제시된 '19세기 위기론'은 이후 수차례에 걸쳐 부분적으로 수정되었기 때문에 최근 발표된 글을 중심으로 살펴보는 것이 적절할 수도 있다. 하지만 이 책은 '19세기 위기'를 조선 후기부터 현대 한국 경제에 이르기까지 장기간의 맥락 속에서 논의하고 있기 때문에 '19세기 위기론'이 터하고 있는 역사인식을 이해하는 데는 오히려 더 적절하다고 생각한다.

7) 위의 책, 29~30쪽.

말까지 경제적으로 확장일로에 있었으나, 19세기 들어 인구의 감소, 시장수의 감소, 토지생산성 하락, 미곡의 국가적 재분배 체계인 환곡제의 해체, 사회적 안전판 역할을 하던 리(里) 공동체와 친족 공동체의 분열·동요 등으로 위기를 맞았다는 것이 '19세기 위기론'의 핵심적 내용이다.[8]

"위기의 종합적 지표는 인구의 감소이다."라고 하여 위기론의 핵심이 인구 감소임을 밝히고 있지만, 이 책은 특이하게도 공동체의 부재 내지 분열이라는 점을 강조하면서 대부분의 지면을 그쪽에 할애하고 있다. 국가 권력으로부터 자치성·자율성을 가진 리(里) 공동체나 친족 공동체가 부재 내지 분열함으로써 관료제적 질서가 체제 말단에까지 침투한 것이야말로 19세기 시장경제의 미발달과 위기의 징후일 뿐만 아니라, 현대 한국의 시장경제, 나아가 민주주의의 미숙과도 깊은 관련이 있는 것으로 이해한 것이다.[9] 관료제와 시장경제, 민주주의의 관계에 대한 독특한 주장이지만 더 이상의 설명은 없다. 그러나 이후의 논의에서는 공동체의 부재와 시장경제의 미발달을 연결하여 이해하는 내용을 사실상 폐기하고 있다. 이는 그의 논의가 자유로운 시장과 민주주의의 발달이 오히려 공동체적 규제나 질곡으로부터 해방된 개인의 탄생과 밀접한 관련이 있다는 일반적인 이해와 어긋나는 분석이었기 때문인 것으로 보인다.

또한 그는 "시장경제는 언제나 소득의 불균등을 결과하며, 많은 시민들은 투표 행위나 단체 결성을 통해 그에 대한 시정을 요구한다. 시장경제에 대한 민주주의의 이 같은 요구는 자원의 최적 분배를 저해하며, 심한 경우 과도한 인민주의적 개입은 시장경제를 후퇴시키기조차

---

8) 위의 책, 39~46쪽.

9) 위의 책, 10쪽, 40~46쪽, 117~120쪽.

하였다"고[10] 하였다. '시장근본주의자'적인 면모를 여실히 드러낸 것이며, 민주주의 내지 시민사회와 시장경제가 대립적 위치에 있다는 인식을 보이고 있다. 나아가 그는 1997년 한국이 당한 이른바 'IMF 관리 체제'의 원인을 시장경제의 효율성을 뒷받침해주는 "사회적 능력"으로서의 민주주의의 미숙에서 찾는다.[11] 이는 민주주의의 의미를 시장경제를 뒷받침해주는 '사회적 능력'이라는 맥락 속에서 규정하는 것으로 역시 시장근본주의적이다. 이어서 그는 '19세기 위기'가 초래한 민중운동에서 오늘날 "한국인들의 심성이나 인간관계"와 "시장의 특질"까지 규정하는 역사적 제 요인들이 성숙하였다"고 주장했다.[12] 이는 구체적으로 동학사상과 동학 농민군의 생각에서 보이는 인민주의적 요소를 지적한 것이다. 그는 20세기 한국 정치사를 강력히 규정하는 '평등 지향의 인민주의'가 동학의 '사람이 곧 하늘'이라는 더 없이 인민주의적인 사유로부터 형성되었다고 판단했다. 또 1894년 농민군이 제시한 '토지를 평균되게 분배할 것', '농군의 두레법을 장려할 것', '외적과 통한 자는 벨 것'과 같은 '강령'에는[13] 농민적 평균주의에 기초한 폐쇄적인 공산사회로의 지향이 담겨 있다고도 했다.[14]

---

10) 위의 책, 15쪽.

11) 위의 책, 9쪽.

12) 위의 책, 38쪽.

13) 오지영의 『동학사』를 제외하면 농민군이 이영훈이 말한 세 항목의 '강령'을 제시했다는 근거가 어디에도 없다. 그럼에도 불구하고 농민군의 구상 속에는 토지의 평균 분작을 비롯한 '경제적 균산주의'에 대한 지향이 분명히 자리 잡고 있었다. 배항섭, 「1984년 동학농민전쟁에 나타난 토지 개혁 구상」, 『사총』 43, 1994; 「1894年 東學農民戰爭の社會・土地改革論」, 深谷克己 編, 『世界史なかの民衆運動』 5, 靑木書店, 2000; 「제1차 동학농민전쟁 시기 농민군의 행동양태와 지향」, 『한국근현대사연구』 21, 2002; 「근대이행기'의 민중의식: '근대'와 '반근대'의 너머」, 『역사문제연구』 23, 2010a.

14) 이영훈, 앞의 책, 46쪽.

그의 주장대로라면 18세기 계몽사상가들이 주장한 '천부인권설', 그리고 그에 기반한 미국의 독립 선언 혹은 프랑스의 인권 선언이야말로 인민주의의 원조가 되어야 할 것이다. 더욱 납득하기 어려운 점은 농민군의 '평균분작' 요구로부터 폐쇄적 공산주의 지향을 읽어내는 독법이다. 프랑스 혁명 전후나 메이지 유신 전후 일본 민중운동 등에 대한 연구 성과는 세계사적으로도 이른바 '근대이행기'의 농민들은 대체로 근대적·자본주의적 법과 제도, 질서에 반대하는 입장이었음을 보여준다.[15] 동학농민군의 경우에도 많은 연구자들은 여전히 '근대' 내지 '자본주의'를 지향한 것으로 이해하고 있으나, 적지 않은 연구자들은 동학농민군이 '반근대' 내지 '반자본주의' 혹은 '비근대'를 지향하였다는 주목할 만한 연구들을 제출하고 있다.[16] 그러나 동학농민군은 토지개혁구상과 관련해서는 '평균분작'을 구상만 하고 있었을 뿐 실제로 그들이 제시했던 개혁안이나 그들의 행동에서는 토지의 소유권을 부정한 정황이 잘 보이지 않으며, 오히려 사유재산을 존중하는 모습을 보이기도 했다.[17] 이는 조선의 토지소유구조나 매매 관습이 매우 '시장친화적'이었다는

---

15) 시바따 미찌오, 『근대세계와 민중운동』, 한벗, 1984; 稻田雅洋, 『日本近代社會成立期の民衆運動』, 筑摩書房, 1990; 鶴卷孝雄, 『近代化と 傳統的 民衆世界』, 東京大出版會, 1991; 이세희, 「프랑스혁명기의 농민운동에 대한 연구사적 고찰」, 『부대사학』 10, 1986; 최갑수, 「프랑스혁명과 농민운동 논쟁에 대한 소고」, 『역사비평』 17, 1992 여름; 알베르 소불, 「아나똘리 아도의 논문에 대하여」, 『역사비평』 17, 1992 여름.

16) 趙景達, 「甲午農民戰爭指導者 = 全琫準의 研究」, 『朝鮮史叢』 7, 東京:조선사연구회, 1983; 정창렬, 「동학농민전쟁과 프랑스 혁명의 한 비교」, Michel Vovelle 외, 『프랑스 혁명과 한국』, 일월서각, 1991; 고석규, 「1894년 농민전쟁과 '반봉건 근대화'」, 동학농민혁명기념사업회 편, 『동학농민혁명과 사회변동』, 한울, 1993; 배항섭, 앞의 글, 1994; 앞의 글, 2010a 등 참조.

17) 농민군은 사채의 수수 관계도 부정하지 않았고, 다만 그 이자가 지나치게 높은 것에 대해서만 규제하고자 했다. 홍성찬, 「1894년 집강소기 包設下의 향촌 사정」, 『동방학지』 7, 1983.

점과 밀접한 관련이 있다고 생각되지만,[18] '공산주의적' 천년왕국운동
이 빈발했던 서구는 물론이고, 동아시아 다른 나라의 민중운동이나 농
민사회의 공동체적 규제에 비추어봐도, 동학 농민군의 지향에는 인민
주의적 요소가 훨씬 약했다. 베트남에서는 19세기 말기에도 일부의 토
지에서나마 토지 공유제가 여전히 준행되고 있었고, "토지 없는 농민들
에게 토지를 분배"하겠다는 등 토지 개혁을 내건 민중 반란이 적지 않
았다. 중국의 태평천국이 일체의 사유재산을 부정했던 사실은 주지하
는 대로이다. 일본에서는 막부 차원에서 토지 매매를 금지하고 있었을
뿐만 아니라, 토지의 저당(質地)도 촌 공동체의 강력한 규제를 받았다.[19]
이러한 모습들은 조선의 토지소유구조나 매매 관습, 동학농민군의 행
동, 나아가 농민군의 '평균분작' 구상과 비교해볼 때 '인민주의적', '공산
주의적' 지향이 훨씬 노골적이었다.

　한편 이영훈은 위의 글에서 '19세기 위기론'의 핵심 내용으로 인구 감
소나 생산성 하락 등을 지적했지만, 그를 증명할 만한 근거를 충분히
확보하지 못하고 있었다. 그럼에도 그가 '19세기 위기론'을 제기한 것
은, 그가 구상하는 바, 조선 후기에서 식민지 시기 혹은 현재까지 이어
지는 거시적 역사상과 밀접한 관련이 있다. 이에 대해서는 뒤에서 자세
히 살펴보겠지만, 결론만 미리 언급한다면 무엇보다 근대적 시장경제
체제, 곧 자본주의 시장경제가 일제에 의해 도입되고 식민지 시기에 시
작되었음을 확인하려는 '식민지 근대화론'의 발상에 근거한 것이다.

　이후 '19세기 위기론'은 낙성대경제연구소를 중심으로 지속적으로 제

---

18) 배항섭, 「조선후기 토지소유 및 매매관습에 대한 비교사적 검토」, 『한국사연구』 149,
　　2010b; 배항섭, 앞의 글, 2010a.

19) 한 · 중 · 일 및 한국 · 베트남의 토지 개혁이나 토지 매매 관습 등에 대한 비교사적
　　접근으로는 배항섭, 위의 글, 2010b; 「19세기 조선과 베트남의 토지 개혁론에 대한
　　비교사적 검토」, 『역사학보』 206, 2010c 참조.

기되었다. 2001년『한국경제성장사』(안병직 편, 서울대출판부),『맛질의 농민들』(안병직·이영훈 편, 일조각), 2004년『수량경제사로 다시 본 조선 후기』, 2005년『새로운 한국경제발전사』(이대근 외, 나남) 등이 그것이다. 이 가운데 방대한 자료 분석을 바탕으로 내놓은『수량경제사로 다시 본 조선후기』는 '19세기 위기론'과 관련하여 가장 풍부한 데이터들을 제공하고 있다. 이 책에서 전달하고자 한 핵심적 메시지는 앞에서 언급했듯이 "17세기 후반과 18세기 전반의 '발전', 18세기 후반과 19세기 전반의 '안정', 19세기 후반의 '위기'"로 요약할 수 있다.

이 책은 총론이 책의 말미에 위치하는 특이한 편집 방식을 선보이고 있다. 총론은 이영훈이 집필했다. 그는 그동안 "사회적 번영과 안정, 그에 기초한 보편주의적·낙관주의적인 질서 감각이 팽배해 있었"던 17~18세기와 달리, 19세기는 "낙관적인 조화를 상실하고 분열하기 시작한 조짐이 뚜렷한" 위기의 시대라는 점을 거듭 주장해온 바 있었다.[20] 그는 방대한 데이터의 장기 시계열 분석을 통해 확인한 통계 수치의 장기적 변화상을 바탕으로 '19세기 위기론'을 주장했다. 이영훈에 따르면, 19세기에 조선왕조는 사회적 분열과 정치적 통합력의 상실로 스스로 자멸할 정도의 위기에 빠져 있었다고 한다. 나아가 그는, 이러한 새로운 19세기 역사상이 "전통사회가 정상적인 경로로 발전해왔으며", 그런 "역사가 왜곡된 것은 제국주의의 침입 때문이라고 굳게 믿어온 한국의 많은 역사가를 당혹하게 만들고 있"고, 그로써 "한국의 역사학은 커다란 위기에 봉착해 있"다고도 했다.[21]

---

20) 이영훈, 「조선 후기 이래 소농사회의 전개와 의의」, 『역사와 현실』 45, 2002; 이영훈, 「18~19세기 소농사회와 실학—실학 재평가」, 『한국실학연구』 4, 2002; 이영훈, 「다산의 인간관계 범주 구분과 사회인식」, 『다산학』 4, 2003.

21) 이영훈, 「총론: 조선 후기 경제사 연구의 새로운 동향과 과제」, 이영훈 편, 앞의 책, 2004, 382쪽.

2004년의 책에서 그가 위기의 징후로 가장 먼저 제시한 것은 2000년의 글에서와 마찬가지로 인구 감소였다. 19세기에 들어 사망률이 증가했으며, 그것은 영양 상태와 생활수준의 하락에 기인한 것이라는 점을 분명히 했다. 이어 물가 폭등, 임금 하락과 노동생산성 하락, 단위토지당 지대량 감소에서 보이는 생산성 하락과 그에 따른 논의 실질가격 하락, 농촌 장시의 감소, 미가 상승과 농촌 금융의 해체, 상업과 국가 재정에 의한 통합 기능의 해체 내지 마비, 일본과의 무역 관계 폐쇄와 대중국 무역의 적자, 소유 제도의 미비에 따른 산림의 황폐화 등이 열거되었다.[22] 인구 감소를 가장 강조한 점 등 대체적인 내용은 2000년의 위기론과 대동소이하지만, 가장 많은 지면을 할애하여 강조했던 공동체의 부재 내지 분열에 대한 내용이 사실상 완전히 사라지고 없음은 앞서 언급한 대로이다. 그리고 3년 뒤인 2007년 이영훈은 다시 위기론을 본격적인 논문으로 구성하여 발표했다.[23]

그동안 이영훈의 '19세기 위기론'에 대해서는 위기론이 과장된 것이라는 정연태의 비판이 있었으며,[24] 2007년의 논문에 대해서도 이헌창이 인구와 장시 감소에 관해 몇 가지 반론을 제기했다. 이헌창은 19세기에 인구가 대규모로 감소되는 현상이 확인되지 않았고, 19세기 들어 기근이 감소되었다는 점 등을 들어 '19세기 위기론'에 회의를 표했다. 또 장시의 수가 18세기의 1,000여 기에서 19세기 말 200여 기 이상 감소했다는 주장에[25] 대해서도 전거로 인용한 통계 자료에 문제가 있다는 점을 지적했다.[26] 이러한 비판과 지적에 따라 특히 위기론의 핵심적 근

---

22) 위의 글, 382~386쪽.

23) 이영훈, 「19세기 조선왕조 경제 체제의 위기」, 『조선시대사학보』 43, 2007.

24) 정연태, 앞의 글, 2002.

25) 이영훈, 앞의 글, 2007, 274~275쪽, 281쪽.

26) 이헌창, 「조선시대를 바라보는 제3의 시각」, 『한국사 연구』 148, 2010.

거였던 인구 감소에 대한 강조가 크게 후퇴되었으며, 위기론 자체도 '19세기 위기'에서 '19세기 경제 체제의 위기'라는 표현으로 바뀌었다.

'19세기 위기론'이 위기에 처한 것이다. 2000년 처음 제기될 때부터 생산성 쇠퇴에 따른 생활수준의 하락, 그에 의한 인구 감소는 '19세기 위기론'의 핵심적 요소였기 때문이다.[27] 이렇게 '세기의 위기'를 대신한 '경제 체제의 위기'에 대해 이영훈은 다음과 같이 설명했다. 먼저 경제 체제란 "일정한 범위의 지역을 시간적으로 또 공간적으로 하나의 균형적 순환으로 통합하기 위한 자원 배분의 원리와 그에 입각한 여러 경제 주체의 상호관계"라고 규정한 그는,[28] 자신이 말하는 '위기'는 경제체제에 내재한 통합적인 원리나 상호관계의 해체라는 차원이었다고 밝혔다.[29]

하지만 그런 의미의 위기라면 모든 문명국가가 겪었을 법하다. 따라서 유독 조선의 19세기에 대해서만 '소농사회'가 이루어놓았던 '발전'과 '안정'을 모두 '말아먹고' 급기야 체제가 자멸할 정도의 재앙적 위기에 처해 있었다고 과장하는 것은 무리일 수밖에 없다. 그러나 이영훈은 자신의 주장을 후퇴·수정하면서도 19세기가 '맬더스의 위기'였다는 주장을 끝내 철회하지는 않는다. 그는 '19세기 위기'라는 표현을 '19세기 경제 체제의 위기'로 바꾸었고, 또 "경제 체제의 위기가 반드시 대규모 기근과 인구의 격심한 감소를 몰고 온다고는 생각하지 않는다."라고 하여

---

27) 그는 2000년의 글에서 처음으로 '19세기 위기론'을 제기할 때 "위기의 종합 지표는 인구의 감소이다"라고 하여 생활수준의 하락에 따른 인구 감소, 곧 '맬더스의 위기'를 상정하고 있었다. 이영훈, 『한국 시장경제와 민주주의의 역사적 특질』, 한국개발연구원, 2000, 39쪽.

28) 이영훈·박이택, 「18세기 조선왕조의 경제 체제—광역적 통합 체제의 특질을 중심으로」, 나카무라 사토루·박섭 편저, 『근대 동아시아 경제의 역사적 구조』, 일조각, 2007, 61쪽.

29) 이영훈, 「19세기 조선왕조 경제 체제의 위기」, 『조선시대사학보』 43, 2007, 275쪽.

주장의 강도를 현저히 낮추었다. 그러면서도 굳이 "경제 체제의 해체기 또는 다른 체제로의 이행기에 생산과 소득이 감소함에 따라 인구의 생활수준과 영양 상태가 악화되었을 가능성은 충분하다."라는 단서를 붙였다. 결국 그는 1830년대 이후 1880년대까지 가계당 평균 인구수가 뚜렷이 감소하고 있었다는 박희진의 연구를 인용하여, 생활수준의 하락이 영양 상태를 악화시켜 사람들이 질병과 추위의 위협에 더 많이 노출되었다는 결론을 내리고 있다.[30]

3. '19세기 위기론'의 실체

1) 인구

앞서 언급했듯이 '19세기 위기론'의 핵심은 19세기가 이른바 '맬더스의 위기'였다는 것이었다. 그러나 이미 '19세기 위기론'이 제기될 당시부터 이와 어긋나거나 반대되는 연구들이 같은 경제사학계 내에서도 적지 않게 제출되고 있었다. '맬더스의 위기', 곧 생활수준의 하락에 따른 인구의 감소는 다양한 시대와 문명세계에서 널리 보이는 현상이다. 인류의 역사는 그러한 과정의 연속이었다고도 할 수 있다. 19세기에 인구가 감소했다 하더라도 그것이 조선사회에만 유독 재앙적 충격을 주고 체제가 자멸할 정도의 파괴력을 발휘했을지는 의문이지만, 여기서는 '19세기 위기론'이 제시하는 위기의 징후에 대해서만 비판적으로 검토해보고자 한다.

우선 김재호는 조선시대 기근에 대한 시계열적 자료 분석을 통해 몇 가지 중요한 결론을 제시했다. 지대율 저하는 지주 경영의 위기를 보여주는 것이므로 농민 경영 일반의 위기와 구별할 필요가 있다는 점, 지대

---

30) 위의 글, 274~275쪽.

율 저하가 일반 농민의 열량 섭취 격감을 증명하는 것은 아니라는 점, 기근은 17세기 말을 정점으로 감소하고 있었으며, 그에 따라 19세기에 들어서는 사망자도 줄어들고 있었다는 점 등이 그것이다.[31] 또 인구 감소와 관련하여 이영훈이 적극적으로 인용하고 있는 차명수·박희진의 연구도, 이영훈의 해석과 달리 자신들의 연구 결과를 '맬더스의 위기'로 판단하지 않고 있었다. 그들은 19세기에 인구가 정체 내지 감소했을 가능성은 분명히 있고, 이는 사망률의 증가 때문이라고 했다. 그러나 그것이 18세기의 인구 증가에 따른 생활수준의 악화 때문인지 혹은 외생적 충격에 의한 것이었는지 확인할 수 없기 때문에 '맬더스의 위기'였다는 결론으로 이어지지 않는다는 점을 분명히 밝혔다.[32] 그럼에도 불구하고 이영훈은 이 연구를 인용하여 19세기에는 인구가 감소했고, 그것은 영양 상태와 생활수준의 하락에 기인한 것이라고 판단하여[33] 19세기의 인구 감소가 이른바 '맬더스적 위기'의 표현이라는 쪽으로 논지를 전개했다. 이런 그의 해석은 선행 연구에 대한 자의적 해석 내지 과장에 기초한 것이 아닐 수 없다.

한편 장기 시계열적 인구 추세를 분석하여 '19세기 위기론'의 핵심적 근거를 제공했던 차명수는, 19세기에 인구가 정체 내지 감소했다는 기왕의 견해를 완전히 뒤집는 연구를 발표했다. 그는 우선 자신을 비롯한 기왕의 연구자들이 간과한 문제점을 지적했다. 18~19세기는 조선왕조가 쇠퇴의 길에 접어들던 시기였던 만큼 조선 정부의 인구 파악 능력도 약화되었을 것이기 때문에, 이 시기에 정부가 파악한 인구 총수의 증가

---

31) 김재호, 「한국 전통사회의 기근과 그 대응: 1392~1910」, 『경제사학』 30, 2001, 61쪽, 77~78쪽.
32) 박희진·차명수, 「조선 후기와 일제시대의 인구 변동」, 이영훈 편, 앞의 책, 2004, 27~28쪽.
33) 위의 책, 383쪽.

율은 실제의 증가 속도를 현저하게 과소평가했을 가능성이 높다는 것이었다. 그래서 그는 앞의 연구와 마찬가지로 족보를 활용하여 18~19세기에 살았던 사람들의 출생, 출산 및 사망 기록을 채취하고, 그것을 바탕으로 출산력(fertility)과 사망력(mortality) 지표를 추정함으로써 조선 후기의 인구 증가율을 파악하였다. 그 결과는 인구가 감소했다는 '19세기 위기론'의 주장과 전혀 상반되는 것이었다. 18~19세기 동안 조선의 인구는 연평균 0.62%의 속도로 증가했으며, 더구나 0.35% 증가한 18세기에 비해 19세기에는 0.83%나 증가했음이 확인되었다. 차명수는 그 원인을 사망력과 함께 출생력도 증가한 데서 찾고 있다.

차명수는 이런 조사 결과가 현재까지 알려진 다음과 같은 조선 후기 경제사 연구 결과와 합치한다고 주장했다. 우선 일찍이 이영훈은 18~19세기에 걸쳐서 소농민들이 농촌 인구에서 차지하는 비중이 점점 증가했고, 그에 따라 일인당 경작 면적이 감소했다고 보았다. 둘째, 19세기에는 논의 실질가격과 노비의 실질가격, 두락당 지대와 실질임금이 모두 하락하고 있었다. 그런데 노비 가격의 하락 속도는 논 가격의 하락 속도보다 빨랐고, 임금의 하락 속도는 지대 하락 속도보다 빨랐다. 이는 토지에 비해 노동력이 상대적으로 더 싸지고 있었다는 것, 곧 고정된 것으로 볼 수 있는 토지에 비해 인구가 증가하여 노동 공급이 더 빠르게 증가했음을 의미한다고 보았다. 또 이우연이 지적한 19세기의 삼림 황폐화, 그리고 산송(山訟)의 발생 건수가 급증했다는 김경숙의 연구도 모두 자원에 대한 인구 압력이 가중되고 있었음을 시사한다고 하였다.[34] 차명수의 연구는 그의 의도와는 무관하게 '19세기 위기론'에 중요한 이의를 제기하고 있다는 점에서 의미가 크다. 인구가 증가했

---

34) 차명수, 「조선 후기 출산력, 사망력 및 인구증가: 네 족보에 나타난 1700~1899년간 생몰기록을 이용한 연구」, 『한국인구학』 32권 1호, 2009.

다는 그의 결론이 사실이라면 '19세기 위기론'은 위기론으로서의 의미를 상실하게 될 것이기 때문이다.

차명수의 연구에서 확인되는 보다 중요한 사실은 인구의 장기추이를 확인하는 데 활용된 족보가 자료로서의 많은 문제를 내포하고 있다는 점이다. 차명수도 지적하였듯이 족보는 상대적으로 생활수준이 높았던 양반들의 것이라는 점, 족보에는 20세까지 살아남은 남성을 중심으로 한 정보를 기록하고 있다는 점, 족보를 편찬한 시점으로부터 멀어질수록 정보가 소략하거나 누락된 사람이 많다는 점 등이 그것이다.[35] 통계학적 방법을 동원하여 보정한다 하더라도 한계가 있다. 차명수가 자신의 선행연구와 전혀 상반되는 결론을 도출한 것도 족보자료가 가진 이러한 문제점과 무관하지 않을 것이다. 지금까지의 연구도 많은 시간과 노력을 투자한 결과이겠지만, 여전히 인구의 장기적 추세를 해명하기에는 데이터가 빈약하다고 생각한다. 차명수의 연구 결과를 일반화하기 위해서는 좀 더 다양한 자료의 발굴과 더 많은 데이터의 축적과 분석을 기다려야 할 것이다.

2) 토지생산성

'19세기 위기론'의 핵심 내용 가운데 또 하나는 19세기에 들어 토지생산성이 급격히 하락한다는 것이다. 이들이 몇몇 지역의 사례를 분석하여 제시한 바에 따르면 18세기 중반 이후 토지생산성은 지속적으로 하락하며, 19세기 후반에서 1900년을 전후한 시기에는 18세기 중반의 1/3~1/4 수준으로 떨어지다가 그 다음부터 하락을 멈추고 극적인 반전 추세를 보여준다.

문제는 '19세기 위기론'이 토지생산성의 하락을 증명하는 근거로 두

---

35) 차명수, 위의 글, 118~121쪽.

락당 총생산액이 아니라 두락당 지대 수취량을 내세우고 있다는 점이다. 이들이 분석한 사례 가운데 예천 박씨가의 사례를 제외하면 직접적으로 두락당 소출을 확인해주는 자료는 거의 없다. 이 사례에서도 수확량을 표기하는 단위가 두(斗)가 아니라 태(駄)이다. 태는 원래 소에 싣는 짐을 말하는 것으로, 그 용적은 소의 크기나 담부 능력에 따라 차이가 있다.[36] 더구나 관찰 기간이 수십 년에 이를 경우 1태의 차이는 매우 가변적일 수밖에 없다. 예천 박씨가의 경우 실제로 1태의 볏단을 타작하여 얻은 벼가 적게는 1석에서 많게는 1석 17두 5승에 이르기도 했다. 이는 태를 단위로 한 토지생산성 추산이 그만큼 부정확함을 보여준다.[37]

한편 지대량을 통한 추산이 아니라 수확고를 분석한 최근의 연구에 의하면 19세기 후반의 생산성이 18세기와 유사하거나, 생산성이 하락하였다 하더라도 '19세기 위기론'에서 주장하듯이 1/4선까지 하락하였다는 단서를 발견하기 어렵다. 단성 김인섭가의 자료를 활용하여 지대량이 아니라 수확고의 추이를 시계열로 분석한 정진영에 따르면 1850년대 중반부터 1930년대 말까지의 수확고는 1857년 50두를 시작으로 1880년대 전반에 저점을 찍은 후 1920년대까지 30두를 전후로 등락을 거듭하며 1921년까지 이어진다. 이어 자료가 누락된 12년을 건너 뛰어 1933년부터 수확고가 40두를 상회하기 시작한다. 1890년대부터 1921년에 이르는 시기의 평균수확고는 김건태가 분석한 1685년~1787년간 칠곡 감사댁의 석전 야방포의 두락당 평균수확고 30.2두보다 약 1.5두

---

36) 이영훈 · 박이택, 「17~18세기 미곡시장의 통합과 분열」, 이영훈 편, 앞의 책, 2004, 261쪽.

37) 김건태, 「19세기 어느 성리학자의 家作과 그 지향」, 『한국문화』 55, 2011, 117~118쪽.

많은 선에서 등락하고 있었다.[38] 19세기의 토지생산성이 18세기에 못지않았음을 시사한다. 또한 안동 금계리 의성 김씨의 농업경영을 분석한 김건태도 19세기 후반 50년간 병작답의 지대량은 조금씩 하락했지만, 가작답의 수확량은 큰 변화가 없음을 확인했다. 오히려 밭작물을 많이 수확함으로써 김씨가의 작인들도 18세기에 비해 많은 양의 식사를 할 수 있었다고 하였다.[39]

한편 19세기 들어 지대율이 경향적으로 저하한다는 것은 이미 많은 사례 연구를 통해 확인된 바 있다. 하지만 지대량의 저하를 곧장 생산성의 변화로 이해하는 점에 대해서는 많은 연구자들이 문제를 지적했다.[40] 무엇보다 '19세기 위기론'에서 지대량의 추이를 분석한 자료들은 대체로 지대율이 낮았던 계답이나 서원답 등 '공유지'를 분석한 결과이다. 또 그 중에서도 하락폭이 가장 커서 고점 대비 저점의 지대량이 10% 이하로 떨어졌던 영암이나 남원을 제외하면 그렇게 큰 하락폭을 보이는 사례가 없다.[41]

---

38) 정진영, 「19세기 중반~20세기 초반 在村 양반지주가의 농업경영 ─경상도 단성 金麟燮家의 家作地 경영을 중심으로」, 『대동문화연구』 62, 2008.
39) 김건태, 「19세기 농민경영의 추이와 지향」, 『한국문화』 57, 2012; 김건태, 「19세기 어느 성리학자의 家作과 그 지향」, 『한국문화』 55, 2011.
40) 심지어 차명수는 두락당 지대량의 장기 추이 분석 결과를 토대로, 생산성 하락만이 아니라 소작농의 1인당 소득 수준도 비슷한 속도로 감소하고 있었을 것으로 추정하기도 했다(차명수, 「우리나라의 생활수준, 1700~2000」, 안병직 편, 『우리나라 경제성장사』, 서울대학교출판부, 2001, 7쪽). 이러한 판단은 논보다 밭의 면적이 더 높았던 조선의 농업실정을 전혀 고려하지 않고 있다는 점에서도 근본적인 문제를 안고 있다.
41) 예천 박씨가의 경우 앞서 살펴보았듯이 수확고를 측정하는 단위가 駄라는 점에서 문제가 있지만, 대략 1829년부터 1901년까지 70여 년만 보더라도 지대량이 1/5로 감소하고 있지만, 영암의 변화폭에 비하면 절반 수준에 불과하다. 그 외에도 경주의 경우 시계열 가운데 누락된 시간이 많지만, 역시 영암과 남원에 비해서 변화폭이 적고, 저점도 19세기 후반 내지 20세기 초입이 아니라 1835년이라는 점에서 다른 지역의 지대량 추이와 차이가 있다. 이처럼 지대량의 추이는 사례에 따라 변화의 내용과 저

더구나 19세기 들어 지대량이 오히려 증가하거나 거의 변화하지 않은 사례도 다수 발견된다.[42] 부재지주가의 사례가 그렇다. 김건태는 경상도 풍기 소재 부재지주지는 1871~1894년 동안 대부분의 다른 지주가와 마찬가지로 생산량의 1/2 수준의 지대를 도조로 정해두고 수취했는데, 총 24년간 15년은 약정된 지대액의 100%, 8년은 95% 이상을 수취하였고, 극심한 흉년이 든 1876년에만 50% 미만을 수취했음을 확인했다. 부재지주의 지주 경영에서 지대량이 오히려 점증하는 현상은 서울 교리댁의 서산 소재 전답의 지대량 추이에서도 발견된다. 역시 김건태의 분석에 따르면, 1832년부터 1885년까지 약 40년 동안 1832년 두락당 6.2두를 시작으로 1875년의 8.2두까지 단기적으로는 증감을 거듭하면서도 장기적으로는 지대가 점증하고 있었다.[43] 지대량이 감소해간다는 '19세기 위기론'의 주장과 달리 19세기 후반에도 지대량에는 변화가 거의 없거나 오히려 증가하는 현상이 확인된다.

'위기론자' 가운데 하나인 박기주는 두락 당 지대량이 장기적으로 거의 변화하지 않은 사례에 대해 그것은 처음부터 두락 당 지대량이 낮았던 곳에서 발견된다고 했지만,[44] 근거가 취약하며, 오히려 반대의 사례도 있다. 앞서 언급한 부재지주지인 풍기 소재 전답에서는 1871~1894

점을 찍는 시점, 하락폭 등에서 차이가 적지 않다(이영훈 · 박이택, 「농촌 미곡시장과 전국적 시장통합」, 이영훈 편, 앞의 책, 2004, 262쪽, 298~300쪽; 박기주, 「조선 후기의 생활수준」, 이대근 외, 『새로운 한국경제발전사』, 나남, 2005, 81쪽). 이영훈 · 박이택이 분석한 지대량 추이는 영암, 남원, 대구, 영광, 예천 지역을 사례로 한 것이며, 지대량의 지역별 추이를 종합하여 부표와 그림을 작성해두었다. 이 가운데 대구의 경우 1777~1809년 동안을 다루고 있기 때문에 19세기의 전반적 추이를 확인하기 어렵다.

42) 우대형, 「조선 전통사회의 경제적 유산」, 『역사와 현실』 68, 2008, 281쪽.

43) 김건태, 「19세기 후반~20세기 초 부재지주제 경영」, 『대동문화연구』 49, 2005; 김건태, 『조선시대 양반가의 농업경영』, 역사비평사, 2004, 383~384쪽.

44) 박기주, 「조선 후기의 생활수준」, 이대근 외, 앞의 책, 87쪽.

년간 생산량의 1/2에 해당하는 도조를 정해두고 수취했으며, 그 절대량은 두락당 22.9두에 달했다.[45] 이는 영암 신씨가의 경우 생산성이 상대적으로 높았던 18세기 중엽에 두락당 20두를 수취했다는 사실과 비교해보아도 매우 높은 액수이다.

이상의 사례들은 지대량의 감소를 토지생산성 하락과 직결시키는 파악방식에 문제가 있음을 의미한다. 이러한 파악방식에 따르자면 계답이나 서원답 등 공유지에서는 생산성이 급격히 떨어지는 반면, 유독 부재지주의 토지에서는 생산성이 그대로 유지된다는 결론이 도출되지만, 납득하기 어렵기 때문이다. 이와 관련하여 지대량의 감소를 지대율의 변화와 지주-작인을 둘러싼 사회적 관계라는 측면에서 접근한 연구들을 주목할 필요가 있다.

우선 지대량 감소는 지대율의 하향 조정과 관련이 있다는 주장이다. 김건태와 정승진은 18세기 중반부터 19세기 말에 이르기까지 지대량이 급격히 하락한 요인으로 두락당 생산량이 장기적으로 줄어든 점을 배제하지는 않지만, 그보다 지대의 20~25%에 해당하는 지세와 두락당 대략 1두 정도의 종자를 작인이 부담하게 되는 변화와 연동되어 지대수취율이 생산량의 1/3 혹은 그 이하로 바뀌었다는 점을 주된 원인으로 지적하고 있다.[46] 반면 앞서 언급한 풍기사례의 경우 지대량에 변화가 없는 것은 18세기 중엽 이후 종자와 결세를 작인들에게 부담시키던 삼남 지방 지주들의 일반적인 모습과 달리 지주가 결세를 직접 부담했기 때문이었다. 또 김건태는 지대량이 하락한 또 다른 요인으로 계답의 경우에서 보이는 온정주의를 지적하고 있다. 19세기 들어 작인들 가운데

---

45) 김건태, 「19세기 후반~20세기 초 부재지주제 경영」, 『대동문화연구』 49, 2005, 248쪽.

46) 정승진, 『한국근세지역경제사』, 경인문화사, 2003; 김건태, 「19세기 후반~20세기 초 부재지주제 경영」, 『대동문화연구』 49, 2005.

점차 계원의 비중이 높아진 사정과도 관련하여, 재지적 기반을 가진 사족들이 자연재해 혹은 개인적인 사정으로 어려움에 처한 작인에게 온정주의적 태도를 취했을 가능성도 배제하지 않았다. 반면 부재지주의 경우 후덕한 지주라는 칭송을 받기 위해 수취량을 줄일 필요가 없었기 때문에 혹심한 흉년이 잦았던 19세기 후반에도 놀라울 정도로 높은 수취율을 보일 수 있었다는 것이다.[47] 정승진은 지대량 감소의 또 다른 원인으로 지주–작인 간의 사회적 역학 관계에 주목하고 있다. 그는 1862년 민란 등 농민운동이 고양되면서 지주에 대한 작인층의 위상이 강화된 것으로 파악하였다. 그에 따르면 지대 수납율과 두락 당 지대량의 추이는 10년 정도의 시차를 두고 하락하는 양상을 보이고 있으며, 그에 따라 병작지에서 작인의 존속율도 일시 상승하고 있었다. 정승진은 이런 변화가 작인층의 지대 거납이 빈번해지자 위기를 느낀 지주가 지주로서의 생존을 위해 지대량을 낮춘 결과였다고 추정했다.[48]

'19세기 위기론'을 주장하는 연구자들 가운데도 두락 당 지대량이 증가 또는 감소를 보이지 않는 사례가 있으며, 이는 지대율과 관련이 있을 수 있다는 점을 잘 알고 있다.[49] 뿐만 아니라 박기주는 영암의 사례에서 보이는 바, 두락당 지대량이 18세기 중엽의 20두에서 19세기 후반 최저 3~4두까지 지속적으로 하락하는 그래프에 대해서도 "감소폭이 상식적으로 납득하기 어렵다"고 하였다. 그러나 그는 "지대율 변화가 1세기 반 동안에 1/4이 되어버린 영암의 지대량 감소를 다 설명할 수 없"다는 논리에 의거하여, 지대량 감하는 결국 생산성 하락의 결과

---

47) 김건태, 『조선시대 양반가의 농업경영』, 역사비평사, 2004; 「19세기 후반~20세기 초 부재지주제 경영」, 『대동문화연구』 49, 2005.

48) 정승진, 『한국근세지역경제사』, 경인문화사, 2003, 156~159, 182~186쪽.

49) 박기주, 「19 · 20세기초 재지양반 지주경영의 동향」, 안병직 · 이영훈 편저, 『맛질의 농민들』, 일조각, 2001; 박기주, 「조선 후기의 생활수준」, 이대근 외, 앞의 책, 2005.

로 해석될 수밖에 없다고 판단했다.[50] 이영훈 역시 지대량의 감소가 지대율의 저하를 반영하고 있을 가능성을 완전히 부정하지는 않는다. 그러나 대부분의 사례가 지대량의 감소를 보이고 있다는 점, 지대율의 변화는 단위면적당 지대량의 변화에 별 영향을 주지 않는다는 논리로 지대량 하락=생산성 하락이라는 입장을 고수했다.[51]

자신들의 논지를 튼튼히 하기 위해서도 지역이나 사례별 차이가 왜 생겼는지, 지대율의 변화가 지대량의 감소와 어떤 관련이 있는지를 좀 더 추궁해보는 것이 '상식'이겠지만, 적절치 않은 둔사로 넘어가고 있다.[52] 인구의 일부 감소했다는 점을 인정하더라도, 두락당 생산량이 1/4~1/3 수준으로 하락했다면 길게는 수십 년간 대부분의 사람들은 기아선상에 한참 못 미치는 조건 속에서 꾸준히 납세도 하면서 생존을 유지해나간 것이 된다. 상식으로 납득되지 않는다.

최근 우대형은 지대량의 하락이 어느 정도 토지생산성의 하락을 반영하고 있다는 점을 인정하더라도 '19세기 위기론'에서 주장하는 하락폭에는 문제가 있음을 지적했다. 그는 '위기론자'들에 따르면 1900년경 생산성 수준이 1740년대의 1/4~1/3 수준까지 떨어졌다가 이후 매우 빠른 속도로 회복되고 있음에도 1920년대 초의 토지생산성이 18세기의 수준을 완전히 회복하고 있지 못하고 있다는 점을 문제로 삼았다. 이러한 주장이 사실이라면 조선의 근대 경제 성장은 전통적 농업으로부터

---

50) 박기주, 「조선 후기의 생활수준」, 이대근 외, 앞의 책, 2005, 81~82쪽.

51) 이영훈·박이택, 「17~18세기 미곡시장의 통합과 분열」, 이영훈 편, 앞의 액 2004, 311쪽; 이영훈, 「19세기 조선왕조 경제 체제의 위기」, 『조선시대사학보』 43, 2007, 272쪽.

52) 이에 대해 허수열은 '19세기 위기론'에서는 지역적 특성과 개별 사례의 특수성을 고려하지 않고 사례 전체를 사실상 평균해버렸기 때문에 역사의 구체적 실상과 거리가 있는 변화상을 도출하게 되었다고 비판한 바 있다. 허수열, 『일제 초기 조선의 농업』, 한길사, 2011.

의 이륙이 아니라 전통적 농업의 수준을 회복하는 과정에 불과해지기 때문이다. 우대형은 그 대안으로 18세기 중엽 당시 평균 소출이 두락당 40~50두였다고 한 『택리지』(1751)와 1900년대 중엽 평균 소출이 두락당 25~37두 정도였다고 한 가토(加藤末郎)의 『한국농업론』(1904, 134쪽)을 토대로, 18세기 중엽의 고점으로부터 1900년의 저점까지 39% 전후의 생산성 하락이 있었을 것으로 추정했다. 이어서 이 정도의 생산성 하락은 전통사회에서 흔히 볼 수 있는 현상에 불과하기 때문에, 이를 두고 체제 위기 혹은 해체 등을 논하는 것은 과장이라고 결론지었다. 전통사회에서 토지생산성과 생활수준의 하락은 어느 나라에서나 흔히 발견되는 순환 파동의 한 국면에 불과하기 때문이다.[53]

한편 '19세기 위기론'은 지대량 감소를 곧바로 생산성 하락으로 이해하는 한편 미가 상승도 생산성 하락의 주요 지표로 이해한다. 또한 위기의 또 다른 징후인 시장의 지역 간 통합력이 약화되고 있음을 보여주는 자료로 경주와 영암의 미가 변동을 비교 분석하고 있다. 여기 활용되는 자료는 대부분 동계나 족계, 서원 등의 자료인데, 김건태는 계문서가 가진 문제점에 대해 중요한 지적을 하고 있다. 위기론자들은 계문서에 나오는 미가의 작전가(作錢價)를 실제 시장의 매매가격으로 이해하고 있지만, 이는 사실 계의 회계장부 작성을 위해 편의적으로 작전가를 책정하여 장부에 기록해둔 것일 뿐, 실제적인 거래가 이루어진 가격이 아니라는 것이다. 물론 크게 보면 작전가도 시장가를 일정하게 반영하겠지만, 이 작전가는 동계마다, 또 시기마다 계 나름의 사정 등의 조건을 고려하여 결정되는 것이기 때문에 시장가격과 반드시 일치하는 것은 아니라고 주장했다.[54] 따라서 주로 계 문서에 의존하여 미가 추이를

---

53) 우대형, 「조선 전통사회의 경제적 유산」, 『역사와 현실』 68, 2008, 281~285쪽.

54) 김건태, 「조선 후기 契의 재정 운영 양상과 그 성격」, 『한국사학보』 38, 2010 참조.

관찰했던 '19세기 위기론'자들의 결론은 신뢰도가 그리 튼튼하지 못한 것으로 보인다.

이상과 같은 점들을 고려할 때 '19세기 위기론'은 다음과 같은 적지 않은 문제를 가지고 있다. 우선 지대액의 감소를 곧바로 생산성 하락으로 연결하여 파악하는 문제이다. 재지지주인지 부재지주인지, 결세나 종자 혹은 짚을 지주와 작인 가운데 누가 부담하거나 가지는지 등이 함께 고려되어야 지대량 감소의 의미를 정확히 알 수 있을 것이지만, 이러한 점들을 충실히 고려하지 않고 있다. 둘째, 지대율 감소 외에 온정주의적 요소, 농민운동의 고양 등과 관련된 지주-작인 간의 역학관계 변화도 중요하게 고려되어야 할 것이다. 마지막으로 지대량을 태(駄)로 표기하는 사례나 미가(米價)와 관련된 계 자료의 성격을 통해 살펴보았듯이 자료가 가진 한계나 문제점에 대한 엄밀한 판단이 전제되어야 할 것이다. 그 외에도 현재로서는 정확한 상관관계를 확인하기 어렵지만, 잡세 증가 등 국가 수탈의 강화가 지주와 작인이 나누어 가질 수 있는 생산물의 총량을 감소시켰다는 사정도 지대량의 감소와 어떤 관련이 있는지 고려되어야 할 것이다.[55]

3) 시장과 국제 무역

'19세기 위기론'에 따르면 지방 장시의 감소가 가장 심각했던 곳은 전라도, 그중에서도 나주와 영암 등이다. 그 핵심적 이유는 1793년 중앙 정부가 모든 조세미의 운송권을 서울 상인들에게 독점적으로 부여함에

---

55) 이와 함께 19세기에 들어 후반으로 갈수록 양반 작인의 수가 증가하였다는 점도 주목된다. 양반 작인에는 지주와 가까운 족친들도 적지 않았다(박기주, 2001, 230쪽; 정진영, 「19세기~20세기 전반 在村 兩班地主家의 농업경영(2)」, 『역사와경계』 67, 2008, 148~149쪽; 김건태, 2012, 201~202쪽.) 이 역시 19세기에 들어 지대율을 하향 조정하는 사실과 무관하지 않을 것으로 보인다.

따라 전라도 상인들이 조세 운송에 따른 수입, 그리고 서울과 전라도 간 상업 이윤의 대부분을 서울 상인들에게 빼앗긴 데 있다고 하였다. 그러나 이들은 조세운송 수입과 그와 연관된 상업 이윤이 지역 장시와 어떤 관련이 있는지, 서울 상인들이 조세운임과 상업이윤을 대부분 차 이한 것이 전라도 장시에 어떤 영향을 미쳤는지에 대해서는 분석을 외 면한다. 또 위기론자들은 남해안의 지역 간 교역이 쇠퇴한 원인으로 대 일 무역의 쇠퇴를 중요하게 거론했지만, 대청 무역에 대해서는 그것이 전라 · 경상 지역과 어떠한 시장 연관을 지녔는지 참조할 만한 연구가 없다는 이유로 고려하지 않은 채 논지를 전개한다.[56] 이런 접근은 쇠퇴 한 지역, 쇠퇴했음을 드러내는 지표들만 들고 와서 위기론을 주장한다 는 혐의를 벗어나기 어렵다.

반면, 국내 시장과의 연관성이 아직 충분히 밝혀지지 않았지만 19세 기 들어 대청 홍삼 무역과 홍삼 밀무역이 급격히 확대되고 있었음을 밝 힌 연구가 있다. 대청 홍삼 무역의 핵심적 주도 세력은 '19세기 위기론' 자들이 전라도 지역의 상업 이윤을 빼앗아갔다고 한 서울 상인, 그리고 의주 상인들이었다. 여기서는 자세한 내용을 살필 여유가 없지만, 유승 주 · 이철성이 밝힌 홍삼 무역의 규모에 대해 간단하게 언급해보면 다 음과 같다.[57] 대청 홍삼 무역이 공인된 것은 1797년이었다. 처음에는 사신과 역관들이 가져갈 수 있는 수량이 120근이었다. 당시 홍삼 1근 의 가격은 은 100냥, 동전 300~400냥에 달했다. 법정 미가(1석=5냥)로 환산하면 60~80석에 해당하는 고가품이었다. 청에 가서 매각할 때의 가격은 동전 1,100~2,300냥으로 국내의 3.5~7.5배에 달했다. 처음에

---

56) 이영훈 · 박이택, 「17~18세기 미곡시장의 통합과 분열」, 이영훈 편, 앞의 책, 2004.

57) 이하 대청 무역에 대한 것은 유승주 · 이철성, 『조선 후기 중국과의 무역사』, 경인문 화사, 2002를 토대로 정리했다.

는 사행에 필요한 경비를 마련하려는 목적으로 시작되었지만, 점차 재정에 보용할 목적을 가지면서 규모가 커졌다. 1811년에는 200근, 1823년에는 1,000근, 1828년 4,000근, 1832년 8,000근, 1841년 20,000근, 1847년 40,000근으로 급증했다. 이후 규모가 줄어들어 1881년 25,000근 수준으로 내려갔지만, 포삼 무역으로 거두어들이는 포삼세의 세입은 4만 근 때의 20만 냥 수준을 유지하는 '국가적 사업'이 되어 있었다. 1841년 당시 포삼세 세입은 10만 냥이었고, 당시 곡가(1석=3냥)로 환산하면 3만 3천 석에 해당했다. 당시 호조의 1년 예산에 11만 석 가량의 곡물이 필요했다는 것과 비교해보면 그 규모를 짐작할 수 있다. 포삼세의 세입이 이러하자, 중앙정부는 1854년 감세관을 파견하여 포삼세 수납을 담당하던 의주의 관세청 관리를 강화했다.[58] 포삼세는 대원군 집권기 진무영의 설치 등 군비 강화에도 유용하게 사용되었다.[59]

한편 홍삼 판매가의 추이는 정확히 알 수 없지만, 그 역시 엄청난 이윤을 남기고 있었던 것으로 보인다. 예컨대 1910년 무렵 중국 시장에서 판매되는 각국산 최상급 인삼 1근의 가격을 보면 만주산 20원, 미국산 50원, 일본산 18원인 데 비해 개성산은 200원에 이르렀다.[60] 정조 연간의 가격을 대입할 경우 홍삼 4만 근의 수출액은 4,400만 냥~9,200만

---

58) 권내현, 『조선후기 평안도 재정 연구』, 지식산업사, 2004, 238쪽.

59) 배항섭, 『19세기 조선의 군사제도 연구』, 국학자료원, 2002, 64쪽.

60) 『開城郡面誌 · 開城案內記』, 1911(경인문화사영인본), 452~453쪽. 이에 따라 삼포주(蔘圃主)들의 수입도 매우 컸던 것으로 보인다. 예를 들어, 개성 신임 유수(留守) 김세기(金世基)는 삼포주이기도 한 부호 10여 명을 이유 없이 체포하여 투옥한 뒤 금전 수십만 냥을 바치도록 강요하고, 금전이 없으면 인삼밭을 상납하겠다는 증서를 쓰게 했다. 구속된 삼포주 가운데 윤두산은 이미 7만 냥을 바쳤음에도 석방되지 못하자 자결을 기도했는데, 이것이 1893 개성 민란의 직접적 원인이 되었다. 여기서 주목되는 점은 삼포주가 7만 냥이라는 거금을 바칠 정도의 경제력을 가지고 있었다는 점이다. 개성 민란에 대해서는 Bae Hang-seob, "Kaesŏng Uprising of 1893", *International Journal of Korean History* 15:1, Feb. 2010 참조.

냥에 이른다. 1807년 당시 서울로 올라오는 동전이 135만 냥이었고 이는 당시 총통화량의 1/7에 달하는 비중이었음을 고려하면 역시 엄청난 규모이다. 법정 미가에 따라 쌀로 환산하면 880만 석~1,850만 석에 해당하는데, 19세기 조선왕조 재정에서 국가적 물류의 규모가 쌀로 환산하여 500만 석 정도였다.[61] 이상으로 볼 때 가격이나 통화를 환산하는 데 어느 정도의 오류가 있을 것을 감안하더라도 홍삼 수출액은 엄청남 규모였음을 알 수 있다.

또 하나 중요한 사실은, 사행을 통한 공식 무역 외에 밀조(密造)와 밀무역도 성행했다는 점이다. 그 규모도 매우 컸다. 예컨대 공식 사행의 포삼을 4만 근으로 책정했던 1847년 직후인 1849년에 갑자기 포삼을 2만 근으로 줄이자, 개성에서 1만 1천여 근을 밀조한 사건이 발생했으며, 1861년에도 개성에서 1만 2천여 근을 밀조했다가 발각된 일이 있었다. 밀무역의 규모가 만만치 않았음을 시사한다. 밀무역은 평안도와 해서 지방에서 이루어졌으며, 그 상대는 주로 중국 상인이었지만 19세기 후반부터는 서양인들도 가담했다. 홍삼 무역과 밀무역을 통해 들어온 이윤이 어떤 방식으로 또 어떤 규모로 국내 시장과 연동되었는지를 보여주는 데이터는 없지만, 앞의 유승주·이철성의 연구만으로도 그 규모가 결코 작은 규모가 아니었음을 알 수 있다. 따라서 대일 무역만 분석하여 대외 교역의 쇠퇴를 주장하고, 그 영향으로 국내의 지역 간 시장 통합이 붕괴되었다고 주장하는 것은 성급한 결론이라 하지 않을 수 없다.

다음은 시장 간 통합력 저하에 대해 살펴보기로 한다. '19세기 위기론'자들에 따르면 경제적 통합력의 저하를 표현하는 장시 수의 감소 현상이 보이고, 쌀 가격이나 논의 매매 가격 추이 면에서도 지역 간의 차이가 경우에 따라 정반대 현상을 드러낼 정도로 현저하게 컸다고 한다.

---

61) 이영훈, 「19세기 조선왕조 경제 체제의 위기」, 『조선시대사학보』 43, 2007, 284쪽.

그러나 위기론자들도 고승희의 연구 성과를[62] 인용하여 함경도의 경우 19세기에 오히려 인구가 증가하였으며, 논의 면적도 늘어났고 장시의 수도 증가했음을 인정하고 있다.[63] 또 이들이 제시한 논 가격의 시계열을 볼 때, 충남의 경우 그래프 상 실질가격이 최하점을 찍은 것은 '19세기 위기론'자들이 발전기 내지 안정기로 규정했던 18세기 중반(1757)이었다. 분석 대상 데이터 중 가장 많은 비중(약 40%)을 차지하는 경기도의 경우 논의 실질가격 면에서 18세기와 19세기의 차이를 확인하기 어렵다. 오히려 논의 실질가격이 19세기 대부분의 기간에 걸쳐 18세기 전반(1737년 이전)보다 실질가격이 높게 형성되어 있다. 충청, 전라, 경상 지역에서는 19세기 들어 어느 정도 하락하는 경향을 보이지만, 경기도와 크게 다르지 않는 곡선을 그리고 있으며, 경기·황해·강원 지역에서는 하락하는 경향이 나타나지 않는다.[64] '19세기의 위기'라고 했지만 그것이 과연 전국적인 현상이었는지는 의문의 여지가 있다고 스스로 토로한 것도, 그런 한계를 인식한 결과라고 생각된다.[65]

또 이들은 19세기 중반 이후 모든 지방에 걸쳐 시장이 분열했다는 것을 '충격적인 사실'로 받아들이고 있다. 분열은 내륙부보다 해강부(海江部)에서 먼저 시작되었으며, 경상도보다 전라도에서 심각했다고 한다. 이미 18세기 중반부터 경제가 정체하기 시작했음을 알리는 적신호가 켜져 있었는데, 그것은 국제 무역의 축소, 서울 상인의 특권 강화와 유통 경로의 독점 강화에 따른 '경직'에서 찾을 수 있다고 했다. 무

---

62) 고승희, 『조선 후기 함경도 상업 연구』, 국학자료원, 2003.

63) 이영훈 편, 앞의 책, 2004, 388쪽.

64) 차명수·이헌창, 「우리나라의 논 가격 및 생산성, 1700~2000」, 이영훈 편, 앞의 책, 2004, 157~162쪽.

65) 이영훈, 「총론: 조선 후기 경제사 연구의 새로운 동향과 과제」, 이영훈 편, 앞의 책 2004, 387~388쪽.

엇보다 장기간에 걸친 미곡생산성의 악화가 시장 분열의 근본적 요인이었으며, 이로 인해 조선사회의 경제적 통합을 지지해온 미곡의 국가적 재분배 체제도 1840년대부터 해체되기 시작했고, 1850년대부터 미곡의 생산성이 급전직하하자 시장은 재앙적으로 분열되고 말았다고 주장했다.[66] '위기'를 국제무역이나 유통구조 면의 변화, 토지생산성 하락 등 이른바 '경제적 위기' 면에 집중하여 접근하고 있다. 19세기 후반, 곧 1855~1882년과 1883~1910년 사이에 지역 간·시장 간 가격 차이나 가격 변동에는 개항과 그에 이어진 정치적 격변들, 민란이나 동학농민전쟁과 의병운동 등 사회적 요인이 미친 영향이 클 수 있지만, 이런 점에 대한 고려는 전혀 없다.

앞서 언급했듯이 계문서 등을 토대로 한 곡가산정에는 근본적인 문제가 있지만, 이전에 비해 이 시기에 전라도-경상도 간, 혹은 같은 도안에서도 특징 지역 간 곡가의 연계성이 떨어지는 현상이 나타났을 수도 있다. 하지만 이를 시장의 '재앙적' 분열이라 칭하는 것은 과장된 표현이다. 이영훈의 지적처럼, 전라도와 경상도는 시장 통합이라는 면에서 남부 지방에서 가장 뒤떨어져 있었다. 특히 배가 다니지 못하는 내륙부는 연해부와 무관한 고립적 시장이었다. 가장 넓은 고립적 시장은 전라도에서 발견된다. 그러나 '19세기 위기론'자들은 정기시가 일부 통합 기능을 담당하던 시기는 물론 20세기 초까지도 이 지역은 고립적 시장으로 완고하게 분리되어 있었다고 했다. 그렇다면 재앙적으로 분열될 만한 시장이 애초에 존재하지 않았고, 따라서 그 분열이 극복될 일도 없었다고 할 수 있을 것이다. 따라서 이러한 사정을 고려하지 않고 19세기 '시장의 통합성'을 파악할 경우 고립적 시장이 가장 널리 편재해

---

66) 이영훈·박이택, 「17~18세기 미곡시장의 통합과 분열」, 이영훈 편, 앞의 책, 272~273쪽.

있던 전라도 지역이 '해체 양상' 면에서 가장 심각했던 것은 당연한 일일 것이다.

이상으로 미루어볼 때 19세기 후반을 조선왕조가 스스로 자멸할 정도의 '재앙적 위기'에 직면한 시기로 규정하는 데는 분명히 무리가 있다. 스스로도 시인했듯이 '19세기 위기'를 증명하는 근거가 되는 자료들이 주로 경상도와 전라도의 남부 지방에 치우쳐 있다. 북부 지방을 포함한 전국적인 상황, 그리고 대일 무역만이 아니라 대청 무역 등을 종합적으로 살펴보아야 전라도와 경상도를 중심으로 확인한 장시 수나 논 가격, 곡가 면에서의 변화의 의미나 방향이 정확하게 진단될 수 있을 것이다. 지표에 따라서는 가장 안정적이었던 18세기와 본질적인 차이가 없음에도 19세기의 경제 사정을 과잉 해석하여 '위기'라고 규정한다면, 조선왕조는 전 기간에 걸쳐 위기였다는 말과 다름없다. 과문한 탓인지는 몰라도 위기 국면 속에서 500여 년 동안 유지된 사회가 존재했다는 말을 들어보지 못했다. '19세기 위기론'들의 이러한 19세기 인식은 그들이 기초한 역사인식과 밀접한 관련이 있는 것으로 보인다.

4. '19세기 위기론'의 역사인식

'19세기 위기론'은 19세기의 역사적 위치를 조선 후기부터 식민지 시기를 거쳐 현대에 이르는 한국사의 거시적 전개 과정 속에서 파악하고자 한다. 특히 "식민지기의 경제사적 의의는 21세기 초 오늘날과는 물론, 19세기와의 구체적인 관련성에서 추구되지 않으면 안 된다. 그러한 역사적 관련성이 배제된 논쟁은 공허하기만 하다"고 한 데서도 알 수 있듯이,[67] 식민지 시기의 경제사적 의의를 분명히 하려는 의도를 가지

---

67) 이영훈, 「19세기 조선왕조 경제 체제의 위기」, 『조선시대사학보』 43, 2007, 290쪽.

고 있다. 그들은 "식민지는 근대적 시장 체제가 구축되는 시기였다"는 인식을 강하게 전제하고 있다. '19세기 위기론'은 이런 인식을 바탕으로 19세기의 역사상을 구체적으로 해명하고, 그 반사적 효과에 의해 식민지 시기의 역사적 위치나 의미를 밝히려는 의도를 가지고 있는 것으로 보인다. '19세기 위기론'이 바라보는 19세기상의 핵심은, 자맹론에서 말하듯이 서구적 근대를 향해 '발전'해나가는 과정이 아니라 스스로 자멸해나가는 시기였다는 것이다.

그러면서도 '19세기 위기론'을 대표하는 이영훈은 조선왕조 500년간 변화가 전혀 없었다는 식민사학자들의 정체론을 비판하면서[68] 자신의 논지가 식민사학자들과 다름을 보이고자 했다. 실제로 그는 정체론자들과 달리 17~18세기 소농사회의 발전과 안정을 강조한다. 그러나 '19세기 위기론'은 조선왕조 500년을 지탱해온 조선사회의 여러 측면들이, 그리고 17~18세기에 걸쳐 시장경제를 비롯한 서구적 근대를 수용하기에 적합한 방향으로 진전되어온 요소들이 완전히 붕괴해버려 자멸의 길을 걷는 19세기상을 그리고 있다. 그 결과 한국 근대는 온전히 일본에 의해 이식된 것일 수밖에 없게 된다.[69] 그런 점에서 정체론자들과 차이가 없으며, 그가 파악하는 한국사의 '전근대와 근대'의 관계는 극단적일 정도로 단절적이다.

한편 19세기의 역사적 위치를 조선후기부터 식민지 시기를 거쳐 현대에 이르기 한국사의 거시적 흐름 속에서 파악하고자 한 '19세기 위기론'의 접근 방식 자체는 충분히 납득할 수 있다. 사실 자본주의 맹아론

---

68) 이영훈, 위의 글, 288~289쪽.

69) 여기서 19세기 위기론자들이 아직까지 '자맹론'에 주박되어 그 비판 작업에 지나치게 집착하고 있는 것은 아닌지 하는 혐의가 든다. 그러나 한국사 연구자들 중에 과거의 자맹론을 아직 고집하고 있는 사람은 그리 많지 않다. 서구중심적, 발전론적 인식이나 근대중심주의에 대한 비판도 시작되고 있다. 그렇다면 '19세기 위기론'에서 보이는 자맹론에 대한 집착과 비판은 허공을 향한 주먹질일 수 있다.

도 결국은 식민지 시기의 역사적 의미를 조선시대와의 관련 속에서 확인하려는 의도를 가지고 있었다. 자맹론의 요체는, 조선 후기에 들어 내부적 동력으로 근대사회를 열어갈 수 있는 자본주의의 맹아들이 족출했지만 일본 제국주의의 침략으로 그 길이 좌절되었으며, 그래서 식민지 시기는 일본 제국주의에 의해 자주적인 근대로의 길이 좌절되고 왜곡된 시기라는 것이었다. 여기에는 서구가 경험한 역사 전개 과정을 하나의 당위로서 선험적으로 전제한 다음, 조선 후기는 서구가 선취한 근대를 향해 달려가는 과정이어야 한다고 이해하는 서구중심·근대중심적 역사인식이 자리 잡고 있었음은 주지하는 대로이다. 이는 '19세기 위기론'을 주장하는 논자들이 자맹론의 가장 핵심적인 문제점으로 지적하는 점이기도 하다.

물론 자맹론은 식민사학을 극복하려는 노력에서 나온 것이고, 또 식민사학의 정체성론·타율성론을 타파하는 데 결정적인 역할을 했다는 점, 그 과정에서 조선 후기의 역사상을 한층 풍부하게 했다는 점에 대해 충분히 평가받아야 한다. 그러나 동시에 서구적 경험을 근거로 한 역사 전개 과정에 '보편'이라는 특권적 지위를 부여하고 그것을 기준으로 조선시대 역사의 전개 과정과 역사적 위치를 가늠하였다는 점에서 서구중심적이었다. 또한 서구적 근대를 준거로 하여 그를 향해 나아가거나 그럴 가능성을 내장한 요소나 현상들을 중심으로, 심지어 근대적 지향적이지 않은 것들을 근대지향적 요소나 현상인 것으로 왜곡하는 방식으로 역사상을 구성하고자 했다는 점에서 근대중심적이었다. 자맹론이 결과적으로 같은 시기의 서구에 비해 사실상 한참 뒤진 조선후기상을 재구성할 수밖에 없었던 것도 그 때문이다.

'19세기 위기론'의 대표적 논자인 이영훈은 자맹론이 조선의 농업 발전과 관련하여 조선 고유의 여러 자연적·사회적 특질을 무시하고 그것을 영국 근대 농업과 동일시했다고 비판하면서, 한국 전근대에 대한 유형적 파악을 주장한 바 있다.[70] 여기에는 조선의 전근대는 서구와 다른 유형이기 때문에 서구적 지표를 기준으로 한국사의 근대이행을 설명하기 곤란하다는 생각이 전제되어 있다. 그런데 정작 그의 19세기사 이해는 유형적 접근과 사뭇 다르다. 어디까지나 서구적 경험에서 발견되는 요소들의 유무, 농담(濃淡)을 중심으로 접근되고 있다. 그에게 "식민지는 근대적 시장 체제가 구축되는 시기였다."[71] 또 "분열의 위기가 극복되고 전국적 범위의 시장통합이 달성되는 것은 일제가 조선을 식민지로 지배한 기간의 일이었다."[72] 이영훈은 식민지 시기의 역사적 위치에 대한 이런 이해를 토대로 "'19세기의 위기'는 근대적 시장경제 체제에 요구되는 문명 요소의 미숙으로 발생했다고도 할 수 있다"고 했다.[73]

그러나 이영훈에 따르면 조선은 거대한 재분배 체제가 경제 통합 면에서 중요한 위치를 차지하고 있던 사회였다. 19세기 말까지도 여전히 자급 경제가 차지하는 비중이 적지 않았다. 시장경제 체제가 경제적 통합 면에서 차지하는 위치는 부차적이었다. 그럼에도 불구하고 그는 서구적 경험을 '정상적 발전의 길'로 전제한 위에, 또 서구적 근대의 핵심적 요소인 근대적 시장경제 체제를 '발전'해나가야 할 당위적 목표로 전제하고, 그것이 없었기 때문에 위기였다는 논리를 펼친다. 유형이 다른 사회에 대해 다른 유형(그의 서구·근대중심적 사유에 입각하면 선진사회)의 사회가 보여준 특징적 문명 요소들을 들이밀고, 그것이 없었기 때문

---

70) 이영훈, 「한국사에서 근대로의 이행과 특질」, 『경제사학』 21, 1996.

71) 이영훈, 「19세기 조선왕조 경제 체제의 위기」, 『조선시대사학보』 43, 2007, 290쪽.

72) 이영훈·박이택, 「17~18세기 미곡시장의 통합과 분열」, 이영훈 편, 앞의 책, 2004, 273쪽.

73) 이영훈, 앞의 글, 2007, 290쪽.

에 조선은 후진적이었다고 판단해버리는 시각에 다름 아니다.[74] 서구와
한국 전근대의 유형적 구분은 구두선에 불과할 뿐이다. 때문에 그는 그
가 비판한 자맹론의 역사인식과 동일한 지평에 서서 다만 '발전'을 '자멸
할 정도의 퇴보'로 뒤집어 놓은 것에 불과한 결과를 내놓을 수밖에 없었
다. '19세기 위기론'은 본질적으로 서구중심주의 · 근대중심주의에 근거
한 발전론적 사고에 다름 아니다. 그런 점에서 '19세기 위기론'은 자맹
론과 역사인식을 공유하고 있지만, 거기에는 특히 시장근본주의적 사
고가 짙게 깔려 있다.[75]

---

74) 최근 이헌창과 우대형이 제기하는 '조선시대를 바라보는 제3의 시각' 혹은 조선후기
에 근대적 경제 성장을 위한 '준비 태세'를 일정하게 갖추고 있었다는 논리도 서구 ·
근대중심주의라는 면에서 동일하다. 이헌창은 자맹론과 식민지 근대화론의 조선시
대상(19세기 위기론)을 동시에 비판하면서 제3의 시각을 제창했다. 그 핵심은 자본
주의를 내적 동력에 의해 달성한 나라는 세계사적으로도 영국밖에 없다는 점에서 조
선사회에서 자본주의 맹아를 찾는 것은 무리이므로 "근대화를 준비하고 근대 문명을
수용하기 위한 기반"이 어느 정도 형성되어 있었는가를 확인하자는 것이었다. 그 결
과 그는 자맹론보다 훨씬 풍부한 조선시대의 발전상, 곧 '근대화의 선행 조건'들을 찾
아내고 있다. 그는 조선이 서구나 일본, 중국에 비해서는 후진적이었지만, 다른 제3
세계 국가들에 비해서는 선진적이었다면서 '세계사' 속에서 조선이 차지하는 위상을
그려냈다(이헌창, 앞의 글, 2010). 우대형 역시 자본주의 맹아가 없었다는 것과, 근
대 경제 성장 혹은 산업화에 필요한 조건들이 결여되어 있었다는 것은 별개의 주장
이라고 하면서 산업화가 외부에서 촉발되었다 해도 그에 필요한 외적 조건들을 흡수
하는 능력이 사회 내부에 얼마나 갖추어져 있었는가가 문제라고 밝혀, 이헌창과 유
사한 인식을 보여주었다(우대형, 「조선 전통사회의 경제적 유산」, 『역사와 현실 68』,
2008). 이러한 인식은 조선만이 아니라 다른 제3세계까지 포괄하는 모든 국가의 역
사를 철저히 위계화한다는 점에서 자맹론이나 식민지 근대화론과 마찬가지로 서구
중심 · 근대중심적, 발전론적 시각에 근거한 것이다.

75) 이는 근대적 경제 성장을 위한 전제 조건으로서 시장의 통합 정도와 통합된 시장이
성립한 시점을 확인하는 데 목적이 있다고 한 데서도 그러한 인식이 드러난다(이영
훈 · 박이택, 앞의 글, 226쪽). 이러한 시장근본주의적 사고는 다음과 같은 칼 폴라
니의 비판과 크게 대비된다. 폴라니는 자기조정적 시장이라는 생각 속에는 순전히
유토피아적인 이념이 내포되어 있다고 보았다(칼 폴라니 지음, 박현수 옮김, 『거대
한 전환: 우리 시대의 정치적 · 경제적 기원』, 민음사, 1991, 18쪽). 또 시장을 중심
에 두고 모든 인간관계와 사회를 재구성하려는 시도에 대해, 인간, 자연 그리고 화폐
등 모든 것을 상품으로 만들어 결국 "인간적 유대를 맷돌에 갈아 셀렌산(酸)으로 부

이영훈은 '19세기 위기론'에 의해 한국의 역사학이 위기에 봉착했다고 했지만, 필자가 보기에는 오히려 자맹론에 대한 과잉된 비판의식과 식민지 시기 근대화론에 대한 집착에서 성급하게 내놓은 '19세기 위기론'의 위기이며, '19세기 위기론'이 바탕하고 있는 서구중심적·근대중심적 역사인식의 위기이다.

5. 맺음말

'19세기 위기론'에 대한 비판으로 시종하고 말았지만, 그로부터 많은 것을 배우고 시사 받은 필자에게는 물론, 학계에도 '19세기 위기론'은 적지 않은 자극을 준 것이 사실이다. 그러나 이 글을 통해 인구, 토지생산성, 시장과 국제 무역의 측면에서 '19세기 위기론'이 제기하는 논리와 그것을 뒷받침하는 자료 면에서 적지 않은 문제와 한계가 있음을 확인할 수 있었다. 또한 역사 연구를 서구중심이 아니라 지역에 따른 유형적 파악을 주장하기도 했지만, 실제 연구는 서구와 조선을 비대칭적으로 비교하고 위계화하는 서구중심·근대중심적 역사인식을 벗어나지 못하였다. 서구중심적·근대중심적 역사인식은 근대적 시장경제체제를 준거로 조선사회를 파악하는 위기론자들의 인식에서도 보이듯이 조선사회의 시스템이나 제도, 사람들이 살아가는 방식과 생각 등 모든 것이 서구적 근대와 관련하여 순기능적이었는지 역기능적이었는지의 여부와 연결되어 판단되어 버린다. 이러한 인식은 전근대는 근대를 향해 돌진

식시킨 듯한 특징 없는 획일성으로 몰아넣는" 야만적 행위에 지나지 않는다고 비판했다(칼 폴라니, 홍기빈 옮김, 『전 세계적 자본주의인가 지역적 계획경제인가 외』, 책세상, 2002, 27쪽 및 41쪽). 이영훈은 조선 후기에 시장경제가 미발달했다는 사실을 논하기 위해 역사적 경제 통합 형태를 크게 세 가지 유형—호수(互酬), 재분배, 시장—로 나눈 폴라니의 논의를 활용했지만(이영훈, 2000, 20~21쪽), 시장에 대한 폴라니와 그의 생각에는 본질적인 차이가 있다.

해나가는 과정일 뿐이고, 그런 한에서만 의미를 가진다는 이해가 전제되어 있다. 비서구와 전근대를 모두 타자화하는 근대중심주의에 다름 아니다.

서구의 역사적 경험에서 만들어진 개념이나 이론적 도구를 구사하여 한국이나 동아시아, 기타 비서구 지역의 역사를 비대칭적으로 비교할 것이 아니라, 각 지역의 역사가 가진 고유한 측면을 그 내부로부터 분석해나갈 필요가 있다. 중요한 것은 전근대, 특히 비서구 전근대사회의 경제 체제가 갖는 의미를 사회 전체의 맥락을 충분히 고려하여 각각의 정치, 경제나 사회의 제도나 조직, 법과 관행, 나아가 정치 체제나 문화·이데올로기 등이 서로 어떤 관련을 맺고 어떻게 결합되어 작동되고 있었는지 밝혀내는 일이라고 생각한다. 필자는 물론, 현재 한국사학계에서도 그에 의한 역사상을 제시할 만한 충분한 고민이나 연구가 축적되어 있지 못하다. 이러한 현실에 대해 무책임하다는 질책을 면할 수는 없겠지만, 이와 관련하여 19세기의 역사상에 대한 몇 가지 생각만 간단히 밝혀두고자 한다.

경제적 위기만이 아니라, 어떠한 위기라 할지라도 그것이 반드시 문명사적 위기로 연결되는 것은 아니다. 오히려 위기의 결과는 기왕의 문명을 바탕으로 하면서도 또 새로운 요소가 가미된 또 다른 체제로 이어지는 것이 일반적이었다. 19세기가 정치적으로 '위기'였고, 사회적으로 혼란한 시기였다는 사실을 부인하는 연구자는 거의 없다. 근대적 시장경제 체제만을 준거로 할 때는 19세기 조선의 현실이 그와 거리가 먼 '위기적' 상황으로 보일 수도 있을 것이다. 그러나 '19세기 위기론'과 같은 역사 이해는 결과적으로 조선사회가 도달한 문명사적 의미나 조선시대, 특히 19세기에 이루어진 개개인의 삶의 경험과 그 누적들을 모두 무의미하게 만들고 만다.

위기였음을 인정하더라도 그에 대응하여 위기의 시기를 살아가던 사람들의 다양한 노력, 혹은 생존을 위한 몸부림들과 그 속에서 보이는 새로운 가능성들을 확인할 필요가 있다. '몸부림'은 실로 다양하였겠지만, 농민들은 인구증가와 생산성 하락 등을 맞아 노동생산성의 악화를 감수하면서도 극단적일 정도로 노동력을 다량 투입함으로써 '위기' 속에서 버터나가고자 하였다. 그것은 자본주의 근대를 향한 것은 아니었지만, 그 과정에서 외부의 자극에 의해 공업화가 본격적으로 요구될 경우 신속히 대응할 준비가 갖추어져 갔다는 주장도 있다.[76] 또 김건태도 '위기'에 처한 농민들이 경작 작물을 다각화하고 작부체계를 이른바 '다품종 소량생산'에 의거하는 방식으로 위기에 대처해 나갔으며, 그것은 자본주의를 향한 노력은 아니었지만, 그 속에는 근대와 접속할 수 있는 가능성이 내포되어 있었다고 하였다.[77] 물론 이러한 견해들도 서구적 근대를 전제로 한 역사인식이라는 점에서 한계가 있지만, '19세기 위기론'과는 대조된다. 모든 위기가 다만 위기로 끝나는 것이 아니라, 그 속에서 잉태되는 새로운 가능성에 대해서도 유념하고 있기 때문이다. 지대율의 감하도 생산성의 위기 때문이라기보다는 오히려 지배층이 체제의 위기를 외면하는 현실 속에서 '향촌공동체'가 자율적으로, 혹은 사회적 관계의 변화 속에서 위기에 대응하기 위한 노력의 소산일 수도 있는 것이다.

그러한 가능성은 이영훈이 시장경제에 방해되는 인민주의적 요소를 확산시키고 오늘날까지 악영향을 미친 사례로 들고 있는 19세기 농민들의 생각과 행동에서도 확인할 수 있다. 1862년에 삼남 지역을 휩쓴 민란이나 1894년의 동학농민전쟁도 다만 체제위기, 생존위기에 따

---

76) 하야미 아키라 지음, 조성원·정안기 옮김, 『근세일본의 경제발전과 근면혁명』, 혜안, 2006 참조.

77) 김건태, 「19세기 집약적 농법의 확산과 작물의 다각화—경상도 예천 맛질 박씨가 가작사례」, 『역사비평』101호, 2012 참조.

른 즉자적 저항이 아니었다. 조선사회의 체제와 지배이념 속에서 누적되어 온 경험과 다양한 분야의 변화 속에서 내면화해 나간 인정과 민본 이데올로기 같은 나름대로의 정당성을 기반으로 질서를 회복하려는, 곧 '위기'에 대응하는 노력이었다. 생존을 위해서도 인정과 민본을 회복해야 한다는 열망과 절실함, 그를 바탕으로 전개된 '민란'과 같은 아래로부터의 움직임은 그들의 의도와는 무관하게 새로운 정치적 질서를 준비해가고 있었다. 물론 새로운 질서가 반드시 근대적 정치체제나 근대적 시장경제를 지향한 것은 아니었지만, 위기는 새로운 가능성을 열어가고 있었음을 시사한다.[78] 19세기는 조선사회가 자멸할 정도의 재앙적 위기가 아니라, 전근대 어느 나라에나 있었던 일반적 위기에 불과하며, 그것은 다른 한편 새로운—반드시 자본주의적 근대가 아니라—체제나 질서가 요구되는 시기였고, 동시에 그것을 준비해나갔던 시기였다.

---

78) 배항섭, 「19세기 지배질서의 변화와 정치문화의 변용 -仁政 願望의 향방을 중심으로」, 『한국사학보』 39, 2010.

서구중심주의와 근대중심주의, 역사인식의 天網인가

-송호근, 『시민의 탄생』(민음사, 2013)에 부쳐-

1. 머리말: 시민이 탄생되기까지의 장대한 드라마

『시민의 탄생-조선의 근대와 공론장의 지각 변동』(이하 『시민』)은[1] 『인민의 탄생-공론장의 구조 변동』(이하 『인민』)에[2] 이은 연구이다. 이미 『인민』에서 예고한 대로이다. 다루는 시기 역시 『인민』에 이은 시기인 말안장 시대(1860~1894)와 근대이행기(1894~1910)이다.

『인민』에서는 유교에 의한 정교일치의 조선 왕조국가를 지탱하는 근간이던 종교·교육·정치의 삼중 시스템이 19세기에 들어 붕괴하고 인민이 형성되기까지를 다루었다. 그 과정에서 핵심이 된 것은 언문의 확산이었다. 언문을 수용한 인민들은 언문을 통해 종교 담론, 문예 담론, 정치 담론을 전개하였고, 이 담론들이 하나의 공론장으로 수렴되면서 인민이 탄생하였다는 것이다.

『시민』은 크게 두 부분으로 구성되어 있다. 전반부는 19세기에 본격적으로 등장한 문해인민이 '말안장 시대'에 동학을 만나 주체 의식과 함

---

1) 송호근, 『시민의 탄생-조선의 근대와 공론장의 지각 변동』, 민음사, 2013.
2) 송호근, 『인민의 탄생-공론장의 구조 변동』, 민음사, 2011.

께 존재론적 자각을 획득하게 된 자각인민으로 진화하고, 이들이 평민 공론장을 형성하면서 근대인의 원형을 갖추기까지를 다루고 있다. 후반부에서는 '근대이행기', 곧 독립협회와 그 후의 계몽운동 시기에 서울을 중심으로 자발적 결사체들이 등장하면서 '근대적' 개인과 사회가 태어나는 과정을 추적하고 있다. 이 시기에는 부르주아 공론장의 조선적 형태인 '지식인 공론장'이 등장하였고, 갑오정권에 의한 국문의 공식화에 힘입어 동학농민전쟁의 패배와 함께 사라졌던 '평민 공론장'이 부활하였다고 한다. 이때의 '평민 공론장'은 동학교도들에 의한 '종교적 평민 공론장'이 아니라 '세속적 평민 공론장'이라는 점에서 차이가 난다.

이어 '지식인 공론장'과 '평민 공론장'이 공명하면서 ○○會, ○○社 등 자발적 결사체가 등장하였다. 이러한 결사체는 사회의 모체가 되었으며, 조선시대와는 그 원리 면에서 질적으로 다른 사회 조직이었다. 또 개인과 지역을 넘어 집단과 전체의 보편적 이해를 추구하였다는 점에서 현실적 사회를 배태한 인큐베이터였다고 한다. 저자는 개인과 사회의 탄생 과정을 갑오개혁·대한제국을 거치며 태동되는 근대국가 형성 과정과 아울러 접근하고 있으며, 그 속에서 서양과 질적으로 다른 점들을 발견해 내고 있다. 저자는 시민사회의 성립 요건으로 종교개혁, 계약적 질서, 개별적 인권, 정치 참정권을 들고 있다. 그리고 시민은 그런 사회를 구성하는 주권적, 주체적 개인이며, 이해 갈등과 계급적 대립으로 파열하기 쉬운 사회 질서를 공적 담론과 공적 기구를 통하여 유지 존속시켜 나가는 근대적 개인, 더 나아가 공익과 사익 간 균형을 취할 수 있는 공공 정신과 도덕을 내면화한 사람이라고 규정하고 있다. 저자는 여기서 공공 정신과 도덕 형성의 가장 중요한 전제가 자율성임을 지적하면서, 자율성이 주어지지 않은 사회에서 시민은 태어나지 못한다는 점을 강조하고 있다.

마지막으로 저자는, 시민과 사회에 대한 이런 규정을 전제로 이 책에서 추구한 근본적 질문, 곧 "그렇다면 시민은 태어났는가?"라는 질문을 제기한다. 저자의 결론은 이렇다. 개인은 시민으로, 사회는 시민사회를 향해 서서히 발을 옮기고 있었지만, 대한제국이 식민지로 전락하면서 시민됨의 가장 중요한 요건인 자율성이 박탈된 '동굴 속의 시민'으로 남고 말았다는 것이다.

이 저작의 핵심적 목적 가운데 하나는 현재의 한국사회에, '선진국'에서 흔히 목격되는 '성숙한 자질', 곧 시민윤리라고 부르는 습속이 결핍되어 있는 기원을 탐구하는 데 있다. 예컨대 저자는 한국에서 "개인과 시민사회는 어떻게 생겨났기에 식민지와 전쟁을 허용할 수밖에 없었고, 이후 세계에서 가장 치열한 경쟁사회로 치달았는가?"라는 질문을 제기하고 있다.[3] 곧 저자는 현재 한국사회의 기원을 밝힘과 동시에 한국 사회가 나아가야 할 길을 모색하려는 '살아 있는' 문제의식을 가지고 연구에 임하고 있다. 이를 위해 저자는 사회과학 분야는 물론, 역사, 문학, 철학 분야를 망라하여 방대하고 다양한 자료와 연구 성과들을 참조하여 개인과 시민이 탄생하기까지의 장대한 역사의 파노라마를 펼쳐 보이고 있다. 역사학을 공부하는 평자의 입장에서 볼 때, 그 동안 역사학 분야에서 제대로 접근되지 않았던 거시적 관점과 새로운 방법론을 구사하고 있다는 점이 이 책의 가장 큰 미덕이라 생각된다.

역사학계의 연구에서 보이는 문제점 가운데 하나인 미시적 연구조차 제대로 수행하지 못한 필자로서는 이 책을 따라 읽는 것도 버거웠다. 다만 이 책에서 다루는 것과 비슷한 시기를 공부하는 연구자의 한 사람으로서 향후 이 책이 가진 문제의식을 한 단계 더 진전시키는 데 도움이 되었으면 하는 바람을 담아 저자가 보여주는 관점이나 분석틀과 관련한 몇 가지 점을 지적해보고자 한다.

---

3) 『시민』, 6~7쪽.

2. 현실에 대한 성찰과 새로운 관점

저자의 문제의식은 이미 『시민』의 전편인 『인민』의 서론 부분에 잘 드러나 있다. 사회학자인 저자의 문제의식은 무엇보다 먼저 서양산 이론에 입각한 사회과학이 한국사회의 다양한 현상들을 설명하는 데 실패했음을 고백하는 데에서 출발하고 있다. 사회과학이 구명해 온 종래의 한국사회는 "표층은 그런대로 보이는 듯했으나, 심층은 깊이를 알 수 없는 암흑 상자였"으며, 한국사회의 심층을 "서양 인식론으로 재단하다간 본질을 왜곡하기 십상"이었다고 했다. 그것은 무엇보다 한국사회의 심층에는 오랫동안 종교였고, 사회의 조직 원리였으며, 교육과 문화의 핵심가치였던 "유교"가 있었기 때문이라는 것이다. 결론적으로 저자는 서양산 이론에 입각한 사회과학이 한국사회의 다양한 현상들을 설명하는 데 실패했다고 주장하였다.[4]

저자에 따르면 서양산 이론체계는 한국을 극복할 대상으로 개념화했다. 한국은 부정적인 모습을 잔뜩 담고 있는 국가로 산업사회의 대척점에 서 있었고, 선진국에 대비되는 후진국이자 전근대적인 국가였다. 이에 따라 시인 고은이 '이단의 자식'이라고 명명한 1970년 세대는 서양산 사회과학 이론을 무기로 한국의 과거를 알아보기도 전에 죽였다고 하였다. 말하자면 역사의 갈피에 접힌 필연적 이유를 묻기 전에 서양산 사회과학으로 한국사회를 분해한 것이다. 그러나 미국으로 유학 갔던 저자가 귀국한 후 그가 다시 마주한 한국의 사회적 현상은 개념과 이론으로 무장한 사회과학자인 저자를 자주 당혹스럽게 만들었다. 그 후 오랜 성찰 끝에 내린 '깨달음' 가운데 하나가 "'인간'이 더 문제시되는 (학문) 분야는 그 역사적 심층과 접목시키지 않고는 보편적 분석 도구들의

---

4) 『인민』, 9쪽.

유용성이 반감된다는 사실"이었다. 그래서 그는 『인민』과 『시민』을 통해 세계최고의 지식 국가였던 조선이라는 과거로부터의 여행을 시작한 것이다. 과거, 특히 조선시대를 알아야 외국인의 눈으로는 이해할 수 없는 현재 한국사회의 다양한 현상들을 이해할 수 있다고 판단하였기 때문이다.[5]

매우 의미 있는 성찰이고 중요한 문제의식이라 생각한다. 저자가 『인민』의 논의를 조선의 통치 구조에 대한 분석으로부터 시작하고, 『시민』에서 '양반 공론장', '조공체제' 등을 지속적으로, 또 중요하게 언급하면서 논지를 펴나가는 것도 그러한 문제의식을 견지하고 있기 때문이라 생각한다. 한국의 사회 현실과 학문 현실 양자에 대한 깊은 성찰에서 나올 수 있는 고민의 발로임은 물론이다.

한편 저자가 가진 또 하나의 중요한 관점은 역사학계가 가진 문제점을 지적한 데서 잘 드러난다. 저자에 따르면 역사학계는 중세 또는 조선 초기와 근대를 단절적으로 규정하는 '단절론적 관점'을 보이고 있다고 하였다. 저자는 이와 달리 '전기, 중세, 근대'를 하나의 연장선에서 파악하는 '연속론적 입장'을 취하고자 하였다. "근대는 시간대를 거슬러 조선사의 핵심과 맞닿아 있"으며, 그 점에서 "근대는 조선사의 심층 구조에서 '배태된' 새로운 실체"라는 생각에서 나온 것이다. 또 그 동안 역사학계는 특정 요인의 발아와 성장에 집착하는 미시적 연구 또는 소재주의에 빠져 있다고 하였다. 질적으로 다양한 요소들의 복합체를 '근대 만들기'의 관점에서 어떤 하나의 색깔로 채색하는 목적론적 연구 경향을 보인다는 것이다. 그래서 저자는 이러한 미시적·목적론적 연구를 벗어난 총체적 조망을 추구하고자 하였다.[6] 이러한 문제의식은 『시민의

---

5) 『인민』, 15~20쪽.

6) 『인민』, 28쪽.

탄생』에서도 이어지고 있다. 역사를 공부하는 한 사람으로서 충분히 공감할 수 있는 문제의식이다.

저자는 『시민』에서도 이러한 문제의식에 입각하여 동서양의 역사적 경험을 넘나들면서, 또 다양한 사회이론들을 동원하여 한국에서 개인과 시민이 탄생되는 과정을 근대국가 형성과정이나 근대이행 과정이라는 맥락에서 추적해 나가고 있다. 이미 발간된 『인민의 탄생』이나[7] 준비 중인 세 번째 저작, 『현대 한국 사회의 탄생: 20세기 국가와 시민사회』(가제)를[8] 포함한 3부작 전체가 아니라 『시민』만으로도 보기 드문 대작이라고 할 수 있다.

이 연구가 19세기 말에서 20세기 초로 이어지는 한국사회의 변화 과정과 역사 전개 과정을 새로운 시각으로, 또 한층 폭넓게 이해하는 데 크게 기여하리라는 데에는 의문의 여지가 없다. 또한 서구중심주의의 극복이 중요한 화두가 되고 있는 학문적 현실을 생각할 때 한국의 역사와 사회를 '서양산' 이론에 의거해 이해하는 것이 가지는 문제점을 비판하고 있다는 그 자체만으로도 소중한 의미를 가진다고 생각한다. 그러나 그의 입론과 논지 전개과정에 모두 동의하는 것은 아니다. 앞서 언급했듯이 다음 장부터는 특히 저자의 분석틀이나 역사인식과 관련하여 평자 나름대로 생각한 몇 가지 문제점을 지적해보고자 한다.[9]

---

7) 이에 대한 서평으로는 이경구, 「서평: 조선의 새로운 시간대와 인민」, 『개념과 소통』 9, 2012; 이정철, 「서평: '근대' 프레임과 역사」, 『역사비평』 98호, 2012 참조.

8) 이 책은 2020년 『국민의 탄생: 식민지 공론장의 구조 변동』(민음사) 이라는 제목으로 출간되었다.

9) 필자는 이미 다른 글에서 『시민』이 가진 연구사적 의미와 문제점에 대해 간단히 지적한 바 있다(배항섭, 「전근대−근대의 연속적 이해와 동아시아라는 시각」, 『역사학보』 223, 2014). 아래의 내용 가운데 일부는 그것과 중복된다는 점을 미리 밝혀둔다.

3. 서구중심적 분석틀: 공론장

지금까지 한국사연구는 기본적으로 서구의 역사 전개과정을 의식하면서, 나아가 그것을 준거로 삼아 한국사의 전개과정을 그와 비교하는 방식으로 한국사의 역사적 발전 단계와 위치, 특징을 이해하여 왔다. 그 결과 나름대로 의미 있는 성과들을 제출하였고, 식민사학과는 다른 역사상을 구성할 수 있었다. 그러나 그 비교가 철저히 비대칭적이었다는 점에서 서구중심주의를 오히려 강화하는 결과를 초래하였으며, 한국사의 독자적 전개과정을 내재적으로 분석하는 데 실패하고 말았다.

저자는 '근대의 자식'이었던 사회과학 역시 근대화 모델에 강한 집착을 보이면서 한국사회를 "연속과 불연속, 화합과 충돌의 그 복잡하고 오묘한 양상을 '전통과 근대'라는 이분법으로 분해하기를 은근히 부추겼다"고 하였다.[10] 평자의 생각으로는 그 부추김은 '은근한' 것이 아니라 매우 노골적이었다고 생각된다. 그것은 서양산 이론체계가 "일제식민, 전쟁, 군부 통치가 모두 그럴싸한 근대를 만들어 내지 못한 과거의 역사적 무능력에서 유래하였다고 생각"하게 만들거나, 한국의 과거를 "결핍과 열등감의 수원지"인 것으로 여기게 했다는 저자의 지적에서도 엿볼 수 있다.

『시민』에서 저자는 한국에서 시민이 탄생하는 과정을 위르겐 하버마스(Jürgen Habermas)의 '공론장' 개념을 빌려 접근하고 있다.[11] 그러나 위르겐 하버마스는 자신이 사용하는 "부르주아 공론장" 개념이 언제 어디에서나 적용될 수 있는 '보편성'을 가지는 것이 아님을 명시해두고 있

---

10) 『인민』, 9~10쪽.

11) "『인민의 탄생』에서도 그랬듯이 『시민의 탄생』 역시 '공론장(public sphere) 분석'을 연구 방법론의 가장 중요한 축으로 삼았다"(『시민』, 9쪽).

다. 곧 '공론장' 개념은 시대유형적 범주이기 때문에 유럽 중세 전성기에 출현한 독특한 발전사로부터 분리될 수 없으며, 역사적 상황이 동일하다는 것만으로 공론장 개념을 이념형으로 일반화하고 자의적으로 적용시킬 수 없다고 하였다.[12] 저자도 이점을 의식하여 위르겐 하버마스의 '공론장'은 "부르주아 계급의 상승과 근대국가의 건설과정에 제한적으로 적용한" 개념이었고, 위르겐 하버마스는 부르주아 "공론장을 근대국가의 구축과 자유주의 확산의 가장 중요한 배경에 놓았다."는 점을 확인해두고 있다.

그럼에도 불구하고 저자는 공론장 개념이 가진 분석적 유용성을 고려하여 "아예 통시적으로 확장하여 조선의 전반적 역사 변동의 추동력을 캐는 거시적 분석틀로 삼고자 했다"라고 밝히고 있다.[13] 저자의 지적처럼 조선의 통치는 궁정과 재지사족 간 매우 밀접한 공론 정치를 통해 이뤄졌다는 점에서 공론장 개념을 통한 접근이 유용할 수도 있을 것이다. 그러나 서구의 특수한 역사적 조건 속에서 만들어진 부르주아 공론장 개념을 구사하여 매우 이질적이었던 조선사회를 분석하는 것이 얼마나 적절한지에 대해서는 의문이 든다. 물론 '서양산 이론'을 기계적으로 적용하는 방식이 아니라, 저자가 강조한 조선역사의 심층, 특히 유교라는 것을 충분히 전제하면서 서구의 공론장과 대칭적 비교를 수행한다면, 조선과 서양사회에 대한 한층 진전된 이해에 도달할 수 있을 것이라 생각된다.

그러나 저자는 기본적으로 위르겐 하버마스가 정형화 해놓은 서구의 경험을 전제로 삼으면서, 그와 대비 속에서 조선의 공론장을 설명하

---

12) 위르겐 위르겐 하버마스 지음, 한승완 역, 『공론장의 구조변동』, 나남, 2001, 57~58쪽.

13) 『시민』, 10쪽.

는 방식을 취하고 있다. 이러한 방식은 유교국가였던 조선사회의 공론
이나 '공론장'이 형성되고 진전되어 가는 과정을 분석하는 데 오히려 방
해가 되고 있다는 인상을 지우기 어렵다. 예컨대 '경제적 수취제도'라고
표현한 데에서도 드러나듯이 저자는 수취제도를 경제적 문제인 것으로
이해하고 있다. 또 그 모순이 조선 역사에서 최초로 "정치적 인민"을 탄
생시켰다고 하면서도,[14] 1862년 민란 당시의 향회를 '공론장'이 아니라,
'정치적 담론장'으로 규정하고 있다. 이와 관련하여 저자는 "정치적 담
론장이 공공성을 획득하려면 '전국적 차원의 네트워크'를 갖춰야 하고,
담론과 주장에 대한 정부 혹은 지배세력의 '정치적 타협과 양보'가 있어
야 한다."는 점을 지적하고 있다.

 '공론장'이나 '담론장'에 대한 접근이 서구를 기준으로 그것과 한국 간
의 거리재기에 방점을 두는 방식임을 알 수 있다. 유교나 유교적 정치
체제 속에서 공론이라는 것이 어떤 식으로 작동하고 변화해나갔는가를
유교나 유교적 정치문화, 사회 편성 원리와 연결하여 접근하는 내재적
이해와는 거리가 있다. 이러한 접근에서는 한국사회의 심층에 자리 잡
고 있던 유교, 그리고 조선이 유교를 지배이념으로 수용하면서 일찍부
터 중앙집권적 체제, 그리고 저자도 지적하였듯이 "세계사적으로 유례
없이 강력한" 관료제를 갖추고 있었다"는[15] 한국사회의 고유성에 대한
고려가 외면될 것이기 때문이다.

 이 점은 필자가 규정한 대로의 '공론장'과 관련하여서도 중요한 의미
를 가진다고 생각한다. G. 풋지가 주장하였듯이 "국사(國事)에 관한 여
론" 내지 "'공공사에 관한 여론'의 발전은 어떤 측면에서는 절대주의 정
책과 이에 대한 기성의 이데올로기와 양립할 수 있는 것이었다. 공공

---

14) 『인민』, 366~370쪽.
15) 『시민』, 275~276쪽.

영역의 등장 그 자체는 많은 부분에 있어 신분의회를 제치고 자신의 법률, 자신의 조세정책, 자신의 획일적이고 포괄적인 행정 그리고 애국심에 대한 점증적인 호소를 바탕으로 자신의 신민들과 직접 대면하려는 절대주의 국가정책의 결과로 이루어진 것이다".[16]

따라서 일찍부터 중앙집권적 체제를 가동하고 있던 조선에서 수취제도와 조제정책은 경제문제에 국한된 것이 아니라, 국왕과 백성을 직접 매개하는 가장 중요한 정치의 장이었다. 그것은 무엇보다 19세기에 빈발한 '민란'은 물론 1894년에 발발한 동학농민전쟁의 가장 핵심적 요구사항이 조세문제와 관련된 것이었다는 데에서도 알 수 있다. 민란까지 가지는 않았다 하더라도 민인들이 수령에게 제출하는 개별적, 집단적 소지(所志)에서 큰 비중을 차지하는 것이 바로 조세문제였다. 지방관 차원에서 해결되지 않을 경우 그 문제는 곧장 국왕에 대한 직소(直訴)로 연결되기도 했다. 조세 문제에 대한 불만을 국왕에게 직소하기 위해 향촌 주민들이 집단 상경한 사례는 19세기에 들어 이전에 비해 더욱 많아졌을 것으로 보이지만,[17] 반드시 민란이 빈발하던 19세기만의 상황은 아니었다. 세종 연간의 공법(貢法)시행을 둘러싼 국가와 민인 간의 갈등 및 그것을 조정해나가는 과정은 그러한 사정을 잘 보여준다.

1430년(세종 12) 8월 세종은 새로운 조세정책인 공법을 시행하기에 앞서 대대적인 여론조사를 통해 가부를 물었다. 조사대상자는 전국에 걸쳐 17만 1천여 명에 달했으며, 수령과 품관은 물론 촌민에 이르기까지 다양하였다. 전라도의 경우 조사대상자는 수령 42명과 품관 · 촌민 등

---

16) G. 폿지 지음, 박상섭 옮김, 『근대국가의 발전』, 민음사, 1995, 136~137쪽.

17) 경주 민인 수백 명이 상경하여 대궐문 앞에서 "관리가 축낸 것인데 백성에게 무슨 관계가 있는가?" 하며 "온 境內가 보전할 수 없을 듯"이 원통함을 호소하였다(『헌종실록』, 헌종 7년 9월 7일).

2만 9,505명이었다.[18] 여론조사의 결과 찬성자가 반대자에 비해 2만여 명 정도 많았으나, 세종은 반대자 7만여 명의 입장도 고려하여 공법을 바로 시행하지 않고 꾸준히 개정 논의를 진행한 후 시행하는 모습을 보였다. 시행 후에도 이에 반대하는 경상도 주민 1천여 명이 상경하여 등문고(登聞鼓)를 쳐서 공법의 불편함을 호소하며 답험손실법(踏驗損實法)으로 돌아갈 것을 요구하였다.[19]

세종은 그들의 요구를 받아들이지 않았지만, 조선초기부터 국사 내지 공공사에 관한 논의가 저자가 지적한 바, "공공성의 쌍방향적 소통이 이루어지고, 그것도 공식적 채널을 통해" 이뤄지고 있었음을 보여준다. 물론 이 사례는 예외적인 것으로 생각되지만, 경상도 주민 1천여 명이 상경한 일은 공론장과 관련하여 간단하게 넘어갈 문제가 아니다. 1천여 명의 주민들이 상경하기까지에는 공법에 대한 가부 논의와 결정 과정, 자신들의 의사를 표현하고 정부에 전달할 방안에 대한 논의, 상경 결정, 상경할 사람의 선정과 규모, 거기에 소요되는 비용 마련 등 다양한 문제를 둘러싸고 '향중공론'이 토론되고 모아지는 과정이 전제되었을 것이기 때문이다. '향중공론'을 주도한 계층은 사족들이었을 것으로 추측되지만, 국왕조차 '촌민'들에게까지 의견을 물었다는 데에서 미루어 짐작할 수 있듯이 공론을 사족이 주도하였다 하더라도 평민들의 의견이 완전히 배제되거나 무시되었을 것으로 보지는 않는다.[20]

한편 저자는 비숍 여사의 견문기를 인용하여 개화기 도시지역에서는 "거리에서, 집 앞에서, 주막에서" 평민 공론장이라 칭할 수 있는 토론

---

18) 『세종실록』, 세종 12년 8월 10일.

19) 『세종실록』, 세종 22년 9월 3일.

20) 배항섭, 「19세기 후반 민중운동과 公論」, 『한국사연구』 161, 2013; 「19세기 향촌사회 질서의 변화와 새로운 공론의 대두-아래로부터 형성되는 새로운 정치질서-」, 『조선시대사학보』 71, 2014 참조.

의 장이 형성되고 있었음을 지적하였다.[21] 그러나 그러한 '평민 공론장'이 개화기에만, 또 도시지역에서만 존재했을 것으로 생각하기는 어렵다. 닷새에 한 번씩 열리는 시장만 하여도 각 촌락의 주민들이 서로 모여 정치적으로 위험한 소문, 수세관리(收稅官吏)가 가혹하다는 불평, 괴력난신(怪力亂神)에 관한 마을의 이야기, 제식장례(祭式葬禮), 혼례의 풍속, 가족의 안부, 생활상의 잡사 등으로부터 혹은 어느 마을에는 천하의 대학자인 어떤 진사가 있다거나, 어떤 고을에서는 마부와 외지인의 싸움이 있었다거나, 어떤 향촌에서는 유령이 나왔다는 등 다양한 정보를 교환하는 공간이었다.[22] 이는 닷새마다 열리는 장시가 중앙정치와 관련된 소문이나 조세문제를 비롯한 관과 관련된 불만들이 수시로 소통되는 '공론장'으로서의 역할을 담당하고 있었음을 의미한다. 이 때문에 장시 역시 민중운동의 장으로서 중요한 기능을 담당하였고,[23] 적지 않은 민란이 장날을 기해 장터에서 발발하였음은 잘 알려져 있다.

저자도 지적하였듯이 중앙집권적 시스템 하에서 수령이나 감사 등 지방관들은 민인들이 개인적·집단적으로 제출하는 소지류나 등장에 대해 곧바로 공식적 처리 결과를 알려 주어야 했다. 이 가운데 등장이나 의송이 사적 민원이 아니라, "국가 정책에 항의하거나 불법한 수탈에 항의하는 것이라면 공공성의 쌍방향적 소통이, 그것도 공식적 채널을 통해 이뤄지는 순간"이었다.[24] 공식적 채널을 통한 공공성의 소통은 일상적으로 이루어지고 있었다. 동리 차원의 소민들의 공론과 그를 통한 소지류나 등장은 지방관에게 응답을 요구하는 정치적 의미를 가지

---

21) 『인민』, 344쪽.

22) 菊池謙讓, 『朝鮮王國』, 東京:民友社, 1896, 243쪽.

23) 鶴園裕, 「李朝後期民衆運動の二, 三の特質について」, 『朝鮮史硏究會論文集』 27, 1990 참조.

24) 『인민』, 371쪽.

는 행위였다. 항상 민인들의 요구가 수용되거나, 만족할 만한 결과를 얻을 수 있었던 것은 아니었지만, 때로는 국왕에 의한 수령의 파면이나 유배 등이 이루어지거나 세액의 삭감 등의 조치가 취해지기도 했다. 또한 정소자들의 불만이 전혀 해소되지 않을 때 그들은 공적 권위에 저항하거나 민란에서처럼 새로운 공공성을 요구하게 된다.[25]

특히 민인들은 조세문제를 둘러싼 요구를 관철하려는 과정에서 사족이 중심이 된 기왕의 '향중공론'과는 다른 새로운 공론을 만들어 갔다. 새로운 공론은 군현 단위에서 혹은 동리나 면단위를 거쳐 군현 단위에서 형성되었다. 또한 그에 입각하여 수령에게 시정을 요구하는 행위는 말 그대로 '정치적 행위'였다. 조세문제 해결을 위한 노력의 결과가 기대에 미치지 못할 경우, 민인들의 행위가 반드시 민란으로 연결되지는 않더라도, 격쟁이나 상언, 신문고 등에 의한 직소행위가 뒤따르는 경우가 많았다. 말하자면 관료제를 근간으로 하는 중앙집권적 체제는 동리→면→군현→중앙으로 이어지는 동심원적 구조의 정치과정을 준비해 두고 있었던 것이다.[26] 이는 곧 중앙집권적 정치체제에서는 매우 일찍부터 민인들의 정치참여가 구조적으로 이루어지고 있었음을 보여 준다.[27]

한편 조선의 상업은 서구는 물론 중국이나 일본에 비해서도 매우 부

---

25) 『인민』, 371쪽.

26) 배항섭, 앞의 글, 2013 참조. 저자는 조선왕조 500년 역사에서 인민반란 혹은 상천민의 반란은 거의 발생하지 않았다는 사실을 통치 기제의 강고함을 입증하는 것으로 이해하였다(『인민』, 339쪽). 그러나 세계사적으로 전례를 찾기 어려운 500년이라는 긴 시간 동안 지탱하였음을 고려한다면, 오히려 상기한 정치시스템이 일종의 스팀 벨브 역할을 함으로써 인민의 불만을 적절한 선에서 통제할 수 있었기 때문이라는 방식으로 이해하는 쪽이 타당하다고 생각한다.

27) 이에 대해서는 배항섭, 「19세기 지배질서의 변화와 정치문화의 변용-仁政 願望의 향방을 중심으로-」, 『한국사학보』 39, 2010 참조.

진하였다. 또 위르겐 하버마스가 말하는 공론장을 구성하는 중요 요건 가운데 하나인 정보의 유통과 밀접한 관련이 있는 인쇄술의 경우 일본과 베트남의 중간 정도였다는 것이 저자의 판단이다.[28] 이러한 점들은 필자가 준거로 삼는 서구의 공론장 형성 배경에 비추어 볼 때 조선의 경우 특히 정보의 유통이라는 면에서 취약하였음을 의미하는 것이라 할 수 있다. 그러나 이웃 고을의 민란 소식을 듣고 민란을 일으킨 사례에서 보이듯이 정보나 소문의 유통이 다만 상품경제의 발달 정도에만 의존하는 것은 아니었다. 조선에서는 상품경제의 발달에 편승한 것과는 다른 방식으로 정보가 유통되고 있었다. 특히 엘리트인 양반이 평민이나 천민들과 같은 마을에 혼거하거나, 혹은 이웃 마을에 살고 있었다는 점은 중요한 의미를 가진다.[29] 양반들은 이른바 '전국적 네트워크'

---

28) 『인민』, 164쪽.

29) 저자는 애국계몽기에 들어 지식인 공론장과 평민 공론장이 공명하는 가운데 사회가 태어났다고 하면서 조선시대에는 "양반층과 인민을 매개할 공간이 없"었음을 지적하고 있다(『시민』, 362쪽). 또 18세기 중엽 이전까지만 하여도 민은 집단의사를 수렴하고 개진할 수 있는 통로는 없었으며, 상하합계 형태의 동계가 17세기에 운영되었지만, 향촌민은 여전히 통제와 교화의 대상이었을 뿐이라고 하였다. 사족들이 마을의 제반 업무를 원활히 처리하는 데 하민의 동의가 필요했겠지만, 그것은 형식적이었을 뿐, 신분적 경제적 속박 속에서 하민의 반발과 이의제기는 거의 불가능하였다는 것이다(『인민』, 348쪽). 이와 관련하여 몇 가지 점을 지적해 두고 싶다. 조선왕조의 경우 기본적으로 모든 평민들은 군사적 의무를 부여받았던 반면, 엘리트인 양반은 오히려 군사적 임무를 수치로 여겨 그로부터 점차 벗어났다. 이는 무위(武威)를 통한 지배보다는 "헤게모니적" 지배가 불가결하였음을 시사한다. 또한 거주지가 평민들과 분리되어 있던 서구 중세나 일본과 달리 조선의 엘리트들은 평민들과 같은 마을에서 함께 살았다. 이 점은 명·청 시대를 거치며 엘리트와 지주들이 점차 거주지를 도시로 옮긴 중국과도 다른 점이다. 명·청의 왕조교체의 혼란과 유적(流賊) 등에 의한 잦은 반란, 그리고 상업화의 진행에 따라 중국의 엘리트층인 신사(紳士)의 도시이주는 명청대에 걸쳐 꾸준히 이어졌다. 청 초·중기를 거치며 상업화와 도시화가 더욱 진행되면서 이러한 추세는 강화되었다. 이에 반해 상업을 천하게 여기고 억제하였던 조선에서는 도시의 발달이 중국에 비해 미약하였다. 현직 관료나 원래의 거주지가 서울이 아닌 대부분의 엘리트들은 시골에서 살았다. 전국 각 군현에 흩어져 살던 양반들은 군현에서도 지방관청이 있는 읍치(邑治)지역을 회피하고 관아와 멀리 떨어진

를 가지고 있었다. 이들은 서울 혹은 멀리 떨어진 곳의 친지나 지인들과 수시로 연락을 취했으며, 그런 연락을 담당한 사람은 집안의 노복들이었다. 이들은 수시로 서울이나 마을 밖을 드나들며 외부의 소식을 마을 사람들에게 전하였고, 자기가 모시는 양반을 통해 흘러나오는 소식을 공유하였다. 5일마다 장이 서는 곳을 편력하는 장꾼들 역시 이곳저곳의 소문을 소통시키는 역할을 담당하였다. 무엇보다 중앙집권적 정치체제에서 조세문제는 평민이든 사족이든 전국 어디에 살던 모든 사람들의 생활과 직결되는 동일한 관심사였다는 점에서 근원적으로 '전국적' 성격을 가지는 것이었다.

이상의 사정들은 조선의 '공론장'이나 사회의 형성과정, 작동원리나 특징이 서구의 경험과는 달랐을 것임을 의미한다.[30] 그런 차이가 어떤 것인지, 그것이 이후 어떤 식으로 전개되었고, 역사과정에 어떤 영향을 미쳤는지를 파악하는 것이 더욱 중요하다고 생각한다. 저자가 이러한 점들을 더 깊이 고려했다면 『시민』에서 사회와 시민의 '탄생' 과정을 훨씬 풍부하고 흥미롭게 묘사할 수 있었을 것이라는 아쉬움이 남는다.

시골마을을 택해 모여 살았다(Bae hang-seob, "Foundations for the Legitimation of the Tonghak Peasant Army and Awareness of a New Political Order", *ACTA KOREANA* 16:2, 2013) 참조). 이러한 사정은 조선의 경우 양반층과 인민을 매개할 공간이 서구나 일본은 물론 중국에 비해서도 넓었음을 의미한다.

30) 중국과 유럽의 조세저항을 비교한 로이 빈 웡은 중앙집권화 과정에 있던 유럽에서는 조세 저항이 국가 건설 과정, 관료 기능의 성장, 그리고 정치적 정당성을 지닌 기관(의회)과 이데올로기의 발전으로 연결되었지만, 이미 중앙집권화 되어 있던 중국 정부는 18세기에는 공동체에 기반한 조세저항에 직면하고, 19세기와 20세기에는 조세저항운동을 통해 정부 권력의 범위에 맞서고 그것을 재조정하고자 했던 수많은 집단들을 상대해야 했으나, 새로운 정치체제나 기구를 만들어내지는 못하였음을 지적하고 있다. 조세문제를 둘러싼 저항이나 '공론'의 작동 방식, 그것이 초래한 결과가 중앙집권체제의 여부나 강도에 따라 매우 다를 수 있음을 시사한다(Wong, R. Bin, *China Transformed: Historical Change and the Limits of European Experience*, Cornell University Press, 1997, chaper 9~10 참조).

4. 서구중심적 분석틀: 유교와 기독교의 등치

서구의 경험을 준거로 한 접근 방법은 여기에만 그치는 것이 아니다. 저자는 '세계 최고의 지식 국가'였던 조선의 "지식·종교·정치를 삼위일체로 묶어 주는 것은 궁극적 진리의 근원이자 그 자체 종교인 '하늘의 이치'[天道]에의 믿음이다. 이런 유교국가에서 왕은 대사제, 사대부는 중사제, 민호의 가부장은 소사제였다."고 하였다.[31] 유교국가 조선에 대한 이런 판단을 전제로 저자는 서구의 기독교와 조선의 유교가 가지는 역사적 의미가 동일한 것으로 이해하여[32] 조선에서 개인과 시민이 탄생하는 과정을 살피고 있다. 따라서 '신정의 분리', '성속의 전환', '초월성의 내면화' 등 막스 베버(Max Weber)의 논리를 한국사에 적용하여 시민의 탄생 과정을 추적하는 저자의 접근방법은 오히려 자연스러운 귀결일 것이다.[33]

몇 가지 예를 들어보자. 그는 "조선 사대부의 하늘은 인민에게는 지켜야 할 규범이자 통치자가 규정한 윤리였다. 인민은 하늘의 이름으로 처벌받았고, 하늘의 뜻으로 가렴주구의 대상이 되었다"라고 하였다.[34] 천리(天理)에 대한 해석을 사실상 사대부들이 독점하고 있었음을 의미하는 것으로 보인다. 또한 천리라는 개념에 대해 조선의 주자학자들이 일반적으로 '이(理)'를 중심으로 이해하는 것과 달리 '천'에 중심을 두는 이러한 이해와 표현에서 유교의 천과 기독교의 천을 동일한 선상에 두고 이해하려는 저자의 의지가 읽힌다. 그러나 주자학을 기독교와 동일한 선상에 두고 이해하는 것은 무엇보다 저자가 강조한 바, 조선사회

---

31) 『인민』, 33~34쪽.

32) 『시민』, 350~351쪽.

33) 특히, 『시민』, 48쪽.

34) 『시민』, 106쪽.

의 심층에 유교가 있고, 그것을 이해하지 못하면 조선사회와 한국현실을 제대로 이해하기 어렵다는 문제의식과 배치되는 것이다. 또한 기독교의 천, 유교의 천, 혹은 동학의 천도 긴 역사 과정을 통해 이데올로기적, 철학적, 종교적으로 고유한 맥락과 의미를 가지며 형성된 것이다. 물론 공통점도 있을 것이고 차이도 있을 것이지만, 각 사회의 정치체제나 신분질서를 비롯한 사회의 편성원리 등과 관계하는 방식 면에서도 각기 독자성을 가진다고 생각한다.

예컨대 주자학에서 말하는 '천(天)'은 삼라만상에 대한 창조주 혹은 만물의 외부에 존재하는 초월적 실체가 아니었다. 미조구찌 유조는 주자학에서 말하는 "'천리', '하늘이 이이다(天卽理)'라는 말은 인간 세계의 일을 포함한 우주 자연의 현상이 어떤 법칙성 가운데 있고, 그 법칙성은 인간의 이성으로 인식될 수 있다고 보는 새로운 우주자연관이다."라고 하였다. 또 "'천이 이(理)이다'라는 말은 초월적이거나 혹은 알 수 없는 힘의 지배로부터 인간을 해방시켜 자신의 이성으로 세계를 인식하기 시작했다는 것을 의미한다. 말하자면 이것은 이성의 시대를 열었다는 점에서 '사건'적이다"고 하여 주자학이 가진 사상사적 의미를 지적한 바 있다.[35] 미즈바야시 타케시(水林彪) 역시 비슷한 맥락에서 주자학을 교학으로 하는 사회는 이미 개인주의화되어 있었다고 주장하였다.[36]

주자학에 대한 이러한 이해를 전제로 하지 않더라도 기독교의 천, 유교의 천이 가진 의미, 그리고 각각의 고유성이나 독자성을 이해하기 위해서는 좀 더 엄밀한 역사적 접근이 요청된다. 그를 통해 천 개념을 비롯하여, 천과 인간의 관계, 천을 둘러싼 치자와 피치자 간의 관계 등을

---

35) 미조구찌 유조 외 지음, 동국대 동양사연구실 옮김, 『중국의 예치시스템』, 청계, 2001, 25~26쪽.

36) 미야지마 히로시, 『나의 한국사 공부』, 너머북스, 2013, 134쪽에서 재인용.

역사적·사회적 맥락 속에서 이해할 필요가 있다. 그러할 때 개인이나 시민의 탄생 과정에 대한 설명도 훨씬 풍부해질 수 있을 것이다. 그러나 이 저작에는 그러한 점에 대한 고려가 거의 없다. 그 때문에 유교나 기독교, 동학의 천에 대한 이해가 매우 도식적으로 또 기독교의 천 개념을 준거로 삼아 접근하고 있다는 인상을 지우기 어렵다.

성직자들이 면죄부를 팔기까지 하던 서구에서는 평민들이 고통을 받는 것도 신의 뜻으로 설명될 수 있을지 모르지만, 조선 관리들의 가렴주구와 인민에 대한 처벌이 '하늘의 뜻'으로 자행되었다는 저자의 이해는 납득하기 어렵다. 저자는 조선의 신분질서가 '천리'에 의해 만들어진 것이고, 그에 입각하여 피치자, 곧 인민들에 대한 관리들의 수탈과 처벌이 정당화되었다는 의미에서 이러한 표현을 쓰고 있는 것으로 보인다. 그러나 역시 기독교와 유교를 동일한 선상에 둔 데에서 초래되는 혼선인 것으로 생각된다.[37] 특히 조선 관리들의 가렴주구와 인민에 대한 처벌이 하늘의 뜻으로 자행되었다는 설명은 단순한 표현의 문제가 아니라, 조선의 정치이념이나 체제의 작동원리 전체에 대한 이해와 직결되는 점이라는 데에서 간과하기 어려운 문제이다.

무엇보다, 주자학은 원리적으로 신분적 차이를 부정하고 "배우기"의

---

37) 앞서 언급한 "왕은 대사제, 사대부는 중사제, 민호의 가부장은 소사제였다"는 지적에 이어, "비숍 여사가 조선에 입국했을 때 500년 도읍에 종교시설이 하나도 없다는 것에 놀랐는데, 사실은 왕궁을 비롯한 10만 민가가 모두 하늘을 섬기는 종교시설이었다는 점을 이해하기에 오랜 시간이 걸렸다"(『인민』, 34쪽)라고 서술하고 있다. 모든 인민이 유교라는 종교에 '귀의'하여 조상에 대한 제사나 유교적 의례를 생활 속에서 실천하고 있었음을 지적하는 것으로 이해되지만, 모든 민가를 '종교 시설'로, 더구나 하늘을 섬기는 종교시설로 표현하는 것은 조선사회와 유교에 대한 심한 곡해이다. 하늘을 섬기는 것은 오직 국왕만 가능한 것이었다. 사대부와 평천민층의 제사는 조상에 대한 제사였다. 또한 가계 계승이나 조상에 대한 제사 같은 유교적 의례가 18세기 후반부터 평민층, 나아가 천민층 일부에게도 확산되어 가는 경향을 보였지만, 양반사대부와 평천민의 문화에는 여전히 커다란 차이가 있었다.

차이에 따라 개개인의 사회적 지위와 신분이 정해지고 그를 토대로 사회질서를 만들어가는 사상이었다. 시마다 겐지(島田虔次)는 주자학 세계의 엘리트인 사대부의 특징에 대해 "주자학은 유럽이나 일본과 달리 출생을 원리로 하는 폐쇄적 신분이 아니라, 능력을 원리로 하는 개방적 계급이며, 그 능력이란 유교 경전의 교양능력이다"는 점을 강조하였다. 이 점에서 유럽과 같은 혈통에 의한 세습적 귀족 체제를 부정하는 사상이었다.[38] 따라서 치차와 피치자의 관계도 '천리'에 의한 것으로 여기지 않았다. 또한 빈곤에 대해서도 맹자 이래의 유학자들은 저자의 지적처럼 '하늘의 뜻'이 아니라 '악정의 결과'라는 생각을 가지고 있었다. 그를 위한 나름대로의 치열한 고민들을 축적해 왔으며, 조선의 유학자들도 예외가 아니었다. 이것은 수백 년 동안 빈자에 대해, 경멸할 만한 게으름뱅이 또는 상업적 측면에서 국가경제의 배신자 또는 구호금을 내는 부자들의 영혼을 구원하기 위한 도구라고 하거나, 그리스도의 비카(Vicarius Christi, 신의 대리자 또는 종복)로 여기던 유럽인들의 생각과 전혀 다른 사유 방식이다.[39] 관리들은 하늘의 뜻이 아니라 국왕의 이름[왕세(王稅)의 명목]으로 세금을 거두었고, 그 과정에서 가렴주구도 자행되었다. 오히려 주자학에서는 민심이 곧 천심이었다. '하늘의 뜻'은 민심을 반영하여 천재지변 등의 형태로 자신을 드러내어 치자들을 경계하였고, 치자들 역시 체제를 지탱해 나가기 위해서는 이에 순응하는 모습을 보여주어야 했다.[40]

---

38) 미야지마 히로시 지음, 『나의 한국사 공부』, 너머북스, 2013, 46~47쪽.

39) 알렉산더 우드사이드 지음, 민병희 옮김, 『잃어버린 근대성들』, 너머북스, 2012, 137~140쪽.

40) 예컨대 1414년(태종 14) 가뭄이 극심하게 들었을 때 태종은 "가뭄을 걱정하여 비오기를 비는 것은 말절(末節)이다. 내가 행하지 않으려고 하였으나, 돌이켜 생각해보니 백성들이 재해를 입는 것은 도리어 내가 하늘을 두려워 하지 않고 백성에게 뜻이 없음을 말하는 것이므로 뜻을 굽혀서 이를 행하였다."(『태종실록』 태종 14년 6월 16

나아가 저자는 유교와 기독교가 동일하다는 인식을 기반으로 동학의 창도를 종교개혁과 동일한 의미를 가지는 것으로 파악하고 있다. 저자의 가장 근본적 문제의식은 유교라는 것이 심층에 존재하고 있기 때문에 그에 대한 이해 없이는 한국사회에 대한 올바른 이해가 어렵다는 데 있었다. 그렇다면 유교라는 것이 조선시대는 물론 그 이후의 한국사회 운영원리와 관련하여 가지는 의미나 독자성을 확인하는 일이 불가결할 것이다. 그러나 저자는 유교를 기독교와 등치시키는 접근방법을 취함으로써 조선이나 한국사회의 독자성 발견을 스스로 차단해버리고 있다. 이는 동시에 저자가 애초에 경계하였던 바, 서양산 이론으로 한국사회의 다양한 현상을 재단함으로써 한국사회에 대한 이해를 왜곡하는 모양새가 된다. 이러한 접근방법은 여전히 서구중심적이며, 이점에서 자신의 문제의식을 스스로 배반하는 것이라고 할 수 있다.

저자는 조선사회의 심층에 대한 이해의 필요성을 역설하였지만 글의 전개과정에서는 그 점을 충실히 드러내지 못하였다. 앞서 유교를 기독교와 동일한 것으로 파악하는 데에서도 알 수 있듯이 '성속의 전환', '초월성의 내면화' 등 막스 베버의 개념과 분석 방법을 차용하여 조선사회에서 인민과 시민이 형성되어 가는 과정을 접근하고 있다. 그러다 보니 동학에 의한 '종교개혁'으로 자각적 개인이 '탄생'되고, 갑오개혁에 의해 종교의 자유와 신분제가 폐지된 점 등을 들어 '유교적 지식국가'가 '세속

일)고 하였다. 태종은 기우제가 부질없다는 점을 잘 알고 있었으나, 백성들의 '생각'을 고려하여 천리에 순응하는 모습을 보이기 위해 기우제를 지내고 있다. 그뿐만 아니라, 가뭄 등 재해가 들면, 그 원인이 자신의 부덕이 탓임을 자책하여야 했고(『태종실록』, 태종 16년 5월 20), 기우제를 지내는 것 외에도 중범이 아닌 죄수들의 석방, 노비추쇄의 완화 등이 포함된 대책을 강구하였으며, 각도의 상공(上供)을 정지시키거나, 경중(京中)의 기민(飢民)을 진제(賑濟)하기 위해 군자감(軍資監)의 군량미를 풀기도 했고, 감선(減膳), 철악(撤樂)을 비롯하여 응견(鷹犬)을 없애거나 사치를 금하고, 불급한 일을 도태하고, 모든 쓸데없는 비용을 없애는 모습을 보여주었다(『태종실록』, 태종 16년 5월 6일, 7일, 12일, 14일).

적 근대국가'로 전환되었음을 강조한[41] 이후에는 애초의 문제의식, 곧 한국사회를 이해하기 위해서는 그 심층에 있는 유교에 대한 이해가 불가결하다는 문제의식이 논지 전개과정에서 사실상 사라지고 마는 결과를 초래하였다. 또한 그는 갑오개혁에 의한 왕권과 내각의 분리 이후 봉건체제의 성리학적 원리와는 질적으로 다른 세속적 원리에 의해 관할되는 근대적 시간대로 진입하였음을 지적하였다.[42] 이러한 설명틀 자체가 서구중심적이며, 이는 저자가 가지고 있던 애초의 문제의식, '조선사회의 심층에 대한 이해'와는 거리가 매우 먼 것이다.[43]

동학이나 갑오개혁이 한국사회에 미친 영향을 무시하자는 것은 결코 아니다. 그러나 저자는 한국사회의 심층에 대한 이해의 필요성을 제기하면서 다음과 같이 언급하였다.

한국사회의 심층에 놓여 있는 유교, 점차 소멸되는 듯이 보이지만, 중요한 계기에 불쑥불쑥 얼굴을 들이밀고 있는 유교적 습속은 현재 한국의

---

41) 『시민』, 254~265쪽.

42) 『시민』, 258쪽. 다른 데서도 사용되고 있는 '봉건체제'는 현재 역사학계에서는 그리 많이 사용하지 않고 있다. 따라서 저자가 어떤 점들을 근거로 조선사회를 '봉건체제'로 규정하는지 궁금하지만, 구체적인 설명은 없다. '근대적' 시간이란 개념 역시 마찬가지로 무슨 의미인지 친절한 설명이 필요한 부분으로 보인다.

43) 이는 최근 18~19세기 중국의 저항운동을 분석하여 중국의 저항운동의 형태나 내용이 찰스 틸리(Charles Tilly)를 비롯한 서구 사회과학자들의 주장과 달리 서구가 경험한 단선적 발전 과정으로 설명할 수 없다고 주장하여 미국 사회사학계로부터 호평을 받은 홍호평(Hung Ho-fung)의 다음과 같은 주장과 매우 대조적이다. 홍호평은 "17세기로 거슬러 올라가야만 중국의 현안 문제가 어떻게 생겨났고 어떤 지적·경제적·감정적 자원을 중국인이 활용해서 문제를 해결할 수 있을지 비로소 알 수 있으며", "중국 저항운동의 발전은 현재가 과거를 지속적으로 앞서는 단선적 경로를 따르지 않으며, 오히려 과거는 현재를 구성하는 요소이고, 이는 또한 미래의 요소가 될 것이다"라고 주장하였다(Hung, Ho-fung, *Protest with Chinese characteristics: demonstrations, riots, and petitions in the Mid-Qing Dynasty*, Columbia University Press, 2011, pp. 2~3 · pp. 200~201).

사회과학자들에게 어떤 숙제를 던지고 있는가? 한국사회의 작동원리, 사람들의 공적 · 사적 관계, 친족과 가족, 국가에 대한 사회적 관념, 심지어는 교육 · 입시와 같은 사회 쟁점을 관할하는 인식과 행동의 에너지가 서양이론에 내재된 그것과 본질이 전혀 다른 화학적 원소라면 어떻게 할 것인가?[44]

이러한 질문은 당연히 1894년 이후 1910년까지는 물론 오늘날 한국사회에 대한 이해와 관련하여서도 여전히 유효한 것이다. 그러나 『시민』에서는 갑오개혁 이후 시기로 오면서 조선사회가 작동하고 운영되는 핵심원리이기도 한 유교를 누락시킨 채 서구적 의미의 개인과 사회, 시민의 형성과정이 서구적 경험과의 유비 속에서만 서술되고 있다. 특히 1900년대가 되면 새롭게 보이는 변화상과 그것이 '근대적' 개인과 시민, 사회와 관련하여 가지는 의미를 확인하는 쪽으로 시야가 좁혀진다. 따라서 유교나 그와 관련된 조선의 정치체제나 사회편성원리, 운영원리에 대한 이해는 방기될 수밖에 없다. 이는 전통과 근대의 연속적 파악이라는 필자의 문제의식을 배반하는 것이다.

반면에 외세의 개입이 강조되고 있다. 이는 "조선이 근대로 이행하는 과정에서 외세의 개입은 '운명적 조건'이라 할 만큼 결정적"이라는 저자의 판단에서도 알 수 있다.[45] 그러나 이러한 조건은 저자 스스로도 밝히고 있듯이 "그것이 낳은 식민지화라는 정도만 달랐을 뿐 조선을 포함하여 주요 문명권에서 주변국 위치에 놓였던 대부분 국가들에는 공통된 경로였다".[46] 따라서 외세의 개입에 대한 저자의 설명은 조선이 유교국

---

44) 『인민』, 10쪽.

45) 『시민』, 249쪽.

46) 위와 같음.

가 혹은 유교사회로서 가지는 독자성을 고려한 것은 아니다. 저자는 식민지 이후에 일본에 의해 근대가 이식되었다는 식민지 근대화론의 '근대이식론'을 비판한다.[47] 그러나 서구와 접촉 이후의 현상에만 주목하여, 개인과 시민, 사회의 '탄생'을 강조하는 저자의 인식틀 역시, 그 시점이 다를 뿐 이전 시기의 역사과정과 단절적이라는 점에서는 동일한 것으로 보인다. 또한 대한제국에 대한 설명 부분에서 다음과 같이 서술하고 있다.

> 왜 하필 황제국이었는지는 자주국을 향한 인민적 절박성, 그리고 외세의 간섭에서 벗어나려면 무엇보다 강력한 왕조의 구축이 유일한 출구로 인식되었던 까닭이다. 국가의 독립을 위해서는 왕실보존과 부국강병이 전제되는 상황에서 인민은 왕권에 심각한 제약을 초래하는 입헌군주제를 선뜻 수용할 수 없었고, 더욱이 입헌군주제를 주창하는 세력들의 배경에 어른거리는 일제의 그림자를 지울 수 없었다. 인민의 이런 근왕주의적 성향을 교정할 수 있는 어떤 사회세력도 성숙하지 않은 것은 마찬가지였다. 신문이 우선 그 역할을 했는데, 도시지역을 중심으로 2,000부에서 3,000부 정도 발행된 인민의 오랜 인식과 여론을 바꾸기에는 많은 시간이 소요되었다.[48]

필시 유교와 뗄 수 없는 관계에 있었을 인민의 '근왕주의'가 언급되고 있지만, 그것은 외세의 간섭을 벗어나고 자주국을 이루어야 한다는 '근대지향적' 인민의 성향이라는 면에서 지적되고 있을 뿐, "심층에 있는 유교"라는 맥락 속에서 분석되지 않고 있다. 물론 조선의 특수성으로

---

47) 『시민』, 372쪽.

48) 『시민』, 307~308쪽.

'상상적 국가', '상상적 시민의 탄생'이라는 점을 지적하지만,[49] 그 역시 식민지 지배라는 제3세계 국가들의 '보편성'이라는 맥락에서 접근될 뿐, 저자가 제시한 애초의 문제의식, 곧 유교와 관련된 접근은 외면되고 있다. 『시민』의 전체적 서술기조는 조선의 역사과정을 시민의 탄생이라는 '근대'를 향해나가는 과정으로 파악하는 데 있다는 점에서 근대중심적이며, 이 점에서도 식민지 근대화론, 그리고 그와 동일한 '시간의 정치학'을 전제로 한 자본주의 맹아론과 매우 흡사한 인식을 보인다고 생각된다.

따라서 『시민』의 결론에서 '자본주의 맹아론'의 데자뷰(deja vu)를 발견하는 것은 이상한 일이 아니다. 이 책의 핵심 질문은 이른바 '근대이행기' 한국에서 시민은 탄생하였는가를 확인하는 데 있다. 1910년 이전에 개인과 사회는 탄생하였지만, 시민은 탄생하지 못하였다는 것이 저자의 결론이다. "국가는 사라졌으며, 개인과 사회는 어떤 자율성도 발휘할 수 없는 어두운 터널로 들어갔"다는 것이다. "개인은 시민으로, 사회는 시민사회를 향해 서서히 발을 옮기고 있었지만, (식민지는) 시민됨의 가장 중요한 요건인 자율성이 박탈된 동굴" 이었기 때문이다. 그러나 저자는 "대한제국의 근대화가 별 탈 없이 추진되었다면 도시와 농촌 지역의 계급분화는 1920년대 말에 이르러 시민사회를 형성할 정도의 수준에 도달했을 것"이라는 단서를 달고 있다.[50] 일본의 침략만 없었다면 조선에서도 서구적 근대나 자본주의가 출현했을 것이라는, 그리하여 한국의 역사 전개과정을 서구중심으로 서술된 세계사의 뒷자리에 갖다 붙이는 데 그침으로써 서구중심주의를 더욱 강화하는 데 일조한 '자본주의 맹아론'의 사회사판이라는 혐의를 버리기 어렵다.

---

49) 『시민』, 362~364쪽.

50) 『시민』, 433~434쪽.

5. 서구중심적 분석틀: 동학=종교개혁

저자는 유럽의 종교개혁과 동학 간에는 "놀랍도록 유사한 상동구조"가 놓여 있다고 판단하였다. 이를 전제로 "거대 종교의 '개별적 신심(信心)으로의 환원'은 중세 유럽의 종교개혁이 일궈 낸 최대의 공적으로 중세 인민을 근대 시민으로 나아가게 만든 원동력"이며, 조선에서는 동학이 그 환원의 과정을 보여준다고 하였다. 루터의 '오직 은총으로'는 동학 교주 수운 최제우의 '오직 천도로'에 대응한다고도 했고,[51] 동학교도들을 "최초로 존재론적 자각을 품었던", "근대인의 원형"이라고도 했다.[52] 유교를 기독교와 등치시킨 데 이어 동학을 종교개혁과 사실상 동일한 것으로 이해하는 점은 받아들이기 어렵다.

또한 동학교도들에 대해 "최초로 존재론적 자각을 품은", "근대인의 원형"이라고 이해한 대목은 곧 전근대인에게는 존재론적 자각이 없었다는 것으로 근대중심주의적 인식의 발로이다. 이러한 인식은 다른 데서도 보인다. 저자는 역사학계에서 개항이후의 시기를 '개화기'로 개념화한 것이 대해 거기에는 "인민이 개화로 수렴되었다는 암묵적 가설이 숨어 있는데, 과연 그런가?"라는 의문을 제기하면서 "그것은 지배층의 용어이지 인민의 경험을 담아내지 못한다. 심지어는 왜곡할 위험도 있다"고 하며 그것이 엘리트주의적 개념임을 비판하고 있다.[53] '개화'의 대상에는 국가체제나 제도, 지식인들까지 포괄된 것이지 반드시 인민에게 국한된 것은 아니라는 점에서 지나친 감이 있지만, 의미 있는 지적이라 생각된다. 그러나 그는 뒤이어 곧바로 "인민은 문명도, 개화도

---

51) 『시민』, 107쪽.

52) 『시민』, 9쪽.

53) 『시민』, 34쪽.

무엇인지 정확히 알지 못했다" "조선의 역사 바깥에 위치했던 인민이 역사의 행위자로 등극하는 순간이다"고 하였다.[54] 개화기 이전의 인민은 역사의 외부에 위치하였다는 말이지만, 역시 근대(인)을 특권화하는 근대중심주의적 발상이라 생각된다.[55]

한편 저자는 동학에 대해 "조선 최초로 종교의 세속화를 촉발한 기폭제"라고[56] 한 데서도 확인할 수 있듯이 동학을 유교라는 '신성한 종교'의 세속화라는 맥락에서 이해하고 있다. 저자는 유럽의 종교개혁에 대해 "인민이 신과 접속할 수 있는 길을 열어 주었다. 신과 대면할 수 있는, 신을 내면화한 개별인간이 탄생할 수 있었다", "신학과 정치학이 분리되었고, 통치권과 신성이 분리되었으며,[57] 그것이 근대의 출발이었다."라고[58] 이해하였다. 동학이 가지는 종교개혁적 의미 가운데 하나로 '시천주'에서 발원하여 3대 교주 손병희에 의해 '인내천'으로 집약된 동학사상의 인간중심적 세계관을 지적하고 있다.[59] 그러나 주자학 역시 이미 인간중심적이라는 점에서는 같은 성격을 가지고 있었음을 간과하

---

54) 『시민』, 34~35쪽.
55) 저자는 지배층의 행패를 고발하는 『독립신문』의 독자투고를 들어 "이제는 한글로 억울한 내용을 풀어 써서 공론장에 호소할 수 있는 창구가 열렸"다고 하면서(『시민』, 389쪽), 나아가 "국문 공동체의 모든 구성원들이 문자권력과 지식권력을 골고루 향유하는 평등한 세계가 찾아온 것이다"(『시민』, 411쪽)라고 하였다. 이에 대해 "문자 유형의 구분에 의한 신분적 세속적 차별이 해소되었다"는 지적에 대해서는 최소한의 양해가 가능하지만, "국문 공동체의 모든 구성원들이 문자권력과 지식권력을 골고루 향유하는 평등한 세계가 찾아온 것이다"는(『시민』, 411쪽) 표현은 납득하기 어렵다. 이러한 이해의 배면에는 '근대'에 대한 환상 내지 근대중심주의가 자리 잡고 있는 것으로 보인다.
56) 『시민』, 104쪽.
57) 신인의 분리, 종교와 정치의 분리, 성속의 분리 등을 세속화로 본 베버의 논리를 차용하여 설명하고 있다(『시민』, 47~48쪽).
58) 『인민』, 383쪽.
59) 『시민』, 102~103쪽.

고 있다. 앞서 언급했듯이 주자학은 초월적이거나 혹은 알 수 없는 힘의 지배로부터 인간을 해방시켜 '신의 뜻'보다는 '이성'에 더 가까운 사유에 입각하여 세계를 인식하기 시작했다는 사상사적 의의를 가진다. 이럴 경우 동학을 유교의 세속화로 보는 저자의 논리는 이미 세속화된 유교가 동학에 의해 다시 세속화되었다는 발상이 되고 만다. 그러나 이와 관련하여 다음과 같은 조성환의 논지는 저자의 이해와는 전혀 상반된다.

> 흥미롭게도 동학의 '학'에서는 '천'의 요소가 오히려 강화되고 있다. 즉 '속화(俗化)'와는 정반대인 '성화(聖火)'의 길로 나아가고 있는 것이다. (중략) 더구나 이런 종교적 성격의 '학'은 당시의 수많은 농민과 식자들의 호응과 참여를 끌어내고 있다. 아마도 그 이유는 새로운 세계관의 뿌리를 '바깥'이 아닌 '내부', 즉 자기 전통에서 찾았기 때문일 것이다.[60]

조성환은 동학의 '하늘'을 유교에서 말하는 '말없는 내재적 하늘', 곧 성실하게 운행하면서 만물을 생성할 뿐, 인간을 위해서 따로 계시를 내려주지 않는 '하늘'과 서학의 '초월적 계시적 하늘'의 성격을 공유하는 '내재적 계시적 하늘'을 특징으로 한다고 하였다.[61] 따라서 서구에서 보이는 근대화, 곧 세속화나 합리화 과정과 달리 동학의 창시에는 '인간의 하늘로부터의 이탈'에 대한 경계심이 깔려 있었으며, 이 점에서 '속화'가 아니라 반대로 '성화'의 길을 걷고 있었다는 것이다. 그리고 그는

---

60) 조성환, 「『天道』의 탄생: 동학의 사상사적 위치를 중심으로」, 『한국사상사학』 4, 2013, 385쪽.

61) 동학의 '천'과 기독교의 천이 가진 이러한 차이점은 기독교 연구자나 동학 연구자 양쪽 모두에서 일반적으로 지적되고 있다(차기진, 「초기 한국 그리스도교와 동학」, 『신학사상』 86, 1994; 표영삼, 『동학 1 수운의 삶과 생각』, 통나무, 2004, 108~121쪽 참조).

유교에 비해 오히려 '성화'한 동학의 '천' 개념을 중국과 달랐던 전통적 '천' 개념과 연결하여 이해하고자 하였다. 또한 그에 따르면 유학은 물론, 동학의 천인관계 역시 서학과 달리 천과 인은 존재론적으로 상호의존적이다. 양자는 상대방에 의해서 자신의 존재를 유지하거나 드러내는 상호의존 관계에 있으며, 하늘님 또한 만물처럼 생명을 가진 존재이기 때문에 인간이 하늘님을 어떻게 모시느냐에 따라 하늘님의 생명 역시 영향을 받게 된다고 하였다.[62]

또한 앞서도 언급한 미조구찌 유조는 "유럽에서 신인(神人)이 분열되었으니, 중국에서도 천인(天人)이 분리되어야 하고, 분리되지 않는다면 그것은 역사적 발전을 가져오지 못한다고 생각하는 것은 유럽적 시각의 오만일 뿐"임을 지적하고 있다. 더구나 천인이라는 말을 곧 신인과 동일한 것으로 받아들이고, 천을 신의 '초월', '절대'와 연결시켜 설명하는 것은 오만이라기보다 차라리 사유의 태만일 것이라고 하였다.[63] 모두 유럽의 천=신과 주자학의 천은 큰 차이가 있다는 점, 기독교와 유교의 천 개념은 역사적 맥락 속에서 이해되어야 한다는 점, 특히 서구 기독교에서 신인의 분리되었으므로 유교에서도 천인이 분리되어야 한다는 인식에 문제가 있음을 지적한 것이다.

신이라는 초월적 존재에 포박된 기독교적 인간과 초월적 존재로부터 벗어나 자신의 이성으로 세계를 인식하고, 그렇기에 개별적 인간의 수양을 강조했던 유교적 인간은 근본적으로 달랐다. 따라서 서구의 기독교를 준거로 한 개인의 탄생이나 세속화라는 설명틀을 유교와 동학에 들이밀어 이해하는 것은 서구중심적 인식에 다름 아니다.[64] 다른 방

---

62) 조성환, 앞의 글, 370~375쪽.

63) 미조구찌 유조 외 지음, 앞의 책, 68쪽.

64) 종교 개념이 내포하고 있는 서구중심주의 비판, 그리고 '서구의 충격' 이후 '종교' 개념과 그 이전 시기 동아시아의 '교(敎)'(유교 · 불교 · 도교 등) 개념 간의 차이에 대해

식의 접근이 필요하다고 생각된다. 그래야 그 심층에 유교가 자리 잡고 있는 한국사회에 대해서도 지금까지의 사회과학과는 다른 이해가 가능하지 않을까?

마지막으로 동학과 동학농민전쟁에 대한 이해와 관련하여 언급해두고자 한다. 우선 동학교단이나 교도들의 집회를 '평민 공론장'으로 볼 수 있는가 하는 점이다. 지배이데올로기로서의 의미를 지니기도 하는 기독교가 일반화되어 귀족에서 평민 모두 기독교를 수용하고 있던 서구의 경우와 달리 동학은 지배 이념인 유교에서 보았을 때는 이단사설에 불과한 소수의 종교집단이었다. 물론 교도들 간에는 남녀귀천의 차별을 두지 않았고, 동학교도들의 정치적 집회 과정에서는 점차 논의의 내용이 종교적 성격을 넘어서고 비교도들도 참여하는 변화가 있었다. 예컨대 1892년 말부터 시작된 교조신원운동을 전개하는 과정에서 삼남 일대의 교도들이 집결하였고, 탐관오리에 대한 비판, 개항에 따른 경제적 이권침탈 등 외교문제까지 거론하였다는 사실은 이전의 민중운동에서는 보기 힘든 모습임이 분명하다. 특히 1893년 3월에 개최된 보은집회의 경우 교도들만이 아니라 비교도들도 적지 않게 참석하였음을 알 수 있다.

그러나 동학 교도집단은 연비제(聯臂制)에 의해 구성되었기 때문에 매우 폐쇄적이었다. 특히 농민전쟁 이전 시기에도 천주교도들을 직접 공격하여 이를 금지하는 감사의 지시가 내려오기도 했다.[65] 교조신원운

서는 장석만, 「'종교'를 묻는 까닭과 그 질문의 역사: 그들의 물음은 우리에게 어떤 문제를 던지는가」, 『종교문화비평』 22, 2012 참조.

65) 「동학문서」, 『동학농민전쟁사료총서』 5, 86~94쪽, 144~150쪽. 물론 서양 선교사나 천주교 신자, 비교도들에 대한 동학농민군의 폭력의 강도는 서양 중세나 중세말기에 기독교를 사상적 기반으로 하여 일어난 많은 민중반란에 비해 볼 때 매우 약한 편이었다. 본 서평을 쓰고 다음이지만, 필자는 이와 관련한 글을 발표한 바 있다. Bae Hang-seob, Popular Movements and Violence in East Asia in the Nineteenth

동 역시 마찬가지의 원리에 의해 조직되었다. 비교도들의 참여가 확인되는 보은집회에서도 "道와 俗은 크게 다른 바가 있으니 혼란스럽게 뒤섞여 자리를 같이 할 수 없다. 각기 자리를 나누어 앉아"라고[66] 한 데서 도인과 속인을 분리하려는 의도가 감지된다. 동학교도 집단은 교리나 교조의 권위를 일사분란하게 따르는 집단으로 '공론장'의 구성원은 기본적으로 동학교도 외부에는 닫혀 있었다.

다음으로 동학농민전쟁에 대한 이해라는 면에서 저자의 글은 착종된 시각을 보이고 있다는 점이다. 저자는 한편으로는 "동학농민군은 기포 초기에 내세웠던 폐정 개혁안과 집강소 기간에 시행했던 과감한 개혁에도 불구하고 '국왕환상'을 짙게 갖고 있었으며, 전봉준 역시 대원군과 밀약을 맺고 중세적 이상 국가의 복원을 꿈꾸고 있었"음을 지적하면서 "동학 농민 전쟁이 근대의 문을 열었다는 주장의 진의를 의심케 만든다"고 하였다.[67] 그러나 다른 곳에서는 농민전쟁의 근대지향을 비판한 조경달의 농민전쟁 이해에 대해 "인색한 평가"라고 지적하면서, "〈무장 포고문〉의 '유민일지라도 군토(君土)와 군의(君衣)를 입고 사는 자'임을 토로하고 '승평일월을 빌고 임금의 덕화를 입게 되는 날'을 고대한다고 해서 봉건적 질서와 근왕주의적 세계관에 결박된 민중으로 못 박는 것은 그다지 공정하지 못하다"고 하였다. 이어서 "농민군은 반봉건·반제국주의의 기치를 어느 정도 내면화하고 있었을 뿐만 아니라 설령 폐정 개혁안에 투영된 이정(彛政) 요구들이 유교적 이상사회의 재구축에 해

Century: Comparing the Ideological Foundations of Their legitimations, *Sungkyun Journal of East Asian Studies*, 17:2, 2017. 배항섭, 「19세기 동아시아 민중운동과 폭력」 배항섭·이경구 엮음, 『비교와 연동으로 본 19세기의 동아시아』, 너머북스, 2020은 위의 글을 일부 수정한 것이다.

66) 「聚語」, 『동학농민혁명사료총서』 2, 사운연구소, 1996, 39쪽.

67) 『시민』, 273쪽.

당하는 사안이라고 해도 결국 무너져 가는 봉건 체제의 일대 수술을 동반할 것이고, 관료제의 혁신을 포함하여 전면적 정치개혁을 함축하는 사안이기에 결과적으로 '근대로 가는 문을 열었다'고 평가해도 무리는 아닐 것이다. 왜냐하면 전면적 정치개혁은 결국 봉건체제의 붕괴를 초래하기 때문이다."라고 하였다.[68] 또 〈무장포고문〉은 일본의 자유민권운동이 추구했던 권리개념보다 한층 강력하고 적극적인 성격을 드러냈다고도 했다.[69] 전체적인 논의 전개를 따라가 볼 때 저자의 진의는 전자에 있는 것으로 보이지만, 전후의 서술 기조가 엇갈리고 있다.

6. 맺음말

최근 서구학계에서는 서구중심적 역사를 벗어나 '새로운 세계사' 혹은 '글로벌 히스토리'를 구성하려는 노력이 활발하게 진행되고 있다. 그 과정에서 비서구, 특히 중국을 비롯한 동아시아의 역사 역시 새롭게 이해되면서 새로운 세계사 구성을 위한 핵심적 관심대상이 되고 있다. 조선시대와 '근대'를 연결하여 이해하고자 한 『시민』은 한편으로는 한국사회의 현실을 '제대로' 이해하려는 생각에서 나온 것이다. 다른 한편으로는 서양산 이론에 입각한 사회과학이 한국사회의 다양한 현상들을 설명하는 데 실패했다는 저자의 고백에서도 알 수 있듯이 서구중심 · 근대중심적 역사인식을 비판하고 새로운 역사상을 구성하려는 의도도 개재되어 있었다고 생각된다. 그러나 서구중심주의란 간단히 극복될 수 있는 것이 아니다. 『시민』은 서구중심적 역사인식을 벗어나는 것이 얼

---

68) 『시민』, 145~146쪽.
69) 『시민』, 80쪽. 평자가 보기에는 〈무장포고문〉 어디에도 그런 권리의식 같은 것은 없다. 더구나 자유민권운동에서 나타나는 권리 개념과 비교하여 그보다 강하다는 주장은 납득하기 어렵다.

마나 어려운 일인가를 잘 보여주는 저작이기도 하다.

잭 구디(Jack Goody)는 서구에 근원을 둔 민주주의, 자유, 휴머니즘, 개인주의, 낭만적 사랑 등의 키워드에 근거하여 근대 세계에 대한 서구의 독자적인 권위를 주장하는 서구 학자들을 반박하고 있다. 특히 역사적 시간을 고대, 봉건제, 자본주의가 뒤따르는 르네상스로 나누는 유럽 역사가들의 시기구분 방식을 문제 삼았다. 그것은 "시간(주로 기독교의)과 공간에 대한 유럽의 버전(version)"이기 때문이다. 그럼에도 불구하고 그동안 서구의 역사학자들은 역사적 시간에 대한 자신들의 카테고리(category)와 순서들을 바람직하고 '진보적'인 것으로 규정하고서 그것을 비서구에 강요함으로써 비서구의 역사를 도둑질했다는 것이다. 따라서 그는 정당한 비교를 위해 고대, 봉건제, 자본주의 등 미리 결정된 카테고리를 사용하지 말아야 할 뿐만 아니라, 비교의 다양한 가능성들을 보여주는 사회학적 기준들을 구성하기 위해서는 그러한 개념들을 버려야 할 것이라고 주장하였다.[70]

알렉산더 우드사이드(Alexander Woodside)는 서구의 '지식'에 의해 동아시아인들의 관료제 인식이 왜곡되고 있음을 지적하였다. 그에 따르면 서구인들이 말하는 '순수한 이성에 기초한 관료제'는 실제로는 존재한 적이 없었지만, 동아시아인들은 관료제가 매우 효율적이라는 환상을 보여주는 서구 지식인들의 정치적 설명을 쉽게 수용함으로써 관료제의 기술적인 측면을 과대평가하고 그 외의 측면은 과소평가하고 있다고 하였다.[71] 또한 독립적인 시민사회가 근대적 정치의 발흥과 유지에 중요하다는 믿음에 대해서도 그 보편성에 대한 의문이 제기될 수 있다고

---

70) Goody, Jack, *The Theft of History,* Cambridge University Press, 2006, p. 286 · p. 293 · p. 304.

71) 알렉산더 우드사이드, 앞의 책, 49쪽.

도 했다.[72] 개인이나, 시민, 시민사회 등의 개념이 근대 서구가 만들어 낸 환상일 수 있으며, 실재한다고 하여도 그것이 반드시 보편성을 가지는 것인가에 대한 의문을 제기한 것이다. 서구·근대중심주의에 대한 비판은 이뿐만 아니다. 심지어 근대라는 관념은 그 자체가 실제로 공허한 개념임을 입증하는 실패한 개념이자, 결코 자율적인 인식론적 대상이 되었던 적이 없는 용어이므로 폐기되어야 한다는 주장이 제시된 지도 오래되었다.[73] 물론 '근대'라는 개념이 조건 없이 폐기되어야 한다는 것은 아니지만, 필자 역시 서구중심주의와 근대중심주의를 넘어서는 역사인식과 역사서술에 관심을 가지고 있다.[74]

서구적 근대를 전제로 하고 그러한 현상을 발견해내는 방식으로는 한국사와 한국사회의 독자성이나 개성을 드러내기 어렵다. '자본주의 맹아론'이 그러하듯, 서구에 비한 결핍과 한계가 두드러질 뿐이다. 서구가 구성해놓은 역사인식의 틀이나 세계사상을 더 단단하게 하는 데 도움을 줄지언정, 그것을 벗어나 새로운 역사상을 구축하는 데 도움을 주기 어렵다는 점을 지적해 두고 싶다.

『시민』이 한국의 사회 현실과 학문 현실 양자에 대한 저자의 깊은 성찰의 결과임은 말할 필요도 없을 것이다. 또한 이 연구가 19세기 말에

---

72) 알렉산더 우드사이드, 위의 책, 158~159쪽.

73) 캐슬린 데이비스(Kathleen Davis)에 따르면 도널드 R. 켈리(Donald R. Kelly)나 카를 뢰비트(Karl Löwith) 등은 이미 수십 년 전부터 '근대성' 혹은 '근대(Neuzeit)'가 완전히 독립적이거나 자기구성적 시기가 아니라고 주장하였으며(Davis, Kathleen, *Periodization and Sovereignty: How Ideas of Feudalism and Secularization Govern the Politics of Time*, Philadelphia, University of Pennsylvania Press, 2008, p.6 · p.15), 알렉산더 우드사이드도 조지 벤코(George Benko)가 이미 십수 년 전에 "근대라는 관념은 그 자체가 실제로 공허한 개념임을 입증하는 실패한 개념이자, 결코 자율적인 인식론적 대상이 되었던 적이 없는 용어"임을 주장한 바 있다고 지적하였다(알렉산더 우드사이드, 위의 책, 86쪽).

74) 배항섭, 「동아시아사 연구의 시각: 서구·근대중심주의 비판과 극복」, 『역사비평』 109, 2014년 겨울호 참조.

서 20세기 초로 이어지는 '말안장 시대'와 '근대이행기' 한국사의 전개 과정을 새로운 시각으로, 또 한층 폭넓고 풍부하게 이해하는 데 크게 기여하리라는 데는 의문의 여지가 없다. 다만 최근 서구중심주의와 근대중심주의의 극복이라는 데로 기울여져 있는 필자의 관심이 이글에도 지나치게 투영되어 저자의 노작에 대한 객관적 이해를 외면하고 폄하한 것이나 아닌지 걱정스럽다. 좀 더 진전된 연구를 위한 동학의 설익은 고민으로 너그러이 받아들여지기를 기대해본다.

'탈근대론'과 근대중심주의

1. 머리말

동구권 사회주의가 붕괴된 이후인 1990년대 들어 내재적 발전론, 그리고 그 연장선상에 있는 식민지 시기의 '수탈—저항론'(수탈론)을 비판하는 '식민지 근대화론'(근대화론)이 제기되었다. 이후 양자 간에는 '논쟁'과 '비난'이 이어졌다. 무엇보다 식민지 시기에 대한 이해, 곧 식민성과 근대성의 양립 가능성 여부 면에서 화해할 수 없는 인식의 차이를 보였기 때문이다. 수탈론 쪽에서는 식민지 시기에 근대적 '발전'이 이루어진다는 것을 도저히 받아들이기 어려웠던 반면, 근대화론 쪽에서는 오히려 식민지 시기에 들어 근대적 경제 성장이 본격적으로 이루어질 수 있었다고 주장하였기 때문이다.

그러나 양자 모두 한국사의 전개 과정을 서구의 역사적 경험에 준거하여 이해한다는 점, 발전론적 시간관에 입각하여 근대를 반드시 성취해야 할 시대 혹은 추구해야 할 '보편적' 가치로 전제한다는 점에서 기본적으로 서구중심적·근대중심적이며,[1] 그 점에서 서로 공명하는 인

---

1) 근대중심주의(modernocentrism)는 서구중심주의와 동전의 양면을 이루고 있으며, 근

식론적 지반 위에 서 있다.[2]

이와 같은 양자의 대립 구도 속에서 양자 모두를 비판하면서 등장한 것이 '식민지 근대성론'(이하 근대성론)이다.[3] '탈근대'를 표방한 근대성론은 식민지와 근대성의 양립 가능성을 부정하던 민족주의 입장의 수탈론과 달리 식민지라는 조건 속에서도 근대성의 형성과 확산이 가능하다는 입장이다. 또한 서구중심적 근대 인식을 거부하고, 근대 자체에

대인의 의식 속에 전근대를 여과하여 주입하기 위한 하나의 지식체계이자, 전근대를 지배하고 재구성하며 억압하는 동시에 근대에 대한 환상을 심어줌으로써 전근대를 타자화, 식민화하는 이데올로기이다. 필자는 근대중심주의 비판과 관련한 글을 몇 편 발표한 바 있다. 가장 먼저 쓴 글은 「근대를 상대화하는 방법: 민중사에서 바라보는 근대」(『역사비평』88, 역사비평사, 2009 가을호)이다. '근대중심주의'라는 용어를 사용하지는 않았지만, 근대중심주의에 대한 비판을 주조로 한 글이다. 이후 「동아시아사 연구의 시각: 서구 · 근대중심주의 비판과 극복」, 『역사비평』109, 역사비평사, 2014 겨울호; 「머리말: "동아시아는 몇 시인가?"라는 질문」, 미야지마 히로시 · 배항섭 편, 『동아시아는 몇시인가』, 너머북스, 2015 등을 통해 근대중심주의를 비판해 왔다. 이 글의 내용 중 일부는 위의 글들에서 언급되었던 내용을 보완한 것이다.

2) 배성준, 「'식민지 근대화' 논쟁의 한계 지점에 서서」, 『당대비평』13, 생각의 나무, 2000 참조. '식민지 근대화론'의 식민지 인식을 보여주는 연구로는 식민지 시기의 경제 현상을 직접 다룬 연구들 외에도 '19세기 위기론'을 주목할 필요가 있다. '19세기 위기론'은 '근대화론' 계열의 역사인식을 장기적 관점 속에서 분명히 드러내 보여주기 때문이다. 특히 '19세기 위기론'은 19세기 조선사회에는 내부적 동력에 의한 근대이행의 가능성이 전혀 없었을 뿐만 아니라, 나아가 외세의 작용이 없었더라도 조선왕조가 자멸해 나가는 위기 상황에 처해 있었다는 점을 강조한다. 반면, 식민지 시기에 접어들면서 조선에 대한 일본의 정치적 · 경제적 관리와 자본주의 근대의 이식에 의해 '19세기의 위기'가 극복되고 본격적인 근대 경제가 시작된 것으로 이해한다. '19세기 위기론'의 문제점 및 내발론('수탈-저항론')과 '식민지 근대화론'의 역사인식이 서로 공명하고 있다는 점에 대해서는 배항섭, 「19세기를 바라보는 시각」, 『역사비평』101, 역사비평사, 2012 참조.

3) '탈근대론' 혹은 '식민지 근대성론'은 기왕의 분과학문을 가로지르는 경향을 보이고 있지만, 본격적으로 대두된 시기와 내용은 분과학문에 따라 차이가 있다. 예컨대 국문학에서는 한국사학에서보다 앞선 1990년대 중반에 이미 본격적으로 제기되었고, 그 내용도 한층 발본적이었다(이혜령, 「언어=네이션, 그 제유법의 긴박과 성찰 사이」, 『상허학보』19, 상허학회, 2007, 243~244쪽). 이 글에서는 주로 역사학 쪽에서 논의된 내용을 중심으로 다루고자 한다.

대한 비판의식을 분명히 천명하고 있다는 점에서 근대화론과 입장을 달리한다.[4] 근대성론은 이런 인식을 바탕으로 수탈론과 근대화론이 '수탈·저항' 대 '개발'로 대립되고 있는 듯하지만, '근대지상주의'라는 면에서 공통성을 가진다는 점을 지적한다.[5]

'식민지 근대성론'은 다양한 경로를 통해 문제의식들이 중첩, 분기, 수렴하는 과정을 거치면서 형성되었다. 주류학계와 상호 비판하고 대응하는 속에서 많은 논쟁이 이루어졌고,[6] 많은 연구들을 생산하는 과정에서 학계로부터 일정한 '시민권'을 획득하였다. 그러나 2000년대에 들어선 이후 '식민지 근대성론'의 성격이 "확고한 민족주의 비판, 모호한 근대성 비판"으로 흐르고 있으며, 이에 따라 그 자체의 문제제기적 역동성이 약화되고 있다는 점이 지적되고 있다. 곧 근대성 비판은 선언적으로만 존재하는 듯한 반면, 내셔널리즘의 폭력성, 억압성, 배타성 및 그를 기반으로 한 '국민'에 대한 국가권력의 전일적 지배가 강조되고 있다는 것이다.[7]

---

4) 이들은 "식민지 지배라는 맥락 속에서 근대성의 이중적 성격에 초점을 맞춤으로써 근대성을 역사적 진보로 가치 부여하는 것을 피하고 있"으며[신기욱, 마이클 로빈슨 지음, 도면회 옮김, 『한국의 식민지 근대성』(이하 『식민지』), 삼인, 2006, 60쪽], "근대는 동경의 대상이나 지향해야 할 목표가 아닙니다."라는 점을 분명히 밝히고 있다[윤해동·천정환·허수·황병주·이용기·윤대석 편, 『근대를 다시 읽는다』 1(이하 『근대』), 역사비평사, 2006, 16쪽]. 또 "서구와 식민지는 동시적으로 발현한 근대성의 다양한 '굴절'을 표현하고 있을 뿐이며, '서구=보편'이나 '식민지=특수'라는 도식은 성립되지 않고", "사회진화론이나 문명론의 발전단계론에 따라 식민지를 서구 근대의 하위 단계에 위치시키지 않음"을 밝히고 있다. 또 근대가 해방과 억압의 양 측면을 가지듯이 식민지 역시 수탈과 억압, 문명화와 개발의 이중성을 가지고 있고, 그런 점에서 '식민지 근대'는 근대의 양가성과 식민지의 양가성을 동시에 설명하기 위한 문제의식임을 밝히고 있다(『근대』, 20쪽).

5) 『근대』, 30쪽.

6) 논쟁을 유발한 대표적 연구로는 윤해동, 『식민지의 회색지대』, 역사비평사, 2003 참조.

7) 조형근, 「비판과 굴절, 전화 속의 한국 식민지 근대성론: 구조, 주체, 경험의 삼각구도

근대성론과 유사한 문제의식을 가지고 진행되어온 문화연구에 대해서도[8] 예각화된 문제의식이 무뎌지면서 동어반복형의 연구들이 이어진다거나,[9] 패러다임 전환의 생산력이 소진되고 있다는 지적 등이 제기되어 왔다.[10] 또한 '탈근대'를 내세운 연구들이 근대의 거짓 신화나 폭력의 역사를 비판하기 위해 민중의 자율성 등 모든 전근대적인 것들을 간단히 포섭·회수해버리는 강력무비한 포식자로서의 이미지를 강조하는 접근방법을 취함으로써 원래의 문제의식과 달리 오히려 근대를 특권화한다는 비판이 제기되어 왔다.[11] 근대비판을 위한 접근 방법 면에서 재정비 혹은 방향 전환이 필요하다는 지적들이다. 특히 이 글에서 주목하고자 하는 것은 식민지 근대성론에서 엿보이는 시간관이다.

그동안 식민지 근대성론이 전통-근대를 이분법적으로 이해하고 있다는 점,[12] 근대화론이나 수탈론과 마찬가지로 전통적 요소를 부정적인

를 중심으로」, 『역사학보』 203, 역사학회, 2009, 305~310쪽.

8) 『근대』에서는 '탈근대' 역사학의 주요 연구 분야로 '문화연구', '근대 담론 비판', '하위주체와 기억의 재현' 등을 꼽고 있다(『근대』, 22쪽).

9) 박헌호, 「"문화연구"의 정치성과 역사성: 근대문학 연구의 현황과 반성」, 『민족문화연구』 53, 2010, 고려대학교 민족문화연구소, 172쪽.

10) Cheon Jung-Hwan, "Cultural Studies' as Interdisciplinary Literary Studies", The Review of Korean Studies, 16:2, 2013.

11) 박헌호, 「문학' '史'없는 시대의 문학연구」, 『역사비평』 75호, 역사비평사, 2006년 여름호, 102쪽. 배항섭, 앞의 글, 2009, 373쪽. 이용기도 식민지 근대성론의 입장에서 식민지 시기를 연구해온 마쯔모토와 윤해동의 연구가 식민지근대는 "식민지하의 조선인 사이에서 헤게모니로서 성립하였다"(松本武祝, 『朝鮮農民の〈植民地近代〉經驗』, 社會評論, 1998, 27쪽)거나, "규율 권력화된 근대인은 근대를 욕망하는 존재로서 식민지 전체에 가득 차 있었던 것이다"(윤해동, 『식민지근대의 패러독스』, 휴머니스트, 2007, 62~63쪽)라고 한 점 등을 들어 식민지기 근대성의 전면적 확산과 헤게모니 성립을 주장하는 협의가 짙다고 하였다(Lee Yong-ki(이용기), "The Study of Korean Villages during the Japanese Colonial Period and Colonial Modernity", International Journal of Korean History, 15:2, 2010).

12) 도면회, 「옮긴이의 말: 탈민족주의 관점에서 바라 본 식민지 시기 역사」, 신기욱, 마이클 로빈슨, 앞의 책, 19쪽.

것으로, 식민지 시기와 그 이전 시기를 단절적으로 인식하고 있다는 점 등이 지적되어 왔다.[13] 또 근대와 전근대를 이분법적 혹은 단층적으로 이해함으로써 근대를 특권화하고 있다는 점을 지적하면서 이의 극복을 위해서는 "특권화된 근대의 시선"에 의해 열등과 부족의 위치를 강요당하고 있는 전근대를 탈출시켜야 한다"거나,[14] 근대에 대한 전근대의 예속을 물리쳐야 한다는 등의 주장이 제기되어 왔다.[15] 식민지 근대성론의 시간관이나 그에 의거한 시기구분과 관련한 지적은, 탈근대 내지 근대비판을 핵심 문제의식으로 삼고 있는 식민지 근대성론의 인식론적 기반 자체를 겨냥하고 있다는 점에서 가벼운 문제가 아니라고 본다.

근대를 비판하거나 상대화하는 데는 여러 가지 방법이 있을 것이다. 예를 들면, '국민국가론'에서 보이듯이 근대가 가진 폭력성·배타성을 고발하는 방식이 있다. 혹은 근대적 주체형성의 구조와 규율권력의 작동원리를 비판적으로 규명함으로써 근대를 넘어설 수 있는 새로운 주체 형성의 가능성을 탐색하는 방법도 있을 것이다. 이 글에서는 근대와 근대중심주의에 대한 상대화 전략을 근대와 전근대의 이항대립적 인식에 대한 문제제기에서 출발하고자 한다. 무엇보다 식민지 근대성론이 보여주는 근대-전근대에 대한 이분법적 이해가 '식민지 근대' 이해에서 전근대적 요소에 대한 고려를 외면하고 있는 것으로 판단되기 때문이다.

그러나 전근대는 전근대를 바라보는 근대의 오만한 시선이나 의지와 관계없이 근대 형성 과정에 깊숙이 개입하고 작용했으며, 오늘날까지도 적지 않은 자취를 이어오고 있다. 따라서 전근대에 대한 외면은, '근

---

13) Lee Yong-ki, op. cit., 2010 참조.

14) 배항섭, 앞의 글, 2009, 375쪽.

15) 김흥규, 『근대의 특권화를 넘어서: 식민지 근대성론과 내재적 발전론에 대한 이중비판』, 창비, 2013, 19쪽.

대'가 서구에서 들어온 '근대적 요소'와 '전통적인 전근대 · 비근대적 요소' 간의 다면적 중층적인 얽힘과 상호교섭 · 경합 · 대립 과정을 거치며 형성되어간다는 점을 간과하거나, 그 과정의 다이나믹스와 복잡성을 지나치게 단순화할 위험이 있다. 이를 극복하기 위해서는 근대의 특권적 지위를 상대화하거나, 해체 또는 전복시켜야 한다. 이를 위해서는 근대와 전근대를 단절하여 이분법적으로 대립시키는 인식에서 벗어나 서로 다른 시간들의 겹침과 가역성을 열어두어야 한다.[16]

이러한 문제의식에 기초하여 이 글에서는 '식민지 근대성론'을 비롯하여 '탈근대'를 표방한 일련의 연구들에서 보이는 근대인식 내지 시간관에 대한 비판적 독해를 통해 근대를 상대화할 수 있는 다른 가능성을 모색해보고자 한다.[17] 근대적 시간관에 입각한 전근대-근대의 시기구분은 시간만이 아니라 공간을 구분하는 잣대이기도 하다. 또 지구화 시대인 현재까지도 여전히 지역에 따라 서로 다른 시간을 투영하는 경향이 계속되고 있다는 점을[18] 고려할 때도 새로운 역사상을 구축하기 위해 반드시 극복되어야 할 문제이기 때문이다.

---

16) 이에 대한 좀 더 구체적인 논의는 배항섭, 앞의 글, 2009, 371~375쪽; 배항섭, 앞의 글, 2014; 2015 참조.

17) 물론 필자가 검토한 글은 매우 제한적이라는 점에 대해 미리 양해를 구한다. 또 관련 연구 성과 가운데는 공동작업의 결과가 많고, 공동연구/저작에 참가한 연구자들 간에도 식민지근대성 이해 면에서 적지 않은 차이가 있을 것이지만, 다양한 견해들을 충실히 반영하지 못하였다. 필자가 공부한 분야는 식민지보다는 조금 앞선 시기여서 식민지근대성과 직접적인 관련은 없다. 때문에 식민지근대성 논의에 대해 충실히 이해하지 못한 면도 적지 않을 것이지만, 앞선 시기의 연구로부터 근대성론을 바라보는 것도 의미가 없지는 않을 것이라는 점을 핑계 삼아 본다.

18) Summit, Jennifer and David Wallace, "Rethinking Periodization", *Journal of Medieval and Early Modern Studies,* 37:3, 2007, p.447.

2. 근대중심주의에 갇힌 '탈근대론'

(1) 근대와 근대중심주의(Modernocentrism)

'Modern'이라는 개념은 오랜 기간을 거치며 변화해왔지만, 일반적으로 과거와의 급진적인 결별이라는 감각과 연결되어 있다.[19] 이런 감각은 르네상스 학자들이 고대의 정치, 법률, 문학들을 본보기로 삼기 위해 고대 세계에 대한 이해를 심화해나가는 과정에서 더욱더 실감되었다.[20] 1400년대부터 1600년대에 이르러 '근대'가 스스로를 새로운 것, 그 이전에 있어온 것과는 다른 무언가로 드러내면서 '근대성'은 특별한 의미를 가지기 시작하였다.[21] 이런 과정을 거치면서 "근대가 된다는 것"은 단지 근대가 과거보다 뛰어나다는 것뿐만 아니라, 무엇보다 "과거가 어떤 식으로든 현재에 제약을 가한다는 생각까지 버리게 되었음을 의미"하게 되었다.[22]

이에 따라 18세기 이후부터 발전과 진보의 이야기가 써지기 시작하였다. 에덴동산 이래 인간의 조건이 끊임없이 퇴보해 왔다는 비관주의 대신 인간의 운명이 꾸준히 개선되리라는 낙관적 전망이 자리 잡았다. 그와 동시에 근대인들은 고대인들보다 더 똑똑해 보이게 되었고, 역사

19) Benko, George, "Introduction: Modernity, Postmodernity and the Social Sciences", Benko, George and Strohmayer, Ulf eds., *Space and Social Theory: Interpreting Modernity and Postmodernity*, Oxford: Blackwell, 1997. p.4.

20) 르네상스 학자들은 고대에 대한 이해를 심화해가면서, 고전적인 제도들과 자신들의 제도들 간에는 그 간극을 메울 수 없을 만큼이나 커다란 차이가 있음을 발견하게 되었다고 한다(Appleby, Joyce Oldham, et al., *Telling the truth about history*(1st. pbk), New York: Norton, 1994, p.59).

21) De Grazia, Margreta, "The Modern Divide: From Either Side", *Journal of Medieval and Early Modern Studies*, 37:3, 2007, p.455.

22) Lauzon, Matthew J., "modernity", Jerry H. Bentley eds., *The Oxford Handbook of World History*, New York, Oxford University Press, 2011, pp.73~74.

는 "인류의 불행들을 적어놓은 목록"으로 규정되었다. 특히 중세사는 온갖 잔인하고 야만적이고 후진적인 것들을 보관해놓은 창고 같은 곳으로 폄하된 반면,[23] 진보라는 생각들이 확산되면서 근대는 과거를 심판하는 기준이 되었다.[24]

이에 따라 근대와 전근대의 관계에 대한 계서적이고 단절적인 인식이 성립된 것이다. 이러한 인식을 전제로 할 때 전근대(중세)-근대의 시기구분은 근대 이전 시기에 대한 '근대'의 승리를 의미한다. 동시에 이는 역사적 시간을 '근대', 곧 진보와 완성으로 표상되는 '근대'를 향해 달려가는 과정으로 본다는 점에서 근대중심적이며, 진화론적이고 목적론적 역사인식에 다름 아니다.[25]

근대중심적 시간관은 '전통적'인 것들, '전근대적'인 것들에 대한 외면 내지 억압을 통해 근대의 '바깥'으로부터 근대를 비판할 수 있는 가능성을 무산시키는 결과를 초래한다는 점에서 문제적이다. 이와 관련하여 차테르지(Partha Chatterjee)는 근대시민사회 바깥영역에 있는 나머지 사회를 '현(근)대-전통'으로 나누는 이분법을 사용하여 개념화하는 것은 '전통'을 탈역사화하고 본질화하는 함정을 회피하기 어려우며, 전통 쪽으로 내몰리는 영역이 근대적 시민사회의 원칙들에 부합하지 않는 방식으로 근대와 맞설 수 있는 가능성을 부정하는 것이라고 하였다.[26]

---

23) Appleby, Joyce et al., op. cit, pp.61~64.

24) Appleby, Joyce et al., ibid., p.60.

25) 매튜 로존은 근대성에 대해 "자본주의, 프로테스탄티즘, 세속주의, 근대 국가, 개인주의, 과학적 합리주의"를 근대성과 동일시하는 막스-베버식 설명과 이울러 19세기와 20세기의 사회 이론가들이 규정한 바, 국민국가의 형성, 산업화, 도시화, 상품화, 세속화, 관료화, 규칙화, 공공영역과 사적영역의 분리, 자본주의, 대중매체, 공공지식인과 대학의 지식인의 분리, 근대 사회를 구현하고 생산하는 특정기법인 감시와 '규율' 등을 동시에 소개하고 있다(Lauzon, Matthew J., ibid, p.77).

26) 파르타 차테르지, 「탈식민지 민주 국가들에서의 시민사회와 정치사회」, 『문화과학』 25, 문화과학사, 2001, 143쪽. 좀 다른 맥락이지만, 찰스 틸리 역시 프랑스 혁명 이

근대중심적 역사인식은 서구중심주의와 뗄 수 없는 관계를 가지고 있다. 아리프 딜릭(Arif Dirlik)에 따르면 서구인들은 세계를 정복해나가면서 정복한 지역들을 재명명하였고, 경제·사회·정치를 재편성했다. 그들은 이성과 과학으로 무장하여, 보편적 이성이라는 이름으로 시간과 공간을 정복하고, 사회를 합리성의 영역 안으로 포함시키고자 재편성했다. 중요한 것은 이 과정에서 장소와 시간, 그 외의 다른 많은 것들을 인지하는 '전근대적' 방식들을 없애거나 혹은 주변부로 밀어냈다는 점이다. 그것은 인류의 역사가 진보를 향한 인간의 요구를 충족시키는 방향으로 발전한다고 하는 '보편적 역사'를 만들어 내는 데 방해가 되는 대안적 역사의 궤적들을 통제하기 위해서였다. 그 결과는 결국 서구의 역사적 경험을 인류의 숙명으로 만들었고, 그에 따라 근대성이 서구중심주의에 대한 참조 없이 이해 불가능한 것처럼, 서구중심주의 역시 근대성의 맥락 안에서만 분명하게 드러내 보일 수 있게 되었다고 하였다.[27]

딜릭의 지적은 서구중심주의와 근대중심주의가 서로 유기적으로 연결되어 있었음을 잘 보여준다. 서구중심주의가 서구=근대, 비서구=전근대라는 도식으로 전파·확산된 데서도 알 수 있듯이 서구중심주의에 대한 극복과 근대중심주의의 극복이 불가분의 관계에 있음은 물론이

후, 19세기 중반까지도 "지역 공동체 사회는 지역연대의 주요한 장이며 농촌주민들이 많은 투자를 해온 권리의 주요한 보고였다"(찰스 틸리 저, 양길현 외 역, 『동원에서 혁명으로』, 서울 프레스, 1995, 특히, 「제8장; 결론 및 새로운 논의의 진전을 위한 제언」, 313쪽), "(중앙)권력과 지주 등에 대한 공동체적인 경쟁자"(321~324쪽)라고 하여 '전통적' 공동체가 근대 권력에 저항하는 중요한 기제가 되었음을 지적하고 있다(299~326쪽 참조).

27) 이에 대해서는 Dirlik, Arif, "Is There History after Eurocentrism? Globalism, Postcolonialism, and the Disavowal of History", Dirlik, Arif, Vinay Bahl, and Peter Gran, eds. *History After The Three Worlds: Post-Eurocentric Historiographies*, 2000, Lanham, Md.: Rowman & Littlefield, pp.25~28 참조.

다. 어느 하나만으로는 사실상 불가능한 것이다. 서구중심주의가 전 세계에 편만하여 그 외부가 있는지에 대한 의문조차 제기되고 있음을 생각할 때[28] 근대중심주의에 대한 비판은 상대적으로 수월할 수 있다. 근대 스스로가 전근대와의 구별을 통해 성립된 개념이기 때문에 그 경계가 개념적으로는 여전히 뚜렷하기 때문이다.

(2) 탈근대론의 근대인식

『식민지』의 후기를 쓴 카터 에커트는 한국의 민족주의를 "知的 원형감옥"으로 규정하였다.[29] 이 책의 핵심적 문제의식은 민족주의에 대한 비판에 있으며, 연구 방향도 민족주의 입장의 근대사 연구가 부정하였던 식민지 시기의 근대성을 확인하는 데 중점을 두고 있다. 식민주의가 갖는 헤게모니적 지배라는 측면 이외의 다른 현상들에 대한 분석이 누락되어 있다거나,[30] 근대성 자체에 대한 비판적 시야가 부족하다는 지적도[31] 그 때문이다.[32]

또 도면회는 『식민지』의 식민지 역사 분석이 전통―근대의 이분법을 사용하고 있음을 지적하였다. 『식민지』에서는 식민지 지배 과정에서 형성되고 구조화된 각종 제도와 사건, 통치행위 등을 '식민지 근대'로, 그

---

28) Dirlik, Arif, ibid., 34~36쪽.

29) 카터 에커트, 「후기: 헤겔의 망령을 몰아내며―탈민족주의적 한국사 서술을 향하여」, 『식민지』, 509쪽.

30) 도면회, 앞의 글, 19쪽.

31) 조형근, 앞의 글, 2009, 309~310쪽.

32) 식민지 근대성론에서 민족주의에 대한 비판이 강하게 제시되는 데 비해 식민주의에 대한 분석이나 근대성 자체에 대한 비판적 시야가 부족하다는 점은, 다양한 事象을 단일한 원인으로 환원하는 것을 경계, 비판하는 것이 탈근대주의의 큰 특징임을 감안할 때, 근대성의 관철이 낳은 무수한 모순들을 민족주의의 폭력성으로 귀일시킨다는 점에서 또 다른 환원주의가 될 수 있다는 지적은 경청할 필요가 있다(조형근, 위의 글, 310쪽).

이전에 존재했던 역사적 사실들을 모두 '전통'으로 분류하였다는 것이다.[33] 이는 식민지화 이전 상태를 "백지 상태"로 보는 데 따른 것이며, 식민지 시기의 근대성이 갑오개혁 이후에 형성되고 있던 근대성을 식민주의적으로 변형한 것임을 간과하고 있다는 점을 지적하였다.[34] 식민지 시기와 이전 시기를 단절적으로 이해한 점에 대해 비판한 것으로 매우 중요한 지적이라 생각된다. 그러나 도면회의 지적은 근대에 의한 '전통'의 타자화, 곧 근대중심주의적 시간관이나 역사인식에 대한 비판이라기보다는 식민지 이전부터 근대성이 형성되고 있었음을 강조하고, 그것과 식민지 근대성을 단절적으로 이해한 데 대해 비판한 것이다.

2000년대에 들어 본격적으로 제시되기 시작한 탈근대론, 혹은 '식민지 근대성론'은 수탈론이나 근대화론이 가진 인식론적 문제점을 비판하며 새로운 역사상을 열어나갔다. 이후 많은 연구성과들을 제출하였고, 민족주의적 역사인식 등 기왕의 지적 관행에 대해서도 의미 있는 비판적 발언들을 제기해 왔다. 그러나 근대중심적 인식론에 대한 근원적 비판으로까지 나아가지는 못했다고 생각한다. 그것은 무엇보다 식민지 근대성론이 여전히 근대중심적 시간관으로부터 자유롭지 못하였을 뿐만 아니라, 여전히 서구중심적 역사인식조차 드러내고 있다는 데서 확인된다. 『식민지』에서는 근대성의 발생과 전파에 대해 다음과 같이 밝히고 있다.

---

33) 신기욱은 서론에서 "근대성이 반드시 전통을 말살하지 않는다는 것은 이제 널리 인정되는 견해이다."라고 하여 전통과 근대를 연결하여 사고한다는 자세를 취하고 있는 듯하다. 그러나 그 의미는 "전통은 정체성 형성의 또 다른 원천으로서 근대성에 대한 반작용으로 되살려지거나 재창조되기도 한다."고 한 데서 알 수 있듯이 전통 경험과 '근대' 간의 상호 교섭이나 반발, 경합을 말하는 것이 아니라, 전통에 대한 재현의 문제(전통에 대한 근대의 담론적 개입)를 지적하고 있다(신기욱, 「서론: 식민지 시기 한국을 다시 생각하며」, 『식민지』, 57~58쪽).

34) 도면회, 앞의 글, 19~20쪽.

'근대성'은 18세기 서유럽에서 최초로 발생해서 세계의 다른 지역으로 퍼져나간 현상이다. 근대성은 계몽주의, 합리주의, 시민권, 개인주의, 법률적—합리적 정통성, 산업화, 민족주의, 국민국가, 자본주의 세계체제 등과 자주 연관된다. 합리주의적 계몽사상과 영국의 산업혁명, 프랑스의 시민혁명 등이 유럽에서 근대성의 발생과 성장을 이루어 낸 주된 사건들이다. 간단히 말해서 근대성은 기원과 속성상 본질적으로 역사적이고 서유럽적인 현상이다.

근대성은 서구에서 발생하였지만, 세계의 다른 지역들로 퍼지면서 여러 가지 다른 유형을 취하였다. …… (중략) 이제는 근대로 이행하는 다양한 경로가 있다는 것이 명백해졌다. (중략) 그럼에도 불구하고……(중략) 동아시아 근대성은 상당히 독특한 형태이지만, 뚜웨이밍이 지적하듯이 근대 서구의 도전에 대한 의식적 반응이라는 점에서는 유사하다.[35]

이들의 근대성에 대한 이해는 전형적 서구중심주의를 보여주고 있다. 이에 비해 한국사학계의 식민지 근대성론 연구를 대표하는 성과 가운데 하나인『근대를 다시 읽는다』에서는 '근대성'의 연원에 대한 이해 면에서 서구중심적 인식을 벗어나고자 하였다. 또 '근대'라는 시간에 대해서도 '과거를 심판하는 기준으로서의 근대'나 근대에 대한 목적론적 인식을 벗어나고자 하였다. 『근대』의 필진들은 자신들의 시간관에 대해 다음과 같이 밝히고 있다.

근대라는 시간 속에서 인류는 거대한 발전과 진보를 목도했습니다. 하지만, 그것은 더 큰 규모로 확대된 전쟁과 폭력을 경험하는 과정이자, '발전' 속에서 오히려 더 극심한 빈곤과 불평등을 체험하는 과정이었습니다.

---

35) 『식민지』, 48~49쪽.

이에 대한 비판적 인식은 '근대비판 · 포스트모던 · 탈근대' 등의 관형어를 가진 논리와 기획을 낳았습니다. 이는 다른 시간의식을 바탕으로 하며, 억압과 폭력으로 얼룩진 현재로부터 탈주하고자 하는 의지의 표명이기도 합니다.[36)]

다른 시간의식이라는 것은 근대가 발전 · 진보와 동시에 폭력과 불평등이라는 양가성을 가진다는 점을 의미하는 것으로 보인다. '근대'를 진화하는 역사적 시간의 최종 목적지로 받아들이지 않음을 알 수 있다. 또 '근대'라는 시간 안에서 이루어진 인간 삶의 경험에 대해서는 일국사적인 시각에 대한 비판 및 경계와 더불어 정치 사회 문화면에서 이루어지는 세계사적 교호와 상호작용을 강조한다.

'전지구화'와 더불어 정치 경제 및 삶의 여러 영역은 더 이상 일국적으로 사고될 여지없이 그 상호성이 더욱 커졌습니다. 문화를 놓고 보아도 고유한 전통이나 기원은 사실 거의 의미가 없고, 문화란 그 자체로 다국적적인 것의 교호 · 간섭 작용 혹은 그 결과물들입니다. 이는 문화와 경제에서 최근에 더욱 심화된 경향이지만, 기실 근대의 정치와 사회 · 문화 전체가 상호성과 혼종성의 작용과 그 힘들의 결과이지 않습니까?
(중략) 식민지가 '근대 미달'이거나 '왜곡된 근대'가 아니라 근대 속에 포함된 근대의 작동 기제라는 사실을 잘 알 수 있습니다. 그리고 한국의 근대사는 그런 '보편적' 작동 기제 속에서 해명될 수 있는 전형적인 대상입니다. 이 과정을 '특수한' 민족사로만 이해하는 것은 사태의 전말을 호도하게 될 것입니다. 지금 우리에게 필요한 것은 보편—특수의 이원론이 가진 서구중심적인 성격을 극복하되, 민족중심적인 특수성에 대해서도 경

---

36) 『근대』, 16~17쪽.

계하는 자세를 갖는 일입니다.[37]

이들은 일국적 시야를 벗어나 세계적 차원에서 이루어지는 공간적 교호, 간섭에 의한 상호성과 혼종성을 강조하고 있다.[38] 서양에서 발생한 근대성이라 하더라도 결국은 글로벌한 차원의 다양한 상호작용, 물질이나 생각, 관습, 제도 등의 전유 혹은 수정의 결과이고, 또 그것이 세계 여러 곳에 수용되거나 강요된다는 점에서 글로벌적 현상으로 보는 것이 합당하다.[39] 이 점에서 『근대』가 세계적 차원의 상호작용을 강조하는 것은 타당한 지적임은 분명하다. 또 모든 근대는 식민지 근대라고 한 데서 알 수 있듯이[40] 포스트콜로니얼리즘의 주장과 마찬가지로 '근대'라는 시간이 식민지와 서구라는 공간적 차이와 무관하게 동질적

---

37) 『근대』, 18쪽.

38) '지구화(globalization)'는 경제적 역동성과 불평등을 동시에 증가시키면서 지구촌 각 지역에서 살아가는 인간들의 사회적 삶을 더욱 깊고 넓게 밀착시키고 있다. 최근 들어 '글로벌 히스토리(Global history)'를 추구하는 연구자들에 의해 근대중심적 역사인식이 그려놓은 것과 달리 이미 고대부터 서로 다른 문화 간의 상호작용과 교류가 있었다는 사실이 강조되기도 한다(Bentley, Jerry, "Beyond Modernocentrism: Toward Fresh Visions of the Global Past," Victor H. Mair ed. *Contact and Exchange in the Ancient World*, Honolulu: University of Hawaii Press, 2006, pp.17~29). 하지만 적어도 사회주의가 붕괴된 이후 20세기 말부터 세계를 하나의 단일체계로 인식하게 될 정도로 그러한 교류가 더욱 확대된 것은 분명하다. 이에 따라 역사학자들에게도 '네트워크', '물결', '이동', '유동성', '이주(diaspora)', '잡종성', '초국가적(transnational)' 등의 새로운 언어가 익숙함을 넘어 가장 유행하는 용어가 되었다(Osterhammel, Jürgen, "Globalization", Jerry H. Bentley eds., *The Oxford Handbook of World History*, Oxford University Press. 2011, p.92). 이러한 현실에 따라 역사 과정에 대한 일국사적 파악의 문제점 역시 더욱 선명해지고 있다. 그러나 식민지 근대성론은 식민지 시기의 트랜스내셔널한 국면에 대한 접근, 식민지 간의 비교연구 등의 필요성을 강조하고 있지만, 구체적 연구에서는 그에 부응하는 성과를 제시하지 못한 것으로 보인다.

39) Lauzon, Matthew J., op. cit, p.80.

40) 『근대』, 20쪽.

이고 동시적임을 주장하고 있다.[41] 기본적으로 같은 시기 안의 공간적
차이를 부정하는 시각을 보여준다.

그러나 식민지 근대성론 연구에서 보여주는 시간관에는 여전히 근대
중심적 인식이 자리 잡고 있음을 알 수 있다. 근대성론 연구에서는 같
은 공간(지역/국가)에서 이어지는 다른 시간들(전근대-근대-현대 등) 간의
교호, 간섭에 의한(transhistorical) 상호성, 혼종성은 외면되거나 자각되
지 않고 있다. 물론 통시적 인식이 전혀 없는 것은 아니다. 예를 들면,
『근대』에서는 식민지 경험을 이어받은 국민형성 과정이 식민 경험과 무
관할 수 없다는 점, 식민지 근대와 국민형성을 매개한 것은 협력의 경
험과 사상이라는 점 등을 지적하면서 식민지 시기의 '근대' 경험과 해
방 이후의 국민 형성 과정을 연결하여 이해하고자 하였다.[42] 그러나 통
시적 이해는 기본적으로 식민지근대 이후의 시간들에 닫혀 있다.[43] 식
민지근대에 대한 이해에서 전근대의 경험들은 전혀 고려되지 않는다고
해도 과언이 아니다. 그것은 무엇보다 근대성론이 전근대와 근대를 단
절적으로 이해하거나, 혹은 상호 연관된 시간이라는 점, 전근대의 경험
이 근대에 영향을 미치며 경우에 따라 거의 그대로 이어지기도 한다는
점을 고려하지 않고 있기 때문이라 생각한다. 이 점에서 여전히 근대중
심주의로부터 완전히 자유롭지는 못하다고 생각한다.

식민지 근대성론이 '근대'와 '전근대'를 바라보는 시각에 대한 비판은
이미 여러 연구자들에 의해 제시된 바 있다. 예컨대 재일사학자 조경달

---

41) 이에 대한 집약적 정리는 Dussel, Enrique D., Krauel, Javier, Tuma, Virginia C.,
    "Europe, Modernity, and Eurocentrism", *Nepantla: Views from South*, Vol. 1, Issue 3,
    2000 참조.

42) 『근대』, 21~22쪽.

43) "또한 '식민지 근대'는 제국과 식민지를 관통하는 공시성, 그리고 식민지와 후기-식
    민지(신식민지)를 연결시키는 통시성을 아울러 지니고 있습니다."(『근대』, 20쪽).

은 "전통적 정치문화나 정치사상, 사유방식 등은 식민지기에도 어떤 형태로든 살아남으며, 현재까지도 규정하는 측면이 있다고 보아야 한다."라고 지적하였다.[44] 허수는 식민지에서 행사되는 서구문화의 헤게모니 능력이 상대적으로 제한되었음을 지적하며, "'국민'으로 길들여지지 않는 '민중'의 존재가 식민지 조선에서 부각되어 검토될 필요가 있다"고 하였다.[45] 김성보도 농민이 추구한 세계가 일부 자본주의 체제에 흡수되지만, 한편으로는 체제를 변혁하는 에너지로서 농민 내부에 존속하였음을 지적하고 있다.[46] 각자의 비판에는 차이가 있지만, 식민지 시기의 사회나 문화 등을 구성하는 요소들과 그 요소들이 표상하는 시간들이 복합적, 혼성적임을 강조한 것이다.

근대성론이 근대중심적 시간관에 근거하여 전근대와 근대를 이항대립적으로 보거나, 전근대의 경험을 외면함으로써 양자 간의 명백한 차별성을 자명하게 전제하고 있음은 많은 근대성론자들의 글에서 보이고 있다. 예를 들면 『식민지』에서 신기욱과 한도현은 식민지 정부가 "지주를 통해 지방을 통제하고자 했던 기존의 정책으로부터 사회 안정을 강조하고 농촌 상황에 직접적인 국가 개입을 늘리는 새로운 정책으로 전환"하여 농촌의 안정성을 높이고, 생활수준을 향상시킴으로써 "이데올로기적 · 헤게모니적 지배를 행사하려고 하였"음을 강조하였다.[47] 이들은 이를 통한 새로운 지배방식을 지배-복종 관계의 근대적 성격을 보여주는 헤게모니적 지배로 규정하고, 헤게모니의 조달을 〈국가조합주

44) 趙景達, 『植民地期朝鮮の知識人と民衆救濟思想』, 有志舍, 2008, 25쪽.
45) 허수, 「새로운 식민지 연구의 현주소」, 『역사문제연구』 16, 역사문제연구소, 2006, 15쪽.
46) 김성보, 「탈중심의 세계사 인식과 한국근현대사 성찰」, 『역사비평』 80, 역사비평사, 2007 가을호, 250쪽.
47) 신기욱 · 한도현, 「식민지 조합주의: 1932~1940년의 농촌진흥운동」, 『식민지』, 129~130쪽, 157쪽.

의〉로 규정하였다. '기존의 정책'이나 '새로운 정책'이 조선시대의 그것과 어떤 원리적 차이가 있는지에 대한 고민은 없다. 전근대의 경험은 고려의 대상이 되지 않고 있다는 것이 실제에 더 가까운 것으로 보인다. 근대를 특권화한 인식, 곧 근대중심주의에서 초래된 전근대 경험에 대한 선험적 억압 내지 왜곡에 다름 아니다.

또 『식민지』는 근대적 지배의 주된 특징으로 지배가 정치·경제 영역을 넘어 일상생활 속으로 침투한다는 점과, 근대 국민국가는 국민들에 대한 지배력을 획득하기 위해 경찰과 국가기구뿐만 아니라 '문화산업'도 동원한다는 점을 들고 있다. 그러면서 푸코의 담론 개념과 그람시의 헤게모니 개념은 지배-복종 관계의 근대적 성격을 지적하는 것이라 하였다. 또 헤게모니란 정치사회와 시민사회가 교육, 종교, 가족, 그리고 일상생활 속 실천의 미시구조에까지 걸쳐 있는 제도들을 동원하여, 지배에 대한 다양한 사회계층의 '자발적' 동의를 만들어 내고 이끌며 유지시키기 위한 의미와 가치를 어떻게 형성하는지 설명해주는 개념이라고 하였다.[48] 서구발 사회이론이 자명한 설명틀로 전제가 되고 있다. 지배의 방식과 '자발적 동의'를 이끌어내는 방식이라는 면에서 역시 조선왕조 정부와의 차이 같은 것은 고려 밖이다. '전근대' 조선의 정치는 헤게모니 개념과 무관하게 작동되었다는 것이 선험적으로 전제되어 있기 때문에 나온 인식이라 생각된다.

근대-전근대에 대한 단절적 이해는 『식민지』에 대한 서평을 쓴 김동노의 글에서도 뚜렷하게 드러난다. 그는 농촌진흥사업에서 보이는 식민 정부의 정책변화가 소작쟁의로 표면화된 계급갈등을 '근대적 방식'으로 처리하려 한 식민정부의 의도에서 나온 것으로 평가하였다. 또 그는 식민지배의 새로운 원리가 형성됨과 함께 나타난 두드러진 특징으

---

48) 『식민지』, 46쪽.

로 이전에는 찾기 힘든 개인의 정체성 형성을 지적하고 있다. 그래서 『한국의 식민지 근대성』은 "예전에는 단순히 백성이나 가족 혹은 신분이라는 범주로 묶여 있던 개인들이 다양한 정체성으로 표면화하기 시작한 것이 식민지시대였음을 보여주고자 하였다."라고 하였다. 곧 식민지 시대에 들어 "이제 개인은 노동자이며, 농민이며, 민족의 구성원이며, 여성이라는 새로운 이름으로 근대적 주체가 된 것"이라고 평가하였다.[49] 전근대와 근대의 개인에 대한 이러한 이분법적 이해는 19세기에 활동한 르네상스 연구자 부르크하르트(Jacob Burckhardt)의 발명품이었다. 1860년에 그는 르네상스 이전의 인간은 "종족과 신민, 단체, 가족, 혹은 조합의 일원으로서만 자기 자신을 인식했고" 르네상스 이후에야 "정신적인 개인이 되었고 그러한 존재로서 자기 자신을 인식하게 되었다"고 하였다.[50]

'근대적 개인'과 관련한 이러한 이해는 근대성론의 대표적 연구자 가운데 하나인 윤해동에게서도 보인다. 윤해동은 민중에 대한 조경달의 이해를 비판하면서 '민중(운동)의 자율성'에 대해 "근대적 개인의 자율성에 기반을 두지 않는 민중의 자율성이란 단지 공허한 슬로건에 지나지 않는 것 아닐까 한다."라고 하여 비판적 입장을 취하였다.[51] 타당성 여부를 떠나 이러한 지적은 역시 전근대-근대에 대한 이분법적 구별에 근거한 것이며, 여기에는 '자율적 개인'이란 근대가 되어서야 '탄생'한다는 생각이 전제되어 있다. 식민지 근대성론의 근대비판이 근대(국민국

---

49) 김동노, 「식민지의 민족주의를 넘어 근대로」, 『동아시아비평』 6, 한림대학교 아시아문화연구소, 2001, 33~34쪽.

50) Sluhovsky, Moshe, "Discernment of Difference, the Introspective Subject, and the Birth of Modernity", *Journal of Medieval and Early Modern Studies*, Vol. 36, No. 2, 2006, p.176.

51) 윤해동, 「일본에서의 한국 민중사연구 비판: 조경달을 중심으로」, 『한국민족운동사연구』 64, 한국민족운동사학회, 2010, 494쪽.

가/식민지)의 힘을 극단적 포식자의 모습으로까지 밀고 나가는 방식으로 이루어지고 있음을 고려할 때, "근대적 개인의 자율성"은 어디에, 어떤 방식으로 존재할 수 있는 것인지 궁금할 수밖에 없다. 또 그러한 자율성과 '전근대의 자율성'의 차이는 무엇인가? 자율성은 근대의 규율권력 하에서만 존재할 수 있는 것인가? 등의 질문이 가능할 것이다.

이상의 연구들에서 보이는 전근대-근대의 이분법적 이해는 개인이라는 근대적 주체나 헤게모니적 지배라는 근대적 현상이 식민지 시기에 '탄생'했음을 강조하기 위한 전략과도 관련이 있을 것으로 보이지만, 사실은 '근대'에 대한 연구자들의 일반적 이해이기도 하다. 따라서 '근대적 개인'이나 '이데올로기적 · 헤게모니적 지배'에 대한 비판은 괜한 트집 잡기처럼 보일 수 있을 것이다. 그러나 전근대-근대의 이분법에 기반한 '전근대' 이해는 매우 도식적이고 폭력적일 뿐만 아니라, 전근대-근대의 단절을 통해 양자 모두를 탈역사화하는 것이기도 하다.

앞서 언급했듯이 '근대'라는 개념의 형성 과정은 "과거가 어떤 식으로든 현재에 제약을 가한다는 생각까지 버리는" 과정이기도 하다는 점에서 전근대에 대한 억압을 수반한다. 서구 근대의 학문과 지식체계 역시 전근대에 대한 그와 같은 억압으로부터 자유로울 수 없다. 이는 전근대에 대한 새로운 인식뿐만 아니라, 근대(성)을 새롭게 이해하기 위해서도 서구중심주의만이 아니라 근대중심주의도 동시에 극복해야 한다는 점을 보여준다.

근대를 상대화하기 위해서는 역사적 시간을 근대-전근대로 이분화한 후 근대의 시선으로 전근대를 억압하는 근대의 시간관에 대한 근본적 질문부터 시작하여야 한다. 여기에 대한 답변은 아직 어느 누구도 준비해두지 못하고 있다. 지배가 정치 · 경제 영역을 넘어 일상생활 속으로 침투한다는 점, 영역 내의 주민집단에 대한 지배력을 획득하기 위해 경찰과 국가기구뿐만 아니라 '문화(산업)'도 동원한다는 점, 교육, 종교, 가족, 그리고 일상생활 속 실천의 미시구조에까지 걸쳐 있는 제도들을 동원하여, 지배에 대한 다양한 사회계층의 '자발적' 동의를 만들어 내고 이끌며 유지시키는 의미와 가치를 형성한다는 점, 개인의 '자율성' 등등의 면에서 전근대와 근대는 어떤 차이가 있는가? 전근대−근대라는 시기구분과 각 시기에 대한 본질주의적 규정에 대한 발본적 재인식이 추구되어야 한다.

한편, 전근대와 근대의 단절적 이해, 근대에 대한 특권적 이해는 식민지근대성 연구가 근대성 비판보다는 근대성의 확인에 중점을 두는 연구로 흘러가는 경향을 보이게 된 점과 깊은 관련이 있다. 이에 대해서는 이타가키 류타의 지적이 흥미롭다. 그에 따르면, 식민지 근대성론은 기본적으로 근대비판이라는 시각을 갖고 있기 때문에 식민지 사회를 논할 때 농촌보다는 도시, 학교 바깥보다는 안쪽, 배제보다는 포섭, 저항이나 일탈보다는 협력에 눈을 돌리기 십상이라는 것이다.[52] 근대비판이라는 문제의식이 '근대성'의 발견과 비판 그 자체에 경사되어 있음을 지적한 것이다. 이점에서 이타가키 류타가 식민지 시기에 접근하는 태도는 식민지 근대성론과 매우 대조적이다. 그는 '근세사회'(조선시대)의 연장선상에 근대를 위치 짓는 시각을 취해야 한다고 생각한다. 이는 '근대' 지역사회를 이해하기 위해서는 전통적인 것(낡은 것)과 새로운 것의 공존, 병존, 중층적으로 얽혀 있는 구조를 해명해야 한다는 생각에서 나온 것이다.[53]

이상과 같이 식민지 근대성론이 보여주는 시간관의 핵심적 문제점은 그것이 기본적으로 '서구의 충격'='근대' 형성 이후에 나타나는 새로운

---

52) 이타가키 류타, 『한국 근대의 역사민족지: 경북 상주의 식민지 경험』, 혜안, 2015, 46~47쪽.

53) 이타가키 류타, 위의 책, 30~32쪽.

현상만 분석 대상으로 삼고 있다는 점이다. 이는 '전근대'의 시간과 경험을 근대 이후 역사의 전개 과정과 적극적으로 연결하여 파악하는 시각을 차단하는 것이며, 그 점에서 근대중심적 시간관이다. 또한 앞서 언급했듯이 이들은 모든 전근대적, 비근대적인 것들을 간단히 자신의 자장 속으로 포섭·회수해버리는 강력한 포식자로서의 국민국가 혹은 근대라는 이미지를 강조하는 방법을 취하고 있다. 이는 근대 극복의 가능성을 스스로 축소하거나 폐색해버리는 결과를 초래할 뿐만 아니라, 전근대-근대의 단절적 이해를 통해 결과적으로 근대를 특권화하는 방식을 취한다는 점에서 또 다른 의미의 근대중심주의이다.[54]

'탈근대론'의 특징 가운데 하나는 다양한 역사현상을 단일성이 아니라, 다양성, 중층성, 혼종성이라는 맥락에서 이해하려는 데 있다.[55] 이 점에서 식민지 근대성을 분석하면서 전근대적 내지 비근대적 요소나 현상을 잘라 내어 버리거나 곧 사라질 것으로 치부하여 치지도외하는 태도는 자기 모순적이기도 하다. 근대비판을 표방하는 식민지 근대성론의 시간관이 근대중심주의에 갇혀 있다는 것은 아이러니한 일이다.

3. 근대를 상대화하는 방법: 근대중심주의의 극복

조르주 벵코(George Benko)는 '근대성'이라는 용어가 비록 광범위하게 사용되어 왔지만, 자율적인 인식론적 대상으로서의 지위를 확보한 적

---

54) 배항섭, 앞의 글, 미야지마 히로시·배항섭 편, 앞의 책, 2015, 17~19쪽.

55) 규율권력 이론은 식민지를 기존의 연구와 달리 규율화, 동의, 균열, 저항 등이 뒤섞여 있는 혼성적인 공간으로서 공장, 병원, 학교 등을 바라본다(허영란, 「한국 근대사 연구의 '문화사적 전환'- 역사 대중화, 식민지 근대성, 경험세계의 역사화」, 『민족문화연구』 53, 고려대학교 민족문화연구소, 2010).

이 없는 용어라고 하였다.[56] 또 브루노 라투르(Bruno Latour)에 따르면 근대성의 기획은 아직 충족되지 않았고, 절대 충족될 수 없는 것이라 한다. 왜냐하면 지금이라는 시간은 그 당시(then)라는 시간으로부터 깔끔하게 분리될 수 없기 때문이다. 근대란 것은 여전히 손이 닿지 않는 곳에 남아 있고, 따라서 "우리는 한 번도 근대 속에 존재한 적이 없다."는 것이다.[57]

그럼에도 불구하고 서구는 근대성을 서구의 산물이자 수출품으로 묘사하는 반면 이슬람에 대해서는 퇴영적이고 전이성적(prerational) "중세주의"로 규정하고 있다.[58] 또 파키스탄 같은 이슬람 사회에 대해 '봉건제'라는 딱지를 붙이는 데서 알 수 있듯이 '중세'는 '아직 근대화를 달성하지 못한' 혹은 더 '나쁘게 역행한다'는 의미로서 어느 시대, 어느 사회에나 적용될 수 있는 유동적 개념이 되었다.[59] 이에 따라 서구의 근대가 종교적·봉건적인 것 등 특정한 요소들을 근거로 근대 이전 시대를 억압하기 위해 만들었던 '중세'라는 개념이 식민지에 대해서만이 아니라 서구 근대와 이질적인 어떤 시대나 사회(비서구)에도 적용되는 논리로 확대되어갔다. 이런 과정을 거쳐 근대는 인류 역사의 전개 과정에서 이전 시기와 구별되는 특권적 시기의 지위를 부여받게 되었고, 근대 이전의 역사를 횡령하고, 과거를 심판하는 기준이 될 수 있었다. 다름 아닌 '근대중심주의'이다.[60]

---

56) Benko, George, "Introduction", op. cit., p.2.

57) Latour, Bruno, Translated by Porter, Catherine, *We Have Never Been Modern*, Cambridge, Mass.: Harvard University Press, 1993, pp.46~48.

58) Summit, Jennifer and David Wallace, op. cit., p.447.

59) Davis, Kathleen, *Periodization and Sovereignty: How Ideas of Feudalism and Secularization Govern the Politics of Time*, Philadelphia: University of Pennsylvania Press, 2008, pp. 132~133, pp. 3~5.

60) 이에 대한 좀 더 자세한 논의는 배항섭, 앞의 글, 2014 참조.

앞서 언급했듯이 진화론적, 근대중심적 역사인식의 성립에 따라 근대가 과거를 심판하는 기준이 되면서 근대-전근대 간에는 계서적인 동시에 단절적인 관계가 성립되었다. 근대와 전근대의 관계에 대한 계서적이고 단절적인 이해는 서구와 비서구, 근대와 전근대가 서로 엄격히 구별될 뿐만 아니라, 각각이 하나의 통일되고 균질적인 시공간임을 전제하거나 그러한 효과를 발생시킨다. 예를 들면, '근대' 또는 '중세'로 구획된 각 시기는 단일하고 동질적이라는 것, 그리고 각 시기를 구성하는 영역이나 요소들은 서로 불가분의 관계를 맺으면서 균질적으로 형성된다는 방식의 이해이다.

특히 중세사 연구자들에 의하면 이러한 시기구분과 각 시기에 대한 균질성 부여가 날조된 '중세상'과 '근대상'을 주조함으로써 전근대는 물론 근대에 대해서도 왜곡된 이해를 초래했다.[61] 뿐만 아니라 '오만한 심판자'인 근대의 판결과는 달리 근대-전근대 사이의 벽은 빈틈없는 촘촘하고, 매끄러운 것이 아니라 구멍투성이이다. '중세'나 '근대'에서 나타나는 '중세적'·'근대적' 현상은 정치, 경제, 사회, 문화의 모든 영역 혹은 그보다 세분된 하위 영역에서 반드시 균질적으로 발생하는 것은 아니다. 오히려 '중세성'이든 '근대성'이든 영역에 따라 비균질적으로 형성, 발전되는 것이 일반적일 수 있다.

최근 '중세 속의 근대성', '근대 속의 중세성'에 대한 논의에서도 보이듯이 '중세'에도 '근대성'이, '근대'에도 '중세성'이 얼마든지 병존할 수 있는 것이다.[62] '중세'나 '근대'라는 역사적 시간은 다양한 '중세적인 것' 혹

---

61) Davis, Kathleen, op. cit., p. 4.

62) Alsayyad, Nezar and Roy, Ananya, "Medieval Modernity: On Citizenship and Urbanism in a Global Era", *Space and Polity*, 10:1, pp.1~20, April 2006; Loomba, Ania, "Periodization, Race, and Global Contact", *Journal of Medieval and Early Modern Studies*, 37:3, 2007.

은 그렇지 않은 것, '근대적인 것' 혹은 그렇지 않은 것이 공존하고 상
호작용을 하며 구성된다. 그러한 것들이 서로 다른 개개인의 삶에 각각
다른 속도와 무게로 영향을 미치는 속에서 인간의 삶, 인간 간의 관계,
인간과 사회, 사회와 사회 간의 관계가 형성되고 변화해나가는 것이다.
특히 서구의 경험과 다른 한국을 비롯한 동아시아나 비서구의 경험은
더욱 그러할 것으로 생각된다.

　서구가 구성해놓은 역사상과 역사인식에 속박된다는 것이 역사인식
면에서 비서구의 자율성 상실을 의미하는 것과 마찬가지로, 근대중심
주의에 따른 시간관 역시 전근대를 근대에 종속시킴으로써 전근대로부
터 근대에 대해 질문하고, 나아가 근대의 너머를 사고할 수 있는 가능
성을 닫아버린다. '전근대'는 특권화된 '근대'를 향해 달려 나가야 하는
숙명을 안은 시간으로, 또 '근대성'과의 거리에 의해서만 가치를 부여받
는 시간으로 식민화해 있기 때문이다.

　이러한 인식 하에서 특히 비서구 전근대의 역사적 경험이나 시간은
독자적인 의미를 주장하기 어렵다. 전근대의 비서구라는 타자화 · 식민
화한 시공간에 존재했던 제도나 사회운영 원리, 사람들이 살아가는 방
식과 생각 등은 단지 서구 근대의 역사적 경험과 얼마나 유사한지, 서
구가 먼저 달성한 근대성들에 얼마나 근접해 있는지에 따라 '역사적' 의
미를 부여받을 수 있을 따름이기 때문이다. 서구 근대와 무관하거나 거
리가 먼 현상은 역사상을 구성하는 과정에서 배제되거나 은폐된다. 이
에 따라 전근대 비서구의 역사적 경험들에 대한 이해는 크게 제약되거
나 왜곡된다. 타자화 · 식민화한 시공간에 존재하던 사람들의 삶과 생
각, 그들이 만들어간 제도나 문화, 사상 등이 어떠한 운영원리에 따라,
어떤 상호 관련 속에서 역사적 시간을 구성해나갔는지 등에 대한 질문
이나 내재적 분석은 외면, 방기, 억압된다. 대신, 서구 근대의 역사적
경험과 유사하거나 거기에 근접한 것들만 역사서술과 인식의 자료로

선별되기 십상이기 때문이다.

비서구나 전근대에 대한 새로운 인식과 역사상을 구축하기 위해서는 서구중심주의와 근대중심주의를 동시에 넘어서야 한다. 그러나 근래 서구에서 다양한 사회이론들이 제시되고 있지만, 이러한 문제들을 해결해주는 데는 근본적인 한계가 있는 것으로 보인다. 얀 네더빈 피터스(Jan P. Nederveen Pieterse)는 근대뿐만 아니라, 포스트모더니즘 논의에서도 제3세계적인 문제들—더 이상 지리적 제3세계에 국한되지 않은—이 완전히 배제되어 있다고 주장하였다. 그에 따르면 포스트모더니즘은 "전적으로 서구적인(all-Western) 논쟁이고, 서양의 질문에 서양적으로 대답하는 서양의 퀴즈(Occidental quiz)라고 하였다.[63] 리차드 피트(Richard Peet) 또한 포스트모더니즘은 그것이 비판한 계몽운동 혹은 발전이론들과 마찬가지로 사실상 서양사회가 만들어낸 산물이라고 하였다.[64]

비나이 발(Vinay Bahl)과 아리프 딜릭은 포스트모더니즘과 포스트식민주의의 문제는 자본주의의 세계화에 의해 초래된, 끊임없이 지속되는 물리적·문화적 문제를 무시하는 데에 있다고 하였다. 또 포스트모더니즘과 포스트식민주의는 메타내러티브를 부정함으로써 권력의 체계적인 성격을 감추고 있으며, 이것은 권력에 대한 체계적인 저항을 불가능케 한다고 비판하였다. 나아가 그는 포스트식민주의자와 서발턴 학자들을 포함한 일단의 지식인들을 새로운 국제적 바부 계급(babu class, 영어를 쓰면서 영국식 옷차림을 하고 영국식 예절을 지키는 인도인)으로 규정하면서, 이들이 글로벌한 자본주의 체제를 위한 세계적 헤게모니의 기반이

---

63) Pieterse, Jan Nederveen, *Empire & Emancipation: Power and Liberation on a World Scale*, London: Pluto, 1989, p.51.

64) Peet, Richard, "Social Theory, Postmodernism, and the Critique of Development", Benko, Georges, Strohmayer, Ulf eds., *Space and Social Theory: Interpreting Modernity and Postmodernity*, Oxford: Blackwell, 1997, p.83.

되어 제3세계의 지식인들에게 모범이 되고 있다는 것이 별로 놀랍지 않다고 하였다. 결론적으로 이러한 지식인들이 세계적 헤게모니에 공모하고 있다는 것은 서구중심주의가 사라지거나 "지방화"되기는 고사하고 오히려 보다 견고한 토대 위에 세워지게 되었음을 시사한다고 주장하였다.[65]

안토니오 네그리와 마이클 하트는 『제국』에서 탈근대주의적 차이의 정치가 제국 지배의 기능과 실행들에 대항하는 것이 효과적이지 않을 뿐만 아니라, 심지어 그것들을 지지조차 할 수 있음을 경고하였다.[66] 탈근대주의자들과 탈식민주의자들의 중요한 개념 가운데 많은 것(순환, 이동성, 다양성, 차이, 복수성 등)이 법인 자본의 현 이데올로기와 세계 시장에 완전히 일치하기 때문이다.[67] 또 "탈근대·탈식민주의 담론들이 지닌 해방적 잠재력은 어떤 권리들을, 일정 수준의 부를, 그리고 전 지구적 위계에서 일정한 위치를 즐기는 엘리트 인구의 상황과 공명할 뿐"임을 지적하기도 했다.[68]

이상과 같은 글로벌한 지식·학문 현실은 서구발 이론에 대한 엄밀한 정치적, 이데올로기적 판단을 요청하는 것이다. 1990년대에 들어 역사학자들과 사회과학자들은 하나의 보편적 모델을 적용하려 하기보다는, 서양과 다른 지역 간에 차이가 있음을 강조했지만, 여전히 '서양의 발전'을 비교의 출발점으로 설정한다.[69] 유럽 국가들만이 문명의 중심에 홀로 서 있는 것은 아니지만, 세계사에 무엇이 포함될 것인지를 결정하

---

65) Dirlik, Arif & Bahl, Vinay, "Introduction", op. cit., p.7.

66) 마이클 하트 · 안토니오 네그리 지음, 윤수종 옮김, 『제국』, 이학사, 2001, 199~200쪽.

67) 마이클 하트 · 안토니오 네그리, 앞의 책, 209쪽.

68) 마이클 하트 · 안토니오 네그리, 앞의 책, 215쪽.

69) Appleby, Joyce, et, al, op., cit. p.88.

는 기준은 여전히 유럽 경험에서 생긴 내셔널리즘이다. 또 유럽의 역사적 경험에서 빌린 이슈와 주제들을 가지고 유럽이 아닌 완전히 다른 지역을 중심으로 연구하더라도 서구중심주의에서 결코 벗어날 수 없을 것이기 때문이다.[70]

이러한 현실과 관련하여 유선영은 일찍이 문화연구가 서구이론을 우리 문화상황에 적용함으로써 발생하는 문제에 대해 다음과 같이 지적한 바 있다.

> 역사적 과정의 부재는 보편주의의 틀 밖에서-혹은 아래에서-발견되기를 기다리고 있는 고유한 문제들, 그리고 차이들을 사상시켰다. 차이의 부재는 이론의 결핍, 취약성으로 귀결되었고, 이 과정은 아직도 반복되고 있다. (중략) 문화연구의 궁극적 토대인 '주체의 경험의 역사'가 빠져버린 이론은 박제화되어 후발국 연구자를 압박하고 있다. 이 역사적 경험이야말로 보편주의를 극복하는, 차이를 복원하는, 이론의 틈새를 채우는 판도라의 상자이다. 안타깝게도 이 판도라의 상자 속에는 미지의 또는 부정하고 싶은 지나온 역사의 기억과 상흔들이 시간의 궤도를 따라 켜켜이 쌓여 있다. 그리고 우리의 정체성 또한 거기에 덮개에 가려진 채 다시 쓰이길 기다리고 있다.[71]

---

70) Prazniak, Roxann, "Is World History Possible? An Inquiry", Dirlik, Arif, Vinay Bahl, and Peter Gran, eds. *op., cit*, 2000, p.230. 또한 프래즈니악은 다문화주의와 포스트모더니즘 모두 승승장구하는 글로벌리즘의 대성공을 전제로 하는 데에 내재되어 있는 심각한 사회적이고 자연환경적인 문제들을 외면하고 있음을 지적하면서, 세계사에 대한 진정한 접근방법은 사회경제학적 격차, 사회적 억압에 대한 비판과 그 비판이 밝혀주는 장래성을 기반으로 한 접근방법이어야 함을 강조하고 있다(Prazniak, Roxann, ibid., p.222, p.228).
71) 유선영, 「홑눈 정체성의 역사」, 『한국언론학보』 43~2, 한국언론학회, 1998, 428~430쪽.

서구중심적·근대중심적 보편주의에 입각한 문화연구가, 문화의 궁극적 토대인 전근대의 역사과정, '주체의 경험의 역사'를 소거함으로써 차이를 사상시키고 스스로의 정체성을 발견하지 못하도록 한다는 고백에 다름 아니다. 특히 "차이의 부재는 이론의 결핍, 취약성으로 귀결되었고, 이 과정은 아직도 반복되고 있다"는 뼈아픈 회고는 지금도 여전히 유효할 뿐만 아니라, 더욱 절실하다.[72]

이러한 문제들을 해결하기 위한 고민이 본격적으로 시작되어야 한다. 우선 타자화·식민화한 전근대 한국 혹은 동아시아 내지 비서구라는 시공간에 존재하던 사람들의 삶과 생각, 그들이 만들어간 제도나 문화, 사상 등이 어떠한 운영원리에 따라, 어떤 상호 관련 속에서 역사적 시간을 구성해나갔는지 등에 대한 질문으로부터 시작하는 것도 한 방법일 것이다. 이와 관련된 몇 가지 연구사례를 소개해보면 다음과 같다.

알렉산더 우드사이드(Alexander Woodside)는 기존의 지적 관행을 극복하기 위해서는 적절한 진입전략이 필요하다고 주장하면서, 세계사를 자본주의의 역사로만 축소시키는 접근방식을 버릴 것과 아울러 특히 '근대성'의 영역에서 '전통'을 제외시키는 개념적 고립화를 뛰어 넘어야 하며 그를 위해 정치사상에 대한 확장된 연구가 필요함을 강조하였다. 그러면서 그는 '전근대' 동아시아에서 실시되었던 과거제와 관료제가 '근대성' 개념에 매우 근접해 있었음을 지적하고 있다. '서구적 근대' 개념에 입각한 시간관이나 시기구분으로는 동아시아의 역사적 경험을 온

---

72) 식민지 근대성론의 이론적 진전을 위해 연구범위를 시공간적으로 확장하여, 조선후기−일제시기−해방 이후를 아우르는 시간대를 설정하여 식민지 근대를 특권화하거나 전근대적 경험과 단절적으로 인식하는 한계를 극복함으로써, 전통과 근대의 복합적 관계를 적극적으로 분석하고, 탈식민 과정에서도 식민지 근대성이 지속되는 양상을 탐구해야 한다고 한 이용기의 문제제기 역시 같은 맥락에서 이해할 수 있을 것이다(Lee Yong−ki, op. cit., 2010).

전혀 이해하기 어렵다는 점을 말하고 있다.[73]

동아시아 전통사회의 특질을 유럽적 기준이 아니라 동아시아의 공통성에 기반하여 이해함으로써 유럽과는 다른 동아시아사의 독자적 모델을 모색해온 미야지마 히로시는 최근 '유교적 근대'라는 개념을 제시하였다. 여기서 그는 '근대'를 합리성, 시장, 국민국가 등 중세와 구별되는 사회적 삶의 독특한 형태로서가 아니라, 현재의 삶과 직결되는 인간관계나 사회의 구성 원리 등이 만들어진 시대로 규정하고 있다. 그런 점에서 그는 동아시아에서 근대의 시작을 19세기가 아니라 현재와 같은 형태의 가족이나 촌락 등 사회의 가장 기초적인 단위를 구성하는 조직이 형성되는 16세기 이후로 보고자 했다. 또한 그는 서구 사회와 대비되는 중국 사회의 다양한 특징을 지적하면서, 서구적인 관점으로는 전근대 혹은 근대적인 것으로 규정하기 불가능한 점이 많다고 주장하였다.[74]

필자 역시 조선 후기의 토지소유권과 매매관습에 대한 비교사적 연구를 통해 조선의 토지소유구조는 서구의 중세와 달리 '근대적' 내지 '일물일권적 배타적' 성격을 가지고 있었고, 매매관습 역시 매우 '시장친화적'이었음을 확인한 바 있다. 이러한 소유구조나 매매관습은 서구나 일본에서는 모두 '근대' 이후에 본격적으로 나타났고, 자본주의적 시장경제의 발달과 밀접한 관련을 가지는 현상들이다. 그러나 조선에서는 이러한 현상이 자본주의적 질서와는 무관한 '전근대'에 발생하였고, 또 그것이 자본주의적 질서를 창출해 나가지도 않았음을 지적하면서, 이에 대한 이해를 위해서는 서구중심적 · 근대중심적 역사인식을 넘어서는

---

73) 알렉산더 우드사이드, 민병희 옮김, 『잃어버린 근대성들』, 너머북스, 2012.
74) 미야지마 히로시, 「유교적 근대로서의 동아시아 근세」, 『나의 한국사 공부』, 너머북스, 2013.

새로운 인식틀이 요청된다는 점을 강조한 바 있다.[75]

　이러한 연구 성과들을 소개하는 것은 단지 한국 혹은 동아시아의 '전근대'에 이미 '근대적' 요소가 존재하였다거나, 거꾸로 근대에 전근대적 내지 전통적 요소가 존재했다는 것을 강조하려는 것이 결코 아니다. 특정한 역사적 시간을 구성하는 삶의 방식이나 구성 원리는 서구가 창출해 놓은 시간관에 입각한 균질화한 중세나 근대와는 전혀 다를 수 있음을 드러내기 위해서이다. 서구의 중세나 근대도 근대중심주의에서 보는 것과는 다른 방식으로 구성되어 있었겠지만, 비서구, 한국이나 동아시아의 경우 더욱 그러했을 것이다.

　이러한 연구들은 근대가 가진 특권적 지위를 상대화함으로써[76] 전근대를 근대의 억압으로부터 해방시키고, 나아가 전근대로부터 근대를 심문하는 방식으로 근대를 새롭게 이해할 수 있는 가능성을 열어 나가는 데 도움을 줄 것이다.[77] 또한 그렇게 되면 전근대의 경험, 혹은 비근

---

75) 배항섭, 「조선 후기 토지소유 및 매매관습에 대한 비교사적 검토」, 『한국사연구』 149, 한국사연구회, 2010.

76) 그렇다 하여 '근대'가 인간 삶과 환경에 초래한 엄청난 변화를 부정하려는 것은 아니다. John R. McNeill은 1890~1990년 사이 인구가 4배, 세계 경제 생산량은 14배, 에너지 사용량은 16배, 총 공업생산은 40배 늘은 한편, 물 사용은 9배, 이산화탄소 배출은 17배 늘었다고 주장한다(McNeill, John R., *Somthing New Under the Sun: An Environmeatal History of the Twentieth-Century* World, New York, Norton, 2000, p.360(Christian, David, "World Environmental History", Jerry H. Bentley eds., *The Oxford Handbook of World History*, Oxford University Press. 2011, p.135에서 재인용).

77) 최근 잭 구디도 장기간에 걸친 유럽의 우월성을 암시적으로 내포하고 있는 '자본주의'라는 용어를 버리는 것에 의해 세계사는 더욱 명확하게 이해될 것이라고 주장하였다(Goody, Jack, The Theft of History, Cambridge, 2006, p. 305). Bruno Latour 역시—유럽을 향해 발언하는 것이지만—유럽인들이 소중하게 여겨온 (근대적) 가치들이 사실은 그들이 외부 세계(비서구)에 알려온 것보다 훨씬 복잡한 구성주의적 작업에 의존한 것이었음을 지적하면서 제2의 근대화 국면을 열어가기 위해 '근대' 개념을 리콜(recall)할 것을 주장하였다(Latour, Bruno, "the recall modernity", Cultural *Studies Review* 20:1, 2014, p. 29).

대적 경험은 다만 억압되고 청산되어야 할 구닥다리 고물이 아니라, 새로운 상상력과 가능성을 만들어 나가는 자원이 될 수 있을 것이다.

4. 맺음말

서구중심주의는, 역사 인식 면에서 한국의 역사 경험에 대한 이해가 서구의 사고방식에 지배되고, 서구에 대한 모방과 무비판적 방식에 길들여지게 되는 것을 말한다.[78] 내재적 발전론이나 식민지 근대화론의 조선시대 이해는 한국의 역사적 경험에 대해 대체로 서구의 경험이나 그것을 근거로 한 설명틀을 덮어씌우는 방식으로 접근된다. 좀 과장되게 말하자면, 서구의 경험과 같거나 유사하면 좋은 것('보편성'의 관철), 다르면 모자라고 뒤처진 것('특수성'의 발현=극복의 대상)이라는 방식이다. 일반적으로 내발론은 전자를 근대화론은 후자의 입장을 취하지만, 어느 쪽이든 한국의 역사적 경험은 서구에서 생산된 설명틀이 적용되어 분석되기를 기다리는 실험대상이 될 따름이고, 한국 학계는 서구 이론이 소비되는 시장으로 전락하고 만다.

이러한 인식에 입각할 때 한국사의 독자적 경험 내지 개성은 발언할 자격을 박탈당한다. 서구의 경험을 따라가는 것으로 판단되는 것들은 역사상을 구성하는 요소로 채택이 되지만, 그렇지 않은 것들은 억압, 외면되거나 왜곡된다. 또 서구와 차이가 나는 요소들은 서구의 길을 온전히 따르기 위해 사라져야 할 것들로 폄하된다. 어느 쪽이든 한국의 독자적 경험은 전근대사상을 구성할 때도 주변으로 밀려나지만, 특히 근대 이후의 역사에 대해 발언할 자격을 가질 수 없게 된다.

비서구 모두가 마찬가지이다. 때문에 창의적 사고, 독창적인 문제제

---

78) Peet, Richard, op. cit, pp.83~84.

기나 분석방법의 제시가 어렵게 되고, 그에 따라 결과적으로 자신들이 살고 있는 사회의 문제들에 대해서조차 자신들의 언어로 말하는 것이 어렵게 된다.[79] 이러한 문제들에 대해서는 비서구가 서구에서 생산된 이론을 소비만 하는 것이 아니라, 이론을 생산하는 기지가 되어야 한다는, 이른바 이론의 현지화, 사회과학의 현지화가 주장되어왔다. 이것은 서양적 개념이나 이론을 수정하고 변경하는 수준이 아니라, 문화와 역사에서 보이는 구체적 경험을 내재적으로 분석해 개념, 이론, 방법론 등을 포함하여 새로운 사회과학적 지식을 만들어내는 것이다. 물론 서양 사회과학을 전면적으로 거부하거나 비서구의 경험을 '보편화'하자는 것은 아니다.[80] 그러나 '보편'으로서의 특권적 지위를 가진 서구의 경험과 그에 기반을 둔 이론을 상대화하기 위해서는 반드시 요청되는 작업이다.[81] 마찬가지로 전근대를 근대중심주의에 포획된 시간으로부터 해방시키는 것은 전근대로부터 혹은 전근대에 의해 근대를 새롭게 하기 위해서도 반드시 요청되는 작업이다.

이를 위해 여기서는 '역사적 시간을 넘나드는(트랜스 히스토리칼, transhistorical)' 연구방법을 제안하고자 한다. 서구중심적 · 단선적 발전론과 결합된 자국중심적 · 일국사적 시각을 교정하기 위해 '국경을 넘나드는(트랜스내셔널, transnational)' 접근이나, 비교사적 접근의 필요성이 제기되어 왔다. 마찬가지로 근대중심적 인식을 넘어서는 데는 '시간을 넘나

79) Alatas, Syed Farid, "On Indigenization of Academic Discourse", *Alternatives: Global, Local, Political*, 18:3, 1993, p.308.

80) Peet, Richard, op. cit. p.84.

81) 차크라바르티(Dipesh Chakrabarty)는 유럽을 지방화하는 것, 곧 비서구를 '특수한 서구'의 역사에 의해 점유된 공간으로부터 해방시켜나가는 것은 이제 모든 사람의 유산이며, 우리 모두에게 영향을 주는 이 사상[유럽의 근대성]이 주변으로부터, 그리고 주변을 위해 어떻게 새로워질 수 있는지를 탐구하는 작업이 될 것이라고 했다(차크라바르티, 「인도 역사의 한 문제로서 유럽」, 『흔적』 1, 문화과학사, 2001, 86쪽).

드는' 접근, 그리고 전근대와 근대를 비교하거나 서로 연결하여 이해하는 접근이 유효하다고 생각한다.[82] 이를 통해 '중세' 혹은 '근대'가 하나의 통일되고 동질적인 시간이 아니었음을 드러내는 것이 중요하다. 또한 서구중심주의를 극복하기 위해 비서구로부터 서구를 바라보는 역전된 시각이 요청되듯이 전근대로부터 근대를 바라보는 것, '전근대'의 관점으로부터 '근대'에 관한 질문들을 도출해내는 것이 요청된다.

  학제간 연구, 융복합 연구라는 말이 유행을 하고 있다. 인문학, 역사학도 예외가 아니다. 우리 앞에는 답변해야 할 많은 질문들이 제기되어 있다. 서구의 경험에 입각한 설명틀로는 납득할만한 답변을 찾기 어렵다. 역사연구를 통한 독창적 설명틀이나 이론을 만들어나가기 위해서도 전근대와 근대 연구의 공조가 절실하다.

---

82) 'transhistorical'이라는 개념을 처음 사용한 것은 AlSayyad, Nezar and Ananya Roy, op. cit, 참조.

한국 근대사 이해의 글로벌한 전환과 식민주의 비판:
기후변동과 역사 연구의 새로운 방향 모색

1. 머리말: 기후변동과 역사인식의 '현재'

　역사연구는 과거를 대상으로 하는 것이지만, 그것을 수행하는 주체는 현재를 살아가는 연구자들이다. 따라서 역사연구는 '현재'로부터 자유로울 수 없다. 때문에 역사연구의 대상, 시간적 공간적 범위, 문제의식 혹은 역사를 바라보는 시각 등은 모두 연구자 당사자들이 발 딛고 있는 '현재'에 깊이 구속될 수밖에 없다. '현재'를 어떻게 인식하느냐에 따라 과거에 대한 이해는 달라지는 것이며, 그렇게 구성된 역사상은 저마다의 방법으로 다시 미래에 개입하게 되는 것이다.

　이 점에서 지난 세기 말부터 급격히 진행된 글로벌화(globalization)와 3년 이상 이어진 Covid-19 바이러스의 팬데믹(pandemic)은 향후 역사연구에도 커다란 영향을 미칠 수밖에 없다. 무엇보다 Covid-19 바이러스의 팬데믹은 기후변동과 환경파괴 위험을 더욱 구체적으로 실감 나게 해주었다. 나아가 기후나 환경문제가 국가 내부와 국가 간 양면에서 확대되는 불평등이나 차별 문제들과 서로 깊이 연동되어 있음을 분명히 깨닫게 하였다. 또 이러한 문제들이 글로벌화와 불가분의 관계에 있을 뿐만 아니라 그에 대한 대응을 위해서는 글로벌한 차원의 연대와 협력이 반드시 필요하다는 점을 확인해주기도 했다.

역사연구 역시 이런 문제들로부터 자유로울 수 없을 뿐만 아니라, 어떤 식으로든 이 문제들을 껴안고 가지 않을 수 없다. 이에 대한 대응을 위해서는 다양한 방법이 있을 테지만, 역사학이 해야 할 일은 무엇보다 근대 역사학을 지배해온 역사 인식에 대한 성찰이다. 현재 우리의 눈앞에서 일어나고 있고, 나아가 날로 엄중해지고 있는 과제와 도전들은 그동안 역사연구를 지배해온 서구중심주의(eurocentrism)나 근대중심주의(modernocentrism), 그와 깊은 관련이 있는 발전론과 내셔널리즘(nationalism), 그리고 인간중심주의(anthropocentrism)로는 대응과 극복이 어려운 것들이기 때문이다.[1] 따라서 무엇보다 연구 시각이나 방법, 인식론적 기반에 대한 근원적 성찰과 전환은 앞서 언급한 과제들에 대응하기 위한 선결 조건이라고 할 수 있다.

이미 '근대 역사학'을 지배했던 핵심 가치들이 회의된 지 오래되었다. 20세기 말부터 '근대 역사학'이 고려하지 않았거나 억압했던 '자연과 환경'에 대한 재인식,[2] 그를 위해 '근대적'이지 않은 방식의 사유와 경험들

---

1) 계몽주의 이래 자연과 인간을 분리하여 자연을 타자화하는 인간중심주의는 자연을 지배와 통제, 약탈의 대상으로 인식해왔다. Sundberg, J., "Decolonizing posthumanist geographies", *Cultural Geographies*, 21:1, 2014, pp. 34~36. 제국주의 역시 마찬가지였다. Murphy, Joseph A., "Environment and Imperialism: Why Colonialism Still Matters", SRI papers 20, Leeds: University of Leeds, 2009, p. 12. 그러나 기후변화로 인한 복잡한 사회적, 환경적, 기술적 문제들은 인간중심주의에 기초한 세계관, 가정, 접근 방식으로는 해결할 수 없고, 지속 가능한 세상을 위해 필요한 새로운 구조, 프로세스 및 생활 방식을 상상하기도 어렵다. Fazey, Ioan, et al., "Transformation in a changing climate: a research agenda", *Climate and Development*, 10:3, 2018, p. 210.

2) 나아가 자연-문화 이분법을 넘어서서 사회-생태 시스템 또는 자연-인간 시스템 간의 얽히고설킨 관계에 대한 이해의 필요에 대해서는 Carey, Mark, "Climate and history: a critical review of historical climatology and climate change historiography", *WIREs Clim Change*, 3:3, April 2012, p. 236 참조.

까지도 시야에 넣는 역사연구의 필요성이 본격적으로 제기되었다. '인류세(Anthropocene)'[3] 혹은 '자본세(Capitalocene)'나 '기술세(Technocene)' 등의[4] 지질학적 시기 규정이 제기되고 있는 데서도 알 수 있듯이,[5] 인류의 존속 가능성을 위협하고 있는 기후·환경문제를 배제한 역사연구나 서술이 가지는 의미는 더욱 궁색해질 수 있다. 기후·환경문제와 '인류세' 등의 새로운 개념들은 인간과 자연의 관계를 포함하는 인류의 삶의 방식에 대한 근본적 성찰을 요구하는 매우 무겁고 급박한 도전들일 뿐만 아니라, 그동안 역사연구의 대상이었던 인간사회 내부만이 아니라 그 '외부'로 치부되어온 자연환경까지 포괄하는 새로운 역사 인식을 촉구하는 것이기도 하다.

디페시 차크라바르티(Dipesh Chakrabarty)는 "자연사와 인간사의 통합"

---

3) '인류세'라는 용어를 처음으로 사용한 것은 노벨 화학상을 받은 파울 크뤼천이다. Crutzen, Paul J. & Eugene F.Stoermer, "The 'Anthropocene'", Global Change Newsletter 41, 2000, pp. 17~18. 인류세의 기점에 대해서는 기원전 8000년, 1610년, 18세기 말, 20세기 중반 등 다양한 견해가 있으며, 기점에 따라 책임 소재와 대응 방안도 다양하게 제시되고 있다. 이에 대해서는 Thomas, Julia Adeney, "The Present Climate of Economics and History", Gareth Austin ed., *Economic Development and Environmental History in the Anthropocene: Perspectives on Asia and Africa*, London:Bloomsbury Publishing Plc, 2017, pp. 297~98; Lewis, Simon L., and Mark A. Maslin, "Defining the Anthropocene", Nature 519.7542, 2015, pp. 171~180; 얼 C. 엘리스 지음, 김용진·박범순 옮김, 『인류세』, 교유서가, 2021, 제7장 폴리티코스(Politikos) 참조.

4) Malm, Andreas, and Alf Hornborg, "The geology of mankind? A critique of the Anthropocene narrative", *The Anthropocene Review*, 1:1, 2014(P. 크뤼천, D. 차크라바르티 외 지음, 이별빛달빛 엮음, 『인류세와 기후변동의 대가속』, 한울, 2022에 번역 수록).

5) 새로운 지질학적 시기 규정으로는 '인류세', 자본세 이외에도 10여 개의 용어가 제시되고 있다. 이에 대한 간단한 소개로는 Thomas, Julia Adeney, op. cit. 참조. 이 용어들의 의미와 그것을 둘러싼 논쟁에 대해서는 Gattey, Emma, "Global histories of empire and climate in the Anthropocene", *History Compass*, 19:8, 2021; 안드레아스 말름·알프 호른보리, 「인류의 지질학? 인류세 서사 비판」, P. 크뤼천 외 지음, 앞의 책, 148~191쪽 참조.

으로서의 '지구사(geohistory)'를 제창하였고,[6] 선드버그(J. Sundberg)는 다양한 생명체와 사물이 지식과 세계를 구성하는 동료로서 다뤄지는 세상을 과제로 설정하였지만,[7] 현실적으로 그런 연구를 수행하는 방법은 아직 선명하게 제시되지 못하고 있다. 다양한 방법들에 의한 거듭되는 시행착오를 통해 좀 더 분명한 방향과 방법들이 제시되겠지만, 모호함은 당분간 지속될 것이다.

이 글에서는 기후나 환경문제를 직접 다루는 것이 아니라, 기후변동과 글로벌화, 불평등 문제의 상호관련성, 그리고 식민 지배를 당했던 한국의 역사적 경험과 글로벌한 차원에서 차지하는 현재의 위상이라는 점에 유념하면서 한국 근대사 이해의 글로벌한 전환을 모색해보고자 한다. 근대 역사는 내셔널리즘이 전제하는 공간을 창출해냈고, 그에 구속되어 연구되고 이해되어왔다. 그러나 현재 인류가 당면한 글로벌한 과제들은 연구 대상의 범위를 그보다 더 넓은 공간, 글로벌한 공간으로까지 넓힐 것을 요구하고 있기 때문이다.

특히 여기서는 한국 근대사 연구와 서술의 기축적 인식 틀인 '반외세', 그 가운데에서도 특히 '반일 내셔널리즘'이라는 프레임을 글로벌한 차원의 국가 간 연대와 협력의 추구라는 맥락에서 새롭게 이해할 수 있는 방향을 모색해보고자 한다. 물론 NGO나 그에 준하는 다양한 단체나 개인들 간의 연대와 협력 역시 매우 중요하지만, 여기서는 국가 간 연대를 중심으로 접근해보고자 한다.

---

6) 디페시 차크라바르티, 「역사의 기후—네 가지 테제」, 조지형·김용우 엮음, 『지구사의 도전』, 서해문집, 2010; 디페시 차크라바르티 지음, 이신철 옮김, 『행성 시대 역사의 기후』, 에코리브르, 2023. 또 이에 대한 소개로는 허남진·조성환, 「디페시 차크라바르티의 지구인문학」(1~4), 『文学史学哲学』 67~70, 2021~22; 고태우, 「대가속의 어두움—20세기 한국의 역사는 발전의 역사인가?」, 『역사학보』 257, 역사학회, 2023가 참조된다.

7) Sundberg, J., op. cit., p. 42.

2. 글로벌한 과제와 국민국가 및 내셔널리즘

기후변동과 관련하여 중대한 분기점이 된 것은 '인류세'라는 새로운 지질학적 시기 규정이었다. 노벨 화학상을 받은 파울 크뤼천(P. J. Crut-zen)은 '인류세(Anthropocene)'라는 개념을 처음으로 제안하면서 그 출발점을 제임스 와트가 증기 기관을 설계한 1784년 무렵으로 비정하였다. 그러면서 그는 '인류세'를 살아가는 인류에게 주어진 가장 큰 미래 과제 중 하나는 생태계의 지속 가능성을 이끌어내는 전략 개발이 될 것이라고 하였다.[8] 데이비드 크리스천(David Christian)은 세계화='생태적 제국주의'에 따른 인간과 생태계 간의 관계에 생긴 변화가 워낙 근원적인 것이어서 20세기 초의 진보에 대한 낙관은 생태적 재앙에 대한 두려움으로 바뀌는 중이라고 하였다.[9] 이러한 진단들은 환경 근본주의를 설파하자는 것도 아니고, 기후변동을 과장하여 인류를 겁박하자는 것이 아니다. 기후변동과 환경파괴 문제를 강조하는 것은 무엇보다 지구의 미래, 그리고 지구에 살고 있는 인류 미래의 관리자로서 인류 스스로의 모든 잠재력을 자각하라는 호소이다.[10]

기후변동을 초래한 근본 원인은 연구자에 따라 다양하게 지적되지만, 산업혁명 이후 자본주의 시장경제의 '성장'과 뗄 수 없는 관계에 있다는 생각은 공통적이다. 예컨대 자본의 움직임, 자본의 과잉축적과 제국주의적 수탈의 강화 과정이 전 지구적 생태 위기를 가속화하고, 그 결과는 일종의 지구적 아마겟돈(Armageddon) 상태로 단지 사회경제

---

8) Crutzen, Paul J. & Stoermer, Eugene F., op. cit., pp. 17~18.

9) Christian, David, "World Environmental History", Jerry H. Bentley, ed., *The Oxford Handbook of World History*, Oxford University Press, 2011, pp. 136~37.

10) Yates, Joshua J., "Abundance on Trial: The Cultural Significance of 'Sustainability'", *Hedgehog Review* 14:2, Summer 2012, p. 22.

적 안정뿐만 아니라 인류 문명과 인간종 자체의 생존을 위협할 것이라는 진단이 그것이다.[11] 물론 여전히 기후변동이 어느 날 갑자기 개발될지도 모르는 기술이나 시장의 힘에 의해 극복할 수 있다는 논리(Green liberalism),[12] 인간이 자연을 초월할 수 있다고 생각하는 생태근대주의(Ecomodernism)[13] 등이 제기되고 있다.[14] 그러나 2021년 8월 IPCC 제6차 보고서가 제출되면서 기후변동 문제가 다시 한 번 전 지구촌을 격동시켰다. 결론은 냉혹하다. 인류에게 정말 시간이 얼마 남지 않았다는 것이다. 또 지난 제5차 보고서에서는 기후변동에 대한 인간의 책임이 95%라고 했으나, 이번에는 거의 100%에 가깝다고 평가했다.[15] 지지부진한 인류의 대응에[16] 다시 한 번 경종을 울린 것이다.

---

11) Foster, John Bellamy, "On Fire This Time", *Monthly Review* 71:6, November 2019, p. 10. 이 점에서 앞서 언급한 차크라바르티의 '인류세'와 그에 입각한 '새로운 역사'는 (i) 인간이라는 종 내부의 불평등을 포착할 수 없다. (ii) 인류세를 부채질한 초기 산업화된 국가와 그 엘리트들의 막중한 책임을 숨긴다. (iii) 탄소 집약적 기술의 결과로부터 이익을 얻은 사람들과 그 부작용을 겪은 사람들 사이의 격차를 모호하게 한다는 비판을 받고 있다. '인류세' 대신 '자본세(Capitalocene)'라는 용어를 제기하는 연구자들은 '자본세'가 기후변동과 "자본주의 세계 시스템, 불평등한 생태 교환, 식민주의 및 제국주의의 역사"가 서로 분리할 수 없는 것임을 더 잘 반영한다고 주장한다. 이에 대해서는 Gattey, Emma, op.cit 참조.

12) 조 굴디 · 데이비드 아미티지 지음, 안두환 옮김, 『역사학 선언』, 한울, 2018, 125~126쪽; Steinberg, Ted, "Can Capitalism Save the Planet?: On the Origins of Green Liberalism", *Radical History Review* 107, Spring 2010.

13) Thomas, Julia Adeney, op. cit, pp. 307~308.

14) 나아가 '인류세'라는 개념은 여전히 인간 문화와 수동적인 자연 세계를 구분하고 인간의 선택 의지와 힘을 과대평가하는 근대주의적 신념을 전제하고 있음을 지적하면서, 인간에게 그러한 강력한 능력이 있다면 '좋은 인류세'를 창조할 수 있다는 주장이 제기되기도 한다. LeCain, Timothy James, "Against the Anthropocene: A Neo-Materialist Perspective", *International Journal for History, Culture, and Modernity* 3:1, 2015.

15) 「인류의 끔찍한 미래, 우리가 훈련해야 할 것은 '생태적 이성'」, 『프레시안』 2021. 8. 19.

16) 예컨대 이 점을 잘 드러낸 연구로는 기후변동에 따른 대량이주의 위협을 다룬

여기에 더해 2019년 말부터 3년 이상 이어진 Covid-19 바이러스의 팬데믹은 기후변동과 환경파괴 위험을 더욱 분명히 체감하게 해줌으로써 '인류세'를 실감나게 해주었다. 또한 팬데믹의 확산과 그에 대한 대응 과정, 피해의 규모 등은 국가 내부 혹은 국가 간 경제적 차이나 성별, 인종 등에 따라 매우 불균등하다는 것이 확인되었다. 말하자면 기후변동이나 환경파괴 문제가 국가 내부나 국가 간의 불평등 및 차별 문제와 깊숙이 연관되어 있음이 분명해진 것이다.

또 다양한 불평등과 차별은 글로벌화(globalization)와 관련이 있을 뿐만 아니라[17] 식민주의와 밀접한 관계가 있다. 전 세계 원주민과 자연에 파괴적인 결과를 가져온 식민주의와 그 유산들은 현재까지도 불평등이나 기후변동과 환경문제 등에 악영향을 미치고 있다는 연구들이 특히 21세기에 들어 쏟아져 나오고 있다.[18] 최근 〈기후변화에 관한 정부 간 패널(IPCC)〉에서도 2022년 초에 마침내 기후위기의 역사적 동인뿐만 아니라 기후위기에 대한 공동체의 취약성을 지속적으로 악화시키는 요인으로 '식민주의'를 공식적으로 지적하였다.[19] 또 "팬데믹은 전 세계적

Biermann, Frank, and Ingrid Boas, "Preparing for a Warmer World: Towards a Global Governance System to Protect Climate Refugees", *Global Environmental Politics* 10:1, Feb. 2010, pp. 61~62 참조.

17) Nayar, Deepak, "Globalisation, history and development: A tale of two centuries", *Cambridge Journal of Economics* 30:1, Jan. 2006, pp. 152~157.

18) Murphy, Joseph A., op. cit., 2009; Singh, Nishtha, "Climate Justice in the Global South: Understanding the Environmental Legacy of Colonialism", Edited by Corvino, Fausto and Tiziana Andina, *Global Climate Justice: Theory and Practice*, E-International Relations, Bristol: England, Feb 2023; Mahony, Martin & Georgina Endfield, "Climate and colonialism", *WIREs Clim Change* 9:2, 2018; Endfield, Georgina and Samuel Randalls, "Climate and Empire", Beattie, James, Edward Melillo, and Emily O'Gorman, eds., *Eco-Cultural Networks and the British Empire: New Views on Environmental History*, Bloomsbury Academic, 2016; M. Carey, op. cit. 등 참조.

19) Bhambra, G. K., & Newell, P. , "More than a metaphor: 'climate colonialism'

으로 인종차별을 받는 집단에게 가장 큰 충격을 주었고" 이러한 불평등은 무엇보다 "노예제도와 식민주의를 포함한 백인 우월주의의 역사적 유산과도 직접적으로 관련이 있다"는 최근의 옥스팜 보고서도 식민주의와 불평등 간에 밀접한 관련이 있음을 확인해준다.[20]

이와 같이 Covid-19의 팬데믹에 따라 글로벌화와 기후변동, 불평등과 차별 문제, 나아가 식민주의까지 서로 밀접하게 연결되어 있다는 점이 새삼 분명히 확인되고 있다. 또 그에 대한 대응을 위해서는 무엇보다 글로벌한 차원에서 국가 간 연대와 협력이 절박한 과제로 대두되고 있다. 이러한 과제와 도전들은 서구중심주의나 근대중심주의는 물론 계몽주의 이래 자연과 인간을 분리한 후 자연을 타자화하고 지배와 통제, 약탈의 대상으로 인식해온 인간중심주의에 기초해왔던 역사 인식에 일대 전환을 요구하는 것이다. 이러한 점에 비추어 지금까지 한국 근대사 연구가 전제해온 역사 인식도 새롭게 들여다볼 필요가 있다.

한국사의 '내재적 발전론'이 서구중심적·근대중심적 역사 인식에 기초해 있음은 잘 알려져 있다. 이른바 '개항기'로부터 시작되는 근대사의 과제가 안으로는 '봉건적'인 것의 해소와 근대화 달성, 밖으로는 외세의 침략 배격과 근대 국민국가 수립으로 설정된 것도 내발론의 입장에서는 당연한 구상이었다. 그러나 이러한 역사 이해가 앞서 언급한 과제들과 관련하여 어떤 현재성을 가지는지, 21세기를 살아가는 우리와 '세계' 혹은 '지구'에 어떤 의미를 가지는지에 대해 진지하게 되돌아볼 때가 되었다고 생각한다.

오늘날 우리는 지구 온난화로 표현되는 기후변동, 난민 위기, 팬데

---

in perspective", *Global Social Challenges Journal*(published online ahead of print 2022).

20) 「옥스팜 연구 보고서: 고통으로 얻는 이익 PROFITING FROM PAIN」, 2022. 5. 23.

믹, 전쟁과 테러, 실업, 자본의 탈영토화 등 우리가 당면한 많은 문제들이 글로벌한 성격을 띠고 있다는 사실을 잘 알고 있다.[21] 글로벌화의 확산에 따라 자본과 노동, 정보나 문화뿐만 아니라, 부패와 오염, 불평등 및 차별과 혐오, 나아가 역사 경험과 기억들 역시 이전에 비해 활발하게 국경을 넘나들게 되었다. 일본군 '위안부' 문제의 글로벌한 확산과 관심도 그것을 단적으로 보여준다.[22] 더욱 중요한 점은 국경을 넘나드는 역사적 경험과 기억들이 국경 안에서 주로 내셔널리즘과 연동되어 이해되는 것과는 다른 맥락 속에서 그것을 수용하는 사람, 그것이 '소비'되는 지역에 따라 다양한 방식으로 의미화한다는 것이다. 이 역시 일국 단위에서 이해되던 역사를 좀 더 글로벌한 맥락 속에서 새롭게 이해하도록 요청한다.

물론 20세기 말부터 포스트담론의 수용과 내셔널리즘에 대한 비판을 둘러싼 크고 작은 논쟁을 겪으며, 한국 근대사를 바라보는 시각에도 많은 변화가 있었고 다양해졌다. 그러나 여전히 '반봉건 근대화'와 '반외세 자주화'라는 인식 틀, 혹은 그러한 용어를 직접 사용하지는 않는다 하더라도 거기에 내포된 서구중심주의와 근대중심주의,[23] 그에 근거한 내셔널리즘이나 발전론적 역사 인식으로부터 자유롭지 못한 연구들이 지배

---

21) Drayton, Richard, & David Motadel, "Discussion: the futures of global history", *Journal of Global History* 13:1, March 2018, p. 15.

22) 이에 대해서는 민유기·염운옥·정용숙 외 지음, 『전쟁과 여성 인권—세계의 일본군 '위안부' 문제 인식』, 심산, 2021 참조.

23) '근대중심주의'에 대해서는 Bentley, Jerry H., "Beyond Modernocentrism: Toward Fresh Visions of the Global Past", in Victor H. Mair, ed., *Contact and Exchange in the Ancient World*, University of Hawaii Press, 2006 참조. 이에 대한 비판과 새로운 이해로는 배항섭, 「동아시아사 연구의 시각—서구·근대중심주의 비판과 극복」, 『역사비평』 109, 2014; 「방법으로서의 '동아시아사' 연구와 새로운 역사상의 모색—근대중심주의(modernocentrism) 비판과 트랜스히스토리칼(transhistorical)한 접근」, 『대동문화연구』, 2020 참조.

적이다. '반봉건', '반외세'가 담고 있는 문제의식이 21세기를 살아가는 우리에게 전혀 의미가 없는 것은 아니다. 현재 한반도 주변 정세는 19세기 말 한반도를 둘러싸고 전개되던 복잡하고 냉혹한 국제정세를 떠올리게 하기 때문이다.[24] 그러나 무엇보다 '반봉건 근대화'와 '반외세 자주화'를 기본 인식 틀로 전제한 역사상은 서구중심적·근대중심적 세계 질서와 가치에 기초한 것일 수밖에 없고, 그것이 지향하는 국민국가와 국가 간 체제는 제국주의와 식민주의라는 폭력과 억압을 낳은 핵심 원인이라고 할 수 있다. 뿐만 아니라, 기후변동과 글로벌화한 빈곤 문제, 불평등과 부패, 그와 연동된 식민주의나 제국주의 역시 '서구'나 '근대'의 '발전'과 함께 한 현실이자 일그러진 초상이기도 하다.

사실 '근대화'와 '반외세'라는 용어 속에는 단지 억압받던 현실로부터의 해방이라는 의미만이 아니라, 식민주의, 약육강식과 적자생존의 논리를 구조적으로 내장하고 있던 국가 간 세계 체제 안에서 더 좋은 위치를 차지하기 위한 욕망과 경쟁의 의미가 내포되어 있음을 부정하기 어렵다. 따라서 이러한 용어들은 의도 여부와 무관하게 내셔널리즘을 강화하는 결과를 가져올 수밖에 없다. 그러한 역사 인식에는 식민주의나 제국주의를 근원적으로 비판할 수 있는 시야가 거의 닫혀 있다고 생각한다. 이를 넘어서기 위해서는 서구의 경험을 추종하는 서구중심적, 근대중심적 역사 인식과 서술에 대한 성찰과 극복이 요청된다.

국민국가나 내셔널 히스토리에 대한 비판은 이미 꽤 오래 전부터 제기되어왔다. 예컨대 1990년대 말부터 수용된 국민국가론과 포스트담론 등은 일국사적 시각과 그에 입각하여 서술된 역사상이 내포한 억압성과 폭력성에 대해 비판해왔다. 이는 앞으로도 유념해야 할 태도임에

---

24) 배항섭, 「한반도의 오늘, 한말의 경험에서 생각한다」, 『역사비평』 124, 2018.

는 틀림없다.[25] 그러나 국민국가론은 기본적으로 일국 내부에서 작동하는 국민국가의 억압성, 특히 국가권력과 개인 간의 관계를 중심으로 국가권력이 자행한 억압이나 폭력성을 고발하는 데 중심을 두어왔다. 또 근대 이후 모든 것이 국민국가로 회수되고 그것이 한층 강화되어간다는 논리는 국민국가가 가진 무소불위의 권력과 특권성을 극단적으로 강조하는 한편, 국민국가의 억압과 폭력에 대항할 수 있는 가능성들을 사실상 소거해버린다는 점에서 논리적 폐쇄성을 보인다는 비판을 받아왔다.[26] 그러나 국가가 행위 주체인 '국가 간 체제'라는 국제질서의 현실 속에서 국민국가를 '악의 화신'으로 비판하는 데 머무르는 것은 국민국가의 성격을 지나치게 단순화하거나, 그 대안을 제시하지 못할 뿐만 아니라 극복의 계기까지 폐쇄해버린다는 점에서 사실상 국민국가와 국가 간 체제에 투항하는 결과를 가져올 수도 있다.

예컨대 국가가 해체되고 '국사'가 사라지면 개개인이 자율적 존재가 될 수 있다는 발상은[27] 자본주의 세계 체제의 구성 · 운영 원리나 힘을 외면 내지 축소하는 반면, 개개인의 자율성을 규정하는 힘이 국가에게만 있다는 착각을 불러일으킨다. 이는 국가의 성격과 의미를 지나치게

---

25) 대표적인 연구성과로는 임지현 · 이성시 엮음, 『국사의 신화를 넘어서』, 휴머니스트, 2004 참조.

26) 물론 국민국가론을 제시한 대표적 연구자인 니시가와 나가오(西川長夫)는 "국민국가의 압력은 압도적이지만 국민국가가 일원화되는 것은 있을 수 없다고 생각한다"고 하면서 "국민화된 것 내부로부터 그 모순이나 갈등이 나온다고 생각"하고 있음을 밝히고 있다. 또 국민국가론에 우호적인 다른 연구자들도 국민국가 비판이 일국사적 시야에 매몰될 수 있다는 점을 경계하는 한편, 민중과 국민국가의 관계에 대해 민중이 지배이데올로기를 그대로 체현하고 있는 것도 아니며, 어떤 시기는 국민국가와 일체인 것처럼 보이지만, 결국은 거기에서 떨어져 나가는 어떤 종류의 자립성도 가지고 있다는 점, 혹은 "규율화 안에서 반역의 계기가 있다"는 점을 지적하기도 했다. 牧原憲夫 編, 『〈私〉にとっての國民國家論』, 日本經濟評論社, 2003, 141~165쪽. 그러나 이러한 생각이 연구 수행 과정에서 얼마나 번영되었는지는 의문이다.

27) 임지현, 「국사의 안과 밖」, 임지현 · 이성시 엮음, 앞의 책 참조.

부정적인 측면으로 악마화하는 반면, 자본의 문제, 국가-자본 관계, 개인-자본 관계에 대한 고민을 외면하는 결과를 초래한다.[28] 따라서 글로벌화한 자본이나 팬데믹 이후 더욱 시급해진 기후·환경문제 등 현재 글로벌한 차원에서 제기되고 있고 글로벌한 연대와 협력을 요구하는 다양한 도전과 과제들에 대한 설득력 있는 대응 방안 역시 기대하기 어렵다. 국가 간 연대나 협력의 가능성이 애초에 봉쇄되기 때문이다.

그러나 이 글에서 다루는 UN 산하의 '기후 변화에 관한 정부 간 협의체(IPCC)', 2001년의 「더반선언(Durban Declaration)」과 2015년 「파리기후협약(Paris Agreement)」에서 볼 수 있듯이 글로벌한 연대와 협력 면에서 여전히 국민국가는 가장 강력한 주체일 수밖에 없으며, 글로벌화한 자본이나 기후변동 등 인류가 당면한 과제와 도전들에 대한 대응을 위한 방안들에서도 역시 국가 간 연대와 협력에 기반한 시스템—예컨대 글로벌 거버넌스—이 중요하게 구상되고 있다. 최근 팬데믹 대응 과정에서 봉쇄 정책을 둘러싸고 벌어진 "국가란 무엇인가? 혹은 무엇이어야 하는가?"라는 논쟁 역시 '국가'에 대해 좀 더 다면적인 고민을 요청하는 것이라고 생각된다.[29] 따라서 국민국가를 악의 화신으로 부정하기만 하거나 그 너머에 대한 상상 자체를 봉쇄하기보다는 국민국가가 덜 나빠지도록, 또 글로벌한 도전과 과제에 대응하는 순기능을 수행할 수 있도록 만들어 나가는 쪽으로 고민이 시작되어야 한다.

---

28) 이와 관련하여 "오늘날 국가 없는 존재, 불법 이민자, 이주 노동자, 그리고 망명 신청자들"은 단순히 국민국가 때문에 만들어진 것이 아니고, 오히려 자본의 '글로벌화', 그리고 포스트-식민주의 발전의 불공평에 의해 형성된 가난한 국가 내부의 인구 압력으로부터 초래되었다는 지적은 경청할 만하다. Chakrabarty, Dipesh, "Postcolonial Studies and the Challenge of Climate Change", *New Literary History* 43:1, Winter 2012, p. 7.

29) 슬라보예 지젝 지음, 강우성 옮김, 『팬데믹 패닉—코로나19는 세계를 어떻게 뒤흔들었는가』, 북하우스, 2020; 황정아, 「팬데믹 시대의 민주주의와 '한국 모델'」, 『창작과 비평』 2020 가을(통권 189호) 참조.

3. 기후변동 · 불평등에 대한 글로벌한 대응과 과제

기후변동에 따른 자연으로부터의 재난은 인간사회의 불평등이나 차별과 밀접한 관련이 있고, 이에 대한 연구도 적지 않게 이루어졌다. 하지만 연구의 대부분은 대다수의 빈곤층이나 여성, 아동, 노인, 장애인 등 경제적, 사회적 약자들이 총체적 삶의 환경 면에서 매우 열악하고 재난으로부터 더 심한 피해를 받는다는 점을 지적하는 쪽이었다.[30] 그러나 최근 들어 현대사회의 가장 심각한 기저질환이라는 평가가 나온 지 오래된 불평등, 그리고 차별과 빈곤이 사회적 갈등과 대립을 심화시킬 뿐만 아니라 기후변동에 악영향을 미치고 환경파괴를 악화시킨다는 점을 지적한 연구 성과들이 나오고 있어서 매우 주목된다.

예컨대 대니 돌링(Danny Dorling)은 한 국가 내의 더 높은 불평등이 명백하게 더 높은 이산화탄소 배출량으로 이어진다는 연구 결과를 제출하였다.[31] 부와 권력의 불평등은 모든 구성원들을 지위 경쟁과 불안 속으로 더 깊이 빠뜨림으로써[32] 기후 정책에 대한 대중의 지지를 약화시키고, 집단행동의 사회적 기반을 약화시킬 뿐만 아니라 배출 집약적인 소비와 생산을 촉진하며, 부유한 엘리트들의 기후 정책에 대한 방해를

---

30) Burnell, Peter, "Democracy, democratization and climate change: complex relationships", *Democratization* 19:5, 2012, pp. 813~842. 또 최근 이례적으로 *Science*에도 경제적 불평등, 인종차별과 약자들의 주거 환경 사이에 매우 혹은 의미 있는 상관성이 있음을 밝힌 논문이 실리기도 했다. Schell, Christopher J. et al., "The ecological and evolutionary consequences of systemic racism in urban environments", *Science* 369.6510, 2020, eaay4497, p. 1126.

31) 이에 대해서는 Dorling, Danny, "The Equality Effect", *New Internationalist* 504, Jul. 2017 참조.

32) 제러미 러프킨 외 인터뷰, 안희경 지음, 『오늘부터의 세계』, 메디치, 2020, 159~160쪽, 183~185쪽.

강화한다는 연구들도 주목된다.[33] 또 다른 연구는 열대 지역에서 토지 분배의 불평등이 인구 압력의 영향을 악화시키고 삼림 벌채를 선호하게 만듦과 동시에 환경 보호를 촉진하는 데 필요한 집단행동을 방해할 수 있음을 지적하였다. 이에 따라 숲을 보호하기 위해 부의 불평등 해결이 시급함을 강조하는 등,[34] 환경의 질적 호전을 위해서는 권력과 부의 민주적 분배가 필요하다는 주장이 제시되었다.[35] 그러나 불평등과 차별은 팬데믹 상황에서 그 양상을 더욱 두드러지게 드러내기도 했고, 다른 한편으로는 더욱 심화해갔다.[36]

경제적 불평등은 어느 일국만의 현상이 아니라 전 세계적인 것이며, 국가 내부만이 아니라 국가 사이에서도 심각한 실정이다. 우선 글로벌화는 국가 간 혹은 국가 내부의 불평등을 더욱 심화시켰다.[37] 소수의 부유한 국가와 사람들만이 번영을 누렸고, 많은 가난한 국가와 사람들은 배제되거나 주변화하고 말았다. 이익의 대다수는 선진국 세계로 이전되어 축적되었고, 적은 부분만이 개발도상국으로 향했다.[38] 또 최근 옥스팜 보고서도 경제적, 성별, 인종별 불평등을 비롯해 국가 간 불평등

33) Green, Fergus and Noel Healy, "How inequality fuels climate change: The climate case for a Green New Deal", *One Earth* 5:6, 2022, pp. 635~649.

34) Ceddia, M. Graziano, "The super-rich and cropland expansion via direct investments in agriculture", *Nature Sustainability* 3:4, 2020, pp. 312~318.

35) James K. Boyce, "Inequality and environmental protection", *WORKINGPAPER SERIES Number* 52, JANUARY 2003, POLITICAL ECONOMY RESEARCH INSTITUTE(University of Massachusetts Amherst).

36) 「옥스팜 연구 보고서: 죽음을 부르는 불평등(Inequality Kills)」, 2022년 1월.

37) 19세기 말이나 20세기 말 어느 쪽이든 마찬가지였다. Dreher, Axel & Noel Gaston, "(Working Paper) Has globalisation increased inequality?", *KOF Working Papers* 140, June 2006. pp. 1~41; Kremer, Michael and Eric Maskin, "Globalization and Inequality", 2006, Copy at http://www.tinyurl.com/y66vz49v.

38) Nayar, Deepak, op. cit., pp. 152~157.

이 확대되면서 세상은 분열되고 있으며, 불평등은 인류의 진보에 대한 모든 희망에 부정적인 영향을 준다는 점을 지적하고 있다.[39]

기후변동, 글로벌화, 불평등과 차별 및 혐오는 모두 그 자체만으로도 글로벌한 차원의 접근이 필요한 과제이지만, 각각의 문제들이 서로 깊이 연관되어 있다는 상호 연동성은 일국사적 시각을 벗어나 글로벌한 시각의 접근을 더욱 절실히 요청한다. 토마스 포기(Thomas Pogge) 등은 빈곤에 대한 인도주의적 주장은 빈곤의 토대가 되는 글로벌 기본 구조를 다루기보다 국내 정부에 책임을 지우는 경향이 있다는 점을 비판하면서, 부자 나라의 시민들은 저개발, 권위주의적 국가에 대한 약탈, 그에 따른 빈곤에 책임이 있음을 알아야 한다고 하였다. 이에 따라 지속적 빈곤의 결정적 원인인 부패는 국내 정치 및 사회 문제에 대한 국제적 간섭 없이는 제거할 수 없기 때문에[40] 빈곤과 부정의에 대응하는 공평한 교환과 분배 정의 등을 실현하기 위한 글로벌한 비국가적 기구의 필요성을 제시하고 있다.[41] 이러한 문제들의 근저에 글로벌한 자본이 자리 잡고 있다. 이러한 구조는 현재까지 이어지며 오히려 강화되고 있다.[42]

최근 UN 경제사회부(DESA, Department of Economic and Social Affairs)에서 발표된 다음과 같은 보고서들도 흥미롭다. 이 보고서들은 소득과 부의 불평등 외에 성별, 연령, 인종, 민족, 공공자원에 대한 접근성 등의

---

39) 「옥스팜 연구보고서: 죽음을 부르는 불평등(Inequality Kills)」, 2022년 1월.

40) Forst, Rainer, "Justice, Morality and Power in the Global Context", Follesdal, Andreas, and Thomas Pogge, eds. *Real world Justice: Grounds, Principles, Human Rights, and Social Institutions*. Vol. 1. Springer Science & Business Media, 2005, pp. 27~36.

41) Follesdal, Andreas, and Thomas Pogge, op.cit., p. 8.

42) 올리히 브란트 · 마르쿠스 비센 지음, 이신철 옮김, 『제국적 생활양식을 넘어서』, 에코리브르, 2020 참조.

면에서 보이는 불평등 역시 환경의 질에 나쁜 영향을 미친다는 점과 더불어 가정, 지역사회, 국가 및 국제라는 4개의 부문을 통해 불평등과 환경문제의 관련성을 다루었다. 여기서는 가난한 가구에 도움이 되는 소득의 재분배나 공동 재산과 자원 보호에 필요한 집단적 노력이 환경 보호에 유리하다는 점이 제시되었다. 특히 주목하고 싶은 점은 국가들 간의 경제적 · 정치적 평등이 환경문제에 맞서는 데 필요한 세계적인 노력을 더 쉽게 동원할 수 있게 할 수 있다는 사실이다. 그러나 국제 차원의 불평등 축소는 국가 정부와 유사한 재분배력을 가진 '글로벌 정부'가 없기 때문에 달성하기 어렵다는 점을 동시에 지적하고 있다.[43]

그동안 지그문트 바우만(Zigmunt Bauman), 낸시 프레이저(Nancy Fraser) 등은 글로벌한 차원의 불평등이나 자본 권력에 대한 대응 방안의 하나로 영토적 주권국가를 초월한 '글로벌 거버넌스'의 필요성을 제기해왔다.[44] 브랑코 밀라노비치(Branko Milanović) 역시 글로벌화한 불평등을 이해하기 위해서는 방법론적 국가주의(methodological nationalism)를 넘어서야 한다고 주장하였다.[45] 물론 아직까지는 생태환경이나 기후변동과 관련된 논의는 보이지 않는다. 그러나 COVID-19의 팬데믹 이후 다수의 연구자들에 의해 방법론적 국가주의, 혹은 설명적 국가주의(Explanatory

---

43) Islam, S. Nazrul, "Inequality and Environmental Sustainability", *UN Department of Economic and Social Affairs (DESA) Working Papers* 145, August 2015; Islam, N. and J. Winkel, "Climate Change and Social Inequality", *UN Department of Economic and Social Affairs (DESA) Working Papers* 152, UN; New York, Oct. 2017.

44) 지그문트 바우만 지음, 정일준 옮김, 『부수적 피해—지구화 시대의 사회 불평등』, 민음사, 2013; 지그문트 바우만 · 카를로 보르도니 지음, 안규남 옮김, 『위기의 국가』, 동녘, 2014, 68~74쪽; 낸시 프레이저 지음, 김원식 옮김, 『지구화 시대의 정의』, 그린비, 2010; Motadel, David & Richard Drayton, "Material conditions and ideas in global history", *The British Journal of Sociology* 72:1, 2021, p. 35.

45) 브랑코 밀라노비치 지음, 서정아 옮김, 『왜 우리는 불평등해졌는가?—30년 세계화가 남긴 빛과 그림자』, 21세기북스, 2017, 313~319쪽.

nationalism)에 대한 비판과 함께 지구민주주의, 생태 중심의 정치 체제, 지구적 문제를 해결하기 위한 글로벌 거버넌스의 필요성 등이 제기되었다.[46]

이와 같이 글로벌 거버넌스의 필요성이 제기되고 있지만, 국가 간 불평등과 기후변동에 가장 큰 책임이 있는 1세계는 요지부동이다.[47] 어쩌면 더 이상 서구 선진국들에게 기대할 만한 것이 없는지도 모른다. 앞서 언급했듯이 선진국 시민들의 안일과 욕망은 대부분 식민지 지배를 당했던 비서구 국가들의 불평등과 환경파괴를 대가로 한 것이었다. 뿐만 아니라 서구 국가들도 엄청난 성차별, 인종차별, 사회적 차별과 불평등을 겪고 있으며, 비서구에게 해결하는 방법을 가르칠 처지가 아니다. 반대로 인도나 세계 다른 지역들의 경험을 살펴보고 배워야 할 형편이다.[48] 더구나 글로벌한 과제들을 해결하기 위해서는 무엇보다 글로벌한 연대와 협력이 필수적이지만, 지난 팬데믹 때 백신을 독점적으로 확보하기에 급급했던 선진국들의 탐욕—백신 내셔널리즘 혹은 백신 아파르트헤이트(vaccine apartheid)—에서도 확인되듯이 글로벌한 연대는 요원하다.[49]

이와 관련하여 특히 주목되는 것은 최근 케이완 리아히(Keywan Riahi) 등의 연구결과이다. 이들은 사회적 결속력을 저하시키는 등의 문제를 야기하는 국내의 불평등은 물론, 국가 간 불평등이나 내셔널리즘도 국가 간 경쟁력과 안보에 대한 우려와 지역 갈등을 초래하기 때문에 기후

46) 제러미 러프킨 외 인터뷰, 안희경 지음, 『오늘부터의 세계』, 메디치, 2020, 183~185쪽.

47) Forst, Rainer, op. cit., pp. 28~36.

48) 토마 피케티, 「경제학과 사회과학의 화합을 향해: 『21세기 자본』이 주는 교훈」, 토마 피케티 외 25인 지음, 유엔제이 옮김, 『에프터 피케티: 『21세기 자본』 이후 3년』, 율리시즈, 2017, pp. 658~659.

49) 「옥스팜 연구보고서」, 2022년 1월.

나 환경문제를 해결하기 위한 국제적 연대와 협력의 노력을 우선순위에서 밀어낸다는 점을 강조하였다.[50] 때문에 기후 변화에 대한 '효율적' 대응을 위해서는 국가 내부뿐만 아니라, 무엇보다 내셔널리즘을 넘어선 글로벌한 연대와 협력이 필요하다는 사실을 강조한 것이다.

근대가 만들어낸 가장 훌륭한 시스템이자 근대인들의 "압도적 믿음" 가운데 하나라는 위상을 가지고 있던 민주주의에 대해서조차 새로운 질문이 나오는 것도 내셔널리즘과 깊은 관련이 있다.[51] 민주주의는 국가 내부에서뿐만 아니라[52] 글로벌한 차원에서도 복잡하고 다양한 방식으로 제기되고 있는 문제들에 적절한 대응을 하지 못하고 있기 때문이다. 에릭 홉스봄(Eric Hobsbawm)은 국민국가의 영토 안에서만 작동할 수 있는 민주주의 시스템이 세계화와 초국적 기업에 의해 야기되는 지구적 환경문제 등 새로운 도전들을 해결하는 데 희망적이지 않다는 진단을 내리고 있다.[53]

사실 근대 서구 문명이 식민지와 식민지 착취에 기반을 두고 있다는 점은 주지하는 대로이다. 근대 인류의 역사를 살펴볼 때 가장 먼

50) Riahi, Keywan et al., "The shared socioeconomic pathways and their energy, land use, and greenhouse gas emissions implications: An overview", *Global Environmental Change* 42, 2017, pp. 153~168.

51) 마이클 사워드 지음, 강정인·이석희 옮김, 『민주주의란 무엇인가』, 까치, 2018, 39~40쪽, 56쪽.

52) 예컨대 웬디 브라운은 민주주의에는 불평등과 배제, 차별이 필연적으로 내포되어 있음을 폭로하였다. 웬디 브라운, 「오늘날 우리는 모두 민주주의자이다」, 조르조 아감벤 외 지음, 김상운 옮김, 『민주주의는 죽었는가—새로운 논쟁을 위하여』, 난장, 2010, 94~97쪽.

53) Hobsbawm, Eric, "Democracy can be bad for you", *New Statesman* 5, March, 2001, pp. 25~27. 또한 그는 시장으로의 참여가 정치로의 참여를 대체하였고, 소비자가 시민의 자리를 대신하였다는 점을 지적하면서, 대의민주주의와 '대중의 뜻(people's will)'이 21세기의 문제들을 해결할 수 있을까 하는 민주주의와 대중에 대한 회의를 드러내기도 하였다.

저 제도화한 서구의 민주주의는 식민주의와 침략에 의한 억압과 파괴를 예비한 것이라는 혐의를 부정하기 어렵다. 누구보다 먼저 민주주의를 실시한 유럽의 국가들은 대체로 제국주의의 길로 나아갔으며, "민주시민"들의 협조 속에 '문명'의 이름으로 스스로 '야만'으로 규정한 지역이나 국가에 대한 식민주의적 침략과 폭력, 그에 수반된 인간과 자연에 대한 약탈, 노예무역과 인종차별 등 '야만적' 행위를 무수하게 자행하였다. 자연과 인간에 대한 약탈을 대가로 서구의 '민주시민'들은 풍요와 안락, 복지를 누렸다. 이 점에서 국내의 "민주주의"와 식민 지배 및 제국주의 침략은 결코 분리되어 있지 않았다. 그러나 아직까지 그에 대한 반성과 화해는 일부 국가들에서 이제 막 시작되었을 뿐이다. 많은 제국주의 침략 국가들은 여전히 외면하고 있다. 이와 같이 국민국가 내부에서만 '국민'들의 욕망에 복무하는 모습을 드러내고 있는 이러한 민주주의를 우리는 어떻게 이해하여야 할 것인가?

어쨌든 앞서 언급한 식민주의 및 불평등과 기후변동 간의 관계는[54] 국가 간이나 일국 내에서 불평등과 차별 문제가 해소되지 않고서는 일국 혹은 글로벌한 차원의 연대와 협력이 사실상 어려울 것임을 보여준다. 이것은 일국 단위의 민주주의, 곧 국민국가를 형성하고 지탱해 나간 민주주의에 대한 심각한 회의를 뒷받침하는 것이기도 하다. 불평등과 기후변동의 사례에서 볼 수 있듯이 현재 인류가 당면한 중요한 위기의 대부분은 글로벌한 차원의 문제들이다. 그러나 그것을 해결해야 할 주체는 여전히 국민국가 단위로 분절되어 있고 사실상 글로벌한 과제와 도전에 대해 손을 놓고 있기 때문이다.

물론 20세기에 들어 UN을 중심으로 기후변동이나 국가 간 불평등

---

54) 기후 담론이나 기후 관련 지식이 식민주의, 인종차별, 노예제도, 사회 분열을 정당화하고, 유럽과 북미에서 지배 계급의 힘을 확장하는 데 사용되고 남용되어왔다. 이런 점에서도 기후와 식민주의는 밀접한 관련을 가진다. Carey, Mark, op. cit., p. 238.

과 관련한 글로벌한 차원의 연대와 협력이 꾸준히 모색되고 추진되어
왔다. 그러나 여전히 많은 갈등과 대립 속에서 때로는 공전, 때로는 후
퇴하기도 하면서 기대만큼 진전되지 못하고 있다. 이는 무엇보다 내셔
널리즘이나 종교, 인종에 근거한 입장과 이해의 차이 탓이 크다. 그러
나 다른 한편 앞서 언급했듯이 서로 뗄 수 없을 만큼 밀접한 관계가 있
는 국가 간 불평등 내지 차별 문제와 기후변동·환경문제를 적극적으
로 연결하여 접근하지 못한 탓도 크다고 생각한다. 여기서는 이에 대해
21세기에 들어 국가 간 불평등·차별과 식민주의 청산, 그리고 기후변
동에 대응하기 위해 추진된 대표적인 글로벌한 연대와 협력의 산물이
라고 할 수 있는 2001년 「더반선언」과 2015년의 「파리기후협약」을 단서
로 삼아 접근해보고자 한다.

「더반선언」은 사실상 1791년 아이티 혁명 이래 처음으로 식민지배와
노예해방에 대한 글로벌한 논의가 이루어졌다는 점에서 큰 의미를 가
진다. 그러나 지금까지 살펴보았듯이 국가 간 혹은 국가 내의 불평등이
나 차별과 기후변동은 밀접한 관련이 있음에도 불구하고 「더반선언(인
종주의, 인종차별, 외국인 혐오 및 이와 관련된 불관용 철폐를 위한 세계회의, The
World Conference against Racism, Racial Discrimination, Xenophobia and Related
Intolerance)」에는 그에 대한 고려가 전혀 없다. 「더반선언과 행동프로그
램」의 "일반 현안(General issues)" 제13조와 제14조에는 다음과 같이 노
예제·노예무역과 식민주의에 관한 내용이 들어 있다.

13. 노예제와 대서양 간 노예무역을 포함한 노예무역은 그 잔혹한 야만
성에 있어서뿐 아니라 규모, 조직적 성격, 특히 피해자의 본질 부인 등에
있어 인류의 역사에 있어 끔찍한 비극임을 인정하며, 더 나아가 노예제와
노예무역은 인류에 반하는 범죄이다. (…).
14. 식민주의는 인종주의, 인종차별, 외국인 혐오 및 이와 관련된 불관

용으로 이어져왔으며 아프리카인, 아프리카계 사람들, 아시아계 사람들, 선주민들은 식민주의의 피해자였고 계속해서 그 결과의 피해자임을 인정한다. (…) 더 나아가, 이러한 구조와 관행의 영향과 존속이 오늘날 세계 여러 지역에서 지속되고 있는 사회적, 경제적 불평등의 원인임에 유감을 표한다.[55]

식민주의를 비롯하여 인종주의, 인종차별, 외국인 혐오에 대한 반대가 강력히 천명되어 있지만, 식민 지배와 인종차별이 기후변동이나 환경문제와 연동된다는 점에 대한 지적은 없다. 단지 사회경제적 '발전'을 위해 식민주의와 인종주의가 해소되어야 함을 지적하고 있다.

이에 비해 「파리기후협약」은 전문에서[56] 기후변동과 불평등 간의 관계에 대해 언급하고 있다는 점에서 「더반선언」과 차이가 있다. 다만 불평등이나 차별이 기후변동을 악화시킨다는 쪽이 아니라 기후 변화가 약자들에게 더욱 가혹하게 피해를 입힌다는 점을 지적한 것이다. 일반적인 기후정의와 관련된 내용이다. 또한 개발도상국들에 대한 선진국의 지원 등을 강조하고 있으나, 특히 국가 간 및 국가 내의 불평등과 차별이 환경과 기후변동 문제를 악화시킬 수 있다는 점에 대해서는 언급하지 않았다. 앞서 살펴보았듯이 식민주의-불평등-기후위기-글로벌한 연대가 연동되어 있음을 강조하고 있는 최근 연구들의 문제의식이 아직 반영되지 않은 것이다.

다음 장에서는 식민 지배가 기후변동이나 환경문제와 깊은 관련이

---

55) 국가인권위원회, 「더반선언문 및 행동프로그램」, 2009(https://www.humanrights.go.kr/search/index.jsp).

56) 파리기후협약의 전문은 https://unfccc.int/files/essential_background/convention/application/pdf/english_paris_agreement.pdf; https://unfccc.int/sites/default/files/resource/parisagreement_publication.pdf 참조.

있다는 점을 확인함으로써 특히 「더반선언」에 제시된 식민주의의 청산이 단지 식민 지배에 대한 보상이나 배상의 문제가 아니라 글로벌한 연대와 협력을 위해 선결되어야 할 불가결한 과제임을 지적하고자 한다. 이를 전제로 한국 근대사 연구에서 보이는 '반일 내셔널리즘'을 기후변동과 불평등 등 회피할 수 없는 과제와 도전에 대응하기 위한 글로벌한 연대와 협력이라는 맥락 속에서 새롭게 인식할 수 있는 단서를 열어보고자 한다.

4. '반일 내셔널리즘'에서 식민주의 비판과 글로벌한 연대의 추구로

일본이 식민지 지배와 전쟁범죄에 대해 제대로 반성하지 않고 있다는 점은 누구나 알고 있다. 반성을 이끌어내기 위해 부단히 노력해야 한다는 점도 마찬가지이다. 이를 위해서는 무엇보다 일본 제국주의가 저지른 범죄와 폭력 행위의 구체적 내용을 충실히 조사하고 드러낼 필요가 있다. 그러나 이 문제에 접근하는 방법에 대해서는 점검이 필요하다. 앞서 살펴보았듯이 우리는 기후변동과 불평등 등 심각한 과제와 도전에 당면하고 있으며, 그에 대한 대응을 위해서는 글로벌한 연대와 협력이 절실하다. 이런 현실을 전제할 때, 제국주의 침략이나 식민 지배에 대한 비판의 핵심 대상은 당연히 일본이어야 하지만, 그 대상을 글로벌한 차원의 식민주의와 제국주의에 대한 비판으로 확장하고 글로벌한 연대와 협력이라는 좀 더 넓은 문제들과 연결시켜 나가야 한다. 그렇게 했을 때 우리의 역사적 경험이 가지는 의미도 그만큼 더 중요하고 울림이 큰 '보편성'과 '현재성'을 가질 수 있을 것이기 때문이다.

더구나, 뒤에서 언급하겠지만 제국주의적 침략과 식민 지배를 '제대로' 반성하지 않는 것은 일본만이 아니다. 「더반선언」이 상징하듯이 국가의 틀을 넘어 UN 차원에서 식민 지배와 노예제에 대한 책임을 추궁하는 노력은 21세기에 들어서야 비로소 시도되었다. 제국주의적 침략과 식민 지배에 대한 '구제국주의' 국가들의 반성과 배상 역시 21세기에 들어 비로소 시작되고 있다는 말이 크게 틀리지 않을 정도로 아직 갈 길이 멀다.

이런 점을 고려할 때 한국 근대사 연구의 '반일 내셔널리즘'이라는 프레임에 대해서도 성찰과 재인식, 그리고 그것을 넘어서는 새로운 접근이 필요하다고 생각한다. 예컨대 한국 근대의 '민족' '민중' 운동들을 '반봉건'이나 '반외세'라는 맥락에서 성격 규정하는 저변에는 자주적 근대 민족국가의 수립을 향한 내셔널리즘과 세계사적 '보편성'에 대한 지향이 자리 잡고 있었음은 말할 것도 없다. 그러나 '민족' '민중' 운동들에 대해 '반외세' 특히 '반일투쟁'으로서의 성격을 부각하는 것은 우리의 의도나 기대와 달리 한국 근대사의 다양한 경험과 사유들이 내포한 인류 '보편적' 의미를 드러내는 데 오히려 방해가 될 수 있다.[57]

그것은 최근 베를린 미테(Mitte)구에 설치된 소녀상을 둘러싼 논란을 통해서도 충분히 확인할 수 있다.[58] 소녀상 설치를 둘러싼 논란과 관련한 보도들은 소위 일본군 '위안부' 문제가 독일 시민들로부터 지지를 받기 위해서는 무엇보다 그것이 가지는 의미를 내셔널리즘의 틀에서 벗어나 반전 평화 및 여성 인권 같은 세계 시민사회의 '보편적' 차원으로

---

57) 예컨대 동학농민전쟁을 '반외세', '반일 내셔널리즘'이라는 맥락에서 이해하는 것이 가지는 문제에 대해서는 배항섭, 「동학과 동학농민군의 대외인식」, 『한국사연구』 201, 2023 참조.

58) 독일 본(Bonn)에 있는 여성박물관에 '평화의 소녀상'을 건립한다는 프로젝트를 발표하자, 반대하는 수많은 익명 메일 폭탄이 쏟아졌다. 그 가운데 눈에 띄는 메일들은 일본군 '위안부' 문제를 한일 두 나라만의 문제로 국한하려는 일본 측의 시도들이었다. 일본군 '위안부' 문제를 한일 양국만의 문제로만 환원하려는 것은 독일과 같은 제 3국에서 이 문제를 다루는 것에 제동을 걸고자 하는 의도가 숨어 있기 때문이다. 이은희, 「소녀상만사 새옹지마—독일 '평화의 소녀상' 이야기」 상, 『결: 일본군'위안부' 문제연구소 웹진』 2020. 10. 16(http://kyeol.kr/ko/node/237).

전환해야 한다는 점을 잘 보여준다. 여기에는 내셔널리즘이 언제든지 나치즘으로 연결될 수 있다는 독일 시민들의 역사적 경험이 작용하였음은 물론이지만,[59] 일본의 전쟁범죄나 식민 지배에 대한 비판이 내셔널리즘에 입각하여 이루어질 경우 세계 시민들로부터 지지를 받기 어려움을 보여준다.[60]

따라서 굳이 세계와 우리가 마주하고 있는 '현재'의 과제들을 끌어들이지 않더라도 일국사적 맥락에서 '반외세', 특히 '반일 내셔널리즘'이라는 면을 강조하는 것은 한국 근대사의 경험이 가진 의미를 왜소화할 뿐만 아니라, 시대착오적인 것, 혹은 '세계 시민'들과 소통하기 어려운 사투리가 될 수 있다. 근대사의 다양한 경험이 내포하고 있는 의미를 일국사적 범위에 국한해서가 아니라, 글로벌한 차원의 과제와 관련하여서도 적극적으로 모색해 나가야 한다. 물론 그동안 반제국주의와 관련한 근대사 분야의 연구들이 다만 일국사적 혹은 '반일 내셔널리즘'의 틀 속에 갇혀 있었다는 것은 아니다. 근대사의 다양한 국면들이나 현상에 대해 세계사적 변화나 동아시아사의 전개 과정과 연결하여 이해하려는 노력이 적지 않았다. 그러나 글로벌한 '현재성'이라는 맥락에서 접근되고 또 글로벌한 과제를 주도적이고 적극적으로 끌어안는 고민이 충분히 담겨 있었다고 보기는 어려울 것이다.

한편 이 글에서 강조하고 있는 기후나 환경문제, 그리고 갈등과 차이의 극복과 연대와 협력의 모색 등은 모두 글로벌 히스토리와 매우 친화

---

59) 「베를린 소녀상 논란, 일본에 두 손 든 독일 구청장의 토로」, 『오마이뉴스』 2020. 10. 14.

60) 영국 언론은 이러한 모습을 한국과 일본 내셔널리즘의 적대적 공존으로 바라보면서 비판하였다. 염운옥, 「인권의 수호자와 방관자 사이—영국 언론의 '위안부' 보도」, 민유기 · 염운옥 · 정용숙 외 지음, 『전쟁과 여성 인권—세계의 일본군'위안부' 문제인식』, 심산, 2021.

적 성격을 가진다.[61] 예를 들면 글로벌 히스토리 연구자인 벤틀리(Jerry Bentley)는 글로벌 히스토리와 환경문제의 관련성을 강조하였다. 또 글로벌 히스토리가 사람들로 하여금 자신의 주변 세계를 '큰 문맥이나 체계' 안에서 이해할 수 있게 할 뿐만 아니라, 인류가 오랫동안 서로 간의 '차이'를 성공적으로 다루어왔고, 서로의 차이에 대해 익숙해지게 함으로써 차이로 인한 부질없는 갈등과 대립을 피할 수 있게 했음을 보여준다고 하였다.[62] 이런 점에서 글로벌 히스토리의 문제의식은 기후변동과 환경문제라는 과제에 대응하기 위한 글로벌한 연대와 협력을 이끌어내는 데 기여할 수 있다고 생각한다.

그렇다하여 한국 근대사 연구에 '글로벌 히스토리'를 전면 수용하자는 것도, 한국 근대의 사건이나 상황 등을 모두 글로벌한 맥락이나 기준에서만 이해해야 한다는 것도 아니다. 사건이나 상황에 따라 글로벌한 차원보다는 국가 혹은 더 좁은 지역사회의 내적인 맥락에서 접근할 때 훨씬 더 설득력 있는 이해에 도달할 수 있는 경우가 더 많을 수 있기 때문이다. 제리 벤틀리도 근대사에서 국민국가의 역할을 무시하는 주장이나, 모든 내셔널 히스토리(national histories)가 글로벌 히스토리 속에 용해된다는 주장, 혹은 글로벌 히스토리가 민족 공동체들(national communities)에 대한 경험을 설명하고 이해하고 분석하는 데 충분하다고 추정하는 것은 모두 어리석은 생각이라고 하였다.[63] 또 다른 글로벌 히스토리 연구자인 리차드 드래이튼(Richard Drayton) 등도 지적했듯이, 글로벌 역사가가 된다는 것은 종종 매우 특정한 장소, 기관, 인물에 대해 연구하는 것이지 일반적이거나 일반화할 수 있는 주장을 하는 것이 아니

---

61) Christian, David, op. cit, p. 128.

62) Bentley, Jerry, "Why Study World History?", *World History Connected* 5:1, October 2007.

63) Ibid.

다. 더구나 글로벌 히스토리는 "타자를 우리(영어권)의 개념과 언어로 국제적 내러티브에 통합하기 위한 또 다른 영어권의 발명품이라고 단정하지 않기 어려우며", 오히려 서구중심주의를 확대할 수 있다는 비판까지 받고 있다.[64]

이 글에서는 다만 글로벌한 차원에서 당면한 과제와 도전에 대한 대응에 유념할 때 한국 근대사에도 좀 더 글로벌한 시각의 확보가 필요하다는 점을 환기하고자 하는 것이다. 역사적 경험이나 현실에 대한 이해는 시공간적 범위를 어떻게 설정하는가에 따라 매우 달라질 수 있기 때문이다. 역사 지식의 생산을 통해 우리는 공간을 창조하고, 거꾸로 그 공간에 규정되어 역사연구와 이해가 이루어진다. 데이비드 크리스천의 지적처럼 역사연구에서 대상이 되는 공간의 확장은 전통적 역사 인식의 기반이었던 국가나 지역의 반발을 받을 수 있다. 그러나 다른 한편 '국가'라는 공간 속에서 민족적 정체성을 구성해냈듯이 새로운 공간 감각을 이끌어냄으로써 인류 공동체를 상상하고 이해하는 데 역사연구는 중대한 역할을 할 수 있다.[65] 리차드 드레이튼 등이 "'보다 글로벌 지향적인 역사'가 '자신의 국가뿐만 아니라 세계에 속해 있다는 국제적 시민의식을 고취'하고 궁극적으로 '관용적이고 국제적인 세계 시민을 배출'할 것"이라는 린 헌트의 지적을 강조한 것도 같은 맥락에서 이해할 수 있을 것이다.[66] 공간과 정체성에 대한 새로운 감각은 글로벌한 차원의 연대와 협력을 위한 불가결한 전제가 된다는 점에서 매우 중요한 문제이다.

또한 제국주의나 식민주의도 당연히 글로벌한 문맥 속에서만 이해될 수 있고, 그 비판이나 극복 역시 마찬가지일 것이다. 이 점에서 제국주

---

64) Drayton, Richard, & David Motadel, op. cit., 2018, pp. 13~14.
65) 데이비드 크리스천, 「지구사의 관점과 시선」, 조지형·김용우 엮음, 『지구사의 도전』, 서해문집, 2010.
66) Drayton, Richard, & David Motadel, op. cit., 2018, p. 15.

의 경험이 가져다준 '상징 자본(symbolic capital)'에 대한 리차드 드래이튼의 지적은 시사해주는 바가 적지 않다. 드래이튼은 불평등과 폭력을 통해 경제적 이익을 약탈하는 것이 제국주의의 핵심 성격이지만, 제국주의 지배의 경험은 또 다른 중요한 '상징 자본'도 제공했음을 강조했다. 예를 들면, 제국은 분산된 부분들을 하나의 시스템 안에서 연결하여 바라보는 시놉틱한 관점(synoptic perspective), 그리고 국제사회의 게임에 높은 수준에서 참여할 권리가 있다는 감각을 제공했다는 것이다.[67] 제국주의라는 폭력과 억압의 경험으로부터 만들어진 것이기는 하지만, 글로벌하고 상호 연동된 엄중한 현재의 과제들을 고려할 때 확실히 시놉틱하고 글로벌한 시각과 자신감은 우리에게도 중요한 의미를 지닌다고 생각한다.

이와 관련하여 여기서는 아직 세계적 차원에서 식민주의에 대한 성찰과 당사국들 간의 역사화해가 거의 이루어지지 못하고 있다는 점을 주목하고자 한다. 식민지 시대의 불의는 시간이 지나면 사라지는 먼 과거의 잘못이 아니라 스스로를 재생산하는 일상적인 현실이다. 따라서 현재에도 성노예 문제뿐만 아니라, 식민지 문화재의 반환과 관련한 논란, "흑인의 생명도 소중하다" 운동의 부상, '인종' 개념에 대한 현재의 논쟁, 노예 관련 기념물에 대한 담론 등에서 식민 지배의 지속적인 영향이 생생하게 드러나고 있다.[68]

앞서도 언급했듯이 식민주의나 제국주의는 식민지에 경제적 약탈, 정치적 억압, 사회문화적 차별과 혐오, 그리고 피식민지민들에게 열패감과 모멸감을 주었을 뿐만 아니라, 현재의 불평등이나 환경문제와 기

---

67) Drayton, Richard, "Imperial History and the Human Future", *History Workshop Journal*, 74:1, Autumn 2012, p. 162.

68) Stahn, Carsten, "Reckoning with colonial injustice: International law as culprit and as remedy?", *Leiden Journal of International Law* 33:4, 2020, p. 823.

후변동에도 커다란 영향을 미치고 있다. 나아가 조셉 머피(Joseph Murphy)의 말처럼 식민지 지배 과정에서 나타난 가장 주목되는 점은 제국이 말 그대로 삶의 방식이 되었다는 것이다. 이 시기에 '정상적'인 삶을 살아가는 데 무엇이 필수적이고 무엇이 즐거운지에 대한 생각이 바뀌었다. 소비주의도 이때 등장했으며, 대부분의 소비재는 어떤 식으로든 식민주의와 연관되어 있다고 하였다.[69] 이처럼 제국주의와 식민 지배에 의해 만들어졌고 현재 전 세계적으로 확산되고 있는 제국적 생활양식을 억제하고 연대적 생활양식을 만들어 나가기 위해서도[70] 식민주의와 식민 지배에 대한 글로벌한 성찰과 화해가 이루어져야 한다.

거듭 강조하지만 식민지 지배에 대한 반성과 성찰은 인류가 당면한 도전들을 헤쳐 나가는 데 필수불가결한 대전제이다. 따라서 국가(또는 유엔 회원국)가 책임을 회피하여 자유, 독립, 다양성 존중을 외치면서 동시에 과거의 식민지(아프리카)에 대한 진지한 관여를 회피하여 기술적으로 발전된 초(超)신식민지(hyper neo-colonization) 상태에 빠지는 것을 허용해서는 안 되고, 오늘날까지 아프리카를 괴롭혀온 파괴적인 노예제, 식민 지배 기간에 대한 배상 등 논란의 여지가 많고 복잡한 문제들을 의제에 포함해야 한다는 주장에는 깊은 공감이 간다.[71] 식민지 잔학 행위에 대한 침묵은 그 자체로 잔인한 행위로 간주되어야 한다는 지적 역시 마찬가지이다.[72] 식민지 지배나 노예무역 등 인권과 관련하여 국민

---

69) Murphy, Joseph A., op. cit, 2009, pp. 20~21.

70) '제국적 생활양식'과 '연대적 생활양식'에 대해서는 울리히 브란트 외, 앞의 책 참조.

71) Thésée, Gina and Carr, Paul R., "The 2011 International Year for People of African Descent(IYPAD): The paradox of colonized invisibility within the promise of mainstream visibility", *Decolonization: Indigeneity, Education & Society* 1:1, 2012, pp. 158~80.

72) Augsten, Pauline, Sebastian Glassner, and Jenni Rall, "The myth of responsibility: Colonial cruelties and silence in German political discourse", *Global Studies Quar-*

국가 간에 발생한 심각한 범죄 행위들이 해결되지 않는 한 인류는 '근대'라는 시대, 국가 간 대립과 갈등의 시대를 넘어서는 새로운 시간을 만들어갈 수 없다. '반봉건 근대화'나 '반외세 자주화'라는 한국 근대사 인식의 프레임으로는 이러한 과제에 대응할 수 없다. 그 너머를 상상할 수 있어야 한다.

이와 관련하여 최근 글로벌화가 확산되면서 식민지의 역사, 식민주의에 대한 재검토가 이루어지기 시작한 점이 눈에 띈다. 대표적인 사례가 앞서도 언급한 「더반선언」(2001)이다. UN이 주최하고 150여 국가가 참석한 「더반선언」은 식민 지배와 노예제 책임이 국가의 틀을 넘어 국제적으로 추구되었다는 점에서 획기적인 사건이었다.[73] 무엇보다 주목되는 이유는 노예제와 더불어 이제야 막 시작된 식민주의에 대한 세계사적 청산과 관련하여 중요한 의미를 지니기 때문이다.

1990년대 이후, 역사의 당사자나 그 이후 세대의 사람들이 식민지의 역사나 인종주의, 배외주의에 대한 재인식, 재검토를 촉구했다. 1991년에는 자신이 '위안부'였다는 김학순의 고백이 나왔고, 1990년대의 유고슬라비아 내전, 르완다 내전에 대해 제노사이드 조약(1984 체결)이 처음 적용되었으며, 1998년에는 국제형사재판소가 설치되어 성폭력도 '인도에 반하는 죄'로 규정되었다. 미국에서 '흑인에 대한 보상' 운동이 전개되고,[74] 남아프리카에서 진실화해위원회가 설치되었던 것도 1990년대 이후의 일이었다.[75]

terly 2:2, April 2022.

73) 염운옥, 「'탈식민'의 세계사적 흐름과 한국 대법원판결의 의의」, 『윤석열 정부의 강제동원 배상안 폐기를 위한 역사단체 공동 학술회의: 강제동원의 실상, 판결과 해법』, 2023년 4월 13일.

74) 권은혜, 「희생지의 정의를 추구하는 사회운동—1865년부터 현재까지 아프리카계 미국인 주도 노예제와 짐크로 보상 운동」, 『서양사론』 152, 2022.

75) 大門正克, 「歷史学の現在: 2001・2015年」, 歷史学研究会 編, 『第4次 現代歷史学

남북아메리카 대륙에서는 1992년 '콜럼버스의 아메리카대륙 도달 500주년'을 계기로 노예무역의 유산이 오늘날 전 지구적 사회적 경제적 불평등의 원인이라고 주장하는 아프리카계 주민이 사죄와 보상을 요구하기 시작했고, 그 움직임은 남아메리카를 벗어나 아프리카 대륙에도 퍼져 나갔다. 또 '카리브 공동체(CARICOM)' 각국은 2013년 이후 국가 차원에서 이 과제에 대응하여 유럽 국가들에 대한 소송을 준비하였다. 그러나 「더반선언」 이후 과거에 대한 성찰과 화해는 기대만큼 순조롭게 진전되지 못하고 있다. '더반·리뷰회의'(더반II, 2009)에는 독일, 네덜란드 등 몇몇 유럽 국가들이 '더반정신' 자체를 '반(反) 유대주의'라고 지탄하며 불참을 표명했다. 게다가 '국제연합 고위급 회합'(더반III, 2011)에서 불참은 한층 더 확대되어, 영국, 프랑스 등 과거의 주요 식민지 영유 국가가 일제히 등을 돌렸다.[76)]

최근의 연구들에 따르면 유럽 각국에서 식민지 지배 책임의 청산을 실제로 실천한 사례는 매우 드물다. 2008년 8월 이탈리아가 리비아와 '우호협력조약'을 체결하여 이탈리아의 식민 지배로 고통받은 리비아(1911~1943)에 대한 공식 사과와 함께 투자 형식의 '배상금' 50억 달러를 지불하고 약탈문화재를 반환하였다.[77)] 2013년 6월에는 영국 정부가 케냐 식민통치 시절 자행한 가혹행위를 공개적으로 사과했다. 영국 정부는 케냐인들의 독립투쟁에 대한 무력진압 및 가혹행위를 사과하고, 피해자 5,228명에게 총 1,990만 파운드(약 341억 원)의 배상금 지급을 약속

の成果と課題 1. 新自由主義時代の歴史学』, 續文堂出版, 2017.

76) 永原陽子, 「植民地責任論」, 歷史學研究会 編, 앞의 책, 81~85쪽.

77) 자세한 내용은 Ronzitti, Natalino, "The treaty on friendship, partnership and cooperation between Italy and Libya: New prospects for cooperation in the Mediterranean?", *Bulletin of Italian Politics* 1:1, 2009, pp. 125~133 참조.

하였다.[78] 2013년 9월, 네덜란드 정부도 인도네시아 점령통치 시기인 1945~1949년 당시 네덜란드군이 즉결처형 형식으로 저지른 대규모 학살에 대해 공식사과하고, 그 사건으로 남편을 잃은 여성 10명에게 배상금을 지급하였다.[79] 물론 이는 우리의 기대에는 미치지 못한다.

식민지 문제 해결은 이제 막 시작 단계에 불과하다. 일본만이 아니라, 식민지 지배를 했던 유럽 국가 모두 식민지 문제에 대해 여전히 많은 문제를 남기고 있다. 독일과 일본을 비교하여 독일을 "역사화해"의 모범국으로, 일본을 그 반대의 사례로 이해해왔지만, 여기에도 간과할 수 없는 문제가 있다.[80] 물론 독일과 일본을 비교할 때 핵심이 되는 문제는 전쟁 상황에서 저지른 범죄행위이다. 이에 대한 반성과 피해 당사국이나 당사자들과의 화해라는 점에서 독일은 분명 일본과 매우 다른 태도를 보이고 있다. 이를 부인하자는 것이 아니다. 독일이나 유럽의 이러한 태도를 근거로 과거사에 대한 일본 정부의 '불량한' 태도에 면죄부를 주자는 것은 더욱 아니다. 무엇보다 식민 지배와 전쟁범죄의 책임에 면죄부를 줄 자격은 특정 개인이나 국가 누구에게도 없다. 다만 독

78) "UK to compensate Kenya's Mau Mau torture victims", theguardian.com, June 6, 2013(도시환, 「식민지 책임 판결과 한일협정 체제의 국제법적 검토」, 『외법논집』 38:1, 2014에서 재인용).

79) 이상 이탈리아 이하의 사례들에 대해서는 도시환, 위의 글, 303쪽; 이장희, 「리비아·이탈리아 '식민지' 손해배상책임 사례의 국제법적 검토」, 『한일협정 50년사의 재조명』 II, 동북아역사재단, 2012; 나가하라 요코(永原陽子), 「현대사 속의 '식민지 책임'—아프리카 식민지를 중심으로」, 『한일협정 50년사의 재조명』 II, 동북아역사재단, 2012; 캐비타 모우디, 「마우마우 소송—영국의 식민지 시대의 국가배상」, 『한일협정 50년사의 재조명』 IV, 동북아역사재단, 2015; 강병근, 「네덜란드의 인도네시아 식민지배 배상판결에 관한 연구」, 『한일협정 50년사의 재조명』 IV, 동북아역사재단, 2015 등 참조.

80) 정용숙, 「과거청산과 역사화해의 모델?—독일어권 언론의 '위안부' 보도」, 민유기·염운옥·정용숙 외 지음, 『전쟁과 여성 인권—세계의 일본군 '위안부' 문제 인식』, 심산, 2021.

일이나 다른 유럽의 구제국주의 국가들도 그동안 식민 지배에 대한 진정한 반성과 화해를 외면하거나 소홀히 해왔다는 점, 그래서 당면한 글로벌한 도전에 대응하기 위해서는 연대와 협력의 전제가 되는 식민 지배에 대한 성찰과 화해라는 과제가 여전히 남겨 있다는 점을 환기하고자 한 것이다.

그동안 독일의 기억문화는 유럽 안으로 닫혀 있었다. 역사적 불의에 대한 독일의 책임인정과 사과 및 배상은 나치에 의한 제노사이드 (genocide)에 국한된 것이었으며, 식민 지배에 대한 것은 아니었다. 아프리카 식민지에서 저지른 제노사이드에 대해서는 최근(2021년 5월 28일)에 들어서야 공식적으로 인정하였다. 독일은 나미비아를 식민 지배하면서 1904~1908년에 걸쳐 지배에 저항하는 오바헤레로족과 나마족 수만 명 (많게는 10만 명 정도 추산)을 살해했다. 학살 규모가 매우 크다. 2015년 말 나미비아 정부와 독일 정부 사이에 시작된 협상은 총 9차례의 회의 끝에 2021년 5월 합의에 도달하였고, '공동선언'이 발표되었다. 이에 대해서는 이후 비판이 이어졌지만, 식민지 이후 화해를 위한 노력의 유력한 모범으로 간주되기도 한다.[81]

비판의 핵심은 무엇보다 독일 정부가 피해자 후손들의 의견을 듣지 않고 용서를 구하였다는 점이다. 이에 따라 가장 큰 피해를 입은 종족집단의 후손들 중 상당수는 협정에 대해 전반적으로 부정적으로 반응하였고 모욕적으로 받아들였다. 또 독일 외무부가 발표한 공식 성명은 집단학살에 대한 인정이 '법적 배상'을 의미하지 않는다는 점을 강조하고 있다. 또 합의된 '지원금' 11억 유로는 배상금이 아니라 '지원금'이었으며, 이 금액도 지난 30년 동안 독일이 나미비아와의 개발 협력에 지

---

81) Melber, Henning, "Germany and reparations: the reconciliation agreement with Namibia", *The Round Table* 111:4, 2022, p. 477.

출한 금액과 거의 비슷한 수준이다.[82]

　다른 유럽 국가의 사정은 독일보다 더 심각하다. 특히 과거의 제국주의 국가들이 현재에도 보이고 있는 역사 인식은 상상 이상으로 '반성'과 거리가 멀 뿐만 아니라, 과거의 영광을 재현하고자 하는 역사연구자와 그것을 즐기는 대중들이 넘쳐난다. 탈식민 이후에도 제국주의와 세계사는 여전히 과거와 현재의 제국주의 열강들에 살고 있는 독서 계층의 즐거움을 위해 주로 쓰였다. 국내 민주주의의 부패 속에서 제국주의는 다시 돌아왔다. 프랑스 의회는 2005년 2월 심지어 학교에서 식민지 역사의 '긍정적인' 요소들을 가르치도록 요구하는 법을 통과시켰다. 스페인과 이탈리아, 포르투갈에서는 1930년대 파시스트 정당의 정치적 후계자들이 제국주의 과거를 자신들의 목적을 위해 동원했다. 역사학자들과 대중 역사가 '문화적 전환'에 가장 중요한 역할을 한 곳은 영국이다. 영국 대중들에게 '제국'은 힘과 영광의 기억이었고, 세계의 다양한 문제들에 대해 행사할 수 있는 그들의 역할이 줄어든 것에 대한 즐거운 보상이었다.[83] 또 영국 식민주의의 사명은 제국주의 대도시를 풍요롭게 하는 것뿐만 아니라, 그렇게 함으로써 세계를 '개선'하는 것이었다고 주장하였다.[84] 그 결과 대영제국은 다른 제국들보다 훨씬 더 협력과 상호 이익을 추구했고, 훨씬 온건하고 문명화된 제국이었다는 것이다. 대영제국에서는 폭력이 규칙이 아니라 예외였으며, 정부의 운영 방식에서 벗어난 일탈이었다고 주장한다.[85] 이러한 인식은 보수적 역사학자들에

---

82)　Ibid., pp. 477~478.

83)　Drayton, Richard, "Where does the world historian write from? Objectivity, moral conscience and the past and present of imperialism", *Journal of Contemporary History* 46:3, 2011, pp. 681~684.

84)　Murphy, Joseph A., op. cit, p. 12.

85)　Lester, Alan, "Commentary: New directions for historical geographies of colonialism", *New Zealand Geographer* 71:3(*Special Issue: Applied Geographies*),

게서만 보이는 것이 아니다. 2002년 초 노동당 내각 시절 외교부 관료였던 로버트 쿠퍼(Robert Cooper)는 선진국들은 어떤 수단을 통해서든 후진국들을 지배할 권리를 받아들일 필요가 있다고 주장하였다. 나아가 유럽 선진국들 간의 질서는 법을 기반으로 운영되지만, 유럽 밖의 '구식 국가'들을 상대할 때는 19세기와 같은 더 거친 방법, 즉 정글의 법칙으로 되돌아가야 한다고 주장하였다.[86]

또 식민 지배에 대해서뿐 아니라, 유럽의 구제국주의 국가들은 전시 성폭력 책임 문제에 대해서도 '침묵'을 유지하는 등 유사한 태도를 보이고 있다. 독일에서도 소녀상 설치 문제로 촉발된 '위안부' 문제를, 자신들이 저지른 전시 성폭력 과거사와 연결하려는 적극적인 노력을 찾아보기 어렵다. 이 점에서 전쟁범죄와 식민 지배가 얽혀 있는 까다로운 유산과 씨름하는 동아시아 시민사회, 예컨대 한국과 일본의 위안부 시민운동은 자신만의 길을 개척해온 선례 없는 노력이었다는 점에서 중요한 의미를 가진다.[87]

유럽 국가들에서 보이는 이상과 같은 태도는 단지 과거에 대한 반성을 외면하는 데 그치는 것이 아니다. 그 저변에는 제국주의의 시대로 돌아가려는 욕망이 꿈틀거리고 있다. 이러한 욕망들은 과거의 식민 지배-피지배 국가 간에 불신과 혐오를 강화함으로써 연대와 협력의 여지를 더욱 좁힐 수밖에 없기 때문에 엄혹히 비판되어야 하며, 일본의 침략행위와 식민 지배에 대한 비판도 이런 세계적 현실을 읽고 그 속에 이루어져야 한다.

동아시아는 내셔널리즘이 격렬하게 작동하는 대표적 지역이다. 내

December 2015, pp. 120~123; 박지향, 「식민주의/포스트식민주의 연구의 현황과 과제」, 『서양사연구』 54, 2016 참조.

86) Drayton, Richard, op. cit, 2011, p. 681.

87) 독일의 '역사화해'와 관련해서는 정용숙, 앞의 글 참조.

셔널리즘 간의 갈등과 대립으로는 과거사도 현재의 문제들도 해결하기 어렵다는 것이 저간의 경험이다. 물론 한국과 일본의 위안부 시민운동 같은 노력들은 꾸준히 지속되어야 할 것이고, 그 속에서 새로운 의미나 성과들을 이끌어내고 확산시켜 나가야 할 것이다. 그러나 다른 한편 이러한 노력과 연계하여, 혹은 다른 방식으로 한일 간이나 동아시아 지역, 나아가 글로벌한 차원에서 역사 화해의 길을 모색해볼 필요가 있다고 생각한다. 이와 관련하여 한국은 글로벌한 식민주의 성찰이라는 면에서 유럽이나 일본과는 다른 역사 경험과 국제질서 속의 위상을 가진다는 점에 주목해보고자 한다.[88]

먼저 한국은 식민지 지배를 겪은 당사자였다는 역사적 경험을 가지고 있다. 앞서 언급했듯이 제국주의의 경험으로부터 나온 시놉틱한 시각, 그리고 글로벌한 이슈에 주도적으로 관여할 수 있다는 자신감은 중요하고 우리도 그런 면들을 키워 나가야겠지만, 우리에게는 제국주의 침략과 식민 지배를 자행했던 나라들과는 다른 경험에서 나오는 다른 시각과 감각이 있다. 이는 분명히 식민 지배의 과거와 전시 성폭력 책임, 그리고 그에 대한 침묵과 외면으로부터 자유롭지 못한 구제국주의 국가들과 변별되는 점이다. 나아가 식민 지배를 당했던 나라로부터 바라보는 시놉틱한 시각에는 구제국주의 국가들의 자국중심적 이해나 서구중심적 시각과 다른 관점이나 가능성이 내포되어 있을 수 있다는 점에서도 매우 의미가 크다고 생각한다.

다른 하나는 식민지 경험과도 연동하는 '현재성'이다. 지난 2021년 7월 2일 유엔무역개발회의(UNCTAD)가 한국의 지위를 개발도상국에

---

88) 학술지에 투고했을 때 익명의 심사자로부터 베트남전쟁이나 한국이 1세계로 발돋움하며 저지른 아세국주의적(sub-imperialism) 폭력에 대한 비판도 필요하다는 지적이 있었다. 타당한 지적이었지만, 이 글에서는 '더반선언'으로 대표되는 식민주의에 대한 성찰과 화해라는 점에 국한하여 살피고자 하였다.

서 선진국 그룹으로 변경했다. UNCTAD가 1964년 설립된 이래 개도국에서 선진국 그룹으로 지위를 변경한 것은 한국이 최초일 뿐만 아니라, 과거 식민 지배를 받았던 나라로서는 유일하다. 또 K-pop, 드라마, 영화 등 한류를 중심으로 한 소프트 파워도 글로벌한 영향력을 가지고 있다. 물론 '인류세' 내지 '자본세'에 선진국이 된다는 것이 자랑스러울 수만은 없는 일이며, 그나마 언제든지 선진국 반열에서 탈락할 수도 있다. 또 한류가 가진 문제들에 대한 성찰도 필요하고 여전히 강대국에 둘러싸인 한반도의 현실도 외면해서는 안 될 것이지만, 한국의 세계적 위상이 '선진국'을 뒤따라 '근대화'를 향해 일로매진하던 시대와 달라진 것은 분명하다. 특히 식민지에서 선진국 반열에 오른 독특한 경험은 「더반선언」 같은 글로벌한 의제에 주도적으로 개입할 수 있는 중요한 전제가 된다고 생각한다.

따라서 역사 인식 면에서도 근본적 전환이 필요하다. '주변으로부터 바라본다.'는 시각이 제기된 것도 그 때문이지만, 연구 수행 과정에서 드러날 정도로 자각적이지는 못했다. 먼저 서구가 추구해온 '어두운' 역사를 비판하고 그와 다른 길을 걸었던, 이른바 서구 국가들보다는 수적으로도 훨씬 많았던 비서구 혹은 식민지/반(半)식민지를 경험한 나라들의 역사로부터 바라보는 시각이 필요하다고 생각한다. 그래야만 서구중심을 넘어설 수 있고, 인류사회가 당면한 과제를 해결하는 데 도움을 주는 새로운 역사상 구축도 가능할 것이다. 이를 위해 어떤 연구를 수행해야 할 것인지는 연구 분야나 주제에 따라 다양할 것이지만, 여기서는 다음과 같은 몇 가지 접근 방법을 생각해볼 수 있을 것이다.

우선 아시아만이 아니라 아프리카 등 세계 전체를 포괄하는 식민지 비교 연구이다. 물론 어려운 작업이다. 그러나 이러한 작업을 통해 식민지 당시의 지배 정책이나 침략과 폭력, 수탈 행위, 피해의 내용이나 규모의 측면뿐만 아니라, 탈식민 이후 독립된 구식민지 국가들과 과거의 식민 지배 국가와의 관계나 구식민지 국가들이 현재 처해 있는 글로벌한 위상의 차이 등을 포함하여 공통점과 차이점을 확인하는 것은 연대와 협력을 위한 출발점이라 생각된다. 그 과정에서 연구자들 간의 교류와 소통 역시 단지 지식 면에서만이 아니라 정서적 차원의 유대감 또한 넓혀 나가야 할 것이다. 구식민지 국가들 간의 연대와 협력, 공동의 노력은 식민 지배에 대한 글로벌한 성찰과 화해를 이끌어내는 매우 유력한 방법이 될 것이라 생각한다.

또 반드시 식민지와 관련된 것은 아니지만, 한국 근대사뿐만 아니라 세계사 속에서 다양한 차이와 균열을 극복하고 연대와 협력을 이루어 나간 경험들, 혹은 상호 공감을 위한 노력이나 과정들에 대한 관심의 제고가 요청된다. 특히 환경문제나 질병 재난과 관련된 경험들이라면 더욱 의미가 클 것이다.

마지막으로 글로벌한 식민지 비교 연구와 시놉틱(synoptic)한 접근을 통한 새로운 대안 내지 가능성들에 대한 적극적인 모색이다. 계몽주의적 가치가 반영된 유럽인들의 과학적, 기술적 우월성의 증거들은 아프리카와 아시아사회의 고유한 생산 기술과 자연 세계에 대한 사고방식을 뿌리째 손상시켰다. 이에 따른 다양한 대안들의 소멸은 서구 과학과 기술이 지배하는 발전 경로를 풍요롭게 하고 변화시킬 수 있었던 가치, 이해, 방법의 상실 혹은 무시를 의미한다. 따라서 식민 비교 연구를 통해 이 같은 사라진 대안들에 대한 연구와 시놉틱한 접근은 기후위기와 불평등, 차별 등에 대한 새로운 대안적 사고나 가능성들에 대한 확인으로 이어질 수 있을 것이다. 실제로 비서양 철학 및 종교 체계에 내포된 환경과 물질적 획득에 대한 태도를 더 잘 이해하게 되면서, 그것들이 물질적 성취에 대한 서구의 집착과 그 결과인 오염, 유한한 자원의 낭비, 지구 파괴의 가능성을 어떻게 완화할 수 있었을지에 대해서도 알게 되었다.[89] 물론 비교 연구와 시놉틱한 접근의 필요성은 반드시 기후나 환경문제에만 국한된 것은 아닐 것이다.

일본에 대해서는 과거의 식민 지배와 전쟁범죄에 대한 반성을 끊임없이 촉구해야 할 것이다.[90] 그러나 피지배 경험을 포함한 한국 근대사의 다양한 경험들은 '반일 내셔널리즘'이라는 틀로만 이해해서는 안 된다. 식민지 피지배를 포함한 한국 근대사의 역사적 경험과 한국의 '현재'는 글로벌한 연대와 협력이 어느 때보다 절실한 지금, 하나의 돌파구를 마련해 나갈 수 있는 계기가 충분히 될 수 있다고 생각한다. 그럴 때 한국의 쓰라린 과거의 경험은 글로벌한 맥락에서 새로운 기억으로, 다양하고 풍부하게 해석될 여지를 넓혀 나갈 수 있을 것이며, 그를 통해 현실과 역사적 경험의 상이성 때문에 교착상태에 빠진 글로벌한 연대와 협력을 만들어 나가고, 나아가 새로운 미래를 개척해 나가는 하나의 계기가 될 수 있을 것으로 기대해본다.

5. 맺음말

최근의 COVID-19 사태에서도 알 수 있듯이 20세기 말부터 본격적인 범인류적 과제로 제기된 기후변동과 환경문제, 그리고 그에 따른 재

---

89) Murphy, Joseph A., op. cit., pp. 11~12.

90) 최근 '근대적 번영과 발전'의 상징이면서 동시에 '식민지배와 약소국에 대한 침략과 약탈의 상징'인 일본의 사도광산(佐渡鉱山)이 유네스코의 세계문화유산으로 지정되었다. 그 과정에서 후자의 부정적 측면은 사실상 거의 은폐되는 방식으로 처리되고 말았다. 2024년 8월 7일 미국의 디플로메트(Diplomat)지에서는 이에 대해 "기시다 정부가 일본의 역사를 세탁하는 데 있어 한국의 윤석열 대통령이라는 완벽한 공범을 발견했다."는 점을 지적했지만, 다른 한편 유네스코 역시 식민지배와 제국주의적 침략과 약탈에 대해서는 여전히 외면하고 있다는 점이 엄중히 지적되어야 할 것이다("미 외교전문지에 실린 글 '윤석열, 일본이 발견한 완벽한 공범'", 「오마이뉴스」, 2024년 8월 7일).

난들은 글로벌한 연대와 협력이 없이는 사실상 대응이 불가능하다. 식민 지배나 노예무역 같은 국가 간, 지역 간, 인종 간 약탈과 폭력의 역사는 글로벌한 연대를 위해 무엇보다 먼저 해결되어야 할 아픈 경험들이지만, 21세기에 접어든 최근까지도 여전히 해결되어야 할 글로벌한 과제로 남아 있다. 이러한 인류사의 어두운 기억들을 넘어서기 위해서는 그것을 만들었던 내셔널리즘과 인종주의 같은 억압이나 침략과 약탈, 차별과 혐오 등을 획책하고 구조화해온 이념들에 대한 근원적 성찰이 병행되어야 한다. 그러한 이념들을 그대로 둔 채, 혹은 그에 대한 성찰이 누락된 채 제기되는 일국사 차원의 '반외세', '반제국주의', '반인종주의'는 자국, 자민족, 자기 인종 중심주의로 흘러가기 십상이고, 또 다른 차별과 억압을 예비하는 논리일 수도 있기 때문이다. 따라서 식민주의나 제국주의는 물론 자국 내부의 과거사에 대한 비판은 인류 전체가 당면한 과제, 누구도 피할 수 없는 과제들에 대응하기 위한 글로벌한 연대와 협력까지 고려하는 문제의식으로 확장되고 심화되어야 한다.

역사는 역사 인식이나 시대 상황과 과제의 변화에 따라 항상 새롭게 쓰일 수 있다. 또 역사 인식이나 특정한 과거사에 대한 이해는 인식 대상의 시공간적 범위를 어떻게 설정하는가에 따라 매우 큰 차이를 보일 수 있다. 이러한 명제들을 받아들인다면 인류 모두의 삶에 대한 반성을 강하게 압박하고 있는 기후변동이나 글로벌화의 급격한 진행에 따른 삶과 인식의 공간적 변화, 그러한 위기나 변화들이 가져올 수도 있는 '미래'라는 시간에 대한 회의 등이 강력한 문제들로 대두된 지금이야말로 바로 역사 인식과 역사 이해에 대한 근원적 성찰이 요청되는 바로 그런 때라고 생각한다. 한국은 물론 인류 전체가 새롭고 전례 없는 도전을 맞게 된 시대 상황과 관련하여, 한국 근대사 연구의 '반외세' 프레임, 그 한가운데 자리 잡은 '반일 내셔널리즘'에 대해서도 성찰과 재인식이 필요하다.

'근대화'는 물론 '반외세'라는 지향은 동일한 질서나 시스템 안에서 더 좋은 위치를 차지하기 위한 욕망의 표현이기도 하다. 따라서 거기에는 제국주의나 식민주의, 약육강식, 적자생존의 논리를 구조적으로 내장하고 있던 국가 간 체제에 대한 통찰과 성찰이 미흡하거나 부재한 것으로 판단된다. 세계와 우리가 마주하고 있는 21세기의 현실에 비추어 볼 때 그것은 시대착오적인 것, 혹은 세계 시민사회와 소통하기 어려운 사투리가 될 수 있다. '반외세'가 아니라 여전히 반성되지 않고 있는, 그러나 글로벌한 과제 해결을 위한 연대를 위해서도 반드시 해결되어야 할 식민주의와 인종차별 등을 포괄적으로 겨냥하는 역사 인식과 담론의 구축이 절실하다.

이를 위해서는 내셔널리즘에 입각한 애국적 투쟁의 용맹이나 치열보다는 상생과 공존, 배려와 나눔의 기억을 소중히 여기는 역사상 구축도 적극적으로 생각해보아야 한다. 반드시 국민국가/내셔널리즘의 문제만은 아니다. 종교나 특정한 가치(자유 혹은 평등, 민주주의 등등도 포함)를 위해 죽음을 불사하고, 나아가 누군가를 죽일 것을 부추기는 역사상에 대한 근본적 회의가 필요하다. 다양성을 존중하는 속에서 어떻게 연대의 가능성을 확보할 것인가? 더구나 식민지 지배를 받았던 나라 가운데 '선진국'으로 진입한 유일한 나라가 한국이라는 사실은, 식민주의와 노예무역 같은 인종차별과 관련한 글로벌한 과제를 해결해 나가는 데 한국이 할 수 있는 역할이 적지 않을 수 있음을 시사한다.

연대와 협력의 가능성이나 전략 역시 기후·환경문제라는 인류 공통의 과제, 절박하고 심각한 과제를 자각하고 전제할 때 훨씬 효과적일 수 있다. 역사연구도 인간사회나 인간이 만든 질서에 국한되어는 곤란하다. 실제로 역사학에서도 더 진전된 환경적 전환이 요구되고 있다.[91]

---

91) Nash, Linda, "Furthering the environmental turn", *The Journal of American History*

물론 모든 역사학자가 생태환경 연구자가 되어야 하는 것은 아니지만, 기후변동·환경문제는 더 이상 '인문학' 외부의 문제가 아니다. 2012년 2월, 유럽과학재단(ESF)과 유럽 정부 간 과학기술 협력 프로그램의 의뢰를 받아 제출된 한 보고서는 인문학에 대한 큰 기대를 보여주었다. 환경 전문가는 그것을 측정하는 데는 능숙하지만, 문화적 가치, 정치적, 종교적 사상과 깊은 관련이 있는 인간 행동이 여전히 사람들의 삶과 생산, 소비 방식을 지배하기 때문에 행성에 압박을 가하는 인간 행위에 더 많은 관심을 기울이지 않고는 지속 가능성을 꿈꿀 수 없다고 판단한 것이다.[92] 같은 맥락에서 파제이(Ioan Fazey)는 현재 전 세계적으로 직면한 많은 문제들은 과거와 같은 접근 방식만으로는 해결될 수 없기 때문에 사회 전반에 걸친 구조적, 사회적, 문화적 변화가 필요하며, 여기에는 깊이 뿌리내린 신념, 가정, 패러다임, 그리고 인간이 된다는 것이 무엇을 의미하는지에 대한 재검토도 포함된다고 하였다. 따라서 기후 변화에 대응하는 데 있어 사회과학, 인문학 및 예술의 핵심 역할은 혁신적이고 급진적인 재사고를 통해 현재 사회를 뒷받침하는 가정들이나 현재의 사회 패턴을 비판하고 새로운 사고와 가능성을 열어주는 것임을 강조하였다.[93]

계몽주의의 영향 아래 인간 스스로가 자신들을 자연과 분리하고 자

100:1, 2013, pp. 131~135. 거시사회적 기술-경제적 접근법이 가진 문제점에 대한 지적과 역사적 접근의 중요성 및 양자 간의 협업의 필요성에 대해서는 McIntosh, Roderick J., at. el., "Chapter 1: Climate, History, and Human Action", McIntosh, Roderick J., at. el., *The Way the Wind Blows: Climate, History, and Human Action*, New York: Columbia University Press, 2000, pp. 1~43.

92) Sörlin, Sverker, "Environmental Humanities: Why Should Biologists Interested in the Environment Take the Humanities Seriously?", *BioScience* 62:9, September 2012, pp. 788~789; Sörlin, Sverker, "Environmental Turn in the Human Sciences: Will It Become Decisive Enough?", *IAS Letter*, 2014.

93) Fazey, Ioan, et al., op. cit, pp. 197~98, p. 210.

연을 통제와 약탈의 대상으로 타자화한 이후, 역사학의 연구 대상은 기본적으로 인간과 인간들이 만든 질서, 생각들이었다. 물론 토지와 인간의 관계처럼 '자연' 내지 물(物)과 인간의 관계가 중요하지 않은 것은 아니었지만, 특히 근대 이후에는 물에 대한 인간의 작용, 물을 둘러싼 인간과 인간의 관계가 그 본질이었다. 물에 대한 인간의 태도도 전근대에는 자연 속의 인간, 근대 이후에는 자연에 대한 인간의 지배와 통제였다면, 이제는 그 관계 속에서 자연(특히 기후변동과 관련한)이 중요한 주체가 되어야 한다. 인간들의 생각과 행동에 대한 이해에도 자연과의 관계라는 면이 동시에 고려되어야 한다. 자연에 대한 이용의 '효율성'을 기준으로 역사의 '발전'을 가늠해온 인식 역시 심각하게 성찰되어야 할 것이다. 인간의 삶과 그것을 둘러싼 인간사회의 질서와 사유를 총체적으로 조망하는 '전체사(total history)'의 필요성이 이미 오래 전에 제시된 바 있지만, 이제는 자연환경까지 포괄하는 더 넓은 의미의 전체사가 요청된다. 앞서 디페시 차크라바르티가 지구사(geohistory)를 제안하며 주장했듯이, 인간의 행위가 자연환경에 미치는 영향을 중심으로 한 접근이 아니라, 양자 간의 상호 관계성을 포함하는 보다 복합적이고 융합적인 접근이 필요하며, 불평등과 환경문제를 초래한 서구와 근대, 나아가 인간중심주의에 대한 깊은 성찰을 통해 그 너머를 구상하지 않을 수 없다.[94]

새로운 거대 과제를 제시하고 이전과 마찬가지로 그에 복무하는 주체를 상정해서는 안 될 것이지만, 다양한 주체들이 각자의 문제에 대응하면서도 '인류세' 혹은 '자본세'가 당면한 기후변동, 그와 연동된 불평등과 차별이라는 과제에 맞설 수 있는 가능성들을 넓혀 나가야 할 것이

---

94) "자연의 착취를 멈추고 자연의 존중으로 이행하려면, 우리의 법, 교육, 경제, 철학, 종교, 문화에 걸쳐 엄청난 변화가 필요하다." 데이비드 보이드 지음, 이지원 옮김, 『자연의 권리—세계의 운명이 걸린 법률 혁명』, 교유서가, 2020, 280쪽.

다. 이를 위해 한국 근대사 연구도 역사 인식이라는 면에서 글로벌 전환이라는 시각을 좀 더 강화할 필요가 있다고 생각한다.

제3부

서구·근대중심주의 비판과
동아시아사의 새로운 이해

동도서기론의 형성과 소멸:
서구중심주의·근대중심주의의 형성

1. 머리말

1876년의 개항 이후 약 30여 년에 걸친 시기는 조선 내부와 조선을 둘러싼 동아시아의 질서가 붕괴되고, 조선이 세계자본주의체제 내지 근대의 국가 간 체제 속으로 편입되는 일대 격동기였다. 또한 서구문명이 유교를 바탕으로 한 "동양문명"을 압도하고 그것을 대체해나가는 문명적 대전환기이기도 했다. 그 과정에서 조선사회 내부에서는 서구문명에 대응하기 위한 주체적 방안이 다양한 세력에 의해 다양한 방식으로 모색되었다. 유교에 기초한 전통적 사유체계를 가지고 있던 지식인들이 서구문명에 대응하는 논리 가운데 하나가 동도서기론이었다.

그것은 동양의 정신 혹은 도덕을 기초에 두고 서양의 과학·기술을 받아들이자는, 곧 동도를 '본(本)'으로 한 서기수용론이었다. 동도서기론은 개항 직후부터 "서도서기"론으로 경도된 문명개화론자들이나 끈질기게 서구문명의 도입을 거부했던 척사론자들을 제외한 지식인들이 서구문명에 대응한 방안이었다. 그것은 한편으로는 개항 이후 조선 왕조 정부가 개화정책을 추진해 나가는 데 논리적 근거가 된 정책론으로서의 의미를 지니고 있었다. 다른 한편, 서구문명에 대해서만이 아니라,

당시까지 '보편'으로서의 특권적 지위를 가지고 있던 동양문명에 대한 인식 내지 태도를 내포하고 있었고, 양자의 관계를 어떻게 받아들이고 조정해 나갈 것인가에 대한 고뇌의 표현이기도 했다.

그러나 1894년에 시작된 갑오개혁과 청일전쟁을 계기로 개화정책론 내지 동도를 본으로 한 서기수용론으로서의 동도서기론은 현실적 의미를 잃게 된다. 갑오개혁은 이미 동도를 '본'으로 한 서기수용의 범주를 넘어섰으며, 청일전쟁에서 일찍부터 서구문명을 적극적으로 수용한 일본이 승리하였다는 현실은 서도의 일부 혹은 전부까지 수용하자는 문명개화론에 힘을 실어주었기 때문이다. 그러나 동양문명과 서구문명에 대한 인식, 그리고 양자 간의 관계 설정에 대한 인식이라는 면에서 동도서기론적 사유구조는 19세기 말부터 일어난 '신학 · 구학(神學 · 新學)' 논쟁에서 보이듯이 그 이후에도 변용을 거치면서 지속되었다.[1] 이런 점을 고려할 때 동도서기론의 발생으로부터 그것이 '서구중심적' 문명개화론에 의해 전복될 때까지 동도서기론의 서기수용론과 거기에 내포된 동양문명과 서구문명, 그리고 양자 간의 관계에 대한 인식이 변화해 나가는 과정을 추적하는 일은 "서구중심주의"의 극복이라는 지난한 과제와도 닿아 있는 것이라 생각한다.

동도서기론에 관해서는 적지 않은 연구가 축적되어 왔다.[2] 그 가운데

---

1) 김문용은 20세기에 들어서도 동양과 서양을 道(도덕/정신)와 器(과학 · 기술)로 구분하여 이해하려는 사고는 완전히 소멸되지 않았고, 근래의 아시아적 가치론이란 것도 동양의 정신문화에 대한 긍정적인 관점을 핵심으로 한다는 점에서 기본적으로 동도서기론의 범위를 많이 벗어나지 않는다고 하였다. 이런 점에서 동도서기론은 좁게는 19세기 마지막 4반세기를 지배한 "개화"의 한 방법론이자 전략이지만, 넓게는 서양 문명 대두 이후 길게는 오늘날에 이르기까지 우리 사회 일각에 존재하는 문명 독법의 하나라고 할 수 있다고 하였다(김문용, 「동도서기론은 얼마나 유효한가?」, 김교빈 · 김시천 편, 『가치청바지─동서양의 가치는 화해할 수 있을까?』, 웅진, 2007 참조).

2) 동도서기론에 대한 최근의 주요 연구들은 다음과 같다. 강만길, 「동도서기론이란 무엇인가?」, 『마당』 9, 1982; 權五榮, 「申箕善의 東道西器論研究」, 『淸溪史學』 1, 1984;

는 동도서기론의 구조와 논리가 변화해나가는 양상을 검토한 글도 적지 않다. 그러나 대부분의 연구가 이른바 "급진개화파"의 서구수용 방식을 준거로 하여 동도서기론이 가진 한계를 지적하는 방향에서 이루어졌다. 특히 동도와 서구문명 간의 관계 설정이 어떠한 인식 속에서 이루어졌고, 변화되었는지에 대한 관심은 미흡했다. 물론 동도서기론이 체계화되는 1880년 초반부터 광무연간(1897-1907)까지 조선사회의 개혁운동이나 구상을 동도서기론의 관점 파악하거나,[3] 18세기 후반 북학론자들의 서학수용으로부터 동도서기론이 구체적으로 모습을 드러내는 1880년대까지를 살핀 글도 있다.[4] 그러나 전자의 연구는 동도서기론의 정치개혁론을 집중적으로 다루고 있으며, 후자는 동도서기론이 체계화되기 이전 시기를 대상으로, 또 동-서의 관계보다는 서학 내지 서기의 수용논리를 중점적으로 다루고 있다.

이 글에서는 지금까지의 연구성과를 바탕으로 먼저 동도서기론이 본격적으로 형성되는 1880년대 단계의 동도를 '본'으로 한 서기수용론 내지 개화정책론을 살펴보고자 한다. 이어 개화정책이 추진되면서 서양

백승종, 「『宜田記述』을 통해서 본 陸用鼎의 개화사상」, 『동아연구』 18, 1989; 권오영, 「東道西器論의 構造와 그 展開」, 『한국사시민강좌』 7(일조각, 1990); 김문용, 「동도서기론의 논리와 전개」, 한국근현대사연구회, 『한국근대 개화사상과 개화운동』, 신서원, 1998; 민회수, 「1880년대 육용정(1843~1917)의 현실인식과 동도서기론」, 『한국사론』 48(서울대, 2002); 김문용, 「1880년대 후반기 동도서기적 개화론의 一端에 대한 검토 - 陸用鼎의 『宜田記述』을 중심으로」, 단국대학교 동양학연구소, 『개화기 한국과 세계의 상호교류』(국학자료원, 2004); 노대환, 『동도서기론 형성 과정 연구』(일지사, 2005); 장영숙, 「동도서기론의 정치적 역할과 변화」, 『역사와 현실』 60, 2006; 박정심, 「申箕善의 『儒學經緯』를 통해 본 東道西器論의 思想的 特徵 I」, 『역사와 현실』 60, 2006; 박은숙, 「동도서기론자의 '民富國强'론과 민중 인식-≪한성주보≫를 중심으로」, 『한국근현대사연구』 47, 2008; 양상현, 「동도서기론과 광무개혁의 성격」, 『동양학』 28, 1998.

3) 강만길, 앞의 글; 장영숙, 앞의 글.
4) 노대환, 앞의 책.

문물의 수용이 확대되어 가는 현실 속에서 그것이 변화해나가는 모습을 검토해보려 한다. 이어 1894년 이후 전개된 신학·구학 논쟁을 통해 동도서기론이 현실적 의미를 사실상 상실하게 되고 서구문명과 동양문명의 지위가 완전히 전복되는 과정에 대해 접근해보고자 한다. 또한 이 글에서는 동도서기론자들에게서 보이는 변화상과 그것이 가진 의미를 동양문명과 서구문명 간의 관계에 대한 인식이라는 측면에 초점을 맞추어 살펴보고자 한다. 따라서 동도서기가 얼마나 근대적이었는가라는 점보다는 서양문명이 압도해 오는 현실 속에서 그에 맞서기 위해 어떤 고민을 하였고, 그 속에서 동양문명과 서양문명을 넘어설 수 있는 어떤 가능성이 있었는지의 여부, 가능성이 있었다면 그 도달점은 어디쯤이었는지 등에 유의하고자 한다. 그를 통해 동도서기론을 새롭게 이해할 수 있는 단서를 열어보고자 하는 것이다.

2. 초기의 동도서기론

동양=도(道, 도덕/정신), 서구=기(器, 과학/기술]로 구분하고 서기를 수용한다는 동도서기론의 단초는 이미 18세기 후반부터 나타나고 있었다. 그러나 그것이 19세기 후반의 개항과 개화정책을 뒷받침하는 논리로 확립되는 단서는 초기 개화사상가 박규수로부터 시작되었다.[5] 박규수 등 일부의 지식인들은 서세동점의 위기에 직면하자 개국의 대세를 인정하고 서양의 총포나 화륜선의 도입을 통해 어양강병(禦洋强兵)할 것을 주장하였다. 유교에 입각한 전통적 도덕이나 체제의 개혁을 주장한 것은 아니었지만, 척사위정론자를 포함한 대부분의 유교지식인들과는

---

5) 박규수의 사상에 대한 최근의 연구로는 손형부, 『박규수의 개화사상연구』, 일조각, 1997; 김명호, 『환재 박규수연구』, 창비, 2008 참조.

분명히 구별되었다. 말하자면 동도서기론은 "서"의 위세가 "동"을 사실상 압도하게 되었을 때 그에 대응하는 과정에서 형성된 것이다. 거기에는 세계로부터 자국의 위상을 조망하는 시각이 있었으며, 그것은 타자인식에서 주관의 발출이 억제되고 자신에 대한 '객관화'가 진행되었음을 의미한다.[6]

동도서기론은 개항 이후, 특히 1882년 임오군란을 수습하는 과정에서 개화를 천명하는 국왕의 윤음 발표를 계기로 확산되어갔다. 동도서기론의 핵심은 유교적 윤리질서인 '동도'와 전통적인 정치사회 질서인 '동법(東法)'의 고수를 전제로, 곧 서양문화 중 정치·윤리사상을 배제하고 군사기술·과학기술로 대표되는 '서기'를 수용하여 부강한 나라를 건설한다는 것이었다.[7] 처음부터 동도서기라는 용어가 채택되어 사용된 것은 아니었으며,[8] 그 사상적 내용이 정리된 것도 아니었다. 동도서기론은 1881년 신기선이 서양 농법을 소개하는 안종수의 책 『농정신편(農政新編)』의 서문에서 전통적인 도기(道器) 개념을 활용하여 체계화함으로써 용어와 구체적인 내용을 가지게 되었다.

---

6) 장인성, 『장소의 국제정치사상―동아시아 질서변동기 요코이 쇼난과 김윤식』, 서울대학교출판부, 2002, 348~349쪽.

7) 정창렬, 「한말 변혁운동의 정치·경제적 성격」, 『한국민족주의론』, 창작과비평사, 1982, 18쪽.

8) 중국에서도 중체서용의 기본 논리는 양무운동시기에 널리 쓰였음에도 불구하고, "중학을 본체로, 서학을 용도로"삼는다는 분명한 용어의 형식을 갖춘 것은 아니었다. 이 용어는 1898년 張之洞의 『勸學篇』 발간 무렵부터 사용되었거나(조병한, 「19세기 중국 개혁운동에서의 '중체서용'」, 『동아시아역사연구』 2, 1997, 145~146쪽), 혹은 "중학위체 서학위용"이란 용어가 처음 사용된 것은 1895년 4월 『萬國公報』의 編者이자 上海 中西書院의 總敎習이었던 沈壽康이 "중서학문은 본래 서로 각기 득실이 있으나 華人을 위해서 도모한다면 마땅히 중학을 체로 삼고 서학을 용으로 삼아야 한다"고 제시한 것이 처음이었다고 한다(김형종, 「근대중국에서의 전통과 근대」, 『인문논총』 50, 서울대 인문학연구원, 2003, 11쪽).

어떤 사람은 이렇게 말한다. "이 법은 서양인들의 법에서 많이 나왔고, 서양인들의 법은 예수교이다. 이 법을 본받으면 그 교를 본받는 것이다. 차라리 수양산의 고사리를 먹고 살지언정 어찌 배부르고 따듯한 데 뜻을 두어 이 법을 모방하겠는가? 시경에 이르기를 '어그러짐도 없이 잊음도 없이, 모두 옛 법도를 따른다'고 했으니, 선왕의 제도 없이도 이룰 수 있는 것은 아직 들어보지 못했다."

아! 이는 도와 기가 분별됨[道器之分]을 모르는 것이다. 이는 도와 기의 구분을 알지 못하는 것이다. 고금을 통하여 바뀔 수 없는 것은 도이고, 수시로 변화하므로 고정적일 수 없는 것은 기이다. 무엇을 도라 하는가? 삼강(三綱)·오상(五常)과 효제충신(孝弟忠信)이 이것이다. 요·순·주공의 도는 해와 별처럼 빛나서, 비록 오랑캐 땅에 가더라도 버릴 수 없는 것이다. 무엇을 기라고 하는가? 예악·형정·복식·기용(器用)이 이것이니, 당우(唐虞)와 삼대(三代)에도 오히려 덜하고 더함이 있었거늘 하물며 그 수천 년 후에 있어서랴! 진실로 사대에 합당하고 백성에 이로운 것이라면, 비록 오랑캐의 법일지라도 시행할 수 있는 것이다.[9]

신기선은 주자의 "도기상분(道器相分)"과 "도기상수(道器相須)", 그리고 "도체기용(道體器用)"이라는 논리를 활용하여 동도서기론을 구축하고 있다. 우선 "도기지분(道器之分)"이라는 논리를 활용하여 도와 기를 각기 '바뀔 수 없는 것', 곧 삼강·오상 및 효제충신과 '고정될 수 없는 것', 곧 예악·형정·복식·기용으로 나누고 있다. 이에 따라 동도는 도덕을 바르게 하는 데 사용하고 서기는 이용후생(利用厚生)하는 데 사용하는 것이므로, 이 두 가지는 병행하더라도 결코 서로 모순하지 않는다는

---

9) 申箕善, 「農政新編 序」, 安宗洙, 농촌진흥청 역, 『農政新編』, 2002, 25쪽. 번역은 농촌진흥청의 것을 따르되 어색한 부분은 필자가 수정하였다.

것이다. 또한 "도와 기는 서로 맞대어 떨어지지 않는다(道與器之相須而不
離)"라는 "도기상수"론과 "도체기용"론에 입각하여 동도와 서기를 결합
시키되, 양자가 대등한 관계에 있는 것이 아니라 동도가 우선적이고 중
심적이며 서기가 부차적인 지위에 있음을 밝히고 있다.[10] 동도서기론의
이러한 구조는 도기론에 대한 이해 등에서 조금씩 차이가 있지만, 대부
분의 동도서기론자들에게 공통적이었다. 동양운명과 서구문명의 상호
관계를 동양의 도와 서양의 기로 한정하고, 또 그것을 각기 체와 용이
라는 불균등성을 전제로 하면서도 서로 결합하여 이해하려는 것은 당
시 상황이 이미 서의 수용이 불가피할 정도로 서가 현실적인 힘으로 동
을 압박하고 있었기 때문이다.

그러나 동도서기론자들이 수용하고자 하는 것은 사회체제와 무관하
다고 여겨지는 제도 일부와 과학기술이고, 보존하고자 하는 것은 전통
적인 도덕과 그 연장으로서의 정치체제, 사회체제였다. 이 점은 중국의
도기론자들이 중국은 고유의 도인 유교적 명교(名敎) 윤리와 그것에 기
초한 정치체제를 유지하고 이를 위한 보완적 도구로 서구의 기, 즉 과
학기술을 수용하고자 하였다는 사실과 마찬가지이다.[11]

신기선이 동도서기론을 체계화한 1881년 무렵부터 조선 정부는 개화
정책을 본격적으로 추진하였다. 1881년에 일어난 유생들의 척사운동과
1882년 개화정책에 반발한 구식 군병들에 의한 임오군란이 있었지만,
개화는 거스를 수 없는 대세가 되어갔다. 임오군란 직후에는 개화정책
에 대한 반발을 제압하고 민심을 수습하는 방책이 김윤식이 대찬(代撰)
한 국왕의 개화윤음을 통해 제시되었다.

---

10) 신기선의 도기론에 대해서는 권오영, 앞의 글, 1984; 김문용, 앞의 글, 1998을 참조
     하여 정리하였다.
11) 조병한, 「중국근대의 형성과 문화」, 『동양사학연구』 115, 2011, 123쪽.

그 교는 사악하므로 당연히 음성미색(淫聲美色)과 마찬가지로 멀리해야 하겠지만, 그 기는 이로워서 진실로 이용후생할 수 있는 것이니, 농상·의약·갑병·주거의 제도를 어찌 꺼려해서 행하지 않을 수 있겠는가? 그 교를 내치는 것과 그 기를 본받는 것은 실로 서로 해치지 않을 수 있는 것이다. 대저 강약의 형세가 이미 현격한데 진실로 저들의 기를 본받지 않는다면 어떻게 저들로부터 모욕을 막고 저들이 넘겨다보는 것을 방지하겠는가?[12]

이글 역시 서교를 배척하고 서기만 수용한다는 점, 도와 기가 서로 해치지 않는다고 하는 등 동도서기론적 논리에 서 있음을 알 수 있다. 이 개화윤음에 이어 이른바 개화상소가 봇물 터지듯 올라왔다. 그 내용은 공의당(公議堂)이나 상회소와 국립은행을 세우자는 등 일부 "변법적"인 주장도 제기되었으나,[13] 정돈된 군용(軍容)이나 예리한 병기, 공교한 공예, 상판(商辦)의 이익, 의약술의 정교함[14], "기용의 이로움이나 의학, 농학의 오묘한 이치 등 인도에 해롭지 않고 백성들의 생업에 보탬이 있는 것들"이었다.[15] 당시 개화 상소를 올린 윤선학이 강조하였듯이 수용하고자 하는 것은 어디까지나 "기이지 도가 아니"었다.[16] 이러한 모습은 당시 대부분의 동도서기론자들이 동=도와 서=기의 관계를 본말론적(本末論的) 논리에서 받아들이고 있었음을 보여준다.

대표적인 동도서기론자 가운데 하나인 김윤식의 경우도 본말론적 입

---

12) 『고종실록』, 고종 19년 8월 5일; 金允植, 「曉諭國內大小民人(1882년)」, 『金允植全集』下.

13) 『승정원일기』, 고종 19년 9월 22일.

14) 『승정원일기』, 고종 19년 9월 20일.

15) 『승정원일기』, 고종 19년 10월 7일.

16) 『승정원일기』, 고종 19년 9월 22일.

장에서 동도서기론을 주장하였다. 김윤식은 개화에 대해 "미개한 족속들이 구주(歐洲)의 풍속을 본받아 점차 그들의 풍속을 고쳐나가는 것을 개화라고 하는바, 조선[東土]은 문명화된 곳이므로 다시 어떻게 '개화'를 한다는 말인가"라고 하여 서구문명의 수용을 개화라고 표현하는 데 대해 반감을 드러내었다.[17] 이어 김윤식은 역시 동도서기론자 가운데 하나였던 육용정의 「의전기술(宜田記述)」(1888)을 평한 글에서도 "갑신정변의 역적들은 서양을 칭찬하여 높이고 요순을 업신여기며 공맹을 폄하하고, 떳떳한 도리를 야만이라 하며 그 도를 바꾸려 하면서 다투어 개화라 칭했으니, 이는 천리를 멸절시키고 갓과 신발을 바꾸는 것과 같다."라고 하여 사실상 서도까지 포함하는 서구문명의 전면적 수용을 주장한 개화파들을 혹평하였다.[18]

신기선 역시 갑신정변에 연루되었다는 죄목으로 유배된 전라도 여도에서 쓴 『유학경위(儒學經緯)』(1890)에서 유교적 "근본주의"에 집착하며 개화나 개혁에 소극적인 태도를 내보이고 있었다. 이것은 신기선의 동도서기론이 처음부터 전통적·유교적 사고로부터 이탈되어 있지 않았음을 의미한다.[19] 신기선은 앞서 언급한 안종수의 『농정신편』 서문에서 "비록 오랑캐의 법일지라도 시행할 수 있는 것이다"고 했지만, 그에게

---

17) 金允植, 「宜田記述評語三十四則」, 『續陰晴史』上, 1891년 28년 2월 17일, 156쪽.

18) 金允植, 『續陰晴史』上, 1891년 2월 17일조, 156쪽. 이는 당시 전통 유생들의 척사 상소와도 매우 흡사하다. 예컨대 송병직은 1898년에 올린 상소에서 "개화론을 주장하는 사람들은 으레 모두 성현을 얕잡아 보고 인의를 하찮게 여겨서, 요 임금과 순 임금은 본받을 만하지 못하다는 둥, 경전은 배울 만하지 못하다는 둥, 역적이 나라를 사랑한다는 둥, 사설이 도리를 갖추고 있다는 둥 말을 하며, 중화와 이적으로 나누어 말하는 것을 금하고 사람과 짐승으로 구분하는 것을 싫어하면서 부모를 버리고 임금을 뒷전으로 하며 삼년상(三年喪)을 경시하여 기필코 강상을 무너뜨리고 예법을 폐지하고야 말 것입니다"고 하였다(『승정원일기』 고종 35년 11월 20일).

19) 김문용, 앞의 글, 1998, 234~235쪽.

는 이적의 법까지 수용할 준비가 되어 있지 않았던 것이다.

한편 김문용은 김윤식과 신기선이 보여주는 "근본주의"적 입장에 대해 현실적인 개화의 추세가 동도서기론자들을 서기수용보다는 동도보전의 논리로 후퇴시킨 퇴영적인 면모인 것으로 받아들였다.[20] 말하자면 조선사회의 개화 정도가 자신들이 수용할 수 있는 용량 이상으로 서기를 수용하게 된 현실에 대한 반발이라는 점을 강조한 것이다. 이에 비해 장인성은 개국론으로의 전환이나 근대로의 이행은 이적관이나 중화관념을 극복하고 내외차별의 논리를 포기함으로써 가능하지만, 이러한 사실이 자기우월의 심리나 자기중심의식까지 폐기하는 것은 아님을 지적했다.[21] 장인성에 따르면 김윤식은 개국 공간에서 신의(信義) 윤리와 근수(謹守)의 심리, 그리고 자강의 부국강병책을 갖고 방어적 대응을 모색했다. 그러나 그의 국제정치관에는 '소국'의 방어적 자세가 전부였던 것은 아니었고,[22] 한편으로는 성인의 도에 대한 신념에 기초한 문화(문명)적 대국의식이 그의 문명관과 서양관을 지탱하고 있었다는 것이다.[23]

---

20) 김문용, 앞의 글, 1998, 235쪽.

21) 장인성, 앞의 책, 10쪽.

22) 장인성은 김윤식이 갑신정변을 일으킨 개화파가 패자(覇者)의 논리인 대국주의의 입장을 취했던 것과 달리 왕도적 소국주의를 취함으로써 제국주의 비판의 계기를 내장하고 있었다는 조경달의 주장(趙景達, 「朝鮮における大國主義と小國主義の相克」, 『朝鮮史研究會論文集』 22, 1985 참조)에 대해 다음과 같이 비판하고 있다. "그러나 운양은 만국공법을 왕도론적 발상에서 생각하지도 않았고, 信義 관념을 권력정치적 현실에 대한 비판논리로서, 또는 '세계에 묻고자 하는' 기백을 갖고 내세우지도 않았다.", "만국공법을 '근수'하고 대국에 '信'을 잃어서는 안 된다는 생각은 이중적 국제체제의 틈새에서 대국의 '패도'(군사행동)적 행위, 즉 '외환'의 발생을 막으려는 避戰의식과 소국 조선의 고립무원화를 우려하는 대외심리의 소산인 것이다. '信'은 세계에 대항하는 도덕적 의지의 소산이 아니라 패도적 국제사회의 현실을 직시하고 강약과 대소를 헤아리는 신중함에 기반하는 약소국 외교정책의 원칙으로 제시된 것이다"(장인성, 앞의 책, 351~2쪽).

23) 장인성, 앞의 책, 409쪽.

김윤식이나 신기선의 변화가 서기수용보다 동도보전으로 후퇴한 것이라기보다 애초에 그들에게는 문명론적 우월의식이 전제되어 있었음을 강조한 것이다. 문명적 자기우월 의식을 대국주의로 표현하는 것이 타당한지는 다시 생각해봐야 할 것이지만, 이들의 동도서기론이 철저히 본말론에 기초해 있었음은 분명해 보인다.

이와 같이 동도와 서기로 차별하는 본말론적 사고는 서구문명에 대한 동양문명의 우월의식을 바탕으로 한 것이었다. 그것은 서구문명에 대한 자신감으로 표출되었다. 그러한 자신감은 우선 초기 동도서기론자라 할 수 있는 박규수에게서 발견할 수 있다. 김윤식은 자신의 스승이기도 했던 박규수가 "사람들이 말하기를 서법이 동으로 오면 오랑캐와 금수가 됨을 면하지 못하게 될 것이라고 하지만, 내 생각하기에는 동교가 서양에 미칠 조짐이 있어 장차 오랑캐와 금수가 교화되어 모두 사람이 될 것"[24]이라고 말했다고 회고하였다. 박규수는 서법보다는 동교가 우월하다는 자신감을 가지고 있었던 것이다. 앞서 김윤식이 "조선은 문명화된 곳이므로 다시 어떻게 '개화'를 한다는 말인가"라고 하여 서구문명의 수용을 "개화"로 받아들이는 데 대해 반감을 표현한 사실도 서양문명에 대한 동도의 우월의식을 드러낸 것으로 해석할 수 있을 것이다.

또한 김윤식은 개화란 곧 시무(時務)를 이른다고 하면서[25] 나라마다 특정한 시무가 있다고 하였다. 때문에 그는 저 마다 나라의 형편[國勢]을 고려하여 추진해야 개화의 효과를 볼 수 있으며 그렇지 않을 경우 오히려 나쁜 결과를 초래한다는 점을 지적하였다. 그에 따라 김윤식은 갑신정변의 주체들이 서양의 정치제도를 모방하려 한 것은 단지 다른

---

24) 金允植, 「宜田記述評語三十四則」, 『續陰晴史』上, 1891년 2월 17일조, 157쪽.

25) 金允植, 『續陰晴史』上, 1891년 2월 17일조, 156쪽.

사람이 옳다는 것을 따른 것으로 자신의 기품과 병증을 헤아리지 않고
다른 사람이 써본 약을 먹고 같은 효과를 기대하는 것과 같다고 비판하
였다.[26] 이 역시 문명개화론자들과 다른 것으로 서양문명에 대한 우월
감은 아니더라도 서양문명을 상대적인 시각에서 바라보고 있었음을 보
여준다.

서양문명에 대한 우월감은 신기선에게서도 보인다. 앞서 인용한『농
정신편』의 서문에는 다음과 같이 서술되어 있다.

> 오늘날 이용후생하려는 사람은 서양인들처럼 하늘의 기운을 이용하고
> 땅의 본성을 다하며 사람의 지력(智力)을 다하지 않는다면 안 된다. 어찌
> 한갓 농상(農桑)만 그러하겠는가? 민생 일용이 모두 이와 같다. 대개 동양
> 인들[中土之人]은 '형이상(形而上)'의 것에 밝기 때문에 그 도가 천하에 독
> 존하고, 서양인들은 '형이하'의 것에 밝기 때문에 그 기가 천하에 무적이
> 다. 동양의 도로써 서양의 기를 행한다면 세계[環球五洲]를 평정하는 일도
> 대단한 것이 못 된다. 그런데 동양인들이 서양의 기를 행하지 못할 뿐만
> 이 아니라, 동양의 도[中土之道] 역시 유명무실할 뿐이어서 쇠약해져 장차
> 망하게 생겼으니, 이것이 매일 서양인의 모욕을 당하고도 막지 못하는 까
> 닭이다.[27]

"동양의 도로써 서양의 기를 행한다면 세계를 평정하는 일도 대단한
것이 못 된다."는 표현은 동양의 쇠망이나, 서양인으로부터의 모욕 등
의 표현과 함께 생각해 볼 때 동도서기를 바탕으로 서세동점의 질서를

---

26)   金允植, 時務說送陸生鐘倫遊天津, 『金允植全集』下, 19쪽.
27)   申箕善, 「農政新編 序」, 安宗洙, 농촌진흥청 역, 『農政新編』, 2002, 26쪽.

재편해보겠다는 자못 호기로운 기개 같은 것이 엿보인다.[28] 물론 이 글은 "기기음교(奇技淫巧)" 등을 내세우면서 "양물금단론(洋物禁斷論)"를 주장하는 척사론이 완강하던 사회 현실 속에서 그들을 설득하기 위한 수사일 수도 있다는 점에서 말 그대로 받아들이기는 곤란할 것이다. 그러나 김윤식이나 신기선 등 본말론에 입각한 동도서기론자들은 확실히 서양문명에 대한 우월감과 자신감을 가지고 있었거나, 역사적 경험과 사회적 환경에 맞는 서양문명의 수용을 주장하였다. 이는 갑신정변을 주도한 문명개화론자들이 서양문명의 전면적 수용을 주장하던 것과 달리 서양문명을 상대적인 시각에서 바라보고 있었음을 의미한다. 서기조차 배척하던 척사론자들과 달랐음은 물론이다.

3. 동도서기론의 변화

청일전쟁의 결과가 가져온 충격은 서구문명의 힘을 실감케 하였고, 청일전쟁과 같은 시기에 추진된 갑오개혁을 통해 서기 뿐만 아니라 서양의 제도와 법까지도 수용되면서 동도서기론에도 변화가 나타났다. 1894년 8월 중순 일본은 청일전쟁의 중요한 분기점이 된 평양전투에서 대승을 거두었다. 처음에는 대다수의 사람들이 그 사실을 믿지 않았지만,[29] 예상과 다른 '대국' 청의 패배는 문명개화론에 힘을 실어주는 동시

---

28) "《대학》을 입지하는 근본으로 삼으시고, 《주역》의 말로써 시무의 관건을 삼으시고, 《춘추좌전》으로 지금의 여러 나라의 정치 득실과 비교하여 현재의 귀감으로 (중략) 진실로 힘을 다해 공부해야 …… 그렇게 되면 모든 정사가 維新되고 德化가 흡족하게 되는 것을 오래지 않아서 보게 될 것입니다. 그러면 어찌 서구의 七雄들과 더불어 다툴 뿐이겠습니까"라는 고영문의 상소문도 마찬가지 맥락에서 해석할 수 있을 것이다(『승정원일기』, 고종 19년 9월 22일).

29) 평양전투 전까지만 하여도 조선 관리들은 최후의 승자는 반드시 청국이 될 것이라고 확신하고 있었다(杉村濬, 「在韓苦心錄」, 한상일 역, 『서울대 남겨둔 꿈』, 건국대출판부, 1993, 102쪽). 대원군은 일본이 "도저히 大國의 상대가 안될" 것으로 판단하

에 조선사회에 커다란 충격을 주었다. 또한 동도서기론자들에게도 동도가 가지는 현실적 의미를 다시 묻게 만들었고, 동도와 서양문명 간의 관계에 대한 새로운 이해를 요구하였다.

문명개화론을 표방한 「독립신문」에서는 일본이 승리한 이유를 서양 각국과 마찬가지로 무엇보다 학교를 널리 세워 백성들을 교육함으로써 문명개화한 것에서 찾았다.[30] 이에 비해 동도서기론자들은 청일전쟁의 충격과 갑오개혁에 대응 과정에서 '보수'와 '진보' 두 가지 방향으로 분화해 나갔다.

보수적인 변화를 보인 대표적 인물은 신기선이었다. 신기선은 1894 년 청일전쟁 이후 갑오개혁 추진과정에서 일본의 간섭을 체감한 이후부터 "자주적 개화관"을 제기하기 시작하였다.[31] 그는 갑오개혁이 진행 중이던 1894년 10월 국왕에게 올린 글에서 일본군이 대궐에 침범하고 요충지를 점거하여 조선의 생사존망이 그들의 손아귀에 쥐여 있는데도 한갓 개국 연호나 내세우면서 세상에서 제가 잘났다고 한들 자주를 이룰 수 있겠는가라고 질타하면서 다음과 같이 주장하였다.

이른바 개화라는 것은 공정한 도리를 넓히고 사사로운 견해를 제거하기에 힘쓰며, 관리들은 자리나 지키지 않게 하고 백성들은 놀고먹지 않게 하며, 사용하는 기구를 편리하게 하고 의식을 풍부하게 하여 생활을 윤택하게 하는 근원을 열며 나라를 부유하게 하고 군사를 강하게 만드는 도리

고 있었으며(한상일 역, 앞의 책, 322쪽), 외국인들도 청나라 군대가 패할 줄은 꿈에 도 생각하지 못하고 있었다(鄭喬, 『大韓季年史』, 甲午 高宗 31年 8月 24日). 대국인 청나라 군대에 대한 뿌리 깊은, 그러나 관념적인 신뢰의 표현이었다. 청일전쟁과 동학농민전쟁 시기 조선인들의 중국인식에 대해서는 배항섭, 「개항기의 대청의식과 그 변화」, 『한국사상사학』 16, 2001 참조.

30) 「논설」, 『독립신문』, 1896년 4월 25일.
31) 권오영, 앞의 글, 1984, 128~129쪽.

를 다하는 것에 지나지 않습니다. 어찌 의관 제도를 허물어 버리고 오랑캐의 풍속을 따른 다음에야 개화가 되겠습니까? 요컨대 천지개벽 이후로 외국의 통제를 받으면서 나라 구실을 제대로 한 적은 없으며 또 인심을 거스르고 여론을 어기며 근본도 없고 시초도 없이 새로운 법을 제대로 시행한 적은 없었습니다. 저들이 과연 호의에서 출발하였다면 응당 대궐을 지키는 군사를 철수하고 약탈한 물건을 계산하여 돌려주어야 할 것이며, 우리에게 시행하기 어려운 일을 강요하지 말고 우리의 내정을 간섭하지 않음으로써 우리의 임금과 신하들이 정신을 모아 근본을 배양하여 안으로 잘 다스리고 밖으로 안정시켜 민심을 따르고 시국 형편을 참작하여 점차 자주할 형세를 튼튼히 하고 천천히 개화를 실속 있게 하도록 해야 할 것입니다. 그리하여 나그네로 하여금 주인의 권리를 빼앗지 않게 한 뒤에야 우리에게는 개혁의 실효가 있을 것이고 저들에게는 진심으로 우리를 위해 도모하는 명분이 있을 것입니다. 만일 그렇게 하지 않는다면 이것은 저들이 악의에서 출발한 것이니, 그 교활한 생각과 음흉한 계책은 말하지 않아도 알 수 있는 것으로써 바로 이른바 빨리 뉘우치면 화가 적고 늦게 뉘우치면 화가 크다는 것입니다. 어찌 일찌감치 스스로 주장을 세우고 성(城)에 의지하여 한 번 싸우는 것만 하겠습니까.[32]

일본의 통제 속에서 인심을 거스르며 근본도 없는 새로운 법을 시행하기보다는 시국 형편을 참작하여 먼저 자주할 수 있는 형세를 튼튼히 한 후 개화는 천천히, 그리고 실속 있게 추진할 것을 주장하고 있다. 일본의 침략행위를 목도하면서 국가의 자주독립 위에서만 개화의 추진이 가능하다는 생각을 가지게 된 것이다. 나아가 그는 서구의 학문도 동양에 존재하지 않았던 것이 아니라, 다만 그 원리를 밝히지 못하였기 때

---

32) 『고종실록』, 고종 31년 10월 3일.

문에 일본과 서구 제국주의 열강의 침략을 받았다고 주장하였다. 줄곧 동도를 잃지 않는 범위 내에서만 서구의 과학기술적 측면과 학문을 받아들이려 한 것이다. 그의 자주개화관은 문구(文具)만 일삼는 수구를 비판하고, 외식(外飾)만 본뜨는 개화에 대한 반성에서 일어났던 것에 의의를 부여할 수 있을 것이다.[33] 그러나 동도의 우월성를 고집함으로써 서도에 대한 인정, 곧 도의 편재성에 대한 인정을 전제해야만 도달할 수 있는 동양문명과 서양문명에 대한 '객관적' 인식으로 나아갈 수는 없었다.

김윤식은 신기선과 다른 변화를 보였다. 김윤식은 국제관계 속에서 "오로지 청국에 대해서는 속방(屬邦), 다른 각국에 대해서는 자주"라는 조선의 이중적 위상을 "사리양편(事理兩便)"으로 보면서[34] 청에 의지하는 속에서 부국강병을 모색하던 인물이었다. 따라서 그에게 청의 패배와 과분(瓜分) 상태로의 전락은 커다란 충격이었을 뿐만 아니라, 이제 청이라는 보호막이 없는 국제관계를 고민할 수밖에 없었기 때문에 동─서 관계에 대해서도 새로운 모색이 불가피하였을 것으로 보인다. 김윤식의 변화는 우선 사상 내적으로 도기론이 가지고 있는 모순을 해결하려는 노력 속에서 이루어졌다. 신기선은 도와 기의 관계를 "도와 기는 서로 맞대어 떨어지지 않는다."라는 전제 속에 동도와 서기를 결합시켰다. 그러나 이 논리로는 서도(西道)의 문제를 처리하기가 곤란하다. '도기상수'의 논리라면 서기 역시 서도와 결합되어 있는 그 무엇이 되어야 한다. 그렇다고 서도를 인정하면 동도서기론의 근거 자체가 사라지게 된다. 이러한 모순은 중국의 중체서용론 마찬가지였으며, 옌푸(嚴復)는 "중체서용론을 '우체마용(牛體馬用)'이라 비유하여 그 논리적 모순을 비

---

33) 권오영, 앞의 글, 1984, 133쪽.

34) 『陰晴史』, 52~53쪽.

판한 바 있다.[35]

김윤식은 기(器)와 리(理), 곧 도(道)의 관계에 대해 신기선이나 일반적인 유학자와는 다른 입장을 취하였다. 신기선이 주자의 도 우위론을 수용한 데 반해, 김윤식은 기를 도, 곧 리보다 오히려 우위에 두고 있었다. 그는 「신학육예론(新學六藝說)」에서 "도덕인의(道德仁義)는 리이고, 육예는 기이다. 도덕인의가 모두 육예로부터 나오기 때문에 '하학이상달(下學而上達)'이라고 하는 것이다. 만약 기를 버리고 리를 말한다면 리가 장차 어디에 붙을 것인가?"라고 하여[36] 리보다는 오히려 기를 중심에 둔 상보론적 입장을 취하였다. 이는 그가 여전히 동도서기론의 범주 안에 머물러 있기는 하지만, 인식지평을 점차 동양문명과 서양문명의 관계를 사실상 대등하게 바라볼 수 있는 방향으로 열어간 중요한 사유 근거가 되었다.

또한 그는 아무리 사소한 것일지라도 지극한 이치를 담고 있게 마련인 바, 선인들이 사람을 교육하는 데 사용한 육예[禮樂射御書數]는 말할 나위도 없다고 하였다. 이는 그가 도에 못지않게 기를 중시하고, 도덕교육 일변도보다는 각종의 기예를 포괄하는 육예 교육을 중시하는 입장을 취하였음을 의미한다.[37] 그러나 김윤식의 도기론 역시 신기선과 마찬가지의 문제를 내포하고 있었다. 서리(西理), 곧 서도는 결국 서기에 붙어 있어야 되는 것이기 때문에 이용후생에 유용한 서기를 받아들이면서 서도=서교를 배척한다는 논리는 정합적이지 않기 때문이다.

김윤식도 이에 대해 고심했던 것으로 보인다. 그러나 그가 바로 서도의 존재를 인정한 것은 아니다. 연암 박지원과 '육예론'이라는 우회

---

35) 김형종, 「근대중국에서의 전통과 근대」, 『인문논총』 50(서울대 인문학연구원), 2003, 15쪽.

36) 金允植, 「新學六藝說」, 『대동학회월보』 제6호, 1908년 7월, 36쪽.

37) 김문용, 앞의 글, 1998.

로를 통해 사실상 서법과 서도의 존재를 인정하는 방법을 택했다. 그는 1902년에 쓴 바, 『연암집』을 설명하는 글에서 『연암집』에는 이미 오늘날의 평등겸애설·철학·농학·공학·상학·자연과학 등이 들어 있었다고 하였다. 또한 연암의 말이 서양의 학리(學理)·정술(政術)과 일치하는 까닭은 서법과 연암의 사상이 모두 동양의 육경(六經)에서 나왔기 때문이라고 설명하였다. 이러한 논리 끝에 그는 서양의 선법(善法)과 동양의 육경이 그윽이 합치한다[暗合]는 결론을 이끌어 내었다.[38] 그 기조에는 "서학중국원류설"이 깔려 있었으며,[39] 이러한 논리를 통해 김윤식은 서법까지도 받아들일 수 있는 사상적 단서를 열어가고 있었다. 육예론에 근거하여 그는 서기를 육예의 연장선상에서 파악하였다. 서구의 신학(新學)이 바로 육예에 해당하며 신학의 정치·법률·공법·경제 등과 외국의 의절(儀節), 서양의 음악, 총포, 기차와 화선, 각국의 언어, 현대의 수학까지 모두 육예에 포함된다는 것이다. 서양의 신학이 수용 대상이 되었음은 물론이다. 또한 그는 이전에 갑신정변 주체들이 서양의 정치제도를 모방하려 한 점을 비난하였던 입장과 달리 서양정치를 "민본적"인 것으로 받아들여 그렇지 못한 조선의 현실과 대비시키고 있다. 그는 「십육사의」에서 "서양의 법은 단지 민이 잘 살지 못할까 두려워할

---

38) 金允植, 燕巖集序(1902년), 『金允植全集』下. 166~170쪽. 이러한 "암합"이라는 논리를 통한 서법 수용론은 중국의 변법파에서도 보인다. 청일전쟁 후 강유위의 변법에서는 유교의 국교화를 추구하면서도 유교의 신분제적 名教 윤리를 비판함으로써 그 윤리에 기초한 정치체제도 변혁의 대상이 되지 않을 수 없었다. 중국이 수용해야 할 西學은 원래의 서학인 西藝, 즉 과학기술에서 확대되어 기독교 같은 서양 종교, 즉 西教, 특히 정치·법률·경제 등 사회과학, 즉 西政을 포괄하게 되었다. 이때 강유위는 성인의 도가 반영된 政體차원에서 서구 제도의 수용을 위한 명분으로 서구제도에는 "성인의 뜻과 '은밀히 합치함[暗合]'이 있다"는 논리를 제시하였다(조병한, 앞의 글, 2011, 123~124쪽).

39) 노대환, 「조선후기 '서학중국원류설'의 전개와 그 성격」, 『역사학보』 178, 2003, 135쪽.

따름이다. 우리나라의 습속은 오직 민이 행여 잘 살게 될까 두려워할 따름이다."라고 하였다.[40] 서양의 법이 우리의 법보다 우수하다고 인식하여 그것을 받아들인 것이다.

물론 그는 신구학 논쟁이 한창 전개되던 1908년에도 여전히 동양의 '인의도덕'을 '체(體)'로, 서양의 '이용후생'을 '용(用)'으로 파악하는 한편, 신기선과 마찬가지로 '인의도덕'은 전 세계가 모두 숭상하는 것으로 인식하였다. 그러나 신기선처럼 체용의 관계를 본말관계로 파악하지는 않았다. 오히려 '체용지학(體用之學)' 혹은 "작고통금(酌古通今)하여 명체(明體)하고 적용(適用)한다."라고 표현한 데서 시사하듯이 양자를 병렬하는 입장을 취하며 동과 서를 막론하고 "좋은 것은 권하고 나쁜 것은 징계하자"고 하였다. 이는 이용후생도 우리의 선성(先聖)들이 이미 밝히고 시행한 것이지만, 후인들이 연구하지 않았으나, "마음을 다해 그것을 더욱 정밀하게 구하여 '개물성무(開物成務)'의 공을 이룬 것이 서양의 신학문이다"라고 한 그의 이해와 상통하는 것이다.[41] 이와 같이 그가 구학과 신학에 대해 체용론을 적용하면서도 본말론으로 흐르지 않은 것은 앞서 살펴본 바와 같이 기와 리의 관계에 대해 신기선이나 일반적인 유학자와는 다른 입장을 취하고 있었기 때문이다.

이런 논리에 입각하여 그는 당시 지식인들이 모두 성현의 문도임을 자처하면서 육예를 공부하고 있지만, 그 내용을 보면 육예와는 매우 거리가 멀다고 하였다. 이것은 비단 신학문이 무엇인지를 모르는 것일 뿐만 아니라, 성현들이 가르치고자 하는 것이 무엇인지도 모르는 일이라면서 개탄하였다. 나아가 신학의 정치, 법률, 경제 등의 여러 학문은 모두 예(禮) 가운데 좋은 것들일 뿐만 아니라, 오륜과 오륜의 의절(儀節)은

---

40) 『金允植全集』上, 496쪽.
41) 金允植, 「序一」, 『대동학회월보』1, 1908년 2월, 1쪽.

동서양 간에 익히는 습속이 다르기 때문에 같지는 않지만, 서양의 것이 질직(質直)하고 간이(簡易)하여 오히려 동양에 비해 뛰어난 바가 있다고 하였다.[42]

이와 같이 김윤식은 '서학중국원류설'을 바탕에 깐 '육예론'에 의해 신학의 정치 · 법률 · 공법 · 경제 등과 서양의 의절, 음악, 총포, 기차와 화선, 각국의 언어, 현대의 수학까지 모두 육예에 포함된다는 논리를 펴며 동도서기론을 한층 '진보적'으로 변용시켜나가고 있었다. 여기에는 "신학이야말로 금일의 급선무"라는[43] 절박한 현실인식이 뒷받침되고 있었다. 특히 그가 서양의 의절이 질직하고 간이할 뿐만 아니라 오히려 동양에 비해 뛰어난 바가 있다고 한 점은 도(리)의 편재성을 받아들임으로써 동양문명과 서양문명을 대등하게 바라볼 수 있는 쪽으로 그의 인식지평이 열려가고 있었음을 시사한다. 이는 서구문명과 동양문명을 객관적으로 바라볼 수 있는 전제라는 점에서 중요한 의미를 가지는 변화라고 생각된다.

동서 대등론에 입각한 동도서기론의 등장은 한편으로는 서양문명의 현실적 힘이 본말론에 입각한 동도서기적 사고가 더 이상 지탱될 수 없을 정도로 압도적인 것으로 실감되었기 때문이다. 다른 한편 그것은 초기 동도서기론자들이 전제하였던 '서도'에 대한 '동도'의 우월적 지위가 점차 동요되기 시작하였음을 말하는 것이다. 서구문명에 대한 우월감이나 자신감은 더 이상 보이지 않는다. 보수화해간 신기선의 동도서기론도 우월감이나 자심감에 근거한 것이 아니었다. 그것은 외세의 침략에 따라 동양문명에 대한 위기감이 고조된 데서 비롯된 것으로 서구문명에 대한 태도도 김윤식에 비해 오히려 더 수세적인 성격을 띠고 있었다.

---

42) 金允植, 「新學六藝說」, 『대동학회월보』 제6호, 1908년 7월, 36~37쪽.

43) 金允植, 「新學六藝說」, 『대동학회월보』 제6호, 1908년 7월, 36쪽.

4. 신학 · 구학 논쟁과 동도서기론의 소멸

유교에 대한 비판은 갑신정변 이전부터 개화파들에 의해 제기된 바 있지만, 정변 실패 후 한동안 소강상태가 지속되었다. 동도서기론이 주류적인 사유로 자리 잡으면서 유교는 여전히 지켜야 할 동도의 핵심 요소로 인정되는 것이 대체적인 분위기였다. 그러다가 청일전쟁의 결과가 예상과 달리 일본의 승리로 끝나고, 갑신정변 실패 후 미국으로 망명하였던 서재필이 귀국하여 「독립신문」을 창간하면서 문명개화론에 입각한 유교=구학에 대한 비판이 다시 시작되었다. 광무 연간에 들어와 신학 · 구학 논쟁이 본격화하면서 구학=유교에 대한 비판도 더욱 강화되었다.[44]

청일전쟁에서 일본이 승리한 원인을 서구의 교육과 학문을 수용하여 문명개화를 해나간 데서 찾은 「독립신문」은 청국의 낙후성을 서구와 같은 신학문이 아니라 사서삼경만 공부하기 때문이라고 하였다.[45] 이러한 논리의 연장선에서 한문으로 된 학문과 중국의 책자들은 조선 인민에게 도움이 되지 않을 뿐만 아니라 중국 인민에게도 해가 된다고 하여 구학문을 공격하였다.[46] 또한 「독립신문」은 인민이 학문과 교육이 없어 외국 사람들이 나라를 빼앗고 싶으면 뺏고 하고 싶은 일이 있으면 마음대로 하는 것은 외국인의 잘못이 아니라 조선 사람들이 그 사람보다 못나서 그런 것이라고 하면서, 이를 '조선병'이라고 하였다. '조선병'을 고

---

44) 이광린, 「구한말 신학과 구학과의 논쟁」, 『동방학지』 23 · 24, 1980; 김도형, 『대한제국기의 정치사상연구』, 지식산업사, 1994; 김도형, 「한말 근대화 과정에서의 구학 신학 논쟁」, 『역사비평』 36, 1996; 백동현, 「대한제국기 신구학 논쟁의 전개와 그 의의」, 『한국사상사학』 19, 2002; 박정심, 「自强期新舊學論의 '舊學[儒學]' 인식에 관한 연구」, 『동양철학연구』 66, 2011 참조.

45) 「논설」, 「독립신문」 1896년 4월 25일.

46) 「논설」, 「독립신문」, 1896년 4월 25일.

치기 위해서는 "외국 사람 모양으로 학문을 배우고, 외국 사람 모양으로 생각을 하며 외국 모양으로 행실을 하여 조선 사람들이 외국 사람들과 같게" 되어야 하며, 옛 풍속을 버리고 문명 진보에 힘을 써야 한다고 하였다.[47] 전면적 서구화론에 다름 아니었다. 이에 비해 개신유학자들이 중심이 되어 발간한 「황성신문」은 구학에 대한 청산적 태도를 보이거나, 서양문명을 일방적으로 추종하지는 않았다.[48] 그러나 역시 일본이 신학을 수용함으로써 한국이나 청국과 마찬가지이던 정치의 문란과 인민의 괴리를 극복하고 서구열강과 어깨를 나란히 하는 동양의 일등국이 되었음을 강조하면서, 조선도 "국가를 위하여 옛 것을 버리고 새로운 것을 따르는 계책"을 깊이 도모해야 한다고 주장하였다.[49]

이러한 분위기 속에서 시작된 신학·구학 논쟁에서 구학은 동아성리적(東亞性理的)인 것, 신학은 서양물질적인 것,[50] 동아의 구학은 "도덕을 함양하여 기질을 변화하는 것", 태서의 신학은 "기예를 막힘없이 깨달아 부강으로 진취하는 것"[51] 등으로 규정되었다. 논쟁은 신학이 우위를 점하는 형태로 진행되었다. "구학은 본이오 신학은 말이니 말고가거(末固可擧)어니와 본당우선(本當尤先)이니 반드시 구학을 먼저 배워야 한다."라고 하여 여전히 동도 우위의 본말론적인 주장이 제기되기도 했고, 효제충신은 시공을 초월한 보편이념이므로 "구학의 도덕이 없으면 효제충신의 의리가 싹 쓸 듯이 없어져 곧 금수와 같아진다."라는[52] 화이

47) 「논설」, 「독립신문」, 1897년 2월 13일.
48) 황성신문의 서양문명인식에 대해서는 길진숙, 「문명의 재구성 그리고 동양전통담론의 재해석」, 이화여대 한국문화연구원, 「근대계몽기 지식의 발견과 사유지평의 확대」, 소명, 2006 참조.
49) 「논설」, 「황성신문」 1899년 6월 28일.
50) 朴海遠, 「新舊學辨」, 「대한학회월보」 2, 1908, 10쪽.
51) 成樂賢 欲學新學先學舊學, 「대동학회월보」 20, 1909, 19쪽.
52) 成樂賢 欲學新學先學舊學, 「대동학회월보」 20, 1909, 18~19쪽.

론적 주장도 있었다. 또한 유학생들에 대해서도 외국에서 세월만 보내고 실질적인 사상은 조금도 배우지 못하였다 비판하며 차라리 구학이 더 낫다는 주장도 있었다.[53] 그러나 구학을 강조하는 논객들이 내세우는 대체적인 주장은 신구학이 모두 "세상을 잘 다스린다[保世治民]"라는 동일한 목표를 가졌기 때문에 구별할 필요가 없다거나,[54] 체용상수(體用相須)의 논리를 내세우며 신구학을 겸비하자는 것이었다. 그러나 그러한 논자들도 이미 서학은 "실학"인 반면, 구학은 아무짝에도 쓸모없는 "췌언(贅言)"이기 때문에 동서 간의 강약의 차이가 생겼다 하여[55] 사실상 신학 편에서 구학을 비판하는 경우가 많았다.

서세동점의 위기에 대응하는 한편, 서기 수용에 반대하는 사람들을 설득하기 위해 형성된 동도서기론은 도입된 서기의 외연이 확장되어 감에 따라 거기에 맞추어 새로운 논리의 구성이나 동도와 서기에 대한 재규정을 요청받을 수밖에 없다. 그러나 광무 연간의 신학·구학 논쟁은 동도서기론자들이 논리의 재구성이나 개념의 재규정을 고민할 겨를이 없을 정도로 폭주하다시피 하였다. 무엇보다 동도를 구성하는 핵심 요소인 구학=유교에 대한 근본적 비판이 제기되었기 때문이다.

이에 따라 서구문명을 수용한 일본은 "일찌기 때를 살펴 문물이 일찍

---

53) "守舊는 舊來의 傳習만 墨守ᄒ야 日就月將에 進步됨은 無ᄒ나 外國人의 紹介가 되여 自國에 被害케 홈은 決코 不行ᄒ니 死后라도 三千里疆土에 有義鬼는 될지오. 且 所謂 就新者는 出身於海外ᄒ야 如干흔 學問과 大槪흔 言語 等 工夫에나 涉獵이 되면 文明의 智識이 發흔 듯시 愛國의 思想이 有흔 듯시 或 參於社會ᄒ며 或 登于演壇ᄒ야 三寸舌에 高辯雄談으로 米國 獨立史上 事實과 印度 亡國史上 狀態를 歷歷可觀흔 듯시 次第로 說明ᄒᆯ 時에 其 言만 聽ᄒ면 無非濟世의 雄이오 保國의 士라. 其 人의 其 心을 忖度흔즉 但 形式的으로만 新思想이 有흔 듯ᄒ고 實地上으로는 秋毫의 可觀ᄒᆯ 思想이 無ᄒ니 此等 皮殼으로 엇지 獨立의 期望이 有ᄒ리오. 可惜哉 可惜哉"(楊致中, 「守舊가 反愈於就新」, 『太極學報』 22, 1908, 12~14쪽).

54) 李棕夏, 「新舊學問이 同乎아 異乎아」, 『대동학회월보』 1, 1908, 28쪽.

55) 金思說, 「學問體用」, 『대동학회월보』 1, 1908, 39~42쪽.

부터 개화하였으니 가히 동양의 선각이요 삼국을 앞서서 인도하는 자"
로 재규정되었다.[56] 반면 한국은 동아시아의 한 귀퉁이에 자리 잡아 다
른 나라들과 동반하여 진보하지 못하고 수백 년 동안 정치가 문란하고
교육과 산업이 쇠퇴하여 자립할 수 있는 힘을 잃어버리고 다른 나라의
도움을 받지 않을 수 없는 나라로[57], 조선인은 선진문명국의 지도를 받
아 문명화해 나가야 하는[58] 미개한 백성(未開之民)"으로[59] 재인식되었다.
이런 인식들이 만연한 상황에서 동도=유교는 "슬프다, 저주받을 유교
는 오족(吾族)으로 하여금 빈궁의 지옥에 입하게 하였다"는 이광수의 말
처럼[60] 저주받을 대상에 지나지 않았다.

구학에 대한 비판은 무엇보다 사회진화론에 입각하여 이루어졌다.
"경쟁심의 유무"가 "인류의 성쇠 원인과 존멸 기관(存滅機關)"이라 하여
경쟁을 강조한 박은식의 주장은 그러한 분위기를 대변한다.[61] 박은식은
이외에도 사회진화론에 입각하여 약육강식, 우승열패를 강조하였다.
예컨대 "현금은 세계인류가 지력경쟁으로 우승열패하고 약육강식하는
시대",[62] "현금 시대는 열등인종이 우등인종에게 피축(被逐)되는 것은
상고시대에 금수가 인류의게 피축되는 것과 같으니 그러므로 '생존경쟁

---

56) 李奎濚, 「東洋協和도 亦 智識平等에 在홈」, 『서우』 15, 1908, 36쪽.

57) 「大韓協會趣旨書」, 『대한협회회보』 1, 1908년 4월, 1쪽. "嗚呼라 我國은 亞細亞大
陸東隅에 僻在하야 世界文明에 進步가 失時함으로 今에난 先進文明國의 指導에
依하야 國事를 整理하고 人文을 獎勵하야 自今 以後로 國民이 協同一致하야 文
明을 吸收ㅎ고 施政을 改善하야 能히 國富國强을 增進하며 列國에 並肩함을 期
日可待할새"(尹孝定, 「演說 第一回 總會時 : 大韓協會의 本領」, 『대한협회회보』 1,
1908, 47쪽)

58) 尹孝定, 위의 글, 47쪽.

59) 金成喜, 「政黨의 事業은 國民의 責任」, 『대한협회회보』 1, 1908, 27쪽.

60) 이광수, 「신생활론」, 『이광수전집』 17, 삼중당, 1963, 524쪽.

61) 謙谷, 「人의 事業은 競爭으로 由ㅎ야 發達」, 『서우』 16, 1908, 1~2쪽.

62) 朴殷植, 賀吾同門諸友, 『서북학회월보』 1, 1908, 1쪽.

은 자연의 법칙[天演]이오 우승열패는 일반적인 규칙[公例]'이라 하는 것이다.",[63] "지식과 세력이 열등하고 약한 자는 멸망을 면하지 못하는 것은 형편상 원래 그런 것이다."[64]라고 하여 사회진화론을 하나의 법칙으로 받아들이고 있었다. 이는 당시 그가 문명사관에 흠뻑 빠져 있었음을 보여준다.[65] 물론 그는 "매처럼 날고 호랑이처럼 날뛰는 현재의 열국은 말하는 것은 보살과 같지만, 그 행동은 야차와 같다, 누구를 말하고 누구를 믿을 수 있을까?",[66] 또 "강대국은 '강권의 진상'이며 도적떼들로 그들의 힘이 곧 정의이고 말이 곧 법이 된다."고 하여 제국주의에 대한 비판의식을 드러내기도 했다. 마찬가지로 "강권의 세력이 있으면 성현, 군자, 영웅이 되고, 강권의 세력이 없으면 열노(劣奴), 천부(賤夫), 소와 말, 개나 돼지의 신세를 면치 못한다고 하면서 이 강권의 세상에서는 인의·도덕이란 찾아볼 수 없다"며 한편으로는 우승열패가 지배하는 국제질서에 대한 비판의식을 보이기도 했다. 그러나 사회진화론을 수용한 이상 "인의로 강권을 대적하고자 하는 자는 범의 입에 들어서 불경을 외우는 자니라", "서국사람이 항상 말하되, 같은 종족과 같은 국민이 서로 만나면 도덕만 있고 권력은 없이 하며, 다른 종족 다른 국민이 서로 만나면 권력만 쓰고 도덕은 없게 한다 하니 이 말이 또 강권한 생각하는 자의 배울만한 말이니라"고 하여[67] '서국사람'들이 만들어 놓은 생존경쟁·우승열패의 논리와 현실을 시인하지 않을 수 없었다. 동도=본 혹은 체로서의 동도와 말 혹은 용으로서의 서기로 대변되던 동양문명과 서구문명이 인의와 강권으로 대비되면서 본말이 완전히 역전

---

63) 會員 朴殷植, 「論說: 敎育이 不興이면 生存을 不得」, 『서우』 1, 1906, 9쪽.

64) 謙谷生, 「本校의 測量科」, 『서우』 17, 1907, 3쪽.

65) 이에 대해서는 이만열, 「박은식의 사학사상」, 『숙대 사론』 9, 1976 참조.

66) 謙谷 朴殷植, 「自强能否의 問答」, 『대한자강회월보』 4, 1906, 1쪽.

67) 「세계에는 강권이 첫째」, 『대한매일신보』 1909년 7월 21일.

된 모습을 보여준다.

이에 따라 서기 수용을 위한 논리였던 동도서기론은 20세기에 들어 국망의 현실 앞에서, 또 쇄도해오는 서구문명과 그를 합리화하는 사회진화론이 폭넓게 받아들여지는 상황에서 결국 현실에 대응할 수 있는 능력을 상실해 갔다. 그것은 다른 한편으로는 '유교적 보편성'이 '서구적 보편성'에 압도당하고 투항해 가는 과정에 다름 아니었다. 19세기 말에 시작된 신학·구학 논쟁의 끝자락 무렵인 1908년 9월 25일 「대한매일신보」에는 다음과 같은 기사가 실렸다.

> 근일에 혹 어떤 고을에는 선비들이 협의하고 학교를 설립하는 자도 있고 혹 어떤 학자의 제자로서 책을 지고 멀리 와서 신학문을 배우는 자도 있으니 이로 좇아 온 세상 사람이 완고하고 오활함으로 배척하던 유림이 깨달을 기회가 왔도다. 오호라 이는 유림의 새복음이며 유림에게만 새복음이 될 뿐 아니라 대한전국에 새복음이오, 지금 전국에만 새복음이 될 뿐 아니라 또한 장래 전국에 새복음이 되리로다.[68]

이 기사는 구래의 선비들이 신학문을 배우게 된 사실에 대해 "완고하고 오활함으로 배척"받던 유림이 "깨달을 기회"를 잡은 것이며, 이것은 "유림의 새복음", "대한전국의 새복음"이며, 나아가 "장래 전국의 새복음"이 될 것이라며 반기고 있다. 이것은 그 동안 유교가 누려왔던 "보편"으로서의 특권적 지위가 "새복음"인 서구문명에게 넘어가는 모습을 상징적으로 보여준다. 위 기사의 표현처럼 그것이 "복음"인지의 여부를 떠나 "신학문", 그리고 그와 함께 '복음'처럼 수용된 "서구중심주의"는 오늘날까지도 여전히 특권적 지위를 유지한 채 "대한전국"에 압도적인

---

68) 「대한매일신보」, 1908년 9월 25일.

영향을 행사하고 있다.

신학·구학 논쟁의 결과 1910년 한일병합 전후시기에 이르러 신학은 완전히 학계를 장악하게 되었다.[69] 이 무렵 논의에서 눈에 띄는 것은 당시 "경향인사"들 가운데 툭하면 국권회복과 자주독립을 말하는 사람들이 있지만, 그것은 불가능하다고 단언한 글이다.[70] 서구문명에 압도되어 동도서기론 내지 구학이 더 이상 이념적 효과나 현실적 의미를 가지지 못하는 시대로 진입하였음을 보여준다.

앞서 언급하였듯이 신학·구학 논쟁에서 구학은 동아성리적(東亞性理的)인 것, 신학은 이용후생을 위한 것, 서양물질적인 것, 동아의 구학은 "도덕을 함양하여 기질을 변화하는 것", 태서의 신학은 "기예를 막힘없이 깨달아 부강으로 진취하는 것" 등으로 규정되었다. 이는 곧 신학과 구학은 동도와 서기의 연장선에서 그것이 변용된 형태로 나온 것임을 알 수 있다. 그러나 동과 서라는 장소의 차이가 각기 동양과 서구라는 의미를 내포한 신과 구라는 시간적 차이로 치환된 것은 중요한 변화이다. 이것은 곧 유학을 모태로 한 동양문명과 서양문명의 관계가 근대적 시간관념을 매개로 재규정된 것이기 때문이다. 신학·구학 논쟁이 본격적으로 전개되기 이전부터 상대적으로 전통과 동양문명에서 가능성을 찾으려 한 「황성신문」도 이미 동양문명과 서구문명이 역전되었음을 시인하고 있었다.

서양인들은 서양인, 일본인, 한국인을 각각 다르게 대우한다. 서양인이 서양인을 대할 때는 평등하여 사이가 없고, 일인을 대함엔 비록 동등하게 보지는 않더라도 인류로 대한다. 우리 한인을 대함에는 인류로 취급하지

---

69) 이광린, 앞의 글, 16쪽.

70) 呂炳鉉, 「新學問의 不可不修」, 「대한협회회보」 8호, 1908, 12쪽.

않고 축생(畜生)과 같이 천하게 본다. 진실로 사람의 마음을 가진 자는 분한한 마음을 이기지 못한다. 그러나 천하게 대우받음은 우리 국민 상하가 스스로 불러온 바다.[71]

한국인들은 그 동안 전통적 국제질서관이라고 할 수 있는 화이론적 세계관에 입각하여 서양인들을 '축생' 혹은 그보다 못한 존재로 여겨왔으나, 이제는 거꾸로 서양인들이 한국인을 '축생'시 한다는 것이다. 서구에 의해 발화된 서구=진보=문명, 동양과 한국=미개=야만이라는 인식이 한국인에 의해 수용되고 있음을 알 수 있다. 이는 그 후로도 이어져서 1908년『태극학보』에서도 "우리 한국은 4천여 년의 예의문명의 나라이면서 금일 야만 부락(部落)으로 타락하였다"라 하여 문명국 한국이 야만의 나라로 추락하였음을 시인하고 있다.[72] '구'학과 '신'학은 곧 그러한 동—서 관계의 새로운 표현이었다. 이는 곧 서구중심주의뿐만 아니라 그와 동전의 양면을 이루고 있던 근대중심주의가[73] 결부된 새로운 비대칭적 동양—서양의 관계가 자리 잡아가고 있었음을 의미한다.

신기선 역시 신학과 구학의 내용에 대해서는 다른 신구학론자들과 마찬가지였다. 구학은 '요순우탕(堯舜禹湯) 문무주공(文武周公)'과 공자의 경전으로부터 조선의 유자들이 찬술한 것들, 곧 유학을 말하고 신학은 천문지리, 물리학, 심리학, 윤리학, 철학, 정치학, 경제, 민법, 형법, 헌법, 국제법, 사회학, 산학(筭學), 의학, 공업, 예술, 상업, 농업, 임업, 세계만국의 도지(圖誌)와 역사 등 개항 이후 서구에서 도입된 학문을 말한다고 하였다. 또한 그는 신학과 구학을 구분하는 데 반대하고 양자

---

71) 「논설」,「황성신문」, 1899년 1월 13.

72) 楊致中,「守舊가 反愈於就新」,『太極學報』22, 1908년 6월, 13쪽.

73) 서구중심주의와 근대중심주의에 대한 간략한 논의는 배항섭,「근대를 상대화하는 방법」,『역사비평』88, 2009 참조.

는 같은 것이라고 하였다.[74] 왜냐하면 신학의 핵심 내용은 "천인사물지리(天人事物之理)와 일용수생지방(日用需生之方), 그리고 국가와 인민을 유지하고 발달시키는 법"에 불과하며, 이것은 이미 공맹의 경전에 모두 포괄되어 있거나 요순우탕이나 공맹에 의해 그 대강이 제시되었기 때문이라는 것이다. 공자나 맹자가 2천여 년 전의 사람들이었기 때문에 신학의 서적들을 공맹에 의해 쓰여진 것은 아니지만, 공맹이 한·당·송·명대에 태어났다면 신학과 관련된 서적들이 아시아에서 나온 지 오래되었을 것이고, 공맹이 오늘날 태어났다면 반드시 손수 신학 관련 서적들을 먼저 읽어보고 사람들에게 강습하여 가르쳤을 것이라고 하였다.[75]

또한 신학의 윤리나 도덕은 세부적인 면에서 동양 성현의 가르침과 다소 다른 점이 있지만, 이것은 풍습의 차이에서 오는 것일 뿐 그 대강과 대요는 그윽이 합치[暗合]하지 않는 것이 없는 동일한 법칙[同揆]이라고 하였다. 그것은 '천지간의 이치'와 '사람이 부여받은 본성'은 동서양이나 황인종, 백인종의 구분 없이 같기 때문이라는 것이다. 그러나 그는 구학 가운데서도 절문제도(節文制度)는 시의에 따라 바꿀 수 있지만, '삼강오상'과 '명덕신민(明德新民)' 같은 것은 바꿀 수 없다고 하였다. 동양=본, 서양=말이라는 논리를 벗어나지 못하고 있었음을 보여준다. 그것은 신학과 구학은 일이관지하는 것이지만, 초목에 비유하면 구학은 그 뿌리와 줄기에 해당하고 신학은 지엽(枝葉)과 화실(花實)에 해당한다거나, 경적에 비유하면 구학은 경문이고 신학은 주석이라는 데서도 알수 있다. 때문에 그는 신학과 구학의 관계를 구슬과 구슬을 꿰는 실의 관계와 같이 상보적 관계임을 인정하면서도 여전히 구학이 본이라는

---

74) 이 때문에 대동학회에서는 신학을 강의할 때 '新學問'이라 하지 않고 '新書籍'이라 하고, 舊學에 대해서도 '舊學問'이라 하지 않고 '經典'이라 한다고 밝혔다(申箕善, 「學無新舊(前號續)」, 『大同學會月報』 6, 1908, 6쪽).

75) 申箕善, 「學無新舊」, 『大同學會月報』 5, 1908, 8~10쪽.

인식을 벗어나지 않고 있었다.[76]

김윤식도 앞서 살펴본 바와 같이 신학·구학 논쟁에 가담하였다. 그러나 그의 생각은 이전과 크게 달라져 있었다. 그는 "이용후생은 우리 선성들이 이미 말씀하시고 시행한 것이지만, 후인들은 그것을 연구하고 추행(推行)하지 못하였고, 마음과 생각을 다하여 더욱 정밀하게 함으로써 개물성무(開物成務)의 공을 이룬 것은 지금의 신학문이 바로 그것이다."라고 하였다.[77] 또 서양문명의 수용을 개화라고 표현하는 실태에 대해 "조선은 문명화된 곳이므로 다시 어떻게 '개화'를 한다는 말인가"라고 반감을 드러냈던 그가 이제는 비록 이용후생이라는 단서를 달았지만, 개화의 주체가 신학=서구문명에 있음을 시인한 것이다. 나아가 육예론의 연장선에서 이용후생의 원류가 동도에 있었음을 전제로 한 것이기는 하지만, 서구의 의절(儀節)이 동양보다 뛰어나다는 점을 시인하기도 하였다. 그의 사유가 서도의 존재, 곧 도의 편재성을 인정하는 단계까지 진전되어 가고 있었음을 엿볼 수 있다.

도의 편재성에 대한 인정은 동양문명과 서양문명을 상대화함으로써 새로운 사유의 지평을 열어갈 수 있는 전제라고 볼 수 있다. 그러한 가능성의 단초는 개신유학자계열의 지식인이 주도한 『황성신문』의 문명인식에서도 찾을 수 있다. 물론 『황성신문』도 "차라리 서구문화에 심취할지언정 타락한 옛 습속에 단단히 갇혀있어서는 안 된다."[78]라는 표현에서 알 수 있듯이 과거의 문명을 재현하고, 전통적 문명담론을 끌어내는

---

76) 申箕善, 「學無新舊(前號續)」, 『大同學會月報』 6, 1908, 4~6쪽. 이러한 발상은 "『대학』의 '三綱八條'나 『中庸』의 "천하의 근본 도리와 덕목[達道達德]은 태서의 학문도 존숭하는 바"라고 하는 데서도 보인다(申箕善, 「學無新舊(前號續)」, 『大同學會月報』 6, 1908, 4쪽).

77) 金允植, 序一, 『大同學會月報』 1, 1908, 1쪽.

78) 「論說: 答自疑生(續)」, 『皇城新聞』, 1907년 2월 5일.

동아시아사 연구와 근대중심주의 비판

기준을 서양의 근대적 사유와 가치에 두고 있었다.[79] 유교개신론자들이
전통지식체계를 강조한 것은 어디까지나 거기에서 근대적 가치가 내포
되어 있다는 논리에 입각한 것이었다.[80] 그러나 「황성신문」의 경우 「독
립신문」과 달리 상대적으로 전통을 강조하면서 「독립신문」 등 문명개화
론자들과 달리 전면적 서구문명 수용에 대해서는 비판적이었다. 우선
개화에 대해 "사물의 이치와 근인을 궁구하며 그 나라의 처지와 시세에
합당하게 하는 것"[81]이라고 하였다. 김윤식이 개화란 저 마다 나라의 형
편을 고려하여 추진해야 그 효과를 볼 수 있으며 그렇지 않을 경우 오
히려 나쁜 결과를 초래한다고 지적한 점과 상통하는 것이다. 이러한 개
화론에 입각하여 「황성신문」은 다음과 같은 독자적인 문명론을 제시할
수 있었다.

　　중추원 의관(議官) 중에 품질이 높은 일인과 독립협회회원 중에 연소한
　일인이 상봉하야 논의한 뜻을 대강 아래에 쓰노라. 금일 아국이 삼대성시
　(三代盛時)와 문명한 각국에 비교하지 못한다 하는 말씀은 불복합니다. 삼
　대성시던지 문명 각국이던지 군신 상하가 동심합력하야 인술덕정(仁術德
　政)과 양법미규(良法美規)를 성심껏 행하면 금일 야만국이 명일 문명이 되
　고 금일 빈약국이 명일 부강국이 되는지라. 어떤 나라이던지 정치를 잘하
　느냐 못하느냐에 달려있지 본래 야만과 문명, 빈약과 부강이 따로 등급을
　정하여 변화하지 못할 천리가 있으리오? 대저 역대 제왕의 선악과 현부가
　인학(仁虐) 두 글자로 구분되는 만큼 인신이 진주(陳奏)할 때도 이 두 글자

79)　길진숙, 앞의 글, 47쪽.

80)　남명진, 「동서철학에 있어서의 시간의 문제」, 『동서철학연구』 48, 2008; 이행훈, 「신
　　　구관념의 교차와 전통지식체계의 변용」, 『한국철학논집』 32, 2011 참조.

81)　「논설」, 「황성신문」 1898년 9월 23일.

를 심중에 깊이 새겨야 충신이고 양신(良臣)이라 할 수 있지요.[82]

해금(海禁)이 이미 열린 이후로 동양 5천년의 대국(大局)이 크게 변화함에 이르러 역사에서 옛날에는 소위 옳다고 하던 것이 금일에는 혹 그르다는 것을 깨닫겠고, 옛날에는 소위 그르다고 하던 것이 금일에는 혹 옳음을 알게 되었음을 증명할 수 있다.[83]

동양문명 5천년의 역사, 그리고 현재의 서양문명이라는 확장된 시야 속에서 야만과 문명, 빈약과 부강, 옳음과 그름이 고정된 것이 아니라 엇갈려 나간다는 점을 특히 두 번째 인용문에서는 계속하여 구체적인 역사적 사례를 들어 설명하고 있다. 동양문명과 서양문명의 우위와 열등이 고정불변이 아니라는 점을 확인함으로써 양자를 상대화하는 시각을 확보하고 있었음을 보여준다. 그러나 이러한 문명론을 더 이상 밀고 나가지는 않고 있다. 김윤식 역시 동양문명과 서구문명의 관계를 더 이상 추구하지는 않았다. 사망하기 1년 전인 1921년 1월 『개벽』에 다음과 같은 김윤식의 글이 실렸다.

유림계를 위하야

운양 김윤식씨 담
유도의 정신은 오즉 오륜의 교를 인생사회에 대한 현실케 함에 재하니 고로 금일 유도의 진흥에 뜻을 가진 자는 자기가 먼저 가법(家法)을 잘 지키며 그 도를 실천하여야 할지니. 그리하기만 하면 아모 책략을 기다릴 것 업시 유도는 불기하일(不期何日)에 스스로 진흥될 것이라. 유도에 불출

---

82) 「別報」, 「황성신문」, 1898년 9월 27일.
83) 「論說」, 「황성신문」, 1899년 7월 29일.

(不出)하고 헛되이 성리의 여하를 말하며 사단의 여하를 논한다 한들 유도의 천명에 무슨 이익이 있으리요. 누구나 인정할 것이어니와 유도의 진리 교훈은 성현들의 경전에 밝고 선명히 기재된 것인바 금일 비록 여하한 사람이 나타나 유도를 연구하여 밝힘다 하더라도 도저히 그 이상에 이르지 못할 것이다.

소문에 의하면 유도진흥회, 대동사문회, 태극교 등 꽤 많은 단체가 유림계로부터 잇따라 생겨나서 왕성하게 유도의 천명을 논의하는 모양이나 앞에서도 말한 것과 같이 유도는 반드시 그리한다고 진흥될 것이 아니라 금일에 있어서 비록 향음주례(鄕飮酒禮)를 때때로 행하고 장의재장첩(掌議齋長帖)을 날마다 낸다 한들 그 효과가 무엇이리요. 조선의 유도는 사실로 번문욕례(煩文縟禮)에 쇄미(衰微)하얏나니 유도의 진흥을 꾀한다는 금일에 또다시 쇄미의 복철(覆轍)을 밟고저 함은 나의 아지 못 할 일이라. 저 기독교나 기타 교회와 같이 조직적 근거가 이미 만들어졌고 또 김전의 출처가 확실하면 교당을 세우고 그 도를 행하는 것도 불가능하지 않으나 유림으로서는 사실 그리 할 형편을 가지지 못한 동시에 세상이 다 그러한다고 한갓 그 빈소(嚬笑)를 본받을 것이 아니라 성문과정(聲聞過情)을 군자는 부끄러워하나니 금일 유림계에서는 종래의 말만 많고 행동은 적었던 그 추태를 재연치 말고 오로지 이륜(彝倫)에 의거하며 그 가법을 잘 지켜 각자 먼저 유도의 참 정신에 살도록 할 것이니 이것이 즉 금일에 유도를 참으로 진흥케 하는 것이며 또 유림계로서 취할 태도이라 하노라.[84]

"이륜에 의거하며 그 가법을 잘 지켜 각자 먼저 유도의 참 정신에 살도록 할 것이니 이것이 금일에 유도를 참으로 진흥케 하는 것이며 또 유림계로서 취할 태도이라 하노라."라는 그의 주장은 이미 동도서기론

---

84) 『開闢』7, 1921, 16쪽.

에 의거하여, 혹은 청일전쟁 이후의 변화된 상황 속에서 동도서기론을 기반으로 하면서도 서양문명을 대등론적인 입장에서 수용하고자 고민하던 모습은 보이지 않는다. 그에게 동도는 이제 가법을 준수하는 개개인의 수양 차원의 문제로 왜소화하고 있었다.

청일전쟁을 겪고 나서 신구학 논쟁을 거치며 스스로를 변용해나가던 김윤식도 국망의 현실 속에서 동양문명과 서구문명에 대한 객관적 인식, 그리고 그 양자 간의 관계를 재구축할 수 있는 논리를 더 이상 진전시켜가지 못하고 말았던 것이다. 그것은 국망이라는 현실과 더불어 앞서 살펴보았듯이 무엇보다 구학=유학=동도의 핵심요소에 대해 감당하기 어려운 비판을 받아야 했다는 사정 탓도 컸다. 더 이상 동도서기론을 고집하거나 새로운 논리를 만들어 나가기는 어려운 상황이었다. 동도서기론은 더 이상 현실을 이해하고 설명할 수 있는 사유로서의 생명력을 가지기 어려웠다. 그 결과는 초기의 동도서기론이 가지고 있던 동도(체, 主)−서기(용, 從)와는 다른 구도이기는 하지만, "신학=서양문명=진보", "구학=동도=미개"라는 또 다른 이분법으로 귀결되고 말았다. 이는 전통유학자들은 물론, 본말론적 동도서기론자들에게서도 유지되고 있던 바 동양문명의 특권적 지위가 서구중심주의에 의해 완전히 전복되었음을 말한다.

5. 맺음말

동도서기론은 오랑캐로만 인식되던 서양이 산업혁명의 결과 우세한 힘을 갖추고 동양을 압박하는 전대미문의 문명적 위기 상황에 대응하기 위해 나타난 고심의 표현이었다. 중국의 중체서용론이나 일본의 화혼양재론도 마찬가지였다.

지금까지는 동아시아 삼국의 근대이행과 관련하여 일본은 동양 내지 전통적인 것을 빨리 버리고 서양문명을 신속히, 보다 전면적으로 수용하였기 때문에 근대화에 성공하였고, 중국과 조선은 그렇지 못했기 때문에 실패하였다는 도식적 이해, 그리고 그 배경으로서 전통적 사유체계나 그에 입각한 정치 사회시스템의 차이 등이 지적되어 왔다. 이러한 견해는 전통사회를 기반으로 발아된 사유의 가치를 근대화라는 결과에만 비추어 파악하는 것으로 역사를 바라보는 시야를 서구적 근대 따라잡기라는 데 둘 경우에만 타당한 지적이다. 그러나 근대 자체가 회의되는 21세기의 현실 속에서 우리는 근대화의 실패·성공이라는 방식의 이분법적·도식적 파악이 가지는 의미가 무엇인가에 대해 다시 생각하지 않을 수 없다.

동도서기론은 서양문명이 동양문명을 압도해오는 전대미문의 위기 상황에서 나타난 사유였지만, 그 위기는 전혀 다른 두 개 문명 간의 전면적 만남이었다는 점에서 역시 전대미문의 새로운 가능성을 내포한 것이기도 했다. 그러나 동도서기론에 주어졌던 가능성은 불발로 끝나고 말았다. 그 결과는 서구가 구성한 또 다른 이분법, 곧 서구중심주의를 내면화하는 과정에 다름 아니었다. 우세한 군사적 위력과 사회진화론에 근거한 약육강식의 논리로 압도해오는 서양문명의 지배를 수용하는 것은 불가항력적이었다고도 할 수 있을 것이지만, 19세기 말 이후 100여 년은 동도서기론과는 다른 방식으로 역전된 이분법인 서구중심주의에 압도된 시간이었다. 역전의 핵심적 계기에는 사회진화론을 바탕으로 한 진화론 내지 발전론, 곧 근대중심주의가 자리 잡고 있었다.

서구중심주의에 대한 비판과 근대에 대한 상대화가 모색되는 현재 동도=유교 중심의 이분법으로부터 서양 중심의 이분법으로 급격한 전환 과정에서 대두되었던 동도서기론의 구조와 논리, 그 변화과정은 우리에게 시사하는 바가 크다. 따라서 동도서기론을 비롯한 19세기 후반─20세기 초반에 걸친 사유나 행동들에 대한 연구에서 더 이상 얼마나 더 빨리, 더 온전하게, 더욱 전면적으로 서구 문명을 받아들이고 더욱 충실히 근대화를 추구하였느냐를 따지는 방식의 접근은 지양되어야 할 것이다. 그것은 여전히 이분법적 논리에 갇혀 있다는 면에서 기본적으로 신학·구학 논쟁을 벌일 때의 신학론자들의 서구중심주의·근대중심주의적 인식구조와 동일하다고 볼 수 있기 때문이다.

이 점에서 본격적인 동도서기론이 나타나기 이전 시기를 살았던 최한기(1803–1877)의 생각은 우리에게 시사하는 바가 적지 않다. 그는 기독교에 대해 원천적으로 부정했다. 그러나 그는 동서 학문에 대한 편향적 태도에 대해 "중국을 배우는 자 서법을 배우려 들지 않고 서법을 배우는 자 중국을 배우려 하지 않는다."는 비판과 함께 서양 문물을 적극적으로 수용하는 입장을 취해 동서의 학문적 회통(會通)을 시도하였다.[85] 회통의 내용이 무엇인가에 대해서는 불분명하지만, 그의 생각에는 동양문명과 서양문명을 넘어서는 새로운 가능성 내지 그 단초가 내포되어 있었다고 생각한다. 또한 이른바 개화에 대해 김윤식과 동일한 인식을 보이고 있던 「황성신문」의 문명론도 동양문명과 서양문명을 상대화하는 시각에까지 도달하고 있었다는 점에서 그에 대한 새로운 접근이 요청된다.

---

85) 이에 대해서는 임형택, 「개항기 유교지식인의 "근대" 대응논리 –혜강 최한기의 기학을 중심으로」, 「대동문화연구」 38, 2001 참조.

'근세' 동아시아와 조선의 토지소유구조 및 매매관습

1. 머리말

조선시대 토지소유권에 대한 이해는 일본 식민사학자들이 구축해 놓은 이른바 한국사의 정체성론을 극복하는 과정에서 진전되어 왔다. 식민사학자들은 조선시대에는 "세계사의 보편성"과 달리 토지의 사적소유가 존재하지 않았다고 주장하였다. 식민지 시기부터 이에 반박하는 연구들이 진행되어 왔지만, 조선사회의 토지소유 문제에 대한 본격적인 재검토는 해방 이후에 이루어졌다.

정체성론 비판의 요체는 한국사도 세계사의 "보편적 발전과정"을 걸어왔음을 확인함으로써 식민사학자들의 주장이 허구적이었음을 드러내는 데 있었다. 그리하여 이미 삼국시대부터 토지사유와 그에 입각한 지주제가 존재했고, 고려시대를 거치며 사적 소유는 한층 확대되고 강고해졌다는 점을 밝히려는 노력이 이루어졌다. 조선시대에 들어서는 소유권에 입각한 지주-전호제(佃戶制)와 수조권에 입각한 전주(田主)-전객제(佃客制)가 병존하였으나, 16세기에 들어 국가의 토지분급제가 폐지되면서 전주-전객제는 소멸되고 지주-전호제가 지배적인 생산관계로 된다고 하였다.[1] 이러한 견해는 이후 조선시대 토지소유와 생산관계를 이해하는 유력한 견해로 자리 잡았다. 또한 사적소유와 그를 토대로 한 지주–작인관계의 존재를 근거로 통일신라 혹은 고려시대 이후의 조선사회는 봉건사회로 비정되었다. 이어 조선후기가 되면 경제·사회 각 분야에서 자본주의의 맹아적 현상들이 족출하고 있었다는 사실이 확인되었다.

이에 따라 식민사학자들이 주장하는 정체성론은 타파되었지만, 그것은 다른 한편 서구에 비한 조선사회의 후진성을 "실증적"으로 증명해내는 과정이기도 했다. 서구에서 이미 산업 혁명이 일어나고 있을 때 조선에서는 이제 겨우 자본주의를 향한 맹아들이 보이기 시작했음을 확인해주었기 때문이다. 서구/근대를 준거로 한 발전단계론적 유비가 보여주는 비대칭적 역사인식의 전형이라 할 수 있다. 사이드(Edward W. Said)의 『오리엔탈리즘』이 소개된 이후 한국사 학계에도 서구중심주의에 대한 비판의식이 형성되어 왔다. 그러나 경험적 사실에 기반한 연구는 진전되지 못하고 있다.

이 글에서는 조선후기의 토지소유와 매매관습을 영국, 프랑스, 중국, 일본 등 동서양 4개국의 그것과 비교·검토함으로써 다음과 같은 두 가지 점을 새롭게 생각해보고자 한다.[2] 첫째, 서구중심적 한국사 인식에 관한 문제이다. 지금까지 대체로 조선시대의 지주제는 봉건적인 생산관계로 인식되어 왔다. 이는 무엇보다 지주–작인관계를 서구의 영주–

---

1) 김용섭, 「전근대의 토지제도」, 『한국학입문』, 대한민국학술원, 1983; 이경식, 『조선전기 토지제도연구』, 일조각, 1986. 식민사학자들로부터 1980년대까지의 조선시대 토지소유론에 대한 연구사 정리로는 이영호, 「조선시기 토지소유관계 연구현황」, 근대사연구회 편, 『봉건사회 해체기의 제문제(하)』, 한울, 1987 참조.

2) 이 글에서 다루는 영국이나 프랑스, 중국, 일본의 전근대사회의 토지소유나 근대적 개혁에 대한 연구는 필자가 감당하기에는 너무 방대하다. 여기서는 이글의 논지를 분명히 하는 선에서 제한된 연구들을 중심으로 접근할 수밖에 없었음을 밝혀둔다.

농노 관계에 비정함으로써 조선사회가 봉건사회임을 입증하려는 노력의 소산이지만,[3] 역시 서구를 준거로 하여 한국 역사상을 묘사하는 서구중심적 역사인식을 보여주는 것이다.

이 글에서 비교사적으로 접근하는 목적은 조선의 토지소유구조나 매매관습이 서구나 중국, 일본에 비해 더 일찍부터 '근대적'이었다거나 '발전'하였다는 것을 확인하려는 데 있지 않다. 무엇보다 조선의 토지소유구조나 매매관습이 서구나 일본과 크게 달랐으며, 서구적 경험에 근거한 "보편적 발전법칙"에 입각한 접근으로는 파악하기 어렵다는 점을 분명히 하려는 것이다. 이를 통해 서구중심주의를 상대화하는 한편, 그동안 한국사를 이해해온 인식틀에 대한 근본적인 재검토의 필요성을 구체적으로 제시해보고자 한다.

조선시대 토지소유권이 서구의 중세와 달리 "근대적" 내지 "일물일권적 배타적" 성격을 가지고 있었다는 점에 대해서는 박병호가 이미 1970년대에 지적한 바 있다. 그에 따르면 조선의 토지소유권은 법적·형식적인 면에서 근대적 토지소유권과 유사하였으며, 관념적으로도 물건지배를 정당화하는 법적 근거인 권원(權原)에 의해 보호되었고, 또 그렇게 인식되었다고 하였다.[4] 이영훈도 조선의 토지소유는 조선전기부터 일물일권적, 로마법적 소유구조를 특징으로 한다고 한 바 있으며, 이어 시기를 조금 늦추어 17−18세기에는 일지일주적(一地一主的)·근대적 사적토지소유가 사실상 성립하였다고 하였다.[5] 그러나 박병호는 "조선

---

3) 농업의 근대화 방안을 지주제 철폐 여부를 중심으로 한 이른바 "두 가지길 이론"에 입각하여 접근하는 것도 지주제의 봉건성을 전제로 하는 것이며, 지주제의 철폐여부가 정상적인 근대를 달성하는 데 관건이라는 인식에서 나온 것이다. 근대화 과정의 농업개혁 문제를 "두 가지길 이론"에 입각하여 접근한 연구로는 김용섭, 「근대화과정에서의 농업개혁의 두 방향」, 『한국근현대농업사연구』, 일조각, 1992 참조.

4) 박병호, 「근세의 토지소유권에 관한 고찰」, 『한국법제사고』, 1974.

5) 이영훈, 『한국 시장경제와 민주주의의 역사적 특질』, 한국개발연구원, 2000, 27쪽.

사회가 비근대사회였기 때문에 그에 대응하여 소유권도 비근대성을 띠고 있었다."고 하였으며, 이영훈은 대한제국기를 포함하여 조선왕조는 어디까지나 전근대국가였으며, 때문에 조선시대의 사적 토지소유도 어디까지나 전근대적 범주에 속하였다고 함으로써[6] 기껏 발견한 조선사회의 주요한 특성을 서구중심주의의 인식틀 속으로 가두어 버리고 말았으며, 그에 따라 조선의 토지소유권이 가진 의미를 더 이상 천착하지 않았다.

둘째, 한국, 중국, 일본 등 동아시아 국가 간에도 동질성뿐만 아니라 간과할 수 없는 차이가 있었다는 점을 밝힘으로써 동아시아 역사상에 대한 이해를 재검토할 수 있는 계기로 삼고자 한다. 앞서 언급한 "자본주의 맹아론"의 핵심 논지 가운데 하나는 토지소유의 양극분해론이다.[7] 이는 토지소유가 점차 대토지를 집적한 지주와 토지 없는 농민 혹은 영세농으로 나누어지고, 이어 지주의 토지를 대량으로 차경하는 부농과 그에 고용된 농업노동자가 나타나면서 차지농-농업노동자라는 새로운 생산관계가 발생함으로써 농업에서 근대화가 완성된다는 서구적 경험을 차용한 논리이다. 이에 대해 최근에는 조선후기에 들어 토지소유의 양극분해보다는 오히려 상층농의 비중과 경지면적이 감소하고 하층농이 경작자 수나 경작면적 면에서 증가한다는 반론이 제기되고 있다.[8] 또한 양극분해론의 대안으로 소농사회론이 제시되고 있다.[9]

---

6) 이영훈, 「한국사에 있어서 토지제도의 발전과정」, 『고문서연구』 15, 1999, 12~14쪽.

7) 김용섭, 『조선후기농업사연구 Ⅰ』, 일조각, 1970; 『증보판 조선후기농업사연구 Ⅱ』, 일조각, 1990.

8) 이영훈, 「조선후기농민분화의 구조·추세 및 그 역사적 의의」, 『동양학』 21, 1991; 김건태, 「조선 후기 지주제하 농민층 동향」, 『경제사학』 22; 「17~18 세기 전답소유규모의 영세화와 양반층의 대응」, 『한국사학보』 9, 2000; 미야지마 히로시, 2009, 「유교의 제민사상과 소농사회론」, 『국학연구』 14.

9) 이영훈, 앞의 글; 미야지마 히로시, 위의 글.

이 가운데 미야지마 히로시(宮嶋博史)는 양극분해론을 비롯한 조선사회에 대한 기왕의 연구들이 서구중심주의에 기반해 있다는 점을 비판하면서 그 대안으로 "동아시아 소농사회론"을 제시하였다. 그는 한국과 중국, 일본을 아우르는 동아시아 '소농사회'의 핵심적 특징으로 토지지배의 국가적 집중, 농민경영 면에서 세계 최고수준의 발전 정도 등을 들고 있다.[10] 매우 중요한 문제제기라는 생각에는 의문이 없다. 그러나 동아시아사를 서구와는 다른 독자적인 모델로써 유형화하려는 생각이 앞선 나머지[11] 동아시아 삼국의 동질성을 강조한 반면 차이들에 대해서는 지나치게 단순화하거나 과소평가한 것으로 보인다. 이 글에서는 특히 토지소유나 매매관습 면에서 한국, 중국, 일본 간에도 간과할 수 없는 차이가 있었다는 사실을 구체적으로 드러냄으로써 현재 논의되고 있는 동아시아사상을 재점검하는 기회로 삼고자 한다.

토지는 가장 중요한 삶의 근거였을 뿐만 아니라, 대부분의 사람들이 토지와 관련을 맺으며 살아갔던 전근대사회에서 토지소유구조나 매매관습에서 보이는 특징은 사회적 관습이나 문화 형성에 커다란 영향을 미쳤고, 근대이행 과정에서도 중요한 의미를 지닐 수밖에 없다.[12] 기왕

---

10) 宮嶋博史, 「東アジア小農社會の形成」, 『長期社會變動－アジアから考える(6)』, 東京大學出版會, 1994; 「동아시아 소농사회론의 사상사 연구」, 『한국실학연구』 5, 2003.

11) 宮嶋博史는 '소농사회론'은 동아시아의 특질을 유럽을 기준으로 보는 것이 아니고 유럽과는 다른 독자적인 모델로써 유형화하려는 것"이라고 밝혔다(宮嶋博史, 위의 글, 2003, 123쪽).

12) '전근대적' 소유권과 '근대적' 소유권이 가지는 법리적 의미가 동일할 수는 없을 것이다. 그러나 이 글에서는 소유문제를 농민들의 일상생활에 직접적인 관계가 있는 현실적 문제를 중심으로 살펴보고자 한다. 소유권 개념에 대해서는 심희기의 글이 참조된다(심희기, 『한국법사연구－토지소유와 공동체』, 영남대학교 출판부, 1992 114~128쪽). 또 조선시대의 토지 소유권은 근대적 개념과 달리 토지에 대한 이용이라는 점과 깊은 관련이 있었으며, 그것은 소유권을 표현하는 '執持', '次知', '永執' 등의 용어가 '執持耕食'과 같이 현실적 이용을 의미하는 용어와 결합되어 나타나는

의 연구들에서는 이러한 점에 대한 고려나 자각이 미흡했다고 생각한다.

2. 불·영·중·일의 토지소유구조와 매매관습

1) 프랑스

중세 프랑스에서 토지는 크게 영주 유보지 혹은 본령지로 불리던 영주 직영지(domaine)와 망스(manses: mansi)라 불리던 농민들의 보유지로 구성되어 있었다. 토지보유농(tenanciers)은 자신의 보유지를 세습할 수 있었고, 마음대로 처분할 수 있었다.[13] 이 점에서 보유지는 하나의 물권으로 존재했고, 보유농은 이에 대한 처분권과 상속권·사용권을 가지고 있었다. 그러나 농민들의 보유권 위에는 영주의 상급소유권이 중층적(重層的)으로 얹혀 있었다. 곧 농민들이 보유한 토지는 영주에게 생산물의 일정량과 각종 부과조를 납부하는 것을 조건으로 양도받은 영대(永代) 세습지였다.[14] 소유구조가 전형적인 중층성을 보이고 있었다.[15]

한편 보유지의 매매도 기본적으로는 보유농의 자유에 맡겨졌지만, 관습상 커다란 제약이 따랐다.[16] 16세기 프랑스의 각 지역에서는 관습

사례가 많았다는 점에서도 확인된다. 이러한 용례를 비롯하여 소유권과 관련된 다양한 용어 및 그 의미에 대해서는 박병호, 앞의 책, 195~218쪽 참조.

13) 마르크 블로크 저, 김주식 역, 『프랑스 농촌사의 기본구조』, 신서원, 1994, 147~159쪽.

14) G. 르페브르 지음, 민석홍 옮김, 『프랑스 혁명』, 을유문화사, 1993, 199~200쪽.

15) 영주에 대한 토지 부과조를 면제받은 자유지 소유농도 영주재판권 등에 따라 영주의 지배로부터 완전히 벗어나지는 못하였다(마르크 블로크 저, 앞의 책, 164~165쪽).

16) 귀족층도 세습적 지배권을 공고히 하기 위해 가문의 세습지를 자녀들에게 분할하여 상속하지 않고 공유하려는 관행이 있었다. 따라서 세습지를 매매 또는 양도하려 할 경우 친족구성원의 동의를 필요로 하였으며, 재산의 분할을 막기 위해 차남 이하의 결혼을 제한하기도 했다. 이런 관행은 11세기에서 12세기 초에 가장 강하였으며 이

법전을 편찬하였는데, 거기에는 부유층의 토지집적을 크게 제약하는 규정이 들어 있었다. 그 가운데 중요한 것은 〈친족매취(親族買取, retrait lignager)〉와 〈약정매취(約定買取, retrait conventionnel)〉였다. 〈친족매취〉는 어떤 사람 A1이 그 소유지를 일족 외부의 사람 B1에게 매각했을 경우, 그로부터 1년 1일이 경과하지 않았다면 A1의 일족인 A2가 B1에게 토지대금 및 기타 B1이 부담한 금액을 지불함으로써 해당 토지를 B1으로부터 매취할 수 있는 관습이었다(18세기의 한 법학자 Pochier에 의하면 A2의 청구가 있을 때, B1은 A1으로부터 매득한 해당 토지를 A2에게 매각해야 할 의무가 있었다고 한다). 〈약정매취〉는 A1이 B1에게 토지를 매각할 때, 장래(기간의 한정은 없다) B1 내지 그의 상속인(B2)이 해당 토지를 타인 C에게 매각하고자 할 경우, A1 및 그 상속인(A3)은 C에 우선하여 해당 토지를 살 수 있다고 약정하는 관습이었다.[17] 이상과 같은 매취법의 배후에는 토지를 일족 내에 계속 보지시키고자 하는 강한 지향이 있었으며, 일본의 〈質地請戾し〉나 중국의 〈사두활미(死頭活尾)〉와 서로 통하는 면이 있다.

이 제도는 나폴레옹 민법전(1804년)에는 계승되지 않았지만, 그 대신 나폴레옹 민법전에는 이전의 관습법을 이어받은 〈환매법[受戾法, rachat, réméré]〉이 규정되었다. 〈환매법〉에서 중요한 것은 매주(賣主)가 장래에 매각대금을 변제함으로써 매각물을 환매할 수 있다는 것을 조건으로 물(物)을 매각하는 환매약관부매각(還買約款付賣却)이다. 기한이 정해진 경우도 있고 정해지지 않은 경우도 있었다. 환매 기한이 정해지지 않은

후 점차 약화되었으나, 12세기 초 이래로 후술하는 바와 같은 "친족의 되사기 권리"가 대중화하여 갔다(최생렬, 「프랑스 봉건사회구조의 변화에 관하여」, 『전통문화연구』 4, 조선대, 1996, 19~24쪽).

17) 水林彪, 「土地所有秩序の變革と〈近代法〉」, 『日本史講座 8: 近代の成立』, 東京大學出版會, 2005, 146쪽.

경우의 환매 가능 기간은 민법전 성립 이전 시기에는 영구적이라는 학설도 있었으나, 18세기 후반 단계에 와서는 30년으로 보는 견해가 우세하였다. 〈환매법〉의 배후에는 경제적으로 곤궁하여 어쩔 수 없이 재산을 타인에게 매각하게 된 시민의 재산을 확정적으로 빼앗는 것은 정당하지 않다는 고려가 존재했다. 나폴레옹 민법전에서는 기한이 정해지지 않은 경우의 환매가능 기간이 5년으로 단축되었다. 그것은 매주(買主)가 확정적으로 소유자가 될 수 있는지의 여부를 알 수 없는 불안정한 상태가 장기화하는 것은 농업과 시장거래에 유해하며, "공공의 이익"에 반한다는 판단 때문이었다. 〈환매법〉 가운데 A가 환매를 조건으로 매각한 토지를 B가 C에게 전매하거나 전당을 했을 때 A가 공시 없이 C에게까지 환매를 요구할 수 있는 규정이 폐지된 것은 1950년대에 들어온 다음이었다.[18]

영대세습지에 대한 프랑스 농민의 강고한 소유의식과 매매관습은 프랑스혁명 당시에 소유권 박탈과 관습 파괴를 초래하는 자본주의적 질서에 대한 강한 반발로 나타났다.[19] 혁명 이후에도 〈환매법〉과 같은 "근대적" 시장경제 논리와 어긋나는 매매관습이 오래 동안 지속된 것도 관습을 지켜내려는 농민들에 의해 농촌공동체가 해체되지 않았다는 점, 영국에서와 같이 "양이 사람을 잡아먹는" 토지의 강제적 재통합 사태도 일어나지 않았으며,[20] 비교적 균질적 소규모 경작을 뚜렷하게 유지하고 강화하는 데 성공하였다는 점과[21] 무관하지 않을 것이다.

프랑스에서 지주제가 본격적으로 전개된 것은 프랑스혁명을 거치며

---

18) 水林彪, 앞의 글, 2005, 147~149쪽.
19) 최갑수, 「프랑스혁명과 농민운동 논쟁에 대한 소고」, 『역사비평』 17, 1992.
20) 최갑수, 위의 글 참조.
21) 이에 대해서는 아나톨리 아도, 「프랑스혁명과 농민 프랑스혁명과 농민운동」, 『역사비평』 17, 1992 참조.

봉건제가 폐지되고 토지소유의 중층성이 해소된 다음이었다. 혁명전 전체의 20%에 달하던 교회의 토지재산은 소멸되었고, 귀족의 토지 소유도 22%에서 12%로 떨어졌다. 반면, 농민의 토지는 30%에서 42%로 늘어났고, 부르주아의 토지는 16%에서 28%로 증가하였다.[22] 이러한 변화는 무엇보다 교회와 상당한 규모의 귀족 소유지가 몰수·국유화되어 경쟁입찰의 방식으로 매각되었기 때문이다. 그러나 이 토지들은 부르주아나 부유한 농민들 수중으로 들어갔다. 토지소유농의 비율은 증가하였지만, 빈농이나 무전 농민의 대부분은 토지소유에서 배제되었다.[23] 50% 이상의 토지가 여전히 귀족과 부르주아의 수중에 남아 있었다. 이들의 토지 역시 농민들의 토지소유지가 봉건적 부과조로부터 해방되었듯이,[24] 모든 봉건적 "질곡"으로부터 해방된 자유로운 토지였다. 농민들의 토지뿐만 아니라 귀족직영지와 부르주아들의 토지소유도 일물일권적이고 배타적인 근대적 소유로 전환한 것이다.

이에 따라 비교적 철저한 토지개혁이 이루어진 것으로 이해되는 프랑스 혁명 이후에도 토지의 절반 이상은 대토지소유자를 비롯한 지주의 수중에 남아 있었고, 그것은 대부분 지주제에 의해 경작되었다. 혁명 이후 농업경영 형태를 지배한 것은 이러한 소유구조 하에서 "자유로

---

22) 알베르 소불 저, 최갑수 역, 『프랑스대혁명사』 하, 두레, 1984, 241~242쪽. 물론 지역별로 편차가 컸다. 혁명 직전 신분별 토지지유규모에 대한 다른 견해(귀족은 9~44%, 성직귀족은 6%, 부르주아는 12~45%, 농민 22~70%)로는 湯淺趙男, 1981, 『フランス土地近代化史論』, 東京: 木鐸社, 42쪽 참조.

23) 알베르 소불 저, 위의 책, 241~242쪽. 최근의 한 연구에 따르면 봉건폐지가 경작자에게 수입을 돌려준 것도 아니었고, 영주에게 돌아간 것도 아니었다고 하면서 명백한 승자는 이득을 세금으로 환수한 주정부였다고 한다(Sutherland, D. M. G. Mar. "Peasants, Lords, and Leviathan: Winners and Losers from the Abolition of French Feudalism, 1780~1820", The Journal of economic history, 62:1, 2002, pp.1~19).

24) 국유화되어 매각된 귀족이나 성직자들의 토지는 모든 봉건적 부담으로부터 면제된 토지였다. 국유지 매각에 대해서는 이세희, 「프랑스혁명기와 나폴레옹 시대의 토지문제: 국유화 토지 매각을 중심으로」, 『프랑스사 연구』 9, 2003 참조.

운" 계약에 의해 전개된 지주-작인관계였다.[25] 농민이 소유하던 대토지를 포함하면 1814년 현재 지주적 소유지 면적은 전경작지의 60%를 상회하였다.[26] 혁명은 영주적 토지소유를 폐기하는 대신 소농민적 토지소유와 지주적 토지소유(지주-작인관계)로 이루어지는 농업사회를 출현시킨 것이다. 지주의 강력한 지대징수권은 "봉건적 토지소유권"을 대신하였으며, 지주들은 생산력의 증대보다도 지대착취나 조세전가에 의한 지대 증수(增收)를 선호하는 것이 일반적이었다.[27]

2) 영국

영국의 농민의 사회적 신분은 크게 자유농(free tenant)과 부자유농(unfree tenant)으로 나누어졌으며, 부자유농은 다시 관습지보유농(customary tenant)과 빈농(cottage)으로 구분되었다. 자유농은 자유상속지를 소유한 자유인 신분으로 비교적 자유롭게 토지를 상속, 양도할 수 있었으며, 이들은 가족 노동력의 규모를 넘어서는 토지를 작인들에게 임대하기도 하였다.[28] 부자유농의 관습지에는 프랑스와 마찬가지로 영주의 상급소유권이 중층적으로 겹쳐 있었다. 부자유농은 물론 자유농의 토지도 부자유농보다는 가벼웠지만, 영주에 대한 봉건적 부가조로

---

25) 14~15세기 이른바 "영주제 위기"의 시대부터 농민층분화가 진행되면서 다양한 방식으로 보유지를 집적한 일부 부농층이 영세농을 대상으로 보유지를 대여하는 일(rente)이 일어났으나, 이때도 보유지는 영주에 대한 구래의 공조부담을 지녔기 때문에 토지는 영주, 부농, 영세농 3자의 권리가 중첩된 형태를 띠었다는 점에서 차이가 난다(渡辺節夫, 『フランスの中世社會』, 東京: 吉川弘文館, 2006, 205~206쪽).

26) 이세희, 「나폴레옹 시대 프랑스 농업구조와 농민의 생활상태」, 『부산사학』 34, 1998, 179쪽.

27) 牧原憲夫, 「近代的土地所有 槪念の再檢討」, 『歷史學硏究』 502, 東京: 歷史學硏究會, 1982, 44~46쪽.

28) 자유지에 대한 지대는 관습지에 대한 지대의 1/2정도였다(김호연, 『중세 영국농민의 사회경제적 지위』, UUP, 2004, 39쪽).

부터 완전히 자유로운 것은 아니었다. 관습지보유농은 장원영주에 예
속되어 지대와 부역의 의무가 있었으며, 토지의 상속과 양도 등 모든
경제활동에서 장원법정의 규제를 받았다.[29]

한편 프랑스에서는 13세기 무렵부터 국왕재판소의 권한이 강화되면
서 농민 보유권의 세습 관습도 국왕재판소의 보호를 받게 되었기 때문
에 농민들의 토지에 대한 권리가 강하였다. 그러나 영국의 경우 왕권
은 강하였지만, 농민의 권리는 장원재판소 외에는 호소할 데가 없었기
때문에 토지와 관련한 농민들의 권리도 프랑스와 같이 견고하지 못했
다.[30] 농노는 영주의 허가 없이 그가 보유한 어떠한 것도 양도할 수 없
다는 보통법(Common law)에 근거를 둔 원칙이 중앙이나 지방법원, 관습
법, 장원조사서 등에서 수없이 강조되어 왔다. 이에 따르면 농노가 지
닌 모든 것은 자연히 영주의 재산이 되며, 영주는 임의로 농노가 지닌
모든 보유물을 점유하거나 처분할 수 있었다. 따라서 농노의 보유지 양
도는 "양도와 허가(surrender and admittance)", 곧 전보유인이 자신의 토지
를 영주에게 반납하고 후보유인이 영주의 허가를 얻어야만 가능하였
다. 자유농의 토지에도 마찬가지의 원칙이 적용되었다. 그러나 1381년
에 발발한 와트타일러 난과[31] 흑사병의 영향으로 장원 통제의 이완, 인
구증가와 토지부족, 식량 수요와 토지규모와의 불균형, 개간에 의한 자
유지의 증가, 금납화의 진전, 분할 상속의[32] 영향 등으로 사적인 거래

---

29) 김호연, 앞의 책, 5쪽 참조.

30) 영국과 프랑스 농노에 대한 비교는 마르크 블로크, 이기영 옮김, 『서양의 장원제』, 까
    치글방, 2002, 125~142쪽; 고원, 「마르크 블로크의 비교사」, 『서양사론』 93, 2007
    참조.

31) 와트 타일러 난의 배경과 과정, 결과에 대해서는 노만 콘 지음, 김승환 옮김, 『천년
    왕국운동사』, 한국신학연구소, 1993, 270~279쪽; J.F.S. 해리슨 지음, 이영석 옮김,
    『영국민중운동사』, 소나무, 1989, 81~104쪽 참조.

32) 중세 농노의 보유지 상속에 대한 다양한 견해에 대해서는 심재윤, 「5장 개방농지제

역시 활발하게 이루어졌다.[33] 또한 이 과정에서 부역농노제는 사실상 해체되었고[34] 토지거래가 활발해지면서 농민들도 토지를 집중한 소수의 부농(yeoman)과 토지를 상실하고 임노동자로 전락한 빈농이나 토지 없는 자들로 양극화되어 갔다.[35]

16~17세기에는 농민층분화가 더욱 진전됨에 따라 내부 구성원 간의 빈부격차가 커지면서 중세적 농촌공동체도 쇠퇴하였다. 16세기에 들어 중앙집권적 체제를 강화해 나가는 한편 영국교회에 대해서도 우세한 지위를 차지하게 된 헨리 8세는 1536년과 1539년 수도원을 해체하고 그 토지와 재산을 왕실 소유로 삼았다. 국왕은 몰수한 토지를 방매하였으나, 그 수혜자는 귀족과 젠트리층이었다.[36] 특히 이 시기에는 영주와 부농층에 의한 엔클로저운동이 진행되면서[37] 농민들이 향유하던 공동방목권이 사라지고, 토지경계선을 따라 울타리나 담장이 세워지면서 하층 농민들은 더욱 심각한 타격을 받았다.[38]

의 기원」, 『중세영국 토지제도사연구』, 선인, 2004 참조.

33) 부역의무가 많은 곳보다는 금납화가 진전된 곳일수록 토지거래가 활발하였다(金豪然, 「13~14세기 영국농민의 토지거래」, 『서양사연구』 7, 1985, 183쪽). 농민들 간의 사적인 토지매매는 흑사병(14세기 중엽) 이전에도 가능했지만, 13세기 중엽까지도 토지와 분리된 농노의 인신매매가 이루어지고 있었던 만큼, 농노들의 토지소유는 매우 불안정한 것이었다(김호연, 위 논문, 1985, 163쪽).

34) 富岡次郎,,「イギリスにおける農民一揆」,『中世史講座 7: 中世の農民運動』, 東京: 學生社, 1975, 92~93쪽.

35) 이상 영국 농민의 보유지에 관한 관습과 농민층 분화에 대해서는 고동욱, 「중세말 영국 바넷 장원에서의 토지거래의 성격과 농민층 분화」, 『서양사론』 48, 1996, 43~47쪽; 김호연, 앞의 책, 2004, 46쪽 참조.

36) J.F.S. 해리슨, 앞의 책, 156쪽.

37) 엔클로저 운동에 대한 최근까지의 연구 동향에 대해서는 송병건, 『영국근대화의 재구성』, 해남, 2008 참조.

38) 富岡次郎, 앞의 글, 97쪽; 김호연, 『근대초 영국농민의 분화과정』, UUP, 2005, 9~12쪽, 17쪽, 24쪽, 48쪽.

농민층분화의 또 다른 요인은 앞서 언급한 바와 같이 농민들(등본보유
농 copyholder, 중세의 관습지보유농)의 취약한 보유권이었다. 상속권이 보
장되지 않거나 토지보유세가 고정되지 않은 보유지의 경우 임차지로
전환되거나 보유세가 영주의 자의에 의해 증액될 수 있었기 때문에 보
유농들은 쉽게 토지로부터 추방될 수 있었다.[39] 보유지가 임차지로 전
환된다는 것은 보유농의 보유권, 곧 하급소유권=경작권이 더 이상 관
습의 보호를 받을 수 없게 되었음을 의미한다. 더구나 16세기 후반에는
임대지가 늘어나는 가운데 임차지의 임대 기간도 점점 짧아졌고 지대
는 상승하였다. 이런 변화 속에서 일부의 부농들은 장원 전체를 소유하
게 되어 젠틀맨으로 신분을 상승해가기도 했다.[40] 이상과 같이 영국 농
민들의 "하급소유권"은 중세 후반 이후 근대로 넘어오면서 오히려 약화
되어가고 있었음을 알 수 있다. 이후 19세기 초반까지 정기적인 차지계
약은 일관되게 감소하였으며, 1년 또는 임의적인 차지관계로 바뀌어갔
다.[41] 이와 같이 영국에서도 토지소유권의 중층성이 해소되고 농촌공동
체가 파괴되는 과정을 거쳐 배타적 소유권이 성립되면서 지주─작인관
계도 본격적으로 시작되었음을 알 수 있다.

3) 중국

중국의 '지주제'를 중세유럽의 '영주제'와 사회형태 면에서 비교해 볼
때 보이는 두드러진 점은 토지 사유와 상대적으로 자유로운 매매, 그리
고 토지소유권이 군사·행정 및 사법권과 분리되어 있다는 것이다.[42]

---

39) J.F.S. 해리슨, 앞의 책, 123~124쪽.
40) 김호연, 앞의 책, 58~79쪽 참조.
41) 牧原憲夫, 앞의 글, 44~46쪽.
42) Philip C. Huang, *The peasant family and rural development in the Yangzi Delta,
    1350~1988*, Stanford University Press, 1990, p.329

그러나 중국의 상대적으로 자유로운 토지매매 관행도 조선과 비교해 볼 때 많은 제약이 뒤따르고 있었다. 물론 중국은 땅의 넓이 만큼이나 지역이나 지방에 따라 다양한 관행들이 존재하였다. 모든 지역의 관행을 다 검토할 수는 없기 때문에 이 글에서는 농업이 가장 발달했던 강남 지역을 중심으로 살펴보고자 한다.

화북 지역에 비해 중소지주가 큰 비중을 차지하였던 강남의 지주제에서 중요한 특징 가운데 하나는 토지소유권이 전저권(田底權=소유권, 田骨, subsoil right)과 전면권(田面權=경작권, 田皮, topsoil right)으로 중층화해 있었고, 그에 따라 영구소작제, 곧 영전제(永佃制)가 널리 퍼져 있었다는 점이다. 영전권(전피, 전면권)은 토지권리의 일부로서 농민들에게 완전한 소유권의 하나로 인식되고 있었으며,[43] 세습이나 매매·양도가 가능했다. 영전권을 매입한 지주는 이를 다시 타인에게 대여할 수 있었고, 때로는 그 가격이 전저권보다 더 높은 경우도 있었다. 이점에서 영전제는 일전양주제(一田兩主制)로 전형적인 중층적 소유구조를 보이고 있었다.[44]

영구소작제는 남송시대부터 시작한 것으로 병작 기간이 장기화해 온 결과 나타난 산물이지만, 태평천국운동 뒤에 더욱 확산되었다. 황폐해진 토지를 재개간하는 과정에서 작인이 자본을 투자하여 경작하고 지주가 이들에게 영구소작권(전면권)을 인정해주는 영구소작제가 보편화되었기 때문이다.[45] 영전제는 특히 강남지역에서 일반적으로 행해졌으

---

43) 박정현, 『근대중국농촌사회연구』, 고려대학교 출판부, 2004, 41쪽.

44) 조강·진종의 저, 윤정분 역, 『중국토지제도사』, 대광문화사, 1985, 369~370쪽.

45) 박정현, 앞의 책, 39~40쪽. 영전제는 양쯔강 하류의 높은 소작율을 보이는 지역과 후우지엔의 해안일대와 같이 고도로 상업화된 지역, 그리고 후난과 같은 주요 쌀 잉여지대에서 광범위하게 존재했다(D. H. 퍼킨스 지음, 양필승 옮김, 『중국경제사: 1368~1968』, 신서원, 1997, 146~147쪽).

며, 그 중 쑤저우(蘇州) 지역은 소작제 가운데 90%, 창수(常熟)는 80%에 이르렀으며, 우시(無錫)의 경우 50%로 비교적 낮았으나, 역시 가장 보편적인 제도였다.[46] 청말민국기에는 강남 아닌 북방지역으로도 확산되어 신개간지가 많은 지역에서는 90%에 이르기도 했다.[47]

영전제뿐만 아니라 일반 소작제에 의한 계약도 대체적으로 매우 안정적이었다. 대부분의 소작지는 작인이 사망할 시 그 아들에게 계승되었다. 심지어 지주가 토지를 매도할 때 새로운 지주에게 원래 작인이 계속 경작할 수 있게 할 것을 요구하거나, 이 점을 매매계약서에 정식으로 명기하기도 했다.[48] 또 영전제 하에서 지주와 작인의 관계는 느슨하였다. 지대를 납부하는 한 작인은 지주로부터 어떠한 간섭도 받지 않았으며,[49] 작인은 토지소유권의 절반에 해당하는 재산권을 소유하고 있었기 자영농이 되기 위해 급급하지 않았다.[50] 오히려 전저권을 가진 지주가 일체의 세금을 부담해야 했기 때문에 전면권이 전저권보다 매력적이어서 많은 지역에서는 전면권이 더 인기가 있었고, 앞서 언급했듯이 더 비싸게 매매되기도 했다.[51]

한편 중국에서는 일찍부터 토지거래의 자유가 확인되고 있지만, 종

46) 박정현, 앞의 책, 40~41쪽.

47) 1936년에 토지위원회에서 조사한 보고서에 따르면 전국적으로 21.1%였으며, 강소(40.9), 절강(30.6), 안휘성(44.2)은 영전제의 비중이 매우 높았다. 북방의 察哈爾, 綏遠성의 경우 90%가 넘었는데 이 지역의 경지는 새로 개간되었기 때문이다(조강 · 진종의 저, 윤정분 역, 앞의 책, 373~375쪽).

48) 조강 · 진종의 저, 윤정분 역, 앞의 책, 366쪽.

49) 조강 · 진종의 저, 윤정분 역, 앞의 책, 362~363쪽. 이러한 경향은 청말민국 초기에 들면서 더욱 심화하여 중국의 지주는 하나의 계급으로서 사회적 영향력을 행사할 능력조차 없게 되었다(조강 · 진종의 저, 윤정분 역, 앞의 책, 220쪽).

50) 조강 · 진종의 저, 윤정분 역, 앞의 책, 320쪽, 374쪽.

51) 로이드 E. 이스트만, 지음, 이승휘 옮김, 『중국사회의 지속과 변화』, 돌베개, 1999, 115~116쪽; 조강 · 진종의 저, 윤정분 역, 앞의 책, 370쪽.

법질서와 관련된 독특한 사회관습과 중층적 소유구조를 전제로 한 영전제는 토지거래에 커다란 제약이 되었다. 우선 강남 지역에서는 관습적으로 토지거래에 상당한 제한이 있었다. 종법질서 하에서 형성된 의전(義田), 제전(祭田), 묘전(墓田), 학전(學田) 등의 족전(族田)은 토지의 분할을 방지할 목적에서 만들어진 것이기 때문에 종족구성원의 동의 없이는 매각이나 분할이 허용되지 않았다.[52] 개별 가족이 소유한 토지도 1920년대까지는 가족 전체의 재산으로 간주되기 때문에 가족의 동의 없이는 매각이나 분할이 허용되지 않았으며, 족전이나 공유지와 마찬가지로 토지거래에 제한이 따랐다.[53] 이러한 관습은 장강 삼각주 일대에서 두드러졌다. 토지를 매각할 때는 먼저 종중(宗中)의 구성원에게 구매할 것을 제시하고 이들이 매입을 포기할 경우 외부인에 매각할 수 있었다. 특히 전면권의 경우 친척이나 같은 마을 사람들이 우선적으로 구매하는 관습이 있었다.[54] 이러한 매매는 비용이나 수익에 대한 계산보다는 호혜성에 기반한 것이었으며,[55] 수리, 방충, 노동부조 등에서 공동체 생활을 유지하려는 생태학적 원인에서 나온 것이었다.[56] 토지매매를 둘러싼 이러한 관습은 일종의 공동체적 규제라고 볼 수 있으며, 토지매매를 크게 제약하였음은 물론이다.

토지의 매매를 제약하는 또 하나의 요인은 토지의 환매관습에서 찾을 수 있다. 청대의 토지 거래는 확실히 증가해 갔지만, 통상 몇 개의

---

52) 조강 · 진종의 저, 윤정분 역, 앞의 책, 184쪽.

53) Huang, Philip C, *Civil justice in China: representation and practice in the Qing*, Stanford University Press, 1996, p.56; 박정현, 앞의 책, 47~51쪽; 조강 · 진종의 저, 윤정분 역, 앞의 책, 184쪽.

54) Huang, Philip C, *ibid*., 1996, p.66.

55) Huang, Philip C, *op cit*., 1990, pp. 309~314. 이러한 관행을 "田儘田隣"라고 하였다(박정현, 앞의 책, 47쪽).

56) 박정현, 앞의 책, 50쪽.

복잡한 단계가 있었고 토지매매의 일부만이 단일적이고 절대적인 매도였다. 농민들은 일반적으로 토지 매도를 원치 않았지만, 피치 못할 사정으로 돈이 부족할 때에는 토지를 저당 잡히거나 환매를 조건으로 매도함으로써 화폐를 마련했다. 환매 조건이 부가된 토지의 경우 매도인은 해당 토지를 되살 수 있는 권리를 영구적으로 향유했다.[57] 설사 계약서에 환매에 관한 조건이 부가되어 있지 않더라도 매도인이 환매할 수 있는 기한은 관습적으로 30년이었다. 다만 계약을 체결할 당시에 '거래는 절매(絶賣)'라는 것을 명기한 때에는 환매할 수 있는 권리가 사라졌다. 서구사상이 수용된 민국법(民國法)에도 여전히 환매할 수 있는 권리는 30년으로 규정되어 있었다. 또한 중층적 소유권 가운데 주로 도시에 거주하던 지주가 가지고 있던 전저권은 매매가 점점 더 자유롭게 되었지만, 전면권(법률은 이 권리를 불승인했지만)의 매매는 여전히 구래의 관습에 의해 제약을 받았다. 전면권은 전통적인 관습에 따라 거래되었다. 절매시에는 동족이나 이웃이 관습상 우선권을 갖고 있었다. 이러한 관례는 부분적으로는 가족 전체를(개인이 아닌) 재산 소유 단위로 하는 전통에서 기원한 것이었다. 장강 삼각주의 소농경제는 이러한 방식으로 상품경제의 침투에 대응했고, 토지 소유권의 안정성을 유지했다.[58]

전면권·전저권으로 분리된 중층적 소유구조 역시 토지거래를 제약하는 중요한 요인으로 작용했다. 대체적으로 자영농민이 토지의 소유권을 이전하는 과정은 우선 전저권을 저당하여 당장 필요한 자금을 융통하고, 저당 기한이 지나면 전저권을 이전하였다, 이어 전면권을 저당하고 기한이 지나도록 변제하지 못하면 전면권을 이전함으로써 토지소유권이 타인에게 완전히 넘어갔다. 그 과정은 통상 3−8년이 소요되었

---

57) 이러한 관습은 "死頭活尾"라고도 불렀다(박정현, 앞의 책, 50쪽).

58) Philip C. Huang, *op. cit.*, 1990, pp.106~108.

다. 앞서 살펴보았듯이 특히 전면권의 매매는 전통적인 관습의 제약을 많이 받았다. 때문에 이러한 관습은 토지거래를 제약하여 태평천국운 동(1854) 이후는 물론 20세기에 들어와서도 지주 사이의 전저권 이동은 활발했지만, 전면권은 비교적 안정적이었다.[59]

한편 계약기한이 지났지만, 채무자가 채무를 변제하지도 않고, 토지 소유권을 넘기지도 않는 상황도 자주 발생했다. 이는 결과적으로 장기 간의 난국을 조성했는데 이 기간 동안 채무자와 채권자는 모두 소유권 에 대한 부분적인 권리를 갖고 있었다. 채권자는 이 토지를 사용할 수 는 있지만 매도가 불가능했고, 채무자는 채권자가 그 토지에 대한 충 분한 소유권을 행사하는 것을 제약할 수 있었다. 이러한 곤란한 상황 은 수 년, 심지어는 수십 년 동안 이어지기도 했다. 청대의 법률도 환퇴 할 수 없다고 명기[絶賣]되어 있지 않는 이상(이런 경우는 거의 없었다) 사실 상 매도인에게 기한에 구애받지 않고 언제든지 토지를 환매할 수 있는 권리를 보장함으로써 原주인의 재산권을 보호하던 오랜 정책을 여전히 고수하고 있었다. 1753년에 환매할 수 있는 기한을 30년으로 제한하는 조례를 추가했지만 이런 장기의 기한은 분쟁의 씨앗을 제거하는 데 별 도움을 주지 못했다.[60]

이상에서 살펴본 바와 같이 중국 청대(민국초)의 토지소유에서 보이는 특징은 소유구조가 중층적이었다는 점, 토지거래에서도 사실상 기한에 제한이 없는 환퇴 관행이 광범위하게 이루어지고 있었다는 점이다. 이 러한 소유구조와 환퇴관행은 공동체적 규제나 토지소유에 대한 오래된 인식과 밀접합 관련이 있는 것이고, 근대적 토지소유권이나 토지의 자

---

59) 박정현, 앞의 책, 43~45쪽.

60) 토지소유의 중층성과 매매관습에 대해서는 Philip C. Huang, *op. cit.*, 1996. pp.36~37, pp.82~83 참조.

유로운 매매와 상품화를 크게 제약하는 것이었다. 영구적인 환매권 관행, 곧 "사두활미(死頭活尾)" 관행은 1910년대 이후 점차 사멸하였고, 전면권과 전저권이 결합하는 양상을 보이게 되었으며, 1920~30년대가 되면 부재지주 사이에 토지이동도 활발해졌다. 전통적인 종족 사이의 지권이동 약속도 사라짐으로써 토지는 진정한 의미에서 상품으로 될 수 있었다.[61]

4) 일본

에도막부 시기의 토지소유구조도 서구와 유사하게 중층적이었으며, 하급소유권 또는 경작권이라 할 수 있는 백성들의 소지권(所持權) 행사를 제약하고, 토지집적을 억지하는 전답거래법이 존재했다. 그것은 무엇보다 일시에 소유권을 완전히 이전하는 방식의 매매를 금지한 〈田畑永代賣買禁令〉(이하 〈금령〉)에서 확인할 수 있다. 1643년(관영 20)에 발포된 〈금령〉은 막말까지 유지되었다. 그 이유에 대해 막부에서는 부유한 백성이 전답겸병에 의해 점점 더 부유해 지고, 가난한 백성은 전답을 팔게 되어 점점 더 곤궁해지는 것을 방지하기 위하는 것이라고 설명했다.[62] 막부체제의 근본을 이루는 연공수입을 안정적으로 확보하기 위해 무엇보다 촌락 질서의 안정을 도모한 것이다. 〈금령〉이 유지된 이유를 농민측에서 찾는다면 무엇보다 강고한 토지소지의식을 들 수 있을 것이다.[63]

토지 소지권의 이동은 〈取戻特約賣買〉(환퇴를 조건으로 하는 매매) 또는

---

61) 박정현, 앞의 책, 50~51쪽.

62) 水林彪, 앞의 글, 125쪽.

63) 深谷克己, 「世直し一揆と新政反對一揆」, 安丸良夫・深谷克己, 『民衆運動: 日本近代思想大系 21』, 東京: 岩波書店, 1989, 443쪽; 稻田雅洋, 『日本近代社會成立期の民衆運動』, 東京: 筑摩書房, 1990, 166쪽.

〈所有權分屬的賣買〉(소지권이 賣主 또는 買主에 일의적으로 귀속되는 것이 아니라, 일정기간 양자에게 분속되는 매매)의 형태로만 이루어졌다. 경제적 어려움으로 급전이 필요할 경우 백성들이 "取戻特約"을 붙여 무라(村) 내외의 호농(豪農)이나 상인, 고리대금업자에게 토지를 담보로 제공하고 돈을 빌려 쓰는 형식으로 이루어진 이러한 토지거래는 관행적으로 이루어졌으며, 막부에 의해서도 승인되었다. 〈本物返〉이나 〈質〉 등이 그것으로 사실상 매매라기보다는 저당에 가까웠다. 〈본물반〉은 빌린 돈을 변제하면 언제라도 전답을 되찾을 수 있는 조건을 붙인 계약이고, 〈질〉은 〈取戻特約付賣買(돌려받는 것을 조건부로 한 매매)〉의 법형식으로서 에도시대 중기 이후에 널리 시행되었다.[64] 여기서는 〈질〉을 중심으로 에도시대 일본의 토지거래 관행에 대해 살펴보고자 한다.[65]

〈取戻特約賣買〉가 계약되면 토지의 경작권은 채권자에게 이전되어 거기서 나오는 생산물을 이자조로 거두어들일 수 있었다. 그 대신 토지소지에 따른 일체의 연공부담은 경작권을 가진 채권자가 담당해야 했다. 채무에 대한 변제기한을 넘기면 유질(流質)되어 소지권이 채권자에게 넘어가게 되어 있었지만, 그 토지에 대해서도 반환을 요청할 수 있는 관행이 정착되어 있었다. 18세기에 들어와 정비된 막부의 〈質地法〉에 따르면 매도한 토지를 돌려받을 수 있는 기한은 최장 20년이었다. 그러나 실제 민간에서는 매도할 때 빌린 채무액의 원금만 변제하면 매도한 지 수십 년은 물론, 심지어 100년이나 지난 다음에도 돌려받는 것이 가

---

64) 水林彪, 앞의 글, 125쪽.
65) 일본에서도 모든 지역의 관행이 동일하였던 것은 아니다. 예를 들면 긴키(近畿)지방이나 간사이(關西) 지역에서는 상품경제가 발달하면서 상대적으로 공동체적 토지소유가 약화되었지만, 이 지역들에서도 토지소유의 공동체적 성격이 해소된 것은 아니었다. 나머지 대부분의 지역에서는 공동체적 토지소유의 성격이 에도시대 말기까지 유지되었다.

능한 〈無年季的質地請戻し慣行〉이 광범위하게 시행되고 있었다.[66] 질지를 매도할 때 쓴 증문(證文)에 영대(永代)로 양여한다는 내용이 들어 있더라도 그 내용을 무시하고 되돌려 받는 경우도 많았다. 또 원지주(元地主)는 질지가 A→B→C로 이동하더라도 C에 대해 되돌려 줄 것을 청구할 수 있었다. 에도시대 후기에는 사실상 기한에 구애되지 않는 질지의 반환이 촌법(村掟)·향례(鄕例)라는 하나의 관습으로 성립해 있었고, 오히려 막부법이나 번법(藩法)에 우선하는 것으로 인식되고 있었다. 질지 계약은 자유로운 상품교환의 원리에 의한 계약관념보다는 가의식(家意識)을 매개로 한 전근대적 성격을 강하게 띠는 것이었다. 이것은 〈質地請戻し慣行〉이 막부체제의 근간이 되는 소백성적 소지(所持)의 재생산을 지탱하는 불가결한 조건으로 인식되었기 때문이다. 따라서 질지의 반환요구에 응하지 않거나, 질지의 명의를 자신의 것으로 고친다든지 하는 부정을 저지른 지주나 촌역인에게는 "사욕에 따라 제멋대로 했다", "사욕으로 횡령했다"는 엄혹한 비판과 함께 공동체적 제재가 가해졌다. 따라서 지주적 소지가 그 자체의 논리를 관철시키는 것이 극히 곤란하였고, 지주들도 무제한적으로 소지를 확대하려는 욕구를 강하게 가지기 어려웠다.[67]

---

66) 질지는 일반적으로 채권자가 경영하였고, 거기서 나오는 수익이 質金의 이자에 해당한다는 관념이 형성되어 있었기 때문이다. 따라서 질지를 돌려받을 때 원금 이외에 이자를 지불한다는 생각이 없었음은 당연하다(白川部達夫, 「近世質地請戻し慣行と百姓高所持」, 『歷史學硏究』552, 東京: 歷史學硏究會, 1986; 藪田貫/深谷克己 編, 『展望 日本歷史』15, 東京: 東京堂出版, 2004, 145쪽).

67) 〈取戻特約賣買〉에 대해서는 白川部達夫, 앞의 글, 149쪽 참조. 메이지 유신 직후 토지평균풍문이 유포되었으며, 교육비 등 근대화를 위한 경비를 마련하기 위해서 토지를 국유화하고 농민에게 평균적으로 재분배하자고 하는 건의서를 제출하는 인물들이 나타나기도 했다. 이때도 호농·지주층은 "토지는 천황의 것이므로 平分되어도 어쩔 수 없다"고 생각할 만큼 소유의식이 매우 취약하였다(三澤純, 「〈土地均分〉と民衆」, 藪田貫 編, 『民衆運動史 3-社會と秩序』, 東京: 靑木書店, 2000, 319쪽, 329쪽).

〈質地請戻し慣行〉은 백성성립 및 가상속(家相續)의 논리를 앞세우며 19세기에 들어 더욱 강화되어 갔다. 또 질지에 대해서만이 아니라 매각된 땅에 대해서도 적용되었다.[68] 이러한 관행을 정당화하는 논리의 핵심은 막부의 재정을 지탱하는 백성의 가상속이나 촌락공동체의 성립이었다.[69] 에도시대 일본의 토지거래 관습은 무엇보다 토지 영대 매매가 법적으로 금지되어 있었다는 점, 공동체적 성격의 강고함과 각 촌마다 자기들에게 부과된 연공과 부역의 총량을 연대책임 하에 납부해야 하는 촌청제(村請制) 등에 규정된 것이며, 그에 따라 촌 공동체의 집단적인 토지 관리가 이루어지고 있었다는 점과 밀접한 관련이 있었다. 특히 백성들의 토지소유는 공동체 결합의 본질적 계기였던 만큼 〈無年季的質地請戻し慣行〉은 〈촌법〉이라는 공동체적 규제와 깊이 결부되어 있었고, 이 점에서 일종의 공동체적 소유의 표현이라고도 볼 수 있다.[70]

근세농민은 반드시 특정 공동체의 성원이며, 그 무라(村)를 떠나서는 토지를 소유할 수 없었다. 소유의 공동체적 성격을 잘 보여주는 것은 일부지역에서 시행된 할지제(割地制)이다. 전형적인 예가 시코쿠(四國) 지방 등에 존재하던 토지 할환제(割換制 =割地制度, 𣸭地制度)이다. 니혼마츠한(二本松藩, 현재의 福島縣) 아사카군(安積郡) 나리타촌(成田村)에서는 1794년부터 에도 막부 말기까지 20년마다 할지(割地)가 행해져, 무라의 총경지석고(總耕地石高) 545석 4두 4승 5홉(1856년)을 백성 45세대가 분할하고 있었다. 어느 경지를 경작할 것인가는 45세대의 본백성(本百姓)

---

68) 鶴卷孝雄, 『近代化と傳統的 民衆世界』, 東京大出版會, 1991, 7쪽; 白川部達夫, 앞의 글, 137쪽.

69) 大塚英二, 「質地請戻し・土地取戻しと「家」・村共同體」, 藪田貫 編, 앞의 책 참조.

70) "촌에서 토지소유는 단순이 사유가 아니다. 사유의 근저에는 촌인들 총체의 소유라는 사실이 존재한다. 사유의 표면 아래에는 촌 총체의 소유관계가 잠재해 있다."[川本彰, 『むらの領域と農業』, 家の光協会, 1983, 11쪽(藪田貫/深谷克己 編, 앞의 책, 129쪽에서 재인용)].

이 제비를 뽑아 정하고, 이후 20년간 경작하였다. 이 할지제도야말로 근세 농민의 토지 소지의 공동체적 성격을 가장 잘 나타내고 있다. 근세 농민이 소지하는 토지는 개인의 것이기도 하면서 동시에 무라의 것이기도 하였다.[71]

원래 할지제는 수해나 지진 등이 발생했을 때 농민 간의 공조(貢租) 부담을 공정하고 공평하게 하기 위해 창시된 것으로, 형식적 평등에 의하여 가구별로 토지가 재분배되었다. 농민층 분화가 진행된 19세기에도 할지가 실시되던 에치젠(越前), 에치고(越後) 지역의 촌들에서는 소작권이 강하였고, 작인에 의한 소작권의 매매가 이루어졌으며(영소작), 소작료도 지주와 작인 간에 결정되는 것이 아니라 촌의 결정에 따랐으며, 지대의 감면액도 촌전체의 평균적 작황에 의해 결정되었다. 이러한 사례에서 볼 수 있듯이 촌내 경지에 대하여 촌락공동체가 관여하는 권한은 많은 근세촌락이 잠재적으로 가지고 있었으며, 자연재해가 다발하는 촌에서는 할지의 실시로 현재화하였다. 그것은 지주층 등의 개별 가의 토지 소지권에 대한 촌락공동체의 규제라는 점에서 〈質地請戻し 慣行〉보다 훨씬 직접적이고 강한 것이었다. 또 각 촌공동체에서는 자기 촌의 토지 소지권이 다른 촌으로 이동하는 것을 방지 하고자 하였으며, 토지 소지권을 다른 촌의 사람에게 이전하고자 할 때는 촌의 승인을 거치도록 했다. 이는 한편으로 토지이동이 상당히 활발하였음을 보여주는 것이기도 하지만, 역시 토지 소유권에 대한 공동체적 규제에 의해 토지거래가 매우 제한되었음을 보여준다. 이러한 관행은 현대까지도 "촌에 의한 토지 선매권"의 형태로 이어지고 있다.[72]

---

71) 今西一, 「近代日本の土地改革」, 『쌀·삶·문명 연구』1, 全北大學校, 2008, 176쪽.

72) 渡辺尚志, 「近世村落共同体に関する一考察－公同体の土地関与への仕方 を中心に」, 『歷史評論』451, 1987; 藪田貫/深谷克己 編, 앞의 책, pp.118~124. 토지 소유권에 대한 공동체적 규제는 〈村借〉나 〈村追放〉에서도 보인다. 이에 대한 자세한 내

이러한 관습이나 촌법이 막부의 토지매매금지령과는 다른 경제적 맥락에서 토지소유권의 매매나 행사에 제약을 초래하였으리라는 점은 쉽게 짐작이 된다. 따라서 근대적 소유권 확립과 토지 상품화의 자유를 위해서는 이러한 관행이 폐기되어야 했으며, 그 과정은 적지 않은 사회적 비용을 요구하였다. 명치유신 4년 후인 1872년 〈地所永代賣買의 解禁〉(太政官布告 第50号)에 따라 토지의 완전한 매매가 허용되었고, 근대적 법과 제도가 마련되면서[73] 질지 반환과 관련한 에도 시대의 관행도 더 이상 통용되지 않게 되었다.[74] 과거의 관행을 믿고 근대적 금융기관이나 고리대금업자에게 토지를 담보로 돈을 빌렸다가 변제 기일을 넘긴 많은 농민들이 하루아침에 토지를 잃게 되었다. 이들은 이에 반대하여 과거의 관습을 회복하기 위한 투쟁을 전개하였다. 질지반환을 요구하는 부채농민들의 투쟁은 명치유신 이후 민중운동 가운데 대표적인 투쟁의 하나일 정도로 심각한 사회적 갈등을 야기했다.[75] 1884~86년 사이에 전국 경작지의 소유권이동은 36%에 달하였다. 물론 이것이 모두 질지에 의한 것은 아니었겠지만, 부채농민소요가 가장 많이 일어난 시기는 1880년대 전반이었고, 총 60여회 이상의 소요 가운데 1884년에

용은 渡辺尙志, 위의 글, pp.120~121 참조.

73) 이 과정에 대해서는 稻田雅洋, 앞의 책, 138~147쪽; 暉峻衆三 편, 전성운 역, 『일본농업경제사』, 강원대출판부, 1991, 25~36쪽 참조.

74) 물론 근대적 토지소유법이 시행되었다하여도 현실적으로 실시되고 있던 관행을 일거에 바꾸지는 못했다. 질지 기한을 3년으로 정한 1873년의 〈地所質入書入規則〉이 발포된 지 10년이 지난 1884년에도 여전히 구래의 관습이 이어지고 있었다(大門正克, 「農村問題の社會意識」, 『日本史講座 8: 近代の成立』, 東京大學出版會, 2005, 307~310쪽).

75) 鶴卷孝雄, 앞의 책; 稻田雅洋, 「民衆運動と〈近代〉」, 困民党研究會 編, 『民衆運動と〈近代〉』, 東京: 現代企劃室, 1993; 김용덕, 「명치초 지조개정에 대한 농민저항의 형태」, 『동방학지』 60, 1988, 192~196쪽.

70%정도가 발생했다.[76]

이상과 같이 일본에서는 메이지 유신 이후 판적봉환(版籍奉還, 1869)과 질록처분(秩祿處分, 1876), 지조개정(地租改正, 1880)을 거치며 중층적 소유구조가 파기되고, 질지관행에서 보이는 공동체적 규제가 더 이상 토지 매매의 자유를 제한하지 못하게 됨으로써 토지매매와 이동이 본격적으로 개시되었다. 그에 따른 경영형태는 프랑스의 경우와 마찬가지로 지주-작인관계로 귀결되었다. 근대적 소유권에 입각한 이른바 "기생지주제"가 바로 그것이었다.[77]

3. 조선의 토지소유구조와 매매관습

1) 토지소유구조

조선왕조의 토지정책은 개창 1년 전인 1391년 새로운 토지 분급법인 과전법(科田法)으로 표현되었다.[78] 과전은 처음에는 경기도에 국한되었으나, 점차 하삼도로까지 확대되어 갔다. 과전은 일반 민전 위에 설정되었다. 국가에서는 사전(私田)의 전주, 곧 수조권자가 전객, 곧 과전이 설정된 민전의 실질적 소유주로부터 토지를 빼앗지 못하도록 하여 소농민을 보호하는 정책을 취했다. 다른 한편 전주의 수조권을 보호하기

---

76) 稻田雅洋, 앞의 글, 22~24쪽.

77) 기생지주제에 대해서는 근대성여부를 둘러싸고 많은 논란이 이어졌다. 그러나 기생지주제의 半封建性을 강조하는 미야카와도 1872년 이후 법인된 토지의 자유로운 처분이 "농업에서 상품=화폐경제를 일층 촉진하고 보편화하였"다는 점을 동시에 지적하고 있다(宮川澄, 『近代的所有權の形成』, 東京: 御茶の水書房, 1969, pp.207~208.

78) 물론 과전법도 애초부터 건국 공신들의 농장을 그대로 두는 등 출발부터 한계가 있었기 때문에 건국한 지 30년이 채 안 되는 1421년(세종 3)에도 영의정이 限田 · 均田制을 주청하기도 했다(『세종실록』, 세종 3년 5월 11일).

위해 사전의 매매를 사실상 금지하였는데, 이러한 규제는 일반 민전으로까지 확대되었다.[79] 토지를 타인에게 빌려주고 그 대가로 지대를 수취하는 병작(竝作)은 환과고독(鰥寡孤獨)이나 자식도 없고 노비도 없이 3·4결 이하 경작하는 자 등 특별한 경우를 제외하고는 금지되었다.[80] 처분권이 제약되고, 사용권과 수익권의 분리도 금지된 것이다. 왕토사상에 입각한 균전제 시행을 통해 자영소농층을 확보함으로써 생산 및 재정의 토대로 삼고자 했던 조선왕조 건국 당시의 이상이[81] 완전히 포기되지 않았음을 보여준다.

그러나 토지의 사적 소유권이 성장하고 매매의 필요성이 증대되어 갔기 때문에 1424년(세종 6)에는 일반 민전의 매매를 허용할 수밖에 없었다.[82] 매매의 허용은 원래 조선 건국세력이 구상했던 토지개혁 구상, 곧 왕토사상에 입각한 '공유제(公有制)' 내지 '왕유제(王有制)'를 구현하고, 균전제를 실시함으로써 자영소농민층을 확보하고 이들을 생산의 기축으로 삼으려던 구상을[83] 사실상 완전히 포기한 것이다. 반면 처분권의 핵심이라 할 수 있는 매매·양도가 가능해짐으로써 농민들의 토지소유권은 그 만큼 성장하게 되었다. 이어 과전법이 폐지되고(1466, 세

---

79) 과전법에 대해서는 김태영, 『조선전기 토지제도사연구―과전법체제』, 지식산업사, 1983; 이경식, 『조선전기토지제도연구』, 일조각, 1986 참조.

80) 『태종실록』, 태종 6월 11월 23일. 부강한 자가 병작하는 전답은 경작하고 있는 가난한 백성에게 지급하여 생계를 이을 수 있도록 하기도 했다(『태종실록』, 태종 15년 6월 25일).

81) 조선 건국 당시 정도전은 왕토·왕신사상에 대해 국왕은 "天의 일을 대신하며 天民을 다스리는" 존재였기 때문에(鄭道傳, 『朝鮮經國典』上, 治典 官制), "토지의 광대함과 인민의 衆多함을 專有"할 수 있다(鄭道傳, 『朝鮮經國典』上, 賦典 上供)고 표현하였다.

82) 『세종실록』, 세종 6년 3월 23일. 세종 6년(1424)에는 공전, 사전을 불문하고 전지매매금지 규정이 공식적으로 해제되었다(김태영, 「조선전기의 균전, 한전론」, 『국사관논총』5, 1989, 120쪽).

83) 이경식, 「조선전기의 토지개혁논의」, 『한국사연구』61·62합, 1988, 219~220쪽.

조 12) 현직관리에게만 토지를 분급하는 직전법(職田法)까지 폐지되면서 (1566, 명종 11) 전객, 곧 민전 소유 소농민들의 소유권 행사에 제약을 가했던 전주-전객제는 소멸되었다.[84] 이에 따라 일반 민전의 전주는 토지 소유권을 사실상 자유롭게 행사할 수 있었다. 결국 토지 매매의 자유를 허용한 지 100년도 채 안 되어 "궁한 자는 비록 조상이 물려준 토지라도 모두 팔게"되고, "부호들이 토지를 겸병"하여[85] "부자는 전지가 천맥(阡陌)을 잇고, 빈자는 입추(立錐)의 땅도 없을" 정도로, 또 5~6년만 지나면 한 읍의 땅은 모두 5~6인의 수중으로 들어갈 것이라는 우려를 불러올 정도로 소유분화가 진행되어 갔다.[86] 토지소유의 불균등에 따라 토지소유의 균질성을 전제로 해야만 온전하게 운영될 수 있던 부세운영에는 막대한 폐단이 초래되었다.[87] 부세를 감당할 수 없게 된 농민들은 농장에 투탁하여 국역부담을 회피하고자 하였다. 이에 따라 국가권력이 우려해 마지않던 토지의 집중과 개별인신의 탈점, 은루현상이 만연해지면서 국가기구의 존립을 위태롭게 할 정도로 만성적인 재정난이 야기되었다.[88] 이 점에서 조야의 지식인들에 의해 꾸준히 제기된 바, 왕토사상에 입각한 토지개혁론은 건국 세력이 구상하였으나, 사실상 허구화된 "균전책(均田策)"에 입각한 〈왕토〉와 〈왕신(王臣)〉의 통일적 지배를 회복하려는 노력이기도 했다.

---

84) 이경식, 「조선전기 직전제의 운영과 그 변동」, 『한국사연구』 28, 1980.

85) 『중종실록』, 중종 13년 2월 21일.

86) 『중종실록』, 중종 13년 5월 27일.

87) 李沂는 다음과 같이 균전과 군역이 가지는 상관관계에 대해 정확하게 지적하고 있다. "戶役者 卽三代兵賦之制 而凡有戶者 皆得均役也 然當是時井田行 而民之財産亦相近 故雖均役而無怨言 自秦漢則 貧富之勢始大懸矣 至唐宋則士夫之家 又許免矣 其不得免者 必歸蔭戶 不得蔭者必歸逃戶 天下遂至於空虛"(『海鶴遺書』 권 2, 戶役制, 55쪽).

88) 김태영, 「조선시대 농민의 사회적 지위」, 『한국사시민강좌』 6, 1990 참조.

토지매매의 자유가 허용되면서 민전 지주의 토지소유권은 이전에 비해 크게 강화되었다. 15세기까지만 하여도 토지의 적극적인 이용과 생산력 상승을 유발하여 재정수입을 증대하려던 왕조정부는 3년이 지난 진전(陳田)의 경우 다른 사람이 관에 신고하여 경작할 수 있게 하였다.[89] 관으로부터 소유권을 확인받았다 하더라도 3년 이상 경작하지 않을 경우, 사실상 소유권은 유지되기 어려웠던 것이다. 토지 소유권은 현실적 이용, 곧 경작여부와 밀접한 관련이 있었으며, 이 점에서 근대적인 '절대적' 소유권 개념과 달랐다.[90] 앞서 언급했듯이 토지와 노동과의 관계, 곧 토지의 이용이라는 점이 중시되었다. 더구나 16세기까지만 하여도 미간지가 많았으므로 토지보다는 노동력이 부족한 실정이었기 때문에 경작자의 권리도 상당히 보장되었다. 경작권은 비록 소유권에 비해 매우 낮은 가격이었지만, 물권적 성격을 가지고 매매되기도 하였다. 조선 후기에 보이는 일물일권적 소유권이 아직 확립되어 있지 않았음을 시사한다. 이에 따라 농장 관리를 맡은 장노(庄奴)가 농장주의 토지를 도매(盜賣)하거나, 병작인이 토지를 모점(冒占)하는 사례도 적지 않았다. 특히 토지가 소유주의 거주지로부터 멀리 떨어져 있는 경우 토지의 소유권이 소유주 몰래 이전되거나, 작인이 자기의 토지라고 우기거나 팔아버리는 경우도 있었다. 18세기 초반까지도 지주들이 개간지 등 소유구조가 복잡한 곳에서는 병작제보다 작개제(作介制)를 통해 경영한 것도 그 때문이었다.[91]

조선후기가 되면 소유권의 배타성이 한층 더 강화된다. 물론 이미 개간되어 경작되고 있었을 뿐만 아니라, 대대로 매매 양도되고 있던 토지

---

89) 『經國大典』, 戶田 田宅.

90) 소유권 개념에 대해서는 심희기, 앞의 책, 114~128쪽 참조.

91) 김건태, 앞의 책, 29~45쪽, 58쪽, 102~112쪽 참조.

에 대해서도 양안상 무주지(無主地)라는 이유로 궁방(宮房)에 절수(折受)하는 등 국가권력에 의한 소유권 침해가 없지 않았다.[92] 그러나 토지소유권에는 근대적 토지소유와 매우 흡사한 할 정도의 "일물일권적 배타성"이 확립되어 있었다. 물론 그러한 소유구조나 매매관습이 근대적이었는지, 혹은 자본주의적이었는지의 여부는 국가권력과의 관계나 공동체적 규제, 토지소유에 관한 이념이나 농민들의 문화나 관습, 신분제적 지배의 존부나 강도 등을 포함하여 다양한 이론적 검토가 뒤따라야 하겠지만, 여기서는 일단 조선후기 이래의 토지 소유권이 근대 이전 서구나 일본은 물론 중국에 비해서도 매우 배타적인 일물일권적 성격을 띠고 있었음을 확인해두고자 한다.[93]

우선 조선후기에 지주-작인 관계에 편입된 토지 가운데 일부 발생사적 연원이 특이한 지목을 제외한 토지에서는 소유권이 중층적이지 않았다.[94] 이 점은 서구나 일본, 중국 강남일대의 소유구조와 크게 대비되는 특징이다. 지주에게는 토지의 사용권·수익권과 처분권이 배타적 권리로 인정되고 있었다. 반면에 직접경작자=작인에게는 지주의 소유권에 대항할 만한 권리가 없었다. 일제시기에 조사된 병작관행에 따르면 경작을 목적으로 토지를 차용한 자는 영소작(永小作)을 제외할 경우 그 토지를 새로 매입한 소유자에 대항할 만한 권리가 없었다. 다만, 이

---

92) 논란의 여지가 있으나, 궁방전 가운데 문제가 되는 것은 유토면세지는 1787년 현재 총결수의 1%에도 미치지 못한다는 의견도 있다(이헌창, 『한국경제통사』, 법문사, 2003, 59쪽).

93) 이에 대해서는 이미 다른 글에서 언급한 바가 있다(배항섭, 「1894년 동학농민전쟁에 나타난 토지개혁구상」, 『사총』 43, 1994) 여기서는 그 내용의 일부를 수정·보완하여 재정리하였다.

94) 예를 들면 宮房田이나 賭地權이 설정된 一般 民田, 곧 黃海道 載寧의 中賭地, 平安道 大同 等地의 轉賭地, 平安道 義州의 原賭地, 全羅道 全州의 禾利, 慶尙道 晉州, 固城의 竝耕 등이 그러하였다(『朝鮮ノ小作慣行』下, 參考篇, 30쪽).

미 농사일을 시작한 춘분 이후일 때는 그 해의 수확이 끝날 때까지 신소유자도 차지권(借地權)을 인정하지 않으면 안 되었다.[95] 이와 같이 차지권은 다만 채권이었을 뿐, 지주의 소유권에 대항할 수 있는 물권이 아니었기 때문에 이작(移作)과 관련한 소송의 해결도 대체로 지주에게 맡겨졌다. 지주와 작인 간의 문제인 만큼 관에서도 개입할 필요가 없었기 때문이다. 작인이 지대납부 기한을 지키지 않거나, 지대를 거납하는 경우 이작은 당연하게 여겨졌다. 작인 역시 이작에 대해 억울함이 있더라도 어쩔 수 없다는 입장이었다.[96] 이에 따라 작인이 동일한 토지를 차지(借地)하는 기간은 대체로 3, 4년 정도에 지나지 않았으며, 10년 이상 같은 토지를 병작하는 경우는 극히 드물었다.[97] 김건태의 분석에 따르면 작인 존속률이 일반 민전보다 상대적으로 높았던 문중 족답에서도 19세기 중후반으로부터 20세기 초반에 걸친 시기의 작인 존속률은 길게는 5.8년 짧게는 3.4년에 불과하였다.[98] 나아가 소유권 행사는 신분과 무관하게 법적 보호를 받았다. 『속대전(續大典)』에는 "혹 다른 집 비(婢)를 취하여 자손이 있는데도 그 노비주에게 기상(己上)하는 것은 제서(制書)를 어긴 율로서 논한다."라고 규정되어 있다.[99] 노비주에 의한 노비의 소유권 침해를 방지하고 노비의 소유권을 보호하려는 법 규정이었다.

---

95) 『國譯 舊慣習調査報告書』(한국법제연구원, 1992), 133쪽; 『朝鮮ノ小作慣行』下, 參考篇, 80쪽.

96) 조윤선, 『조선후기 소송연구』, 국학자료원, 2002, 144쪽.

97) 안병태, 「조선후기의 토지소유」, 『한국근대경제와 일본제국주의』, 백산서당, 1982.

98) 김건태, 『조선시대 양반가의 농업경영』, 역사비평사, 2004, 389~390쪽.

99) 『續大典』刑典, 私賤. 이러한 법규는 반대로 노비의 소유권이 법적 규정과 달리 노비주에 의해 침탈되는 사례가 적지 않았음을 의미한다. 실제로 노비는 자신의 토지를 매각할 때 상전의 하락을 받아야 했으며(김건태, 앞의 책, 37~42쪽), 노비주의 강요로 노비의 토지가 노비주에게 귀속되는 사례도 많았다(전형택, 「조선후기 노비의 토지소유」, 『한국사연구』71, 1990).

또한 서구와 달리 경작지에 대한 작인의 권리가 사실상 부재한 현실
은 작인들 간의 치열한 차지경쟁을 초래했고,[100] 지주에 의한 탈경(奪
耕),[101] 심지어 농사가 시작된 다음에도 작인이 바뀌는 사태까지 일어났
다.[102] 토지소유의 이러한 특징은 일찍부터 토지의 상품화를 자유롭게
하였다. "부조(父祖)의 전업(田業)을 능히 그대로 지켜 다른 이에게 팔아
먹지 않는 사람은 10에 5정도이고, 해마다 토지를 떼어 팔아먹는 사람
은 10에 7~8정도나 됩니다."는 표현은 그러한 사정을 잘 보여준다.[103]

이와 같은 토지소유의 중층성 부재는 자유로운 매매가 이루어질 수
있는 배경이 되었으며, 서구와 달리 농민들에 대한 토지긴박도를 떨어
뜨릴 수밖에 없었다.[104] 토지소유의 불균등이 심화된 원인 가운데 하나
가 바로 여기에 있었다. 또 서구의 경우 토지소유가 상, 하급소유로 나
누어져 있었던 만큼 토지소유의 경제적 실현인 지대수취를 위해서는
영주-농노 간에 신분적 지배-예속관계를 기초로 하는 경제외적 강제
가 매개될 필요가 있었다. 그러나 조선의 경우 특히 조선후기에는 서민
지주가 등장하는 데서도 알 수 있듯이 신분적 지배-예속관계가 매개될
필요가 없었다. 지대의 수취는 토지소유 그 자체가 가지는 배타적 성격

---

100) 차지경쟁과 이에 따른 개혁론에 대해서는 이윤갑, 「18세기말의 均竝作論」, 『한국사
    론』 9, 1985 참조.

101) 지주에 의해 全村의 농지가 奪耕移作되기도 한 사례는 작인들의 소유권부재를 극
    단적으로 표현하고 있다(김용섭, 「광무연간의 양전지계사업」, 『한국근대농업사연
    구』(증보판), 1988, 365~366쪽).

102) 『各司謄錄』 48卷, 「천수사록」 제1책, 226쪽, 제3책, 308쪽, 316쪽, 318쪽.

103) 徐應淳, 『絅堂集』 卷3, 井田論; 朴趾源, 『課農小抄』, 限民名田議: 韓國學文獻研
    究所 編, 『農書 6』, 亞細亞文化社, 1981.

104) 조선초기부터 부단히 이루어진 호적의 작성, 戶牌法이나 五家作統法의 실시도 이
    러한 문제를 해결하기 위한 국가차원에서의 노력이었다(김태영, 앞의 글, 1990,
    55~56쪽).

에 기반한 하나의 '사회적 약속'이라는 성격이 강하였다. [105]

2) 매매관습

조선시대 토지소유권의 발달 정도를 보여주는 또 하나의 중요한 지
표는 매매 관습이다. 우선 조선사회에서는 토지매매에 대한 "공동체적"
규제가 매우 약하였다. 일부 족답의 경우 거래에 대한 문중 차원의 제
한이 있었으나, [106] 대부분의 거래에서는 특별한 제한이 없었다. [107] 이
점에서 토지매매가 상급소유권자인 영주, 혹은 이웃이나 동족집단, 혹
은 촌락공동체으로부터 규제를 받았던 영국이나 중국, 일본과 매우 대
비된다.

특히 주목되는 점은 매매관습 가운데 하나인 환퇴관습이다. [108] 환퇴
는 고려조의 관습이 이어진 것으로, [109] "환매(還買)", "권매(權賣)", "고위
방매(姑爲放賣), "위고방매(爲姑放賣)" 등으로도 표현되었으며, [110] 매매계

---

105) 병작반수는 이미 15세기 후반부터 '民間常事'로 인식되고 있었다. "竊以爲我國壤
地褊小, 無田之民, 幾乎十分之三, 有田者有故而不能耕種, 則隣里族親竝耕而
分, 乃民間常事也"(『세조실록』, 세조 4년 1월 17일).

106) 종가가 경제력을 유지시킬 목적으로 토지 등의 매각이나 분할을 금지하거나 衆子
孫이 다른 곳으로 이사가게 되면 구가 소유하고 있던 토지를 종가에 환속시키도록
했다(김현영, 「호남지방 고문서를 통해 본 조선시대의 가족과 친족」, 『호남지방 고
문서 기초연구』, 정신문화연구원, 1999, 270~272쪽).

107) 1739년에 작성된 대구 부인동 동약에는 常漢 가운데 分外의 직임을 얻으려는 자나
무단으로 이사한 자, 야반 도주하한 자가 있을 경우 洞中 사람들에게 알려 그들이
마을 사람들에게 토지를 팔지 못하도록 규제하는 節目을 마련해두고 있었으나「夫
仁洞洞約」, 김인걸 · 한상권 편, 『조선시대사회사연구사료총서』(2), (보경문화사,
1981, 424쪽], 매우 예외적인 사례이고 이마저 얼마나 지켜졌을지 의문이다.

108) 이하 환퇴 관련 관습에 대해서는 한국법제연구원, 앞의 책, 133~134쪽, 276~281
쪽 참조.

109) 정구복, 「부안 김씨가문의 생활모습」, 『호남지방 고문서 기초연구』, 정신문화연구
원, 1999, 178쪽.

110) 이 밖에 "限某年 還買", "限某年還退次放賣" 등으로 표시되기도 했다(장창민, 「조

약을 체결할 때 토지의 환매를 조건으로 매매하는 것을 말한다. 환매할 수 있는 기간을 반드시 명확히 하였으나, 기간에는 제한이 없었다. 그러나 10년 이상은 거의 없었고, 1년 내지 5년이 보통이었다.[111] "대서력환퇴(待舒力還退)"라고 하여 매도인이 자력을 회복한 때에 환매하겠다는 취지의 특약을 부기하기도 하였다. 매매계약이 체결된 이후에는 환매가격을 다시 약정하거나, 매매가를 시가에 따라 조정한다거나 원가에 이자를 붙이는 관습은 없었다. 매도자가 기한 내에 환매하지 않을 경우 함경도 일부 지역(회령, 경흥, 갑산)에서는 토지가격을 평가하여 먼저 지불한 대금과의 차액을 授受하는 절차가 있었지만, 다른 지역에서는 단지 영영방매(永永放賣) 문기를 작성하여 작성 · 교부하는 것으로 소유권이 매수인에게 완전히 넘어갔다.

환퇴는 기본적으로 매도인이 계속 경작한다는 특약이 없는 이상 경작권도 매수인에게 넘어가는 것이 "판례"였지만,[112] 소유권 · 사용권 모두 넘기는 경우, 소유권은 유보하고 사용권만 넘기는 경우, 소유권 · 사용권을 모두 유보하고 경우 등이 있었다. 이 가운데 세 번째 경우에는 대체로 매년 매각한 토지의 도지(賭地)에 해당하는 이자를 지급하였다 (전당과 유사). 어떤 경위든 소유권의 귀속이 애매한 상태에 머물게 되며, 사용권과 소유권이 모두 매수인에게 넘어가더라도 매수인은 그 토지를 마음대로 처분할 수 없었다.[113]

환퇴 여부를 둘러싼 소송에서 판단기준이 되는 것은 무엇보다 매매문기에 환퇴와 관련된 "환퇴", "권매" 등의 표현이 명기되어 있느냐의

선시대의 환퇴제도」, 『법사학연구』 26, 2002 참조).

111) 전성호, 「18~19세기 토지거래 관행 및 가격추이」, 『제40회 전국역사학대회 발표요지』, 1997, 531~537쪽.

112) 조윤선, 앞의 책, 148쪽.

113) 전성호, 앞의 글, 531~535쪽.

여부였다.[114] 이는 조선후기의 토지매매가 매우 엄격한 문서주의에 입각해 있었으며,[115] 국가가 매매를 승인하는 것은 아니었지만, 민간의 매매 문서는 국가 차원의 소유권 확정에 1차적인 증빙문서로 인용되고 있었음을 보여준다.[116]

이상에서 알 수 있듯이 조선시대의 환퇴제도는 환퇴 가능 기한이 30년 혹은 영구적이었던 서구나 일본·중국과 크게 달랐다. 그러나 환퇴에 대한 단서가 없는 일반적인 매매관습은 환퇴제도와 전혀 달랐다. 일반적인 토지 매매에서 쌍방이 환퇴할 수 있는 기한은 문종 연간에는 10일이었으나,[117] 『경국대전』 단계에 와서는 그 기한이 15일로 늘어났으며, 100일 이내에 관청에 보고하여 그 확인서를 받아야 효력이 발휘되었다.[118] 그러나 1548년(명종 3)에는 관청에 보고해야 하는 시한이 100일에서 30일로 줄어들었다. 그것은 "전지(田地)와 가사(家舍)를 사고 판 뒤에 환퇴를 하겠다는 소장을 비록 100일 이내에 제출하였더라도 매수인(買受人)이 가사를 깨끗이 정리해 놓았을 때, 그리고 전답인 경우에 흙을 잘 골라 놓은 뒤에(중략) 소송을 일으켜서 환퇴하는 것은 매우 옳지 못하"다는 판단 때문이었다.[119] 이는 1746년(영조 22)에 편찬된 『속대전』에 반영되어 "전지 또는 家舍에 있어서는 비록 15일을 한도로 하여 그

---

114) 조윤선, 앞의 책, 64쪽, 122~128쪽.

115) 동산과 달리 부동산과 선박은 文券을 인도해야 그 권리의 설정·이전이 성립했고, 부동산의 典當에도 반드시 문기나 증서를 작성 교부하는 것이 관례였다(한국법제연구원, 앞의 책, 137~138쪽, 277쪽).

116) 조선후기에 널리 사용되던 公私 문서의 서식들을 예시해 놓은 『儒胥必知』에도 「權賣田畓不許還退所志」가 예시되어 있으며, 그 말미에는 매매문기에 '權賣'라는 조항이 들어 있음에도 불구하고 토지를 돌려주지 않은 피고에게 還退해 주라는 판결을 내리고 있다(전경목 외 옮김, 『儒胥必知』, 사계절, 2006, 238~240쪽).

117) 이재수, 『조선중기 전답매매연구』, 집문당, 2003, 51~52쪽.

118) 『經國大典』, 戶典 賣買限.

119) 「詞訟聚類」, 賣買日限, 『受敎輯錄·詞訟聚類』(法制處, 1964), 496쪽.

한도 내에 소장(訴狀)을 제출할 수 있으나, 30일을 경과하여도 취송(就訟, 재판을 받기 위해 법정에 나감)하지 아니하는 경우에는 청송하지 않는다"고 규정되었다.[120]

여기서 주목되는 점은 환퇴에 대한 정부의 인식이 매수인의 소유권 보호에 중점을 두고 있었다는 것이다. 이 역시 앞서 살핀 프랑스나 중국, 일본에서는 어쩔 수 없이 매각해야 하는 매도인의 입장을 우선적으로 고려하였다는 점과 대비된다. 프랑스나 중국, 일본의 환매관련 관습은 조선의 환퇴와 매우 유사하였다. 그러나 조선의 환퇴제도가 매주(買主)의 권리를 강조하고 있는 점과 달리 프랑스에서는 경제적으로 곤궁하여 어쩔 수 없이 재산을 타인에게 매각하게 된 시민으로부터 그 재산을 확정적으로 빼앗는 것은 정당하지 않다는 이상이 존재했고, 중국이나 일본에서도 원주인의 재산권을 보호하려는 취지에서 형성된 것이었거나, 지주의 토지집적을 제한하는 관습이었음은 앞에서 살펴본 바와 같다.

한편 법전에 정해진 기한 내에 환퇴하지 않을 경우 소유권은 매수인에게로 완전히 넘어갔다. 물론 환매규정이 없을 경우, 혹은 환퇴가 억지로 빼앗는 성격을 띤다고 판단되거나 환퇴인 것처럼 꾸며 침학하는 경우에는 환퇴를 요구하는 측이 패소하였다.[121] 또 관권이나 위세를 악용하여 토지를 강제로 매득한 사실이 암행어사에게 발각되어 환매조치를 받은 사례도 있다.[122] 그러나 매주(賣主)의 불리한 조건을 악용하여 부당한 가격으로 토지를 매입하였다가 그 사실이 드러나더라도 그 사이에 전매(轉賣)가 이루어졌다면 사실상 환퇴는 곤란했던 것으로 보인

---

120) 『續大典』, 戶典 賣買限.
121) 조윤선, 앞의 책, 122~128쪽.
122) 『정조실록』, 정조 4년 7월 19일.

다. 예컨대 함경지역에서 1788, 1789(정조 13년)에 연달아 큰 수해가 일어나자 관의 조세 독촉에 쫓긴 농민들은 본래 가격의 1/10을 받고 급히 팔 수밖에 없었고, 그 토지를 사들인 것은 부유한 民戶들이었다. 조정에도 이 사실이 알려졌지만, "이미 부호의 손으로 들어간 사소한 장토(莊土)를 도로 물리고자 하면 부유한 민호들이 혹 넘겨 팔았다고 하거나 혹 서로 바꿨다고 핑계대어 하나도 도로 물릴 수가 없다."고 한 데서 그러한 사정을 엿볼 수 있다.[123]

환퇴와 유사한 제도로는 전당이 있었다. 환퇴의 경우 매매문기가 작성·교부되면 경작권도 매수인에게 넘어가는 것이 일반적이었다. 그러나 전당을 한 경우에는 토지의 사용·수익권이 여전히 채무자에게 있었다. 다만 채권자가 이식(利息)을 대신하여 지대를 수취하는 경우가 있었다. 또 채무자가 기한 내에 변제하지 않을 경우 채권자는 이를 매각하거나 소유권을 자기 앞으로 돌릴 수 있었다. 물론 다시 매각문기를 작성하여 교부하는 절차를 거쳐야 했다. 그러나 실제로는 채무자가 채무 변제 기한의 연기를 신청하면 채권자가 이를 승낙하는 경우가 많았으며, 관에서도 연기한 기한이 지나도록 채무가 변제되지 않을 다음에야 비로소 입지(立旨)를 발급하였다. 관에서 발급한 입지는 매매문기나 기타 권리이전에 필요한 증서를 대신하는 효력을 가졌다. 이러한 사정은 기한 경과 후에는 목적물을 전당권자의 소유로 한다는 특약이 첨부된 경우에도 마찬가지였다. 다만 처분한 전당 목적물의 가액이 채권액을 초과할 경우, 특약이 있으면 그 차액을 채무자에게 반환할 필요가 없었지만, 특약이 없을 경우에는 채무자에게 반환하여야 했다.[124] 전당이 주로 경제적 어려움을 해소하기 위한 담보제도로 활용되었기 때문

---

123) 『정조실록』, 정조 20년 8월 29일.

124) 한국법제연구원, 앞의 책, 201~207쪽.

에 어느 정도 말미를 주었던 것으로 보인다.[125]

실제로 1894년 충청도 부여의 한 양반이 남긴 일기에 따르면 그의 동생이 시장(柴場)을 개간하기 위해 민경효라는 사람으로부터 5년을 기한으로 하여 매년 도조(賭租) 4석을 지불한다는 조건으로 9두락의 토지를 전당하고 100냥을 빌렸다. 그러나 도조를 지급할 기한을 넘기자 채권자는 곧바로 전당 잡힌 토지를 다른 사람에게 이작(移作)하고,[126] 그 다음해부터는 자기가 직접 그 토지를 경작하겠다고 통보하였다. 이에 대해 채무자는 "비록 문권(文券)을 잡혀 빚을 써서 기한이 되었다고 하더라도 어찌 1~2년 정도 지나가는 경우가 없겠는가?"라고 하며 불만을 드러냈다.[127] 이 사례에서 확인되는 것은 저당 기한이 5년이었다는 점, 이자 대신 전당한 토지의 도조를 지급하였다는 점, 전당 기한을 넘기더라도 1-2년 정도의 유예기간을 주는 것이 일반적인 관습이었다는 점 등을 보여준다.

이상과 같이 조선의 매매관습은 앞서 언급한 프랑스나 일본·중국 등과 비교해 볼 때 매우 특이한 것으로 조선사회의 독자성을 보여준다. 무엇보다 환퇴약정이 있는 매매의 경우에도 그 기한이 다른 나라에 비해 상대적으로 짧았으며, 환퇴약정이 없는 일반 매매의 경우 환퇴가 가능한 기한이 15일에 불과하였다. 이에 비해 중국에서는 환퇴 약정이 있는 경우는 물론이고, 없는 경우에도 사실상 환퇴 가능 기한이 영구적이었고, 대부분의 전면권 매매에는 환매 단서가 명기되었다. 일본도 마찬가지였다. 막부법에는 환퇴기한이 20년으로 규정되어 있었으나 민간의 관습에서는 그보다 훨씬 길었다. 환매약정이 없을 경우에도 심지어 100

---

125) 한국법제연구원, 앞의 책, 223쪽.

126) 이작에 관한 부분은 그 사정을 구체적으로 알 수 없지만, 채무자에게 밀린 도조를 받기 위해 이작하겠다고 말을 통보한 것으로 보인다.

127) 李復榮, 『南遊隨錄』, 1894년 12월 11일.

년 후에 되돌려 받은 사례까지 있었다. 프랑스 역시 환매약정이 없는 매매에서도 19세기 이전에는 환퇴기간이 사실상 영구적이었거나 혹은 30년이었으며, 1804년 이후에도 5년으로 제한되었지만, 15일에 불과하였던 조선과는 비교할 수 없을 정도로 그 기간이 길었다. 이러한 사정에 비추어 볼 때 조선의 토지소유구조나 매매관습은 서구나 중국, 일본과 달리 매우 "근대적"이었고, "시장친화적"이었다.[128]

4. 서구중심적 동아시아사 이해의 재검토

1) 서구중심적 한국사 이해의 재검토

서구의 근대이행에서 분권적 할거성의 극복과 중앙집권적 지배체제의 성립이라는 정치적 국면과 아울러 지적되는 핵심적 국면은 중층적 토지소유권의 불식과 일물일권적 배타적 소유권의 확보이다. 배타적 소유권의 확보야말로 토지의 자유로운 상품화와 그에 따른 농민층분화를 통해 농업의 근대화를 열어가는 관건이 된다고 이해하기 때문이다. 물론 경제적·정치적 국면의 변화가 겹쳐서 진행된다는 점도 서구의 근대이행에 대한 또 하나의 중요한 이해이다.

그러나 이상에서 살펴본 조선 시대의 토지소유구조는 이러한 서구적 경험의 적용이 불가능하다는 점을 잘 보여준다. 이미 조선전기부터 토지의 자유로운 매매가 이루어졌으며, 늦어도 조선후기에는 사실상 배타적 소유권이 확립되어 있었기 때문이다. 지주제 역시 조선후기부터

---

128) 오해의 여지를 없애기 위해 이러한 표현이 결코 한국 혹은 동양이 서구보다 일찍 근대를 경험하였다는, 따라서 발전단계론적 인식틀을 벗어나지 못한 "조기근대론" 류의 인식에서 나온 것이 아니라, 어디까지나 서구적 경험에 입각한 발전단계론이나 근대/전근대의 이분법적 인식을 재검토하여야 한다는 점을 강조하려는 의도에서 나온 것임을 지적해둔다.

는 보편적 현상으로 자리 잡고 있었지만, 영국이나 프랑스, 일본에서는 근대적 정치 변혁과정이나 그것이 끝난 다음에야 지주제가 지배적 생산관계로 확립되었다. 토지소유권의 중층성이 소멸되고 일물일권적 배타적 소유권이 확립되는 한편, 토지매매가 공동체적 규제 등 그것을 제한하는 관습으로부터 자유롭게 된 것은 서구나 일본, 나아가 중국의 경우에도 "근대적" 내지 자본주의적 질서의 형성과 밀접한 관련을 가지는 현상이었다. 서구나 일본의 경우 지주제 역시 배타적 소유권이 확립된 "근대" 이후에 본격적으로 전개되었다. 이와 달리 조선에서는 "근대적" 소유구조나 "시장친화적" 매매관습이 자본주의적 질서와는 무관한 "전근대"에 발생하였다. 그러면서도 토지에 대한 배타적 소유권이나 자유로운 매매가 자본주의적 시장경제의 발달과 함께 일어나지도 않았고, 자본주의적 경제 질서를 창출해 나가지도 않았다. 또 영국과 같이 농민층이 대토지소유자와 영세농 혹은 무토민으로 양극 분해되거나 이른바 "자본가적 차지농"을 형성해나가지도 않았다.[129] 이와 같은 현상은 서

---

129) 이에 대해 미야지마는 유교의 齊民이념이 현실적 기반을 발휘하고 있었기 때문인 것으로 추측했다(미야지마 히로시, 앞의 글, 2009, 315쪽). 조선왕조에서 제민이념이 어떤 식으로 작동되었는지에 대해서는 제도나 정책 등과 관련하여 장기적인 맥락에서 해명되어야 할 문제이지만, 사회경제적 현실을 지배이념과 관련하여 접근하고자 한 점에서 매우 중요한 의미를 가진다고 생각한다. 그러나 이에 대해 필자는 몇 가지 점에서 유보하고자 한다. 우선 미야지마의 반론은 갑술양전(1634)과 경자양전(1720) 사이의 토지소유 변화를 토대로 한 것이다. 그 기간 동안 1결 이상 소유자의 비중은 15.4%에서 5.1%로, 1결 이상 소유지가 총 소유 면적에서 차지하는 비중은 54.7%에서 30.1%로 감소하는 반면, 25부 미만의 소유자는 53.9%에서 73.1%로, 소유 면적은 13.6%에서 27.9%로 그 비중이 증가한다. 1결 이상 소유자와 25부 미만 소유자의 1인당 소유면적은 대략 16 : 1의 비율로 두 기간 사이에 큰 변화가 없다. 이런 정도의 소유분화를 "齊民的"이라고 할 수 있는가? 또 1903년 광무양전사업 당시 용인군 이동면 농민의 계층별 농지소유 규모를 분석한 이영호에 따르면 1정보 이하의 소소유자 층은 전체 소유자의 82%에 달하지만 소유규모는 전체 토지의 33%정도에 불과한 반면, 3정보 이상의 대소유자는 4%에 불과하지만 전체 토지의 36%를 소유하고 있었다(이영호, 「대한제국시기의 토지제도와 농민층분화의 양상—경기도 용인군 이동면 「光武量案」과 「土地調査簿」의 비교분석」, 『한국

구중심적 역사인식으로는 해명이 불가능하다. 이러한 현상들이 인류사의 경험 속에서 어떤 의미를 가지는가를 이해하기 위해서는 서구중심적 역사인식을 넘어서는 새로운 인식틀이 요청된다. 이에 대한 본격적인 해명은 현재 필자의 능력 밖에 있는 문제이지만 여기서는 이와 관련하여 다음과 같은 몇 가지 점을 지적해두고자 한다.

우선 조선의 지주제를 서구의 영주—농노관계를 동일한 생산관계로 간주하여 조선을 봉건사회로 이해하는 방식은 근본적으로 재고되어야 한다. 조선의 지주—작인 관계는 영주—농노 관계와 달리 반드시 신분적 지배—예속관계가 형성되는 것은 아니었다. 오히려 작인의 신분이 지주의 신분과 동일하거나 높은 경우도 존재했고, 이러한 경향은 후기로 갈수록 강화되었다. 따라서 조선의 지주제는 작인에 대한 토지긴박이나 여타의 인식적 예속으로부터 자유로운 관계이며, 원리적으로는 신분과 관계없는 하나의 사회적 계약의 성격이 강하였다.

아울러 지주제의 철폐 여부를 중심으로 한 이른바 "두 가지길 이론"도 재검토되어야 한다. "두 가지 길"은 토지의 중층성을 전제로 하여 상급소유권이 배타적 소유권을 확보해 나가는 위로부터의 길과 그 반대로 하급소유권이 상급소유권을 불식하고 배타적 소유권을 확보해 나

사연구』 69, 1990, 105쪽). 물론 지역이나 시기 면에서 직접적인 비교가 불가능하지만, 이러한 사실은 17세기에서 18세기에 걸친 하향균등화가 지속적이거나 빠르게 진행되지는 않았음을 시사한다. 또한 토지를 전혀 보유하지 못한 농민들까지 포함할 경우 토지소유의 불균등성은 더욱 심하였을 수도 있다는 점에 유의할 필요가 있다. 아울러 갑술—경자의 시기는 최정점에 달했던 농장경영이 약화되면서 병작제가 확산되는 시기와 겹치며, 저습지개간 등 신전 개간 작업도 일단락된 시점이었다(이태진, 「15·16세기 低坪·低濕地 개간동향」, 『국사관논총』 2, 1989). 뿐만 아니라 사족층 사이에도 아직 장자 단독상속이 완전히 확립되어 있지 않은 시기였다. 따라서 대토지소유자의 수나 소유면적도 분할상속에 따라 감소했을 개연성이 크다. 이런 점을 고려할 때 계층별 소유규모에서 보이는 갑술—경자 연간의 차이에는 제민적 이념보다 사회경제적 요인이 더 중요하게 작용하였을 개연성이 있다는 점을 지적해 둔다.

가는 아래로부터의 길을 말한다. 양자 모두 결과적으로 배타적 소유권을 확립함으로써 토지의 매매와 상품화가 자유로워지게 되었고, 이는 농민층의 근대적 분해를 초래하는 출발점이 되었다. 그러나 관습적으로 하급소유권인 경작권을 가지고 있었던 서구 농민과 달리 이미 배타적 소유권이 확립되어 되어 있던 조선에서는 작인들에게 하급소유권이라 할 만한 어떠한 권리도 없었다. 따라서 특히 조선 후기의 경우 지배층이나 농민층에서 제기되는 다양한 토지개혁론에는 크게 '지주제 폐지론'과 '지주제 옹호론'이라 할 수 있는 두 가지 결이 다른 방안이 존재하기는 했다. 그러나 농민들이나 일부 지식인들이 추구한 '지주제 폐지론', 곧 '아래로부터의 길'은 하급소유권을 근거로 한 것이 아니었다. 토지소유에 대한 아무런 권리도 가지지 못하였던 대다수의 소작 농민층이 지주제에 반대할 수 있는 가장 강력하고 사실상 유일한 정당성의 근거는 왕토사상이었다. 그러나 왕토사상에 근거한 토지개혁 구상은 토지의 매매를 비롯한 처분권을 부정하는 것이었다. 따라서 그것은 근대적 농민층 분해와 부농의 성장을 원천적으로 차단하는 구상이었으며, 근대적인 개혁과는 전혀 다른 성질의 것이었다.

또 하나 필자가 검토한 바로는 토지소유구조와 매매관습 면에서의 특징과 그에 따라 형성된 고유한 농민문화나 가치규범은 근대이행기 민중운동에도 커다란 영향을 미쳤다. 일반적으로 근대이행기의 민중은 자신들의 삶을 지탱해주던 구래의 관습이나 규범을 지키려 하였으며, 근대적 법과 질서의 침해에 맞서 싸울 때도 그것을 정당성의 기반으로 삼았다. 농민들의 의식과 투쟁은 근대적인 법이나 질서보다 구래의 "공동체적" 관습을 우위에 둔 것이며, 이 점에서 '반근대적'이었다고 할 수 있다. 그러나 조선시대의 농민들은 토지제도 개혁에 대한 오랜 원망을 품고 있었음에도 불구하고, 그것을 요구하는 주장을 제기하지 않았다. 이는 무엇보다 자립 가능한 정도의 토지를 소유한 농민층은 물론이고, 병작을 병행해야 생계유지가 가능했던 소토지 소유자들도 이미 배타적으로 확보된 토지소유권과 자유로운 토지매매의 권리를 가지고 있었다. 때문에 앞서 언급했듯이 지주-작인 관계가 신분적으로도 경계가 불분명할 뿐만 아니라, 경제적 측면에서도 지주-작인관계의 경계가 뚜렷이 대립되기가 어려웠다. 대다수의 농민층은 지주제와 병작반수제를 민간에서 구래로 내려오는 상사, 곧 하나의 관습으로 인식하고 있었으며, 그에 대한 근본적 전복을 상상하기 어려웠을 것이라 생각한다. 이 점은 국가권력에 의한 불법적인 수탈이나 관료의 부정부패에 대하여 구법과 관습으로 돌아갈 것을 요구한 것과 비교해보면 더욱 분명해진다.[130]

2) "아래로부터" 바라 본 동아시아 역사상

서구중심주의에 대한 비판이 제기된 지는 이미 오래되었으며, 최근에는 동아시아사에 대한 새로운 접근을 통해 서구중심주의를 비판하는 연구들이 제출되고 있다.[131] 비판들은 다양한 분야와 주제, 시각에서 이루어지고 있다. 이러한 연구들은 대체로 서구적 시각으로는 포착되지 않는 동아시아 사회의 특징들을 유교와 연결하여 해석하는 경우가 적지 않다. 그러나 대부분이 중국사의 경험들을 중심에 두고 접근하기 때문에 한국은 일본이나 베트남과 마찬가지로 주변적 위치로 밀려나 있

---

130) 여기에 대해서는 배항섭, 「근대이행기'의 민중의식: '근대'와 '반근대'의 너머」, 『역사문제연구』 23, 2010, 84~91쪽 참조.

131) 이러한 연구동향에 대해서는 미야지마 히로시, 「근대를 다시본다」, 『창작과비평』, 2003; 리보중 지음, 이화승 옮김, 『중국 경제사 연구의 새로운 모색』, 책세상, 2006 상; 강진아, 「동아시아로 다시 쓴 세계사―포머란츠와 캘리포니아 학파」, 『역사비평』 82, 2008; 강성호, 「전지구적 세계체제로 본 세계사와 동아시아―안드레 군더 프랑크」, 『역사비평』 82, 2008; 「서구중심주의와 포스트모더니즘을 넘어―라틴아메리카 '근대성 식민성 연구그룹'의 탈식민 전략」, 『역사비평』 84, 2008; 민병희, 「성리학과 동아시아 사회―그 새로운 설명 틀을 찾아서」, 『사림』 32, 2009 참조.

다.[132] 또한 대체로 유교라는 지배이념과 그에 입각한 관료제나 중앙집 권적 정치체제, 그리고 권력과 지배엘리트의 관계, 지배엘리트들의 사 유방식이나 존재형태 등을 정치·사회적 맥락에서 접근하는 방식으로 동아시아 사회의 역사적 특징을 파악하기 때문에 그 속에서 살아간 사 람들, 특히 피지배층의 생활이나 생각에 대한 관심은 취약한 것으로 보 인다.

한국사 연구자 가운데 서구중심주의에 대해 자각적인 비판을 최초로 제기한 것은 미야지마 히로시였다.[133] 한국과 중국, 일본을 아우르는 검 토를 통해 "동아시아 소농사회론"을 제기한 그는 중국 중심의 접근이 아니라 세 나라를 대등한 위치에 두고 논지를 전개하고자 하였다.[134] 그 는 삼국의 역사에서 공통으로 보이는 지배이념으로서 주자학과 중앙집 권적 지배체제, 지배엘리트의 토지소유에 대한 특권의 부재(조선, 중국)

---

132) 민병희, 앞의 글 참조.

133) 이영훈 역시 기왕의 조선후기사 연구의 '자본주의 맹아론'과 '농민층분해론'이 서구 적 이론의 기계적 적용이라는 점을 들어 비판하면서 그 대안으로 '소농사회'를 제기 하였다. 그러나 그는 17세기 후반에 성립된 '소농사회'가 18세기까지만 하여도 경제 적으로 확장일로에 있었으나, 19세기에 들어 인구감소와 생산력 저하, 국가권력과 관료제의 모순으로 인해 그 역동성을 상실하였으며(이영훈, 「한국사에 있어서 근대 로의 이행과 특질」, 『경제사학』, 21, 1996; 2000, 앞의 책; 「조선후기 이래 소농사 회의 전개와 의의」, 『역사와 현실』 45, 2002), 한국의 '근대화'는 어디까지나 조선총 독부가 전통 소농사회와 세계자본주의를 순조롭게 접합할 수 있도록 제도적 이노 베이션을 수행한 다음이었다고 주장하였다(이영훈, 위의 글, 2002, 32쪽). 또한 그 의 논지는 '내재적 발전론'에 대한 비판에 초점이 맞추어져 있기 때문에 '소농사회 론'을 구체적으로 전개하지는 않았으며, 식민지사회에 대한 그의 이해에서도 알 수 있듯이 미야지마와 달리 근대주의적 시각을 그대로 드러내고 있다(한국경제사학 계의 근대주의 시각에 대한 비판에 대해서는 정태헌, 『한국의 식민지적 근대 성찰』 (선인, 2007) 가운데 서장과 제2장 참조).

134) 그러나 '소농사회론'라는 개념의 적절성에 대해서는 의문이 든다. 무엇보다 소농사 회가 동아시아 삼국만이 아니라 복수적 시대와 지역에서 발견되고, 소농이 중심적 지위를 차지하는 같은 소농사회라 하더라도 그것을 형성 내지 지탱하고 있는 지배 이념이나 정치시스템도 매우 다양하기 때문이다.

내지 취약성(일본) 등을 토대로 '동아시아 소농사회론'을 주장하였다. 아직 시론적인 접근에 머물고 있지만, 지배체제나 이념만이 아니라 생산력적 기반이나 그 담당주체의 존재양태에 주목하고 있다는 점에서 서구 학계의 동아시아사 이해와는 차이가 있다.[135]

그러나 앞서 언급했듯이 미야지마 히로시의 소농사회론은 동아시아사를 서구와는 다른 독자적인 모델로써 유형화하려는 생각이 앞선 나머지 동아시아 삼국 간의 차이들을 지나치게 단순화하거나 과소평가하였다는 점에서 회의적이다. 예컨대 세 나라 모두 서구의 중세에 비해 중앙집권적 성격이 강한 것은 사실이지만, 그 시스템을 지탱하는 관료제나 과거제를 비롯한 각종 제도나 관습 면에서 보이는 차이, 특히한·중과 일본 간의 차이는 '소농사회'라는 동일한 틀로 설명하기에는 그 간극이 너무 넓고 깊다고 생각된다.[136] 근대이행기에 보이는 정치적

---

135) 宮嶋博史, 앞의 글, 1994; 앞의 글, 2003. '소농사회론'을 제기한 미야지마의 핵심적인 문제의식은 전통사회에 있는 것이 아니라 근대이행과정의 동아시아적 특징과 그 현대적 의미를 재고하는 실마리를 잡으려는 데 있다. 그에 따르면 동아시아가 서양의 충격에 직면했을 때 소농사회로서의 특색들이 결정적 작용을 하였다. 우선 경제적인 면에서 근대적 토지소유제도를 확립하기 위해서는 그 이전의 특권적 지배를 어떻게 폐기하는가가 큰 의미를 가진다는 점을 전제하면서, 소농사회는 특권적 토지지배가 없거나 미약했기 때문에 새로운 산업에 필요한 자본을 창출하기 데 결정적인 의미를 가지는 근대적 토지소유제도를 쉽게 확립할 수 있었다고 이해했다. 정치면에서는 토지지배가 국가에 집중되어 있었기 때문에 국가에 대항할만한 정치주체가 존재하지 않았고, 민이라는 존재 역시 저항권의 주체로서는 인정되지만, 어디까지나 정치적 객체에 머물러 있었다는 점에서 정치변혁 면에서 제약이 따랐으며, 이러한 제약은 오늘까지도 이어지는 것으로 파악했다(宮嶋博史, 앞의 글, 2003, 132~133쪽). 소농사회와 근대이행과 관련된 문제는 또 다른 차원의 접근이 필요하므로 여기서는 그 대강을 소개하는 선에서 그치기로 한다.

136) 명의 영향이 매우 컸던 조선 전기부터도 중국과 조선 사이에도 "三綱五常"이라는 규범을 공유한다는 점에서는 다름이 없지만, 풍토가 다르기 때문에 사족 제도나 노비제도, 부모 사후에 그 무덤을 지키는 廬墓살이, 親迎제도 등 각종 제도나 관습 면에서 서로 다른 점이 많았다는 점이 충분히 인식되고 있었다(『명종실록』, 명종 9년 9월 27일).

영역의 특징에 대한 해석이 일본의 경험에 지나치게 치우쳐 있는 듯한 점도 같은 맥락에서 이해된다. '소농사회론'을 전개하면서 국가권력, 제도적 변화에 초점을 두고 있기 때문에 여전히 지배이념이나 체제와 소농들의 관계, 소농들의 사회적 존재형태, 근대로의 이행에 대한 소농들의 대응이나 변화과정에 대해서는 본격적으로 파고들지 않고 있다.[137]

이 글에서 살펴본 바와 같이 조선과 중국—일본 간에는 토지소유와 매매관습 면에서 무시할 수 없는 차이가 있다. 토지소유와 매매관습에 대한 비교사적 검토는 "위로부터"의 시각으로 접근한 동아시아사 연구가 놓치고 있는 부분을 확인해준다. 법이나 제도, 관습은 농민들의 문화와 가치규범을 규정하는 중요한 요소이고, 전통적 문화와 가치규범은 당시는 물론 이후에도 농민들의 생각과 행위에 커다란 영향을 미친다. 문화를 어떤 특수한 역사적 사회의 실천, 재현, 언어 그리고 관습이 기반하고 있는 실질적인 지형이라고 할 때, 그 지형의 핵심을 이루는 것 가운데 하나가 사회·경제적 제관계와 그에 규정된 관습임은 말할 것도 없다. 예컨대 농민들이 살아가던 촌락사회의 존재양태, 곧 국가권력과의 관계, 공동체적 결속의 강도, 내부 구성원 간의 관계 등은 농민들의 문화와 가치규범에 커다란 영향을 미친다. 또 이 글에서 다룬 토지소유나 매매와 관련해서도 촌락공동체의 공유지가 많을 경우 공동체적 결속 —그 반대급부로서 공동체적 규제—이 그 만큼 강할 수밖에 없으며, 토지가 공동체 구성원들에게 주기적으로 재분배될 경우에도 역시 농민들의 문화적 가치규범에 평등주의적 요소를 강하게 각인할 수 있다. 반면에 공유재산이 없거나, 토지의 사적 소유권이 발달하고 토지의 매매와 집적이 자유롭다면 내부 구성원 간의 결속력이 약화되고 평

---

137) 또한 민을 정치의 객체로만 파악한 점은 정치의 의미를 지나치게 단순화하고 있다는 인상을 지우기 어렵다.

등주의 이념 역시 취약할 수밖에 없었을 것이다.[138]

5. 맺음말

한국사 연구에서도 서구중심적 역사인식에 대한 비판이 제기되고 있으나, 아직까지 경험적 사실에 입각한 작업은 거의 없으며, 기왕에 제시된 연구들에도 적지 않은 문제가 있다. 여기서는 이 글을 통해 확인 바를 토대로 근대이행기나 "근대"에 대한 이해와 관련하여 몇 가지 문제를 지적하는 것으로 결론에 대신하고자 한다.

우선 조선후기의 토지소유구조나 매매관습은 서구에서 근대적 개혁이 일어난 이후의 그것과 매우 유사하였다. 서구나 일본의 경우 토지소유의 배타성과 시장친화적(근대적) 매매관습은 "근대적" 정치적 변혁과 밀접한 관련 속에서 형성되었다. 그러나 조선의 경우 정치적 변혁과 무관하게 이미 15세기 이후, 늦어도 농장제가 쇠퇴하고 병작제가 확산되는 17세기 이후에는 그러한 소유구조나 매매관습이 성립해 있었다. 서구에서는 "근대"나 자본주의 시장경제와 병행하여 이루어진 현상이 조

---

138) 예컨대 동아시아 각국 간에는 농민들이 생활하고 또 그를 통해 문화와 가치규범을 형성해 가는 장이었던 촌락사회의 성격이라는 면에서도 커다란 차이가 존재한다. 중국과 일본의 촌락사회가 가진 개폐성의 차이에 대해서는 미야지마 히로시 스스로도 지적하고 있다(宮嶋博史, 앞의 글, 1994 참조). 또 근래에 들어 베트남에서 개혁운동을 시작하면서 당국에서는 경영의 효율성과 생산력 증대를 위해 영세·분산화해 있는 토지의 집중을 유도하고 있지만, 당국의 의도와는 달리 지지부진하게 진행되었다. 그 이유에 대해 특히 베트남 북부에서는 전통적으로 公田制가 시행되어 왔고, 국가권력으로부터도 매우 큰 자율성을 획득해 있었다는 제도적, 관습적 경험이 베트남 농민들의 문화와 가치규범에 '균등주의'를 강하게 각인해 놓았기 때문이라는 주장이 제기되고 있다(吉田恒, 「農民の價値規範と土地所有－ドイモイ後の北部ベトナムにおける土地使用權集積の事例－」, 東京大學 新領域創成科學研究科 國際協力學專攻 修士論文, 2008). 전근대 촌락사회의 관습에서 비롯된 문화나 가치규범이 현재사회에도 깊은 영향을 미치고 있었음을 잘 보여주는 사례이다.

선에서는 그와 무관하게 나타난 것이다. 또 사적 소유와 매매라는 점에서 중국은 조선보다 훨씬 빨랐지만, "근대" 직전 시기인 청대를 기준으로 볼 때 최대의 곡물생산 지대인 장강 델타지역을 비롯하여 많은 지역에서 토지소유구조는 중층적이었고, 매매관습 역시 비시장적·비자본주의적이었다. 이러한 사실은 경제적 면에서의 근대와 정치적 면에서의 근대가 반드시 추상화된 서구적 경험과 마찬가지로 동시에, 혹은 밀접한 관련 속에서만 진행되는 것은 아님을 시사한다. 또 조선후기의 사례에서 알 수 있듯이 "시장친화적"이고 "근대적"인 매매관습이나 소유구조가 '비근대적' 혹은 '반근대적'이라고도 할 만한 상업정책이나 시장경제와 오래 동안 공존하고 있었다. 이러한 사실들은 서구·근대가 구성해놓은 시대구분이나 역사적 시간의 변화 과정에 대한 이해, 곧 한 사회의 모든 부문이 균질하게 변화나간다는 '법칙'이 적어도 한국사의 전개과정에는 적용되지 않음을 보여준다.

또 조선시대의 지주제는 이미 배타적으로 확립된 소유권을 전제로 성립된 것이고, 지주-작인 관계는 인신적 지배-예속관계가 탈각된 경제적 계약관계의 성격이 강하였다. 이는 영국이나 프랑스, 일본에서 근대적 개혁 이후 형성·발달한 지주제와 매우 흡사한 것이었다. 따라서 조선시대 지주제의 성격을 "봉건적"인 것으로 전제한 이른바 "두 가지 길" 이론에 대해서는 근본적인 재고가 필요하다. 특히 조선의 경우 농민들에 의한 "아래로부터"의 개혁구상은 서구와 달리 토지에 대한 권리가 전무한 상태에서, 왕토사상에 입각하여 지주제의 폐지를 추구한 것이다. 그것은 기왕에 확립되어 있던 토지소유의 배타성과 그에 입각한 자유로운 매매나 처분권을 부정한다는 점에서 서구적 근대 지향과는 전혀 다른 구상이었다.

조선의 토지소유구조와 매매관습은 서구와는 물론이고 중국이나 일본과도 매우 달랐다. 미야지마 히로시의 주장처럼 동아시아 삼국 간에는 유사한 점도 분명히 많았지만, 그의 '동아시아 소농사회론'은 이러한 차이를 지나치게 단순화하거나 외면하였다는 혐의가 있다. 토지소유나 매매관습에서 보이는 삼국 간의 차이는 특히 근대이행기의 전략이나 그 과정에서 형성되는 새로운 정치문화의 성격과도 밀접한 관련이 있다는 점에서 새로운 접근이 요청된다.

또한 이상의 내용을 수용한다면 "국가적 규정성"의 최종적 해체, 혹은 토지소유에서 국가와 왕실의 최종적 분리 등을[139] 이유로 토지조사사업의 의미를 근대적 토지소유제도의 완성으로 보는 시각도 특정한 부분을 과대평가한다는 점에서 문제가 있다고 생각한다. "근대의 완성"이라는 면에서 토지소유권과 관련하여 결부제에 의한 파악이라는 국가권력의 규정성 해체 혹은 국가와 왕실의 분리가 가지는 의미가 중요하지 않은 것은 아니지만, 그 점에 대한 지나친 강조는 근대이행의 문제를 위로부터의 시각에서 일면적으로 접근하는 시각이다.

이러한 시각에서는 국가의 규정성이 토지소유나 매매와 관련한 농민들의 실질적인 경제생활에 어떤 의미가 있었는가하는 점, 곧 아래로부터의 시각을 외면함으로써 토지조사사업이 지닌 "근대적" 의미를 지나치게 과장하기 때문이다. 또 이것은 결국 조선사회의 토지소유권이 가진 "근대적" 성격을 충분히 인정하면서도 조선사회의 역사과정을 서구적 경험을 준거로 한 근대−전근대의 이분법적 대립구도 속에서 파악하는 발상이라는 점에서 여전히 서구중심적 역사인식으로부터 자유롭지 못한 것이기도 하다.

마지막으로 언급해둘 점은 앞으로의 과제와 관련된 것이다. 서구에서는 근대 혹은 자본주의적 질서가 형성되는 것과 병행해서 나타나는 현상이 조선에서는 그와 무관하게 나타나게 된 것은 어떤 사정 때문일

---

139) 宮嶋博史, 「토지조사사업과 근대적 토지소유권의 성립」, 『법사학연구』 12, 1991.

까? 또한 서구나 일본은 물론 중국과도 달리 중층적 소유구조를 가진 토지가 거의 없었던 것은 어디에서 연유하는 것인가? 지배이념이나 통치구조, 관료제의 발달 정도, "촌락공동체"의 존재양태, "촌락공동체"나 지배층과 국가권력과의 관계, 주요 농작물이나 영농 방식, 지리적 요인 등과 연결하여 살펴보아야 할 것이지만, 분명한 점은 이러한 현상에 접근할 수 있는 모델이나 준거는 어디에도 없다는 사실이다. 서구적 경험을 준거로 한 유비를 통해서가 아니라 조선사회의 구체적 · 경험적 사실에 근거한 독자적인 역사상을 새롭게 구축해나가야 할 과제가 놓여 있다.

19세기 동아시아 민중운동의 토지개혁 구상과
왕토사상: 근대중심적 이해 비판

1. 머리말

19세기가 시작될 무렵부터 동아시아 삼국, 곧 한국, 중국, 일본에서
는 민중운동이 빈발하였다. 체제에 대한 부정 여부, 폭력의 강도 등의
점에서 차이도 있었지만, 비슷한 시기에 민중운동이 빈발했다는 점 그
리고 민중운동의 핵심적 원인이 관리들의 부정부패에 있었다는 점 등
의 공통점도 있었다.[1]

19세기 동아시아 민중운동에 대한 한중일 삼국의 이해는 그 동안 서
구중심적, 근대중심적 인식에 입각해서 진행되어 왔다. 지난 세기 말부
터 일본에서는 '근대전환기' 민중운동이 오히려 '반근대'적이었다는 견
해가 표명되기 시작했고,[2] 한국의 대표적인 19세기 민중운동인 동학농

---

1) Bae, Hang—seob, "Popular Movements and Violence in East Asia in the Nineteenth
Century: Comparing the Ideological Foundations of Their legitimations," *Sungkyun
Journal of East Asian Studies* 17:2, 2017; Bae, Hang—Seob, Rébellions dans l'Asie
orientale (XIXe siécle), Ludivine Bantigny, Quentin Deluermoz, Boris Gobille,
Laurent Jeanpierre, Eugénia Palieraki, *Une histoire globale des révolutions*, La
Découverte:Paris.

2) 대표적인 연구로는 鶴卷孝雄, 『近代化と 傳統的 民衆世界』, 東京大出版會, 1991;

민전쟁에 대해서도 '반근대' 혹은 '비근대'를 지향했다는 논의가 제시되어 왔다.[3] 그러나 이러한 논의들이 서구중심적, 근대중심적 역사인식으로부터 얼마나 자유로운지는 여전히 회의적이다.

여기서 한국사에서 19세기 민중운동을 대표하는 동학농민전쟁에 대한 지금까지의 연구 경향을 간단히 언급해보면 다음과 같다. 우선 동학농민전쟁에 대한 기왕의 연구들은 기본적으로 서구중심적, 근대중심적 역사인식에 기초하여 이루어져 왔다. 서구적 경험을 준거로 한 발전론적·목적론적 역사인식에 의거한 이해였다. '근대'는 어디까지나 인류가 마땅히 지향해야 할 시대이자 가치였고, 역사 발전의 목적 내지 최종 목적지에 도달하기 위해서는 반드시 거쳐야 할 '단계'였다. 때문에 동학농민전쟁은 서구의 시민혁명처럼 근대를 지향했거나, 혹은 독일 농민전쟁처럼 초기 부르주아 혁명적인 성격을 가져야 하는 것이다. 진보적 입장은 동학농민전쟁에서 그러한 점을 적극 찾아내어서 농민군의 생각을 높이 평가한다. 보수적 입장은 농민군이 복고적이었다는 점을 강조하여 농민군이 역사 발전에 긍정적 영향을 끼치지 않았음을 비판한다. 대신 한국의 근대화는 개화파 같은 지식인이나 개명한 관료들에 의해 추진되었다고 주장한다. 어느 쪽이든 서구의 역사 경험을 기준으로 동학농민전쟁을 이해하고 있다는 점에서 서구중심주의, 근대적이지 않은 농민군의 생각이나 행동에 대해서는 더 깊이 이해하려 하지 않고

稲田雅洋, 「民衆運動と〈近代〉」, 困民党研究會 編, 『民衆運動と〈近代〉』, 東京: 現代企劃室, 1993 참조.

3) 趙景達, 「甲午農民戰爭指導者 = 全琫準의 研究」, 『朝鮮史叢』 7, 東京:朝鮮史研究會, 1983; 정창렬, 「동학농민전쟁과 프랑스 혁명의 한 비교」, Michel Vovelle et al., 『프랑스 혁명과 한국』, 일월서각, 1991; 고석규, 「1894년 농민전쟁과 '반봉건 근대화'」, 동학농민혁명기념사업회 편, 『동학농민혁명과 사회변동』, 한울, 1993; 배항섭, 「동학농민전쟁에 나타난 토지개혁구상」, 『사총』 44, 1994; 裵亢燮, 「1894年 東學農民戰爭의 社會·土地改革論」, 新井勝紘 編, 『民衆運動史: 近世から近代へ 5: 世界史なかの民衆運動』, 東京: 青木書店, 2000.

가치를 인정하지 않는다는 점에서 '근대중심주의'에 근거한 역사인식이다.

그러나 21세기에 들어 '인류세' 혹은 '자본세'나 기술세 등의 지질학적 시기 규정이 제기되고 있는 데서도 알 수 있듯이 서구가 주도하여 만들어낸 '근대' 혹은 '근대적 발전'이 근본적으로 회의되고 있다. 이러한 문제에 대응하기 위해 해야 할 일이 많지만, 역사학이 해야 할 일은 무엇보다 근대 역사학을 지배해 온 역사 인식에 대한 성찰이라고 생각한다. 현재 우리가 당면하고 있는 과제와 도전들, 곧 기후위기나 환경·생태 문제 등은 그 동안 역사 연구를 지배해 온 서구중심주의나 근대중심주의, 그와 깊은 관련이 있는 발전론과 내셔널리즘 그리고 인간중심주의(anthropocentrism 혹은 homocentrism)로는 대응이 어렵기 때문이다.

이 글에서는 19세기 동아시아 민중운동에서 보이는 토지개혁 구상을 유학의 왕토사상(王土思想)과 관련하여 비교사적으로 접근해보고자 한다. 이를 통해 '근대전환기' 동아시아 민중운동 연구가 기초해 있던 서구중심적, 근대중심적 역사인식을 비판적으로 살펴보고자 한다. 이를 위해 여기서는 ①한국·중국·일본에서 일어난 19세기 민중운동 내지 민중 차원의 토지개혁 구상과 왕토사상의 관계에 대해 알아보고, ②삼국의 공통점과 차이에 대해 간단히 살펴보고자 한다. 중국이나 일본의 민중운동에 대해서는 매우 초보적이고 거친 비교에 그칠 것이라는 점에 대해 미리 양해를 구해 둔다.

2. 19세기의 한국의 민중운동과 토지개혁 구상

조선 왕조를 창건한 세력은 토지의 균등한 소유를 이상으로 삼았으나, 토지소유의 불평등은 이미 조선왕조 초기부터 확대되어 갔다. 이에 따라 일찍부터 많은 유학자나 관료들이 다양한 토지개혁론을 제기하여 왔다. 이들이 제시한 정전제(井田制)·균전제(均田制)·한전제(限田制) 등은 모두 '왕토사상'에 근거한 것이었고, 대부분은 지주제의 폐지를 주장하고 있었다.[4] 그러나 이러한 주장들은 왕조 정부에 받아들여지지 않았다.

19세기에 들어 지주제가 확대되면서 토지소유의 불균등은 더욱 심해졌다. 유명한 개혁적 유학자인 다산 정약용은 19세기 초에 호남지방에서는 대략 지주가 5%, 자작이 25%, 나머지 70%는 소작인이어서 '모두 다른 사람의 토지를 경작[皆耕人田]'하는 실정이라고 하여 토지소유의 불균등을 개탄한 바 있다.[5] 따라서 빈농이나 무토민(無土民)들의 토지 소유에 대한 희원(希願)도 그만큼 강하였을 것으로 보인다. "소민들은 모두 균전을 원하며, 원하지 않는 자는 거성대족(巨姓大族)과 향리호활(鄕里豪猾)들뿐이다"고 한 19세기 후반의 유학자 강위(姜瑋)의 표현도[6] 그러한 사정을 잘 보여준다.[7] 또 한유(寒儒) 혹은 빈사(貧士) 층이 조선왕조를 전복하고 새로운 왕조를 세우려는 목표를 가지고 일으킨 변란에서도 지주제의 폐지를 포함하는 토지개혁론이 제기되었다. 예컨대 1804년 황해도에서 변란을 모의한 이달우(李達宇)는 "주(周)의 정전법이나, 당의 균전제"를 본받아 토지제도를 개혁할 것을 주장했고, 1869년 경상도 진주 일대에서 변란을 기도한 양영렬(楊永烈)은 둔전법(屯田法)을 구상하였다고 진술한 바 있다.[8] 유학자들이나 변란 주도층이 주장한 토

---

4) 이경식, 「조선전기의 토지개혁논의」, 『한국사연구』 61, 62합집, 1988; 김태영, 「조선전기의 균전, 한전론」, 『국사관논총』 5, 1989.

5) 『茶山詩文集』 卷9, 疏, 擬嚴禁湖南佃夫輸租之箚子.

6) 『姜瑋全集』 下, 擬三政捄弊策, p.663.

7) 그 외에도 饒戶富民은 "井田法을 不樂"하였고(『寒州先生文集』 卷 4, 擬陳時弊仍進忠錄疏), 地主로 成長한 鄕吏層도 井田制 같은 토지제도 개혁을 반대하고 있었다(都漢基, 『管軒集』 卷18, 對三政策)는 기록들이 적지 않다.

8) 19세기 변란에 대해서는 배항섭, 「변란의 추이와 성격」, 『신편 한국사 36: 조선후기 민

지개혁론은 모두 왕토사상에 근거한 것이었다.

한편 관리들의 부정부패와 조세제도의 개선을 요구하며 일어난 민란도 19세기에 들어 집중적으로 일어났다. 그러나 민란의 전개과정에서 대민과 소민, 지주와 작인 간의 대립과 갈등이 곳곳에서 드러났지만,[9] 민란에서는 토지개혁과 관련한 요구가 제기된 사례는 거의 없다. 심지어 지대인하나 소작조건의 개선에 관한 요구조차 제기되지 않았다.

19세기 민란에서 토지소유와 관련한 요구가 제시된 유일한 사례는 1893년에 일어난 개성민란이다. 모두 15개 조항의 요구조건이 제시되었는데, 그 가운데 제13항의 내용이 "田畓賣買年久者 不可憑勢還退事"이다. 전답을 매매하고 시간이 많이 지났을 경우, 매각한 사람이 자신의 사회적 정치적 위세에 의거하여 환퇴(還退)를 강요하는 행위를 반대한 것으로 해석된다. 이것은 수령 등 관권이나 사회적 위세에 의한 불법적인 소유권 침해를 막고 자신들의 소유권을 보장해달라고 요구한 것에 다름 아니다. 지주제에 대한 반대나 토지소유의 불균등 해소와는 전혀 관련이 없다. 물론 개성민란을 주도한 계층은 삼포주(蔘圃主)와 상인 등 부유층과 상대적으로 많은 토지를 소유하였을 것으로 추정되는 전직 관리들이었기 때문에 빈농들의 균산적 토지개혁 염원이 배제되었을 가능성이 없지 않다.[10]

그러나 전국 80여 개의 고을에서 민란이 일어난 1862년 임술민란 당시 충청 지역은 요호층이 초기 과정을 주도하거나 관여하였던 사례가

중사회의 성장」, 1997, 국사편찬위원회 참조.

9) 권내현, 「18,19세기 진주지방의 향촌세력 변동과 임술농민항쟁」, 『한국사연구』 89, 1995; 이윤갑, 「19세기 후반 경상도 성주지방의 농민운동」, 『손보기박사정년기념 한국사학논총』, 지식산업사, 1988 참조.

10) 개성민란에 대해서는 Bae Hang-seob, "Kaesŏng Uprising of 1893", *International Journal of Korean History* 15, Feb. 2010 참조.

많았던 다른 지역과 달리 처음부터 빈농에 가까운 초군(樵軍)들이 주도한 반토호(反土豪) 투쟁이 활발하게 전개되었다. 그러나 충청 지역 민란에서도 지주제를 반대하는 구호가 제기된 사례는 보이지 않는다. 또 충청 이외의 지역의 민란에서도 초기에는 부민들이 주도하였더라도 진행과정에서 부민층은 점차 탈락하면서, 주도층이 빈농층으로 변화하였고, 투쟁의 양상도 한층 폭력 투쟁으로 전개되는 것이 일반적이었던 것으로 이해된다. 그러나 빈농층이 주도하는 상황이 되었을 때도 지주제에 반대하는 구호는 제기되지 않았다.[11]

동학농민전쟁이 일어난 1894년 이후 일제의 식민지로 전락하는 1910년대까지도 역둔토나 궁방전 등 발생사적 연원이나 소유구조가 특수한 지목의 토지를 제외한 일반 민전에 대해 소작권이나 소작조건 개선과 관련된 요구를 제기한 민중운동은 없었다. 나아가 19세기 한국의 최대 민중운동인 동학농민전쟁에서도 토지개혁을 추구하는 구상은 있었지만, 그것이 구체적인 요구 조건이나 강령으로 제시되지는 않았다.[12] 동학농민전쟁 당시 동학농민군이 제시한 토지소유관련 요구조건은 다음과 같다.

① 각 궁방의 윤회결을 모두 혁파할 것(各宮房輪回結 一倂革罷事)[13]

② 수령이 된 자가 해당 경내에서 묘를 쓰거나 전답을 사지 못하게 할 것(爲官長者 不得入葬於該境內 且不爲買畓事)[14]

---

11) 1862년의 임술민란에 대해서는 망원한국사연구실 19세기농민항쟁분과, 『1862년 농민항쟁』, 동녘, 1988 참조.
12) 동학농민전쟁 당시의 토지개혁 구상에 대해서는 배항섭, 앞의 글, 1994; 裵亢燮, 앞의 글, 2000 참조.
13) 金允植, 『續陰晴史』(上), 323쪽.
14) 「判決宣告書原本」, 『東學關聯判決文集』, 政府記錄保存所, 30쪽.

③ 해당 읍의 지방관이 자신의 읍에서 논을 사고 묘를 쓰는 것을 형률에 따라 처벌할 것(該邑地方官 買畓用山於本邑 依律勘處事)[15]

④ 각 읍의 수령이 해당 지방에서 묘를 쓰거나 전장(田庄)을 사는 것을 엄금할 것(各邑守令 該地方用山買庄嚴禁事)[16]

위의 조항들은 무엇보다 수령이 권력을 남용하여 부당하게 토지소유권을 침해하는 데 반대하고, 자신들의 소유권을 지키려는 의지를 반영한 것으로 보인다. 개성민란에서와 마찬가지로 역시 지주제에 대한 반대나 토지소유의 불균등 해소와는 전혀 관련이 없다.

물론 동학농민군의 폐정개혁 요구나 동학농민군이 점령한 지역에서 시행한 개혁활동에서도 '평균분작'을 의도한 강령이나 행동이 나타나지 않았다. 그러나 동학농민전쟁 당시 동학농민군이 토지개혁과 관련하여 전혀 관심이 없었다는 것은 아니다. 동학농민전쟁에서는 민란과 달리 토지의 '평균분작(平均分作)' 개혁안이 구상되고 있었다. 동학농민군의 '평균분작' 구상의 사상적 배경에는 '공토(公土)'를 '사토(私土)'를 만들어 빈부가 생긴 것이 '인도상 도리에 위반'된다는 생각이 있었다.[17] 동학농민군의 왕토사상은 〈무장포고문〉에도 명시되어 있으며, 동학농민군의 후신이라고 할 수 있는 활빈당이나 진보회가 왕토가 사전이 된 현실을 반대하고 그것을 개혁하기 위해 토지의 매매를 금지하자고 주장한 것과[18] 같은 맥락이었다. 그 밑바탕에는 모든 토지는 국왕의 것이라는 왕

---

15) 「東匪討錄」, 『韓國民衆運動史資料大系: 一八九四年의 農民戰爭篇』(1), 360~364 쪽; 金允植, 又原情列錄追到者, 『續陰晴史 (上)』, 323~325쪽.

16) 「大韓季年史」, 『東學農民戰爭史料叢書』(이하 『총서』) 4, 史芸硏究所, 1996, 372쪽; 「大阪每日新聞」明治 27년 7월 19일, 『총서』 23, 258쪽.

17) 오지영, 「동학사」(초고본), 『총서』 1, 510~511쪽.

18) 信夫淳平, 『韓半島』, 東京: 東京堂書店, 1901, 75~79쪽; 「皇城新聞」, 광무 8년 10월 18일, 잡보 보민회사.

토사상이 자리 잡고 있었으며, 매매를 금지한다는 점에서 근대 자본주의적 소유구조와는 성격이 전혀 다른 것이었다.[19]

이와 같이 동학농민군의 토지 개혁 구상이 '근대 지향'과 매우 달랐던 것은 조선 시대 토지 소유구조의 특징과 밀접한 관련이 있다고 생각한다. 늦어도 17세기 이후 조선의 토지소유구조와 매매관습은 유럽은 물론 일본이나 중국과도 매우 다른 특징이 있었다. 조선후기에는 서구의 "근대"와 매우 유사한 토지소유구조나 매매관습이 존재하였다. 소유권이 "근대적" 일물일권적 소유권과 매우 흡사할 정도로 확립되어 있었고,[20] 매매관습 면에서도 환매기한이 30여일에 그치는 등 매수자 우위의 "시장친화적" 내지 "근대적" 매매관습이 형성되어 있었다. 또 그에 근거한 지주제가 확립되어 있었고, 자유로운 매매 관습이 존재해 왔다.[21]

---

19) 이에 대한 자세한 내용은 배항섭, 앞의 글, 1994; 裵亢燮, 앞의 글, 2000; 「'근대이행기'의 민중의식: '근대'와 '반근대'의 너머」, 『역사문제연구』 23, 2010a 참조.

20) 여기서 전제해 둘 것은 "전근대의 소유" 개념과 "근대의 소유" 개념이 동일한 것은 아니라는 점이다. 寺田浩明에 따르면 명청시대의 토지법질서에서 거래를 대상이 된 것은 실체로서의 토지가 아닌 경영수익의 대상인 토지(〈業〉)이었다. 때문에 명청시대의 〈一田兩主〉 관행에서 보이듯이 하나의 토지 위에 복수의 수익행위가 안정된 형태로 성립하고, 각각이 독자적인 거래 대상이 되면 하나의 땅에 복수의 〈業主〉가 성립하게 된다는 것이다. 또 중국근세 물권법의 세계에서 대상을 영역적으로 전유하거나, 포괄적으로 지배하는 〈主〉는 존재하지 않았으며, 그것은 〈王土〉론의 필연적 결과(corollary)라고 하였다. 토지 그것에 대한 배타적인 소유권 관념의 부재는, 토지위에 성립하는 여러 가지 수익행위가 처분 가능한 단위로서 여기저기로 매매되고, 유동적인 토지시장이 생겨났다. 그래서 그 유동성이 특히 사회문제를 일으키지 않는 한, 사람들의 〈자유〉로운 계약관계는 정부에 의해 대체로 용인되었다(岸本美緒, 「土地を売ること, 人を売ること―「所有」をめぐる比較の試み」, 三浦徹・岸本美緒・関本照夫 編, 『比較史のアジア: 所有・契約・市場・公正』, 東京大学出版会, 2004, pp.28~29).

21) 물론 지주제가 농민항쟁의 발발에 어떤 식으로든 영향을 미쳤을 것이다. 나아가 지주의 부당한 수탈이 직접적인 원인을 제공한 경우가 있었을 수도 있다. 그러나 그것이 곧바로 지주제에 대한 반대로 연결된다는 것은 별개의 문제이다. 현재까지의 연

따라서 토지소유나 매매와 관련한 민중의 의식 역시 그러한 관습과 '현실'로부터 자유로울 수 없었다. 물론 민중의식의 내면에는 토지제도에 대한 근본적 개혁 원망이 오래 전부터 흐르고 있었고, 또 전대미문의 대반란을 일으킨 동학농민군의 개혁 구상 속에도 '토지제도' 개혁안이 자리 잡고 있었다. 또 집강소 시기 무렵부터는 특히 전라도 일대에서는 소농과 천민층이 대거 입도하여 사실상 "해방구"를 만들고 폐정개혁활동을 전개하며 갔음에도 불구하고 지주제 폐지 요구가 전면에 제시되지 못하였던 것도 이러한 토지소유구조나 매매관습 등과 관련이 있었다고 생각한다. 동학농민군의 토지개혁 구상이 체제 이념의 근저에 있던 "왕토사상"에 기댈 수밖에 없었던 것도 바로 그 때문이었다.

3. 19세기 중국의 민중운동과 토지개혁 구상

중국에서도 체제를 부정하지 않는 일반 민변(民變)에서는 토지개혁 요구가 잘 보이지 않는다. 그러나 조선과 마찬가지로 체제를 부정하는 반란에서는 토지균분을 주장하였다. 예컨대 송나라에서는 종상(钟相)·양요(楊幺) 봉기[起義] 등에서 "귀천빈부의 평등"을 주장했고, 명나라에서는 이자성(李自成)이 "토지 균등과 세금 면제"를 주장하며 농민 봉기를 일으켰다. 또 청나라 함풍(咸丰) 초에는 홍수전(洪秀全)이 '천조전무제

구에서는 대체로 조선사회가 봉건사회이고 그 물적 토대를 이루는 기본적 생산관계는 지주−소작관계였다는 점을 전제하고, '제대로 된 반봉건투쟁'이기 위해서는 그 모순의 담지자인 농민들이 당연히 그에 반대하였을 것이라는 생각이 선험적으로 전제되었다는 혐의를 버릴 수 없다. 여기서는 농민들의 삶이나 생산활동과 가장 밀접한 관련을 가지던 토지소유구조나 매매관습 면에서 조선의 경우 서구나 일본과는 물론 중국(강남)과도 커다란 차이가 있었음을 지적해 둔다[배항섭, 「조선후기 민중운동연구의 몇 가지 문제」, 『역사문제연구』 19, 2008(『19세기 민중사 연구의 시각과 방법』, 성균관대출판부, 2015에 수록); 배항섭, 「조선후기 토지소유 및 매매관습에 대한 비교사적 검토」, 『한국사연구』 149, 2010b 참조].

도(天朝田亩制度)'를 반포하여 농민 평등주의 사상을 제도화함으로써 최고 정점에 이르렀다.[22]

물론 태평천국이 〈천조전무제도〉를 시행하지 않았다는 점은 역사학계에서 거의 일치하는 주장이다.[23] 비록 태평천국 농민들 일부 지주 토지를 직접 몰수하고, 군사 탄압을 가하였으며, 지주의 재산을 박탈하고, 지대를 낮추는 등의 수단을 통해 지주들을 공격하고 억압했다. 그러나 소유권을 변경시키지 않았으며, 과거의 생산관계는 그대로 유지되었다.[24] 그러나 〈천조전무제도〉가 강령 내지 정책으로서 구상되고 제시되었던 것은 사실이다. 구상만 되고 실제 시행하지 않은 점은 동학농민군의 사례와도 유사한 점이 이다. 태평천국의 〈천조전무제도〉는 지주제에 반대하고 토지의 평등 분배를 기본 내용과 핵심으로 하는 농민평균주의의 강령이다. 또 〈천조전무제도〉의 토지 국유 구상에서 모든 토지를 상제(上帝)에게 귀속시킨다는 것은 전통적 왕토사상 · 왕민사상(王民思想)을 토대로 한 공유제로 이해될 수 있다.[25] 실제로 당시 수많은 빈곤한 농민들은 균전(均田)과 균부(均賦)를 통해 "소강지세(小康之世)"를 실현하기를 간절히 바라고 있었다.[26] 태평천국의 〈천조전무제도〉도 홍수전이 실제 토지 평분을 목적했는지, 토지소유권의 변혁과는 무관했는지, 지배층의 私利私慾의 도구였는지의 여부에 대해서는 논의가 분분하지만, 적어도 당시 빈농이나 소농들의 토지 평분 원망을 수용한 결

---

22) 郭毅生,「〈天朝田亩制度〉的经济背景及其性质：关于农民平均主义的评价问题」,
     『历史研究』3, 1981; 叶世昌,『古代中国经济思想史』, 复旦大学出版社, 2003,
     p.330.

23) 王天奖,「关于太平天国的土地制度」,『史学月刊』11, 1958.

24) 夏春涛,「50年来的太平天国史研究」,『近代史研究』5, 1999, pp.205~06.

25) 김성찬,「태평천국 평균이념의 전개와 그 근대적 변모−천조전무제도 평균론의 자정
     신편에 대한 영향」,『동양사학연구』76집, 2001 참조.

26) 郭毅生, 앞의 글, p.98.

과라는 점은 분명한 것으로 보인다.[27]

그러나 중국 학계에서는 일찍부터 〈천조전무제도〉가 사실 반봉건적인 성격을 많이 내포하고 있지 않은 것으로 이해되어 왔다. 〈천조전무제도〉는 역사적으로 '봉건' 왕조들이 주장한 "천하에 왕의 땅이 아닌 곳이 없고, 왕의 신하가 아닌 자가 없다(普天之下 莫非王土, 率土之濱 莫非王臣)"라는 사상과 본질적으로 유사하고 하였다. 또한 "백성의 땅은 모두 천왕의 땅이며, 수입은 천왕에게 돌아간다."고 한 홍수전의 제왕적 사상에서도 보이듯이, 태평천국은 새로운 역사 발전 방향을 추구하는 사회 제도를 내세우지 못했다는 것이 최근 연구의 흐름이다.[28] 어쨌든 〈천조전무제도〉의 사상적 근거가 왕토사상이었다면, 이 역시 동학농민전쟁의 〈평균분작〉 구상처럼 토지의 자유로운 매매를 부정하였을 것이기 때문에 자본주의적 시장경제와도 거리가 멀었을 것으로 보인다.

그러나 체제를 부정하는 반란이 아닌 일반 민변에서는 토지개혁요구가 없었다. 19세기 중국 양쯔강 하류지역의 항조운동에 대해 분석한 베른하르트(Kathryn Bernhardt)는 이와 관련하여 흥미로운 연구결과를 내놓고 있다. 그에 따르면 소작인들이 집단적으로 항조운동을 벌일 때 구체적 이유가 무엇이든 관계없이 그들은 지주층(상층 신사지주, 하층신사지주, 평민지주)을 공격하였다고 한다. 그러나 소작인들은 맹목적으로 지주를 공격한 것은 아니었고 "공정"이라고 할 수 있는 기준에 따라 공격대상을 선택했다는 것이다. 대표적인 것이 수흉조(收凶租), 곧 현지의 일반적 기준을 넘는 정액세(定額稅) 쟁취하는 행위, 시가보다 더 높은 기준

---

27) 천조전무제도를 둘러싼 최근 중국학계의 동향에 대해서는 김성찬, 「신세기 초두 (2000~2012年) 중국 태평천국사학계의 고뇌와 실험적 도전」, 『중국근현대사연구』 55, 2012 참조.

28) 董楚平, 「《天朝田亩制度》性质问题再评价」, 『文史哲』 3, 1982; 詹学德, 「《天朝田亩制度》反封建性质质疑」, 『襄樊学院学报』 1, 1999.

으로 지대 절가(折價)를 정하는 행위, 흉년 때 감세를 거절하는 행위, 자신들은 국가로부터 감세를 받았으면서도 그 혜택을 소작인들에게 나누어주지 않는 행위 등을 한 지주가 주요 공격 대상이었다. 또한 지주가 공정한지 아닌지는 징세액뿐만 아니라 징수할 때의 태도도 마찬가지로 중요하였다. 만약 지주가 밀린 지대를 눈감아준다면 높은 지대를 받더라도 그다지 무겁게 여기지 않았지만, 지주가 경작인의 경제상태를 고려하지 않고 밀린 지대의 납부를 재촉한다면 아무리 낮은 지대라도 큰 부담으로 여겼다는 것이다. 농민의 생계유지와 관련된 활동에 대한 지주의 참여 정도 역시 지주에 대한 소작인들의 평가에 중요한 요소로 작용했다고 한다.[29]

중국의 한 연구에서도 항조운동에서 보이는 농민들의 요구를 베른하르트와 유사하게 이해하였다. "지주와 소작농민 간의 기본적인 규칙은 '지주는 토지를 제공하고[田主出田], 전호는 노동력을 제공하며[佃戶出力], 지주는 조세를 내고[田主納稅], 전호는 지대를 낸다[佃戶輸租]'이었다. 이 규칙은 지주와 소작농민 양자 관계가 존재하는 기본전제이다. 소작농민이 지배납부를 거부하는 이유는 지주가 '相資之義'를 어기고 농민들한테서 부가세를 받기 때문이다. 다시 말해서 소작농민이 지대납부에 저항하는 근본적인 목적은 지주와 자신 간의 관계인 '오래토록 바꿀 수 없는 올바른 도리(百世不易之常經)'을 바꾸려는 게 아니라 지주가 이런 '常經'을 위반한 데 대해 타격을 가하기 위해서였다."는 것이다.[30]

이와 같이 투쟁의 요구는 지대 수취를 둘러싼 "공정성"의 회부에 있

---

29) Bernhardt, Kathryn, *Rents, Taxes, and Peasant Resistance: The Lower Yangzi River, 1840~1950*, Stanford University Press, 1992, pp.75~76.

30) 刘永华, 「17至18世纪闽西佃农的抗租－农村社会与乡民文化」, 『中国经济史研究』, 1998(3), p.148.

었으며, 매매나 지주제 그 자체에 대해 부정하지는 않았다. 이는 예컨 대 제임스 스코트(James C. Scott)가 연구한 동남아시아의 사례와도 유사하다. 제임스 스코트는 동남아시아의 농민반란에서 농민들은 토지의 재분배 요구나 조세의 납부 자체를 반대한 것이 아니라 약속된, 혹은 합의된 액수를 넘어선 지대나 조세 수탈에 반대한 것으로 이해하였다.[31]

이와 같이 특히 중국 강남 지역의 민변에서 토지개혁 요구가 없었던 것은 독특한 소유구조와도 관련이 있었을 것으로 보인다. 강남 델타 지역에는 영전제(永田制)=일전양주제(一田兩主制)가 발달해 있었다. 영전제에서는 대체로 작인들이 토지소유권의 절반에 해당하는 재산권인 경작권, 곧 전면권(田面權)을 소유하고 있었기 때문에 작인들은 굳이 소유권까지 가지기 위해 급급하지 않았다.[32] 오히려 지주는 일체의 세금을 부담해야 했기 때문에 지주의 전저권(田底權)보다는 전면권이 더 매력적이었고, 많은 지역에서 전면권이 더 인기가 있었을 뿐만 아니라, 실제로 전면권이 더 비싸게 매매되기도 했다.[33] 이러한 법과 관습도 민변에서 농민들이 토지개혁을 요구하지 점과 무관하지 않았을 것이다.[34]

---

31) 이에 대해서는 제임스 스코트, 『농민의 도덕경제: 동남아시아의 반란과 생계』, 아카넷, 2004 참조. 또한 E. P. Thompson의 고전적 연구에 의하면 18세기 영국에서 일어난 식량폭동의 핵심은 식량과 밀가루를 강탈하는 데 있었던 것이 아니라 민중들이 판단하기에 상인들이 가격을 지나치게 비싸게 정하여 폭리를 취한다는 데 있었다[Thompson, E. P. "The Moral Economy of the English Crowd in the Eighteenth Century", *Past and Present*, 50(Feb. 1971)]. 이 역시 같은 맥락에서 이해할 수 있을 것이다.

32) 趙岡, 陳鍾毅 著, 윤정분 역, 『중국토지제도사』, 대광문화사, 1985, 320쪽, 374쪽; 박정현, 『근대중국농촌사회연구』, 고려대학교 출판부, 2004, 39~41쪽.

33) 로이드 E. 이스트만 지음, 이승휘 옮김, 『중국 사회의 지속과 변화: 중국 사회경제사 1550~1949』, 돌베개, 1999, 115~116쪽; 조강·진종의 저, 윤정분 역, 앞의 책, 370쪽.

34) 같은 지주제라 하더라도 그를 둘러싼 법과 관습을 비롯하여 다양한 사회적 환경이나

4. 19세기 후반 일본 민중운동과 토지개혁 구상

에도시대에는 조선과 달리 지식인이나 관료에 의한 토지개혁론이 제기되지 않았다. 민중운동에서도 마찬가지였다. 이는 에도시대 일본의 토지소유구조나 공동체적 규제 같은 소유를 둘러싼 관습과 관련이 있다. 일본의 무라(村)는 중국이나 한국의 향촌 내지 촌락에 비해 공동체로서의 성격이 매우 강하였다. 무라의 공과(公課)는 촌민들의 공동부담이었고, 무라의 토지[持地]는 각 촌민의 공동 이용지였으며, 무라의 채무도 각 촌민의 공동채무였다.[35] 백성들의 토지소유는 무라의 공동체적 결합에 핵심적 요소였던 만큼 토지소유의 공동체적 성격이 매우 강

조건도 민중의식이나 그들의 요구조건에 중요한 영향을 미친다. 예컨대 중국 푸젠성(福建省)의 경우 종족조직의 발달과 종족 간 토지소유의 불균등은 항조투쟁(抗租鬪爭)의 성격이나 대립구도 등의 면에 중요한 영향을 미쳤다. 예컨대 1950년 푸젠성 농민 협회의 조사에 따라 민시(閩西)에서 약 50% 이상의 토지가 종족 조직 등 향촌 사회의 다양한 조직의 공유지로 편입되었다. 이런 토지 공유화의 과정은 대체로 16세기 이래 4세기에 걸쳐 이루어졌다. 이 과정에서 각종 지방 단위의 조직 간에는 불균형이 초래되었다. 크고 부유한 종족(예컨대 현성에서 부유한 종족과 큰 읍 주변에 명문거족 등)은 보통 더 많은 토지를 장악할 수 있지만 외지고 먼 산촌이나 현성 교외의 작은 종족은 토지를 잃고 소작농민이 될 가능성이 컸다. 이러한 불균형은 대규모의 부재지주를 대두시키면서 항조투쟁, 종족 간 갈등과 투쟁을 야기했다(刘永华, op. cit. 1998, p.143). 또 명, 청시기의 휘주 종족들은 거의 대부분이 방대한 공공재산을 가지고 있었다. 여기에는 종족의 祀堂, 族田, 祀田, 学田, 墳山 등이 있었는데 이는 종족제도의 존재와 발전의 물질적 기초였고 종족이 제사를 지내고 교육, 문화 활동과 취약한 종족구성원을 구제하여 경제적으로 지탱하게 해주는 기반이었다. 때문에 종족공공재산을 보호하기 위한 공약은 종족의 구성원들에게 상당한 규제력을 가지고 있었다(卞利, 「明清时期徽州的宗族公约研究」, 『中国农史』 2009(3), p.104). 이런 점에 미루어보면 조선의 경우 중국과는 부재(不在) 지주의 비중이나 종족조직의 존재양태, 종족 간 갈등 등의 면에서 차이가 있었으며, 이 역시 민중운동의 양상이나 성격에도 영향을 미쳤을 것으로 보인다.

35) 長谷部弘 外 編, 『近世日本の地域社會と共同性』, 刀水書房, 2009; 辺洋三, 「近代日本における共同体所有の変化と解体」, 川島武宜・住谷一彦 共編, 『共同体の比較史的研究』, アジア經濟研究所, 1973; 北條浩, 「日本における共同体の変容と再編」, 川島武宜・住谷一言 共編, 위의 책, 1973.

고하였다. 그것을 가장 선명하게 보여주는 것이 일부지역에서 시행된 할지제 혹은 할환제(割換制 =割地制度, 鬮地制度)이다. 원래 할지제는 수해나 지진 등이 발생했을 때 농민간의 공조(貢租)부담을 공정하고 공평하게 하기 위해 창시된 것으로, 형식적 평등에 의하여 가구별로 토지가 재분배되었다.[36]

소유의 공동체적 성격을 잘 보여주는 또 다른 법 내지 관습으로는 〈無年季的質地請戾し慣行〉을 들 수 있다. 사실상 거의 기한 없이 원금을 변제하는 것만으로 저당 잡혔던 토지를 돌려받을 수 있는 〈無年季的質地請戾し慣行〉은 〈촌법〉이라는 공동체적 규제와 깊이 결부되어 있었고, 이 점에서 일종의 공동체적 소유의 표현이라고도 볼 수 있다.[37] 18세기에 들어와 정비된 막부의 〈질지법(質地法)〉은 매매가 금지된 에도시대에 급전이 필요한 다양한 상황에서 돈을 마련할 수 있도록 막부가 마련해둔 법으로 토지를 저당 잡히고 돈을 빌릴 수 있도록 한 법이었다. 〈질지법〉에 따르면 매도한 토지를 돌려받을 수 있는 기한은 최장 20년이었다.[38] 그러나 실제 민간에서는 매도할 때 빌린 채무액의 원금만 변제하면 매도한지 수십 년은 물론, 심지어 100년이나 지난 다

---

36) 二本松領(현재의 福島縣) 아사카군(安積郡) 나리타촌(成田村)에서는 1794년부터 幕府末까지 20년마다 割地가 행해져, 무라(村)의 總耕地石高 545石 4斗 4升 5合(1856년)을 百姓 45세대가 분할하고 있었다. 어느 경지를 경작할 것인가는 45세대의 本百姓이 제비를 뽑아 정하고, 이후 20년간 경작하였다. 이 할지제도야말로 근세 농민의 토지 소지의 공동체적 성격을 가장 잘 나타내고 있다. 근세 농민이 所持하는 토지는 개인의 것이기도 하면서 동시에 무라의 것이기도 하였다(今西一, 「근대 일본의 토지개혁」, 『쌀·삶·문명연구』 창간호, 2008).

37) "촌에서 토지소유는 단순이 사유가 아니다. 사유의 근저에는 촌인들 총체의 소유라는 사실이 존재한다. 사유의 표면 아래에는 촌 총체의 소유관계가 잠재해 있다."[川本彰, 『むらの領域と農業』, 家の光協会, 1983, 11쪽(藪田貫·深谷克己 編, 『展望 日本歷史』 15, 東京堂出版, 2004, p.129에서 재인용)].

38) 이하 한중일 "근세" 토지소유구조나 매매관습과 관련하여 특별한 각주가 없는 부분과 좀 더 자세한 내용은 배항섭, 앞의 글, 2010b 참조.

음에도 돌려받는 것이 가능한 〈無年季的質地請戻し慣行〉이 광범위하게 시행되고 있었다.[39] 질지를 매도할 때 쓴 증문(證文)에 영대(永代)로 양여한다는 내용이 들어 있더라도 그 내용을 무시하고 되돌려 받는 경우도 많았다.

질지 계약은 자유로운 상품교환의 원리에 의한 계약관념보다는 가의식(家意識)을 매개로 한 '전근대적' 성격을 강하게 띠는 것이었다. 이것은 〈質地請戻し慣行〉이 막부체제의 근간이 되는 소백성적 소지(所持)의 재생산을 지탱하는 불가결한 조건으로 인식되었기 때문이다. 따라서 질지의 반환요구에 응하지 않거나, 질지의 명의를 자신의 것으로 고친다든지 하는 부정을 저지른 지주나 무라야꾸닌(村役人)들에게는 "사욕에 따라 제멋대로 했다", "사욕으로 횡령했다"는 엄혹한 비판과 함께 공동체적 제재가 가해졌다. 따라서 지주적 소지가 그 자체의 논리를 관철시키는 것이 극히 곤란하였고, 지주들도 무제한적으로 소지를 확대하려는 욕구를 강하게 가지기 어려웠다.[40]

이러한 관습이나 촌법이 막부의 토지매매금지령과는 다른 맥락에서 토지소유권의 매매나 행사에 제약을 초래하였다. 따라서 근대적 소유권 확립과 토지 상품화의 자유를 위해서는 이러한 관행이 폐기되어야 했으며, 그 과정은 적지 않은 사회적 비용을 요구하였다. 메이지 유신 4년 후인 1872년 〈地所永代賣買의 解禁〉(太政官布告 第50号)에 따라 토

---

39) 기내를 중심으로 하는 경제적 선진지역에서는 이러한 관행을 극복해 가는 계기(시장 사회적 토지법질서)가 확실히 인정되고 있지만, 열도 전체로서는 여전히 관행적 질서가 완고하게 살아남아 있었다. 그것은 메이지기에 대지주로 등장하는 사람들의 전답소유면적이 막번제 하에 있어서는 "의외로 적었다"는 사실과도 상통하는 것이다 (水林彪, 「土地所有秩序の變革と〈近代法〉」, 『日本史講座 8: 近代の成立』, 東京大學出版會, 2005).

40) 이에 대해서는 白川部達夫, 「近世質地請戻し慣行と百姓高所持」, 『歷史學硏究』 552, 2004(藪田貫・深谷克己 編, 『展望 日本歷史』 15, 東京堂出版 收錄), 2004, 149쪽 참조.

지의 완전한 매매가 허용되었고, 근대적 법과 제도가 마련되면서[41] 질지 반환과 관련한 에도 시대의 관행도 더 이상 통용되지 않게 되었다.[42]

이에 따라 과거의 관행을 믿고 근대적 금융기관이나 고리대금업자에게 토지를 담보로 돈을 빌렸다가 변제 기일을 넘긴 많은 농민들이 하루 아침에 토지를 잃게 되었다. 이들은 이에 반대하여 구관습, 즉 〈無年季的質地請戾し慣行〉에 의거하여 위해 금융기관에 저당되었던 토지, 곧 질지(質地)를 반환받기 위한 투쟁을 전개하였다.[43] 질지반환을 요구하는 부채농민들의 투쟁은 메이지 유신 이후 민중운동 가운데 대표적인 투쟁의 하나일 정도로 심각한 사회적 갈등을 야기했다.[44] 부채농민소요가 가장 많이 일어난 시기는 1880년대 전반이었고, 총 60여회 이상의 소요 가운데 1884년에 70%정도가 발생했다.[45]

또 지식인이나 사족 차원에서도 토지개혁 관련 주장이 제기되었다.

---

41) 이 과정에 대해서는 稻田雅洋, 『日本近代社會成立期の民衆運動』, 筑摩書房, 1990, 138~147쪽; 暉峻衆三 편, 전성운 역, 『일본농업경제사』, 강원대출판부, 1991, 25~36쪽 참조.

42) 물론 근대적 토지소유법이 시행되었다하여도 현실적으로 실시되고 있던 관행을 일거에 바꾸지는 못했다. 질지 기한을 3년으로 정한 1873년의 〈地所質入書入規則〉이 발포된 지 10년이 지난 1884년에도 여전히 구래의 관습이 이어지고 있었다(大門正克, 「農村問題の社會意識」, 『日本史講座 8: 近代の成立』, 東京大學出版會, 2005, 307~310쪽).

43) 후카야 가츠미(深谷克己)는 자신이 소유하는 경지를 간절히 바라는 민중감정은 質地返還 요구를 분출시켰고, 나아가 메이지 원년(1868)부터 1871년에 걸쳐 각지에서 표출한 풍문에서도 엿볼 수 있듯이 국가에 의한 토지 수용과 균등 재분배에 대한 기대로까지 연결되었다고 한다. 이러한 전사회적인 경지의 균등배분의 실행을 그다지 비현실적인 것으로 생각하게 하지 않았던 배경에는 근세 일본 곳곳에서 행해지고 있던 〈割り替え 관행〉이 배경이 되었던 것으로 추측하고 있다. 深谷克己, 「世直し一揆と新政反對一揆」, 安丸良夫・深谷克己 編, 『日本近代思想大系』21, 岩波書店, 1989, 423~424쪽.

44) 鶴卷孝雄, 앞의 책; 稻田雅洋, 앞의 글; 김용덕, 「명치초 지조개정에 대한 농민저항의 형태」, 『동방학지』60, 1988, 192~196쪽.

45) 稻田雅洋, 앞의 글, 22~24쪽.

1885년부터 1889년경까지 전개된 신대복고서원(神代復古誓願) 운동은 국학적 신도설을 바탕으로 하여 일어난 유토피아적 사상운동이었다. 이 운동의 중심인물은 코바야시 요오헤이(小林与平)이었다. 이 운동의 사상은 아마테라스(天照皇大神)의 〈명교(明敎)〉라는 점에서 치치부(秩父) 사건이나 환산교(丸山敎) 등에 표현되어 있는 민중 사상과는 달랐다. 그러나 이들은 유교 도래 이전의 신대(神代)를 불교가 지배한 시대나 무사가 지배한 시대에 대치시켜 민중적 유토피아로 이해하였다. 신대복고서원운동은 전국의 토지를 정부가 거두어 들여 평분하고 나머지는 사회의 공유로 한다든가, "재산평분" 등을 주장하였다. 민중들에게는 "빈부평균"을 제창하는 운동으로 여겨져 지지를 받았고, 특히 "중등 이하의 인민"에게 받아들여졌다. 또 이 무렵 사족들 가운데도 토지개혁론을 제기하는 인물이 있었다. 오오이 겐타로(大井憲太郞)는 전국의 경지를 대상으로 한 호당 평균면적을 구하여, 그 범위 내에 있는 토지에 대해서는 전당과 매각을 금지함으로써 민중 생활의 안정화를 꾀하고자 하였다. 이러한 "토지평균법"은 노동이나 절약에 의해 자산을 증식시키는 자유경쟁적인 경제원리와의 절충론이었다.[46]

한편 유신 이후 근대적·자본주의적 법과 질서가 압도하고, 지주제가 확립되어가던 현실에 맞서 사유제를 부정할 때 지식인이나 민중은 그들의 요구를 정당화하기 위해 왕토사상을 끌어오거나 고대사회를 이상화하는 방법을 취하였다.[47] 예컨대 앞서 언급한 토지평균풍문은 폐번치현 전후에 절정에 달하여 전국적 규모로 확산되었으나, 1873년을 이후 급속하게 사라져 갔다. 또 이 풍문을 퍼뜨린 원동력은 유신 정권에

---

46) 安丸良夫, 「民衆運動における"近代"」, 安丸良夫·深谷克己 編, 앞의 책, 494~495쪽.

47) 鶴卷孝雄, 앞의 책, 4~32쪽, 59~64쪽; 鶴卷孝雄, 「民衆運動社會意識」, 朝尾直弘 外 編, 『日本通史 16卷』, 岩波書店, 1994, 220쪽, 244쪽.

대한 지주나 호농(豪農) 층의 불안감이나 공포감이었다. 때문에 〈토지 균분〉에 관련된 기대나 요구가 민중운동에서 제기되지는 않았다.[48] 그러나 이러한 풍문은 풍문으로만 그치지 않고, 실제로도 영향을 미쳤다. 요코하마의 상인 시노하라 츄우에몽(篠原忠右衛門)은 백성들이 할당받아 경작하고 있던 소지지(所持地)가 공유지로 회수되어(公收) 재분배가 실제로 실행될 수 있다고 판단하여, 질취지(質取地)의 매각과 차입금의 청산 등 세세한 점까지 아들에게 확인하도록 지시하였다. 나가노의 요다 테츠노스케(依田鐵之助)와 구마모토의 아카호시 이베에(赤星伊兵衛)와 같이 〈토지균분〉론을 정책적으로 실현하고자 하는 인물도 나타났다. 요다는 1874년에 교육비 등 근대화를 위한 제 경비를 마련하기 위해서 토지를 국유화하고, 농민에게 평균적으로 재분재하자고 하는 건언서를 제출하였고, 아카호시는 1870년 무렵에 검지(檢地)를 행하여, 생산력과 연공율과의 불균형을 시정한 후 〈役男〉(15세부터 60세까지의 청장년 남자)의 수에 따라 토지를 분할하여 주지 않으면 〈실제의 평균(實之平均)〉이 되지 않는다고 주장하기도 했다.[49]

흥미로운 것은 이들의 주장에는 토지는 조정의 것, 천황의 것이고 그것이 평분(平分)되어도 어쩔 수 없다고 생각하는 논리가 깔려 있다는 점이다. 이는 근세의 지주/호농층의 대부분이 이와 같이 극히 약한 사적 소유인식밖에 가지고 있지 않았던 것, 달리 말하자면 그들 안에 왕토왕민론이 철저하게 뿌리 내리고 있었음을 보여주는 것이기도 하다.[50] 이같이 왕토사상에 의거한 토지 평분의 논리는 근대적·자본주의적 법과 질서에 반대하였다는 점에서 좀 더 분명한 '반근대'의 성향을 보여준다

48) 三澤純, 「〈土地均分〉と民衆」, 藪田貫 編, 『民衆運動史 3−社會と秩序』, 東京: 靑木書店, 2000, pp.325~327.

49) 三澤純, 2000, pp.318~319.

50) 三澤純, 2000, p.329.

고 할 수 있다.

5. 맺음말-한중일 비교

19세기 동아시아 삼국의 민중운동에서는 모두 토지를 둘러싼 문제가 핵심적인 요구 가운데 하나로 제시되었고, 구체적인 내용 면에서 어느 정도 차이가 있었지만 공통점도 있었다. 토지개혁 구상에서 가장 두드러진 공통점은 무엇보다 토지 평분이라는 평균주의적 원망을 드러내고 있었다는 사실이다.

조선의 민란에서 제시된 요구조건에서는 지주제 반대와 관련된 요구 조항이 확인되지 않는다. 개성민란(1893)의 요구조건이나 동학농민전쟁의 〈폐정개혁안〉에는 토지소유 문제와 관련된 요구가 일부 보이지만, 이 역시 지주제 철폐와는 거리가 멀었다. 오히려 소유권에 대한 부당한 침해로부터 자유로운 사적 소유권을 지향하고 있었음을 알 수 있다. 물론 동학농민전쟁에서는 〈폐정개혁안〉과 별개로 지주제 폐지를 전제로 한 토지개혁 방안이 구상되고 있었다. 중국의 경우에도 태평천국처럼 체제를 부정하는 민중운동에서는 토지개혁이 구상되거나 실제로 시행되지는 않은 것으로 보이지만, 〈천조전무제도〉같이 '토지 평분'을 추구하는 것으로 보이는 토지개혁안이 반포되기도 했다. 일본에서도 메이지 유신 이후 독자적인 유토피아를 모색하는 민중운동에서는 토지개혁이 구상되었다. 또 이와 직접 관련이 있는 것은 아니지만, 에도시대의 관습에 의거하여 금융기관에 저당 잡혔다가 소유권을 상실해버린 질지(質地)를 돌려받으려는 민중운동이 빈번하게 발생하였다.[51]

---

51) 같은 19세기 후반에 일어난 일본과 한국의 민중운동에서 보이는 가장 큰 차이는 일본과 달리 한국에서는 질지반환 운동 같이 민중이 자신들이 '부당하게' 잃어버린 토지소유권을 돌려받으려는 움직임이 없었다는 점이다. 이와 관련하여 몇 가지 원인을

또 하나 19세기 동양 삼국의 민중운동에서 보이는 중요한 공통점은 평분(平分)을 추구하는 토지개혁 구상의 바탕에는 유교적 이상사회와 연결된 최고 수준의 이념이라 할 수 있는 "왕토사상"이 자리 잡고 있었고, 민중은 '왕토사상'에 근거하여 자신들의 '토지 평분' 요구를 정당화하였다는 것이다.[52]

이상에서 확인한 점들은 우선 '근대 전환기'의 민중운동이나 '근대'라는 미지의 시대를 마주한 민중이 그에 대응하는 방법이나 생각은 전통이나 관습으로부터 자유롭지 않다는 것을 보여준다. 또 '근대전환기' 민

생각해보면 다음과 같다. 우선 동학농민전쟁 당시 조선에서는 일본과 달리 농민들에 삶에 직접 영향을 미칠 만한 이전과 다른 새로운 근대적 제도나 법이 만들어지지 않았다. 뿐만 아니라 이미 그 이전부터 늦어도 17세기에 들어서는 토지소유구조와 매매 관습 면에서도 일본과 매우 다른 점이 있었다. 조선후기에는 공동체적 소유가 강하였던 일본과 달리 토지소유구조나 매매관습 면에서 서구의 "近代"와 매우 유사한 관습과 법이 존재하였다. 소유권이 "근대적" 一物一權的 所有權과 매우 흡사할 정도로 확립되어 있었고, 매매관습 면에서도 환매기한이 30여 일에 그치는 등 매수자 우위의 "시장친화적" 내지 "근대적" 매매 관습이 형성되어 있었다. 이 점은 토지소유구조가 중층적이었고, 매매 관습 역시 수십 년 이후라도 환매(還賣)할 수 있다는 점에서 매도자(賣渡者) 우위였다는 점 등의 면에서 토지의 자유로운 매매에 제한이 많았고, 따라서 "시장친화성"과 거리가 멀었던 일본과 달랐다(배항섭, 앞의 글, 2010b).

52) 岸本美緒에 따르면 많은 사회에서 보이는 왕토사상과 같은 〈이념적 상급 소유권〉 관념은 자유로운 〈이용 · 수익 · 처분〉을 내용으로 하는 이른바 〈소유〉라기보다는 실제로는 권력적 지배 · 영유를 의미하는 경우가 많지만, 이러한 이념은 한편으로는, 전체적 복지 내지 국가적 이익의 관점에서 사적소유에 대한 개입을 정당화한다고 한다. 중국의 경우 역사상 자주 보이는 대토지소유 제한론, 토지매매 규제론과 같이 복고적인 왕토론에 의거하여 사적 토지소유를 제한한 것이 그것이다. 그런 의미에서 왕토사상은 사적 토지소유의 전개에 따라 퇴조하는 것이 아니라 오히려 사적 토지소유의 과도한 전개와 폐해가 의식된 국면에서 활발히 제기되었다는 것이다(岸本美緒, 앞의 글, 2004, p.37). 대외적 위기의식이 고조되던 19세기 후반에 李恒老나 金平默 등 보수유생층에서 정전제 개혁론이 제기되고(李恒老, 「語錄」, 『華西集』 附錄 券 1 金平默錄 1; 金平默, 「治道私議」, 『重菴集』 券 35), 1894년 동학농민전쟁 이후에도 다수의 지식인이 정전론, 균전론 등 지주제 폐지를 전제로 한 토지개혁론을 제기한 것도(김용섭, 「조선후기 토지개혁론의 추이」, 『동방학지』 62, 1989; 「한말 고종조의 토지개혁론」, 『증보판 한국근대농업사연구 (하)』, 1990 참조) 같은 맥락에서 이해할 수 있을 것이다.

중운동에 대한 이해가 더 이상 발전단계론 같은 서구발 이론을 교과서적으로, 시대착오적으로, 선험적으로 전제하는 방식으로 접근해서는 설득력 있는 현재성을 가지기 어려움을 시사한다.

물론 19세기 동아시아 삼국의 민중운동에서 제기된 토지문제 관련 요구를 비교해보면 내용이나 강도 면에서 적지 않은 차이를 보인다.[53] 그러나 공통으로 보이는 중요한 점은 19세기 동아시아 민중운동에서 제시된 토지개혁 구상이나 개혁안이 서구적 근대와 거리가 멀었거나 오히려 서구적 근대에 반대하였다는 점이다.[54] 지금까지의 연구에서는 근대를 지향하지 않았던 경험이나 사유들은 역사 '발전'이라는 면에서 부정적인 것으로 판단되어 왔다. 이는 무엇보다 20세기 역사학을 지배해온 근대중심적 역사인식의 표출이라고 생각된다. 근대중심주의는 무엇보다 전근대를 타자화·식민화하는 하나의 이데올로기이다. 근대중심적 시각에서는 이전 시기의 역사 경험 가운데 근대를 향해 달려오는

---

53) 민중운동에서 제기된 토지문제를 둘러싼 요구의 내용이나 강도, 그것을 정당화하는 기반에 대한 좀 더 구체적인 비교연구를 위해서는 토지문제와 관련된 지배이념뿐만 아니라 사회질서, 역사적 경험 속에서 만들어진 관습과 연결한 접근도 필요할 것이다. 각 국의 민중운동에서 제시되는 토지개혁관련 구상이나 요구도 이러한 점들로부터 자유로울 수 없었다. 이러한 차이는 토지문제와 관련된 지배이념이나 사회질서, 역사적 경험 속에서 만들어진 관습으로부터 완전히 자유로울 수 없었던 민중이 현실적 실현 가능성이나 정당성을 고려한 속에서 나온 전략적 선택의 결과로도 볼 수 있을 것이다.

54) '근대전환기' 민중이 '근대'에 대해 보이는 반응은 대체로 반근대, 반자본주의적이었다. 예컨대 아나똘리 아도(Anatoli V. Ado)에 따르면 프랑스혁명 연구자인 아도에 따르면, 프랑스 혁명 당시 농민운동은 주관적으로는 반자본주의적이었다고 한다. 그것은 그들의 삶을 오래 동안 지탱해왔던 관습적 권리인 용익권을 지키려는 의지와 직결된 것이었다. 관습으로서의 용익권을 지켜내려는 농민들의 투쟁은 프랑스 혁명이 영국과 같은 대토지소유자들에 의한 토지 집적과 양극분화를 저지하고 균일적 소규모 경작을 뚜렷하게 유지하고 강화하는 데 성공하였다는 것이다. 아나똘리 아도(Anatoli V. Ado), 「프랑스혁명과 농민운동」, 『역사비평』 19, 1992년 여름호; 배항섭, 앞의 글, 2010a 참조.

요소들만 의미를 가진다. 그렇지 않다고 판단되는 것들은 모두 외면, 억압되고 만다.

　그러나 불평등은 사회 만병의 근원이라는 지적에 더해 기후위기의 핵심 원인으로 지적되고 있다. 우리의 현실에서 중요한 것은 더 이상 '근대화' 혹은 '근대성' 여부의 확인이 아니다. 우리가 당면한 과제인 기후위기나 불평등, 혹은 양자의 관계를 포괄하는 현실에 대한 자각을 바탕으로 과거의 경험을 내재적으로 접근할 필요가 있을 것이다. 예컨대 사회적 병폐를 초래하는 만병의 근원인 불평등의 해소나 완화의 가능성이라는 면에 주목할 때 19세기 민중운동에서 제기된 '토지 평분' 요구가 가지는 현재성은 근대중심주의에 의거한 접근에서 이해하던 것과는 매우 다를 수 있다.

　근대중심주의에 의해 억압, 외면된 것들 가운데는 근대 너머를 상상하거나, 근대적이지 않은 방식으로 근대를 새롭게 할 수 있는 가능성들이 내포되어 있을 수도 있다. 근대가 회의되고 '인류세'라는 새로운 지질학적 시기가 제출된 현재, 근대중심적 역사인식에 대한 근원적 성찰과 일대 전환이 요청된다.

19세기 조선과 베트남의 토지개혁론에 대한 비교사적 검토:

토지소유를 둘러싼 제도와 관습의 차이를 중심으로

1. 머리말

19세기 조선사회는 대내외적인 위기에 직면해 있었다. 안으로는 19세기를 민란의 시대라고 하는 데서도 알 수 있듯이 전례 없이 민란이 빈발하였다. 민란의 원인은 다양하였으나, 핵심적인 요인은 탐관오리에 의한 불법적 수탈과 삼정의 문란에서 찾을 수 있다. 삼정문란이 비단 19세기에만 있었던 것은 아니지만, 19세기에 들어 이른바 소수의 가문이 권력을 독점하는 세도정치가 시작되면서 극심해졌다.[1] 또한 이미 19세기 전반부터 잦아진 외국선박들의 출몰과 통상요구, 1860년 영불연합군에 의한 중국 북경 함락 소식 등은 대외적 위기의식을 고조시켜 나갔다. 특히 프랑스와 미국으로부터 직접적인 군사적 공격을 받았던

---

[1] 예컨대 19세기 후반의 매관매작 실태에 대해 1894년 동학농민전쟁에 직접 참여하기도 하였던 오지영은 다음과 같이 기록하였다. "관직 선택하는 것이 마치 시장에서 물건 매매하듯이 하였다. 큰 벼슬은 큰 값을 받았고 작은 벼슬은 작은 값을 받았"고, "그에 들어간 값은 필경 어디서 나오게 되느냐 하면 그 밑에 있는 아전이나 백성에게서 뽑아내는 수밖에 다른 도리가 없었다". 정치의 문란과 매관매직이 수탈과 삼정의 문란으로 이어지면서 백성들의 생활과 생존을 위협하게 되는 사정을 말해준다(오지영, 「동학사」, 『동학사상자료집』(2), 아세아문화사, 1979, 454쪽).

병인(1866)·신미(1871) 두 차례의 양요와 여전히 화이론적 질서 속에서 오랑캐로 인식되고 있던 일본에 의해 강요된 개항은 대외적 위기를 실감하게 하는 결정적인 계기가 되었다.

　19세기에 들어 나라 안팎으로부터의 도전에 직면한 것은 베트남도 마찬가지였다. 1802년에는 베트남 역사상 처음으로 현재의 북부에서 남부까지를 아우른 통일왕조인 응우옌(阮) 왕조가 성립되었다. 15세기에 들어 성립된 레(黎) 왕조는 16세기 초반 이래 거의 280년에 가까운 기간 동안 응우옌(阮)씨와 찐(鄭)씨 두 유력 가문에 의해 사실상 남북 두 개의 정권으로 나뉘어져 있었다. 그에 따라 양 정권 간에 전투가 잦았을 뿐만 아니라 18세기 후반의 떠이 썬(西山) 반란으로 대표되는 각지의 반란도 빈번하게 일어났다. 응우옌 왕조는 이러한 정국의 혼란을 수습하고 백성들을 안집(安集)시키기 위해 노력하였으나, 서로 다른 종족 간의 갈등, 19세기에 들어 더욱 심해진 프랑스의 침략 등에 따라 왕조의 통합과 안정을 방해받고 있었다. 이미 초대 황제인 자롱(嘉隆, 재위 기간 1802-1819) 황제 때부터 각지에서 반란이 잦았으며, 19세기 중반 이후에는 까오 바 꽛 반란(Cao Ba Quat 高伯适)을 비롯한 대규모 반란들이 연이어 일어나는 등 대내적 위기가 고조되었다.[2] 또한 남부의 코친차이나(Cochinchina) 지역을 시작으로 한 프랑스의 본격적인 식민지 지배정책은 대외적 위기를 크게 고조시켰다.

　이러한 위기에 대응하여 양국 조야(朝野)에서는 체제를 개혁하려는 다양한 움직임이 일어났다. 그러나 위기에 대한 양국의 대응방식이나 대응과정에서 보이는 갈등양상 등에는 적지 않은 차이가 있었다. 그것은 무엇보다 구래의 제도나 관습 면에서 차이가 있었고, 이러한 차이가

---

[2]　유인선, 『새로 쓴 베트남의 역사』, 이산, 2002, 246~254쪽; 최병욱, 「까오 바 꽛(Cao Ba Quat 高伯适)의 반란(1854) 원인에 대한 일 고찰」, 『동남아시아연구』 14권 2호, 2004) 참조.

"근대이행기" 지배층의 정책, 그리고 피지배층의 생각과 행동에 커다란 영향을 미쳤기 때문이다. 베트남과 조선은 유학을 지배이념으로 삼았다는 점, 관료제도와 과거제가 시행되고 있었다는 점 등에서 동질적인 면이 적지 않다. 그러나 다른 한편 서로 다른 점도 존재했다. 우선 베트남의 촌락은 조선과 달리 매우 폐쇄적이고 국가 권력으로부터도 상대적으로 매우 큰 자율성을 가지고 있었다.[3] 가족제도나 상속제도 면에서도 조선과 달리 가부장제에 입각한 적장자 위주의 상속이 아니라 가산은 부부가 공유하였고, 상속에서도 여성의 발언권이 높았을 뿐만 아니라 조상 제사를 위한 토지[香火]를 제외하고는 대체로 남녀균분 상속이 이루어졌다.[4] 특히 공전제로 대표되는 베트남의 토지제도나 관습은 사실상 공전제가 실시되지 않았던 조선의 그것과 크게 달랐다.

이 글에서는 토지제도와 그에 따른 관습의 차이가 19세기 양국에서

---

3) 촌의 관습과 규약은 오랜 시간을 거쳐 만들어진 것이었다. 때문에 촌의 관습이나 규약이 중앙정부에서 정한 법률과 어긋나는 경우도 있었지만, "촌의 관습과 규약은 황제의 법률을 능가한다"는 것이 베트남 사람들의 일반적인 생각이었다. "대나무 울타리 안(촌락)에는 황제의 명령도 미치지 않는다"는 속담이 있을 정도로(오구라 사다오, 『베트남사』, 일빛, 1999, 23쪽) 베트남의 촌락은 국가권력의 간섭으로부터 매우 자율적으로 운영되었다. 토지조사에 의해 전국의 토지는 국가가 관리하는 地簿에 등기되었으나, 그것은 지세대장에 지나지 않았고, 촌락마다 지세가 확보되기만 하면 촌락 내부에서 어떠한 소유권의 이전이 있더라도 국가가 관여하지 않았다(高田洋子, 「프랑스 식민지지배기 베트남에서의 유럽법과 관습법」, 『법사학연구』 27, 서울, 한국법사학회, 2003, 121~122쪽). 한편 최근 식민지 시기의 촌락 연구에 따르면 식민지 당국과 행정당국, 촌락 사이의 관계는 "조세를 온전히 부담하는 한 국가로부터 완전히 독립적인 자율성을 인정받았다"는 기왕의 이해와 달리 매우 복합적인 관계였다(松尾信之, 「19世紀末ベトナムにおける村落と統治機關との關係について」, 『史學雜誌』 107編 2號, 1998 참조). 조선과 베트남의 농촌사회조직에 대한 비교연구로는 한도현, 「전통시대 한국과 베트남의 농촌사회조직에 대한 비교연구」, 『농촌사회』 13집 2호, 2003 참조.

4) 이에 대한 간단한 연구사 정리와 현재의 가족, 상속제도에 대해서는 中西裕二, 「ベトナムにおける相續, 同居, 扶養」, 『扶養と相續』, 東京: 早稻田大學出版部, 1998 참조.

전개된 토지개혁구상이나 토지문제를 둘러싼 갈등·대립의 내용과 구도에 어떤 영향을 미쳤는가 하는 점을 주목하고자 한다. 물론 이 글에서 다루는 양국의 토지문제와 관련된 구상이나 개혁은 시기나 주체 면에서 차이가 있다. 조선의 경우 19세기에 들어 이전 시기와 본질적으로 다른 토지정책이나 개혁이 실시되지는 않았다. 그러나 개화파나 지배층이 가지고 있던 토지개혁구상은 농민이나 일부 지식인들이 가지고 있던 그것과 큰 차이가 있었다. 이에 비해 베트남의 경우 19세기 전반에는 토지정책이 응우옌 왕조에 의해 추진되었지만, 19세기 후반에는 프랑스의 식민지가 되었기 때문에 식민당국에 의해 토지개혁이 진행되었고 양자 간에는 커다란 차이가 있었다. 또 식민 당국의 토지정책은 농민들로부터 커다란 반발을 불러 일으켰다.

이와 같이 양국의 토지개혁론이나 개혁안은 시기나 주체 면에서 적지 않은 차이가 있었다. 그러나 각기 토지개혁을 둘러싸고 갈등이나 대립이 일어나거나, 대립관계가 잠재되어 있었으며 이는 이전 시기의 토지제도나 그와 관련된 관습과 밀접한 관련을 가지고 있었다. 따라서 양국의 토지개혁론이나 구상에 대한 비교검토는 시기나 주체 면에서의 차이에도 불구하고 "근대이행기" 지배층의 정책이나 피지배층의 생각과 행동, 그리고 양자 간의 갈등이 이전 시기의 제도나 관습과 어떠한 관련 속에서 전개되었는가 하는 점을 확인할 수 있는 유효한 방법의 하나라고 생각한다.

2. 조선의 "근대지향적" 토지개혁론

조선 초기의 토지제도인 과전법이 붕괴되고 그를 이은 직전법마저 폐지된 이후 일반 민전의 토지소유구조에는 사실상 근대적 토지소유와 유사할 정도로 배타적 소유권이 확보되어 있었으며, 토지의 매매도 자유로웠다. 그에 따라 이미 조선 전기부터 토지소유의 불균등이 사회적 문제로 제기되었으며, 왕토사상에 입각한 토지개혁론이 일찍부터 조야의 지식인들에 의해 제출되었다.[5] 그러나 조선왕조에서는 한 번도 이러한 토지소유구조나 자유로운 매매관습을 개혁하려고 하지 않았다. 19세기에 들어 잦은 민란과 서세동점에 따른 대내외적 위기를 맞아 내정에 대한 다양한 개혁방안이 제시되었지만, 근대지향적 개혁을 추구한 관료나 개화파 지식인에 의해 제기된 개혁방안에도 기왕의 토지소유구조나 토지제도를 부정하는 내용은 들어 있지 않았다.

1876년 일본에 의해 개항을 강요당한 이후 점증하는 대외적 위기에 대응하여 이른바 개화파가 추진한 대표적인 개혁운동은 갑신정변(1884)과 갑오개혁(1894)이다. 여기서는 두 개의 개혁운동과 그것을 추진한 중심인물들의 토지개혁구상에 대해 살펴보고자 한다.[6] 갑신정변은 당시 유력한 가문 출신의 현직관료이면서 미국과 일본 등 외국을 다녀왔거나, 일본에 유학을 한 경험이 있던 김옥균, 박영효, 홍영식, 서광범, 서재필 등 친일적 문명개화론자들이 일으킨 궁정 쿠데타로 1884년 10월(양력 12월)에 일어났다. 서구적 근대를 추구하던 정변 주체들은 1882년 임오군란 이후 한층 더 심해진 중국의 간섭으로부터 벗어나고 수구세력을 제거하여 근대적 개혁을 추구하기 위해 정변을 일으켰다. 정변은 베트남과도 밀접한 관련이 있었다. 1883년 8월 베트남을 프랑스의 보호령으로 삼는 아르망 조약 이후 베트남에서 프랑스와 중국 간의 긴장이 고조되자 중국은 1884년 5월 조선에 주둔하던 3,000여 명의 병력

---

5) 이경식, 「조선전기의 토지개혁논의」, 『한국사연구』 61, 62합집, 1988 참조.

6) 이하 이에 대한 정리는 김용섭, 『한국근대농업사연구(증보판)』(하), 일조각, 1988, 특히 「갑신·갑오개혁기 개화파의 농업론」과 「광무연간의 양전·지계사업」을 참조하였다.

가운데 절반인 1,500여 명을 철수시켜 베트남으로 이동시켰다.[7] 이에 따라 조선에 주둔하던 중국 병력이 크게 줄어들자 정변 주체들은 이 틈을 이용하여 정변을 일으켰던 것이다.

갑신정변을 일으킨 직후 정변 주체들은 개혁안을 발표하였다. 정변 주도자였던 김옥균이 쓴 『갑신일록(甲申日錄)』에는 이 가운데 14개 항목의 〈정강(政綱)〉이 전해지고 있다. 여기에는 중국에 대한 조공 폐지나, 문벌 폐지와 인민평등의 권리 제정, 탐관오리의 처벌, 전제군주권의 제한 등 중요한 개혁방안이 들어 있다.[8] 이 가운데 토지문제나 농민들의 생활과 직결되는 강령은 다음의 두 개조이다.

> a. 전국의 지조법(地租法)을 개정하고 奸吏를 근절하여, 백성들의 어려움을 펴게 하고, 나라의 財政을 豊足하게 할 것
> b. 각도의 還上은 영구히 臥還할 것[9]

a는 토지에 세금을 부과하는 방식을 개정하여 백성들의 고통을 덜어주고 국가 재정을 윤택하게 하자는 것이며, b는 백성들에게 커다란 고통을 주고 있던 환곡제도를 개혁하자는 것이다. 이것은 기실 삼정과 관련한 종래의 수취질서를 전면적으로 개혁하자는 것이었다.[10] 또 갑신정변의 중심인물 가운데 하나인 박영효는 정변이 실패한 후 일본으로 망명했으며, 망명 중이던 1888년에 국왕 앞으로 상소문인 〈건백서(建白

---

7) 윤치호 저, 송병기 역, 『윤치호국한문일기』(상), 1884년 4월 17일(양 5월 23일), 탐구당, 1975, 163쪽; 강재언, 『한국근대사연구』, 한울, 1982, 98쪽.

8) 갑신정변 당시의 〈정강〉에 대한 자세한 검토는 이광린, 「김옥균의 『갑신일록』에 대하여」, 『개화당연구』, 일조각, 1973; 「갑신정변 정강에 대한 재검토」, 『개화기연구』, 일조각, 1994 참조.

9) 김옥균 원저/조일문 역주, 『갑신일록』 12월 5일, 건국대학교출판부, 1977, 98쪽.

10) 김용섭, 앞의 책, 61쪽.

書)〉를 썼다.[11] 그의 상소문이 국왕에게 전달되었는지의 여부는 불분명하나, 거기에는 부세를 경감할 것, 족징(族徵)과 동징(洞徵)을 폐지할 것 등 백성들의 어려움을 덜어주기 위한 다양한 개혁안과 더불어 지조(地租)를 개량(改量)하여 지권(地券)을 만들 것 등이 들어 있다.[12] 지조를 개량하라는 말은 지조를 다시 조사하여 개정하자는 것이며, 지권을 만들자는 것은 국가에서 토지소유증명서를 발급하여 소유권을 확립하자는 것이다. 이 역시 부세의 경감이나 족징과 동징의 폐지 등과 더불어 생각할 때 기왕의 조세제도를 전면적으로 혁신하자는 주장이었다.

그러나 갑신정변의 정강이나 박영효의 〈건백서〉어디에도 토지개혁을 시사하는 조항은 없다. 갑신정변을 일으켰던 김옥균, 박영효 등의 개화파들에 커다란 영향을 끼친 박규수도 토지재분배를 추구하는 개혁에는 회의적이었다.[13] 이 점에서 이들의 농업개혁은 이미 이전부터 꾸준히 제기되어 왔던 이른바 〈지주적 개혁론〉을 계승한 것이다. 물론 여기에는 이전 시기의 〈지주적 개혁론〉과 달리 서구로부터 유입된 자본주의 경제사상이 결부되어 있었다.[14] 그것은 우선 박영효가 〈건백서〉에서 자유로운 매매의 중요성과 사유재산 보호를 강조한 데서도 엿볼 수 있지만,[15] 특히 갑오개혁을 추진한 중심인물 가운데 하나였던 김윤식의 개혁론을 통해 엿볼 수 있다.

토지와 농업을 둘러싼 문제의 해결방안에 대한 김윤식의 생각이 처

---

11) 박영효의 〈건백서〉의 원문은 전봉덕, 「박영효와 그의 상소 연구서설」, 『동양학』 8, 1978에 실린 것을 참조했다.

12) 이외에도 토지문제와 관련하여 박영효는 토지 매매와 관련하여 민인들이 외국인에게 토지를 典當잡히거나 파는 행위를 금지할 것을 건의하기도 했다(전봉덕, 앞의 글, 214쪽).

13) 김용섭, 「갑신·갑오개혁기 개화파의 농업론」, 앞의 책, 38쪽.

14) 김용섭, 앞의 책, 62~63쪽.

15) 전봉덕, 앞의 글, 211~212쪽.

음으로 나오는 것은 1862년에 국왕에게 올린 〈삼정소(三政疏)〉이다. 1862년 전국에 걸쳐 60여 개 이상의 고을에서 민란이 일어나자 국왕은 그에 대한 대책 마련을 위해 조야의 지식인들에게 개혁안을 보고하도록 지시하였고, 김윤식도 삼정의 개혁을 위한 개혁안을 올린 것이다. 김윤식은 〈삼정소〉에서 중국고대에는 정전제(井田制)가 실시되어 천하가 태평하였고, 이후에도 한전제(限田制, 漢), 균전제(唐), 방전제(方田制, 宋)가 시행되어 민산(民産)이 균등해지고 국가의 재용이 넉넉해졌다는 점을 인정하면서도 한전제와 균전제를 지금와서 실시하는 것은 불가능하며, 다만 방전제(토지측량과 그에 따른 세의 부과법)만은 지금도 유효하다고 주장하였다. 이는 곧 토지의 재분배와 그를 위한 지주제의 철폐를 거부하는 것이며, 민산의 안정을 양전과 세제의 개혁을 통해서 추구하는 주장이다. 그의 이러한 생각은 개항 이후가 되면 서구 자본주의 사상의 영향을 받아 "시대가 달라지면 토지소유 관계도 달라진다."는 논리와 결합하면서 강화되어 나갔다.[16]

그것은 그의 〈호부론(護富論)〉을 통해 확인할 수 있다. 그에 따르면 빈부의 균등화는 부당한 것이었다. 빈부는 하늘이 정해준 것이고, 근면함과 나태함의 차이가 있기 때문에 성인(聖人)들도 빈부의 차이를 없앨 수 없었다고 하였다. 또한 부자는 반드시 근검하고 힘써 일하여 집안을 일으킨 사람이기 때문에 부자가 되는 것에 대해서는 권장할 일이지 미워할 일이 아니라고 하였다. 아울러 부자가 있으면 급할 때 의지할 수 있고, 흉년이 들었을 때도 도움을 줄 터이므로 이들을 육성할 일이지 억압하거나 타파해서는 안 된다고 하였다. 나아가 이러한 생각은 자본주의 경제사상으로 보완되었다. 곧 서양 각국에서는 민이 부유해지는 데 힘써서 민이 식산흥업하면 정부가 이끌어 주고 법으로 보호해주며,

---

16) 김용섭, 앞의 책, 45~46쪽.

비록 국왕이라 하더라도 민의 소유물을 추호도 함부로 취할 수 없다고 하였다. 또 국가에 대사(大事)가 있으면 혹 부자들에게 돈을 빌리기도 하지만, 반드시 기한 내에 이자를 붙여 상환한다고 하였으며, 부자가 철로나 전선 등을 가설하여 거기서 이익을 거두더라도 국가에서는 그 이익을 보호해 주고, 가난한 자는 부자에게 고용되어 임금으로 먹고산다고 하였다. 따라서 우리도 서구처럼 법을 세워 백성들을 침해하고 수탈하거나 백성들에게서 빼앗는 악습을 금지시켜 민들을 보호해준다면, 10년 후에는 철도나 전선, 공장을 건설하는 자가 나타날 수도 있을 것이라고 주장하였다.[17] 여기에서는 1862년의 〈삼정소〉에서와 달리 소유권의 절대성에 대한 인식이 보이며, 민부에 대한 보호가 국가의 근대화라는 목표와 결부되면서 부자를 옹호하는 의식이 한층 선명하게 나타나고 있다.

지주제 철폐를 전제로 한 토지개혁론에 대한 반대는 유길준에게서 한층 분명히 나타난다. 유길준 역시 개화파의 한 사람으로서 일찍이 박규수의 지도를 받았으며, 일본과 미국에서 유학하고 돌아와서 김윤식, 김홍집 등과 함께 1894년의 갑오개혁을 주도한 인물이다. 토지개혁과 관련한 그의 구상은 1891년에 쓴 〈지제의(地制議)〉에 잘 정리되어 있다. 우선 그는 토지와 농업을 둘러싼 문제의 핵심이 토지 소유의 불균등에 있다고 판단하였다. 이를 바로잡기 위해 시행되었던 중국고대의 정전법과 균전법의 전말을 살피고 있지만, 그것을 지금 와서 실시하는 것은 불가능하다고 주장하였다.

또 관민이 모두 田土를 받아야 한다는 의론도 비록 慕古의 뜻에서 나왔다고는 하나, 후세의 다스림에는 합당하지 않은 것이다. 三代 이전에는

---

17) 金允植, 『雲養集』 卷 8, 私議 護富.

땅은 넓으나 사람은 희소하고 풍속은 질박하면서 물자는 흔하여 인민들이 스스로 흡족함에 안존하면서 부유하고자 할 줄 몰랐으므로 井田制를 시행하여 그 산물을 고르게 할 수 있었다. 오늘날에는 그렇지 않으니, 인민들이 利를 좇음이 善을 좋아함보다 심하여 부자는 논밭이 연이어 있으면서도 빈자에게는 송곳을 세울 땅도 없다. 진실로 국가의 정령으로서 부자의 田土를 빼앗아 빈자에게 주는 것이 仁政의 일단인 듯하며, 또 하지 못할 바도 아니지만, 그 원리를 세밀히 살펴보면 장차 인민을 병들게 하는 길이 되어 도리어 더 큰 해를 초래하게 될 터이니 이번 기회에 전국의 田制를 명확하게 하느니만 못한 것이다.[18]

유길준은 여기서 토지개혁을 위해 지주의 토지를 빼앗아 빈농에게 주는 것은 인정(仁政)인 듯하지만, 사실은 인민을 병들게 하는 길이라는 흥미로운 지적을 하고 있다. 곧 토지재분배는 지주층의 원한을 사서 근대화를 위한 개혁사업에 지장을 초래할 것이고, 토지를 재분배 받은 빈농들에게는 요행심을 조장할 염려가 있다는 것이다. 이는 그가 가난한 농민들이 경제적 불평등에 대한 기대와 희망을 가지게 되면 프랑스 혁명 당시의 농민반란이나, 서구에서 사회주의 정당의 치성이나 폭력 혁명의 기도 등과 같은 사회적 대혼란이 야기될 수 있음을 염려한 점과도[19] 상통하는 것이다.

토지개혁론에 대한 유길준의 반대논리 속에도 자본주의적 경제사상과 법사상에서 보이는 소유권의 절대성과 근대적 권리라는 개념이 분명하게 제시되고 있다. 유길준의 근대적 혹은 자본주의적 경제사상이나 법사상은 그의 저서『서유견문(西遊見聞)』에 잘 드러나 있다. 그는 "무

---

18) 兪吉濬 著, 허동현 역,『兪吉濬論疏選』, 일조각, 1987, 39쪽.

19) 김용섭, 앞의 책, 50~51쪽.

룻 세상에 태어난 사람 되는 권리"에 대해 현명함과 우둔함, 귀함과 천함, 빈부와 강약의 구별이 없는 "인간사회의 가장 공평하고 정대한 원리"라고 하여 천부인권론에 입각하여 설명하면서, 가장 중요한 인간의 자유와 권리로 신명(身命)의 자유와 권리, 재산의 자유와 권리, 영업의 자유와 권리, 집회의 자유와 권리, 종교의 자유와 권리, 언론의 자유, 명예의 권리 등 7가지를 들었다. 그 가운데 재산의 자유와 권리에 대해 다음과 같이 서술하였다.

재산의 자유란 정직한 방법으로 자기 사유재산을 사용하거나 처리하기만 하면, 이를 금지하는 자도 없으며 간섭하는 자도 없고, 스스로 편리한 방법에 따라 임의로 할 수 있다는 것을 말한다. 재산의 통의[권리]란 자기가 소유하는 재산을 지켜서, 아무런 이유 없이 탈취를 당하지 않고, 임의로 처리할 수 있는 상태를 보존하는 것을 말한다.[20]

이러한 재산권과 권리행사의 자유에 의거하여 그는 "돈을 남에게 꾸어준 사람은 그 약속한 이자를 요구할 수 있으며, 토지를 남에게 빌려준 사람은 그 수확물의 일부를 요구하는 것이 당연한 정리(正理)"라고 하였다.[21] 또 재산권의 중요성에 대해 다음과 같이 보다 구체적으로 설명하고 있다.

사람마다 각기 자신이 소유한 재산을 보존하여 한 푼도 남에게 주지 않든지, 수 천금의 위력으로 그 마음껏 향락을 꾀한다 하더라도, 국가의 법률에 위배되지 않는 한 금지하거나 억압할 수 없는 것이다. 또 혹 폭도들

---

20) 유길준 저, 김태준 역, 『西遊見聞』(前), 박영사, 1976, 127~129쪽.
21) 『西遊見聞』(前), 119쪽.

의 침략이 있었다면 법률의 公道에 의뢰하여 그 지키는 힘을 빌리는 것이 옳으니, 대개 사람이 자기의 사유 재산을 국법으로 보호받는다는 것은 지대한 혜택인 것이다. 더욱이 방해를 가하지 않는 데 그치지 않고 극진히 보호하여 터럭만큼의 침범도 있을 수 없게 해야 하는 것이다. 온 나라 국민 전체에게 큰 이익을 줄 수 있는 일이라 하더라도, 한 사람의 사유재산이라도 해치는 일이 있다면 이는 행할 수 없는 것이다. (중략) 그러므로 재산의 권리는 국가의 법률에 어그러지는 것이 아닌 한 황제의 권위로도 이것을 빼앗을 수 없으며, 만인의 적이 된다 하더라도 이를 움직일 수 없는 것이다. 주거나 받거나 간에 그것은 법에 의해서 해야 하며 사람에 매여 있는 것이 아니니, 이것은 공권으로 사유재산을 보호하는 큰 도리인 것이다.[22]

이와 같이 그는 근대적 재산권과 소유권의 절대성 개념을 차용하여 균전적 토지개혁론을 부정하고 있다. 또한 가난한 농민들에게 요행심을 조장하는 것을 염려한 그의 생각은 빈민구제에 관한 그의 생각과 연결해 볼 때, 빈부의 문제를 개인에게 귀책 시키려는 의도와 연결되어 있음을 엿볼 수 있다. 유길준은 일정한 규칙이 없는 빈민구제는 건강한 사람의 심성까지 게으르게 만들 수 있다는 점을 거듭 강조하면서, 빈민구제의 핵심은 인정이 아니라 국민들에게 자주적으로 생계를 경영함으로써 남에게 의지하지 않도록 하는 데 있다고 하였다.[23] 유길준이 "균전의 뜻은 천도(天道)의 지극히 공평함에서 비롯되었고 진실로 인정의 근본"이라는 점을 강조하면서도 균전적 토지개혁론을 반대한 것은 바로 이와 같은 서구 자본주의 사상에 입각한 것이지만, 다른 한편 거기에는 빈부의 문제

---

22) 『西遊見聞』(前), 131~132쪽.

23) 『西遊見聞』(前), 179~180쪽, 233쪽.

를 개인의 근태(勤怠) 탓으로 돌리려는 생각이 깔려 있었던 것이었다. 여기서는 수입된 서구 근대의 법과 제도, 자본주의적 경제사상이 "민본사상에 입각한 인정의 실천"이라는 조선왕조의 기본 통치이념을 배제하거나 변용시키고 있음을 볼 수 있다. 그에 따라 인정(仁政)의 함의도 빈부의 격차를 없애는 균전책에서 "빈민에게 생업을 정해주어 각자의 재주와 역량을 다하게 하는 것"[24]으로 바뀌고 있음을 알 수 있다.

한편 유길준이 토지를 재분배하는 개혁론에 반대하는 반면, 제언 축조 등을 통한 농지개간을 장려하기 위해 개간한 땅을 병작이나 도조를 주어 지대를 받더라도 간섭하지 말아야 함을 강조하기도 하였고,[25] 국가가 지주가 되어 종전과 같이 지주경영을 지속할 것을 제기한 것도[26] 같은 맥락에서 이해할 수 있을 것이다. 재분배에 입각한 토지개혁론이 불가능하다고 판단한 그가 농업문제를 해결하기 위해 제시한 방안은 세제개혁과 지대 제한이었다.

당연히 먼저 관향(寬鄕, 인구에 비해 전토가 많은 고을)인지 협향(狹鄕, 인구에 비해 전토가 적은 고을)인지를 살펴 인구와 토지를 균등하게 하는 데 힘써 서로 넘치지 않게 해야만 한다. 부자의 밭은 수확량에 관계없이 도조법(賭租法)을 써서 10분의 3을 받게 하고, 관에서는 공정한 세율로 10분의 1세를 수취하는 데, 主客이 각각 그 반을(主客은 田主와 作人을 말함, 그 반은 稅錢의 반을 말함) 부담하게 하면, 빈자는 거의 10분의 7을 얻을 것이며 부자도 손해나는 바가 없을 것이니, 비록 균전법을 시행하지 않을 지라도 민력이 조금은 펴질 수가 있을 것이다.[27]

---

24) 『西遊見聞』(前), 233쪽.

25) 『兪吉濬論疏選』, 45~46쪽.

26) 김용섭, 앞의 책, 53쪽.

27) 『兪吉濬論疏選』, 63쪽.

이러한 견해는 조선후기 이래 한말까지 이어져온 감조론(減租論)과 흡사한 것이었다. 감조론은 사적소유를 인정하는 가운데 지대의 인하를 통해 자본의 토지투자에서 오는 이익을 없앰으로써 자본투자가 자연히 상업으로 전환하도록 하려는 개혁안이었다.[28]

또한 유길준은 민간에서 전토를 매매하는 문권은 모두 관지(官紙, 관청에서 발급하는 문서양식)로 쓰게 하고, 새로 매입하거나 개간한 전토도 마땅히 관에서 입지(立旨, 증명서)를 작성하여 발급하도록 했다. 이런 점에 미루어 볼 때 지권을 발급하는 것은 무엇보다 국가에서 세원(稅源)을 정확히 파악하려는 의도에서 나온 것이었지만, 다른 한편 민간의 소유권을 국가에서 관리하려는 의도도 담겨 있었음을 알 수 있다.

> 만약 매매하는 문권으로 官紙를 쓰지 않을 경우에는 비록 분쟁이 일어나도 관에서 소송을 들어주지 않고 그 전토도 매매할 수 없게 하며, 전토 거래 사실을 숨기고 속인 악행에 대해서도 벌을 주어 10배의 세금을 내게 하면 (중략) 참으로 이와 같이 한다면 위조의 폐단은 근절되고 盜賣에 대한 우려도 막을 수 있으며, 民人들의 訴訟도 따라서 줄어들 것이다.[29]

유길준의 개혁론은 지주제의 유지를 전제로 한 개혁론이다. 지주제의 성격을 "봉건적"인 것으로 볼 것인가, 아니면 "근대적"인 것으로 볼 것인가 하는 문제가 남지만, 재산권과 사유에 대한 근대적 관념을 획득해 있었다는 점, 또 각종 부정행위가 구조적으로 배태될 수밖에 없는 현물납 대신 지세제도의 금납화, 과세 기준이 불균등한 현행의 결부제(結負制) 대신 지가(地價)에 따른 과세 등을 주장하였고, 지권에 지가

---

28) 김용섭, 「한말 고종조의 토지개혁론」, 앞의 책, 21~23쪽, 29쪽.
29) 『兪吉濬論疏選』, 54~56쪽.

를 기재하도록 하여 지가의 1/100을 지세로 거둘 것을 주장한 점 등으로 미루어볼 때 그의 개혁론이 근대적 혹은 자본주의적인 방안이었음은 명확하다.[30]

이상과 같이 갑오개혁을 주도한 김윤식이나 유길준은 근대적 재산권이라는 개념에 입각하여 토지재분배론, 곧 지주제를 철폐하는 개혁에는 반대하고 있었다. 때문에 갑오개혁에서도 토지개혁론이 제기되지 않았다는 사실은 오히려 당연한 결과일 것이다. 다만 토지제도의 문란과 잡세의 남징(濫徵) 등 조세제도와 그 운영에서 초래된 문제와 관련하여 1894년 동학농민전쟁 당시 농민군이 요구한 폐정개혁안 가운데 적지 않은 부분을 수용하여 개혁안을 제정하였다. 그것은 농민전쟁이 일어난 지역 내의 해변과 산군읍(山郡邑)의 결가(結價, 토지세)를 재조정할 것, 각종 명목의 잡세와 잡공(雜貢)의 폐지 등이었다.[31]

3. 베트남 응우옌(阮) 왕조의 토지정책과 근대적 개혁

1) 응우옌(阮) 왕조의 토지정책

베트남의 토지제도사를 조선과 비교해 볼 때 가장 두드러진 차이는 공전제(公田制)가 발달해 있었다는 데서 찾을 수 있다. 식민지 이전 베트남의 토지는 "원칙적"으로 공유지였다. 그러나 실제로는 공전에 대한 규제가 약화되면서 촌락이 그에 대한 실질적인 권한을 가지고 있었다. 때문에 공전제도 하에서 명목적으로는 황제가 토지에 대한 절대자였지만, 실질적으로는 촌락 내부의 지배층 등에 의해 공전의 사유화가 점차 진행되어 나갔다.

---

30) 「稅制議」, 『兪吉濬論疏選』, 32~33쪽.
31) 유영익, 『갑오경장연구』, 일조각, 1990, 150쪽.

베트남에서는 이미 1225년(陳 太宗) 무렵부터 공전이 성립되어 있었지만, 당시 공전에 편입된 토지는 전 경지의 촌락의 1/9에 불과하였다. 그러나 쩐(陳) 순종(順宗, 1397년) 때 발령된 법령에 따르면 농민은 10畝 이상의 토지를 소유할 수 없었고, 다만 왕족에게만 무제한의 토지소유가 허락되어 있어서 이들은 사노(私奴)를 이용하여 해안에 제방을 쌓고 세력을 넓혀 나갈 수 있었다. 이후 공전제도는 점차 체제를 잡아가기 시작하였으며, 레(黎) 왕조(1428-1527)의 태조(太祖) 때(1429년 이후)는 공전제도가 확립된 것으로 알려지고 있다. 태종(太宗) 때는 국내를 5도로 나누어 〈공전균분(公田均分)의 법〉(1440)을 정하고 토지조사를 거쳐 내대신(內大臣) 이하 노인, 부녀자에 이르기까지 차등을 두어 나누어 주었다. 공전제가 가장 잘 시행되던 시기는 성종(聖宗) 때(1470-98)였다. 운하개척과 제언 축조 등을 통해 토지를 확장하고, 이민사업을 전개하였으며, 1477년에는 급전제(給田制)를 정하여 토지를 나누어 주었다. 분급된 토지는 수급자가 사망하면 관에 반환되었고, 기본적으로 6년마다 재조사되고 재분배되었다. 모든 토지가 공전에 포함된 것은 아니었지만, 15세기 후반까지는 농민이 사유하던 토지가 더욱 많이 공전으로 편입되었다. 레 왕조 때 법전에 규정된 바 "촌락공유지는 매각도 전당 잡히는 것도 할 수 없다"는 규정은 그 이후 200여 년 간의 혼란기에도 법적으로 수정되지는 않았다.

그러나 16세기에 들어 왕조의 지배력이 쇠퇴하면서 사전이 점차 증가하였고, 공전제는 위기에 빠지게 되었다. 레 왕조는 1527년 막당둥(莫登庸)의 왕위찬탈에 의해 사실상 종말을 맞았으며, 이후 2세기 반 동안 유력 권문세가에 의해 남북으로 분열되어 혼란을 거듭하였다. 그 와중에도 북쪽의 찐(鄭)씨 권력에서는 18세기 초반(1711) 사실상 폐지된 공전 규정을 부활시켜 대사유지의 창설을 금지시키는 한편, 촌락의 자치 조직을 강화하여 공전의 수급지인 구분전(口分田)을 받을 수 있는 연

령 등 공전의 관리를 완전히 촌락 내부에서 결정하도록 하였다. 1732년
에는 촌장의 임명에 관한 규정도 바꾸어 촌장의 선출권을 촌민들에게
귀속시킴으로써 촌락의 자율적 권한은 그만큼 더 강해졌다. 그러나 촌
락 지배층에 의한 토지의 매점이 진행되어 갔고, 국가권력이 미치는 공
전에는 조세부담이 급증하면서 그 피해를 입은 농민들이 이촌하여 공
전은 거의 황무지로 변하였다.[32]

공전제도는 1802년 베트남 역사상 처음으로 현재의 북부에서 남부
까지를 아우르는 통일왕조인 응우옌 왕조가 성립되면서 다시 강화되었
다. 왕조를 창건한 자롱제(嘉隆帝)는 재정적 기반을 마련하기 위해 조용
세(租庸稅)를 시행하면서 〈공전토지매매금지령〉(1803)을 발포하고, 〈균
급공전토례(均給公田土例)〉(1804)를 제정하였다. 이어 민망제(明命帝)는
1820년 코친차이나를 대상으로 〈남기전토세법(南折田土稅法)〉을 발포
하였다. 이에 따라 공전의 양도는 물론 전당잡히는 것도 금지되었으며,
공전의 '불가양도성'은 이후 티에우찌제(紹治帝) 4년의 칙령(1844), 뜨득
제(嗣德帝) 8년의 칙령(1855)에서도 거듭 확인되었다. 그러나 매매금지
법령이 거듭 발포된 데서도 미루어 짐작할 수 있듯이 이러한 법령이나
규칙들의 적용범위는 제한적이었다. 촌락의 관습의 범위가 확대되었
고, 이미 촌락의 힘을 억압하기가 어려웠기 때문이다.[33] 촌락은 토지 관
리와 관련한 토지등록부의 작성, 지역의 구획, 할당 등에서 매우 큰 자
유를 획득하였다. 공전은 원래 3년마다 해당 촌락의 등기자에게 이론적
・합리적으로 재분배되어야 했다. 그러나 실제로는 공전의 정확한 규
모도 촌락 유력층에 의해 호도되었고, 관리, 혹은 공적 직무를 수행하

---

32) 菊池一雅, 『ベトナムの農民』, 東京: 古今書院, 1965, 63~77쪽 참조.

33) 久保田明光, 「安南に於ける公田制の歷史的回顧」, 『社會經濟史學』 12~4, 1942,
     342쪽; 菊池一雅, 앞의 책, p.73; 鶴嶋雪嶺, 「ヴェトナム公田制度の歷史的概観」,
     『經濟論集』(關西大學) 18~2, 1968.

는 자들이나 부자들이 비옥한 토지를 차지한 반면, 일반농민들은 평균 할당 면적보다 작고 열악한 경작지를 차지하는 데 만족해야 했다.[34] 또 공전이 3년마다 재분배되는 것이 아니라 매년, 혹은 유력자들에 의해 부정기적으로 재분배되었기 때문에 공동으로 경작하여 공동으로 수확 하는 경우도 발생했다.[35]

　이러한 과정 속에서 주로 촌락 지배층이나 관리들에 의해 토지의 사유화나 토지의 매각이 진전되어 나갔다.[36] 촌락 지배층은 중앙 권력의 감시를 피해 자신들의 사복을 채워나갔다. 농민들도 이들의 보복을 두려워하여, 또 비용도 많이 들었기 때문에 이들의 부정을 알더라도 상소 (上訴)하지 않았다. 특히 19세기 전반 홍강(紅江) 델타로 이주민이 증가 하고, 그에 따른 신전(新田) 개발이 진전되면서 개발된 많은 신전들이 〈세업(世業)〉의 토지로 되고, 몰락한 농민들이 자신의 토지를 상실하면 서 토지의 실질적인 사유화와 매매가 더욱 진전되었다. 특히 비옥한 지역에서 심하였고, 해안지대와 같이 새로 개간된 지역이나 홍수 등 재해 를 입을 가능성이 커서 생산성이 낮은 지역은 사유지로 매각되지 않았 기 때문에 공유지가 많았다.[37]

　한편 이주자들에 의해 새로 개간된 토지는 개간자들의 〈세업〉이 되 었다. 〈세업〉은 상속은 허용되었지만, 매각은 허용되지 않는 특수한 지

전근대 베트남 촌락공동체의 지배구조에 대해서는 櫻井由躬雄, 『ベトナム村落の形成: 村落共有田＝コンディエン制の史的展開』, 創文社, 1987; 김종욱, 「프랑스 식민지배하의 북베트남 촌락행정개혁」, 『동남아시아연구』 13권 1호, 2003, 202~208쪽 참조.

35) 菊池一雅, 앞의 책, pp.102~104.

36) 19세기 초(1805) 베트남 북부지역의 토지 가운데 공전은 약 20%를 차지하였다(김종욱, 「프랑스 식민지배 하의 베트남 사적 토지소유」, 『동양사학연구』 69, 2000, 222 쪽).

37) 菊池一雅, 앞의 책, p.74, p.104.

동아시아사 연구와 근대중심주의 비판

목이었고, 최초 이주자들의 직계자손이 없을 경우 〈세업〉은 촌락 공유지로 귀속되었다. 〈세업〉은 매각할 수는 없었지만, 3년을 상한으로 하는 담보로는 제공할 수 있었다. 때문에 고리대 자본은 매 3년마다 서류를 재작성하는 방식으로 사실상 토지를 매입할 수 있었으며, 공전조차도 고리대 자본으로 귀속되어 갔다. 토지를 담보의 형태로 매각한 농민들은 고리대 자본에 의해 실질적 소작인으로 예속되어 갔다.[38]

토지사유화 경향은 남부, 곧 코친차이나에서 한층 두드러졌다. 베트남인들의 남부 이주는 16세기 초반부터 시작되었다.[39] 코친차이나 지역 가운데 공식적으로 베트남의 영유지로 편입된 것은 1658년에 편입된 메콩델타 동부의 일부지역이었다. 1698년에는 사이공도 그들의 도시가 되었다. 코친차이나로의 이주와 개발은 착착 진행되어 1757년에는 대부분의 지역이 베트남 영토가 되었고, 최후까지 남아 있던 캄보디아령 소크치앙(Soc Trang)도 1840년에 베트남에 귀속됨으로써 메콩델타 주변에 대한 토지정복은 일단 완성되었다. 베트남 정부에서는 확대된 영역의 치안 유지를 위해 식민자들을 우대하였다.[40] 누구라도(18세 이상 54세 이하) 개척한 토지를 토지대장에 등록하기만 하면 토지보유를 인가받을 수 있었으며, 개간자는 실질적인 토지소유자가 될 수 있었다.[41] 국가권력이 아직 여기까지는 제대로 미치지 못하였기 때문이다. 국가에서도 "경작만 한다면 얼마든지 토지를 보유해도 된다"는 입장을 보였기 때문

---

38) 菊池一雅, 앞의 책, 74쪽.
39) 베트남의 남부 이주와 개척에 대해서는 송정남, 「베트남 남부의 영토확장과 토지제도 일 고찰」, 『부산사학』 36, 1999 참조.
40) 송정남, 「프랑스 식민지하의 남베트남 토지제도」, 『국제지역연구』, 5:3호─한국외국어대학교 국제지역연구센터, 2001, 175쪽.
41) 베트남인들의 남부 이주와 토지개척 방법, 개간된 토지소유의 성격, 토지소유를 둘러싼 국가─토지소유주, 토지소유주─작인관계 등에 대해서는 최병욱, 「19세기 중반 남부베트남의 지주상」, 『동양사학연구』 88, 2004 참조.

에 토지매매 현상은 더욱 가속화되었다. 1836년에는 토지측량이 이루어지고 그에 따른 지부(地簿)도 작성되었지만, 대부분의 토지소유주들은 토지를 숨기거나 관리를 매수하는 방법 등을 통해 지세를 제대로 납부하지 않았다.[42] 따라서 민망제는 이 지역의 토지를 장악하고 세수를 확보하기 위해 1840년 9월 부유한 주민들에 대해 그들이 보유한 토지의 2/3을 무상으로 각자의 촌락에 양도할 것을 명령했다. 그러나 이 명령은 코친차이나의 중심지였던 자딩(嘉定) 지방(사이공 주변)에만 적용되었다. 그 규모는 메콩 델타 지역 주민들이 보유한 토지의 30%에 불과하였으며, 그마저도 캄보디아의 반항 때문에 중도에 좌절되었다.

이러한 조건 속에서 사적 점유지는 확대되어 갔으며, 응우옌 왕조 융성기에도 그 규모는 개척지의 70% 이상이었다. 또 사적 점유지는 공전에 비해 토지나 주민에 대한 국가권력의 구속력이 약했기 때문에 응우옌 왕조가 쇠퇴해나가면서 더욱 확대되어 나갔고, 이러한 사정은 프랑스 식민지가 되자 곧바로 대토지소유가 발달할 수 있는 기초가 되었다. 그러나 형식적으로는 베트남 황제가 토지에 대한 절대자였고, 국가에서는 아무런 보상도 하지 않고 이민자들이 개척한 토지를 빼앗을 수 있었다. 또 주민 상호 간에는 토지매매가 금지되었고, 특히 공전은 그 제약이 한층 더 엄중하였다. 때문에 법률적으로 통킹이나 안남 지역과 마찬가지로 프랑스의 점령 이전에는 주민들의 토지 소유권이 결코 존재하지 않았다.[43]

---

42) 최병욱, 앞의 글, 234쪽, 242쪽.

43) 菊池一雅, 앞의 책, pp.75~76. 최병욱의 앞의 글(2004)에서도 확인되듯이 남부지역에서는 토지의 매매가 사실상 자유롭게 이루어지고 있었다. 따라서 이 말은 어디까지나 법률적 의미에서 그러하였음을 의미하는 것이지만, 다른 한편 같은 왕조 하에서도의 북부에서는 공전제가 실제로 운용되고 있었다는 점을 고려할 때, 조건만 허용된다면 토지에 대한 황제의 절대권이 언제든지 발동될 수 있었다는 점에서 근대적 사유권과 달랐다는 것도 분명하다.

2) 근대적 토지개혁

코친차이나를 상실한 이후 큰 충격을 받은 베트남 조정에서도 개혁의 필요성이 대두되었다. 그러나 개혁을 주장하는 사람들의 수는 많지 않았으며, 카톨릭을 신봉하는 몇 사람의 관리들뿐이었다. 서구지향적 개혁을 가장 적극적으로 주장한 대표적 인물은 응우옌 쯔엉 또(阮長祚, 1827~1871)였다. 1850년대에 프랑스 신부를 따라 이탈리아와 프랑스를 방문한 바 있는 그는 관료제도의 개편과 함께 재정안정을 위한 조세개혁을 주장했다. 그 요체는 지주를 포함한 특권층을 과세 대상자에 포함시키고 사치품에 세금을 부과하자는 것 등이었다. 1868년에도 딘 반 디엔(丁文田)에 의해 유사한 개혁안이 제출되었다. 그러나 이들의 개혁안에는 토지소유문제와 관련된 내용은 없었을 뿐만 아니라, 개혁안도 자신들의 이익이 침해당하는 것을 꺼린 보수 집권세력에 의해 완전히 무시되었다.[44]

토지문제와 관련한 근대적 개혁은 프랑스의 식민지로 전락한 이후 식민 당국에 의해 추진되었다. 프랑스의 식민지로 편입된 후 베트남의 전통적인 사회제도에는 커다란 변화가 초래되었다. 프랑스는 1862년 사이공 조약에 따라 코친차이나 동부 3성을 할양받은 것을 시작으로, 1867년에는 코친차이나 전부를 수중에 넣었으며, 1874년에는 통킹과 안남까지 보호국으로 만들었다. 프랑스는 베트남 사회의 기초라고도 할 수 있는 가족제도와 촌락공동체를 파괴하고, 구래의 베트남 황제의 제위(帝威)를 파괴하였으며 하급관청에서도 베트남인들의 발언권을 일소하고자 하였다.[45]

---

44) 유인선, 앞의 책, 281~282쪽.
45) 菊池一雅, 앞의 책, 89~91쪽.

무엇보다 프랑스 식민당국은 토지소유에 대한 구래의 사고방식, 곧 황제가 토지에 대한 지고권(至高權)을 가지고 토지보유자는 토지에 대한 수용권(收用權)을 향유한다는 생각을 깨뜨리고자 하였다. 토지의 매매가 가장 먼저 일어난 것은 가장 앞선 시기에 식민지가 된 코친차이나 지역이었다. 1862년부터 프랑스 식민당국은 촌락에 위임되어 있던 구래의 토지관리권을 개혁하여 모든 토지를 정부에 보고하여 등록할 것을 지시했다. 등록되지 않은 토지는 몰수되어 국유지로 편입되었다. 1862년 2월부터 프랑스 식민 당국은 몰수된 토지를 구획별로 나누어 매매형식으로 분배하였으며, 같은 해 5월부터는 경매형식으로 분배하였다. 1865년에는 농촌을 대상으로 한 토지매매가 시작되었다.[46] 북부에서는 이보다 늦은 1888년 동 카인제(同慶帝)가 프랑스 정부의 권고를 받아들여 부동산의 사유를 인정하였고, 공유지에 대한 소유권 관념에도 '혁명적' 변화가 일어났다. 이후 통킹의 홍강 델타 지역으로 몰려든 프랑스인이나 정부의 고관, 입식자(入植者) 등에 의해 공유지는 헐값으로 팔려나갔고 공유지의 사유화가 진행되었으며,[47] 대토지소유자가 출현하고 소작제도도 합법화하였다.[48] 이에 따라 몰락한 농민들에 의한 대규모 반란이 일어나면서 프랑스 당국의 사유화 정책에 제동을 걸기도 하였으나, 사유화의 물결을 막을 수 없었다. 그 후 당국의 허가가 있으면 매매나 3년 이상의 임대도 인정되면서 토지이용의 공동체적 성격은 점차 약화되어 갔다.[49]

---

46) 송정남, 앞의 글, 167~168쪽.

47) 촌락지배층에 의한 공전 침해 실상에 대해서는 김종욱, 앞의 글 참조.

48) 菊池一雅, 앞의 책, 107쪽, 114쪽.

49) 高田洋子, 앞의 글, 126쪽. 코친차이나 지역에서는 1892년 1월 3년 이상 임대도 가능하다는 법령이 마련되면서 사실상 영구매매가 가능해졌다(송정남, 앞의 글, 172쪽).

4. "근대지향적" 토지개혁을 둘러싼 갈등과 대립

1) 조선의 민중운동과 토지개혁 구상

개항 이후 제기된 토지개혁론, 곧 지주적 입장의 부세제도개혁론과 농민적 입장의 토지개혁론을 평가하는 유력한 견해는 농업근대화 방안의 '두 가지 길'론이다. 그 가운데 "아래로부터의 길"은 농민, 특히 빈농의 입장을 대변하여 "대토지소유제, 봉건적인 지주제를 해체·약화시키고 자립적 소농경제를 확립"시킴으로써 농업에서 근대화를 추구한 개혁론인 것으로 이해되고 있다.[50] 그러나 민란을 비롯한 이시기 민중운동에 관한 경험적 사실들과 농민들의 행동은 이러한 이해와 다르다. 현재까지 알려진 바로는 동학농민전쟁이 발발하는 1894년 이전의 민란에서 토지소유 문제와 관련된 요구 조건을 내건 사례는 1893년 11월 18일에 일어난 개성민란이 유일하다.[51] 개성민란의 직접적인 원인은 관리들의 불법적 수탈 때문이었다. 개성민란은 개성 유수를 비롯한 관리들이 인삼 매상(買上) 과정에서 불법행위를 많이 저질렀으며, 삼상(蔘商)_들로부터 영업세를 가혹하게 징수하였기 때문에 삼상들과 개성 주변의 농민들이 합세하여 민란을 일으킨 것이다.[52] 11월 22일 난민들이 내건 15개 조항의 가운데 토지소유문제에 대한 요구는 제13항에 있는

---

50) 김용섭, 「근대화과정에서의 농업개혁의 두 방향」, 『한국근현대농업사연구』, 1992 참조.

51) 배항섭, 「근대이행기의 민중의식」, 『역사문제연구』 23, 2010. 개성민란에 대해서는 Bae Hang-seob, "Kaesŏng Uprising of 1893", International Journal of Korean History, V.15(Feb. 2010) 참조.

52) 「朝鮮國京畿道松都ニ於テ暴徒蜂起ノ件」, 『韓國近代史資料集成 8: 『國權回復』, 國史編纂委員會, 2004, 7~10쪽; 『승정원일기』 고종 30년 12월 28일; 황현 저, 김준 역, 『梅泉野錄』甲午 以前.

"매매한 지 오래된 전답에 대해서는 권세에 의뢰하여 환퇴(還退)하지[53] 못하게 할 것"이었다. 이것은 수령 등 관권에 의한 불법적인 소유권 침해를 막고 자유로운 소유권을 보장해줄 것을 요구한 것으로 지주제에 대한 반대나 토지소유의 불균등 해소와는 전혀 관련이 없다. 오히려 그것은 관권 등에 의해 부당한 방해를 받지 않고 토지의 자유로운 소유와 매매를 추구하려는 의지를 드러낸 것으로, "황제의 권위로도 빼앗을 수 없는 재산권"을 강조한 유길준의 논의와 통하는 점이 있다.[54]

또 토지개혁을 외면한 갑오개혁(1894) 당시에도 농민들이 갑오개혁에 반대한 사례는 확인되지 않는다. 오히려 갑오개혁의 조세개혁에 따라 결세와 호세를 금납화하고 일체의 잡세를 금지한다는 법령이 반포되었을 때 '백성들'은 "모두 발을 구르고 손뼉을 치며 기뻐하여 서양법을 따르든 일본법을 따르든 그들은 다시 태어난 듯이 희색을 감추지 못했다"고 하였다.[55] 토지재분배보다는 조세문제가 민중의 생활과 생존에 직결되는 더욱 시급한 문제로 인식되고 있었음을 엿볼 수 있다.

현재까지 확인된 사례들을 종합해 볼 때 민란의 요구조항 가운데 지주제에 대한 반대는 전혀 보이지 않을 뿐만 아니라, 토지소유와 관련한 내용도 거의 보이지 않는다. 나아가 1894년 이전에는 지대 인하나 소작조건의 개선에 관한 요구도 거의 제기되지 않았다. 1894년 이후에도 역둔토나 궁방전 등 발생사적 연원이나 소유구조가 특수한 지목의 토지를 제외한 일반 민전에 대해서는 소작권이나 소작조건 개선과 관련된

---

53) 還買, 權賣 등으로도 표현되는 환퇴는 매매계약을 체결할 때 토지의 다시 사는 것을 조건으로 매매하는 것을 말한다(『국역 구관습조사보고서』, 한국법제연구원, 1992, 133~134쪽, 276~281쪽 참조).환퇴관습에 대한 자세한 내용은 배항섭, 「조선후기 토지소유 및 매매관습에 대한 비교사적 검토」, 『한국사 연구』, 2010, 14쪽 참조.

54) 각주 22)의 인용문 참조.

55) 黃玹, 앞의 책, 331쪽.

요구조차 제기된 적이 없다.

그러나 여기서 주목하고자 하는 점은 민중운동에서도 독자적인 토지 개혁방안이 구상되고 있었으며, 그 성격은 앞서 살펴본 개화파의 토지 문제 인식과는 그 성격이 전혀 달랐다는 점이다. 그것은 1894년에 발발한 동학농민전쟁을 통해 엿볼 수 있다. 1894년 농민전쟁의 최고지도자 전봉준은 체포된 뒤 심문 과정에서 자신의 종국의 목적 가운데 하나가 전제(田制)의 개정에 있음을 밝힌 바 있다.[56] 또 오지영이 쓴 『동학사』에도 집강소시기에 농민군이 제시했다는 "폐정개혁건" 12개조 가운데는 "토지는 평균으로 나누어 경작케 할 것"라는 조항이 있다.[57] 물론 "폐정개혁건" 12개조의 실제 여부에 대해서는 의문이 제기되고 있다. 그러나 전봉준이 자신의 목적 가운데 하나가 "전제의 개혁"이었다는 점과 함께 고려해 볼 때 농민전쟁 당시에 농민군이 토지개혁 요구를 전면에 제시하지는 않았지만, 적어도 그에 대한 구상이 준비되어 있었음은 분명한 것으로 이해된다.

〈평균분작〉 구상은 기본적으로 조선후기 이후 한말에 걸쳐 많은 지식인들이 제시한 토지개혁론, 곧 토지재분배에 입각한 개혁론과 동일하였다. 토지개혁론자들의 기본사고는 양반층의 권력적 할거체제 및 경제적 분점체제를 청산하고 정치적 경제적인 왕권의 강화를 지향한 것이었다.[58] 이것은 곧 조선사회의 지배 이데올로기와 배치되는 토지제도, 그와 결부된 부세체제의 괴리된 현실을 고대의 미법인 균전적 토지제도로 돌아감으로써 바로잡으려는 하나의 이상론이었다. 이러한 구상은 한편으로는 당시 조선사회가 안고 있던 토지소유의 불균등을 해소

---

56) '동학당대두목과 그 자백', 「東京朝日新聞」, 1895년 3월 5일.

57) 오지영, 앞의 책, 483쪽.

58) 강만길, 「다산의 토지소유관」, 『다산의 정치경제 사상』, 창작과비평사, 1990, 178쪽.

함으로써 농민 생활을 안정시키려는 데 목적이 있었다. 그러나 그것은 다른 한편 왕토·왕민사상에 기반을 둔 것이었다. 그것은 농민들에게 경작권만 부여하고, 매매와 상속 등 처분권에 대해서는 부정하는 개혁 방안이었다. 농민군이 제시한 〈평균분작〉도 마찬가지였다. 그것은 지주제를 철폐하고 토지의 '국유화' 내지 '공유화'를 통해 농민에게 경작권을 분배하려던 구상이었던 것으로 추정된다. 〈평균분작〉방안은 지주제를 철저히 부정한다는 점에서 혁명적일 수 있었지만, 이러한 개혁론은 사적 소유와 매매를 부정하였기 때문에 부농층의 성장과는 무관하고, 서구적 의미의 농업 근대화와는 거리가 먼 것이었다.[59]

2) 베트남의 민중운동과 토지개혁 요구

조선의 민중운동에서 토지개혁 요구가 없었다는 사실은 베트남과 비교된다. 베트남의 농민운동이나 반란에서는 수시로 토지개혁과 관련한 요구나 구호가 제시되었다.[60] 15세기에 시작된 레(黎) 왕조의 타이 또(太祖)에 의해 리(李)·쩐(陳) 시대에 증가했던 귀족 계급의 대규모 토지소유는 없어졌지만, 새로운 토지 소유계급이 만들어졌다. 또 법적으로 토지매매가 인정되어 있었기 때문에 사유지 확대를 금지했음에도 불

---

59) 이상 동학농민군의 〈평균분작〉 구상에 대해서는 배항섭, 「1894년 동학농민전쟁에 나타난 토지개혁구상」, 『사총』 43, 1994 참조.

60) 베트남은 한국과 달리 수십 여의 종족으로 구성되어 있었으며, 17세기 이후 남부지역이 개척되었다. 이러한 점은 각 종족과 지역 간에 왕조 정부에 대해 동질적인 정체성을 가지기 어려웠고 중앙집권적 통치시스템이 확립되기 어려웠음을 의미한다. 때문에 1833년 레 반 코이의 반란에서는 민 황제의 폐위를 선언하였고, 레 반 코이의 뒤를 이은 눙 반 번(儂文雲)은 산간지대의 소수종족을 규합하여 독자적인 국가를 세우려고 한 데서 알 수 있듯이 많은 반란 세력이 왕조를 부정하고 스스로 왕이 되어 새로운 왕조를 개창하였다(유인선, 앞의 책, 259~260쪽). 이러한 점도 베트남의 반란에서 조선과 달리 토지소유의 재분배를 지향하는 요구나 구호가 빈번하게 제기될 수 있었던 이유와 관련이 있을 것으로 보인다.

구하고 지주나 관리들이 소규모 농민들의 토지를 빼앗는 일까지 있었다.[61] 남부에서 일어난 응우옌 정권에서도 부유한 계층의 토지매수를 제한하는 토지대장을 만들게 했지만, 이는 기왕의 지주나 관리들에 의해 완전히 무시되었고 농촌의 어려움은 여전하였다. 이에 따라 18세기에는 공전이 부족하여 정기적인 토지분배가 불가능할 정도였고,[62] 빈발한 반란에서도 토지개혁요구가 끊임없이 제기되었다. 예컨대 18세기에들어 귀족들의 토지겸병과 조세의 증가 등으로 농민들이 고통을 받던 북부에서 반란을 일으킨 레 주이 멋(黎維䄃)이나, 응우옌 흐우 꺼우(阮有求)는 대토지소유자들의 토지를 빼앗아 가난한 농민들에게 나누어 주었고,[63] 1771년에 일어난 떠 이 썬 운동에서는 "부자의 재산을 빼앗아 가난한 자에게 나누어 준다"는 구호를 전면에 내걸었다.[64] 응우옌(阮) 왕조가 시작된 19세기에 들어서도 점차 공전이 줄어들면서 공전만으로 먹고 살기가 어려워진 농민들이 곳곳에서 반란을 일으켰다.[65]

---

61) 오구라 사다오 지음, 박경희 옮김, 『베트남사』, 일빛, 1999, 123쪽, 136쪽.

62) 오구라 사다오 지음, 같은 책, 142쪽.

63) 유인선, 앞의 책, 230~232쪽.

64) 유인선, 앞의 책, 230~236쪽.

65) 유인선, 앞의 책, 246~264쪽. 물론 최근의 연구 성과에 따르면 북부와 달리 남부 지역에서는 토지소유에 대한 농민들의 인식이 "특이한" 모습을 보이고 있었다. 19세기 남부 베트남의 경우 가난한 농민들은 조정에서 토지를 분배해주겠다는 것도 반대하고 지주의 토지를 借田하여 경작하는 소작농으로 남고자 하기도 하였다. 이것은 남부의 경우 토지에 비해 노동력이 부족했다는 구조적 요인도 있었지만, 토지를 소유함으로써 왕조 정부로부터 조세 수탈을 당하기보다는 지주의 땅을 借耕하는 쪽이 더 유리하였음을 시사한다. 그것은 이들이 조정에서 병사를 징발할 때 "우리는 토지가 없기 때문에 병역 의무를 질 필요가 없다"고 주장한 사실에서 확인할 수 있다. 이는 경작한 농민보다는 상대적으로 토지가 많았다는 사정과도 관련이 있었다. 이러한 사실을 근거로 최병욱은 이 지역 농촌사회에는 스코트가 제시한 바와 같은 모럴이코노미가 작동했다기보다는 소작인이 지주에 비해 유리한 입지에 있었기 때문에 지주로부터 양보를 얻어낸 것이라고 주장하였다(崔秉旭, 앞의 글, 2004 참조). 베트남 촌락의 농민문화를 둘러싼 스코트(James Scott)와 팝킨(Samuel Popkin) 간의 논쟁은

특히 프랑스 식민 당국에 의해 추진된 토지사유화 정책은 농민들로
부터 커다란 반발을 불러 일으켰다. 무엇보다 공유지의 사유화가 농민
들에게 반드시 이익이 되는 것이 아니었을 뿐만 아니라, 공전에 기대
어 최소한의 생계를 유지해 오던 빈농들의 몰락을 재촉했기 때문이다.
스코트가 지적하였듯이 공유제 하의 촌락 내에서도 부자와 가난한 자
들 사이에는 항상 모종의 긴장이 있었지만, 통킹이나 안남 같이 공동체
적 전통이 강한 곳에서는 생계윤리가 토지에 대한 마을의 공유 형태로
나타나기도 했다. 공유지 중 일부는 가난한 마을 주민들의 필요에 따라
할당되었고, 공유지의 지대는 부분적으로 가난한 사람들이 세금을 지
불하는 데 도움을 주거나 토지를 경작하지 않는 과부와 고아들을 부양
하는 데 활용되었다.[66]

그러나 식민당국의 사유화 정책에 따라 농민층 분화가 격심해지면서
일찍이 볼 수 없었던 많은 토지 유리자(遊離者)들과 돈 없는 극빈자들이
양산되면서, "촌이나 시장 근처에는 도로마다 빈약한 사람들이나 음식
을 구걸하는 사람들로 넘쳐났다." 다른 한편에서는 대토지소유자들이
등장하였고, 이들은 합법적으로 소작인을 이용하여 대토지를 경영하였
다.[67] 이에 따라 몰락하였거나 몰락해 나가던 농민층들에 의해 각지에
서 대규모 반란이 일어났다. 사유화에 반대하는 농민들의 힘에 떠밀린
식민지 당국은 사유화 정책을 양보하여 공전이나 공유지의 매각을 제
한하지 않을 수 없었다. 예컨대 1898년에는 경작되지 않는 경우에도 촌

잘 알려져 있다. 이에 대한 간단한 소개는 정승진, 「동아시아 촌락 담론을 통해 본 한
국 촌락의 위상」, 『담론 201』 11(1) , 2008, 222~227쪽 참조.

66) 제임스 스코트 저, 김춘동 옮김, 『농민의 도덕경제』, 아카넷, 2004, 67~68쪽.

67) 이때 도입된 소작제도는 프랑스의 제도가 수용된 것이었는데, 처음에는 카톨릭 교
단에 의해 수용된 分益小作制였으나 점차 농업소작으로 변해갔다. 소작제도에 대한
자세한 내용은 菊池一雅, 앞의 책, pp.114~125 참조.

락이 그 지조를 지불하는 공전에 대해서는 이후 양도를 금지할 것을 각 지역에 지시하였다. 이는 식민 당국에 대한 최초·최대의 농민운동의 결과였다. 그럼에도 불구하고 공전의 사유화는 진행되었고, 이에 대한 농민들의 투쟁도 부단히 전개되었다. 그에 따라 "실로 정치적인 위기" 상황이 초래되었고, 정부에서는 구 공유지의 반환을 신청하는 촌락들에 공유지를 되사서 돌려주기 위해 예비비로부터 거액을 공제하지 않으면 안 되었다. 촌락에서는 공유지를 되사기 위해 정부로부터 빌린 돈을 연부(年賦)로 갚아 나가야 했으나, 여러 가지 이유를 들어 상환을 중단해버렸다.[68]

이와 같은 사유화 정책의 일시적 후퇴에도 불구하고 사유화의 물결을 막을 수는 없었다. 이미 이전부터도 사유화는 진행되고 있었으나, 법률적으로는 허용되지 않았고, 모든 토지소유에 대한 절대권은 여전히 황제에게 귀속되어 있었다. 그러나 프랑스에 의해 도입된 토지소유에 관한 근대법은 사유화 관념을 급속히 확산시켜 나갔다.[69] 근대법은 공전의 사유화 등 무제한적인 욕망에 자극받은 경제행위를 확대하여 사회모순을 분출시켜 나갔으며, 실제 토지를 개간한 경작자와 근대법에 기초한 소유권자인 부재지주와의 대립을 불러 일으켜 식민지 체제를 붕괴시키는 중요한 원인이 되었다.[70]

이러한 토지소유를 둘러싼 대립은 반식민지 근왕운동에도 영향을 미쳤다. 대표적 근왕운동의 지도자이자 데 탐(提探)으로 더 잘 알려진 호앙 호아 탐(黃花探)도 토지 없는 농민들에게 토지를 분배해준다는 약속으로 가난한 농민들을 규합하였다.[71] 프랑스의 식민지가 된 후 토지소

---

68) 菊池一雅, 앞의 책, pp.96~99.

69) 菊池一雅, 앞의 책, pp.101~105.

70) 高田洋子, 앞의 글, 116쪽, 130쪽.

71) 유인선, 앞의 책, 314~316쪽.

유의 불균등은 더욱 심해져서 많은 토지들이 프랑스인 이주자들과 기업에게 넘어갔다. 20세기 초반 토지집중의 심화는 베트남 전체 국민의 90%에 달하는 농민층을 극빈층으로 몰락시켜갔다.[72] 1925년 6월 결성된 베트남청년혁명동지회가 "경자유전(耕者有田)"을 주장한 것도[73] 사회주의 사상만이 아니라, 베트남 국민의 대다수를 이루는 농민들의 오래된 염원을 수용한 것이라는 맥락에서 이해할 수 있을 것이다.

1930년 이래 세계불황의 영향으로 일부 지주는 몰락하기도 했지만, 식민당국의 우대를 받은 대지주의 온존에 따른 심각한 사회불안이 야기되었다. 1945년 8월 혁명 직후이자 토지개혁이 진행되기 이전인 1952년의 조사에 따르면 북·중·남부의 공전과 반(半)공전은 각 지역별로 전체 토지면적의 21%, 25%, 3%를 차지했다.[74] 이와 같이 공전은 남부와 북부 지역에서 커다란 차이를 보였다. 남부의 경우 공전 비율이 낮은 대신 프랑스와 베트남 지주들의 대토지 소유가 발달하였기 때문에 해방 이후 남부에서는 이러한 대토지의 몰수 분배가 가장 중요한 문제였지만, 북부에서는 상당부분이 지주에 의해 지배되고 있던 공유지를 탈취하여 토지가 부족한 빈농과 고농(雇農)들에게 우선적으로 분배하는 것이 재분배정책의 핵심목적이었다.[75] 또 전후에 식민지 독립전쟁이 시작되자 부재대지주의 소유지는 곧 해방구로 변모하였으며, 어떤 점에서 인도차이나전쟁(1945~54)은 경작자가 토지를 '탈취'하기 위한 투쟁이라는 성격을 가지는 것이었다.[76]

---

72) 오구라 사다오 지음, 앞의 책, 203~204쪽.

73) 유인선, 앞의 책, 339쪽.

74) 송정남, 「베트남 토지개혁에 관한 연구」, 『국제지역연구』 5권 2호, 2001, 82쪽.

75) 村野勉, 「北ベトナムの土地政策」, 『アジア土地政策論序說』(東京, アジア經濟硏究所), 1976, p.71.

76) 高田洋子, 앞의 글, 125쪽.

5. 맺음말

이상으로 19세기 조선과 베트남에서 전개된 토지개혁론과 그를 둘러싸고 잠재되어 있거나 표출되었던 갈등 및 대립양상에 대해 살펴보았다. 양국 간에는 비슷한 점도 있었지만, 차이도 적지 않았다. 이 글에는 무엇보다 양국에서 보이는 근대이행기 토지개혁구상이나 그를 둘러싼 잠재된 갈등 양상 등이 무엇보다 구래의 토지제도나 그와 관련된 관습과 밀접한 관련이 있었음을 확인하고자 하였다.

조선의 경우 개화파의 토지개혁론이 명백히 자본주의적 지향을 보이고 있었던 데 반해 농민들은 그렇지 않았다. 동학농민전쟁에서 제시된 〈평균분작〉 구상에서 확인되듯이 농민들은 구체적인 요구조건으로 전면에 제시하지는 않았지만, 왕토사상에 입각한 균전적 토지개혁을 지향하고 있었다. 이러한 구상은 서구적 근대의 수용과 그에 따른 제도나 법, 질서의 변화에 반대한 것은 아니었다는 점에서 반드시 "반근대"라고는 할 수 없지만, 이미 확보되어 있던 매매를 비롯한 자유로운 처분권을 부정하거나 극단적으로 억제하는 구상이었다는 점에서 서구적 의미의 '근대 지향'과는 분명히 다른 것이었다.

베트남의 경우 프랑스에 의해 식민지 지배를 받고 있던 중이었다는 점에서 조선과 차이가 나고, 프랑스에 의해 "근대법"에 의한 토지소유 관념이 도입되었고, 그에 따른 토지사유화가 본격적으로 진행되었다. 물론 이미 이전부터도 공전의 사유화가 진행되고 있었으나, 법적으로는 허용되지 않았고, 모든 토지소유에 대한 절대권은 여전히 황제에게 귀속되어 있었다는 점에서 식민지 이후의 사유화와는 차원을 달리 하는 것이다. 이에 대해 식민지 지배하의 베트남 농민들은 공전의 회복을 추구하였다. 그것은 프랑스 식민 당국이 1898년 각지에 내린 지시, 곧 경작되지 않는 경우에도 촌락이 그 지조를 지불하는 공전에 대해서는 양도를 금지하라는 지시에서도 확인된다. 공전은 원칙적으로 매매와 전당까지도 금지된 토지였으며, 정기적으로 촌락사회에서 재분배되었다. 이 점에서 농민들의 공전 회복 추구는 근대적인 소유관념과 배치되는 것이었음을 알 수 있다. 다만 베트남의 경우 조선과 달리 농민들의 공전회복 요구가 프랑스에 의해 도입된 "근대법"에 의해 구래의 관습이 파괴되고, 그에 따라 몰락하게 된 상황을 전제로 하고 있다는 점에서 '반자본주의적'이고 '반근적대'인 지향이었다고 할 수 있을 것이다.

한편 토지개혁을 둘러싼 갈등이나 대립 양상을 볼 때 조선과 베트남에는 뚜렷한 차이가 있었다. 조선의 경우 민중운동에서 균전적 토지개혁이 구상되고 있었지만, 전면에 제시되지는 않았다. 이에 반해 베트남의 경우 대부분의 반란에서 토지개혁이 요구되고, 전면에 제시되었다. 이러한 차이는 앞서도 언급했듯이 민족구성 면에서의 차이, 중앙집권적 시스템의 작동 정도 등에서 비롯된 면도 있을 것이다. 그러나 토지소유를 둘러싼 제도나 관습의 차이와 그에서 비롯된 농민문화의 전통이나 가치규범의 차이 또한 중요한 요인이 되었을 것으로 이해된다.

조선에서는 이미 근대적 토지소유와 유사할 정도로 배타적인 토지소유가 확립되어 있었다. 매매 역시 자유로웠다. 따라서 토지개혁 요구를 뒷받침해줄 수 있는 현실적인 관습이나 제도가 충실히 구비되어 있지 못하였다. 이에 비해 베트남에서는 토지제도를 기본적으로 규정하고 있던 것이 공전제도였다. 공전은 가족 성원에 비례하여 정기적으로 재분배되었으며, 매매도 금지되어 있었다. 또 부자와 가난한 자들 사이에는 항상 모종의 긴장이 있었지만, 통킹이나 안남 같이 공동체적 전통이 강한 곳에서는 생계윤리가 토지에 대한 마을의 공유 형태로 나타나기도 했다. 공유지 중 일부는 가난한 마을 주민들의 필요에 따라 할당되었고, 공유지에서 받은 지대는 부분적으로 가난한 사람들이 세금을 지불하는 데 도움을 주거나 토지를 경작하지 않는 과부와 고아들을 부양하는 데 활용되었다. 또한 축제나 제사 같은 공동 행사 경비를 위해 존재하던 공전도 있었다. 이러한 공전은 촌락과 촌락민을 연결하는 튼튼한 고리로 작용하여 촌락민들의 정체성과 문화는 물론 마을 공동체를 형성하는 기반이 되기도 했다.[77]

이러한 제도와 관습은 토지와 관련하여 베트남의 농민들에게 조선의 농민들과는 다른 문화와 가치규범을 형성해 갔을 것으로 생각된다. 촌락 내에서 시행되었던 토지재분배는 여러 가지 한계에도 불구하고 평등성의 원리를 내장하고 있었다. 물론 공전제와 평등주의가 동일한 것은 아니다. 그러나 3년 내지 6년 혹은 지역에 따른 정기적 토지 재분배와 빈농에 대한 생계유지에 커다란 도움을 주었던 공전제가 실시되고 있었다는 사실은 농민들의 생각과 행동에 중요한 영향을 미쳤다. 곧 공전제 관습은 "근대법" 도입 이후 토지를 박탈당한 가난한 농민들에게 현실에 맞설 수 있는 평등주의적 원망을 불러일으키고, 그것을 급진적으로 재해석함으로써 토지개혁을 요구를 전면에 제기할 수 있는 중요한 실질적 근거가 되었다고 생각한다.

---

77) 송정남, 앞의 글, 1999, 62쪽.

| 참고문헌 |

■ 머리글

〈저서〉

데이비드 보이드 지음, 이지원 옮김, 『자연의 권리 : 세계의 운명이 걸린 법률 혁명』, 교유서가, 2020

배항섭, 『19세기 민중사연구의 시각과 방법』, 성균관대학교출판부, 2015

슬라보예 지젝 지음, 강우성 옮김, 『팬데믹 패닉』, 북하우스, 2020

조 굴디 · 데이비드 아미티지 지음, 안두환 옮김, 『역사학 선언』, 한울, 2018

〈논문〉

배항섭, 「1894년 동학농민전쟁에 나타난 토지개혁 구상 – 평균분작 문제를 중심으로–」, 『사총』 43, 1994

배항섭, 「현행 고등학교 근현대사 교과서 서술에서 보이는 민중상」, 『한국사연구』 122, 2003

배항섭, 「근대를 상대화하는 방법—민중사에서 바라보는 근대」, 『역사비평』 88, 2009

배항섭, 「'근대이행기'의 민중의식: '근대'와 '반근대'의 너머」, 『역사문제연구』 23, 2010

배항섭, 「조선후기 토지소유구조 및 매매관습에 대한 비교사적 검토」, 『한국사연구』 149, 2010

배항섭, 「19세기 조선과 베트남의 토지개혁론에 대한 비교사적 검토–토지소유를 둘러싼 제도와 관습의 차이를 중심으로–」, 『역사학보』 206, 2010

배항섭, 「동학농민전쟁에 대한 역사교과서 서술내용의 새로운 모색–동아시아적 시각과 '나눔과 배려'의 정신을 중심으로」, 『역사와 담론』 62, 2012

배항섭, 「임술민란의 민중상에 대한 재검토–근대지향성에 대한 비판과 동아시아적 시각의 모색–」, 『역사와담론』 66, 2013

배항섭, 「19세기 동아시아 민중운동과 여성의 참여」, 『역사교육』 152, 2019

裵亢燮, 「1894年 東學農民戰爭の 社會 · 土地改革論」, 新井勝紘 編, 『民衆運動史 : 近世から近代へ 5 : 世界史なかの民衆運動』, 東京 : 靑木書店, 2000

Adam J. Tooze, "The Normal Economy Is Never Coming Back", Foreignpolicy, April 9, 2020

BAE, Hang Seob, "Popular Movements and Violence in East Asia in the Nineteenth Century: Comparing the Ideological Foundations of Their legitimations", *Sungkyun Journal of East Asian Studies*, 17:2, 2017

BAE, Hang Seob, "The Donghak Peasant War: From a History of the Minjung Movement to a History of the Minjung and What Follows", *Korea Journal*, 64:4, Winter 2024

Bentley, Jerry H. "Beyond Modernocentrism: Toward Fresh Visions of the Global Past", in Victor H. Mair, ed., *Contact and Exchange in the Ancient World*, Honolulu, 2006

Dorling, Danny. The Equality Effect. *New Internationalist*, 504, July. 2017

Drayton, Richard. "European social history: A latecomer to the global turn?." *Annales. Histoire, Sciences Sociales-English Edition*, 2021

Green, Fergus and Noel Healy, "How inequality fuels climate change: The climate case for a Green New Deal", *One Earth* 5:6, 2022

Hardt, Michael, and Antonio Negri, "The fight for 'real democracy' at the heart of Occupy Wall Street", *Foreign affairs* 11, October 2011

How inequality is fuelling climate change, UCL News, 25 May 2022

Islam, S. Nazrul, "Inequality and Environmental Sustainability", *UN Department of Economic and Social Affairs(DESA) Working Papers*, No. 145, August 2015

Islam, S. Nazrul and Winkel, John, Islam, N. and J. Winkel, "Climate Change and Social Inequality", *UN Department of Economic and Social Affairs (DESA) Working Papers*, No. 152, UN, New York, October 2017

■ 제1부 근대중심주의 비판 방법으로서의 동아시아사 연구

⟨저서⟩

김시업 · 마인섭 편, 『동아시아학의 모색과 지향』, 성균관대학교출판부, 2005

김환석 외 21인, 이감문해력연구소 (기획) 지음, 『21세기 사상의 최전선 : 전 지구적 공존을 위한 사유의 대전환』, 이성과감성, 2020

낸시 프레이저, 김원식 옮김, 『지구화 시대의 정의』, 그린비, 2010

린 헌트 외 지음, 김병화 옮김, 『역사가 사라져갈 때』, 산책자, 2013

마르티나 도이힐러 지음, 이훈상 옮김, 『한국 사회의 유교적 변환』, 아카넷, 2003

미야지마 히로시, 『일본의 역사관을 비판한다』, 창비, 2013

미야지마 히로시, 『나의 한국사 공부』, 너머북스, 2013

미야지마 히로시 · 배항섭 편, 『동아시아는 몇 시인가?─동아시아사의 새로운 이해를 찾아서』, 너머북스, 2015

백영서, 『동아시아담론의 계보와 미래: 대안체제의 길』, 나남, 2022

브랑코 밀라노비치 지음, 서정아 옮김, 『왜 우리는 불평등해졌는가?: 30년 세계화가 남긴 빛과 그림자』, 21세기북스, 2017

브뤼노 라투르 지음, 홍철기 옮김, 『우리는 결코 근대인이었던 적이 없다』, 갈무리, 2009

성균관대학교 동아시아 유교문화 교육·연구단 편(서중석·김경호 책임편집), 『[역사]새로운 질서를 향한 제국 질서의 해체』, 청어람미디어, 2004

쉬무엘 N. 아이젠스타트, 『다중적 근대성의 탐구』, 나남, 2009

쑨거 지음, 김민정 옮김, 『왜 동아시아인가?』, 글항아리, 2018

아리프 딜릭 지음, 황동연 옮김, 『포스트모더니티의 역사들』, 창비, 2005

안드레 군더 프랑크 지음, 이희재 옮김, 『리오리엔트』, 이산, 2003

알렉산더 우드사이드 지음, 민병희 옮김, 『잃어버린 근대성들』, 너머북스, 2012

에드워드 사이드 지음, 박홍규 옮김, 『오리엔탈리즘』, 교보문고, 2007

와타나베 히로시, 박홍규 옮김, 『주자학과 근세일본사회』, 예문원, 2007

윤여일, 『동아시아 담론 : 1990~2000년대 한국사상계의 한 단면』, 돌베개, 2016

이매뉴얼 월러스틴, 김재오 옮김, 『유럽적 보편주의:권력의 레토릭』, 창비, 2008

임경석, 진재교 외, 『근대전환기 동아시아 삼국과 한국 : 근대인식과 정책』, 성균관대학교 출판부, 2006

조반니 아리기 지음, 강진아 옮김, 『베이징의 애덤 스미스—21세기의 계보』, 길, 2009

지그문트 바우만 지음, 정일준 옮김, 『부수적 피해: 지구화 시대의 사회 불평등』, 민음사, 2013

진재교, 임경석, 이규수 외, 『근대전환기 동아시아 속의 한국』, 성균관대학교출판부, 2004

진재교 외, 『충돌과 착종의 동아시아를 넘어서 : 근대전환기 동아시아의 자기인식과 대외인식』, 성균관대학교출판부, 2007

케네스 포메란츠 지음; 김규태, 이남희, 심은경 옮김, 『대분기 : 중국과 유럽, 그리고 근대 세계 경제의 형성』, 서울 : 에코리브르, 2016

하원호, 손병규, 송양섭, 정승진, 박진철, 배항섭, 한영규, 『한말 일제하 나주지역의 사회변동연구』, 성균관대학교 대동문화연구원, 2008

한국고문서학회, 『동아시아 근세사회의 비교 : 신분·촌락·토지소유관계』, 혜안, 2006

G. 풋지 지음, 박상섭 옮김, 『근대국가의 발전』, 민음사, 1995

폴 A. 코헨 지음, 이남희 옮김, 『학문의 제국주의』, 산해, 2003

Appleby, Joyce, Hunt, Lynn, Jacob, Margaret, *Telling the truth about history*(1st. pbk), New York : Norton, 1994

Chakrabarty, Dipesh, *Habitations of Modernity*, Univ. of Chicago Press, 2002

Davis, Kathleen, *Periodization and Sovereignty: How Ideas of Feudalism and Secularization Govern the Politics of Time*, Philadelphia, University of Pennsylvania Press, 2008

Goody, Jack, *The Theft of History*, Cambridge, 2006

Hiroshi, Miyajima , Walraven, Boudewijn, *How Shall We Study East Asia?*, Paju: Jimoondang, 2017

Huang, Philip C., *The peasant family and rural development in the Yangzi Delta, 1350~1988*, Stanford University Press, 1990

Hung, Ho-fung, *Protest with Chinese characteristics : demonstrations, riots, and petitions in the Mid-Qing Dynasty*, Columbia University Press, 2011

Nederveen Pieterse, Jan, *Empire & emancipation : power and liberation on a world scale*, London : Pluto, 1989

Wong, R. Bin, *China transformed: historical change and the limits of European experience*, Cornell University Press, 1997

〈논문〉

김경호, 「자료 연구로 본 동아시아학술원 20년」, 『대동문화연구』 112, 2020

강성호, 「'전지구적' 세계체제로 본 세계사와 동아시아—안드레 군더 프랑크」, 『역사비평』 82, 2008

강성호, 「유럽 중심주의와 포스트모더니즘을 넘어」, 『역사비평』 84, 2008

강성호, 「유럽 중심주의 세계사에 대한 비판과 반비판을 넘어」, 호남사학회, 『역사학연구』 39, 2010

강진아, 「16~19세기 중국 경제와 세계체제—'19세기 분기론'과 '중국중심론'」, 『이화사학연구』 31, 2004

강진아, 「동아시아로 다시 쓴 세계사—포머란츠와 캘리포니아 학파」, 『역사비평』 82, 2008

강진아, 「중국의 부상과 세계사의 재조명」, 『역사와 경계』 80, 2011

고은미, 「글로벌 히스토리와 동아시아론 : 일본의 성과를 중심으로」, 배항섭·박소현·박이진 편, 『동아시아연구 어떻게 할 것인가 : 동아시아교양총서 1』, 성균관대학교 출판부, 2016

기시모토 미오(岸本美緒), 洪成和 번역, 「동아시아·동남아시아 전통사회의 형성」, 『역사와 세계』 45, 효원사학회, 2014

김건태, 「대동문화연구원의 사학사적 위치」, 『大東文化硏究』 60, 성균관대학교 대동문화연구원, 2007

김경필, 「침묵 속의 대결—'서양의 대두'에 관한 세 해석」, 『서양사연구』 48, 2013

김선규, 「미국 및 일본에서 '傳統中國의 世界秩序'에 관한 연구사와 그 특징 비교」, 『역사문화연구』 32, 한국외국어대학교 역사문화연구소, 2009

김시덕, 「19세기라는 화두: 『19세기의 동아시아 1 – 동아시아는 몇 시인가?』」, 『황해문화』 9, 2016

김시업, "동아시아학술원의 개원과 그 지향", 「성균관대학교 동아시아학술원 개원 기념 동아시아학 국제학술회의: 동아시아학의 모색과 지향—그 사상적 기저(학술회의 발표문)」, 2000

두웨이밍, 「지역적 지식의 중요성」, 마인섭·김시업 편, 『동아시아학의 모색과 지향』, 성균관대출판부, 2005

류준필, 「분단체제론과 동아시아론」, 『아세아연구』 52-4, 고려대 아세아문제연구소, 2009

류준필, 「서구중심주의와 근대중심주의를 넘어서?! : 〈동아시아는 몇 시인가: 동아시아사의 새로운 이해를 찾아서〉」, 『역사비평』 114, 역사비평사, 2016

박훈, 「명치유신과 '사대부적 정치문화'의 도전—'근세' 동아시아 정치사의 모색」, 『역사학보』 218, 2013

배영수, 「'서양의 대두'와 인간의 본성」, 『역사학보』 216, 2012

배항섭, 「근대를 상대화하는 방법—민중사에서 바라보는 근대」, 『역사비평』 88, 2009

배항섭, 「조선 후기 토지소유 및 매매관습에 대한 비교사적 검토」, 『한국사연구』 149, 2010

배항섭, 「동아시아사 연구의 시각—서구·근대중심주의 비판과 극복」, 『역사비평』 109, 역사비평사, 2014

배항섭, 「머리말: "동아시아는 몇 시인가?"라는 질문」, 미야지마 히로시, 배항섭 편, 『동아시아는 몇 시인가?—동아시아사의 새로운 이해를 찾아서』, 너머북스, 2015

배항섭, 「'탈근대론'과 근대중심주의」, 『민족문학사연구』 62, 2016

배항섭, 「방법으로서의 '동아시아사' 연구와 새로운 역사상의 모색—근대중심주의(modernocentrism) 비판과 트랜스히스토리칼(transhistorical)한 접근—」, 『대동문화연구』 112, 2020

배항섭, 「최근 조선시대사 연구의 역사 인식과 새로운 방향 모색」, 『조선시대사학보』 105, 2023

배항섭, 「한국 근대사 이해의 글로벌한 전환과 식민주의 비판 —기후변동과 역사 연구의 새로운 방향 모색—」, 『역사비평』 145, 2023

백영서, 「동아시아담론과 동아시아사의 해후—비판적 지구지역사의 길—」, 『동양사학연구』 164, 2023

성균관대학교 동아시아학술원, 『제2단계 두뇌한국 21 사업』인문사회 분야 사업 신청서」, 2006

성균관대학교 동아시아학술원, 「2007년도 인문한국지원사업 인문분야 신청서(Ⅰ)」, 2007

성균관대학교 동아시아학술원 HK사업단, 「성균관대학교 HK사업단 기획연구 워크숍 : 동아시아에서 전근대/근대의 이분법 너머를 생각한다」, 2012.1.11

성균관대학교 동아시아학술원, 「2014년 동아시아학술원 국제학술회의 : 동아시아에서 21세기 패러다임을 모색한다」, 2014.8.21.~22

성균관대학교 동아시아학술원, 「2018년 HK+사업 인문기초학문 연구계획서(유형2)」, 2018.2.5

오시택, 「새로운 학술시스템을 지향하는 동아시아학술원 20년」, 『성균관대학교 동아시아학술원 20년사』, 2021

유재건, 「유럽 중심주의와 자본주의」, 한국서양사학회 엮음, 『유럽 중심주의 세계사를 넘

어 세계사들로」, 푸른역사, 2009

윤상우, 「베이징 컨센서스 비판: 라모와 아리기의 논의를 중심으로」, 『유라시아연구』 제11권 제4호(통권 제35호), 2014

이우창, 「'서구 근대'의 위기와 한국 동아시아 담론의 기이한 여정」, 『코기토』 83, 2017

임경석, 「대동문화연구원의 학술사적 위치」, 『대동문화연구』 60, 성균관대학교 대동문화연구원, 2007

임형택, 「"동아시아 정체성을 묻는 오늘의 시각" 총서를 기획하며」, 성균관대학교 동아시아 유교문화 교육·연구단 편(서중석·김경호 책임편집), 『[역사]새로운 질서를 향한 제국 질서의 해체』, 청어람미디어, 2004

장인성, 「한국의 동아시아론과 동아시아 정체성 : "동아시아의 새로운 상상"과 "국제사회로서의 동아시아"」, 『세계정치』 4, 서울대학교 국제문제연구소, 2005

정철웅, 「중국 근대 경제 발전에 대한 접근 방법」, 『역사학보』 151, 1996

정현백, 「트랜스내셔널 히스토리의 가능성과 한계」, 『역사교육』 108, 2008

진재교, 「한국문학 연구와 '대동문화연구원'―동아시아학으로의 연구지평 확대와 연구방법론의 창신」, 『대동문화연구』 60, 성균관대학교 대동문화연구원, 2007

진재교, 「동아시아학술원의 연구·교육의 통합 모델과 그 성과」, 『대동문화연구』 112, 2020

차크라바르티, 「인도 역사의 한 문제로서 유럽」, 『흔적』 1, 2001

최원식, 「탈냉전시대와 동아시아적 시각의 모색」, 『창작과비평』 79, 1993

파르타 차르테지, 「탈식민지 민주국가들에서의 시민사회와 정치사회」, 『문화과학』 25, 2001

Duncan, J. B. 「한국사 연구자의 딜레마」, 『동아시아에서 21세기 패러다임을 모색한다』(2014년 성균관대학교 동아시아학술원 국제학술회의 발표문, 2014년 8월 21~22일 개최).

安本美緖, 「東アジア史の「パラダイム轉換」」, 『「韓國併合」100年を問う』, 岩波書店, 2011

宮嶋博史, 「東アジア小農社會の形成」, 『長期社會變動―アジアから考える(6)』, 東京大學出版會, 1994

Peter Osborne, 「別の時間」, 『近代世界の形成: 19世紀世界 1』, 岩波書店, 2002

三浦徹, 「原理的比較の試み」, 三浦徹·岸本美緖·関本照夫 編, 『比較史のアジア: 所有·契約·市場·公正』, 東京大学出版会, 2004

Thompson, Edward Palmer, 近藤 和彦 [訳解説], 「一七九〇年以前のイギリスにおける社會運動」(社会史〈特集〉), 『思想』 663, 1979

黄宗智, 「发展还是内卷?十八世纪英国与中国――评彭慕兰《大分岔:欧洲,中国及现代世界经济的发展》」, 『历史研究』 4, 2002

黄宗智, 「再论18世纪的英国与中国――答彭慕兰之反驳」, 『中国经济史研究』 2, 2004

黄宗智, 「消解中国经验与西方理论的悖反: 黄宗智学术自述」, 『文史哲』 2, 2023

李伯重,「"相看两不厌": 王国斌《转变的中国: 历史变迁及欧洲经验的局限》评介」,『史学理论研究』2, 2000

张家炎,「如何理解18世纪江南农村: 理论与实践——黄宗智內卷论与彭慕兰分岔论之争述评」,『中国经济史研究』2, 2003

仲伟民,「学术界对前近代中国研究的分歧 : 以彭慕兰、黄宗智的观点为中心」,『河北学刊』2, 2004

AlSayyad, Nezar and Ananya Roy, "Medieval Modernity: On Citizenship and Urbanism in a Global Era", *Space and Polity* 10:1, April 2006

Arrighi, Giovanni, "The World According to Andre Gunder Frank", *Review* 22:3, Fernand Braudel Center, 1999

Bentley, Jerry, "Why Study World History?", *World History Connected* 5:1, October 2007

Bentley, Jerry H., "Beyond Modernocentrism: Toward Fresh Visions of the Global Past", Victor H. Mair, ed., *Contact and Exchange in the Ancient World*, Honolulu, 2006

Bruno Latour, "the recall modernity", *Cultural Studies Review* 20: 1, 2014

Cho, Young-hun, The History of East Asia as Newly Recognized from the Perspective of Korean Historians, Cross-Currents: *East Asian History and Culture Review E-Journal* No. 22, March 2017

Dirlik, Arif, "Contemporary Perspectives on Modernity: A Critical Discussion", *Sungkyun Journal of East Asian Studies* 8:1, 2008

Dirlik, Arif, Bahl, Vinay, "Introduction", edited by Dirlik, Arif, Bahl, Vinay, Gran, Peter, *History After The Three Worlds : Post-Eurocentric Historiographies*, Lanham, Md. : Rowman & Littlefield, 2000

Drayton, Richard, & David Motadel, "Discussion: the futures of global history", *Journal of Global History* 13:1, March 2018

Fazey, Ioan, et al., "Transformation in a changing climate: a research agenda", *Climate and Development* 10:3, 2018

Gills, Barry K. and Thompson, Wiliam R., "Globalizations, global histories and historical globalities", Barry K. Gills and Wiliam R. Thompson, ed., *Globalization and Global History*, New York, 2006

Hart, Keith, "Jack Goody: The Anthropology of Unequal Society", *Reviews in Anthropology* 43, Routledge London, 2014

Huang, Philip C. C., "Further Thoughts on Eighteenth-Century Britain and China: Rejoinder to Pomeranz's Response to My Critiqu", *The Journal of Asian Studies* 62:1, 2003

Lauzon, Matthew J., "modernity", Jerry H. Bentley ed. *The Oxford Handbook of World History*, New York, Oxford University Press, 2011

Osterhammel, Jürgen, "Globalization", Jerry H. Bentley ed., *The Oxford Handbook of*

World History, Oxford ; New York: Oxford University Press, 2011

Pomeranz, Kenneth, "Facts are Stubborn Things: A Response to Philip Huang", *The Journal of Asian Studies* 62:1, 2003

Sundberg, J., "Decolonizing posthumanist geographies", *Cultural Geographies* 21:1, 2014

Volker, H. Schmidt, "Multiple Modernities or Varieties of Modernity?", *Current Sociology* 54, 2006

■ 제2부 한국사 연구의 현재와 서구중심주의 · 근대중심주의 비판

〈자료〉

『태종실록』, 『세종실록』, 『헌종실록』

〈저서〉

권내현, 『조선 후기 평안도 재정 연구』, 지식산업사, 2004

권내현, 『노비에서 양반으로, 그 머나먼 여정:어느 노비 가계 2백 년의 기록』, 역사비평사, 2013

권내현, 『유유의 귀향 조선의 상속』, 너머북스, 2021

김건태, 『조선시대 양반가의 농업경영』, 역사비평사, 2004

김흥규, 『근대의 특권화를 넘어서 : 식민지 근대성론과 내재적 발전론에 대한 이중비판』, 창비, 2013

나카무라 사토루 · 박섭 편저, 『근대 동아시아 경제의 역사적 구조』, 일조각, 2007

낸시 프레이저 지음, 김원식 옮김, 『지구화 시대의 정의』, 그린비, 2010

데이비드 보이드, 이지원 옮김, 『자연의 권리: 세계의 운명이 걸린 법률 혁명』, 교유서가, 2020

도시환 외, 『한일협정 50년사의 재조명 Ⅱ』, 동북아역사재단, 2012

도시환 · 장박진 · 장세윤 외, 『한일협정 50년사의 재조명 Ⅳ』, 동북아역사재단, 2015

『동학농민전쟁사료총서』, 사운연구소, 1996

리처드 에번스 지음, 이영석 옮김, 『역사학을 위한 변론』, 소나무, 1999

마이클 사워드, 강정인 · 이석희 옮김, 『민주주의란 무엇인가』, 까치, 2018

마이클 하트 · 안토니오 네그리 지음, 윤수종 옮김, 『제국』, 이학사, 2001

마크 피셔 지음, 박진철 옮김, 『자본주의 리얼리즘:대안은 없는가』, 리시올, 2018

미야지마 히로시, 『나의 한국사 공부』, 너머북스, 2013

미야지마 히로시 · 배항섭 편, 『동아시아는 몇시인가』, 너머북스, 2015

미조구찌 유조 외 지음, 동국대 동양사연구실 옮김, 『중국의 예치시스템』, 청계, 2001

민유기 · 염운옥 · 정용숙 외 지음, 『전쟁과 여성 인권 : 세계의 일본군 '위안부' 문제 인식』, 심산, 2021

배항섭 엮음, 미야지마 히로시 외 지음, 『동아시아의 근대 장기지속으로 읽는다』, 너머북스, 2021

브랑코 밀라노비치 지음, 서정아 옮김, 『왜 우리는 불평등해졌는가?: 30년 세계화가 남긴 빛과 그림자』, 21세기북스, 2017

손병규, 『조선왕조 재정시스템의 재발견』, 역사비평사, 2008

손병규 · 송양섭 편, 『통계로 보는 조선후기 국가경제』, 성균관대학교 출판부, 2013

송양섭, 『18세기 조선의 공공성과 민본이념』, 태학사, 2015

송호근, 『인민의 탄생—공론장의 구조 변동』, 민음사, 2011

송호근, 『시민의 탄생—조선의 근대와 공론장의 지각 변동』, 민음사, 2013

슬라보예 지젝 지음, 강우성 옮김, 『팬데믹 패닉: 코로나19는 세계를 어떻게 뒤흔들었는가』, 북하우스, 2020

신기욱, 마이클 로빈슨 지음, 도면회 옮김, 『한국의 식민지 근대성』, 삼인, 2006

아르보가스트 슈미트 지음, 이상인 편역, 『고대와 근대의 논쟁들』, 도서출판 길, 2017

안병직 편, 『우리나라 경제성장사』, 서울대학교출판부, 2001

안병직 · 이영훈, 『맛질의 농민들』, 일조각, 2001

알렉산더 우드사이드 지음, 민병희 옮김, 『잃어버린 근대성들』, 너머북스, 2012

얼 C. 엘리스 지음, 김용진 · 박범순 옮김, 『인류세』, 교유서가, 2021

야스마루 요시오 저, 남춘모 역, 『방법으로서의 사상사』, 대왕사, 2010

야스마루 요시오 지음, 박진우 옮김, 『현대일본사상론』, 논형, 2006

울리히 브란트, 마르쿠스 비센 지음, 이신철 옮김, 『제국적 생활양식을 넘어서』, 에코리브르, 2020

위르겐 하버마스저, 한승완 역, 『공론장의 구조변동』, 나남, 2001

유승주 · 이철성, 『조선 후기 중국과의 무역사』, 경인문화사, 2002

윤해동, 『근대 역사학의 황혼』, 책과함께, 2010

윤해동, 『식민지의 회색지대』, 역사비평사, 2003

윤해동 외, 『근대를 다시 읽는다』(1, 2), 역사비평사, 2006

이대근 외, 『새로운 한국경제발전사』, 나남, 2005

이매뉴얼 월러스틴, 김재오 옮김, 『유럽적 보편주의:권력의 레토릭』, 창비, 2008

이영훈, 『한국 시장경제와 민주주의의 역사적 특질』, 한국개발연구원, 2000

이영훈 편, 『수량경제사로 다시 본 조선 후기』, 서울대출판부, 2004

이타가키 류타, 『한국 근대의 역사민족지 : 경북 상주의 식민지 경험』, 혜안, 2015

임지현 · 이성시 엮음, 『국사의 신화를 넘어서』, humanist, 2004

정승진, 『한국근세지역경제사』, 경인문화사, 2003

제러미 러프킨 외 인터뷰, 안희경 지음,『오늘부터의 세계』, 메디치, 2020

조 굴디 · 데이비드 아미티지 지음, 안두환 옮김,『역사학 선언』, 한울, 2018

조르조 아감벤 외, 김상운 옮김,『민주주의는 죽었는가 : 새로운 논쟁을 위하여』, 난장, 2010

조지프 스티글리츠 지음, 이순희 옮김,『불평등의 대가 : 분열된 사회는 왜 위험한가』, 열린책들, 2013

조지형 · 김용우 엮음,『지구사의 도전』, 서해문집, 2010

지그문트 바우만 지음, 정일준 옮김,『부수적 피해: 지구화 시대의 사회 불평등』, 민음사, 2013

지그문트 바우만, 카를로 보르도니,『위기의 국가』, 동녘, 2014

찰스 틸리 저, 양길현 외 역,『동원에서 혁명으로』, 서울 프레스, 1995

칼 마르크스 지음, 임지현 · 이종훈 옮김,『프랑스 혁명사 3부작(개정판)』, 소나무, 1987

칼 폴라니 지음, 이병천 · 나익주 옮김,『인간의 살림살이』, 2017

토마 피케티 외 25인 지음, 유엔제이 옮김,『에프터 피케티:≪21세기 자본≫ 이후 3년』, 율리시즈, 2017

표영삼,『동학 1: 수운의 삶과 생각』, 통나무, 2004

P.크뤼천 · D.차크라바르티 외 지음, 이별빛달빛 엮음,『인류세와 기후변동의 대가속』, 한울, 2022

하야미 아키라 지음, 조성원 · 정안기 옮김,『근세일본의 경제발전과 근면혁명』, 혜안, 2006

허수열,『일제 초기 조선의 농업』, 한길사, 2011

호적대장 연구팀,『단성 호적대장 연구』, 성균관대 대동문화연구원, 2003

G. 풋지 지음, 박상섭 옮김,『근대국가의 발전』, 민음사, 1995

菊池謙讓,『朝鮮王國』, 東京 : 民友社, 1896

鹿野政直,『鹿野政直思想史論集』第7卷, 東京:岩波書店, 2008

牧原憲夫 編,『〈私〉にとっての國民國家論』, 日本經濟評論社, 2003

趙景達,『植民地期朝鮮の知識人と民衆救濟思想』, 有志舍, 2008

Appleby, Joyce, Hunt, Lynn, Jacob, Margaret, *Telling the truth about history*(1st. pbk), New York:Norton, 1994

Austin, Gareth, ed., *Economic development and environmental history in the anthropocene:* Perspectives on Asia and Africa. London:Bloomsbury Academic, 2017

Davis, Kathleen, *Periodization and Sovereignty:How Ideas of Feudalism and Secularization Govern the Politics of Time*, Philadelphia:University of Pennsylvania Press, 2008

Dirlik, Arif, Vinay Bahl, and Peter Gran, eds. *History After The Three Worlds:*

Post-Eurocentric Historiographies, Lanham, Md. : Rowman & Littlefield, 2000

Endfield, Georgina and Samuel Randalls, "Climate and Empire", Beattie, James, Edward Melillo, and Emily O'Gorman, eds., *Eco-Cultural Networks and the British Empire: New Views on Environmental History*, Bloomsbury Academic, 2016

Follesdal, Andreas, and Thomas Pogge, eds. *Real world justice: grounds, principles, human rights, and social institutions* 1. Springer Science & Business Media, 2005

Goody, Jack, *The Theft of History*, Cambridge University Press, 2006

Hung, Ho-fung, *Protest with Chinese characteristics : demonstrations, riots, and petitions in the Mid-Qing Dynasty*, Columbia University Press, 2011

Latour, Bruno; translated by Porter, Catherine, *We have never been modern*, Cambridge, Mass. : Harvard University Press, 1993

McIntosh, Roderick J., at. el., *The Way the Wind Blows: Climate, History, and Human Action*, New York: Columbia University Press, 2000

Pieterse, Jan Nederveen, Empire & emancipation : power and liberation on a world scale, London : Pluto, 1989

Wong, R. Bin, *China transformed:historical change and the limits of European experience*, Cornell University Press, 1997

〈논문〉

강병근, 「네덜란드의 인도네시아 식민지배 배상판결에 관한 연구」, 『한일협정 50년사의 재조명 Ⅳ』, 동북아역사재단, 2015

강성호, 「유럽 중심주의 세계사에 대한 비판과 반비판을 넘어」, 『역사학연구』 39, 호남사학회, 2010

강진아, 「동아시아로 다시 쓴 세계사-포머란츠와 캘리포니아 학파」, 『역사비평』 82, 2008

강진아, 「중국의 부상과 세계사의 재조명」, 『역사와 경계』 80, 2011

고석규, 「19세기 초·중반의 사회경제적 성격」, 『역사비평』 37, 1996

고태우, 「대가속의 어두움: 20세기 한국의 역사는 발전의 역사인가?」, 『역사학보』 257, 2023

구양미, 「코로나19와 한국의 글로벌가치사슬(GVC) 변화」, 『한국경제지리학회지』 23-3, 한국경제지리학회, 2020

국가인권위원회, 「더반선언문 및 행동프로그램」, 2009(https://www.humanrights.go.kr/search/index.jsp)

권기중, 「서평, 손병규 著, 『조선왕조 재정시스템의 재발견-17~19세기 지방재정사연구』 (역사비평사, 2008)」, 『역사교육』 108, 2008

권기중, 「조선후기 호적 연구의 현재와 향후 과제」, 『대동문화연구』 100, 2017

권내현, 「조선 후기 호적, 호구의 성격과 새로운 쟁점」, 『한국사연구』 135, 2006

권내현, 「내재적 발전론과 조선 후기사 인식」, 『역사비평』 111, 역사비평사, 2015

권은혜, 「희생자의 정의를 추구하는 사회운동－1865년부터 현재까지 아프리카계 미국인 주도 노예제와 짐크로 보상 운동」, 『서양사론』 152, 2022

김건태, 「19세기 후반~20세기 초 부재지주제 경영」, 『대동문화연구』 49, 2005

김건태, 「호명을 통해 본 19세기 직역과 솔하노비」, 『한국사연구』 144, 2009

김건태, 「조선 후기 契의 재정 운영 양상과 그 성격」, 『한국사학보』 38, 2010

김건태, 「19세기 어느 성리학자의 家作과 그 지향」, 『한국문화』 55, 2011

김건태, 「19세기 농민경영의 추이와 지향」, 『한국문화』 57, 2012

김건태, 「19세기 집약적 농법의 확산과 작물의 다각화:경상도 예천 맛질 박씨가 가작 사례」, 『역사비평』, 2012

김경란, 「『丹城戶籍大帳』의 女戶 편제방식과 의미」, 『한국사연구』 126, 2004

김동노, 「식민지의 민족주의를 넘어 근대로」, 『동아시아비평』 6, 한림대학교 아시아문화 연구소, 2001

김미성, 「조선시대 경제사 연구의 현황과 전망:근대화 담론에서 벗어나기 및 실증의 누적」, 『경제사학』 46-1(통권 제78호), 2022

김성보, 「탈중심의 세계사 인식과 한국근현대사 성찰」, 『역사비평』 80, 역사비평사, 2007 가을호

김인걸, 「1960, 70년대 '내재적 발전론'과 한국사학」, 김용섭교수정년기념한국사학논총간 행위원회 편, 『한국사 인식과 역사이론』, 지식산업사, 1997

김재호, 「한국 전통사회의 기근과 그 대응: 1392~1910」, 『경제사학』 30, 2001

김정인, 「내재적 발전론과 민족주의」, 『역사와 현실』 77, 한국역사연구회, 2010

나가하라 요코(永原陽子), 「현대사 속의 '식민지책임'－아프리카 식민지를 중심으로」, 『한 일협정 50년사의 재조명 Ⅱ』, 동북아역사재단, 2012

노영구, 「조선후기 호적대장 연구현황과 전산화의 일례」, 『대동문화연구』 39, 성균관대 대 동문화연구원, 2001

도시환, 「식민지책임판결과 한일협정체제의 국제법적 검토」, 『외법논집』 38:1, 2014

디페시 차크라바르티, 「역사의 기후: 네 가지 테제」, 조지형□김용우 엮음, 『지구사의 도 전』, 서해문집, 2010

박기주, 「19·20세기초 재지양반 지주경영의 동향」, 안병직·이영훈 편저, 『맛질의 농민 들』, 일조각, 2001

박기주, 「조선 후기의 생활수준」, 이대근 외, 『새로운 한국경제발전사』, 나남, 2005

박윤덕, 「민중의 "도덕경제"와 식량폭동－18세기 말 프랑스의 경우－」, 『역사학연구』 38, 호남사학회, 2010

박찬승, 「한국학 연구 패러다임을 둘러싼 논의 내재적 발전론을 중심으로」, 『한국학논집』 35, 계명대 한국학연구원, 2007

박헌호, 「'문학' '史'없는 시대의 문학연구」, 『역사비평』 75호, 역사비평사, 2006 여름호

박헌호, 「"문화연구"의 정치성과 역사성 : 근대문학 연구의 현황과 반성」, 『民族文化硏究』 53, 고려대학교 민족문화연구소, 2010

박희진·차명수, 「조선 후기와 일제시대의 인구 변동」, 이영훈 편, 『수량경제사로 다시 본 조선 후기』, 서울대출판부, 2004

배성준, 「'식민지 근대화' 논쟁의 한계 지점에 서서」, 『당대비평』 13, 생각의 나무, 2000

배영수, 「'서양의 대두'와 인간의 본성」, 『역사학보』 216, 2012

배항섭, 「근대를 상대화하는 방법:민중사에서 바라보는 근대」, 『역사비평』 88, 2009

배항섭, 「'근대 이행기'의 민중의식: '근대'와 '반근대'의 너머」, 『역사문제연구』 23, 2010

배항섭, 「조선 후기 토지소유 및 매매관습에 대한 비교사적 검토」, 『한국사연구』 149, 2010

배항섭, 「19세기 조선과 베트남의 토지 개혁론에 대한 비교사적 검토」, 『역사학보』 206, 2010

배항섭, 「19세기 지배질서의 변화와 정치문화의 변용－仁政 願望의 향방을 중심으로－」, 『한국사학보』 39, 2010

배항섭, 「19세기를 바라보는 시각」, 『역사비평』 101, 역사비평사, 2012

배항섭, 「임술민란의 민중상에 대한 재검토－근대지향성에 대한 비판과 동아시아적 시각의 모색－」, 『역사와담론』 66, 2013

배항섭, 「19세기 후반 민중운동과 공론」, 『한국사연구』 161, 한국사연구회, 2013

배항섭, 「동아시아사 연구의 시각－서구·근대중심주의 비판과 극복」, 『역사비평』 109, 역사비평사, 2014

배항섭, 「전근대－근대의 연속적 이해와 동아시아라는 시각」, 『역사학보』 223, 2014

배항섭, 「19세기 향촌사회질서의 변화와 새로운 공론의 대두－아래로부터 형성되는 새로운 정치질서－」, 『조선시대사학보』 71, 2014

배항섭, 「"동아시아는 몇시인가?"라는 질문」, 미야지마 히로시, 배항섭 엮음, 『동아시아는 몇시인가』, 너머북스, 2015

배항섭, 「'탈근대론'과 근대중심주의」, 『민족문학사연구』 62, 2016

배항섭, 「한반도의 오늘, 한말의 경험에서 생각한다―국제질서 인식의 자율성·냉철성을 중심으로」, 『역사비평』 124, 2018

배항섭, 「방법으로서의 '동아시아사' 연구와 새로운 역사상의 모색－근대중심주의(modernocentrism) 비판과 트랜스히스토리칼(transhistorical)한 접근」, 『대동문화연구』, 2020

배항섭, 「'새로운 민중사' 이후 민중사 연구의 진전을 위하여」, 『역사문제연구』 48, 2022

배항섭, 「동학과 동학농민군의 대외인식」, 『한국사연구』 201, 2023

송양섭, 「19세기 유학호의 구조와 성격－단성호적대장』을 중심으로」, 『대동문화연구』 47, 2004

심재우, 「조선후기 사회변동과 호적대장 연구의 과제」, 『역사와 현실』 62, 2006

염정섭, 「1960~70년대 조선시대 농업사 연구와 내재적 발전론, 근세사회론」, 『한국사연구』, 184, 2019

「옥스팜 2021 불평등 보고서-불평등 바이러스(The Inequality Virus) 보고서」(https://www.oxfam.or.kr/inequality-report-2021-inequality-virus/)

「옥스팜 2022 연구보고서 : 죽음을 부르는 불평등 Inequality Kills(국문-요약본-죽음을-부르는-불평등.pdf(oxfam.or.kr)

우대형, 「조선 전통사회의 경제적 유산」, 『역사와 현실』 68, 2008

유선영, 「홑눈 정체성의 역사」, 『한국언론학보』 43-2, 한국언론학회, 1998

유재건, 「유럽 중심주의와 자본주의」, 한국서양사학회 엮음, 『유럽 중심주의 세계사를 넘어 세계사들로』, 푸른역사, 2009

윤해동, 「일본에서의 한국 민중사연구 비판 : 조경달을 중심으로」, 『한국민족운동사연구』 64, 한국민족운동사학회, 2010

이경구, 「개념사와 내재적 발전:'실학' 개념을 중심으로」, 『역사학보』 213, 2012

이경구, 「서평 : 조선의 새로운 시간대와 인민」, 『개념과 소통』 9, 2012

이근호, 「조선후기 '공'담론 연구의 현황과 전망」, 『역사와 현실』 93, 2014

이영호, 「'내재적 발전론' 역사인식의 궤적과 전망」, 『한국사연구』 152, 한국사연구회, 2011

이영석, 「근대의 신화」, 『사회사의 유혹』 II:다시, 역사학의 길을 찾다, 푸른역사, 2006

이영훈, 「18~19세기 소농사회와 실학—실학 재평가」, 『한국실학연구』 4, 2002

이영훈, 「19세기 조선왕조 경제 체제의 위기」, 『조선시대사학보』 43, 2007

이영훈, 「다산의 인간관계 범주 구분과 사회인식」, 『다산학』 4, 2003

이영훈, 「조선 후기 이래 소농사회의 전개와 의의」, 『역사와 현실』 45, 2002

이영훈, 「총론: 조선 후기 경제사 연구의 새로운 동향과 과제」, 이영훈 편, 『수량경제사로 다시 본 조선 후기』, 서울대출판부, 2004

이영훈, 「한국사에서 근대로의 이행과 특질」, 『경제사학』 21, 1996

이영훈·박이택, 「17~18세기 미곡시장의 통합과 분열」, 이영훈 편, 『수량경제사로 다시 본 조선 후기』, 서울대출판부, 2004

이영훈·박이택, 「18세기 조선왕조의 경제체제—광역적 통합 체제의 특질을 중심으로」, 나카무라 사토루·박섭 편저, 『근대 동아시아 경제의 역사적 구조』, 일조각, 2007

이우연, 「18·9세기 삼림의 황폐화와 농업생산성」, 이영훈 편, 『수량경제사로 다시 본 조선 후기』, 서울대출판부, 2004

이은희, 「소녀상만사 새옹지마 ─독일 '평화의 소녀상' 이야기-〈상〉」, 『결 : 일본군'위안부'문제연구소 웹진』, 2020.10.16.(http://kyeol.kr/ko/node/237)

이정철, 「문제는 자본주의다-내재적 발전론 비판의 역사 인식」, 『내일을 여는 역사』 22,

서해문집, 2005

이정철, 「서평: '근대' 프레임과 역사」, 『역사비평』 98, 2012

이헌창, 「한국사 파악에서 내재적 발전론의 문제점」, 『한국사 시민강좌』 40, 일조각, 2007

이헌창, 「조선시대를 바라보는 제3의 시각」, 『한국사연구』 148, 한국사연구회, 2010

이혜령, 「언어=네이션, 그 제유법의 긴박과 성찰 사이」, 『상허학보』 19, 상허학회, 2007

임현진·장진호, 「21세기 문명위기와 세계체제론:이매뉴얼 월러스틴의 비교역사적 전
    망」, 『아시아리뷰』 10권 2호(통권 20호), 2020

장석만, 「'종교'를 묻는 까닭과 그 질문의 역사: 그들의 물음은 우리에게 어떤 문제를 던
    지는가」, 『종교문화비평』 22, 2012

정다함, 「1945년 이후의 조선시대사 연구와 유교근대론/동아시아론에 대한
    post-colonial/trans-national한 관점에서의 비판적 분석과 제언」, 『코기토』 83,
    2017

정승진, 「20세기 전반 전통 농촌 지역의 사회 변동 양상」, 『대동문화연구』 48, 2004

정연태, 「식민지 근대화론의 새로운 성과에 대한 비판적 검토」, 『역사비평』 58, 2002

정진영, 「19세기 중반-20세기 초반 재촌 양반지주가의 농업경영 ─경상도 단성 김린섭가
    의 가작지 경영을 중심으로」, 『대동문화연구』 62, 2008.

정진영, 「19세기후반-20세기전반 재촌 양반지주가의 농업경영 (2)」, 『역사와경계』 67,
    2008

조성환, 「「天道」의 탄생 : 동학의 사상사적 위치를 중심으로」, 『한국사상사학』 4, 2013

조형근, 「비판과 굴절, 전화 속의 한국 식민지근대성론 : 구조, 주체, 경험의 삼각구도를
    중심으로」, 『역사학보』 203, 역사학회, 2009

진태원, 「코기토, 소유적 개인주의, 예속적 주체화」, 『민족문화연구』 89, 2020

차기진, 「초기 한국 그리스도교와 동학」, 『신학사상』 86, 1994

차명수, 「우리나라의 생활수준, 1700~2000」, 안병직 편, 『우리나라 경제성장사』, 서울대
    출판부, 2001

차명수, 「조선 후기 출산력, 사망력 및 인구증가: 네 족보에 나타난 1700~1899년간 생몰
    기록을 이용한 연구」, 『한국인구학』 32권 1호, 2009

차명수·이헌창, 「우리나라의 논 가격 및 생산성, 1700~2000」, 이영훈 편, 『수량경제사로
    다시 본 조선 후기』, 서울대출판부, 2004

차크라바르티, 「인도 역사의 한 문제로서 유럽」, 『흔적』 1, 문화과학사, 2001

최윤오, 「조선 후기 사회변동과 근대로의 이행 내재적 발전론의 역사인식」, 『내일을 여는
    역사』 22, 서해문집, 2005

최종석, 「내재적 발전론 '이후'에 대한 몇 가지 고민」, 『역사와 현실』 100, 2016

최주희, 「2000년대 이후 조선후기 제정사 연구의 흐름과 과제」, 『한국사연구』 200, 2023

토마 피케티, 「경제학과 사회과학의 화합을 향해:《21세기 자본》이 주는 교훈」, 토마 피케
    티 외 25인 지음, 유엔제이 옮김, 『에프터 피케티 :《21세기 자본》 이후 3년』, 율

리시즈, 2017

파리협약(fulltext) : https://unfccc.int/files/essential_background/convention/application/pdf/english_paris_agreement.pdf ; https://unfccc.int/sites/default/files/resource/parisagreement_publication.pdf

파르타 차르테지, 「탈식민지 민주국가들에서의 시민사회와 정치사회」, 『문화과학』 25, 2001

한국사연구회 창립 발기 위원회, 「발기취지문」, 『한국사연구』 79, 1992

허남진, 조성환, 「디페시 차크라바르티의 지구인문학 (1~4)」, 『文学史学哲学』, 한국불교사연구소, 2021~22

허 수, 「새로운 식민지 연구의 현주소」, 『역사문제연구』 16, 역사문제연구소, 2006

허영란, 「한국 근대사 연구의 '문화사적 전환'- 역사 대중화, 식민지 근대성, 경험세계의 역사화」, 『민족문화연구』 53, 고려대학교 민족문화연구소, 2010

허태구, 「2019~2020년 조선후기사 연구의 현황과 과제:사료와 실증의 더미에서 탈출하기」, 『역사학보』 251, 2021

허태용, 「'성리학 대 실학'이라는 사상사 구도의 기원과 전개」, 『한국사상사학』 67, 2021

홍성찬, 「1894년 집강소기 包設下의 향촌 사정」, 『동방학지』 7, 1983

황정아, 「팬데믹 시대의 민주주의와 '한국모델'」, 『창작과비평』 2020 가을(통권 189호)

大門正克, 「歴史学の現在：2001~2015年」, 歴史学研究会 編, 『第4次 現代歴史学の成果と課題 1：新自由主義時代の歴史学』, 績文堂出版, 2017

宮嶋博史, 「儒教的近代としての東アジア'近世'」, 『東アジア近現代通史』 1, 東アジア世界の近代, 岩波書店, 2010

鶴園裕, 「李朝後期民衆運動の二,三の特質について」, 『朝鮮史研究會論文集』 27, 1990

林 文孝, 「中國における公正－生存と政治」, 三浦徹・岸本美緒・関本照夫 編, 『比較史のアジア:所有・契約・市場・公正』, 東京大学出版会, 2004

Thompson, Edward Palmer[著], 近藤 和彦[訳解説], 「一七九〇年以前のイギリスにおける社会運動」(社会史〈特集〉), 『思想』 663, 1979

喜安朗, 「安丸民衆史の感性と全体性」, 安丸良夫・磯前順一 編集, 『安丸思想史への対論:文明化・民衆・両義性』, ぺりかん社, 2010

小沢弘明, 「新自由主義の時代と歴史学の課題 I」, 歴史学研究会 編, 『第4次現代歴史学の成果と課題』 1－新自由主義時代の歴史学, 績文堂出版, 東京, 2017

永原陽子, 「植民地責任論」, 歴史学研究会 編, 『第4次 現代歴史学の成果と課題 1：新自由主義時代の歴史学』, 績文堂出版, 2017

Alatas, Syed Farid, "On Indigenization of Academic Discourse", *Alternatives: Global, Local, Political* 18:3, 1993

Alsayyad, Nezar and Roy, Ananya, "Medieval Modernity: On Citizenship and Urbanism in a Global Era", *Space and Polity* 10:1, 2006

Augsten, Pauline, Sebastian Glassner, and Jenni Rall, "The myth of responsibility: Colonial cruelties and silence in German political discourse," *Global Studies Quarterly* 2:2, April 2022

Bae hang−seob, "Foundations for the Legitimation of the Tonghak Peasant Army and Awareness of a New Political Order", *ACTA KOREANA* 16:2, 2013

Benko, George, "Introduction: Modernity, Postmodernity and the Social Sciences", Benko George and Strohmayer, Ulf eds. *Space and Social Theory: Interpreting Modernity and Postmodernity*, Oxford: Blackwell, 1997

Bentley, Jerry H., "Why Study World History?", *World History Connected*, October 2007(https://worldhistoryconnected.press.uillinois.edu/5.1/bentley.html)

Bentley, Jerry, "Beyond Modernocentrism: Toward Fresh Visions of the Global Past", Victor H. Mair ed. *Contact and Exchange in the Ancient World*, Honolulu: University of Hawaii Press, 2006

Bhambra, Gurminder K., and Peter Newell. "More than a metaphor: 'climate colonialism'in perspective", *Global Social Challenges Journal* 2:2, 2023

Biermann, Frank, and Ingrid Boas, "Preparing for a Warmer World: Towards a Global Governance System to Protect Climate Refugees", *Global Environmental Politics* 10:1, February 2010

Boyce, James K., "Inequality and environmental protection", *WORKINGPAPER SERIES* No.52, JANUARY 2003, POLITICAL ECONOMY RESEARCH INSTITUTE(University of Massachusetts Amherst)

Burke, Peter, "Overture:the New History, its Past and its Future", Burke, Peter ed., *New Perspectives on Historical Writing*, University Park, PA:The Pennsylvania State University Press, 1992

Burnell, Peter, "Democracy, democratization and climate change:complex relationships", *Democratization* 19:5, 2012

Carey, Mark, "Climate and history: a critical review of historical climatology and climate change historiography", *WIREs Clim Change* 3:3, April 2012

Ceddia, M. Graziano, "The super−rich and cropland expansion via direct investments in agriculture," Nature Sustainability 3:4, 2020

Chakrabarty, Dipesh, "Postcolonial Studies and the Challenge of Climate Change", *New Literary History* 43:1, 2012

Cheon Jung−Hwan, "Cultural Studies' as Interdisciplinary Literary Studies", *The Review of Korean Studies* 16:2, 2013

Choo PS, Nowak BS, Kusakabe K, Williams MJ. "Guest editorial: gender and fisheries", *Development* 51:2, 2008

Christian, David, "World Environmeatal History", Jerry H. Bentley eds., *The Oxford Handbook of World History*, Oxford University Press, 2011

Crutzen, P. J. The "Anthropocene". In E. Ehlers, & T. Krafft (Eds.), *Earth Systems Science in the Anthropocene–Emerging Issues and Problems*, Heidelberg: Springer, 2006

Cox, Pamela, "The Future Uses of History", *History Workshop Journal* 75:1, 2013

De Grazia, Margreta, "The Modern Divide: From Either Side", *Journal of Medieval and Early Modern Studies* 37:3, 2007

Dirlik, Arif, "Is There History after Eurocentrism? Globalism, Postcolonialism, and the Disavowal of History", edited by Dirlik, Arif, Bahl, Vinay, and Peter Gran, *History After The Three Worlds:Post-Eurocentric Historiographies*, Lanham, Md.:Rowman & Littlefield, 2000

Dorling, Danny. "The Equality Effect", *New Internationalist* 504, 19 Jul. 2017

Drayton, Richard, "Where does the world historian write from? Objectivity, moral conscience and the past and present of imperialism", *Journal of Contemporary History* 46:3, 2011

Drayton, Richard, "Imperial History and the Human Future", *History Workshop Journal* 74:1, Autumn. 2012

Drayton, Richard, & David Motadel, "Discussion: the futures of global history", *Journal of Global History* 13:1, Mar. 2018

Dreher, Axel, Noel Gaston, "(Working Paper) Has globalisation increased inequality?", *KOF Working Papers* 140, June 2006

Dussel, Enrique D., Krauel, Javier, Tuma, Virginia C., "Europe, Modernity, and Eurocentrism", *Nepantla: Views from South* 1:3, 2000

Gattey, Emma, "Global histories of empire and climate in the Anthropocene", *History Compass* 19:8, 2021

Green, Fergus, "How inequality fuels climate change: The climate case for a Green New Deal", One Earth 5:6, Jun. 2022

Fazey, Ioan, et al., "Transformation in a changing climate: a research agenda", *Climate and Development* 10:3, 2018

Foster, John Bellamy, "On Fire This Time", *Monthly Review* 71:6, November 2019

Hobsbawm, Eric, "Democracy can be bad for you", *New Statesman* 5, Mar. 2001

Hornborg, Alf, "The Political ecology of The technocene : Uncovering ecologically unequal exchange in the world−system", Hamilton, Clive; Christophe Bonneuil, and François, Gemenne, *The anthropocene and the global environmental crisis : rethinking modernity in a new epoch*, Taylor & Francis, 2015

Islam, S. Nazrul, "Inequality and Environmental Sustainability", *UN Department of Economic and Social Affairs (DESA) Working Papers*, No.145, Aug. 2015

Islam, N. and J. Winkel, "Climate Change and Social Inequality", *UN Department of*

Economic and Social Affairs (DESA) Working Papers 152, UN; New York, Oct. 2017

Keister, Lisa A., "The One Percent", Annual Review of Sociology 40:1, 2014

Kiser, Edgar and Linton, April, "The hinges of history:state－making and revolt in early modern France", American Sociological Review 67:6, 2002

Kremer, Michael, and Eric Maskin, "Globalization and Inequality", 2006, Copy at http://www.tinyurl.com/y66vz49v

Latour, Bruno, "the recall modernity", Cultural Studies Review 20:1, 2014

Lauzon, Matthew J., "modernity", Jerry H. Bentley eds., The Oxford Handbook of World History, New York, Oxford University Press, 2011

LeCain, Timothy James, "Against the Anthropocene: A Neo－Materialist Perspective", International Journal for History, Culture, and Modernity 3:1, 2015

Lee Yong－ki, "The Study of Korean Villages during the Japanese Colonial Period and Colonial Modernity", International Journal of Korean History, 15:2, 2010

Lester, Alan, "Commentary: New directions for historical geographies of colonialism", New Zealand Geographer 71:3, Special Issue: Applied Geographies, December 2015

Lewis, Simon L., and Maslin, Mark A., "Defining the Anthropocene", Nature 519.7542, 2015

Loomba, Ania, "Periodization, Race, and Global Contact", Journal of Medieval and Early Modern Studies 37:3, 2007

Mahony, Martin & Georgina Endfield, "Climate and colonialism", WIREs: Clim Change 9:2, 2018

Malm, Andreas, and Hornborg, Alf, "The geology of mankind? A critique of the Anthropocene narrative", The Anthropocene Review 1:1, 2014

Maskin, E. "Why Haven't Global Markets Reduced Inequality in Emerging Economies?", The World Bank Economic Review 29, 2015

Melber, Henning. "Germany and reparations: the reconciliation agreement with Namibia." The Round Table 111:4, 2022

Motadel, David, and Richard Drayton. "Material conditions and ideas in global history." The British Journal of Sociology 72:1, 2021

Murphy, Joseph A., "Environment and Imperialism: Why Colonialism Still Matters", SRI papers 20, Leeds: University of Leeds, 2009

Nash, Linda, "Furthering the environmental turn", The Journal of American History 100:1, 2013

Nayar, Deepak, "Globalisation, history and development: A tale of two centuries", Cambridge Journal of Economics 30:1, Jan 2006

Osterhammel, Jürgen, "Globalization", Jerry H. Bentley eds., The Oxford Handbook of

World History, Oxford University Press, 2011

Parker, Charles H., "Introduction: Individual and Community in the Early Modern World", Charles H. Parker, eds. *Between the Middle Ages and Modernity:Individual and Community in the Early Modern World*, University of Hawaii Press, 2006

Paul J. Crutzen & Eugene F. Stoermer, "The 'Anthropocene'", *Global Change Newsletter* 41, 2000

Peet, Richard, "Social Theory, Postmodernism, and the Critique of Development", Benko, Georges, Strohmayer, Ulf eds., *Space and Social Theory:Interpreting Modernity and Postmodernity*, Oxford:Blackwell, 1997

Riahi, Keywan et al., "The shared socioeconomic pathways and their energy, land use, and greenhouse gas emissions implications: An overview", *Global Environmental Change* 42, 2017

Ronzitti, Natalino. "The treaty on friendship, partnership and cooperation between Italy and Libya: New prospects for cooperation in the Mediterranean?." *Bulletin of Italian Politics* 1:1, 2009

Schell, Christopher J. et al, "The ecological and evolutionary consequences of systemic racism in urban environments", *Science* 369.6510, 2020

Shome, Raka, "Asian modernities:Culture, politics and media", *Global Media and Communication* 8:3, 2012

Singh, Nishtha, "Climate Justice in the Global South: Understanding the Environmental Legacy of Colonialism", Edited by Fausto Corvino and Tiziana Andina, *Global Climate Justice: Theory and Practice*, E-International Relations Bristol: England, Feb. 2023

Sluhovsky, Moshe, "Discernment of Difference, the Introspective Subject, and the Birth of Modernity", *Journal of Medieval and Early Modern Studies*, 36:2, 2006

Sörlin, Sverker, "Environmental Humanities: Why Should Biologists Interested in the Environment Take the Humanities Seriously?", *BioScience* 62:9, Sep. 2012

Sörlin, Sverker. "Environmental Turn in the Human Sciences: Will It Become Decisive Enough?." IAS Letter, 2014

Stahn, Carsten, "Reckoning with colonial injustice: International law as culprit and as remedy?", *Leiden Journal of International Law* 33:4, 2020

Steinberg, Ted, "Can Capitalism Save the Planet?: On the Origins of Green Liberalism", *Radical History Review* 107, Spring 2010

Summit, Jennifer and David Wallace, "Rethinking Periodization", *Journal of Medieval and Early Modern Studies*, 37:3, 2007

Sundberg, J., "Decolonizing posthumanist geographies", *Cultural Geographies* 21:1, 2014

Thésée, Gina and Carr, Paul R., "The 2011 International Year for People of African

Descent(IYPAD): The paradox of colonized invisibility within the promise of mainstream visibility", *Decolonization: Indigeneity, Education & Society* 1:1, 2012

Thomas, Julia Adeney, "The Present Climate of Economics and History", Gareth Austin(ed), *Economic Development and Environmental History in the Anthropocene: Perspectives on Asia and Africa*, Bloomsbury Publishing Plc, 2017

White, Sam, "Historians and climate change", *Perspectives on History: The Newsmagazine of the American Historical Association*, Oct 1, 2012

Yates, Joshua J., "Abundance on Trial: The Cultural Significance of "Sustainability", *Hedgehog Review* 14:2, Summer 2012

Yuval Noah Harari, 'the world after coronavirus', Financial Times, March 20 2020

■ 제3부 서구 · 근대중심주의 비판과 동아시아사의 새로운 이해

〈자료〉

『태종실록』,『세종실록』,『세조실록』,『중종실록』,『명종실록』,『정조실록』,『고종실록』,『승정원일기』(고종편)『各司謄錄』(48)『經國大典』,『續大典』,『詞訟聚類』

『朝鮮經國典』,『茶山詩文集』『姜瑋全集』『華西集』『寒州先生文集』『管軒集』,『海鶴遺書』,『南遊隨錄』,『陰晴史』,『金允植全集』,『續陰晴史』,『大韓季年史』「독립신문」「皇城新聞」「대한매일신보」『大同學會月報』,『大韓協會會報』『太極學報』,『西友』,『西北學會月報』,『大韓自強會月報』,『大韓學會月報』,『開闢』

『東學農民戰爭史料叢書』(사운연구소, 1996)

『東學關聯判決文集』(국가기록원, 1994)

『韓國民衆運動史資料大系: 一八九四年의 農民戰爭篇』(여강출판사, 1985)

申箕善,「農政新編 序」, 安宗洙 저, 농촌진흥청 역,『農政新編』, 2002

杉村濬,「在韓苦心錄」, 한상일 역,『서울대 남겨둔 꿈』, 건국대출판부, 1993

이광수,「신생활론」,『이광수전집』17, 삼중당, 1963

朝鮮總督府,『朝鮮ノ小作慣行』, 昭和 7년(1932)

『國譯 舊慣習調查報告書』, 한국법제연구원, 1992

韓國學文獻研究所 編,『農書 6』, 亞細亞文化社, 1981

김인걸 · 한상권 편,『조선시대사회사연구사료총서』(2), 보경문화사, 1981

전경목 외 옮김,『儒胥必知』, 사계절, 2006

〈저서〉

김건태,『조선시대 양반가의 농업경영』, 역사비평사, 2004

김도형, 『대한제국기의 정치사상연구』, 지식산업사, 1994

김명호, 『환재 박규수연구』, 창비, 2008

김용섭, 『조선후기농업사연구 Ⅰ』, 일조각, 1970

김용섭, 『한국근대농업사연구』(증보판), 일조각, 1988

김용섭, 『증보판 조선후기농업사연구 Ⅱ』, 일조각, 1990

김용섭, 『한국근현대농업사연구』, 일조각, 1992

김태영, 『조선전기 토지제도사연구-과전법체제』, 지식산업사, 1983

김태영, 『한국사시민강좌』 6, 1990

김호연, 『중세 영국농민의 사회경제적 지위』, UUP, 2004

노대환, 『동도서기론 형성 과정 연구』, 일지사, 2005

노만 콘, 『천년왕국운동사』, 한국신학연구소, 1993

로이드 E. 이스트만 지음, 지음, 이승휘 옮김, 『중국사회의 지속과 변화』, 돌베개, 1999

리보중 지음, 이화승 옮김, 『중국 경제사 연구의 새로운 모색』, 책세상, 2006

마르크 블로크, 이기영 옮김, 『서양의 장원제』, 까치글방, 2002

망원한국사연구실 19세기농민항쟁분과, 『1862년 농민항쟁』, 동녘, 1988

박병호, 『한국법제사고』, 법문사, 1974

박정현, 『근대중국농촌사회연구』, 고려대학교 출판부, 2004

손형부, 『박규수의 개화사상연구』, 일조각, 1997

송병건, 『영국 근대화의 재구성』, 해남, 2008

심재윤, 『중세 영국 토지제도사 연구』, 선인, 2004

심희기, 『한국법사연구-토지소유와 공동체』, 영남대학교 출판부, 1992

안병태, 『한국근대경제와 일본 제국주의』, 백산서당, 1982

알베르 소불 저, 최갑수 역, 『프랑스 대혁명사』, 두레, 1984

오구라 사다오 지음, 박경희 옮김, 『베트남사』, 일빛, 1999

유영익, 『갑오경장연구』, 일조각, 1990

유인선, 『새로 쓴 베트남의 역사』, 이산, 2002

이경식, 『조선전기토지제도연구』, 일조각, 1986

이광린, 『개화당연구』, 일조각, 1973

이광린, 『개화기연구』, 일조각, 1994

이영훈, 『한국 시장경제와 민주주의의 역사적 특질』, 한국개발연구원, 2000

이재수, 『조선중기 전답매매연구』, 집문당, 2003

이헌창, 『한국경제통사』, 법문사, 2003

장인성, 『장소의 국제정치사상-동아시아 질서변동기 요코이 쇼난과 김윤식』, 서울대학교
　　　출판부, 2002

정태헌, 『한국의 식민지적 근대 성찰』, 선인, 2007

제임스 스코트 저, 김춘동 옮김, 『농민의 도덕경제』, 아카넷, 2004

조강·진종의 저, 윤정분 역, 『중국토지제도사』, 대광문화사, 1985

조윤선, 『조선후기 소송연구』, 국학자료원, 2002

D. H. 퍼킨스 지음, 양필승 옮김, 『중국경제사 : 1368~1968』, 신서원, 1997

G. 르페브르 지음, 민석홍 옮김, 『프랑스 혁명』, 을유문화사, 1993

J.F.S. 해리슨 지음, 이영석 옮김, 『영국민중운동사』, 소나무, 1989

暉峻衆三 편, 전성운 역, 『일본농업경제사』, 강원대출판부, 1991

叶世昌, 『古代中国经济思想史』, 复旦大学出版社, 2003

趙岡, 陳鍾毅 著, 윤정분 역, 『중국토지제도사』, 대광문화사, 1985

安丸良夫·深谷克己 編, 『日本近代思想大系』21, 岩波書店, 1989

稻田雅洋, 『日本近代社會成立期の民衆運動』, 筑摩書房, 1990

菊池一雅, 『ベトナムの農民』, 東京: 古今書院, 1965

川島武宜 編, 『共同体の比較史的研究』, アジア經濟研究所, 1973

長谷部弘 外 編, 『近世日本の地域社會と共同性』, 刀水書房, 2009

信夫淳平, 『韓半島』, 東京: 東京堂書店, 1901

鶴卷孝雄, 『近代化と 傳統的 民衆世界』, 東京大出版會, 1991

櫻井由躬雄, 『ベトナム村落の形成 : 村落共有田＝コンディエン制の史的展開』, 東京:
　　創文社, 1987

宮川澄, 『近代的所有權の形成』, 御茶の水書房, 1969

湯淺赳男, 『フランス土地近代化史論』, 木鐸社, 1981

藪田貫·深谷克己 編, 『展望 日本歷史』15, 東京堂出版, 2004

Bernhardt, Kathryn, *Rents, Taxes, and Peasant Resistance: The Lower Yangzi River,
　　1840-1950*, Stanford University Press, 1992

Huang, Philip C. *The peasant family and rural development in the Yangzi Delta,
　　1350~1988*, Stanford University Press, 1990

Huang, Philip C. *Civil justice in China : representation and practice in the Qing*, Stanford
　　University Press, 1996

〈논문〉

강만길, 「다산의 토지소유관」, 『다산의 정치경제 사상』, 창작과비평사, 1990

강만길, 「동도서기론이란 무엇인가?」 『마당』 9, 1982

강성호, 「전지구적 세계체제로 본 세계사와 동아시아－안드레 군더 프랑크」, 『역사비평』
　　82, 2008

강진아, 「동아시아로 다시 쓴 세계사-포머란츠와 캘리포니아 학파」, 『역사비평』 82 , 2008

고동욱, 「중세 말 영국 바넷 장원에서의 토지거래의 성격과 농민층 분화」, 『서양사론』 48, 1996

고석규, 「1894년 농민전쟁과 '반봉건 근대화'」, 동학농민혁명기념사업회 편, 『동학농민혁명과 사회변동』, 한울, 1993

고 원, 「마르크 블로크의 비교사」, 『서양사론』 93, 2007

권내현, 「18,19세기 진주지방의 향촌세력 변동과 임술농민항쟁」, 『한국사연구』 89, 1995

權五榮, 「申箕善의 東道西器論硏究」, 『淸溪史學』 1, 1984

권오영, 「東道西器論의 構造와 그 展開」, 『한국사시민강좌』 7, 일조각, 1990

길진숙, 「문명의 재구성 그리고 동양전통담론의 재해석」, 이화여대 한국문화연구원, 『근대계몽기 지식의 발견과 사유지평의 확대』, 소명, 2006

김건태, 「조선 후기 지주제하 농민층 동향」, 『경제사학』 22, 1997

김건태, 「17~18 세기 전답소유규모의 영세화와 양반층의 대응」, 『한국사학보』 9, 2000

김도형, 「한말 근대화 과정에서의 구학 신학 논쟁」, 『역사비평』 36호, 1996

김문용, 「동도서기론의 논리와 전개」, 한국근현대사연구회, 『한국근대 개화사상과 개화운동』, 신서원, 1998

김문용, 「1880년대 후반기 동도서기적 개화론의 一端에 대한 검토 - 陸用鼎의 『宜田記述』을 중심으로」, 단국대학교 동양학연구소, 『개화기 한국과 세계의 상호교류』, 국학자료원, 2004

김문용, 「동도서기론은 얼마나 유효한가?」, 김교빈 · 김시천 편, 『가치청바지-동서양의 가치는 화해할 수 있을까?』, 웅진, 2007

김성찬, 「신세기 초두(2000-2012年) 중국 태평천국사학계의 고뇌와 실험적 도전」, 『중국근현대사연구』 55, 2012

김성찬, 「태평천국 평균이념의 전개와 그 근대적 변모-천조전무제도 평균론의 자정신편에 대한 영향」, 『동양사학연구』 76집, 2001

김용덕, 「명치초 지조개정에 대한 농민저항의 형태」, 『동방학지』 60, 1988

김용섭, 「전근대의 토지제도」, 『한국학입문』, 대한민국학술원, 1983

김용섭, 「조선후기 토지개혁론의 추이」, 『동방학지』 62, 1989

김용섭, 「한말 고종조의 토지개혁론」, 『증보판 한국근대농업사연구 (하)』, 일조각, 1990

김종욱, 「프랑스 식민지배 하의 베트남 사적 토지소유」, 『동양사학연구』 69, 2000

김종욱, 「프랑스 식민지배 하의 북베트남 촌락행정개혁」, 『동남아시아연구』 13권 1호, 2003

김태영, 「조선전기의 균전, 한전론」, 『국사관논총』 5, 1989

김현영, 「호남지방 고문서를 통해 본 조선시대의 가족과 친족」, 『호남지방 고문서 기초연구』, 정신문화연구원, 1999

김형종, 「근대중국에서의 전통과 근대」, 『인문논총』 50(서울대 인문학연구원), 2003

金豪然, 「13 ~ 14세기 영국농민의 토지거래」, 『서양사연구』 7, 1985

남명진, 「동서철학에 있어서의 시간의 문제」, 『동서철학연구』 48, 2008

노대환, 「조선후기 '서학중국원류설'의 전개와 그 성격」, 『역사학보』 178, 2003

宮嶋博史, 「토지조사사업과 근대적 토지소유권의 성립」, 『법사학연구』 12, 1991

宮嶋博史, 「동아시아 소농사회론의 사상사 연구」, 『한국실학연구』 5, 2003

宮嶋博史, 「근대를 다시 본다」, 『창작과비평』, 2003

宮嶋博史, 「유교의 제민사상과 소농사회론」, 『국학연구』 14, 2009

민병희, 「성리학과 동아시아 사회-그 새로운 설명 틀을 찾아서」, 『사림』 32, 2009

민회수, 「1880년대 육용정(1843-1917)의 현실인식과 동도서기론」, 『한국사론』 48(서울대), 2002

박정심, 「申箕善의 『儒學經緯』를 통해 본 東道西器論의 思想的 特徵 I 」, 『역사와 현실』 60, 2006

박정심, 「自强期新舊學論의 '舊學[儒學]' 인식에 관한 연구」, 『동양철학연구』 66, 2011

박은숙, 「동도서기론자의 '民富國强'론과 민중 인식-≪한성주보≫를 중심으로」, 『한국근현대사연구』 47, 2008

배항섭, 「1894년 동학농민전쟁에 나타난 토지개혁구상」, 『사총』 43, 1994

배항섭, 「개항기의 대청의식과 그 변화」, 『한국사상사학』 16, 2001

배항섭, 「근대를 상대화하는 방법」, 『역사비평』 88, 2009

배항섭, 「'근대이행기'의 민중의식: '근대'와 '반근대'의 너머」, 『역사문제연구』 23, 2010

배항섭, 「동학농민전쟁에 나타난 토지개혁구상」, 『사총』 44, 1994

배항섭, 「조선후기 토지소유 및 매매관습에 대한 비교사적 검토」, 『한국사연구』 149, 2010

백동현, 「대한제국기 신구학 논쟁의 전개와 그 의의」 『한국사상사학』 제19집, 2002

백승종, 「『宜田記述』을 통해서 본 陸用鼎의 개화사상」, 『동아연구』 18, 1989

송정남, 「베트남 남부의 영토확장과 토지제도 일 고찰」, 『부산사학』 36, 1999

송정남, 「프랑스 식민지하의 남베트남 토지제도」, 『국제지역연구』 5권 3호, 한국외국어대학교 국제지 역연구센터, 2001

송정남, 「베트남 토지개혁에 관한 연구」, 『국제지역연구』 5권 2호, 국제지역학회, 2001

아나똘리 아도, 「프랑스혁명과 농민 프랑스혁명과 농민운동」, 『역사비평』 19(여름호), 1992

양상현, 「동도서기론과 광무개혁의 성격」, 『동양학』 28, 1998.

이경식, 「조선전기 직전제의 운영과 그 변동」, 『한국사연구』 28, 1980

이경식, 「조선전기의 토지개혁논의」, 『한국사연구』 61 · 62합, 1988

이광린, 「구한말 신학과 구학과의 논쟁」, 『동방학지』 23 · 24, 1980

今西一, 「근대 일본의 토지개혁」, 『쌀 · 삶 · 문명연구』 창간호, 2008

이만열, 「박은식의 사학사상」, 『숙대 사론』 9, 1976

이세희, 「나폴레옹 시대 프랑스 농업구조와 농민의 생활상태」, 『부산사학』 34, 1998

이세희, 「프랑스혁명기와 나폴레옹 시대의 토지문제: 국유화 토지 매각을 중심으로」, 『프랑스사 연구』 9, 2003

이영호, 「조선시기 토지소유관계 연구현황」, 근대사연구회 편, 『봉건사회 해체기의 제문제(하)』, 한울, 1987

이영호, 「대한제국시기의 토지제도와 농민층분화의 양상―경기도 용인군 이동면 「光武量案」과 「土地調査簿」의 비교분석」, 『한국사연구』 69, 1990

이영훈, 「조선후기농민분화의 구조·추세 및 그 역사적 의의」, 『동양학』 21, 1991

이영훈, 「한국사에 있어서 근대로의 이행과 특질」, 『경제사학』 21, 1996

이영훈, 「한국사에 있어서 토지제도의 발전과정」, 『고문서연구』 15, 1999

이영훈, 「조선후기 이래 소농사회의 전개와 의의」, 『역사와 현실』 45, 2002

이윤갑, 「18세기말의 均竝作論」, 『한국사론』 9, 1985

이윤갑, 「19세기 후반 경상도 성주지방의 농민운동」, 『손보기박사정년기념 한국사학논총』, 지식산업사, 1988

이태진, 「15·16세기 低坪·低濕地 개간동향」, 『국사관논총』 2, 1989

이행훈, 「신구관념의 교차와 전통지식체계의 변용」, 『한국철학논집』 32, 2011

임형택, 「개항기 유교지식인의 "근대" 대응논리 ―혜강 최한기의 기학을 중심으로」, 『대동문화연구』 38, 2001

장영숙, 「동도서기론의 정치적 역할과 변화」, 『역사와 현실』 60, 2006

장창민, 「조선시대의 환퇴제도」, 『법사학연구』 26, 2002

전봉덕, 「박영효와 그의 상소 연구서설」, 『동양학』 8, 1978

전성호, 「18-19세기 토지거래 관행 및 가격추이」, 『제40회 전국역사학대회 발표요지』, 1997

전형택, 「조선후기 노비의 토지소유」, 『한국사연구』 71, 1990

정구복, 「부안 김씨가문의 생활모습」, 『호남지방 고문서 기초연구』, 정신문화연구원, 1999

정승진, 「동아시아 촌락 담론을 통해 본 한국 촌락의 위상」, 『담론 201』 11(1), 2008

정창렬, 「동학농민전쟁과 프랑스 혁명의 한 비교」, Michel Vovelle et al., 『프랑스 혁명과 한국』, 일월서각, 1991

정창렬, 「한말 변혁운동의 정치·경제적 성격」, 『한국민족주의론』, 창작과비평사, 1982

趙景達, 「甲午農民戰爭指導者=全琫準の硏究」, 『朝鮮史叢』 7, 朝鮮史硏究會, 1983

趙景達, 「朝鮮における大國主義と小國主義の相克」, 『朝鮮史硏究會論文集』 22, 1985

조병한, 「19세기 중국 개혁운동에서의 '중체서용'」, 『동아시아역사연구』 2, 1997

조병한, 「중국근대의 형성과 문화」, 『동양사학연구』 115, 2011

최갑수, 「프랑스혁명과 농민운동 논쟁에 대한 소고」, 『역사비평』 17, 1992

최병욱, 「까오 바 꽛(Cao Ba Quat 高伯适)의 반란(1854) 원인에 대한 일 고찰」, 『동남아시아연구』 14권 2호, 2004

최병욱, 「19세기 중반 남부베트남의 지주상」, 『동양사학연구』 88, 2004

최생렬, 「프랑스 봉건사회구조의 변화에 관하여」, 『전통문화연구』 4, 조선대, 1996

한도현, 「전통시대 한국과 베트남의 농촌사회조직에 대한 비교연구」, 『농촌사회』 13집 2호, 2003

卞 利, 「明淸時期徽州的宗族公約硏究」, 『中国农史』 3, 2009

董楚平, 「≪天朝田畝制度≫性质问题再评价」, 『文史哲』 3, 1982

郭毅生, 「〈天朝田畝制度〉的经济背景及其性质 : 关于农民平均主义的评价问题」, 『历史研究』 3, 1981

刘永华, 「17至18世纪闽西佃农的抗租-农村社会与乡民文化」, 『中国经济史研究』 3, 1998

王天奖, 「关于太平天国的土地制度」, 『史学月刊』 11, 1958

夏春涛, 「50年来的太平天国史研究」, 『近代史研究』 5, 1999

詹学德, 「≪天朝田畝制度≫反封建性质疑」, 『襄樊学院学报』 1, 1999

裵亢燮, 「1894年 東學農民戰爭の社會・土地改革論」, 新井勝紘 編, 『民衆運動史: 近世から近代へ 5: 世界史なかの民衆運動』, 東京: 靑木書店, 2000

岸本美緒, 「土地を売ること, 人を売ること-「所有」をめぐる比較の試み」, 三浦徹・岸本美緒・関本照夫 編, 『比較史のアジア : 所有・契約・市場・公正』, 東京大学出版会, 2004

久保田明光, 「安南に於ける公田制の歴史的回顧」, 『社會經濟史學』 12-4, 1942

高田洋子, 「프랑스 식민지지배기 베트남에서의 유럽법과 관습법」, 『법사학연구』 27, 2003

鶴卷孝雄, 「民衆運動社會意識」, 朝尾直弘 外 編, 『日本通史 16卷』, 岩波書店, 1994

鶴嶋雪嶺, 「ヴェトナム公田制度の歴史的概觀」, 『經濟論集』(關西大學) 18-2, 1968

今西一, 「近代日本の土地改革」, 『쌀・삶・문명硏究』 1, 全北大學校, 2008

稻田雅洋, 「民衆運動と〈近代〉」, 困民党硏究會 編, 『民衆運動と〈近代〉』, 現代企劃室, 1993

大塚英二, 「質地請戻し・土地取戻しと「家」・村共同體」, 藪田貫 編, 『民衆運動史 3-社會と秩序』, 靑木書店, 2000

大門正克, 「農村問題の社會意識」, 『日本史講座 8 : 近代の成立』, 東京大學出版會, 2005

富岡次郎, 「イギリスにおける農民一揆」, 『中世の農民運動』, 學生社, 1975

深谷克己, 「世直し一揆と新政反對一揆」, 安丸良夫・深谷克己, 『民衆運動: 日本近代思想大系 21』, 岩波書店, 1989

中西裕二, 「ベトナムにおける相續, 同居, 扶養」, 『扶養と相續』, 東京: 早稻田大學出版

部, 1998

松尾信之,「19世紀末ベトナムにおける村落と統治機關との關係について」,『史學雜誌』
　　107編 2號, 1998

三澤純,「〈土地均分〉と民衆」, 藪田貫 編,『民衆運動史 3-社會と秩序』, 東京: 靑木書
　　店, 2000

白川部達夫,「近世質地請戻し慣行と百姓高所持」,『歷史學硏究』552 (藪田貫・深谷克
　　己 編,『展望 日本歷史』15, 東京堂出版, 2004 收錄)

水林彪,「土地所有秩序の變革と〈近代法〉」,『日本史講座 8 : 近代の成立』, 東京大學出
　　版會, 2005

村野勉,「北ベトナムの土地政策」,『アジア土地政策論序説』, 東京: アジア經濟硏究所,
　　1976

宮嶋博史,「東アジア小農社會の形成」,『長期社會變動-アジアから考える(6)』, 東京大
　　學出版會, 1994

牧原憲夫,「近代的土地所有 槪念の再檢討」,『歷史學硏究』502, 1982

吉田恒,「農民の價値規範と土地所有-ドイモイ後の北部ベトナムにおける土地使用權
　　集積の事例-」, 東京大學 新領域創成科學硏究科 國際協力學專攻 修士論文,
　　2008

渡辺尙志,「近世村落共同体に関する一考察-公同体の土地関与への仕方を中心に」,
　　『歷史評論』451, 1987(藪田貫・深谷克己 編,『展望 日本歷史』15, 東京堂出版,
　　2004 收錄).

Bae Hang-seob, "Kaesŏng Uprising of 1893", *International Journal of Korean History* 15,
　　Feb. 2010

Bae, Hang seob, "Foundations for the Legitimation of the Tonghak Peasant Army and
　　Awareness of a New Political Order", *ACTA KOREANA* 16:2, DECEMBER 15,
　　2013

Bae, Hang-seob, "A Comparative History of Property Ownership and Property Transactions
　　in the Late Chosŏn Period: Towards a Reconsideration of the Eurocentric
　　Perspective", Edited by Miyajima, Hiroshi and Boudewijn, Walraven, *How Shall
　　We Study East Asia*, Edison, NJ: Jimoondang International, 2017

Sutherland, D. M. G. "Peasants, Lords, and Leviathan : Winners and Losers from the
　　Abolition of French Feudalism, 1780~1820", *The Journal of economic history*,
　　62:1, Mar. 2002

Thompson, E. P. "The Moral Economy of the English Crowd in the Eighteenth Century",
　　Past and Present 50, Feb. 1971

| 찾아보기 |

동아시아사 연구와 근대중심주의 비판

초판 인쇄 2025년 2월 21일
초판 발행 2025년 2월 28일

지은이 배항섭
펴낸이 유지범
펴낸곳 성균관대학교 출판부
등록 1975년 5월 21일 제1975-9호
주소 03063 서울특별시 종로구 성균관로 25-2
대표전화 02)760-1253~4
팩스밀리 02)762-7452
홈페이지 press.skku.edu

© 2025, 대동문화연구원

ISBN 979-11-5550-652-3 94910
ISBN 978-89-7986-832-6 (세트)

※ 이 저서는 2018년 대한민국 교육부와 한국연구재단의 지원을 받아 수행된 연구임
(NRF-2018S1A6A3A01023515).